Grenzen der Homogenisierung

Nicole Mayer-Ahuja ist wiss. Mitarbeiterin am Soziologischen Forschungsinstitut (SOFI) der Universität Göttingen.

Nicole Mayer-Ahuja

Grenzen der Homogenisierung

IT-Arbeit zwischen ortsgebundener Regulierung und transnationaler Unternehmensstrategie

Campus Verlag
Frankfurt/New York

Gedruckt mit freundlicher Unterstützung des Internationalen Geisteswissenschaftlichen Kollegs »Arbeit und Lebenslauf in globalgeschichtlicher Perspektive« der Humboldt-Universität zu Berlin.

re:work
Internationales Geisteswissenschaftliches Kolleg IGK
International Research Center
Arbeit und Lebenslauf in globalgeschichtlicher Perspektive
Work and Human Lifecycle in Global History
Humboldt-Universität zu Berlin

SOFI
Soziologisches Forschungsinstitut Göttingen
an der Georg-August-Universität

Bibliografische Information der Deutschen Nationalbibliothek:
Die Deutsche Nationalbibliothek verzeichnet diese Publikation in der Deutschen Nationalbibliografie.
Detaillierte bibliografische Daten sind im Internet unter http://dnb.d-nb.de abrufbar.
ISBN 978-3-593-39414-5

Umschlaggestaltung: Campus Verlag, Fankfurt am Main
Satz: Erika Beller
Druck und Bindung: Beltz Druckpartner, Hemsbach
Gedruckt auf Papier aus zertifizierten Rohstoffen (FSC/PEFC).
Printed in Germany

Besuchen Sie uns im Internet: www.campus.de

Inhalt

Danksagung

Diese Studie wurde von vielen Seiten gefördert – herzlichen Dank an all jene, ohne deren Unterstützung sie nicht möglich gewesen wäre! Zu nennen ist hier zunächst die Deutsche Forschungsgemeinschaft (DFG), die das Projekt »IT-Offshoring« in den Jahren 2006 bis 2009 finanzierte. Besonders tief stehe ich zudem in der Schuld der Branchenexpert/innen, die uns an ihrer Erfahrung teilhaben ließen, sowie unserer Gesprächspartner/innen in den deutschen und indischen Untersuchungsbetrieben. Ich danke Ihnen (aus Gründen der Anonymisierung leider nicht namentlich) für Ihr Interesse an dem Projekt, Ihre Unterstützung bei der Zusammenstellung der Gesprächsprogramme und Ihre Bereitschaft, über Arbeits- und Privatleben so umfassend und freimütig Auskunft zu geben, obwohl es uns (wie eine Interviewte zu Recht bemerkte) eigentlich rein gar nichts anging. Ich hoffe, die Lektüre wird Sie für den Aufwand entschädigen!

Meinen Kolleg/innen am Soziologischen Forschungsinstitut (SOFI) an der Universität Göttingen verdanke ich nicht nur vielfältige logistische und moralische Unterstützung, sondern vor allem anregende Diskussionen – die geballte Expertise des Hauses, die etwa auf Kolloquien abgefeuert wurde, trug maßgeblich dazu bei, Fragestellung und Konzeption präziser und stabiler zu machen. Insbesondere danke ich Volker Wittke, der mir in seiner Funktion als Projektleiter vielfach Argumentation und Rücken gestärkt hat, sowie Patrick Feuerstein, der die Mühen der Materialerhebung und -dokumentation teilte, bevor sich unsere Wege in der Auswertungs- und Interpretationsphase trennten. Die zeitaufwändige Transkription der Interviews wäre ohne Unterstützung von Jannis Bullian, Anne Hunker-Wormser, Nina Hoyler und Katharina Zöller kaum zu bewältigen gewesen. Danke für stundenlanges Rätseln über »indisches Englisch«.

Eine erste Fassung dieser Studie wurde im Jahr 2010 als Habilitationsschrift an der Sozialwissenschaftlichen Fakultät der Universität Göttingen angenommen. Mein Dank gebührt der Habilitationskommission sowie insbesondere Wolfgang Knöbl, Karen Shire, Kerstin Jürgens und Volker Wittke, deren sorgfältige und kenntnisreiche Gutachten wertvolle Hinweise für die Überarbeitung des Manuskriptes enthielten. Karin Gottschall danke ich dafür, dass sie mich zur Habilitation ermutigt und meinen Werdegang mit Rat und Förderung begleitet hat.

Bei der Vorbereitung dieser Publikation nahm mir Erika Beller die technische Gestaltung ab und ersparte mir manches graue Haar. Annemarie Hafner und Ingrid Hörkner bewiesen mit ihrer akribischen Endkorrektur, dass es keinen fehlerfreien Text gibt, machten den vorliegenden aber sehr viel besser. Herzlichen Dank für diese unbezahlbare Hilfe!

Die Überarbeitung des Manuskripts erfolgte im Wintersemester 2010/11 im Rahmen eines Fellowships am Internationalen Geisteswissenschaftlichen Kolleg »Work and Human Lifecycle in Global History« an der Humboldt-Universität Berlin. Für die Finanzierung der Publikation, aber vor allem für die hochwillkommene Gelegenheit, mich in einer anregenden Diskussionsatmosphäre und mit mehr Ruhe dem Zusammenhang von Arbeitsorganisation und Lebenslauf bei transnationaler IT-Arbeit zu widmen, als dies im Alltag der Projektarbeit möglich gewesen wäre, danke ich dem wissenschaftlichen Leiter Andreas Eckert und dem »re:work«-Team.

Die Arbeitsteilung zwischen Geschlechtern und Generationen, von der im Folgenden die Rede sein wird, prägte auch die Entstehung dieses Buches. Besonderer Dank gebührt Wolfgang Mayer und Anita Schuster, die in kritischen Phasen immer wieder klaglos Reproduktionsarbeiten übernahmen. Meinem Mann, Freund und Kollegen Ravi Ahuja danke ich für unsere Fachdiskussionen, für seine Entschlossenheit, den steinigen Weg einer gleichberechtigten Partnerschaft und akademischen Doppellaufbahn zu gehen, den so viele in Kapitulation vor der Logik geschlechtsspezifischer »Spezialisierung« verlassen, für seine Geduld mit der entnervten Habilitandin und für seine Nähe. Dank schließlich auch an meine Tochter Sheela Ahuja, die mich zu dieser Studie verleitet hat, nachsichtig mit mir war, wenn sie allzu viel Zeit und Konzentration absorbierte, und mich überzeugte, die Arbeit ruhen zu lassen, wenn Anderes wichtiger war. Gewidmet ist diese Studie Ravi, Sheela und meiner Mutter Sieglinde Mayer († 2003), der ich die Zähigkeit verdanke, trotz allem weiterzumachen.

Göttingen und Berlin, im Dezember 2010
Nicole Mayer-Ahuja

1. Einleitung

»The world is flat!« Als der US-amerikanische Publizist Friedman (2007) unter diesem Titel den Bedeutungsverlust historischer und geographischer Unterschiede im frühen 21. Jahrhundert proklamierte, stürmte er damit die internationalen Bestsellerlisten. Er avancierte zu einem der eloquentesten Vertreter einer weit verbreiteten Argumentation[1], denn immerhin repräsentierten »Hyper-Globalists« laut Dicken (2007) »the largest body of opinion«. Gemeinsam sei ihnen die Position, dass wir in einer grenzenlosen Welt lebten,

> in which the ›national‹ is no longer relevant. In such a world, ›globalization‹ is the new economic (as well as political and cultural) order. It is a world where nation-states are no longer significant actors or meaningful economic units and in which consumer tastes and cultures are homogenized and satisfied through the provision of standardized global products created by global corporations with no allegiance to place or community. Thus, the ›global‹ is claimed to be the *natural* order, an inevitable state of affairs, in which time-space has been compressed, the ›end of geography‹ has arrived and everywhere is becoming the same (Dicken 2007, 5).

Das Argument nahezu allumfassender Homogenisierung mag hier überzeichnet sein, um sich besser davon abgrenzen zu können. Zudem erscheint es angesichts der im Herbst 2008 virulent gewordenen weltweiten Finanz- und Wirtschaftskrise anachronistisch – zumindest in Hinblick auf die angeblich schwindende Rolle von Nationalstaaten, die sich anlässlich der Krise mit »Rettungspaketen« und Regulierungsankündigungen unübersehbar zurückmeldeten. Dies ändert jedoch nichts an der Aktualität der Diskussion über die Reichweite von Homogenisierungstendenzen im Zeichen zunehmend grenzüberschreitender Wirtschaftsaktivitäten (vulgo:

---

1 Bei Friedmans Thesen handelt es sich um einen Ausdruck jener Sicht auf »Globalisierung«, »which sees convergence, homogenization and isomorphic change of societies, economies and cultures as the essence of the phenomenon« (Geppert/Matten/Walgenbach 2006, 1460).

»Globalisierung«). Behält also die im Zitat referierte Auffassung Recht, der zufolge alle lokalen Unterschiede eingeebnet werden? Vorsichtiger formuliert: Wie weit geht Homogenisierung und wo stößt sie an Grenzen? Man kann sich dieser Frage auf verschiedenen Ebenen, mit Bezug auf diverse wirtschaftliche Aktivitäten, mit unterschiedlichen Methoden und wissenschaftlichen wie politischen Erkenntnisinteressen nähern. Der spezifische Fokus der vorliegenden Studie[2] wird deutlich, wenn man den Scheinwerferkegel auf eine typische Konfliktkonstellation richtet.

In den deutsch-indischen Projektteams vieler Softwarefirmen schwelt ein Dauerkonflikt, denn deutsche Beschäftigte verstehen nicht, warum ihre indischen Kolleg/innen klaglos Nächte durcharbeiten – aber sich weigern, abends eine Viertelstunde länger zu bleiben, um einen Arbeitsschritt abzuschließen. Die Auseinandersetzung um diese »kritische Viertelstunde« lässt ahnen, wo in Bezug auf die Nutzung von Arbeitskraft in transnational operierenden Softwarefirmen, die diese Studie untersucht, Grenzen der Homogenisierung liegen könnten. So spielt der Konflikt etwa nicht überall dieselbe Rolle. Indische wie deutsche Beschäftigte in der indischen Servicefirma, in der eine Fallstudie durchgeführt wurde (und die hier aus Anonymisierungsgründen[3] unter dem Kürzel »I-Serve« erscheint), sprechen dieses Problem öfter an als Beschäftigte einer deutschen Produktfirma (hier analog als »G-Pro« bezeichnet). Dies liegt nicht zuletzt daran, dass kurzfristig anberaumte Kooperationen zwischen Projektmitgliedern in Deutschland und Indien in der Servicefirma deutlich häufiger erforderlich werden als in der Produktfirma, was (wie wir sehen werden) unter anderem mit Projektlaufzeiten sowie der Rolle von Kunden und Vorgesetzten bei der Projektabwicklung zusammenhängt. Weil das Erbringen von Software-Dienstleistungen andere Formen der Nutzung von Arbeitskraft erfordert als die Herstellung von Software-Produkten, so die erste Vermutung, kann man nicht von »der« Arbeit im Softwaresektor sprechen – vielmehr sind wesentliche Grenzen von Homogenisierung in unterschiedlichen Geschäftsmodellen begründet. Doch warum arbeiten indische Beschäftigte Nächte

2 Das empirische Material wurde im Rahmen des DFG-Projektes »IT-Offshoring« zusammen mit Patrick Feuerstein erhoben. Durchführung und Dokumentation der Empirie waren ein kollektiver Prozess; viele fruchtbare Diskussionen haben Eingang in die Argumentation gefunden. Die vorliegende Studie wurde jedoch in alleiniger Verantwortung der Autorin verfasst.

3 Zum Zwecke der Anonymisierung werden in der vorliegenden Studie weder die Namen der untersuchten Unternehmen oder ihrer Kunden bzw. Kooperationspartner noch die Namen der befragten Beschäftigten und Managementvertreter/innen preisgegeben.

durch, weigern sich aber, abends spontan fünfzehn Minuten länger zu bleiben – und warum handhaben deutsche Beschäftigte dies anders? Die Beantwortung dieser Frage verweist unter anderem auf das wirtschaftliche Umfeld (etwa auf Branchenkonzentration, IT-Arbeitsmarkt oder urbane Raumstruktur), das politische Umfeld (in Form von Verkehrspolitik oder sozialpolitisch geförderten Ernährermodellen) oder das gesellschaftliche Umfeld (das sich in einer spezifischen Arbeitsteilung zwischen Geschlechtern, Generationen und sozialen Schichten niederschlägt). All diese Faktoren wirken sich direkt darauf aus, in welchem Umfang und in welcher Qualität Arbeitskraft zur Verfügung steht bzw. wie dauerhaft und wie intensiv sie durch Unternehmen genutzt werden kann, ohne ihre Reproduktion in Frage zu stellen. Daher lässt der Konflikt über die »kritische Viertelstunde« Grenzen der Homogenisierung erkennen, die sich (so die zweite Vermutung) aus dem ergeben, was hier als (deutsches bzw. indisches) Regulierungsszenario von Arbeitskraft-(Re-)Produktion bezeichnet werden soll.

Im Folgenden wird diskutiert, wie diese beiden Grenzen der Homogenisierung betrieblicher Arbeitskraftnutzung in der sozialwissenschaftlichen Literatur behandelt werden und an welchen Debatten bzw. Leerstellen die vorliegende Studie anknüpft. Sodann wird die Fragestellung präzisiert und die Auswahl von Forschungsfeld und Untersuchungsbetrieben auf Basis von Literaturlage und konzeptionellen Überlegungen begründet. Die Einleitung endet mit Bemerkungen zu Untersuchungsdesign, Methodik und Aufbau der Arbeit.

1.1 Grenzen der Homogenisierung in der Literatur: Politische Ökonomien und unternehmerische Transnationalisierungswege

Dieser schlaglichtartige Blick auf deutsch-indische Projektteams mag zweierlei verdeutlichen: warum es lohnt, den Grenzen von Homogenisierung gerade in Bezug auf die betriebliche Nutzung von Arbeitskraft nachzugehen – und dass durch den Fokus auf Arbeitskraft-Produktion und -Reproduktion Aspekte in den Blick geraten, die in Debatten über grenzüberschreitende Wirtschaftsaktivitäten kaum Erwähnung finden.[4] Trotzdem profitiert der hier verfolgte Ansatz von Diskussionen in den Wirtschafts- und Sozialwissenschaften, die sich aus anderer Perspektive mit der Frage nach der Homogenisierung von politischen Ökonomien und unternehmerischen Transnationalisierungswegen befassen.

So wurde oben die Vermutung formuliert, dass die Spielräume unternehmerischer Nutzung von Arbeitskraft durch Unterschiede in deren (Re-)Produktion in Deutschland und Indien eingeschränkt sind. Ein »Regulierungsszenario der Produktion und Reproduktion von Arbeitskraft« ist jedoch letztlich ein Ausschnitt einer sozialräumlich spezifischen politischen Ökonomie (siehe Kapitel 2.1). Insofern bilden Studien von Autoren wie Hall/Soskice (2001), Hollingsworth/Boyer (1997) oder Whitley (1999)[5], welche die institutionelle Einbettung von Unternehmensaktivitäten untersuchen, oder Esping-Andersen (1990), der die staatliche Regulierung von Arbeitsmärkten betrachtet, einen wichtigen Ausgangspunkt für unsere Überlegungen.[6] Dies gilt, obwohl zumeist nur von Staaten der kapitalistischen »Zentren« die Rede ist, während Länder der »Semiperipherie« oder gar der »Peripherie« unberücksichtigt bleiben (eine Ausnahme ist: Wood/Frynas 2006), und obwohl die thematische Fokussierung sich deutlich unterscheidet. Die genannten Autoren argumentieren letztlich, der Homogenisierung *zwischen* politischen Ökonomien seien Grenzen gesetzt – ihre zentrale Aussage lautet, dass Unterschiede zwischen »Kapitalismusvarian-

---

4 Eine Ausnahme markiert Frenkel (2003, 136), der eine »multiple embeddedness« von Beziehungen am Arbeitsplatz beschreibt: Er betrachtet das »Mesofeld« transnationaler Produktionsnetzwerke (innerhalb und zwischen Unternehmen) sowie »the micro level forces, in particular, the organizational structure of labour markets and work, influenced by local labour market institutions, management, and employees« (ebenda, 137). Frenkels »Makrofeld« (Globalisierung und neue Informations- bzw. Kommunikationstechnologien) wird in der vorliegenden Studie hingegen nur als Hintergrund für die untersuchten Phänomene behandelt. Grundsätzlich werden mit transnationaler Konzernstruktur und ortsgebundenen Regulierungsszenarien in vieler Hinsicht »place and production« als jene »strategic sites« in den Mittelpunkt der Analyse gestellt, an denen sich Sassen (2001, 2) zufolge globale Prozesse materialisieren.

5 Jackson und Deeg diskutieren diese Ansätze zusammenfassend und würdigen ihre intellektuellen Wegbereiter, darunter Modernisierungstheorie, »Business Studies«, Neo-Korporatismus-Forschung, französische Regulationsschule, der »Societal Effects«-Ansatz sowie Studien zu rheinischem und angelsächsischem Kapitalismus. Deren zentrale Annahmen werden als kompatibel erachtet (Jackson/Deeg 2006; Deeg/Jackson 2007, 151f.).

6 Hall und Soskice (2001, 50) betonen zudem eine »correspondence between types of political economies and types of welfare states«.

ten« oder »Wohlfahrtsregimen« keineswegs im Schwinden begriffen sind, wie Verkünder eines »Endes der Geschichte« (Fukuyama 1989) oder einer zunehmenden Konvergenz zwischen Gesellschaften, Ökonomien und Kulturen im Zeichen der »Globalisierung« (Friedman 2007) meinen. Aus dieser Perspektive wäre es zweifellos von Interesse, zu untersuchen, ob die deutsche und indische politische Ökonomie sich ähnlicher werden[7] – doch dazu sind auf Grundlage des hier verwendeten empirischen Materials keine gesicherten Aussagen zu machen. In der vorliegenden Studie hingegen steht die Frage im Mittelpunkt, welche Grenzen für Homogenisierung *in* verschiedenen politischen Ökonomien bestehen – inwiefern also (in unserem Falle) Regulierungsszenarien in Deutschland und Indien einer Vereinheitlichung von Arbeitskraftnutzung über Weltregionen hinweg Grenzen setzen (zur inneren Dynamik von Regulierungsszenarien siehe Kapitel 2.1). Dies setzt allerdings das Fortbestehen von Unterschieden zwischen politischen Ökonomien voraus – also die Existenz »variierender« (Hall/Soskice 2001) oder sogar »divergierender« Kapitalismen (Whitley 1999).[8] Wir werden (in Kapitel 2.1) darauf zurückkommen, wie sich das hier vorgeschlagene Konzept eines »Regulierungsszenarios der Produktion und Reproduktion von Arbeitskraft« zu den genannten Ansätzen verhält, doch in einem zentralen Punkt besteht Übereinstimmung: Einer Vereinheitlichung von Arbeitskraftnutzung über Weltregionen hinweg sind nicht zuletzt deshalb Grenzen gesetzt, weil man sich an ortsgebundenen Regulierungsstandards orientieren muss, die keineswegs auf ein angelsächsisches Einheitsmodell hin konvergieren (Maurice 2000, 27; Deeg/Jackson 2007, 154; Ferner/Quintanilla/Varul 2001, 108).

Die zweite Beobachtung, die sich aus dem Konflikt über die »kritische Viertelstunde« ergibt, betrifft jene Grenzen von Homogenisierung, die in unterschiedlichen Geschäftsmodellen begründet sind. Die Funktionslogik von transnationaler Softwareprogrammierung scheint sich demnach in Produktfirmen anders zu gestalten als in Servicefirmen – eine Homogenisierung von Transnationalisierungswegen über Geschäftsmodelle hinweg,

7 Immerhin erwarteten auch Vertreter der Modernisierungstheorie Homogenisierung in Form einer mehr oder minder gleichgerichteten Entwicklung »peripherer« bzw. »rückständiger« Regionen hin zu den Standards der kapitalistischen Zentren (vgl. Harvey 2006b, 71f.).

8 Zur Kritik der Annahme, dass diese weitgehend stabilen politökonomischen Konstellationen sich allenfalls entlang eigener Pfade weiterentwickeln oder (in extremen Situationen) von einem Pfad zum anderen »springen« könnten, siehe: Jackson/Deeg 2006; Deeg/Jackson 2007.

so scheint es, findet nicht statt. Auch diese Annahme kann sich auf langjährige sozialwissenschaftliche Forschung stützen, selbst wenn diese sich zumeist nicht auf den Softwaresektor bezieht. Immerhin rückte die Frage nach dem Charakter grenzüberschreitender Wirtschaftsaktivitäten schon seit den neunziger Jahren verstärkt auf die wissenschaftliche Agenda, als statt dem Handel zunehmend ausländische Direktinvestitionen als dominierender Ausdruck von »Globalisierung« galten (Buhr 1998, 13), deren Umfang zudem an die frühere »Globalisierungswelle« zu erinnern begann, die mit der Weltwirtschaftskrise von 1929/30 zu Ende gegangen war (Jones 2005, 18–24).[9] Gerade in Studien zu unternehmerischen Transnationalisierungswegen werden allerdings teilweise starke Homogenisierungsannahmen vertreten: Die Art, wie Unternehmen über Grenzen hinweg wirtschafteten, so heißt es, gleiche sich vor allem durch die homogenisierende Wirkung weltweiter Märkte und weltweit eingesetzter Informations- und Kommunikationstechnologien immer weiter an (Castells 1996). Speziell »transnationale Unternehmen«[10] als »treibende Kräfte weltwirtschaftlicher Integration« (Mense-Petermann 2005, 381) seien letztlich »essentially similar across nations at least in terms of basic structure and strategy« (Hall/Soskice 2001, 55). Unter Verweis auf DiMaggio und Powell (1983) wird teilweise eine mächtige Tendenz zu »Isomorphismus«, also zur Vereinheitlichung von Organisationsstrukturen und -praktiken ausgemacht[11], was auf

9 Laut Jones (2005, 21) erreichte der Anteil ausländischer Direktinvestitionen (FDI) an der Weltwirtschaftsleistung (world output) im Jahre 1913 etwa 9 Prozent. Zwischen 1960 und 1990 lag er unter 5 Prozent, stieg 1990 auf 8,5 und 1997 auf 11,8 Prozent. Sorge (2005, 3–13) schlägt (aufgrund der geringen Zunahme von Import-/Exportquoten) dennoch vor, Reichweite und Neuigkeitswert der heutigen Internationalisierung kritisch zu hinterfragen. Diese sei allenfalls insofern »a new type of globalization«, als sie »an integrated world order, rather than competitive and partial world orders constituted by rival empires« beinhalte (Sorge 2005, 3f.).

10 Unter transnationalen Unternehmen werden hier (in Anlehnung an Buhr 1998, 15) wirtschaftliche Organisationen verstanden, die sich aus einem Mutterhaus und einer oder mehreren Niederlassungen außerhalb des Herkunftsstaates zusammensetzen, die durch strukturelle Abhängigkeit miteinander verbunden sind. Zu unterscheiden sind sie von Joint Ventures, Outsourcing- bzw. Franchising-Arrangements und Strategischen Allianzen. Die weitergehende Definition von Bartlett und Ghoshal (1990) wird nicht geteilt.

11 »[I]somorphism is a constraining process that forces one unit in a population to resemble other units that face the same set of environmental conditions.« (DiMaggio/Powell 1983, 149). Unterschieden wird zwischen »coercive«, »mimetic« und »normative isomorphism«, der jeweils zur Angleichung von Organisationsstrukturen und -praktiken innerhalb eines »organisationalen Feldes« (durch Zwang, Nachahmung und normativen Druck) führe.

nationalstaatlich begrenzte »Organisationsfelder« (»organisational fields«), zunehmend aber auch auf transnationale Wirtschaftsräume bezogen wird, wo eine »globale Diffusion von Praktiken« stattfinde (Tempel/Walgenbach 2007). Zwar wird teilweise konzediert, transnational operierende Konzerne müssten gleichzeitig interne Konsistenz und die Anpassung an lokale Besonderheiten gewährleisten, seien also »dual pressures for local adaptation and internal consistency« ausgesetzt (Rosenzweig/Nohria 1994, 230). Doch grundsätzlich ist aus dieser Perspektive eine Tendenz zur weltweiten Homogenisierung von Unternehmenspraktiken zu erwarten. Autoren wie Bartlett und Ghoshal (1990) argumentieren sogar, wirtschaftlicher Erfolg sei künftig nur noch im Rahmen einer »transnationalen Lösung« möglich, die in vieler Hinsicht als »one best way« und Höhepunkt einer evolutionären Entwicklung präsentiert wird. Branchenzugehörigkeit und Operationskontext wird dabei immer geringere Prägekraft attestiert (zusammenfassend: Geppert/Matten/Schmidt 2006; siehe Kapitel 2.2), und transnational operierende Unternehmen erscheinen (zugespitzt) als »stateless players, detached from individual nation states«, die bar örtlicher Bindungen frei zwischen Standorten wählten (Ferner 1997, 19; Geppert/Matten/Williams 2003, 808–810). Dies ist nicht unwidersprochen geblieben: Kritiker betonen, Produktionsprozesse könnten nicht unabhängig von den materiellen Bedingungen diskutiert werden, unter denen sie stattfinden, denn »[c]apitalist activity is always grounded somewhere«:

> Diverse material processes (physical, ecological as well as social) must be appropriated, used, bent and re-shaped to the purposes and paths of capital accumulation. Conversely, capital accumulation has to adapt to and in some instances be transformed by the material conditions it encounters (Harvey 2006b, 78).

So hat etwa eine Vielzahl von Studien aus dem Umfeld des »europäischen Institutionalismus« belegt, wie nachhaltig Unternehmensstrategien durch den Herkunftskontext geprägt sind (eine Literaturübersicht bieten: Geppert/Matten/Schmidt 2006), und

> that even the most global of companies remain deeply rooted in the national business systems of their country of origin (Ferner 1997, 19).[12]

---

12 So hätten die meisten Unternehmen das Gros ihrer Produktionsstätten und Beschäftigten im Herkunftsland; Besitz und Kontrolle (»ownership and control«) seien dort zentralisiert und Führungspositionen vorwiegend mit Bürger/innen der Herkunftslandes besetzt. Strategische Entscheidungen würden dort getroffen. Zudem habe jedes Unterneh-

Angenommen wird, dass sich die institutionellen Besonderheiten eines Nationalstaates (etwa in Bezug auf das politische System, Finanzsystem, (Aus-)Bildungssystem oder die Konventionen für Vertrauens- und Autoritätsbeziehungen) zu einem spezifischen »Business System« verdichten[13], das die Strukturen und Praktiken der in diesem »System« verankerten Firmen prägt (Lane 1989; Whitley 1999; Harzing/Sorge 2003; Sorge 2005). Diese Prägung ist nach Ansicht von Harzing und Sorge (2003, 206) so folgenreich, dass es angebracht sei, nicht von »multinationalen Unternehmen«, sondern von »nationalen Unternehmen mit internationalen Operationen« zu sprechen. Der hier vorgeschlagene Ansatz nimmt diese Überlegungen insofern auf, als ebenfalls davon ausgegangen wird, dass ein in Deutschland verankertes Unternehmen sich mit großer Wahrscheinlichkeit anders transnationalisiert als ein in Indien groß gewordener Konzern. Trotzdem werden in zweierlei Hinsicht andere Schwerpunkte gesetzt: Zum einen ist ein »Regulierungsszenario der Produktion und Reproduktion von Arbeitskraft« keineswegs deckungsgleich mit einem »Business System«. So wird etwa das (für »Business Systems« zentrale) Finanzsystem in der vorliegenden Studie keine Rolle spielen, wohl aber die (teilweise institutionell gefestigte) Arbeitsteilung zwischen Geschlechtern, Generationen und sozialen Schichten, die üblicherweise nicht als Teil von »Business Systems« gehandelt wird. Zum anderen steht in der vorliegenden Studie der Zusammenhang zwischen institutionellem Herkunftskontext und im weitesten Sinne »typischen« Geschäftsmodellen im Mittelpunkt des Interesses. Dieser wird in Studien zu »Business Systems« selten explizit diskutiert – vielmehr schwingen meist zwei implizite Annahmen mit. Zum einen wird stillschweigend vorausgesetzt, dass sich die institutionelle Prägung vor allem in bestimmten Branchen manifestiert, weshalb der empirische Fokus meist auf einen relativ eng umgrenzten Teil der Wirtschaft gerichtet ist. So wird für Deutschland stets auf industrielle Großbetriebe (z. B. im Maschinenbau) verwiesen, nicht etwa auf den Einzelhandel oder das öffentliche Gesundheitswesen, obwohl auch dort Prägungen durch das institutionelle Setting zu erwarten wären. Zum anderen wird (ebenfalls implizit) eine intrasektorale Homogenitätsannahme vertreten – in Deutschland ist Maschi-

men »a home government and a home tax authority« und somit »a legal and a fiscal nationality« (Ferner 1997, 19) .

13 Laut Whitley (1999) beinhaltet ein »Business System« zum Beispiel »ownership coordination«, »non-ownership coordination« sowie »employment strategies and work management«.

nenbau gleich Maschinenbau. In der vorliegenden Studie hingegen wird argumentiert, dass Softwaresektor selbst dann nicht gleich Softwaresektor ist, wenn man nur *einen* institutionellen Kontext betrachtet: Die Transnationalisierungswege von Unternehmen (so die Annahme) sind zwar durch ihren jeweiligen Herkunftskontext geprägt, können sich aber nicht nur in verschiedenen Branchen, sondern sogar in verschiedenen Branchensegmenten sehr unterschiedlich darstellen. Die markanten Unterschiede zwischen Produkt- und Servicefirmen, denen diese Studie nachgeht, machen deutlich, dass es einen »optimalen Weg« der Transnationalisierung aufgrund der unterschiedlichen Funktionslogik von Geschäftsmodellen selbst innerhalb einer Branche nicht geben kann. Wohl aber scheint ein Zusammenhang zwischen dem institutionellen Kontext von Staaten und den dort besonders verbreiteten Geschäftsmodellen zu bestehen – in Bezug auf den Softwaresektor werden wir sehen, dass Produktfirmen vorwiegend aus den kapitalistischen »Zentren« stammen, während Servicefirmen derzeit gerade in Ländern der »Semiperipherie« (wie Indien) besonders stark expandieren (siehe Kapitel 2.2).

In welchem Verhältnis stehen nun diese beiden Grenzen der Homogenisierung von Formen betrieblicher Arbeitskraftnutzung zueinander? Zwar könnten die von unterschiedlichen Regulierungsszenarien bzw. unterschiedlichen Geschäftsmodellen bewirkten Homogenisierungshindernisse durchaus getrennt voneinander untersucht werden, doch in der Praxis bilden Regulierungsszenarien und Geschäftsmodelle einen unauflösbaren Wirkungszusammenhang: Transnationalisierung von Konzernstrukturen bedeutet nicht zuletzt, dass Unternehmen, deren Geschäftsmodelle durch einen spezifischen Herkunftskontext geprägt sind, auf Arbeitskraft zugreifen, die in einem Regulierungsszenario produziert und reproduziert wird, das aus einem anderen Kontext hervorgeht. Auch bei Befassung mit diesem Wirkungszusammenhang können wir uns auf zahlreiche Studien stützen. Demnach ist der Umgang von Unternehmen mit Arbeitskraft zwar stets durch deren institutionelle Herkunft geprägt, doch diese Standards können nicht bruchlos auf Niederlassungskontexte übertragen werden – stattdessen kommt es dort in den Worten Boyers (1998) zu einer »Hybridisierung« (siehe auch: Boyer u.a. 1998; ähnlich: Ferner 1997; Ferner/Quintanilla/Varul 2001). Zugespitzt formuliert wirken transnationale Konzernstrukturen aus dieser Perspektive also insofern potentiell homogenisierend, als das Mutterhaus versucht, seine Praktiken auf die Niederlassungen zu übertragen – scheitert dies, so liegt es am Niederlassungskontext. Boyer (1998, 38) zum Beispiel schreibt:

Since two regional and national spaces rarely posses the same economic institutions, the principal problem faced by company managers is adaptation to the local context. There are multiple tensions between *the desire* to transplant the model in its classic form and the *necessity* to implant it in another social fabric (Hervorhebung durch NMA).

In der vorliegenden Studie wird hingegen argumentiert, dass Transnationalisierung keineswegs immer mit einem Streben von Unternehmen nach »Homogenisierung« einhergehen muss. Zwar kann man davon ausgehen, dass Konzernzentralen die Funktionslogik des jeweiligen Geschäftsmodells auf Niederlassungen übertragen. Wir werden jedoch am Beispiel des Softwaresektors sehen, dass dies nur in manchen Fällen (etwa bei der untersuchten Produktfirma im Rahmen »verteilter Entwicklung«) den Versuch zur Vereinheitlichung des Arbeitskrafteinsatzes in verschiedenen Weltregionen beinhaltet, während in anderen Fällen (bei der Servicefirma unseres Samples) das Geschäftsmodell geradezu auf Unterschieden im Arbeitskrafteinsatz beruht – im »Offshoring-Modell« indischer Servicefirmen etwa übernimmt das indische Mutterhaus explizit andere Funktionen (Programmierung) als die Niederlassungen in Europa oder den USA (Projektakquise und Kundenbetreuung).

Ausdrücklich geteilt wird schließlich die Einschätzung, dass die Gegenüberstellung von Konvergenz und Divergenz, Homogenisierung und Diversifizierung in vieler Hinsicht ein künstlicher Gegensatz ist. So argumentiert etwa Sorge (2005, 237), die eigentliche Frage laute, inwiefern eine Tendenz zur Konvergenz politischer Ökonomien jeweils durch Divergenz bedingt sei und gleichzeitig zu Divergenz beitrage (»how convergent tendencies are conditioned by and contributive to divergent settings«).[14] Zwar führe die Zunahme grenzüberschreitender Aktivitäten durchaus zu einer Verbreitung ähnlicher politischer, ökonomischer und kultureller Praktiken über Staatsgrenzen und Weltregionen hinweg, doch diese würden vor Ort in jeweils spezifische »Metatraditionen« eingepasst und zu Neuartigem umgestaltet. Ergebnis sei eine Kombination von Konvergenz und Divergenz:

14 Zur Kritik dieses Werkes (Sorge 2005) siehe Campbell 2007 und Herrigel 2007, zur Entgegnung des Autors: Sorge 2007.

It is possible to see that striking convergence through the importation of foreign models has led to divergent forms of implementation and to recombination with other practices (ebenda, 236).

Die Annahme, dass das Aufeinandertreffen von potentiell homogenisierenden Prozessen und einer Vielzahl divergenter Konstellationen zu sehr unterschiedlichen Ergebnissen führt, wird in dieser Studie dahingehend präzisiert, dass transnationale Konzernstrukturen durchaus eine (je nach Geschäftsmodell mehr oder minder) homogenisierende Wirkung entfalten können, sich betriebliche Arbeitskraftnutzung vor Ort jedoch stets an den jeweiligen Regulierungsszenarien der Produktion und Reproduktion von Arbeitskraft orientieren muss. Im Ergebnis wird eine Homogenisierung von Arbeitskraftnutzung über Geschäftsmodelle und Weltregionen hinweg erschwert und teilweise unmöglich gemacht.

1.2 Reichweite und Grenzen der Fragestellung

Der Neuigkeitswert des hier verfolgten Ansatzes besteht demnach nicht darin, Homogenisierung als vielfach begrenzten Prozess zu analysieren – vielmehr sollen Grenzen der Homogenisierung benannt werden, die sonst kaum in den Blick geraten, indem eine arbeitssoziologische Perspektive eingenommen, der empirische Zugriff auf die »Semiperipherie« kapitalistischer Produktion erweitert und der inhaltliche Fokus auf die Wechselwirkung zwischen dem (einem Geschäftsmodell inhärenten) Transnationalisierungsweg von Unternehmen und ortsgebundenen Regulierungsszenarien von Arbeitskraft-(Re-)Produktion gerichtet wird. Die Hypothese lautet:

Wesentliche Grenzen der Homogenisierung von betrieblicher Arbeitskraftnutzung sind zum einen in den Transnationalisierungswegen von Unternehmen begründet, zum anderen in der ortsgebundenen Regulierung der Produktion und Reproduktion von Arbeitskraft.

Grenzen von Homogenisierung werden dabei nicht nur zwischen, sondern auch an den beiden Polen sichtbar: Zum einen ist die »Transnationalisierung« eines Konzerns kein Garant für die Homogenisierung von Unternehmensstrukturen und -praktiken – weder zwischen Unternehmen, weil verschiedene Geschäftsmodelle jeweils spezifische Formen von Arbeitskraftnutzung erfordern können, noch innerhalb von Unternehmen, weil im Rahmen dieser Geschäftsmodelle die Vereinheitlichung von Arbeitskraftnutzung über Weltregionen hinweg eine große, aber auch explizit keine Rolle für unternehmerische Personaleinsatz-Strategien spielen kann. Unabhängig davon, wie einheitlich Softwarefirmen (aufgrund ihres Geschäftsmodells) Formen von Arbeitskraftnutzung im Herkunfts- und Niederlassungskontext gestalten möchten, stößt die Umsetzung unternehmerischer Arbeitseinsatzstrategien generell an Grenzen, die in den vor Ort wirkenden Standards der täglichen, biographischen und transgenerationalen Produktion und Reproduktion von Arbeitskraft begründet sind. Weil diese stets an ein spezifisches (in erheblichem Maße nationalstaatlich verfasstes) Regulierungsszenario (siehe Kapitel 2.1) gebunden sind, können sich im Mutterhaus bewährte Formen von Arbeitskraftnutzung in einer Niederlassung als schwer durchsetzbar erweisen – gleichzeitig sind jedoch durchaus partielle Homogenisierungstendenzen möglich, weil sich Standards der Regulierung von Arbeitskraft-(Re-)Produktion im Zuge zunehmend grenzüberschreitender Unternehmensaktivitäten und der daraus resultierenden »Standortkonkurrenz« annähern können.

Schaubild 1: Grenzen der Homogenisierung (Visualisierung der Hypothese)

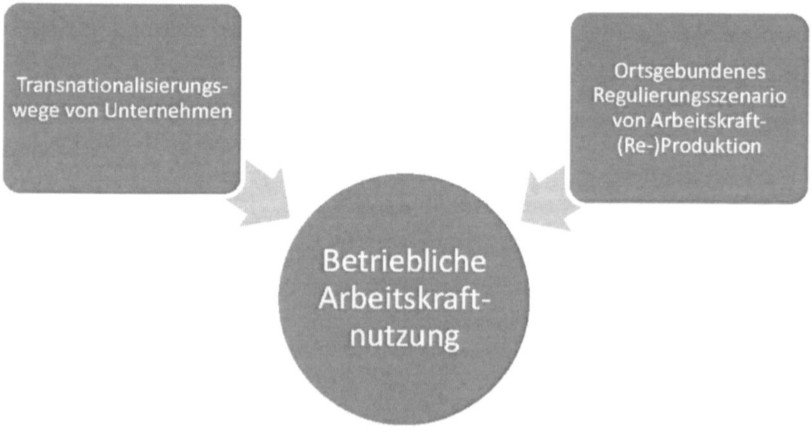

Was die Reichweite der Fragestellung betrifft, dürften folgende Präzisierungen hilfreich sein, um falsche Erwartungen zu vermeiden:

Im Zentrum des Interesses steht menschliche Arbeitskraft. Ihre Träger/innen begegnen uns als abhängig Beschäftigte von Wirtschaftsunternehmen, die ein Nutzungsrecht auf diese Arbeitskraft erwerben, sie als »menschliches Kapital« oder »menschliche Ressource« betrachten – Begriffe, die im Folgenden bewusst vermieden werden – und ihre Verausgabung im Rahmen hochkomplexer Wertschöpfungsketten organisieren. Gleichzeitig handelt es sich um die Arbeitskraft von Männern und Frauen, Jungen und Älteren, die in einem jeweils spezifischen wirtschaftlichen und politischen Umfeld leben und eine spezifische Form der Arbeitsteilung zwischen Geschlechtern, Generationen und sozialen Schichten praktizieren. Sowohl über Wertschöpfungsketten als auch über Staats-, Wirtschafts- und Sozialstrukturen kann man erwiesenermaßen Bücher schreiben – doch dies ist nicht Ziel der vorliegenden Studie. Vielmehr sind die Strukturen und Prozesse der untersuchten Firmen ebenso wie das jeweilige politische, wirtschaftliche und soziale Umfeld ihrer Operationen in Deutschland und Indien nur insofern von Interesse, als sie im Brennspiegel der betrieblichen Nutzung von Arbeitskraft aufeinander treffen.

Diese Studie ist eine Momentaufnahme. Sie reflektiert die Situation zum Zeitpunkt der Gesprächsprogramme, die vorwiegend im Jahr 2007 stattfanden. Daraus erwächst methodologisch das Problem, Prozesse von Homogenisierung (bzw. deren Grenzen) auf Grundlage von zeitlich eng bemessenen Einblicken zu diskutieren, doch diese lassen sich zumindest in gewisser Hinsicht »historisieren«: Weil in der vorliegenden Literatur sowie in den Interviews mit Beschäftigten, Managementvertreter/innen und Branchenexpert/innen in Form von Rück- und Ausblicken immer wieder Entwicklungstendenzen zur Sprache kommen, ist es möglich, einen indirekten Blick auf die historische Gewordenheit aktueller Phänomene zu werfen und anhand von in der Vergangenheit realisierten Veränderungspotentialen Hinweise auf denkbare Zukunftsperspektiven zu gewinnen.[15] Eine solche Historisierung ist umso wichtiger, als spätestens das Einsetzen der weltweiten Finanz- und Wirtschaftskrise im Jahr 2008 deutlich gemacht hat, dass die betriebliche Nutzung von Arbeitskraft keineswegs eine stabile Konstellation darstellt. Sowohl unternehmerische Transnationalisierungsstrategien als auch die wirtschaftlichen, staatlichen und gesellschaftlichen Strukturen und Prozesse der Produktion und Reproduktion von Arbeitskraft sind als Ausdruck veränderlicher Markt- und Machtverhältnisse in stetiger Bewegung.

---

15 Dies entspricht der gängigen Strategie, »to compar[e] and evaluat[e] the extent of convergence or divergence from the results that enterprise development has achieved at a given moment.« (Harzing/Sorge 2003, 188).

Dies ist ein fallstudienbasierter Beitrag zu Branchenanalyse und Theorieentwicklung. Wie in den meisten qualitativen Studien, die sich auf eine intensive Auswertung von Beschäftigten- und Managementinterviews stützen, ist die Zahl der untersuchten Betriebe und der Befragten auch hier überschaubar (siehe Kapitel 1.4). Es wird daher kein Anspruch auf statistische Repräsentativität, wohl aber auf empirische Aussagekraft und theoretische Relevanz erhoben: auf empirische Aussagekraft, weil die Auswahl der Samplebetriebe es ermöglicht, die wichtigste Differenzierung im Softwaresektor (nämlich die Verteilung von Geschäftsmodellen auf verschiedene Weltregionen) in den Blick zu nehmen (siehe Kapitel 1.3); auf theoretische Relevanz, weil gerade eine begrenzte Zahl von Fallstudien eine methodische Herangehensweise zulässt, die nicht nur vom Abstrakten zum Konkreten schreitet, indem sie auf Grundlage der Kenntnis abstrakter Strukturen und Prozesse Fragen an die betriebliche Realität formuliert, sondern auch »bottom-up theorizing« ermöglicht, also laut Harvey (2006b, 86) jene »method of descent from the surface appearance of particular events to the ruling abstractions underneath«:

> It entails viewing any particular event set as an internalization of fundamental underlying guiding forces. The task of enquiry is to identify these underlying forces by critical analysis and detailed inspection of the individual instance. I stand, in short, to learn far more about the urban process under capitalism by detailed reconstruction of how a particular city has evolved than I would from collection of empirical data sets from a sample of one hundred cities. From this perspective we see that all case studies necessarily internalize theory construction.

Auch die vorliegende Studie versteht sich als Beitrag zur Theorieentwicklung, weil ein neuer Ansatz für die Analyse betrieblicher Arbeitskraftnutzung zwischen transnationaler Konzernstruktur und ortsgebundenen Regulierungsszenarien von Arbeitskraft-(Re-)Produktion vorgeschlagen wird. Sie eröffnet damit ein weites Untersuchungsfeld, das auf Grundlage des empirischen Materials allenfalls ansatzweise bearbeitet werden kann. Ziel ist es, exemplarisch aufzuzeigen, inwiefern ein Fokus auf die Grenzen der Homogenisierung von Arbeitskraftnutzung dazu dienen kann, wissenschaftliche Diskussionen zu grenzüberschreitenden Unternehmensaktivitäten einerseits und ortsgebundenen Regulierungsszenarien andererseits zu verbinden. Die Analyse dieser Wechselwirkungen verspricht Erkenntnisse, die über die Grenzen des Softwaresektors und dieser Studie hinaus nutzbar sein dürften.

Transnationalisierung und Ortsgebundenheit sind kein Gegensatz. In dieser Studie geraten »wirtschaftliche, kulturelle, politische und soziale Beziehungen und Verflechtungen« in den Blick, »die die Grenzen der Nationalstaaten überschreiten«, doch diese entstehen, wie Pries (2008, 13) überzeugend argumentiert, »zwischen sehr spezifischen Orten und Plätzen«. Das (weitgehend unerforschte) Phänomen transnationaler Arbeit in der Softwareprogrammierung zeichnet sich gerade dadurch aus, dass abhängig Beschäftigte in verschiedenen Weltregionen sich im Arbeitsalltag näher kommen, transkontinental (über Email oder Telefon) kommunizieren und sich teilweise (etwa im Rahmen von »Auslandseinsätzen«) auch persönlich kennen lernen.[16] Dies ist nicht zuletzt deshalb interessant, weil es Standards betrieblicher Arbeitskraftnutzung für Beschäftigte direkt vergleichbar macht und weil verschiedene Regulierungsszenarien stärker miteinander verflochten werden, wenn Unternehmen »zwischen ihnen« operieren und wählen können (siehe Kapitel 2.1). Trotzdem bleibt die örtliche Verankerung von transnational arbeitenden Beschäftigten im Wesentlichen ungebrochen (siehe Kapitel 3), und eine Transnationalisierung von Regulierungsszenarien der Produktion und Reproduktion von Arbeitskraft hat (trotz aller »Standortkonkurrenz«) nur in begrenztem Maße stattgefunden. Das wirtschaftliche Umfeld von Unternehmensaktivitäten, politische Regulierungsstrukturen und -praktiken sowie die gesellschaftliche Arbeitsteilung zwischen Geschlechtern, Generationen und sozialen Schichten stellen sich nach wie vor in Indien anders dar als in Deutschland. Derlei Standards sind ortsgebunden – eine »De-Territorialisierung« bzw. »Enträumlichung« des Sozialen bzw. eine »Virtualisierung« der Welt ist nicht festzustellen (Pries 2008, 77, 109), obwohl sich die sozialräumlichen Bezüge vieler Menschen unter Bedingungen von »Zeit-Raum-Verdichtung« (Harvey 1990) ausdifferenziert haben. Unternehmen müssen sich, wie Sassen (2001, 3) bemerkt, in ihrer Arbeitskraftnutzung an derlei ortsgebundenen Standards orientieren:

16 Sahay, Nicholson und Krishna (2003, 1) definieren »Global Software Work« als »software work undertaken at geographically separated locations across national boundaries in a coordinated fashion involving real time or asynchronous interaction. [...] Unlike manufacturing activities and professional services like consultancies that have been studied in the past, software developement in global settings remains empirically largely unexamined.«

[E]ven the most advanced information industries have a production process that is at least partly place bound because of the combination of resources it requires even when the outputs are hypermobile.

Wir werden sehen, dass dies auch für Firmen des Softwaresektors zutrifft.

Ein Wort zur »Kultur«. »Kultur« spielt in den untersuchten Firmen vor allem in zwei Varianten eine zentrale Rolle: Zum einen in Form von »corporate culture«, der von Managementvertretern eine homogenisierende Wirkung attestiert wird, weil sie für alle »Standorte« gelte – und zum anderen als an Ethnie gebundene »National-Kultur«, die nach Einschätzung vieler Befragter zum Beispiel deutsche von indischen Beschäftigten unterscheide. In beiden Fällen verweist »Kultur« eher auf Stereotypisierung denn auf soziale Praxis – und entsprechend vorsichtig sind derlei Aussagen der Interviewten zu interpretieren. So können etwa die im Rahmen von »corporate culture statements« formulierten Leitsätze und Zielvorstellungen[17] zwar nicht mit realen Managementpraktiken gleichgesetzt werden, dienen aber durchaus als Hinweise auf Unternehmensstrategien von Personaleinsatz und Transnationalisierung. Auch Aussagen zu »Ethno-Kultur« lassen nicht unbedingt Rückschlüsse auf das tatsächliche Verhalten von (deutschen oder indischen) Beschäftigten zu, weisen aber den Weg zu strukturellen Widersprüchen – Widersprüche, die übersehen würde, wer sich etwa auf »interkulturelle Konflikte« als deren offensichtlichste Erscheinungsformen konzentriert oder Unterschiede zwischen Firmenstandorten als quasi unveränderlich (weil ethnisch bedingt) (über)interpretiert. Dieses analytische Problem thematisieren Ferner und Quintanilla:

[T]he emphasis of research has all too often been on a cut-price culturalism: simplistically explaining differences in outcomes across borders by references to some abstract free-floating notion of unchanging national ›cultural values‹ … without enquiring further into the historically evolved institutional arrangements with which such ›values‹ might be associated (Zit. in: Edwards/Kuruvilla 2005, 9).

Immerhin stehen gerade hinter »interkulturellen Konflikten« häufig Auseinandersetzungen um (betriebliche) Herrschaftsverhältnisse:

Im Fall von Re-Organisationsprozessen, die auf die zunehmende transnationale Integration einer Vielzahl von Tochtergesellschaften aus allen Weltregionen gerichtet sind, nehmen Auseinandersetzungen um ein solches Re-Arrangement von Macht und Herrschaftsverhältnissen in erster Linie die Form ›interkultureller‹ Konflikte

---

17 Zu Unterschieden zwischen deutschen Vorstellungen von »Unternehmenskultur« und US-amerikanischen Konzepten von »corporate culture« siehe Kapitel 2.2.2.

an. [...] Transnationalisierung führt mit anderen Worten erstmals in breitem Umfang und bis hinunter auf die operative Ebene zum ›Aufeinandertreffen‹ der unterschiedlichen standortspezifischen Wahrnehmungs-, Interpretations- und Legitimationsmuster (Mense-Petermann 2005, 384).

Aus dieser Perspektive markieren die häufig unreflektiert als »interkulturell« verhandelten Konflikte unschätzbare Wegweiser zu Sollbruchstellen in den betrieblichen Formen der Nutzung von Arbeitskraft in verschiedenen Weltregionen – die obigen Ausführungen zur »kritischen Viertelstunde« mögen hier als Fingerzeig dienen. Allerdings ist interpretatorische Vorsicht geboten, denn die Befragten reproduzieren vor allem jene Stereotypen, die Unternehmen in ihren »cultural training programmes« kolportieren lassen, wenn sie Konflikte zwischen Arbeitenden und Vorgesetzten oder innerhalb von Projektteams analysieren. Upadhya und Vasavi (2006, 96) bemerken dazu:

Such cultural profiles of different categories of workers are also invoked by managements and clients to explain why they are not behaving or performing as expected. The ubiquity of this framework became apparent in interviews with managers and engineers in Bangalore as well as in Europe: both European and Indian respondents articulated a common set of ideas about Indians (especially Indian software engineers) and Indian work culture, which are contrasted with European and American engineers and work culture. These stereotypes reflect to a large extent the internalisation of ideas about cultural differences that are disseminated during cross-cultural training programmes.

Vor Ort ist man häufig mit Verweisen auf »zeitlose Nationalcharaktere« konfrontiert, die aus den Studien von Hofstede (1980) abgeleitet werden.[18]

18 Hofstede (1980, 11) geht davon aus, »that people carry ›mental programmes‹ which are developed in the family in early childhood and reinforced in schools and organization, and that these mental programmes contain a component of national culture. They are most clearly expressed in the different values that predominate among people from different countries«. Die wesentlichen Dimensionen nationaler Kultur sind ihm zufolge »Power Distance« (Haltung zu sozialer Ungleichheit und Hierarchie; ebenda, 92, 97); »Uncertainty Avoidance« (Haltung zu Regeln und Prozessen, Beschäftigungssicherheit und Stress; ebenda, 153, 157); »Individualism« (Haltung zu Gemeinschaft versus Gesellschaft in Tönnies' Verständnis, Loyalität und Paternalismus; ebenda, 213, 217f.) und »Masculinity« (Haltung zu geschlechtsspezifischer Arbeitsteilung; ebenda, 261). Gesellschaftliche Normen werden umstandslos mit Haltungen der Mittelschichten gleichgesetzt: »The societal norm is meant to be a value system shared by a majority in the middle classes in a society« (ebenda, 120). Die ideologischen Prämissen dieses Ansatzes sind auch deshalb zweifelhaft, weil die Position eines Landes in seinem »Power Distance Index« und »Masculinity Index« in erster Linie mit dem Klima (tropisch, gemäßigt, kalt) erklärt wird (121–125; 291f.) – eine Argumentation, die Hofstede (trotz aller Bekennt-

Dies schafft laut Ferner (1997, 24) weitere konzeptionelle Probleme, denn »Hofstede's implication that the variables he studied are in some ways inherent properties of national psyches [...] deserves to be treated with caution«. Immerhin bleibe dadurch die Veränderlichkeit von politischen Institutionen, technischen Entwicklungen, betrieblicher Produktion und »Muster[n] internationaler Konkurrenz« außer Acht. Zudem erscheinen »kulturelle Standards« als unveränderlicher »äußerer Rahmen« von Unternehmensaktivitäten (Béret u.a. 2003, 451), obwohl Firmen ganz gezielt auf (Arbeits-)Kulturen einwirken. Für die Softwarebranche haben Upadhya und Vasavi (2006, 101f.) überzeugend argumentiert, dass Unternehmen durch »interkulturelle Trainingsmaßnahmen« Verhaltensweisen förderten, die kompatibel mit ihrem Geschäftsmodell seien. Indische Servicefirmen etwa strebten die Anpassung indischer Beschäftigter an eine amerikanisch geprägte Arbeitskultur an, doch ein Scheitern sei vorprogrammiert, weil »interkulturelles Training« indische Beschäftigte nicht zu selbständigerem Arbeiten bewegen könne, solange dies in Widerspruch zu einer Arbeitssituation stehe, in der amerikanische und europäische Mutterhäuser oder Kunden bestimmten, was und wie gearbeitet wird.

> [T]here is a contradiction between the values imparted through such psychological training and the reality of their work situation, where they in fact have little scope to control the workflow or to decide how to carry out tasks.

Die Herausbildung einer weltweit einheitlichen Unternehmenskultur scheitert in diesem Fall also weniger an unterschiedlichen »Nationalcharakteren« als an einem Geschäftsmodell, das keinen einheitlichen Umgang mit Arbeitskraft in verschiedenen Weltregionen vorsieht. Um derlei interpretatorische Fallstricke zu vermeiden, werden im Folgenden (soweit möglich) statt »interkultureller Konflikte« die hinter ihnen stehenden strukturellen Herrschaftsverhältnisse analysiert.[19] Die Darstellung des empirischen Materials konzentriert sich daher (statt auf Ethno-Kultur) auf die alltägliche Kultur von Leben und Arbeiten als Ausdruck der Wechselwirkung zwischen Unternehmensstrategien von Arbeitskraftnutzung und ortsgebundenen Standards von Arbeitskraft-(Re-)Produktion.

---

nisse zu einer sozialen statt biologischen Determination menschlichen Verhaltens) mit explizit biologistischen Rassentheorien verbindet.

19 Arbeitshistoriker haben für die Kolonialperiode strukturelle Grundlagen der verbreiteten (und bis heute auffallend stabilen) Stereotypen über indische Arbeitskräfte aufgedeckt (Ahuja 2005).

1.3 Warum Softwareprogrammierung zwischen Deutschland und Indien? Zur Auswahl des Forschungsfeldes

Um den Grenzen von Homogenisierung im Zusammenwirken von transnationaler Konzernstruktur und ortsgebundener Regulierung nachzugehen, bietet sich Softwareprogrammierung zwischen Deutschland und Indien vor allem aus vier Gründen als Forschungsfeld an.

Erstens haben grenzüberschreitende Aktivitäten von Software-Unternehmen in den vergangenen Jahren im politischen Raum besondere Aufmerksamkeit erregt, weil es sich dabei um ein relativ neues und recht beunruhigendes Phänomen handelt. Während die Verlagerung von Arbeitsaufgaben oder Arbeitsplätzen in der Industrie (Ruigrok/van Tulder 1995) und auch im Hardware-Sektor schon lange praktiziert wird (Lüthje 2004), gewinnt sie im Bereich von Software-Produktion und Software-Dienstleistungen erst seit wenigen Jahren an Bedeutung (Boes/Schwemmle 2004). Damit ist nun gerade jenes Segment des Informations- und Telekommunikationstechnologie-Sektors[20] von »Abwanderung« betroffen, das (zumindest vor Einsetzen der jüngsten Wirtschaftskrise 2008) etwa in Deutschland besonders hohe Zuwachsraten (von jährlich ungefähr fünf Prozent) erzielt hatte: Im Jahr 2006 lag der Anteil von »Software und IT-Services« an der gesamten Bruttowertschöpfung des ITK-Sektors bei etwa 66 Prozent (Bitkom 2007b), und die darauf spezialisierten Firmen beschäftigten über 90 Prozent der in der IT-Branche Erwerbstätigen. Deren Zahl war trotz des Markteinbruchs nach dem Kollaps der sogenannten »New Economy« um die Jahrtausendwende von 380.000 (2000) auf 453.000 (2006) gestiegen, während sie in der IT-Hardwareproduktion gleichzeitig von 55.000 auf 40.000 zurückging (Bitkom 2007c). Wer angesichts solcher Zahlen gehofft hatte, zumindest die Softwarebranche sichere und schaffe auch im 21. Jahrhundert zuverlässig hoch qualifizierte Arbeitsplätze in Deutschland, mag angesichts von Berichten über die Zunahme von »Offshoring« (im Sinne der Auslagerung von Geschäftsprozessen an Dienstleister oder ei-

20 Softwareprogrammierung und IT-Dienstleistungen werden in Statistiken üblicherweise als Einheit geführt und stellen eine Unterkategorie des ITK-Sektors dar. Der ITK-Sektor insgesamt setzt sich (nach der in Deutschland gängigen Lesart) aus Consumer Electronics, Informationstechnik (IT-Hardware, IT-Software und IT-Dienstleistungen), Telekommunikationshardware und Telekommunikationsdiensten zusammen. Vgl. etwa: Bitkom 2007a.

gene Niederlassungen in weit entfernten Weltregionen) auch in diesem Teil der Wirtschaft ins Zweifeln geraten sein. Entsprechend alarmistisch ist der Grundton vieler Stellungnahmen – die Unternehmensberatung A.T. Kearney zum Beispiel sah im Jahr 2004 etwa 130.000 deutsche Arbeitsplätze in Gefahr (Computerwoche 9/2004, 8).[21] Die Bedrohung erschien umso größer, als zum Beispiel die indische IT-Branche gleichzeitig und gerade durch die zunehmenden Verlagerungsaktivitäten westlicher Firmen einen spektakulären Aufschwung erlebte. Die starke Expansion der weltweiten Ausgaben für »Offshoring«-Projekte hatte – zusammen mit einer investorenfreundlichen Politik der indischen Zentralregierung und vieler Bundesstaatsregierungen (Upadhya/Vasavi 2006, 9; Heeks 1996; Heitzman 2004) – in den neunziger Jahren dazu geführt, dass der indische Software- und IT-Dienstleistungssektor[22] teilweise um über 50 Prozent *per annum* wuchs. Viele indische Servicefirmen profitierten insbesondere vom »Y2K-Business«, also der arbeitsaufwändigen Umstellung von Software zum Start des neuen Jahrtausends, und selbst als der Zusammenbruch der sogenannten »New Economy« viele IT-Firmen in Europa und den USA erschütterte, expandierte die indische IT-Branche weiter (Fromhold-Eisebith/Eisebith 2003, 83). Zwar sanken die Wachstumsraten auch in Indien, doch selbst von 2004 bis 2006 war noch ein jährliches Umsatzwachstum von ca. 33 Prozent zu verzeichnen – erst im Zuge der jüngsten Wirtschaftskrise sank die Rate auf 6,3 Prozent ab (DB Research 2005a, 5;

21 Debattiert wurde, wie sich die Verlagerung von Programmiertätigkeiten auf die Zahl der IT-Arbeitsplätze in den USA (Samuelson 2004; Bhagwati u.a. 2004) und in Deutschland (Deloitte & Touche 2003; Willenbrock 2003; IG Metall [2004]) bzw. auf die Kosten von IT-Projekten auswirke (Hackmann 2004; Allweyer/Besthorn/Schaaf 2004). In diesem Rahmen wurden wissenschaftliche Unternehmensbefragungen zu »Offshoring«-Erfahrungen (Moczadlo 2002; Huws/Dahlmann/Flecker 2004) und politische Vermessungen des »Standorts Deutschland« durchgeführt (BMWA [2003]). Zu ethischen Erwägungen siehe Demele/Edmunds 2008.

22 Hardwarefertigung bleibt im Folgenden unberücksichtigt. »Software und IT-Dienstleistungen« umfassen nach der vom indischen Branchenverband Nasscom gesetzten Definition IT-Services, ITES-BPO, Engineering Services/Research & Development und Software Products. BPO steht für Business Process Outsourcing, also für die Auslagerung von IT-basierten, aber nicht IT-zentrierten Geschäftsprozessen, etwa im Bereich von Buchhaltung oder Callcentre-Tätigkeiten. Oftmals wird der Begriff in der Kombination »ITES-BPO« verwendet, wobei ITES (IT enabling services) zum Beispiel den Betrieb und die Wartung von Servern bezeichnet. In dieser Studie werden »ITES-BPO«-Dienstleistungen nicht behandelt, da ihre Funktionslogik eine andere Arbeitskraftnutzung erfordert als die Herstellung von Software-Produkten und die Erbringung von Software-Dienstleistungen (Upadhya/Vasavi 2006; Ramesh 2004).

Upadhya/Vasavi 2006, 8; Nasscom 2009). Bis zum Jahr 2005 hatte Indien etwa zwei Drittel aller weltweiten (DB Research 2005a, 3) und ein Drittel aller europäischen IT-Offshoring-Aufträge angezogen (Forrester Research 2004, 32; Stamm 2005, 67; zu abweichenden Zahlen siehe: Chandrasekhar 2005; DB-Research 2005b, 6).[23] Besonders gefragt waren offensichtlich indische IT-Services, denn diese sorgten 2006 mit 17,8 Milliarden US-Dollar für ca. 59 Prozent des Branchenumsatzes (Nasscom 2007). Angesichts solcher Zahlen ist es kaum verwunderlich, dass manche Beobachter deutsche Software-Firmen darben und indische Software-Firmen auf deren Kosten expandieren sehen, wobei deutsche und indische Beschäftigte oftmals als unversöhnliche Konkurrenten um Erwerbsperspektiven wahrgenommen werden. In Abgrenzung davon soll die hier vorgelegte Detailanalyse der Formen betrieblicher Nutzung von Arbeitskraft in und zwischen diesen beiden Ländern nicht zuletzt erkunden, inwiefern trotz »Standortkonkurrenz« Solidarisierungspotentiale zwischen deutschen und indischen Belegschaften bestehen.

Zweitens sind Software-Produktion und Software-Dienstleistungen von besonderem wissenschaftlichem Interesse, weil ihnen teilweise eine zunehmende »Internationalisierung« und »Industrialisierung« attestiert wird (Boes/Schwemmle 2005). Dies läuft früheren Annahmen über den spezifischen Charakter hoch qualifizierter Dienstleistungen direkt zuwider: Zum einen galt es bislang als gesichert, dass hoch qualifizierte Dienstleistungen nur am Ort ihres Konsums erbracht werden können (uno-actu-Prinzip) und daher besonders schwer zu verlagern sind (Häußermann/Siebel 1995, 24; Frenkel 2003, 139) – eine Einschätzung, die für die IT-Branche durch einen kurzen Streifzug durch die internationalen Gewerbegebiete Bangalores unschwer zu widerlegen ist. Zum anderen bestand lange weitgehende Einigkeit darüber, dass es sich bei Industrie- und Dienstleistungssektor um getrennte und nach sehr unterschiedlichen Logiken funktionierende Sphären handelt – und auch diese Gewissheit stellen jüngere Entwicklungen der Softwarebranche in Frage. Immerhin haben wir es im Softwaresektor mit einem scheinbaren Paradox zu tun: mit einer fortschreitenden »Industrialisierung« von Dienstleistungsarbeit. Nach Ansicht von Boes und Trinks (2006, 89f.) ist diese vor allem auf den Bedeutungsgewinn von Standard-

23 Entsprechend lag die Exportquote im indischen Software- und IT-Dienstleistungs-Bereich im Jahr 2006 (mit einem Exportvolumen von 23,6 Milliarden US-Dollar) nach Angaben des indischen Branchenverbandes bei ungefähr 78 Prozent (Nasscom 2007).

software zurückzuführen, die »stets ein universales Konzept für die Lösung eines verallgemeinerbaren Problems enthält«:

Dieses Standardprodukt wird in mehreren Anpassungsschritten in eine Lösung für den Kunden überführt. Dafür sind die Systemintegrations- und IT-Beratungsunternehmen zuständig. In dem Maße, wie die Kunden Standardsoftware einsetzen, vereinheitlichen sie wiederum ihre eigenen IT-Prozesse und schaffen so die Grundlage, um den laufenden Betrieb ihrer IT-Systeme an IT-Dienstleister outsourcen zu können.

Die Standardisierung von Software-Produkten führe allerdings nicht nur dazu, so Boes und Trinks weiter, dass deren Käufer zunehmend Geschäftsprozesse durch spezialisierte Dienstleister erledigen lassen (also »outsourcen«) können, sondern ermögliche gerade auch bei Herstellern von Standardsoftware eine fortschreitende Rationalisierung von Arbeitsprozessen:

Es ist also ein Prozess der fortschreitenden Vereinheitlichung der Abläufe festzustellen, der wesentlich auf einer Normierung der Produkte und Dienstleistungen beruht. […] Dieser innere Zusammenhang der Standardisierung von Produkten und Leistungen einerseits und der fortwährenden Vereinheitlichung von Arbeitsprozessen und Abläufen andererseits begründet einen ›neuen Typ der Industrialisierung‹ (Boes 2004) im Bereich Software und IT-Service.

Diese »Industrialisierung« von Softwareprogrammierung ist letztlich auch Voraussetzung für »IT-Offshoring«, weil sie eine Zunahme jener Tätigkeiten bewirkt, die besonders leicht verlagert werden können. Laut Aspray, Mayadas und Vardi (2006, 57) handelt es sich dabei um arbeitsintensive Routinetätigkeiten von eher geringer technischer Komplexität und organisatorischer Relevanz, die sich durch klar definierte, dokumentierbare und kontrollierbare Arbeitsinhalte und -prozesse auszeichnen. Jenen Dienstleistungsunternehmen, die »Empfänger« solcher Auslagerungen sind, ihre Existenz also letztlich der »Modularisierung« von Wertschöpfungsketten in den Zentren kapitalistischer Entwicklung (Sturgeon 2002) verdanken, wird oft eine besonders weit fortgeschrittene Tendenz zur »Industrialisierung« von Softwarearbeit attestiert. Upadhya und Vasavi (2008b, 27) bemerken zu indischen Servicefirmen:

[T]he process of software development has shifted away from individualised craft-like production towards a more routinised, rationalised factory-like production process. […] In this system, work is divided into small portions and allocated among engineers within a team and among different teams, and often an individual engineer or team does not know how their component fits into the whole system.

Wie weit die »Industrialisierung« von Softwarearbeit geht, ist allerdings umstritten.[24] Dies betrifft einerseits die Qualität von Arbeit in indischen IT-Firmen, die etwa nach Ansicht von Ilavarasan (2005) keineswegs durch tayloristische Arbeitsteilung geprägt ist, und andererseits die Frage, inwiefern wir es im Softwaresektor derzeit mit einer »Konvergenz von Organisationsstrukturen und -praktiken« zu tun haben, wie sie mit der Industrialisierung des produzierenden Gewerbes im 19. Jahrhundert assoziiert wird (Geppert/Williams/Matten 2003, 618). Die vorliegende Studie trägt zu dieser Debatte bei, indem sie auf Grenzen der Tendenz zur Industrialisierung von Software-Arbeit hinweist, die in Unterschieden zwischen den Geschäftsmodellen von Produkt- und Servicefirmen begründet sind.

Drittens sind Software-Fertigung und Software-Dienstleistungen von besonderem arbeitssoziologischem Interesse, weil sich hier tatsächlich transnationale Arbeit herausbilden kann, die weit öfter beschworen als empirisch untersucht wird: Wenn Software an weit voneinander entfernten »Standorten« gleichzeitig hergestellt und andernorts angewendet oder weiterentwickelt wird bzw. Software-Dienstleistungen für Kunden auf der anderen Seite des Globus erbracht werden, treten Arbeitende in verschiedenen Weltregionen in immer direktere Beziehung, kooperieren und konkurrieren miteinander (Frenkel 2003, 139). Man kann also davon ausgehen, dass es sich beim Software-Sektor zunehmend um *eine Branche* mit vielfältigen grenzüberschreitenden Vernetzungen handelt und dass sich in Form transnational operierender Projektteams nicht nur auf Management-, sondern auch auf Programmiererebene jene transnationalen sozialen Räume auftun, deren Analyse als Desiderat künftiger Forschung gilt (vgl. Geppert/Matten/Schmidt 2006, 111ff.; Pries 2008).

Allerdings wissen wir auch deshalb wenig über transnationale Softwareentwicklung zwischen Deutschland und Indien, weil sie ein eher seltenes Phänomen darstellt – die gut 930.000 Beschäftigten im exportorientierten Teil des indischen Software- und IT-Dienstleistungssektors (Nasscom 2007)[25] schienen zum Zeitpunkt der Erhebungen (2007) wenig mit den gut 450.000 deutschen Beschäftigten zu tun zu haben. Immerhin gingen nach

24 Siehe dazu die Dissertation von Patrick Feuerstein, die im Jahr 2011 fertig gestellt wurde.

25 Insgesamt arbeiteten in diesem Segment etwa 1,3 Millionen Menschen (Nasscom 2007). Im Jahr 2008 ging der Branchenverband Nasscom von insgesamt 2,0 Millionen Beschäftigten aus, davon 860.000 im Bereich »IT Exports/Services Exports« (Nasscom 2009).

wie vor etwa zwei Drittel aller indischen Softwareexporte in die USA, während die Ausfuhr nach Europa nur langsam zunahm[26], und umgekehrt stammten nur etwa 2,5 Prozent der nach Deutschland importierten IT-Dienstleistungen aus Indien (Bitkom 2007a, 26). Unter diesen Bedingungen findet Softwareprogrammierung zwischen Deutschland und Indien vor allem in zwei typischen Konstellationen statt: Zum einen in *indischen Servicefirmen*, die seit einigen Jahren verstärkt versuchen, Zugang zum deutschen Software- und IT-Services-Markt zu bekommen, der mit einem geschätzten Volumen von 46,1 Milliarden Euro (Bitkom 2007b) als strategischer Wachstumsmarkt gilt. Allerdings nimmt der Anteil der Zielregion Europa an den indischen IT-Exporten nur langsam zu (Nasscom 2007), und speziell die Expansion nach Deutschland scheint allenfalls den beschäftigungs- und finanzstärksten indischen Service-Unternehmen zu gelingen, die es sich leisten können, über längere Phasen hinweg in Deutschland kaum Umsätze zu generieren.[27] Transnationale Softwareprogrammierung zwischen Deutschland und Indien beinhaltet hier, dass die (für den Großteil der Programmierarbeiten zuständigen) Belegschaften in Indien mit Kundenbetreuern und Onsite-Teams in Deutschland kooperieren – bei Letzteren handelt es sich teilweise um Angestellte der deutschen Niederlassung, vor allem aber um Beschäftigte des indischen Mutterhauses, die für begrenzte Phasen nach Deutschland entsandt werden, um vor Ort beim Kunden eine korrekte Projektabwicklung sicherzustellen, neue Projekte zu akquirieren oder Niederlassungen auf- bzw. auszubauen. Zum anderen unterhalten *deutsche Produktfirmen* in- und außerhalb des IT-Sektors teilweise schon lange Niederlassungen in Indien. So etablierten etwa Unternehmen

26 Der US-Anteil am gesamten IT/ITES-Export Indiens sank von 69 Prozent (2003) auf 60 Prozent (2008) - der Anteil Europas stieg im gleichen Zeitraum von 22 auf 31 Prozent (Nasscom 2007; 2009). Allerdings stammt ein Großteil der europäischen Offshoring-Ausgaben aus Großbritannien und Irland. Begründet werden die geringen Aktivitäten deutscher Firmen in Indien mit starken Vorbehalten gegenüber Verlagerungen und damit, dass Deutschland einen beachtlichen Teil seiner IT-Dienstleistungen aus den »Nearshore«-Ländern Mittel- und Osteuropas beziehe (DB Research 2006; Aspray/Mayadas/Vardi 2006, 127f.).

27 Zum Zeitpunkt der Interviews (2007) richtete sich das Interesse indischer Servicefirmen verstärkt auf deutsche Mittelstandsunternehmen, deren Übernahme als Möglichkeit galt, einen Stamm von qualifizierten Beschäftigten, Kunden und Aufträgen zu gewinnen, der sonst für indische Firmen kaum erreichbar ist. So kaufte etwa die indische Firma NIIT Technologies um 2002 die in Monheim ansässige AD Solutions AG (Expertengespräch mit Rolf Stephan, EXP 73).

wie Bosch (im Jahr 1922)[28] oder Siemens (1867)[29] zunächst Vertriebsgesellschaften, um den damals noch britisch-indischen Markt zu erschließen, und bauten später industrielle Produktionskapazitäten auf. In den letzten Jahren sind viele dieser Firmen dazu übergegangen, auch die in ihren Produkten integrierte (»embedded«) Software an indischen Standorten fertigen zu lassen[30], wobei das Gehaltsgefälle die Abkehr von Europa und den USA, die Verfügbarkeit von Fach- und Sprachkenntnissen hingegen die Entscheidung gerade für Indien erklären mag. Auch deutsche IT-Unternehmen unterhalten seit Längerem eigene Entwicklungszentren in Indien, was wiederum der Erschließung des asiatischen Marktes sowie der Nutzung der in Indien in großer Zahl und kostengünstig verfügbaren IT-Qualifikationen dient.[31] Insofern stellt die Kooperation zwischen dem deutschen Mutterhaus und der indischen Niederlassung von Software-Herstellern die zweite typische Konstellation für Softwareprogrammierung zwischen Deutschland und Indien dar. Darauf wird bei der Begründung für die Auswahl der Betriebsfallstudien zurückzukommen sein.

Möglich ist die Fokussierung der vorliegenden Studie auf die deutsche und indische Softwarebranche schließlich (viertens), weil die vergleichsweise günstige Literaturlage es ermöglicht, ein sehr weites Themenspektrum auf Grundlage eines relativ begrenzten empirischen Samples in den Blick zu nehmen. Gegenstand der vorliegenden Studie sind, wie erwähnt, die Grenzen von Homogenisierung betrieblicher Arbeitskraftnutzung, die sich zum einen aus unterschiedlichen Geschäftsmodellen und daraus resultierenden Transnationalisierungswegen von Produkt- bzw. Servicefirmen und zum anderen aus Unterschieden zwischen dem deutschen und indischen Regulierungsszenario von Arbeitskraft-(Re-)Produktion ergeben.

Besonders bei der Identifizierung von Einflüssen des indischen Regulierungsszenarios auf betriebliche Arbeitskraftnutzung kann man nun auf

28 Siehe dazu: http://www.boschindia.com.

29 Siehe dazu: http://www.siemens.com.

30 Aspray, Mayadas und Vardi (2006, 127) argumentieren, die Dominanz von direkt (»inhouse«) durch Industrieunternehmen für eigene Produkte entwickelter »embedded software« sei eine Besonderheit der europäischen (gegenüber der US-amerikanischen) Software-Industrie.

31 Repräsentative Daten zu in Indien aktiven deutschen IT-Unternehmen sind leider nicht verfügbar. Teilweise machen selbst Unternehmen, deren Niederlassungen etwa in Bangalore das Stadtbild prägen, keinerlei Angaben zu ihren indischen Entwicklungszentren.

eine breite Palette von Literatur zurückgreifen.[32] Was zunächst das wirtschaftliche Umfeld von IT-Arbeit betrifft, so verfügen wir über zahlreiche Veröffentlichungen zur Entwicklung der indischen Wirtschaft (Kumar 1998/ 2000; Panagariya 2008) und der indischen Softwareindustrie vor und nach Beginn der Liberalisierungspolitik im Jahre 1991 (stellvertretend für viele siehe: Walchner 1991; Lakha 1994; Heeks 1996; Balasubramanyam/ Balasubramanyam 1997; Lateef 1997; Arora/Athreye 2002; Raipuria 2002; D'Costa/Sridharan 2004; Athreye 2005; Aspray/Mayadas/Vardi 2006).[33] Zudem befassen sich eine Reihe von Veröffentlichungen mit den Rückwirkungen der massiven Expansion der indischen IT-Branche auf die räumliche Struktur von IT-Zentren wie Bangalore, wobei vor allem die Verteilung von Grundeigentum, Technik- und Verkehrsinfrastruktur zur Sprache kommen (siehe etwa Benjamin 2000; Nair 2000a/2000b/2005; Dittrich 2003). Die Entwicklung der deutschen IT-Branche hingegen ist bislang nicht zum Gegenstand von Überblickswerken geworden, wird aber in jüngeren Studien zu IT-Arbeit thematisiert (siehe Boes/Trinks 2006; Kämpf 2008). Die Unterschiede zwischen der Dynamik des deutschen und des indischen IT-Arbeitsmarktes treten klar hervor. Auch die Frage, wie die Entstehung von IT-Konglomeraten sich auf Raumstrukturen auswirkt, wurde für Deutschland bislang nicht gestellt, weil die Branche örtlich sehr viel weniger konzentriert ist als in Indien; entsprechend müssen wir uns hier mit allgemeinen Studien (etwa zu Infrastruktur- und Verkehrspolitik; Wolf 1992) behelfen. Ein ähnliches Ungleichgewicht prägt die Literatur zur im engeren Sinne politischen Regulierung von IT-Arbeit: Für Indien liegen zahlreiche Studien zur Förderung indischer und westlicher IT-Konzerne durch die indische Zentralregierung und indische Bundesstaatsregierungen vor – sie reicht von der Einkommenssteuer-Befreiung ausländischer Investoren über die Einrichtung von »Software Technology Parks« mit reduzierten arbeitsrechtlichen Vorgaben bis zur Fokussierung von Ausbildungs- und Forschungsressourcen auf technische Disziplinen (Kumar 2001;

32 Dazu zählen etwa »Gebrauchsanweisungen« für IT-Offshoring nach Indien, die handbuchartig Wirtschaft, Politik und Gesellschaft umreißen (siehe etwa Kobayashi-Hillary 2005).

33 Die immer engere Verknüpfung der indischen IT-Branche mit US-amerikanischen und europäischen Unternehmen wird darin teilweise als Grundlage für gesamtgesellschaftliche Modernisierung (Singh 2003; Bajpal/Radjou 2000), als Katalysator für die Entwicklung der einheimischen Softwareindustrie (Patibandla/Petersen 2002; Athreye 2003) oder gar als Ausgangspunkt für »Upgrading«, also für eine höhere Positionierung innerhalb globaler Wertschöpfungsketten (Dutta 2003; Parthasarathy 2006) diskutiert.

Heitzman 1999; Vijayabaskar/Krishnaswamy 2003, 192; Kumar/Joseph 2004; Parthasarathy 2005; Balakrishnan 2006). Eine indische Besonderheit stellt außerdem die staatlich forcierte Clusterbildung rund um IT-Zentren wie Bangalore dar, wo über Jahrzehnte hinweg staatliche Ausbildungseinrichtungen, Forschungszentren und Großunternehmen aus den Bereichen Naturwissenschaft, Technik und Informationstechnologie angesiedelt wurden (Lateef 1997; Heitzman 1999/2004; Fromhold-Eisebith 2002; Dijk 2003; Vijayabaskar/Krishnaswamy 2003; Parthasarathy 2005). Weniger gut erforscht ist hingegen die politische Regulierung der betrieblichen Nutzung von IT-Arbeitskraft, die im Rahmen von Sozialpolitik oder Arbeitsrecht vorgenommen wird; hier müssen relevante Informationen für beide Länder aus Überblicksdarstellungen und Studien zu einzelnen Politikfeldern destilliert werden (für Indien siehe etwa: Rudolph/Hoeber Rudolph 1987; Jäger/Melinz/Zimmermann 2001; Dev/Mooij 2002; für Deutschland: Auth 2002; Mayer-Ahuja 2003; Schmuhl 2003; Schmidt/Dworschak 2006). Was schließlich die gesellschaftliche Regulierung von IT-Arbeit betrifft, die etwa in der Arbeitsteilung zwischen Geschlechtern, Generationen und sozialen Schichten zum Ausdruck kommt, so verfügen wir vor allem für Indien über Arbeiten, in denen der biographische Hintergrund von IT-Beschäftigten (Vijayabaskar/Rothboeck/Gayathri 2001; Ilavarasan 2002; Devi 2002; Täube 2003; Raghuram 2004) oder deren Strategien im Umgang mit der Reproduktion von Arbeitskraft am Rande mit behandelt werden (siehe etwa zu »transnational middle classes«: Biao 2002/2007; Upadhya 2006b). Für Deutschland hingegen bleibt nur der Rückgriff auf allgemeine Statistiken (Simeaner u.a. 2007) und Studien, die sich zwar nicht mit der IT-Branche, aber etwa mit in Deutschland verbreiteten Standards von Arbeitskraft-(Re-)Produktion befassen (Jürgens 2006; SOFI u.a. 2005). Weitgehend unerforscht sind leider für beide Länder jene »privaten« Sicherungssysteme, die (etwa im Rahmen intergenerationaler Unterstützung) formelle sozialpolitische Absicherung ergänzen bzw. (vor allem im indischen Kontext) ersetzen (Harriss-White 2004; siehe aber Henninger/Gottschall 2005). Derlei Leerstellen werden (soweit möglich) mit Hilfe von Stellungnahmen aus unseren Beschäftigteninterviews zu alltäglicher, biographischer und transgenerationaler Arbeitskraft-(Re-)Produktion gefüllt.

Während demnach die Literaturlage zu Regulierungsszenarien durch markante Ungleichgewichte, aber gleichzeitig durch eine Fülle von Studien gekennzeichnet ist, liegt zu den aus verschiedenen Geschäftsmodellen resultierenden Transnationalisierungswegen von Produkt- und Servicefirmen fast keine einschlägige Forschung vor. Für die deutsche IT-Branche nehmen vor allem Autor/innen um Boes bei ihrer Befassung mit Arbeitsorganisation und Interessenhandeln neben verschiedenen Geschäftsmodellen durchaus auch die veränderten Bedingungen in den Blick, die sich durch zunehmende grenzüberschreitende Aktivitäten der von ihnen untersuchten Firmen ergeben. Der Fokus der Analyse bleibt allerdings auf Deutschland gerichtet und kann daher die Wechselwirkungen zwischen betrieblichen Standards von Arbeitskraftnutzung in verschiedenen Weltregionen kaum erfassen (siehe etwa Boes/Baukrowitz 2002; Boes 2004; Boes/ Schwemmle 2004/2005; Boes/Trinks 2004/2006; Kämpf 2008). Ähnliches gilt für die inzwischen recht zahlreichen Studien zu Arbeit in indischen IT-Firmen (wie Upadhya/Vasavi 2006/2008; Prasad 1998; Ilavarasan 2002/2005): Obwohl der Einfluss europäischer bzw. amerikanischer Mutterhäuser oder Kunden nach allgemeiner Einschätzung eine zentrale Rolle für Arbeitsorganisation in Indien spielt, werden Belegschaftsteile in Europa oder den USA nur selten in den Blick genommen (Ausnahmen sind etwa Devi 2002; Upadhya 2006b), und eine integrierte Betrachtung von Arbeitskraftnutzung in verschiedenen Weltregionen findet kaum statt. Allenfalls vereinzelt befassen sich Fallstudien mit der Verlagerung von IT-Arbeit aus Europa nach Indien (Huws/Flecker 2004), mit deutsch-indischer Projektarbeit (Hirschfeld 2002), mit indischen Niederlassungen europäischer und amerikanischer Konzerne (Lema/Hesbjerg 2003) oder mit Arbeitsorganisation in transnationalen Unternehmen anderer Branchen (Buhr 1998). Indirekt erlauben zudem jene Studien Rückschlüsse auf Transnationalisierungswege, die sich mit Inhalt und Qualität der in Indien erledigten Programmiertätigkeiten befassen. Dabei besteht Einigkeit darüber, dass statt komplexer Produktentwicklung bislang eher standardisierte Dienstleistungsaufgaben (wie die Anpassung von Softwarepaketen an Kundenbedürfnisse) nach Indien ausgelagert werden, die als vergleichsweise arbeitsintensiv und wenig qualifiziert gelten (Heeks 1998; Chakraborty/Jayachandran 2001; Vijayabaskar/Gayathri 2003; Upadhya/Vasavi 2006), obgleich teilweise Aufwertungstendenzen festgestellt werden (Fromhold-Eisebith/Eisebith 2002; Athreye 2005a; Parthasarathy/Aoyama 2006). Zudem liegen Arbeiten zu einzelnen Aspekten der betrieblichen Nutzung von IT-Arbeitskraft vor, etwa zu Kontrollpraktiken (für Deutschland: Boes 2004; für Indien: Prasad 1998; Vijayabaskar/Rothboeck/Gayathri 2001; Ilavarasan 2005), zu betrieblicher Qualifikationsentwicklung (für Indien: Vijayabaskar/Rothboeck/Gayathri 2001; für Deutschland: Baukrowitz/Boes 2002), zur Bedeutung kollektiver Interessenvertretung (für Deutschland: Menez/Töpsch 2003; Boes/Trinks 2004/2006; für Indien: Bhattacherjee 2000) oder zur Gestaltung von Arbeitszeiten und Gehältern (für Deutschland: Trautwein-Kalms 1991; Apfelbaum 2007; Menez/Töpsch 2003; Wieland u.a 2003; für Indien: Singh 2005; Varma/Sasikumar 2004; Hirschfeld 2005; Upadhya/Vasavi 2006). Zwar wird hier durchweg keine grenzüberschreitende Perspektive eingenommen, doch diese Studien erlauben zumindest eine punktuelle Überprüfung und Einordnung unseres empirischen Materials und geben Hinweise darauf, wie typisch die spezifische Konstellation in den Untersuchungsbetrieben ist. Allerdings wird in diesen Werken zumeist nicht zwischen Produkt- und Servicefirmen unterschieden. Entsprechend müssen die Auswirkungen von Geschäftsmodellen und den aus ihnen resultierenden Transnationalisierungswegen auf betriebliche Arbeitskraftnutzung in verschiedenen Weltregionen im Wesentlichen auf Grundlage eigener Empirie rekonstruiert werden.

Die ungleichmäßige Verteilung von Literatur schlägt sich in der vorliegenden Studie in Ungleichgewichten des Argumentationsgangs nieder: auf bereits erforschte Phänomene wird relativ kurz verwiesen; wo es wenig Vorarbeiten gibt, müssen Informationen teilweise mühsam aus dem empirischen Material destilliert werden. Ein entsprechend »gewichteter Umgang« mit Literatur und Empirie ist unumgänglich, um die Systematik der Argumentation aufrechtzuerhalten.

1.4 Warum deutsche Produkt- und indische Servicefirma? Zur Auswahl der Untersuchungsbetriebe

Der kurze Überblick über die Entwicklung der deutschen und indischen Softwarebranche hat bereits auf die beiden zentralen Gründe für die Auswahl der Untersuchungsbetriebe verwiesen: auf die Unterschiede zwischen den Geschäftsmodellen von Produkt- bzw. Servicefirmen sowie auf deren ungleichmäßige geographische Verteilung zwischen Deutschland und Indien.

Indem das Sample sowohl Produkt- als auch Servicefirmen umfasst, deckt es diejenigen Geschäftsmodelle ab, die sich im Softwaresektor in den vergangenen Jahren besonders dynamisch entwickelt haben und in vieler Hinsicht die beiden Pole eines weiten Spektrums von inhaltlicher Spezialisierung und Unternehmensorganisation konstituieren. Das deutsche Produktunternehmen »G-Pro« repräsentiert den einen Pol – es steht für die Hersteller von standardisierten Softwarepaketen, die im Rahmen »verteilter Entwicklung« (»distributed development«) zunehmend an verschiedenen, oft weltweit verteilten Standorten produziert werden. Das indische Serviceunternehmen »I-Serve« hingegen repräsentiert (am anderen Pol des Spektrums) die Erbringer von IT-Dienstleistungen, die sich auf die Anwendung und Anpassung der Standardsoftware diverser Hersteller im Auftrag von Unternehmenskunden konzentrieren, aber auch »IT-Enabling Services« (wie die Bereitstellung und Wartung von Servern oder Telekommunikationsinfrastruktur) anbieten.

Gleichzeitig stehen die ausgewählten Unternehmen für die beiden wichtigsten Entwicklungsschritte im langjährigen Prozess der vertikalen Desintegration von Softwareentwicklung: für die Etablierung des Software-Sektors als eigenständige Branche Mitte der achtziger Jahre (G-Pro) bzw. für die weitere Ausdifferenzierung (in Produkt- und Servicefirmen) in den neunziger Jahren (I-Serve). Die Geschichte der Sampleunternehmen bestätigt diese Zuordnung: G-Pro erlebte Mitte der achtziger Jahre eine besonders intensive Wachstumsphase, als die erste Generation von IT-Firmen, die (Groß-)Rechner einschließlich Anwendungssoftware produziert und vertrieben hatten, durch einen neuen Typ von Unternehmen flankiert wurde, die sich (wie Intel) auf Hardwarekomponenten oder (wie Microsoft) auf die Herstellung von Standardsoftware konzentrierten.[34] Die Expansion von I-Serve hingegen fällt mit dem nächsten Schritt vertikaler Desintegration zusammen – mit der Ausdifferenzierung des Softwaresektors in Produktunternehmen und Anbieter von Software-Dienstleistungen. Letztere sind nicht auf die Herstellung von Standardsoftware, sondern vor allem auf deren Einrichtung, Anpassung, Wartung und Pflege spezialisiert. Sie verdanken ihre Existenz der Tatsache, dass etablierte Software-Produzenten sich zunehmend aus dem direkten Kundengeschäft zurückzogen (und diese Aufgabe nur teilweise an eigens dafür gegründete Tochterfirmen übergaben), während viele Unternehmen außerhalb der IT-Branche dazu übergingen, Softwarearbeiten statt von firmeneigenen Datenverarbeitungs-Abteilungen von Fremdfirmen erledigen zu lassen. Im Zuge dieses Trends expandierte das Segment der Software-Dienstleister massiv. Auch das indische Serviceunternehmen unseres Samples erlebte seinen Durchbruch im

34 Aspray, Mayadas und Vardi (2006, 108) betonen allerdings, dass IBM bereits 1969 ihre Software von der IBM-Hardware getrennt habe.

Zuge des »Outsourcing-Booms«, der in den Vereinigten Staaten von Amerika begann und um die Jahrtausendwende in abgeschwächter Form auch Deutschland erreichte.[35] Ein Managementvertreter von I-Serve (MM 18) berichtet, das Unternehmen sei noch 1992 »almost a very small company« gewesen: »we were 250 people – and our entire business was in the US, outside of India« (PAM 23). Erst 1999/2000 gelang es, so derselbe Befragte in einer Gruppendiskussion, die Marke von 10.000 Beschäftigten zu überschreiten und zu einer aggressiven Expansionsstrategie überzugehen (MM 18; PAM 23), die bis heute verfolgt wird (vgl. Mayer-Ahuja/Feuerstein 2008). Wie der Verweis auf US-amerikanische Kunden ahnen lässt, beinhaltete diese Expansion nicht zuletzt eine forcierte Transnationalisierung. In dieser Hinsicht sind das Service- ebenso wie das Produktunternehmen unseres Samples typische Repräsentanten der Softwarebranche, die weltweit, in Hardware- wie in Software-, in Produkt- wie in Servicefirmen durch zunehmend grenzüberschreitende Unternehmensstrukturen geprägt ist. Immerhin bildete sich seit den neunziger Jahren im gesamten IT-Bereich ein stärker modular untergliedertes Produktionssystem heraus, das (in Anlehnung an Windows und Intel) als Wintelismus bezeichnet worden ist (Borrus/Zysman 1997). Dieses System beruht vor allem auf einer klaren Definition von Schnittstellen zwischen einzelnen Modulen und somit (wie die Protagonisten der »Industrialisierungsthese« betonen; siehe Kapitel 1.3) auf Standardisierung. Erst dadurch wurde es möglich, Produktionskapazitäten auch räumlich weiter zu verteilen, und es entstanden grenzüberschreitende Netzwerke, die teilweise auf der Kooperation mit Subunternehmern[36], teilweise aber auch auf der Gründung eigener Niederlassungen beruhen.[37] Führende Produkt- und Servicefirmen des Softwaresektors entwickelten sich unter diesen Bedingungen im Laufe des letzten Jahrzehnts zu transnational operierenden Konzernen[38], und auch diese Tendenz schlägt sich in der Struktur der beiden Sampleunternehmen nieder. In der

35 Die Hälfte der »Outsourcing«-Kooperationen, die Moczadlo im Jahr 2002 untersuchte, waren bereits mehr als drei Jahre alt, hatten also in den späten Neunzigern begonnen. Allein 44 Prozent hingegen starteten um die Jahrtausendwende (Moczadlo 2002, 3).

36 Zu Subunternehmerstrukturen in der Hardwareherstellung siehe: Lüthje 2004.

37 Eine Umfrage unter deutschen Unternehmen, die Programmierleistungen ausgelagert hatten, ergab, dass mehr als die Hälfte (48 von 76 Unternehmen) zu diesem Zweck eigene Tochterfirmen unterhielten (Moczadlo 2002).

38 Transnationalisierung beschränkt sich offenbar nicht auf Großunternehmen, denn der Umfrage von Moczadlo (2002, 2) zufolge hatten 75 Prozent der befragten »IT-Verlagerer« weniger als 500 Beschäftigte und zählten somit zum Mittelstand.

deutschen Produktfirma, die im Jahr 2008 über 50.000 Beschäftigte zählte, arbeiten Softwareexperten im Mutterhaus sowie an mehr als zehn Entwicklungsstandorten in aller Welt im Rahmen »verteilter Entwicklung«. In der indischen Servicefirma sind derzeit über 90.000 Beschäftigte in mehr als 20 Ländern tätig, wobei ein Großteil der Belegschaft in Indien Programmierarbeiten erledigt, während sich kleinere Gruppen aus Indien entsandter oder vor Ort rekrutierter Kundenbetreuer/innen in Deutschland um die Akquise und Durchführung von Projekten kümmern.

Dies verweist bereits auf die ungleichmäßige geographische Verteilung von Geschäftsmodellen als zweitem Grund für die Auswahl der Untersuchungsbetriebe. Indem das empirische Sample eine deutsche Produktfirma und eine indische Service-Firma umfasst, deckt es (wie wir sahen) die beiden wichtigsten Konstellationen ab, in denen bislang deutsch-indische Softwareprogrammierung stattfindet. Es spricht grundsätzlich viel dafür, die wissenschaftliche Analyse transnationaler Unternehmensaktivitäten nicht länger auf die Zentren kapitalistischer Entwicklung zu beschränken.[39] Speziell in der Softwarebranche ist die Spezialisierung auf Software-Produkte bzw. auf Software-Dienstleistungen allerdings so eng mit der geographischen Herkunft des jeweiligen Unternehmens verknüpft, dass es nahezu unmöglich ist, diese Einflussfaktoren analytisch zu trennen. Weil Produktfirmen eher aus den kapitalistischen »Zentren«, die aufstrebenden Servicefirmen hingegen eher aus der »Semiperipherie« stammen, spiegelt das Sample die derzeit sehr ungleichmäßige räumliche Verteilung von Firmen der Softwarebranche wider. Zu konstatieren ist eine Konstellation, in der es zum einen kaum indische Produktunternehmen gibt[40], während zum anderen deutsche Servicefirmen mehrheitlich Klein- oder Mittelbetriebe sind (Baukrowitz/Boes 2002, 11) und die wenigen Großunternehmen, die sich (wie T-Systems oder Siemens Business Services) im Servicegeschäft engagieren, weder die internationale Präsenz noch die Expansionsdynamik ihrer

39 Ferner (2007, 32) etwa meint, der Einfluss von Herkunfts- und Niederlassungskontext lasse sich besser analysieren, wenn die Unterschiede zwischen den Unternehmensstandorten möglichst groß seien.

40 Heeks (1996, 80) stellt fest, dass in den frühen neunziger Jahren nur zwei bis fünf Prozent der indischen Software-Exporte auf Software-Produkte, 95 Prozent hingegen auf Software-Dienstleistungen entfielen. Dies bestätigen auch Lema und Hesbjerg (2003). Im Jahr 2008 stammte immerhin mehr als 10 Prozent der Export-Umsätze (6,4 von 40,4 Milliarden US-Dollar) aus »Engineering Services; Research and Development; Software Products« (Nasscom 2009).

indischen Konkurrenten aufweisen.[41] Diese Konstellation ist nach Ansicht Sorges (2005, 181) kein Spezifikum des Softwaresektors, sondern Ausdruck der Tendenz, dass politische Ökonomien sich zunehmend auf bestimmte Branchen »spezialisieren«:

Societies not only undertake the translation of supposedly international best practices or supranational regulation into their domestic contexts. They have come to specialize in specific branches of industry and services, market segments, and strategic niches.

Dies erschwere die früher üblichen fallstudienbasierte Paarvergleiche, meint Sorge, denn Unternehmen mit quasi-identischen Produkten, Produktionssystemen oder Unternehmensgrößen seien nicht gleichmäßig über politische Ökonomien verteilt.

When we compare populations of work systems and organizations, we find ourselves more and more comparing the uncomparable. This is because the dialectical advance of internationalization is not only composed of the establishment of international templates but also a national differentiation of organizational populations. Societal effects not only turn up in the different social arrangements prevailing under identical products, size, and technology. They also manifest themselves as national and international actors evolve, select, and allocate to different societies work systems with different purposes, technical configurations, and institutional furniture (Sorge 2005, 182).

Sorge argumentiert, dass etwa standardisierte Tätigkeiten in der Automobilproduktion weitgehend von Deutschland nach Spanien oder England verlagert worden seien, weshalb deutsch-englische Paarvergleiche hier keinen Sinn mehr ergäben. Ein ganz ähnliches Phänomen ist in der Softwarebranche festzustellen, weil insbesondere geringer qualifizierte und weniger komplexe Programmiertätigkeiten von deutschen Produktunternehmen innerhalb und außerhalb des IT-Sektors zunehmend ausgelagert und durch Servicefirmen oder eigene Niederlassungen in Ländern wie Indien erledigt werden. Entsprechend kann man der fachlichen und geographischen Differenzierung der IT-Branche nur gerecht werden, wenn man in der Tat versucht, zwei Geschäftsmodelle und zwei Weltregionen gleichzeitig in den Blick zu nehmen.

---

41 Dieses regionale Ungleichgewicht erwähnt auch Eichmann (2004, 19): »Meanwhile, large Indian [service] companies like Wipro, Infosys and Tata have become important players in the global IT market and MNCs like IBM, HP, Oracle, and Microsoft [i.e. US product companies; NMA] have established branches in Indian cities.« Zur Gründung europäischer Niederlassungen von indischen Servicefirmen siehe: Hirschfeld 2004, 44.

1.5 Untersuchungsdesign, Methodik und Aufbau der Arbeit

Um die komplexen Wechselwirkungen zwischen betrieblicher Arbeitskraftnutzung und dem (einem Geschäftsmodell inhärenten) Transnationalisierungsweg einerseits sowie ortsgebundenen Regulierungsszenarien von Arbeitskraft-(Re-)Produktion in verschiedenen Weltregionen andererseits analytisch fassen zu können, beschränkt sich die Untersuchung auf vier Betriebe. Ein deutsches Produktunternehmen und dessen indische Niederlassung sowie ein indisches Serviceunternehmen samt seiner deutschen Niederlassung.[42] Das folgende Schaubild verdeutlicht die Zusammensetzung des Samples, wobei in Klammern die Zahl der in jedem Betrieb geführten Management- und Beschäftigteninterviews angegeben ist.

Schaubild 2: Zusammensetzung des Betriebs-Samples

Geschäftsmodell ▶ Regulierungsszenario ▼	Produktfirma	Servicefirma
Indien	*G-Pro India* (27)	*I-Serve Mutterhaus* (23)
Deutschland	*G-Pro Mutterhaus* (9)	*I-Serve Deutschland* (9)

Diese Auswahl von Untersuchungsbetrieben, in der sich Geschäftsmodell (Produkt- versus Serviceunternehmen) und geographische Positionierung (Deutschland versus Indien) wechselseitig verschränken, weist in mancher Hinsicht Merkmale eines »most different case«-Designs auf: Zum einen gelten in Deutschland und Indien sehr unterschiedliche Standards von Arbeitskraft-(Re-)Produktion, und zum anderen wird ein Produktunternehmen mit relativ starker Tendenz, Arbeitskrafteinsatz im Rahmen »verteilter Entwicklung« über Weltregionen hinweg zu vereinheitlichen, einem Serviceunternehmen gegenübergestellt, dessen »Offshoring-Modell« geradezu

42 Edwards und Kuruvilla (2005, 8) verweisen auf Studien, die ähnliche Methoden anwenden, um »local isomorphic pressures« zu analysieren: »One method used in addressing this issue has been to compare foreign-owned firms with a control sample of local firms.« In der vorliegenden Studie wird ein solcher Vergleich gleich zweimal (für Deutschland und für Indien) vorgenommen, wobei es (wie erwähnt) aufgrund der ungleichmäßigen Entwicklung der Software-Branche unmöglich ist, die »lokale Kontrollgruppe« mit Firmen derselben Spezialisierung (also mit deutschen Servicefirmen und indischen Produktfirmen) zu bestücken.

auf der Differenz zwischen Weltregionen (nämlich auf dem Lohnkostengefälle zwischen kapitalistischen »Zentren« und »Semiperipherie«) beruht. Zugleich haben wir es jedoch mit einem »most similar case«-Design zu tun, denn jede/r Befragte teilt mit jeder bzw. jedem Anderen entweder die Tätigkeit in derselben Konzernstruktur oder aber das Leben und Arbeiten im selben Regulierungsszenario. Diese Auswahl hat einen Nachteil, der gleichzeitig ihr größter Vorteil ist. Der Nachteil besteht darin, dass die wechselseitige Verschränkung es nahezu unmöglich macht, per »ceteris paribus«-Klauseln auch nur Teile dieses komplexen Beziehungsgeflechts »stabil zu halten«. Der unschätzbare Vorteil ist hingegen, dass damit auf Basis eines vergleichsweise übersichtlichen Samples, das gleichwohl die entscheidenden Differenzierungen innerhalb der Softwarebranche erfasst, eine detaillierte Rekonstruktion des Wirkungsgefüges erfolgen kann, das die betriebliche Nutzung von Arbeitskraft zwischen transnationaler Konzernstruktur und ortsgebundener Arbeitskraft-(Re-)Produktion prägt. Diese Rekonstruktion eines dynamischen Wirkungsgefüges erhebt nicht den Anspruch, das letzte Wort auch nur zur Softwarebranche zu sprechen, hofft aber, künftige Forschung entlang ähnlicher Fragestellungen anzuregen.

Die vorliegende Studie basiert auf einer Kombination verschiedener Methoden qualitativer Sozialforschung.[43] Erstens wurde die relevante Forschungsliteratur ausgewertet, wobei speziell die Arbeiten indischer Kolleg/innen einen reichen und in Deutschland kaum rezipierten Fundus an empirischen Erkenntnissen und theoretischen Überlegungen bieten. Zweitens wurden über etwa fünf Jahre hinweg einschlägige Veröffentlichungen aus Printmedien und dem Internet zusammengestellt, wobei sich speziell die Wortmeldungen diverser Unternehmensberatungen sowie Online-Diskussionsforen indischer Entwickler/innen als wertvolle »Wegweiser« zur Identifikation besonders umstrittener Standards betrieblicher Arbeitskraftnutzung erwiesen, auf die in den Interviews näher eingegangen werden konnte. Drittens beruhen etwa die Ausführungen zur urbanen Raumstruktur und zur Arbeitssituation in den beiden Samplefirmen zum Teil auf persönlichen Beobachtungen während der Forschungsaufenthalte in den betreffenden Betrieben und Regionen. Speziell der mehrwöchige Aufenthalt in der südindischen IT-Metropole Bangalore, die alltägliche Teilnahme

43 Soweit verfügbar, wurden statistische Angaben (etwa der Bundesagentur für Arbeit oder des Branchenverbandes Nasscom) herangezogen, doch es würde zu weit führen, deshalb von einem »mixed methods approach« zu sprechen.

am Berufsverkehr zwischen Mittelschichtswohngebieten und IT-Arbeitsplätzen sowie der Besuch von (nicht zuletzt durch IT-Beschäftigte frequentierten) Kinderbetreuungs- und Freizeiteinrichtungen oder Wohltätigkeitsveranstaltungen von IT-Firmen im Rahmen von »Corporate Responsibility«-Programmen schärften den Blick für Einflussfaktoren und Wirkungszusammenhänge, die sonst selten Eingang in Analysen betrieblicher Arbeitskraftnutzung finden. Die Irritation über indische Verhältnisse ließ dabei auch deutsche Verhältnisse weniger selbstverständlich erscheinen – in dem Maße, wie Fremdes vertrauter wurde, wurde das Vertraute fremder (siehe Kapitel 8). Viertens wurden insgesamt 27 Expert/innengespräche mit Kenner/innen der IT-Branche aus Wissenschaft, Journalismus, Unternehmerverbänden und Gewerkschaften, mit für die politische Regulierung der (indischen) IT-Branche Verantwortlichen, mit Vertreterinnen von Umweltorganisationen und einer Dienstbotengewerkschaft geführt (siehe Liste der Expert/innengespräche, Kapitel 9.2). Fünftens dienten acht jeweils ungefähr zweistündige Interviews mit Vertreter/innen anderer deutscher und indischer Softwarefirmen dazu, besser beurteilen zu können, wie einzigartig oder verallgemeinerbar die in den vier Untersuchungsbetrieben vorzufindende Situation ist. Der größte Teil des empirischen Materials stammt (sechstens) aus insgesamt vier qualitativen Betriebsfallstudien.

Im Rahmen dieses Gesprächsprogramms wurden in vier Betrieben insgesamt 68 leitfadengestützte Interviews von anderthalb bis zwei Stunden Dauer mit Managementvertreter/innen und Beschäftigten in Kernbereichen deutsch-indischer Kooperation geführt. Der Leitfaden für die Beschäftigtengespräche umfasste sechs Fragenkomplexe, die Schaubild 3 zu entnehmen sind.

Je nach Gesprächspartner/in wurden unterschiedliche Schwerpunkte gesetzt: Bei Interviews mit Entwickler/innen und Teamleiter/innen wurden alle sechs Fragenkomplexe möglichst gleichmäßig behandelt. Bei Gesprächen mit Projektmanager/innen hingegen wurde der Fragenkomplex zu Charakter und Stellung des jeweiligen Projekts im Unternehmen sowie zur Organisation und Kontrolle von Arbeit ausführlicher besprochen und bei Managementvertreter/innen schließlich ein Fragenkomplex zur Geschichte, aktuellen Situation und künftigen Entwicklung von Unternehmen und Abteilung hinzugefügt, wodurch andere Gesprächsteile kürzer ausfielen (zu den Positionsbezeichnungen: siehe unten).

Schaubild 3: Fragenkomplexe des Interview-Leitfadens

Fragenkomplex	Themenfelder
Persönliches	Biographie, aktuelle Familien- und Wohnsituation, regionale und soziale Herkunft, Lebensplanung
Berufliche Entwicklung	Schulische und universitäre Ausbildung, beruflicher Werdegang außerhalb und innerhalb des Unternehmens, künftige Karriereplanung
Arbeitsaufgaben und Arbeitsorganisation	Charakter des Projektes und Zusammensetzung des Teams, Aufgabenzuschnitt, Kooperation und Kontrolle, Qualifikationsanforderungen, Arbeitsplatzgestaltung
Arbeitszeiten	Formale und faktische Dauer, Lage und Verteilung von Arbeitszeit, betrieblicher Umgang mit bezahltem Erholungsurlaub und Erwerbsunterbrechungen, externe Einflüsse auf Arbeitszeitgestaltung, Wunscharbeitszeiten, »private« Zeitverwendung
Vergütung und soziale Sicherung	Vergütungsfestsetzung und -gestaltung, Unternehmensbeiträge für soziale Sicherung, persönliche Vermögenssituation und -planung, Verortung im Gehaltsspektrum von Branche und Herkunftsmilieu, Ausgabenstruktur
Erfahrung mit transnationaler Arbeit	Formale und faktische Verteilung von Verantwortung und Einfluss, Besonderheiten von IT-Arbeit in Deutschland und Indien, Konflikte in deutsch-indischen Projektteams

Dass in Deutschland jeweils weniger Interviews stattfanden als in Indien, spiegelt die ungleichmäßige geographische Verteilung der Beschäftigten in beiden Unternehmen wider. In Indien fanden die meisten Gespräche in der südindischen Stadt Bangalore statt, die sowohl das Mutterhaus von I-Serve als auch die Niederlassung von G-Pro beheimatet.[44] Diese Angabe stellt die Anonymität der beiden Firmen insofern nicht in Frage, als in Indien fast alle transnational tätigen indischen und westlichen IT-Firmen zumindest teilweise von Bangalore aus operieren. In Deutschland hingegen ist die IT-Branche so wenig zentralisiert, dass die Nennung des Firmensitzes fast jedes Unternehmen zweifelsfrei identifiziert – daher mag der Hinweis genügen, dass das Mutterhaus von G-Pro und die Niederlassung von I-Serve sich im selben deutschen Ballungsraum befinden.

44 Weil die von uns untersuchten Projektteams bei I-Serve teilweise an einem anderen indischen Standort tätig waren, erfolgten einige Gespräche in Form von Telefoninterviews.

Bei I-Serve befragten wir im indischen Mutterhaus vor allem zwei Projektteams, die für deutsche Kunden arbeiten. Eines dieser Teams war mit technischem »Support« und »Content Management« für das Internetportal eines industriellen Großkonzerns befasst; das andere Team hatte eine neue Anwendung für einen deutschen Konzern der Finanzbranche entwickelt und widmete sich zum Zeitpunkt der Interviews weitgehend der Behebung von Programmierfehlern sowie Wartungsaufgaben. In der deutschen Niederlassung sprachen wir mit Angestellten von I-Serve, die teilweise diese, teilweise aber auch andere deutsche Kunden betreuen.[45] Bei G-Pro konzentrierten sich die Gespräche auf die deutschen und indischen Segmente einer Abteilung, die sich seit einigen Jahren mit der Entwicklung eines Softwarepakets für eine neue Kundengruppe befasst. Die dafür zuständigen Teams sind jeweils auf mehrere Standorte verteilt, wobei die Koordination zumeist von Deutschland aus erfolgt, während (unter anderem) in Indien spezifische Modul-Funktionalitäten durch verschiedene Untereinheiten beigetragen werden; unsere Interviewpartner verteilten sich auf mehrere dieser deutsch-indischen Teams.

Von den insgesamt 68 Interviewten waren 49 Männer und 19 Frauen. Weibliche Beschäftigte sind demnach (mit etwa 28 Prozent der Befragten) gegenüber ihrem Anteil an indischen und vor allem an deutschen IT-Belegschaften deutlich überrepräsentiert (siehe Kapitel 4.2), doch dies erscheint insofern gerechtfertigt, als die gesellschaftliche Arbeitsteilung zwischen den Geschlechtern die (Re-)Produktion von Arbeitskraft maßgeblich beeinflusst. Von den Befragten, die Angaben zu ihrem Familienstand machten, waren 37 verheiratet (davon 17 Eltern) und 21 unverheiratet – eine Verteilung, die (wie wir sehen werden) in Indien eng mit der Altersstruktur der Belegschaft zusammenhängt (siehe Kapitel 4.2). Die Stufen der Karriereleiter in den beiden Samplefirmen können aus Anonymisierungsgründen

45 Wünschenswert wäre hier im Prinzip ein ergänzendes Interviewprogramm mit jenen »Onsite-Teams« gewesen, die vor Ort beim Kunden als Gegenüber der indischen »Offshore-Teams« fungieren. Darauf wurde aus zwei Gründen verzichtet: Zum einen waren Vertreter der deutschen Niederlassung zögerlich, solche Gespräche zu organisieren, weil sie davon ausgingen, dass viele Kunden nicht in der Öffentlichkeit mit »Offshoring nach Indien« assoziiert werden möchten und Vorbehalte gegen die Thematisierung ihrer internen Geschäftsprozesse in Interviews über die Inhalte der I-Serve-Dienstleistungen haben könnten. Zum anderen bestehen die Onsite-Teams fast ausschließlich aus Angestellten des indischen Mutterhauses, die für eine bestimmte Zeit in deutsche Kundenunternehmen entsandt werden; insofern dürfte der Einfluss des deutschen Regulierungsszenarios von Arbeitskraft-(Re-)Produktion für diese Beschäftigtengruppe eine besonders geringe Rolle spielen.

nicht detailliert beschrieben, die konkreten Positions- und Rollenbezeichnungen nicht genannt werden.[46] Es mag der Hinweis genügen, dass beide sich im Prinzip an dem von Upadhya und Vasavi (2006, 79f.) beschriebenen Muster orientieren, demzufolge eine Karriere generell als Entwickler beginnt. Es folgt (nach einer Beförderung) der Senior Entwickler, Teamleiter (mit bis zu 15 »Untergebenen«), Projektmanager (mit Verantwortung für mehrere Projektteams) und Senior Projektmanager (die Autorinnen nennen dies: »Entwicklungsleiter«). Darüber findet sich das »Top Management« der Unternehmen. In unserem Sample sind 13 Befragte als »Entwickler« zu kennzeichnen, acht als »Teamleiter«, die selbst programmieren und zusätzlich kleineren Arbeitsgruppen vorstehen; erst seit kurzem werden auch Absolvent/innen betriebswirtschaftlicher Studiengänge eingesetzt, deren Funktion noch unklar ist (dies betrifft im Sample nur eine Befragte). 21 Personen sind (trotz unterschiedlicher Bezeichnungen in den Firmen) im Prinzip »Projektmanager« oder »Senior Projektmanager«, leiten also mehrere Teams (wobei sie teilweise vor allem organisatorische und teilweise vor allem technische Leitungsaufgaben erfüllen), und zehn Personen gehören zum höheren Management bzw. den jeweiligen Firmenvorständen. Hinzu kommen (bei der deutschen I-Serve-Niederlassung) insgesamt vier Kundenbeauftragte, die in Hinblick auf Berufserfahrung und Verantwortung ungefähr auf Projektmanager-Ebene angesiedelt sind. Diese Verteilung reflektiert nicht zuletzt das große Spektrum in der Dauer der Betriebszugehörigkeit[47] – es reicht in unserem Sample von acht Monaten bis zu 13 Jahren, wobei deutsche Befragte bei G-Pro im Schnitt die längste Betriebszugehörigkeit (zum Zeitpunkt der Interviews von etwa einem Jahrzehnt) vorzuweisen haben. Abgerundet wurden die Interviewprogramme durch Gespräche mit Vertretern der Personal- und Logistikabteilungen

---

46 Stattdessen werden ähnliche Tätigkeitsprofile in Produkt- und Servicefirma (soweit möglich) mit einem einheitlichen Titel bezeichnet. Ein ähnliches Vorgehen hat Ilavarasan (2005, 4) gewählt, der darauf hinweist, es gebe in der indischen IT-Branche eine Fülle von Titeln, aber nur vier Rollen, die im Projektkontext von Bedeutung seien, nämlich Entwickler (developer), Teamleiter (module leaders), Projektleiter (project leaders) und Projektmanager (project managers). Zur Beschreibung unterschiedlicher Aufgaben- und Tätigkeitsprofile in indischen IT-Firmen sowie zu Rollen in der Projektabwicklung siehe ausführlich: Ilavarasan 2002, 83–94.

47 Mukherjee (2008, 56) unterscheidet zwischen »software engineer (having 0–3 years of experience), programmer analyst/project or module lead (3–5 years), project manager (5–6 years), senior project manager (more than six years) and delivery manager (more than six years). Senior managers generally have more than eight years of work experience«.

(mit sechs bzw. zwei Gesprächen) sowie mit den Zuständigen für Frauenförderung, »kulturelle Diversität« sowie Qualitätsmanagement. All diese Gespräche wurden aufgezeichnet und so minutiös protokolliert, dass die in der vorliegenden Studie zahlreich verwendeten wörtlichen Zitate in der Tat beanspruchen können, das Gesagte wortgetreu wiederzugeben (zu den für die Interviews verwendeten Sigeln siehe: Kapitel 9.1). Dies ließ den Umfang der Protokolle explodieren und machte eine technikgestützte Auswertung des Interviewmaterials mit Hilfe der Atlas.ti-Software notwendig. Dieses zeitaufwändige Protokollierungs-, Codierungs- und Auswertungsverfahren erscheint jedoch unverzichtbar, weil man den Inhalt des Gesagten nur ermessen kann, wenn man zumindest einen ungefähren Eindruck von der Form der Äußerungen hat. Daher wurde bewusst darauf verzichtet, Redepausen zu kaschieren oder Formulierungen zu glätten, obgleich keine systematische Sprachanalyse angestrebt wird.

Der Aufbau der vorliegenden Studie orientiert sich an dem in der Hypothese angelegten Doppelschritt: Wesentliche Grenzen der Homogenisierung von betrieblicher Arbeitskraftnutzung, so wird hier argumentiert, liegen zum einen in Unterschieden zwischen Transnationalisierungswegen und zum anderen in Unterschieden zwischen ortsgebundenen Regulierungsszenarien der (Re-)Produktion von Arbeitskraft. Im Folgenden werden zunächst konzeptionelle Überlegungen dazu angestellt, was unter einem solchen Regulierungsszenario bzw. unter variierenden Transnationalisierungswegen im Softwaresektor zu verstehen ist (Kapitel 2). Diskutiert wird, inwiefern der Zyklus der Produktion und Reproduktion von Arbeitskraft als zentrale Kategorie für die Analyse von Regulierungsszenarien dienen kann, was ein solches Regulierungsszenario ausmacht und wie die in verschiedenen sozialen Räumen ausgeprägten Regulierungsszenarien aufeinander einwirken und sich (nicht zuletzt in Folge transnationaler Unternehmensaktivitäten) dynamisieren. Sodann werden die variierenden Transnationalisierungswege von Softwarekonzernen näher beleuchtet und auf die jeweils spezifische Kombination aus Geschäftsmodell und regionaler Herkunft zurückgeführt – wie erwähnt, sind diese beiden Einflussfaktoren analytisch nicht zu trennen, weshalb es ausdrücklich nicht darum gehen kann, die Stärke des jeweiligen Einflusses »zu messen«. Im Mittelpunkt stehen dabei jene Transnationalisierungswege, die den Softwaresektor in besonderem Maße prägen: Einerseits das auf »verteilter (Software-)Entwicklung« beruhende Geschäftsmodell einer aus den kapitalistischen »Zentren«

(konkret: Deutschland) stammenden Produktfirma; andererseits das auf »IT-Offshoring« basierende Geschäftsmodell eines indischen Anbieters von Software-Services, das für einen in der kapitalistischen »Semiperipherie« besonders weit verbreiteten Typ von Softwareunternehmen steht.

Hierauf folgt die Diskussion des empirischen Materials, wobei insgesamt fünf Probleme der betrieblichen Nutzung von Arbeitskraft herausgegriffen werden. Mit der räumlichen Bindung (Kapitel 3) und der vertraglichen Bindung von Arbeitskraft (Kapitel 4) nehmen wir zunächst zwei Aspekte von Arbeitskraft-Zirkulation in den Blick. Weil es dabei um deren räumliche und zeitliche Bewegung geht, ist der Fokus in vieler Hinsicht auf Vergangenheit und Zukunft gerichtet. Der betriebliche Kontext spielt vor allem insofern eine Rolle, als die Arbeitenden hier zu einem bestimmten Zeitpunkt zusammentreffen und befragt werden. Danach rückt die Nutzung von Arbeitskraft im betrieblichen Kontext in den Mittelpunkt des Interesses, wie sie sich im »Hier und Jetzt« oder genauer: zum Zeitpunkt der Interviews im Jahr 2007 in den deutschen und indischen Produktionsstätten unserer beiden Sampleunternehmen darstellte. Gegenstand ist also jene flüchtige raum-zeitliche Konstellation, in der alle Befragten insofern einen sozialen Handlungszusammenhang teilten, als sie entweder in derselben Konzernstruktur (G-Pro bzw. I-Serve) oder im selben Regulierungsszenario der (Re-)Produktion von Arbeitskraft (Deutschland bzw. Indien) tätig waren. Der Fokus ist dabei auf drei zentrale Aspekte der Nutzung von Arbeitskraft im Betrieb gerichtet, die Menez und Töpsch (2003, 16) als »die wichtigsten Variablen der Arbeitsbedingungen« bezeichnet haben[48] – auf Vergütung (Kapitel 5), Arbeitszeit (Kapitel 6) sowie Anforderungsprofile und Qualifikationsentwicklung (Kapitel 7). Die Präsentation des empirischen Materials erstreckt sich somit auf insgesamt fünf Kapitel, obgleich sich die dort diskutierten Probleme der betrieblichen Nutzung von Arbeitskraft analytisch nur teilweise trennen lassen und Überschneidungen unvermeidlich sind. Aus diesem Grund sind auch die insgesamt drei Exkurse (zu Standards von Familiengründung und Ernährermodellen, Altersstruktur sowie Frauenanteil in den Belegschaften) jeweils Teils des Kapitels, in dem die betreffende Information zum ersten Mal benötigt wird, dienen aber zugleich als Grundlage für spätere Ausführungen. In jedem der fünf empirischen Kapitel werden zwei Fragen angesprochen:

---

48 Menez und Töpsch (2003) nennen als vierte Variable »Arbeitsbelastungen«. In der vorliegenden Studie werden einige der damit angesprochenen Fragenkomplexe in den Kapiteln zu Arbeitszeit, Vergütung und Qualifizierung diskutiert.

- Welche Strategien verfolgen transnational operierende Unternehmen in Hinblick auf das jeweilige Problem der betrieblichen Nutzung von Arbeitskraft – und welche Rolle spielt dabei die Vereinheitlichung von Standards über Weltregionen hinweg?
- Inwiefern wird das diskutierte Problem der betrieblichen Nutzung von Arbeitskraft durch ortsgebundene Regulierungsszenarien der Arbeitskraft-Produktion und -Reproduktion beeinflusst?

Bei der ersten Frage geraten vor allem die unterschiedlichen Transnationalisierungswege von Softwareunternehmen in den Blick, denn es geht letztlich darum, wie die deutsche Produktfirma bzw. die indische Servicefirma unseres Samples Arbeitskraft in verschiedenen Weltregionen zu nutzen suchen. Damit soll das Argument empirisch untermauert werden, dass auf Unternehmensebene insofern Grenzen der Homogenisierung sichtbar werden, als Produkt- und Servicefirmen aufgrund der Funktionslogik ihrer (im jeweiligen sozialräumlichen Herkunftskontext herausgebildeten) Geschäftsmodelle auf unterschiedliche Formen von Arbeitskraftnutzung setzen, wobei keineswegs immer weltweite Vereinheitlichung angestrebt wird. Von besonderem Interesse sind hier jene innerorganisatorischen Hürden, die einer Verwirklichung von Unternehmensstrategien der Arbeitskraftnutzung entgegenstehen.

Die zweite Frage betrifft die ortsgebundenen Regulierungsszenarien der Produktion und Reproduktion von Arbeitskraft in Deutschland bzw. in Indien. Unabhängig davon, ob Softwarefirmen die Nutzung von Arbeitskraft (aufgrund des jeweiligen Geschäftsmodells) an beiden Standorten mehr oder minder einheitlich gestalten möchten, so die empirisch zu belegende Annahme, stößt die Umsetzung von unternehmerischen Arbeitseinsatzstrategien generell an Grenzen, die in den vor Ort wirkenden Standards der täglichen, biographischen und transgenerationalen Produktion und Reproduktion von Arbeitskraft begründet sind. Diese Standards sind wesentlich durch wirtschaftliche, staatliche und gesellschaftliche Regulierungsstrukturen und -praktiken geprägt, die sich in Deutschland anders darstellen als in Indien. Dass keiner dieser Regulierungsebenen vorrangige Bedeutung zugesprochen wird, kommt darin zum Ausdruck, dass die Reihenfolge, in der sie in den einzelnen Kapiteln verhandelt werden, je nach Logik der Argumentation variiert. Angerissen wird dabei jeweils auch die Frage, welche Rückwirkungen der betreffende Aspekt der betrieblichen Nutzung von Arbeitskraft durch transnational operierende Unternehmen auf deren Produktion und Reproduktion vor Ort hat. Dabei wird ausdrücklich keine vollständige Bestandsaufnahme von Veränderungsdynamiken oder gar -potentialen des deutschen bzw. indischen Regulierungsszenarios angestrebt – vielmehr geht es um eine erste Benennung von Phänomenen, die auf eine solche Dynamik hindeuten und zu weiterer Beobachtung im Rahmen künftiger Forschung Anlass geben.

Den Abschluss der Studie bildet ein Kapitel, das anstelle eines Resümmees die Frage aufwirft, inwiefern die Analyse betrieblicher Arbeitskraftnutzung einen geeigneten empirischen Fokus für künftige Kapitalismusforschung darstellt.

2. Konzeptionelles: Regulierungsszenarien und Transnationalisierungswege

Grenzen der Homogenisierung von Formen betrieblicher Arbeitskraftnutzung liegen zum einen in unterschiedlichen (dem jeweiligen Geschäftsmodell inhärenten) Transnationalisierungswegen und zum anderen in ortsgebundenen Regulierungsszenarien von Arbeitskraft-Produktion und -Reproduktion – so die Hypothese dieser Studie. Der Gedanke mag nahe liegen, dass transnationale Konzernstrukturen immer vereinheitlichend, ortsgebundene Regulierungsszenarien hingegen immer diversifizierend wirken müssen, doch dies wäre irreführend. Vielmehr beinhalten beide »Stellschrauben« der betrieblichen Arbeitskraftnutzung in transnationalen Unternehmen, Geschäftsmodelle und Regulierungsszenarien, gleichzeitig Aspekte, die Homogenisierung befördern und verhindern. Dies auszuführen, ist Ziel des vorliegenden Kapitels, das sich zunächst den Regulierungsszenarien der (Re-)Produktion von Arbeitskraft (Kapitel 2.1) und anschließend den unterschiedlichen Transnationalisierungswegen von Software-Produzenten und Software-Dienstleistern (Kapitel 2.2) widmet. Abschließend wird die betriebliche Nutzung von Arbeitskraft als Brennspiegel präsentiert, in dem transnationale Arbeitseinsatzstrategien und ortsgebundene Regulierung von Arbeitskraft-(Re-)Produktion aufeinandertreffen (Kapitel 2.3).

2.1 Regulierungsszenarien von Arbeitskraft-(Re-)Produktion

Die wissenschaftliche Befassung mit Regulierungsszenarien der (Re-)Produktion von Arbeitskraft markiert eine Neujustierung gegenüber der bisherigen Diskussion über die Reichweite von Homogenisierungstendenzen unter Bedingungen zunehmend grenzüberschreitender Wirtschaftsaktivitäten (Kapitel 1.1). Daher werden zunächst die konzeptionellen Überlegungen umrissen, die für eine solche Neujustierung sprechen: Arbeitskraft wird in ihrer individuellen wie kollektiven Dimension nicht zuletzt deshalb als zentrale Analysekategorie eingeführt, weil der unauflösbare Zyklus ihrer Produktion und Reproduktion die inner- und außerbetriebliche Sphäre gesellschaftlicher Arbeit verbindet (Kapitel 2.1.1). Sodann wenden wir uns dem Begriff des Regulierungsszenarios zu und diskutieren das Zusammenwirken von Regulierungsstrukturen und -praktiken, die wichtigsten Regulierungsebenen und die räumliche Reichweite von Regulierungsszenarien (Kapitel 2.1.2).

2.1.1 (Re-)Produktion von Arbeitskraft als individuelle und kollektive Analysekategorie

Dass Arbeit eine zentrale Analysekategorie für sozialwissenschaftliche Forschung darstellt, ist unumstritten. Schon für Marx markierte Arbeit als Stoffwechsel des Menschen mit der Natur die Grundlage menschlicher Existenz:

> Die Arbeit ist zunächst ein Prozess zwischen Mensch und Natur, ein Prozess, worin der Mensch seinen Stoffwechsel mit der Natur durch seine eigene Tat vermittelt, regelt und kontrolliert (Marx 1867/1983, 192).

Sorge fasst die Implikationen dieses Arbeitsbegriffes zusammen:

> [W]ork is the essence of human existence, as Marx would have said; according to his definition of work, it is a process that generates value and constitutes both individual identity and social relations for human beings, who both playfully and purposefully engage with the natural and social environment (Sorge 2005, 143).

»Arbeitskraft« konstituiert nun das Vermögen, Arbeit in diesem breiten Sinne zu leisten, und auch hier bietet Marx eine gute Definition:

> Unter Arbeitskraft oder Arbeitsvermögen verstehen wir den Inbegriff der physischen und geistigen Fähigkeiten, die in der Leiblichkeit, der lebendigen Persönlichkeit eines Menschen existieren und die er in Bewegung setzt, sooft er Gebrauchswerte irgendeiner Art produziert (Marx 1867/1983, 181).

Das auf Arbeitskraft beruhende Arbeitsvermögen beinhaltet demnach eine bestimmte körperliche und geistige Leistungsfähigkeit und begründet neben individueller Identität auch die Einbindung in soziale Beziehungen. Arbeitskraft muss vom Individuum in Auseinandersetzung mit seinem gesellschaftlichen und natürlichen Umfeld hergestellt, aufrechterhalten und weiterentwickelt werden, um dauerhaft Arbeit verrichten und Neues produzieren zu können (in Marxscher Terminologie macht dies den Gebrauchswert von Arbeitskraft aus), bzw. durch den Verkauf von Arbeitskraft ein Einkommen zu erzielen, also den Tauschwert von Arbeitskraft zu realisieren. Arbeitskraft ist demnach an Individuen gebunden – aber ihre Produktion, Verausgabung und Reproduktion verweist notwendigerweise auf gesellschaftliche Verhältnisse.[1]

Arbeitskraft als individuelle und kollektive Kategorie zu betrachten, ist zumindest in der Arbeits- und Industriesoziologie durchaus üblich. In Anlehnung an die Marxsche Gesellschaftsanalyse geht man gemeinhin von der Figur des »doppelt freien Lohnarbeiters« aus, der seine Arbeitskraft als persönlich freier Mensch verkaufen *kann*, sie aber auch verkaufen *muss*, weil er »frei« von Produktionsmitteln seine Existenz nicht anderweitig zu sichern vermag. Daher spielt die Reproduktion von Arbeitskraft eine zentrale Rolle für die Sicherung gesellschaftlicher Existenz:

> Die Subjekte vermögen sich [...] nur durch den ›marktgerechten‹ Umgang mit ihrer eigenen Arbeitskraft (Verkauf) und durch deren gezielten Erhalt (physisch, psychisch, sozial, aber vor allem auch im Hinblick auf die Qualifikation) in ihrer gesellschaftlichen Existenz zu reproduzieren (Brock/Vetter 1984, 13).

Die Notwendigkeit, Arbeitskraft möglichst kontinuierlich zu verkaufen, verbindet alle abhängig Beschäftigten und ist somit ein kollektives Merkmal (Brock und Vetter nennen dies »Eigentumsform«). Trotzdem kann sich die konkrete Art und Weise, wie Arbeitskraft produziert, erhalten und weiterentwickelt wird, sehr unterschiedlich darstellen, denn der idealtypische »Lohnarbeiter« steht für verschiedene (etwa: männliche und weibliche, alte und junge, hoch und gering qualifizierte) Individuen, deren »Existenzform« zudem durch die Zugehörigkeit zu überlappenden sozialen Kollektiven (wie Familie, Generation oder sozioökonomischer Klasse) geprägt ist.

> Im Einzelnen konkretisieren und differenzieren sich solche Reproduktionsanforderungen je nachdem, welcher Arbeitskraftkategorie jemand angehört, welchen Entwertungs- und Verschleißungsprozessen er unterliegt usw. Je konkreter und je empirischer man solche Reproduktionsanforderungen fasst [...], desto stärker nähert man sich den empirischen Formen der Reproduktion von Arbeitskraft an; deren

1 Jürgens (2006, 195) hat die Bedeutung des Reproduktionsvermögens, der »Reproduktion von Lebenskraft«, betont, das (laut Asendorf-Krings/Drexel/Nuber 1976, 221) »überhaupt erst – jenseits aller fachlichen Fähigkeiten und Kenntnisse – zur Lohnarbeiterexistenz befähigt«.

kollektiver Charakter tritt dann hinter historischen, sozialen und auch biographischen Besonderheiten zurück (Brock/Vetter 1984, 13).

Die Einigkeit über den Charakter von Arbeitskraft als Individual- und Kollektivkategorie hat allerdings selten Niederschlag in einer integrierten »Analyse individueller und sozialer Reproduktion« (Brock/Vetter 1984, 25) gefunden. Vielmehr betonten seit den siebziger Jahren zunächst vor allem Ansätze, die sich der Regulation von Arbeit widmeten, in einer strukturtheoretischen Perspektive einseitig die kollektive Dimension, wie Jürgens (2006, 25) kritisch anmerkt: Ihnen gelte

Regulation von Arbeit [...] maßgeblich als Prozess, der sich auf die Gestaltung von Produktionsmodellen und industriellen Beziehungen richtet, während sich die Betrachtung von Individuen auf deren kollektive Klassenlage reduziert.

Seit den neunziger Jahren hingegen rückten mit der »subjektivistischen Wende« weiter Teile der Arbeitssoziologie das Individuum und dessen Bewältigungsstrategien im Umgang mit neuen Managementkonzepten in den Mittelpunkt des Interesses. Weil Arbeitskraft nun eher als Eigenschaft individueller Beschäftigter verhandelt wurde, trat ihre kollektive Dimension samt Fragen der Strukturierung und Regulierung tendenziell in den Hintergrund. Demgegenüber betont Jürgens ausdrücklich den Doppelcharakter von Arbeitskraft: Ihr Erhalt sei einerseits individuelle Leistung der Person, wobei die Anforderungen sich nicht nur zwischen Männern und Frauen, sondern auch danach unterschieden, welche Ressourcen sich (entsprechend der jeweiligen sozialstrukturellen Positionierung) mobilisieren ließen. Andererseits sei diese individuelle Leistung in ein System gesellschaftlicher Institutionen eingebunden, welche die Wiederherstellung von Arbeitskraft unterstützen und lenken, weil etwa Familie, Schule oder Ausbildungssystem »auf den Einsatz von Arbeitskraft hin zivilisieren und disziplinieren«:

Gesellschaftliches Geschlechterverhältnis und Sozialstruktur wirken dabei vermittelt über diese Institutionen, die für die Subjekte je unterschiedliche Wege öffnen bzw. verschließen und differente Anforderungen an die Reproduktion eigener bzw. anderer Arbeitskraft mit sich bringen (Jürgens 2006, 194).[2]

Entsprechend müsse eine Analyse des Umgangs mit Arbeitskraft zwar mikrosoziologisch ansetzen, ziele jedoch

2 Auch Gesundheitssysteme, Freizeitindustrie und soziale Sicherung werden als Teil der »Infrastruktur« von Arbeitskraft-Reproduktion bezeichnet (Jürgens 2006, 200).

explizit auf die *Wechselwirkungen zwischen Handlung und Struktur* […]: Reproduktionshandeln ist zwar eine individuelle Leistung, aber hochgradig gesellschaftlich funktional. Es gewährleistet die Integrationsfähigkeit einer Gesellschaft, ist Voraussetzung für die Aufrechterhaltung der Arbeitsteilung zwischen den Sphären und stabilisiert damit das gegenwärtige Produktionsmodell (Jürgens 2006, 16).

Individuelles Reproduktionshandeln werde durch die gesellschaftliche Umwelt zwar »nicht determiniert, aber es vollzieht sich auch nicht in bloßen Interaktionen zwischen Subjekt und Umwelt«. Vielmehr sei es

ebenso durch den Zwang zur Existenzsicherung beeinflusst wie auch durch gesellschaftliche Macht- und Herrschaftsverhältnisse, die Subjekten je unterschiedliches Wissen über Reproduktionsgefährdungen, -möglichkeiten und -bedürfnisse zugänglich machen (Jürgens 2006, 219).

Man habe es also mit Wechselwirkungen zwischen strukturellen Bedingungen einerseits und individuellem Handeln und Wünschen andererseits zu tun, die immer durch die Ungleichheit der Verhandlungspartner geprägt seien (ebenda, 219).

Die vorliegende Studie geht von ganz ähnlichen Überlegungen aus. Auch hier wird Arbeitskraft als gleichermaßen individuelles und kollektives Phänomen in den Blick genommen, wobei die »strukturellen Bedingungen«, unter denen ihre Herstellung, Aufrechterhaltung und Weiterentwicklung erfolgt, durch Fokussierung auf das »Regulierungsszenario der Produktion und Reproduktion von Arbeitskraft« analysiert werden (Kapitel 2.1.2). Dabei steht zunächst die Arbeitskraft-(Re-)Produktion von Individuen im Mittelpunkt, weil in Beschäftigteninterviews in erster Linie die aktuelle Konstellation der individuellen Arbeitskraft-(Re-)Produktion der Befragten zur Sprache kommt. Diese Erzählungen erlauben jedoch eine breitere Einordnung, da sie sich in zweierlei Hinsicht auf deren »Sozio-Biographie«[3] (Osterland 1973) erstrecken: Zum einen wird die Geschichte der (Re-)Produktion von Arbeitskraft (in Herkunftsfamilie, Schule, Studium oder früheren Arbeitsstellen) von den Interviewten geschildert und eine Zukunftsperspektive formuliert; zum anderen kann die individuelle Biogra-

3 Osterland (1973, 413) bemerkt, »dass die gegenwärtige Arbeits- und Lebenssituation im Lebensprozess des Einzelnen nur gleichsam die letzte erreichte Station darstellt, in die auch Erfahrungen des zurückliegenden Lebenswegs eingehen. Aber es wird dabei gleichzeitig unterstellt, dass die gegenwärtige Situation kein zufälliges Resultat dieses individuellen Lebenswegs ist, sondern sich gerade auch darin die gesellschaftliche, schicht- und klassenspezifische Bedingtheit lebensgeschichtlicher Abläufe zeigt und diese kollektive Seite des Lebenswegs entsprechende Erfahrungen einschließt, welche bestimmte kollektive Deutungsmuster hervorbringen.«

phie als (vermittelter und vielfach gebrochener) Ausdruck der Zugehörigkeit zu einer sozioökonomischen Gruppe gelten, die in Bezug auf Lebensweg und Lebensorientierung »gewisse äußere Gemeinsamkeiten aufweist«:

> Es gehen nämlich in die Wahl des Berufs, den Wunsch nach Weiterbildung, den Wechsel des Arbeitsplatzes, die Heirat etc. auch kollektiv vermittelte Momente der Interpretation der gesellschaftlichen Entwicklung ein, und sie stellen selbst *auch* ein Moment der kollektiven Praxis dar [...] (Osterland 1973, 415f.).

Wir werden auf derlei kollektive Momente der (Re-)Produktion individueller Arbeitskraft zurückkommen, wenn es um deren (für diese Studie relevante) Dimensionen geht (Kapitel 2.3).

Die etwas sperrige Formulierung »(Re-)Produktion von Arbeitskraft« verweist nun darauf, dass eine weitere konzeptionelle Klärung nötig ist. In der vorliegenden Studie wird explizit der Zyklus der Produktion und Reproduktion von Arbeitskraft betrachtet, während üblicherweise klar zwischen Produktions- und Reproduktionssphäre unterschieden wird. Die Produktionssphäre steht dabei für die Welt der Betriebe, in der Waren produziert werden – Habermas (1981/2006) bezeichnet dies als Systemwelt. Die Reproduktion von Arbeitskraft hingegen findet nach gängiger Lesart in der Reproduktionssphäre statt, also etwa im privaten Haushalt, am Ort von Freizeit und Konsum – kurz: in der Lebenswelt, wo »neben der klassischen Haus- und Familienarbeit, die der Reproduktion von eigener und fremder Arbeitskraft dienen, auch regulierende und koordinierende Aufgaben« wahrgenommen werden (Jürgens 2006, 118). Zwar liegen durchaus Studien vor, die Produktions- und Reproduktionssphäre integriert betrachten – man denke etwa an die feministische Forschung[4] oder frühe Schriften der französischen Regulationsschule zur »fordistischen« Verbindung von Massenproduktion und Massenkonsum (Aglietta 1979/2000).[5] Trotzdem besteht weitgehender Konsens darüber, dass es sich bei Produktions-

4 Zum feministischen Argument, dass Produktion und Reproduktion speziell für Frauen niemals getrennte Sphären gewesen seien, siehe: Jürgens 2006, 66. Stattdessen bestehe eine wechselseitige Beeinflussung etwa zwischen Familie und der Erwerbssphäre, weil »nicht nur die Abhängigkeit anderer gesellschaftlicher Bereiche von Familie [...], sondern auch der Einfluss von ›Außen‹ auf die Familie« zu belegen sei (ebenda, 119).

5 Die Regulationstheorie »proposes that stable periods of economic growth – regimes of accumulation – depend on mechanisms co-ordinating, on the one hand, the social and technical organization of production and labour integration and, on the other hand, the conditions of wage determination, labour reproduction and consumption« (Jonas 1986, 325). Zur Rolle des Staates bei der fordistischen Koordination von Produktions- und Reproduktionssphäre siehe Burawoy (1985).

und Reproduktionssphäre um getrennte, nach unterschiedlichen Logiken funktionierende Bereiche handelt. Ihre konfliktreiche Verschränkung ist »vergleichsweise unterbelichtet« (Jürgens 2006, 8), obgleich der Hinweis auf Wechselwirkungen zwischen Betrieb und Gesellschaft, Arbeit und Freizeit, »Work« und »Life« oder Produktion und Konsum inzwischen zum »guten Ton« arbeitssoziologischer Studien gehört.[6]

In der vorliegenden Studie wird ein etwas anderer Zugriff vorgeschlagen, dem man sich in drei Schritten annähern kann: Erstens wird die betriebliche Nutzung von Arbeitskraft als derjenige Bereich identifiziert, in dem die Logik von Waren-Produktion und die Logik von Arbeitskraft-Reproduktion aufeinandertreffen. Betriebliche Arbeitskraftnutzung wird also, in anderen Worten, als »Schnittstelle« zwischen Produktions- und Reproduktionssphäre begriffen. An dieser Schnittstelle vollziehen sich (zweitens) Wechselwirkungen zwischen den »Sphären« der Produktion und Reproduktion: Jede Variante von Warenproduktion erfordert bestimmte Formen der betrieblichen Nutzung von Arbeitskraft. Die Beantwortung der Frage, wie lange, wie intensiv und zu welchem Zweck Arbeitskraft eingesetzt wird, entscheidet aber maßgeblich darüber, wie ihre Reproduktion aussehen muss. Hoch qualifizierte Arbeitskraft für große und nach Bedarf dehnbare Teile des Tages im Rahmen komplexer Kooperationsbeziehungen zu nutzen, wie es etwa in der Softwarebranche üblich ist, erfordert zum Beispiel eine ganz spezifische (erwerbsarbeitszentrierte) Sozialisation,[7] eine (je nach Geschäftsmodell mehr oder minder) spezialisierte Qualifikation (Kapitel 7) und eine Arbeitsteilung zwischen Geschlechtern, Generationen und sozialen Schichten, die (Lohn-)Arbeitende weitgehend von Haushalt oder Kindererziehung entlastet. Sind diese Voraussetzungen in der »Reproduktionssphäre« nicht gegeben, so werden sich umgekehrt bestimmte Geschäftsmodelle und Transnationalisierungswege als nicht realisierbar erweisen – die Formen betrieblicher Nutzung von Arbeitskraft müssen angepasst werden. Drittens verweist dieses Ineinandergreifen von »Produktions-« und »Reproduktionslogik« darauf, dass deren Geltungsbereiche oder »Sphären« nicht hermetisch abgeschottet sind, sondern fließend ineinander übergehen. Huws (2003) hat darauf hingewiesen, dass im Zuge einer

6 Meist wird (in Anlehnung an Habermas) von einer Kolonisierung der Lebens- durch die Systemwelt ausgegangen: »Produktion und Reproduktion sind wechselseitig aufeinander angewiesen, doch resultiert das Primat der Ökonomie in einer ›strukturellen Rücksichtslosigkeit‹ gegenüber anderen Sphären« (Jürgens 2006, 12).

7 Diesen Zusammenhang thematisieren Studien zum Einfluss außerbetrieblicher Sozialisation auf Arbeitshaltung und -bewusstsein (einen Überblick bietet: Jürgens 2006, 38–45).

Ausweitung der Warenförmigkeit gesellschaftlicher Organisation die Produktionslogik längst in die Reproduktionssphäre Einzug gehalten habe.[8] Umgekehrt (und dies ist für den hier vorgeschlagenen Ansatz zentral) konditioniert die »Reproduktionslogik« stets die konkreten Formen, die für betriebliche Arbeitskraftnutzung entwickelt werden.

Unter einem Zyklus der Produktion und Reproduktion von Arbeitskraft ist dabei dreierlei zu verstehen:

- die »Herstellung« der für Arbeit erforderlichen körperlichen wie geistigen Fähigkeiten und sozialen Bindungen (durch biologische Reproduktion, also die Geburt von Kindern, sowie durch familiäre, schulische oder betriebliche Sozialisation und Qualifizierung);
- die »Aufrechterhaltung« bzw. »Wiederherstellung« verausgabter Arbeitskraft, was man als »identische Reproduktion« bezeichnen kann.[9] Dies beinhaltet Ernährung, Körperpflege, Sozialkontakte und körperliche wie geistige Erholung, aber auch die Aktualisierung nicht genutzter bzw. überholter körperlicher wie geistiger Fähigkeiten und sozialer Bindungen.
- eine »erweiterte Reproduktion« im Sinne der »Aufwertung« und »Weiterentwicklung« von Arbeitskraft, etwa durch einen Zuwachs an Qualifikation, Erfahrung oder sozialen Netzwerken.

Keiner dieser drei Aspekte von Arbeitskraft-(Re-)Produktion ist eindeutig innerhalb oder außerhalb des Betriebes zu verorten – vielmehr »erweist sich die Reproduktion von Arbeitskraft [...] als genuiner Bestandteil nicht nur ökonomischer Produktions- und Reproduktionsprozesse« im Betrieb,

8 Seit langem werde unbezahlte Arbeit (wie Wäschewaschen) schrittweise aus dem Privathaushalt ausgelagert und in bezahlte Arbeit (von Wäscherinnen) umgewandelt bzw. durch neue Güter (Waschmaschinen) ersetzt. Dies schaffe die Basis für neue Dienstleistungen (etwa von Waschsalons), neue Formen unbezahlter Arbeit (Sortieren der Wäsche, Einstellen der Maschine) und schließlich für neue Güter (Waschmittel, Dampfbügeleisen etc.). Weil Alltagsbewältigung immer mehr Güter erfordere, würden Arbeitende als Produzenten und Konsumenten zunehmend in die Warenwirtschaft eingebunden: Diese seien »involved on the one hand in contributing toward the production or circulation of commodities and the capital accumulation process in some capacity and on the other in an ever-greater dependence on the purchase of these commodities for their survival« (Huws 2003, 152f.).

9 Jürgens (2006, 124) bezeichnet die physische und psychische Wiederherstellung von Arbeitskraft als »soziale Reproduktion«.

sondern auch »als Bestandteil sozialer und biographischer Vergesellschaftung« außerhalb der betrieblichen Sphäre (Brock/Vetter 1984, 13).[10]

Der Zyklus der (Re-)Produktion von individueller und kollektiver Arbeitskraft im Sinne der Herstellung, Aufrechterhaltung und Weiterentwicklung von körperlicher wie geistiger Leistungsfähigkeit und sozialen Bindungen ist nun als permanent sich vollziehender Prozess zu verstehen, der in drei Rhythmen verläuft:[11]

- Erstens muss Arbeitskraft täglich produziert und reproduziert werden, was etwa regelmäßige Erholungszeiten, soziale Interaktion oder alltägliches Lernen in und außerhalb der Erwerbsarbeit erfordert.
- Arbeitskraft wird zweitens im Laufe eines Lebens produziert und reproduziert, wobei Phasen der intensiven Nutzung und des Verschleißes von Arbeitskraft von (teilweise sozialpolitisch abgesicherten) Perioden flankiert sind, in denen Arbeitskraft erzeugt (Kindheit und Erziehungszeiten), aufrechterhalten bzw. wiederhergestellt (Arbeitslosigkeit und Krankheit) oder weiterentwickelt wird (Ausbildungszeiten).[12]
- Drittens wird Arbeitskraft transgenerational (also über die eigene Generation hinaus) produziert und reproduziert, indem Kinder geboren und sozialisiert, Erziehung und Ausbildung durch Ältere (Eltern, Großeltern etc.) gewährleistet werden.[13] Weil dadurch gruppenspezifische ma-

10 Auch Jürgens (2006, 210) geht davon aus, dass Arbeits- ebenso wie Reproduktionsvermögen nicht nur im Arbeitsprozess, sondern etwa auch in Bildungs- und Berufsinstitutionen entstehe. Allerdings definiert sie »Reproduktion« enger, nämlich als die »individuellen Praktiken des Regulierens von Arbeit«, obgleich sie die Rückwirkungen individueller Regulierung auf die Erwerbssphäre und betriebliche Praktiken des Arbeitskrafteinsatzes hervorhebt (ebenda, 14).

11 Jessop (1999, 349) verweist (bei Ausführungen zu Funktionen staatlicher Sozialpolitik) auf die individuelle und kollektive Reproduktion von Arbeitskraft und identifiziert dieselben Rhythmen: »from quotidian routines via individual life cycles to intergenerational reproduction«.

12 Hier von einer »Dekommodifizierung« von Arbeitskraft zu sprechen, ist irreführend, weil durch Sozialpolitik nicht deren »Warenförmigkeit« beseitigt, sondern die langfristige Nutzbarkeit gesellschaftlicher Arbeitskraft sichergestellt wird. Burawoy (1985, 127f.) spricht deshalb von »Politics of Production« und argumentiert, man könne »Produktionsregime« danach unterscheiden, inwiefern die Reproduktion von Arbeitskraft (etwa durch soziale Sicherung und Arbeitsrecht) von Lohnarbeit in einem bestimmten Unternehmen unabhängiger gemacht werde: »The necessity of such state intervention is given by the logic of capitalism's development. But the mechanisms through which the state comes to do what is ›necessary‹ vary over time and from country to country«.

13 Laut Asendorf-Krings, Drexel und Nuber (1976, 218) kommt die Bedeutung biographischer und transgenerationaler (Re-)Produktion von Arbeitskraft etwa in der Lohnfestset-

terielle und qualifikatorische Merkmale sowie Normen und Wertvorstellungen im Zusammenwirken verschiedener Generationen erzeugt, aufrechterhalten und weitergegeben werden, trägt diese Form der (Re-) Produktion von Arbeitskraft zur Herausbildung sozioökonomischer Kollektive bei.

Die in den folgenden Kapiteln präsentierten empirischen Ergebnisse werden zeigen, wie unterschiedlich sich Standards der (Re-)Produktion von Arbeitskraft in den deutschen und indischen Belegschaften unseres Samples gestalten. Zwar haben wir es im Prinzip mit einer Vielzahl individueller Entscheidungen in Bezug auf Erwerbsbiographie, Arbeitszeit oder den Stellenwert von Vergütung und Qualifizierung zu tun (also mit strategischer »Reproduktion als Arbeitskraft«; Brock/Vetter 1984, 35), doch diese individuellen Entscheidungen gruppieren sich zu Mustern der sozialen »Reproduktion von Arbeitskraft«. Derlei Muster können durchaus zwischen sozialen Gruppen innerhalb eines Landes variieren, doch vor allem zwischen nationalen Kontexten, hier also zwischen dem deutschen und dem indischen Kontext, sind Unterschiede zwischen Reproduktionsmustern festzustellen, da sich eine Reihe von »historischen, traditionellen, regionalen und moralischen Elemente[n] des Reproduktionsprozesses von Arbeitskraft […] als soziale und kulturelle Tatbestände in den je individuellen Reproduktionsverständnissen niedergeschlagen« haben (Brock/Vetter 1984, 36). Dazu gehören nicht zuletzt Aspekte von Regulierung.

2.1.2 Zum Begriff des Regulierungsszenarios

Um den Begriff des Regulierungsszenarios genauer zu fassen, muss man das nahezu unentwirrbar erscheinende Geflecht der auf den Zyklus von Arbeitskraftproduktion und -reproduktion einwirkenden Faktoren analytisch strukturieren. Zu diesem Zweck werden im Folgenden zum einen die Wechselwirkungen zwischen Regulierungsstrukturen und -praktiken, zum anderen (mit Staat, Gesellschaft und Ökonomie) die wichtigsten Ebenen von Regulierung angesprochen.[14] Der hier vorgeschlagene Regulierungsbe-

zung zum Ausdruck. Im Spiel seien bei Vergütungsfragen »verschiedene Zeithorizonte, die unmittelbare Sicherung der aktuell erforderlichen Reproduktionskosten einerseits, die langfristige Sicherung der Erhaltung der Arbeitskraft andererseits«.

14 Esping-Andersen (1990) gilt die Aufgabenteilung zwischen Markt, Staat und Familie als zentrales Unterscheidungsmerkmal zwischen »Wohlfahrtsregimen«.

griff schließt also neben staatlichen auch ökonomische und gesellschaftliche Strukturen und Prozesse von Regulierung ein, die sich zu einem jeweils spezifischen, aber kontingenten und in permanenter Veränderung begriffenen »Regulierungsszenario« verdichten. Darunter hat man sich (bei aller Vorsicht gegenüber der Verwendung naturwissenschaftlicher Denkmodelle für gesellschaftliche Sachverhalte) eine Art von Kräfteparallelogramm vorzustellen: Einzelne Regulierungsstrukturen und -praktiken erscheinen dabei als Vektoren, die mit unterschiedlicher Macht in verschiedene Richtungen weisen. Selbst Regulierung auf einer Ebene (etwa staatliche Regulierung) muss dabei keine Kohärenz aufweisen, sondern kann widersprüchlich sein. Das Ergebnis dieser komplexen Wechselwirkungen zwischen teilweise gleichgerichteten, teilweise in unterschiedliche Richtungen weisenden und mit unterschiedlicher Wirkungsmacht ausgestatteten Einflussfaktoren ist ein spezifisches »Szenario« von Regulierung, das nie deckungsgleich mit einem der Vektoren und stets durch innere Dynamik gekennzeichnet ist.[15]

Zwischen »Regulierungsstrukturen und Regulierungspraktiken« zu unterscheiden und auf deren dialektische Wechselwirkung hinzuweisen, gehört zum gängigen Instrumentarium (vor allem institutionalistischer) sozialwissenschaftlicher Theorien. Regulierungsstrukturen gelten aus dieser Perspektive letztlich als »geronnene« oder »sedimentierte« (Pries 2005, 12) Regulierungspraktiken gesellschaftlicher Akteure, die wiederum aktuelles Handeln prägen. Daher ist die konkrete Gestalt von Regulierungsstrukturen nicht ohne Verweis auf die ihnen zugrunde liegenden bzw. sie in Frage stellenden Regulierungspraktiken zu erklären und umgekehrt. (Individuelle und kollektive) gesellschaftliche Akteure sind demnach »zugleich als Produkte und Produzenten sozialer Verhältnisse« anzusehen (Jürgens 2006, 145).

Von den zahlreichen Versuchen, die Wechselwirkung zwischen Regulierungsstrukturen und Regulierungspraktiken konkreter zu bestimmen, seien hier nur zwei für unsere Zwecke besonders hilfreiche Ansätze erwähnt. So unterscheidet Pries (2005, 10f.) zwischen Erwerbsstrukturierung und Erwerbsregulierung, wobei »Strukturierung« das institutionelle Kräftefeld bezeichnet, »Regulierung« hingegen das Kräftefeld der »bewussten, interessen- und machtdurchtränkten individuellen und kollektiven Aushand-

15 Sorge (2005, 12) stellt ähnliche Überlegungen an: »To the extent that natural science metaphors are adequate, my preference is for one from chemistry: the reaction of one substance with another may produce a synthesis which has a quality that distinguishes it from the ingredients that went into the reaction.«

lung, Festlegung und Kontrolle« (ebenda, 11) von materialen Normen, prozeduralen Regeln sowie Beteiligungs- und Partizipationschancen.[16] In der vorliegenden Studie wird der Begriff »Regulierung« (anders als bei Pries) für Strukturen *und* Praktiken verwendet, doch abgesehen davon kommt das Pries'sche Kräftefeld dem sehr nahe, was hier unter »Regulierungsszenario« verstanden wird.

Der zweite für unsere Zwecke einschlägige Versuch, das Verhältnis zwischen Regulierungsstrukturen und -praktiken zu fassen, findet sich in Studien zu »Societal Effects«, also spezifischen »gesellschaftlichen Einflüssen« auf die Gestaltung von Arbeit und Organisation. So spricht Maurice (2000, 20) von Wechselwirkungen zwischen Akteuren und »sozialen Räumen«: (individuelle oder kollektive) Akteure seien grundsätzlich Teil von Räumen, die ihre Identität prägten, während gleichzeitig der Raum durch die Handlungen (oder Strategien) der Akteure strukturiert werde (Maurice 2000, 20). Da die Existenz von Akteuren in einer Gesellschaft zudem immer eine historische Dimension habe, müsse man von »actors located in a space-time system« sprechen. Dieses Raum-Zeit-System sei relativ stabil, aber dennoch durch innere Dynamik geprägt (Maurice 2000, 21f.), weil die »strukturierenden Prozesse«, die aus der Interaktion von Akteuren und Räumen entständen, selbst Quelle von Transformation seien (Maurice 2000, 24). Zu analysieren seien also jene

> dialectical relations between actors which are historical ones, situated in time, and ›spaces‹ which are structured and changing. The dynamics in this way link both, elements of stability and change within ›non-identical reproduction‹ (Maurice/Sorge 2000, 9).

An anderer Stelle spricht Sorge statt von »sozialen Räumen« von Institutionen bzw. von institutionellen Räumen, denen er (ganz im Sinne der Dialektik von Regulierungsstrukturen und -praktiken) verschiedene »Aggregatzustände« (»fluid« bzw. »rigid«) attestiert:

> [I]t is important to be aware of the double-edged nature of institutions. They are perennially rooted in the interactive negotiation of actors, and are therefore fluctuating and being pragmatically adjusted. At the same time, they tend to congeal into rigid patterns (Sorge 2005, 36).

Nimmt man diese Überlegungen ernst, so sind auch aktuelle Standards der Produktion und Reproduktion von Arbeitskraft, wie sie etwa in Interviews zur Sprache kommen, stets an ein spezifisches Raum-Zeit-System gebun-

16 Angewendet werden diese konzeptionellen Überlegungen etwa in: Pries 2010.

den, das die (individuellen oder kollektiven) Akteure umgekehrt durch ihre Praktiken beeinflussen und immer wieder neu strukturieren.

Einzelne Regulierungsstrukturen und -praktiken, um zu der hier vorgeschlagenen Terminologie zurückzukehren, stehen nun nicht unvermittelt nebeneinander, sondern sind in einem jeweils spezifischen Regulierungsszenario miteinander verbunden. Seine konkrete Gestalt ist prinzipiell kontingent, doch da auch zwischen verschiedenen Regulierungsaspekten dialektische Wechselwirkungen bestehen, ist die Zahl möglicher Kombinationen begrenzt (siehe auch: Hall/Soskice 2001, 18; Wittke 2003, 7; Jackson/Deeg 2006, 12). Ein Beispiel mag dies verdeutlichen: Die Arbeitsteilung zwischen den Geschlechtern ist eine gesellschaftliche Praxis, die sich zu je spezifischen »Ernährermodellen« verdichtet. Ein Ernährermodell beeinflusst als Struktur von relativer Stabilität etwa die Praktiken gesellschaftlicher Akteure im Erwerbsbereich und wird umgekehrt durch deren Praktiken stets von neuem reproduziert, also erzeugt, wiederhergestellt und weiterentwickelt. Gleichzeitig steht ein Ernährermodell allerdings auch in wechselseitigem Zusammenhang mit anderen Regulierungsstrukturen, darunter etwa (mehr oder weniger geschlechtsspezifisch segmentierte) Arbeitsmärkte, Bildungssysteme oder arbeitsrechtliche, steuerliche und sozialpolitische Norm- und Regelsysteme, die einen gleichberechtigten Zugang beider Geschlechter zu Erwerbsarbeit oder aber eine Kombination aus (männlichem) Haupt- und (weiblichem) Zuverdienst nahe legen können. Insgesamt kommt das hier vorgeschlagene Konzept eines Regulierungsszenarios damit dem sehr nahe, was Maurice (2000, 29f.) als »societal patterns of coherence« bezeichnet. Unter einem »gesellschaftlichen Kohärenzmuster« versteht er eine jeweils spezifische Kombination interdependenter Beziehungen, deren innere »Kohärenz« Spannungen und Konflikte ausdrücklich einschließt (ebenda, 17f.): Diese »Muster« seien »always fragile and unstable because the various elements of which they are composed are themselves subject to tensions and dynamics that work them incessantly« (ebenda, 23). In Weiterführung dieses Gedankens hat Sorge darauf hingewiesen, dass eine Gesellschaft stets widersprüchliche institutionelle und kulturelle Muster in sich vereinige, was er als »partitioning of institutional spaces« bezeichnet (Sorge 2005, 38).

Um die Gleichzeitigkeit von relativer Stabilität und Dynamik auch begrifflich deutlich zu machen, wird in dieser Studie nicht von »Modellen« oder »Regimen« der Regulierung gesprochen, sondern eben von »Regulierungsszenarien«. Deren innere Dynamik kommt besonders klar zum Ausdruck, wenn man den Fokus auf die Regulierung der inner- und außerbetrieblichen (Re-)Produktion von Arbeitskraft richtet. So hat Jürgens (2006, 203) zurecht bemerkt, dass »Formen von Zusammenleben und privater Lebensgestaltung [...] ebenso dynamisch sind wie die gegenwärtig beobachtbaren Entwicklungsschübe kapitalistischer Arbeitsorganisation«, und Hobsbawm (1994, 310–319) beschreibt für das »Golden Age« des 20. Jahrhunderts eine soziale Revolution in den Geschlechter- und Reproduktionsverhältnissen. Standards der (Re-)Produktion von Arbeitskraft sind demnach grundsätzlich als veränderlich zu betrachten, doch es würde den Rahmen dieser Studie sprengen, die Entwicklungsdynamik des deutschen und des indischen Regulierungsszenarios im Einzelnen zu rekonstruieren. Vielmehr müssen wir uns (wie erwähnt) auf eine Momentaufnahme beschränken – wohl wissend, dass darin aktuelle und zu Strukturen geronnene frühere Regulierungspraktiken abgebildet werden, die in einem Prozess permanenter Veränderung begriffen sind.

Fragt man nun, auf welchen Ebenen Regulierung stattfindet, so gerät mit Ökonomie, Staat und Gesellschaft das klassische Spektrum politischer Ökonomie in den Blick.[17] Dies ist im Prinzip nicht ungewöhnlich.[18] Allerdings konzentrieren sich die prominentesten Forschungsansätze derzeit auf einen Ausschnitt der politischen Ökonomie – Studien zu »Kapitalismusvarianten« nehmen vor allem das Verhältnis von Wirtschaftsorganisationen zu ihrem politisch-institutionellen Umfeld in den Blick, während Studien zu »Wohlfahrtsregimen« sich den Wechselwirkungen zwischen (Sozial-) Staat und Gesellschaft widmen und die ökonomische Sphäre eher am Rande behandeln.[19]

Um ein Regulierungsszenario der (Re-)Produktion von Arbeitskraft zu skizzieren, ist man hingegen auf einen umfassenderen Zugriff angewiesen. Ein solches Konzept hat Pries (2005) für die Analyse von »Erwerbsarbeit« entworfen: Demzufolge gibt es fünf soziale Institutionen:[20] Familie bzw.

---

17 Vorgeschlagen wird also ein weiter Regulierungsbegriff, der auf die Gleichsetzung von Regulierung mit staatlicher Politik bewusst verzichtet.

18 Walby (2007, 5) geht zum Beispiel von einem Zusammenhang zwischen »forms of capitalist production, welfare state regimes and gender regimes« aus.

19 Ein Bindeglied bilden in gewisser Hinsicht Jessops Studien (etwa 1997; 1999), der sich mit der veränderten Rolle staatlicher Politik für kapitalistische Politökonomien befasst und nationalstaatsspezifische Varianten sozialer Regulation untersucht.

20 Institutionen werden definiert als »vererbte (also relativ dauerhafte, Generationen übergreifende) Gebilde von Routinen, Regeln, Normen und wechselseitigen Erwartungen« (Pries 2005, 28f.).

»primäre Netzwerkbeziehungen«, Beruf, Markt, Betrieb und öffentliches Regime (ebenda, 35–55). Diese strukturieren als je spezifisches Kräftefeld, aber auch in ihrem Zusammenwirken Erwerb und Erwerbsarbeit (Pries 2005, 35, 46)[21] und werden insofern prägend,

> als sie die Erwartungen der Menschen in Bezug auf das, was ›normal‹ ist, wesentlich mitbestimmen und indem sie das allgemeine Kräftefeld mitdefinieren, welches nicht nur auf diese subjektiven Wahrnehmungen, Erwartungen und Normen, sondern auch auf die objektiven Verlaufssequenzen von Menschen durch Arbeits- und Erwerbspositionen einen entscheidenden Einfluss hat (Pries 2005, 35).

Neben institutioneller Erwerbsstrukturierung findet laut Pries (2005, 66–91) Erwerbsregulierung (auf kollektiver, individueller und öffentlich-diskursiver Ebene) statt. Im Zusammenwirken von Regulierungsstrukturen und -praktiken entstehen spezifische »Regimes der Erwerbsregulierung«:

> Während also die fünf sozialen Institutionen nicht nur die Erwerbsarbeit selbst und direkt strukturieren, sondern auch das Kräftefeld der Erwerbsregulierung beeinflussen, werden sie umgekehrt auch in ihren spezifischen Ausformungen durch die Dynamik und Ergebnisse der Erwerbsregulierung beeinflusst. Die erwerbsstrukturierenden sozialen Institutionen sind in gewisser Hinsicht das über viele Generationen sedimentierte Ergebnis gesellschaftlicher Entwicklungen und Auseinandersetzungen, zu denen auch die Erwerbsregulierung gehört. […] Dass die erwerbsstrukturierenden Institutionen nicht ausschließlich aus dem Kräftefeld der Erwerbsregulierung hervorgegangen sind und nicht nur von diesem beeinflusst werden, erhellt sich direkt durch das hier entwickelte Verständnis sozialer Institutionen. […] Denn diese prägen nicht nur die Erwerbsarbeit, sondern auch die alltägliche Lebenswelt insgesamt (Pries 2005, 93f.).

Wir werden uns im Folgenden an diesen Überlegungen orientieren, obwohl das Pries'sche Konzept nicht unverändert übernommen wird. Zum einen steht in der vorliegenden Studie nicht »Erwerbsarbeit« insgesamt, sondern die (Re-)Produktion von Arbeitskraft im Mittelpunkt des Interesses. Zum anderen werden (statt fünf »erwerbsstrukturierenden Institutionen«) drei

---

21 Erwerbsstrukturierende Institutionen bestimmten etwa darüber, welche erwerbsbezogenen Qualifikationen erwartet, honoriert und bezahlt würden; nach welchen Kriterien und mit welchen Mechanismen man in bestimmte Arbeits-; Tätigkeits- und Erwerbspositionen gelange; wie erwerbsbezogenes Wissen vermittelt werde; welche Faktoren die Mobilitätsmuster von Menschen zwischen Erwerbspositionen bestimmten; welche Formen der Gratifikation vorherrschten; wie dauerhaft Erwerbspositionen und -verhältnisse seien; wie Arbeits-, Beschäftigungs- und Partizipationsbeziehungen in Leistungserstellungsprozessen reguliert würden und in welchem Verhältnis Erwerbsarbeit zu anderen (Ent-)Äußerungsformen menschlichen Daseins stehe (Pries 2005, 35f.).

institutionelle Ebenen in den Blick genommen, und diesen werden spezifische Praktiken von individueller und kollektiver »Erwerbsregulierung« zugeordnet: Pries' »öffentliches Regime« erscheint im Folgenden (vereint mit staatlichen Regulierungsaktivitäten) unter der Bezeichnung »politische Regulierungsstrukturen und -praktiken«. Der »Markt« tritt in Gestalt von »ökonomischen Regulierungsstrukturen und -praktiken« in Erscheinung; »Familie bzw. primäre Netzwerke« werden (zusammen mit der aktuellen Arbeitsteilung zwischen Geschlechtern, Generationen und sozialen Schichten) als »gesellschaftliche Regulierungsstrukturen und -praktiken« diskutiert.[22] Pries' erwerbsstrukturierende Institution »Beruf« wird im Folgenden nicht als Regulierungsebene behandelt. Vielmehr stellen »Qualifikation und Anforderungsprofile« einen jener Aspekte betrieblicher Arbeitskraftnutzung dar, in denen wirtschaftliche Regulierungsstrukturen und -praktiken (betriebliche Ausbildungssysteme und Rekrutierungsstrategien), politische Regulierung (etwa von universitären Bildungssystemen) und gesellschaftliche Regulierung (in Gestalt sozioökonomischer Einflüsse auf das Bildungsniveau oder individueller Qualifizierungsanstrengungen) aufeinandertreffen (Kapitel 7). Die Pries'sche Institution »Organisation« spielt schließlich in dem hier vorgeschlagenen Ansatz in doppelter Hinsicht eine zentrale Rolle: Erstens erscheint sie in Form transnationaler Konzerne (Kapitel 2.2), deren spezifische Strukturen und Praktiken von Arbeitskrafteinsatz teilweise durch die jeweiligen ortsgebundenen Standards von Arbeitskraft-(Re-)Produktion geprägt sind, teilweise aber auch über Regulierungsszenarien hinweg wirken, diesen gegenüber also eine relative Unabhängigkeit besitzen. Deshalb kann die Pries'sche Institution »Organisation« im Falle einer »transnationalen Konzernstruktur« nicht umstandslos als Teil eines »Erwerbsregimes« oder Regulierungsszenarios behandelt werden, das betriebliche Arbeitskraftnutzung vor Ort prägt. Zweitens wird »der Betrieb« (der bei Pries ebenfalls in die Kategorie »Organisation« fällt) hier als »Brennspiegel« verstanden, in dem sich zum einen die ortsgebundenen (politischen, ökonomischen und gesellschaftlichen) Regulierungsstrukturen und -praktiken, zum anderen aber auch die Strategien transnationaler Konzerne im Umgang mit Arbeitskraft bündeln (Kapitel 2.3).

---

22 Sellier (2000, 149) betont in Bezug auf politische Regulierung vor allem Erziehungs- und Ausbildungssystem. Die ökonomische Sphäre erscheint als »the productive system (the relations between firms, between firms and the State and relations with domestic and international markets)«. Darüber hinaus wird »the mode of work organisation« als wichtiger Aspekt von Arbeitsregulierung eingeführt.

Welche Aspekte des deutschen bzw. indischen Regulierungsszenarios nun im Einzelnen von besonderer Bedeutung für die (Re-)Produktion von Arbeitskraft sind, wird anhand des empirischen Materials herauszuarbeiten sein (Kapitel 3 bis 7). Hier mag der Hinweis genügen, dass wir es oftmals mit einer Überlappung von wirtschaftlicher, politischer und gesellschaftlicher Regulierung zu tun haben werden. So wird etwa die Dynamik des deutschen bzw. indischen IT-Arbeitsmarktes in manchen Kapiteln als Ausdruck wirtschaftlicher Regulierung behandelt, weil sie maßgeblich durch die Rekrutierungspraktiken großer Unternehmen beeinflusst ist. Gleichzeitig hängt Arbeitsmarktentwicklung allerdings davon ab, wie viele einschlägig qualifizierte Arbeitskräfte zur Verfügung stehen, was auf politische Regulierung (etwa im Rahmen sozialer Sicherungs- und universitärer Bildungssysteme oder staatlicher Immigrationspolitik) verweist. Zudem spielt gesellschaftliche Regulierung (etwa in Form der sozialstrukturellen Zusammensetzung einschlägig qualifizierter Bevölkerungsteile, aber auch in Gestalt von institutionell verfestigten Ernährermodellen oder alltäglichen Praktiken der Arbeitsteilung zwischen Geschlechtern, Generationen und sozialen Schichten) eine wichtige Rolle für die Dynamik von Arbeitsmärkten, weil sie zum Beispiel darüber entscheidet, welches »soziale Kapital« die verfügbaren Arbeitskräfte mitbringen oder inwiefern Ehefrauen und Mütter Erwerbsarbeit leisten. Derlei Wechselwirkungen dürfen nie außer Acht gelassen werden, obgleich bei der Darstellung des empirischen Materials aus Gründen der Übersichtlichkeit wirtschaftliche, politische und gesellschaftliche Einflussfaktoren auf die (Re-)Produktion von Arbeitskraft (soweit möglich) getrennt diskutiert werden.

Ein (für eine Studie zu transnationaler Arbeit besonders neuralgisches) konzeptionelles Problem ist bisher nicht angesprochen worden. Es betrifft die räumliche Reichweite von Regulierungsszenarien – und damit sowohl deren innere Struktur als auch ihr Verhältnis zueinander. Bei Pries zum Beispiel fällt ein »Regime der Erwerbsregulierung« im Wesentlichen mit den Grenzen des jeweiligen Nationalstaates zusammen. Dies wird in der vorliegenden Studie ähnlich gehandhabt, schafft aber in dreierlei Hinsicht konzeptionellen Konkretisierungsbedarf:

Erstens kann ein grundsätzlich nationalstaatsweit wirkendes Regulierungsszenario mit sehr unterschiedlichen Graden der Zentralisierung von Regulierung einhergehen – darauf verweist etwa die Beobachtung, dass regionale Regulierung teilweise gegenüber der nationalstaatlichen an Bedeutung gewinne.[23] Hall und Soskice (2001, 4) etwa wählen dennoch den Nationalstaat als Analyseeinheit, weil die wichtigsten institutionellen Strukturen nach wie vor nationalstaatlich verfasst seien:

> [W]ithout denying that regional or sectoral institutions matter to firm behaviour, we focus on variation among national political economies. Our premiss is that many of the most important institutional structures – notably systems of labor market regulation, of education and training, and of corporate governance – depend on the presence of regulatory regimes that are the preserve of the nation state.

Diese Argumentation ist überzeugend, doch trotzdem ist kaum zu bestreiten, dass auch innerhalb von Nationalstaaten teilweise ungleichmäßige Entwicklung zu konstatieren ist. Dies haben Studien zu »local labour control regimes« (Jonas 1986)[24] ebenso belegt wie Arbeiten zu regionalen Systemen »flexibler Produktion« (überblickshaft: Hollingsworth/Boyer 1997, 24–30) oder IT-Clustern wie Silicon Valley (Saxenian 2004) bzw. Bangalore (Heitzman 1999/2004). Man kann sogar argumentieren, dass die jeweilige Bedeutung von regionaler Regulierung ein geeignetes Kriterium darstellt, um Regulierungsszenarien zu kontrastieren.[25] Immerhin bestehen etwa zwischen dem deutschen und dem indischen Regulierungsszenario gerade insofern deutliche Unterschiede, als IT-Arbeit in Deutschland in weit stärkerem Maße durch nationalstaatliche Regulierungsstrukturen und -praktiken geprägt zu sein scheint als in Indien: In diesem deutlich größeren und intern stärker differenzierten Land hat sich die IT-Industrie nicht nur »in the midst of a stagnant agrarian economy and a declining ›traditional‹ industrial sector« entwickelt, sondern konzentriert sich auch nach wie vor auf weniger als zehn Städte (Upadhya/Vasavi 2006, 12f.), die sich nicht zuletzt aufgrund spezifischer Regulierungskonstellationen auf Stadt- und Bundes-

23 Jessop (1999, 354) merkt an, die nationalstaatliche Reichweite ökonomischer und sozialer Regulierung (»governance«) sei einer (für die Hochphase des keynesianischen Wohlfahrtsstaates typischen) »coincidence of national economy, national state, national society, and the survival of the national state as a sovereign body« geschuldet, die derzeit an Bedeutung verliere.

24 »Given that local labour market conditions develop unevenly – and this variation is both a condition for, and result of, changing regional, national and international divisions of labour […] labour regulation requires institutional fixes in different localities and at different points in time.« (Jonas 1986, 326)

25 So weist etwa Sorge (2005, 177) auf grundlegende Unterschiede zwischen den Systemen der Berufsausbildung in Deutschland (die nationalstaatsweit geregelt ist) und Italien hin, wo regionale Regulierung unter starker Beteiligung von im jeweiligen industriellen Distrikt ansässigen Unternehmen überwiege.

staatsebene gegenüber anderen indischen Standorten durchsetzen konnten (Heitzman 2004). Pointiert formuliert: Sie konnten nur durch regionale Regulierung zu »Global Cities« werden.[26] Brenner (1998, 3) beschreibt dieses Zusammenwirken von lokaler bzw. regionaler und »globaler« bzw. transnationaler Regulierung:

> As nodes of accumulation, global cities are sites of reterritorialization for post-Fordist forms of global industrialization. As coordinates of state territorial organization, global cities are local-regional levels of governance situated within larger, reterritorialized matrices of ›glocalized‹ state institutions.

Bei aller Skepsis gegenüber marketingträchtigen Neologismen setzt der Begriff der »Glokalisierung« also an einem methodologischen Problem an, das berücksichtigt werden muss, wenn man die räumliche Reichweite von Regulierungsszenarien erfassen will: an der Neu-Artikulierung des Verhältnisses von nationalstaatlicher zu transnationaler und regionaler Regulierung (Deeg/Jackson 2007, 154ff.). Wie Brenner zutreffend feststellt, verliert dabei die nationalstaatliche Regulierungsebene jedoch keineswegs an Bedeutung: »state scale is not being eroded, but rearticulated and reterritorialized in relation to both sub- and supra-state scales« (Brenner 1998, 1). Dies mag eine gewisse Rechtfertigung dafür bieten, dass im Folgenden von in erster Linie nationalstaatlich begrenzten Regulierungsszenarien ausgegangen wird.

Zweitens ergibt sich durch Ansätze, die (wie die vorliegende Studie) Unternehmensaktivitäten in mehreren Regulierungsszenarien in den Blick nehmen, die Notwendigkeit, eine tragfähige Vergleichsebene zu identifizieren. Immerhin macht schon flüchtiges Nachdenken über die Frage, ob man zum Beispiel »Familie in Indien« umstandslos mit »Familie in Deutschland« gleichsetzen kann, deutlich, dass isolierte Eins-zu-Eins-Vergleiche von einzelnen Regulierungsstrukturen und -praktiken kaum möglich sind (Maurice 2000, 17f.): Die – etwa von Merton (1949/1995, 50) vorgeschlagene – Suche nach funktionalen Äquivalenten wird der Spezifik konkreter Analyseobjekte oft nicht gerecht, wie etwa Maurice (2000, 29f.) bemerkt, und *ceteris paribus*-Klauseln funktionieren nicht, weil in einem durch komplexe Interdependenz von Regulierungsstrukturen und -praktiken geprägten Szenario die Rede von »sonst gleichen Bedingungen« keinen

26 Ob es sich bei Bangalore tatsächlich um eine »global city« im Sinne Sassens (1999) handelt, wäre allerdings zu prüfen, da sich Stadt und Region zum Beispiel nicht zu einem Schwerpunkt der Finanzbranche entwickelt haben.

rechten Sinn ergibt. Was zum Beispiel die erwerbsstrukturierende Institution »Familie« (Pries 2005) in einem konkreten Regulierungsszenario beinhaltet, ist nicht ohne Verweis auf jeweils spezifische Formen ökonomischer Regulierung (etwa: Verbreitung von Lohnarbeit, speziell unter Frauen), staatlicher Regulierung (Stellenwert von Subsidiarität im sozialen Sicherungssystem) und gesellschaftlicher Regulierung (Verbreitungsgrad und Stabilität von Ehen) zu erklären, um nur einige konkrete Aspekte zu nennen. Kurz: Wir stehen vor dem Problem, »das Unvergleichbare zu vergleichen«. Dies konstituiert jedoch kein Hindernis für wissenschaftliche Analyse, sondern deren ureigensten Gegenstand:

> [I]f term-for-term comparisons cannot be made, it is because the differences identified are part of a system of social interactions that produces these differences as so many aspects of its specificity (Maurice 2000, 16).

Weil soziale Kohärenzmuster aus Sets von interdependenten Beziehungen bestehen, kann man einzelne konstituierende Aspekte zwar nicht isoliert gegenüberstellen – aber das *Zusammenwirken* mehrerer Aspekte in verschiedenen Regulierungsszenarien ist durchaus vergleichbar (Maurice 2000, 16; Sorge 2005, 148). Dafür ist eine paradoxe Form von Generalisierung erforderlich, die »both the uniqueness of the actors' existence in society and the relatively limited nature of the principles that regulate relations between them« berücksichtigt. Auf diese Weise könne man Fragen formulieren, »that are independent of national specifications while at the same time offering insights into why such specificities exist« (Maurice 2000, 30). Kommen wir auf das Beispiel »Familie« zurück, so kann man »Familie in Deutschland« zwar nicht direkt mit »Familie in Indien« gleichsetzen, doch lässt sich durchaus eine sinnvolle Vergleichsebene etablieren, indem man etwa fragt, wie die Sicherung des materiellen Lebensunterhaltes in diesen Regulierungsszenarien typischerweise funktioniert und welche Rolle dabei die Zugehörigkeit zu einer Familie gegenüber einem Individualeinkommen aus Lohnarbeit oder staatlich organisierter Absicherung (etwa in Form versicherungsbasierten Sozialeigentums) spielt. Das jeweilige Mischungsverhältnis zwischen politischen, ökonomischen und gesellschaftlichen Regulierungsstrukturen und -praktiken erscheint dann (in seinen verschiedenen Ausprägungen) als geeignetes Kriterium, um Regulierungsszenarien zu unterscheiden.

Drittens genügt es speziell für die Erforschung transnationaler Arbeit nicht, einzelne Regulierungsszenarien als isolierte »Typen« zu beschreiben.[27] »Internationale Vergleiche«, die sich darauf beschränken, mehrere nationalstaatliche »Regime« gleichzeitig zu betrachten und diese als in sich ruhende und sich allenfalls pfadabhängig[28] entlang ihrer eigenen Logik weiterentwickelnde Monaden zu behandeln, unterschätzen die zunehmenden Wechselwirkungen zwischen verschiedenen Regulierungsszenarien. Deeg und Jackson sprechen hier etwa von »the rapid transnationalization of economic activity, not just in terms of trade but broad interaction among economic systems and their respective institutions«. Immerhin zwingen nicht zuletzt die Aktivitäten transnational operierender Konzerne, die zwischen Nationalstaaten wählen und deren Regierungen so zu politischen Zugeständnissen zwingen können, wie das Schlagwort der »Standortkonkurrenz« andeutet, Akteure in verschiedenen Regulierungsszenarien, sich zueinander zu verhalten (Deeg/Jackson 2007, 153f.). Daher sind neben den widersprüchlichen Strukturen und Praktiken, die jedes nationalstaatliche Regulierungsszenario prägen, auch die Einflüsse anderer politischer Ökonomien auf dessen Entwicklung in Betracht zu ziehen. Diese Einflüsse kommen stets in einem spezifischen politökonomischen Kontext zum Tragen, wo sie angepasst, weiterentwickelt und so letztlich zu einem historisch neuartigen und für das jeweilige Regulierungsszenario spezifischen Phänomen umgestaltet werden. Derlei Einflüsse haben auch insofern an Bedeutung gewonnen, als zwar die absolute räumliche Distanz zwischen den Regulierungsszenarien von Ländern wie Deutschland und Indien gleich geblieben, die relative Distanz zwischen ihnen aber durch »Zeit-Raum-Verdichtung« zurückgegangen ist, die zur »Reduzierung von Kosten und Zeitaufwand für die Bewegung von Waren, Menschen (Arbeitskraft) und Information« führt (Harvey 2006b, 100). Bereits im 19. Jahrhundert ist dieses Phänomen als »Vernichtung des Raums durch die Zeit« beschrieben wor-

---

27 Dies gilt, obwohl derlei Typologien etwa auf Basis des Pries'schen Ansatzes erklärungsmächtiger ausfallen mögen als die bislang gängigen Dichotomien zwischen liberalen und koordinierten Marktökonomien (Pries 2005, 99).

28 Gängige Vorstellungen von pfadabhängiger Entwicklung übersehen laut Sorge, dass es aufgrund der ungleichmäßigen Entwicklung des (auch institutionell) unterteilten sozialen Raumes ein breites Spektrum (teilweise widersprüchlicher) Strukturen und Praktiken innerhalb jedes Nationalstaates gebe. Zwar existierten »Metatraditionen«, doch diese seien nicht mit pfadabhängiger Entwicklung gleichzusetzen: »A meta-tradition only constitutes path dependency in an ambiguous and paradoxical way. It tends to approximate innovation and change to a path that is historically established. Due to the nature of qualitative shifts, incidental shocks, and creative development of recombinations, it is not a straight path and not necessarily a clear path, either. It may twist and turn during its course through history« (Sorge 2005, 95, 234).

den (siehe zum Beispiel: Marx 1858/1983a, 430). Erst diese Zeit-Raum-Verdichtung ermöglicht transnationale Arbeit, sei es in Form virtueller Kooperation mit Hilfe neuer Kommunikations- und Informationstechnologien oder in Form direkter, persönlicher Kooperation – und in beiden Fällen werden »sehr spezifische raum-zeitliche Struktur[en] von Kapitalakkumulation« und sozialer Reproduktion miteinander verbunden (Harvey 2006b, 96; vgl.: ders. 1990, 419). Unter diesen Bedingungen beeinflussen sich auch Regulierungsszenarien zunehmend gegenseitig, was nach Auffassung Harveys allerdings weniger zu Konvergenz als zu notwendig ungleichmäßiger Entwicklung führt. Dies verweist auf die Dialektik von Ort und Raum:

> Reducing the friction of distance, in short, makes capital more rather than less sensitive to local geographical variations. The combined effect of freer trade and reduced transport costs is not greater equality of power through the evolving territorial division of labour, but growing geographical inequalities (Harvey 2006b, 100f.).

Gerade durch die Reduzierung räumlicher Barrieren gewinnen demnach Unterschiede in der Qualität verschiedener Orte an Bedeutung, weil transnational operierende Firmen diese gezielter ausnutzen können:

> [T]he reduction of spatial barriers has an equally powerful opposite effect; small-scale and finely graded differences between the qualities of places (their labour supply, their infrastructures and political receptivity, their resource mixes, their market niches, etc.) become even more important because multinational capital is in a better position to exploit them (Harvey 1990, 428).

So stellt Jonas (1996, 325) fest, dass sich viele transnational operierende Firmen die Dialektik von Ort und Raum zunutze machen, indem sie sich auf unterschiedliche betriebliche Regulierungsmodi von Arbeit stützen:

> To ensure conditions for capital accumulation and global expansion, capitalists need to develop place-based labour control practices. Even when restructuring through space, capital must incorporate, and adapt to, the uneven development of labour market conditions.

Bei der Analyse von transnationaler Arbeit, die per definitionem gleichzeitig innerhalb von spezifischen Regulierungsszenarien und zwischen ihnen stattfindet, spielen Wechselwirkungen zwischen verschiedenen Regulierungsszenarien eine besonders zentrale Rolle. Insofern wäre es verkürzt, die ortsgebundene Regulierung von Arbeitskraft-(Re-)Produktion pauschal als »Grenze von Homogenisierung« anzusehen. Zwar hat sie durchaus diese Funktion, und transnational operierende Konzerne müssen deshalb den

Einsatz von Arbeitskraft vor Ort tatsächlich unterschiedlich gestalten. Gleichzeitig sind jedoch auch im Bereich der Regulierungsszenarien Homogenisierungspotentiale auszumachen, die sich keineswegs nur auf Vorgaben transnationaler Institutionen (wie Europäischer Union, Weltbank oder Internationalem Währungsfonds) zurückführen lassen. Erinnert man sich an das Beispiel »Familie«, so dürften sich Standards geschlechtsspezifischer Arbeitsteilung auch dadurch verschieben, dass zum Beispiel in Indien immer mehr Menschen in Konzernen arbeiten, die (wie unser deutsches Produktunternehmen) Arbeitszeiten kürzer und regulärer gestalten als in vielen indischen Firmen üblich (Kapitel 6). Es findet hier (in einem kleinen Teil des Arbeitsmarktes) eine tendenzielle Angleichung von (im deutschen bzw. indischen Software-Sektor verbreiteten) Standards der (Re-)Produktion von Arbeitskraft statt, obgleich Unterschiede bestehen bleiben, weil etwa familiäre Arrangements in Indien weiterhin durch extensiven Dienstboteneinsatz abgefedert werden.

Bei der Analyse des empirischen Materials sind demnach die Wechselwirkungen zwischen (zunehmend miteinander verflochtenen) Regulierungsszenarien, das Zusammenwirken diverser Regulierungsstrukturen und -praktiken in verschiedenen Szenarien (statt der vergleichenden Analyse isolierter regulatorischer Einzelaspekte) sowie das jeweils spezifische Mischungsverhältnis zwischen transnationaler, nationalstaatsweiter und regionaler Regulierung zu berücksichtigen. Bevor wir nach dieser neuerlichen Erhöhung von Komplexität zu deren Reduzierung schreiten, indem wir den Fokus enger auf Formen betrieblicher Arbeitskraftnutzung einstellen (Kapitel 2.3), ist ein Blick auf die Vielfalt unternehmerischer Transnationalisierungswege erforderlich.

2.2 Transnationalisierungswege im Software-Sektor

Die Hypothese der vorliegenden Studie lautet, dass Grenzen der Homogenisierung von betrieblicher Arbeitskraftnutzung zum einen in den Transnationalisierungswegen von Unternehmen und zum anderen in ortsgebundenen Standards der Produktion und Reproduktion von Arbeitskraft liegen. Weil dabei von einem Spannungsverhältnis zwischen transnationaler Konzernstruktur und ortsgebundener Regulierung von Arbeitskraft-(Re-)Produktion ausgegangen wird, liegt der Gedanken nahe, dass transnationale

Konzernstrukturen eher homogenisierend, ortsgebundene Regulierungsszenarien hingegen eher diversifizierend wirken, weil sie sich per definitionem von Land zu Land unterscheiden. Für diese Einschätzung spricht viel. Allerdings deutete sich (in Kapitel 2.1) bereits an, dass trotz der Existenz von (vor allem) nationalstaatlich definierten Regulierungsszenarien und trotz ihrer Heterogenität doch gewisse Annäherungstendenzen festzustellen sind, die nicht zuletzt mit grenzüberschreitenden Wirtschaftsaktivitäten zu tun haben.

Beim Blick auf die Transnationalisierungswege von Unternehmen gelangt man nun zu einem ähnlich uneindeutigen Ergebnis: Transnationale Konzernstrukturen konstituieren durchaus einen Rahmen für Tendenzen der Homogenisierung von betrieblicher Arbeitskraftnutzung – immerhin ist in der Literatur[29] von der »Bildung grenzüberschreitend einheitlicher Unternehmenskulturräume nach dem Modell des Stammhauses« (Buhr 1998, 28) oder einer »Standardisierung« von Management-Instrumenten und Organisationsformen (Béret u.a. 2003, 451) die Rede. Teilweise wird argumentiert, »die meisten« konzeptionellen Ansätze ließen erwarten, dass transnational operierende Firmen im Rahmen einer »global business strategy« zumindest »some degree of uniformity« anstrebten, weil die Verallgemeinerung erprobter Praktiken eine Effizienzsteigerung verspreche (Edwards/Kuruvilla 2005, 2). Dennoch haben Unternehmen faktisch sehr unterschiedliche Möglichkeiten, den Einsatz von Arbeitskraft in verschiedenen Weltregionen und die Kooperation zwischen den Belegschaften von Mutterhaus und Niederlassungen zu gestalten. Dabei ist forcierte Homogenisierung nur ein möglicher (und oft nicht der vom Management bevorzugte) Weg. Zwar expandieren manche Firmen, wie Edwards und Kuruvilla (2005, 13) bemerken, »by constructing ›mini-replicas‹ of existing operations«, doch andere betrauen Niederlassungen bewusst mit anderen Funktionen – und entsprechend müsse die Nutzung von Arbeitskraft sich ebenfalls anders gestalten:

> Where the production or service provision process is stratified in this way, MNCs [multinational corporations] may derive little benefit from developing standard HR [human resource] policies and are likely to see adaptation to local practices as their preferred option rather than something they submit to reluctantly.

---

29 Einen Literaturüberblick zu »the global-local question« für den Zeitraum 1990 bis 2004 bieten Edwards und Kuruvilla (2005, 3–6).

Damit erscheint die homogenisierende Wirkung transnationaler Konzernstrukturen in weit höherem Maße »gebrochen« als die diversifizierende Wirkung ortsgebundener Regulierungsszenarien. Es besteht Grund zu der Annahme, dass Grenzen der Homogenisierung von Formen betrieblicher Arbeitskraftnutzung gerade auch in variierenden Transnationalisierungswegen zu suchen sind.

Im Folgenden wird argumentiert, dass Transnationalisierungswege sich nicht zuletzt aufgrund unterschiedlicher Geschäftsmodelle unterscheiden[30], wobei im Softwaresektor eine der wichtigsten Trennlinien zwischen Produktfirmen und Servicefirmen verläuft (Kapitel 2.2.1). Die Unterschiede zwischen beiden Firmentypen speisen sich vor allem aus deren inhaltlicher Spezialisierung bzw. dem von ihnen »bedienten« Marktsegment, also aus »product markets« und »product strategies« (Sorge 1991, 165): Produktfirmen stellen standardisierte »Softwarepakete« her, während Servicefirmen eine Palette von Software-Dienstleistungen anbieten, die etwa beinhalten, Softwarepakete an Kundenbedürfnisse anzupassen (Heeks 1996, 30).

Im Anschluss wenden wir uns (in Kapitel 2.2.2) dem sozialräumlichen Operationskontext der Samplefirmen zu, also Deutschland (wo G-Pro sein Mutterhaus, I-Serve eine Niederlassung hat) und Indien (als Heimat von I-Serve und Standort einer Niederlassung von G-Pro). Argumentiert wird, dass die Transnationalisierungswege beider Unternehmen (oder konkreter: die von ihnen praktizierten Formen von Arbeitskraftnutzung in Mutterhaus und Niederlassungen) in vieler Hinsicht durch ihren Ursprung im deutschen bzw. indischen Regulierungsszenario geprägt sind. Weil Servicefirmen aus »semiperipheren« Regionen sich in besonders starkem Maße an der Marktentwicklung ihrer Zielgebiete sowie an den Wünschen potentieller oder vorhandener Kunden orientieren müssen, spielt allerdings der Kontext von (US-amerikanischen oder europäischen) Niederlassungen für indische Servicefirmen eine weit größere Rolle[31] als für westliche Produkt-

30 Rosenzweig und Nohria (1994) betonen hingegen, der Grad der Homogenisierung von Arbeitskrafteinsatz in transnationalen Konzernen hänge vor allem von der Art der Niederlassungs-Gründung (Neugründung versus Akquisition), der Bedeutung »lokaler Inputs« (Rohmaterial, Zwischenprodukte etc.), dem Anteil aus dem Mutterhaus entsandter Expatriates und der Intensität der Kommunikation zwischen Mutterhaus und Niederlassung ab. Zu Faktoren, die Isomorphismen fördern, siehe auch: DiMaggio/Powell 1983.

31 Dass der Niederlassungskontext für indische Servicefirmen wichtiger sei als der Herkunftskontext, konstatieren auch Lema und Hesbjerg (2003, 163) für das »Software-Cluster« Bangalore: »cluster-external linkages prove more important than linkages within the export-oriented cluster in terms of industrial organisation and governance.« Speziell die starke Exportorientierung indischer Servicefirmen hat Upadhya und Vasavi (2006, i)

firmen, die eher darauf setzen können, die in ihrem Herkunftskontext etablierten Standards von Arbeitskraftnutzung auf Niederlassungen zu übertragen, selbst wenn hierbei beträchtliche »Übersetzungsleistungen« notwendig werden, die oft zu »complete change or reinvention« führen (Sorge 2005, 45f.).

Grundsätzlich haben wir es allerdings in der Softwarebranche mit einer »länderspezifisch-branchenbezogene[n] Konstellation« (Hirschfeld 2002, 11) zu tun, die beinhaltet, dass die marktbeherrschenden Hersteller von Standardsoftware fast ausschließlich in den Zentren kapitalistischer Wirtschaft (und vor allem in den USA; Aspray/Mayadas/Vardi 2006, 47, 102) beheimatet sind, während die aufstrebenden Anbieter von Software-Dienstleistungen gerade in »semiperipheren« Regionen (wie Indien) an Bedeutung gewinnen[32], wo umgekehrt kaum Softwareprodukte hergestellt werden (D'Costa 2004, 9f.; zu Ausnahmen: Krishnan/Prabhu 2004).[33] Auch die Softwarebranche ist demnach geprägt durch jenen »process of ›uneven and combined development‹ that is characteristic of the global capitalist economy« (Upadhya/Vasavi 2006, 13). Geographische Herkunft und die Spezialisierung auf Softwareprodukte bzw. -Dienstleistungen sind

veranlasst, die indische IT-Branche als »enclave economy« zu charakterisieren, »that is closely linked to the global economy but has few substantial linkages to local, regional and national economies.«

32 Aspray, Mayadas und Vardi (2006, 108) betonen hingegen, US-amerikanische Firmen seien auch bei Software-Dienstleistungen führend. Allerdings sei mit indischen Software-Dienstleistern ein neuer und besonders stark expandierender Firmentyp entstanden, der an Aktienmärkten oft höher bewertet werde als US-Firmen (ebenda, 114), weshalb etwa CapGemini inzwischen deren »Offshoring-Modell« nachahme (ebenda, 118). Grimshaw und Miozzo (2006) argumentieren unter Verweis auf die Passgenauigkeit (»goodness of fit«) zwischen Geschäftsmodell und institutionellem Setting, dass IT-Servicefirmen sich am besten in liberalen Marktökonomien angelsächsischer Prägung bewegen könnten, wobei es weniger um Herkunft als um Markteinbindung der Firmen geht.

33 Die Gründe für den Mangel an indischen Softwareprodukten und die Möglichkeiten seiner Überwindung sind umstritten (zu Zukunftsszenarien siehe D'Costa/Sridharan 2004). Arora u.a. (2000, 6f., 21f., 42) etwa erwarten Produktentwicklungen in absehbarer Zeit allenfalls von indischen Niederlassungen »westlicher« Konzerne, weil viele indische Firmen nicht über den notwendigen Finanzspielraum verfügten. Lema und Hesbjerg (2003, 173–174) betonen, indische Firmen gewännen durch Eröffnen von Niederlassungen in Europa oder den USA und die Rekrutierung lokaler Führungskräfte Kompetenzen, die langfristig ein Upgrading zur Produktentwicklung ermöglichten. Prasad (1998, 436) hingegen argumentiert, die wachsende Präsenz westlicher Konzerne in Indien habe zu Joint Ventures geführt, in deren Folge indische IT-Konzerne Produktentwicklung aufgaben.

hier so eng verknüpft, dass diese beiden Einflussfaktoren auf betriebliche Praktiken analytisch nicht immer klar zu trennen sind.

Die Transnationalisierung von Software-Firmen fungiert demnach keineswegs pauschal als Vehikel einer Vereinheitlichung von Arbeitskraftnutzung in verschiedenen Weltregionen: Wie weit die Homogenisierung von Arbeitskraftnutzung getrieben wird, hängt nicht zuletzt von Geschäftsmodell und Herkunftskontext eines Unternehmens ab – daher stößt sie nicht nur in verschiedenen Regulierungsszenarien der (Re-)Produktion von Arbeitskraft, sondern auch in den transnationalen Konzernstrukturen selbst an Grenzen.

2.2.1 Transnationalisierung von Produkt- und Serviceunternehmen

Die Frage, inwiefern unterschiedliche Geschäftsmodelle sich in variierenden Transnationalisierungswegen niederschlagen, ist keineswegs selbstverständlich. Wie (in Kapitel 1.1) erwähnt, gehen etwa Bartlett und Ghoshal (1990) davon aus, dass eine Homogenisierung von Unternehmensstrukturen und Managementpraktiken über Geschäftsmodelle, Branchen und Herkunftsregionen hinweg stattfinde, weil Unternehmen sich auf eine sogenannte »transnationale Lösung« zu bewegen (müssten), um ihren wirtschaftlichen Erfolg zu sichern.[34] Im Folgenden wird hingegen argumentiert, dass diese Annahme (zumindest) auf den Softwaresektor nicht zutrifft, weil sich Produkt- und Servicefirmen auf sehr unterschiedliche Weise

34 Laut Bartlett und Ghoshal müssen Basiskomponenten und Design weltweit standardisiert und allenfalls Detailanpassungen an lokale Märkte vorgenommen werden. Zudem komme es durch internationale Managementzirkel (siehe auch Marginson 1995, 709) zur Vereinheitlichung von Managementmentalitäten und -praktiken – Ferner, Quintanilla und Varul (2001) weisen hier auf den weltweiten Bedeutungsgewinn US-amerikanischer Managementkonzepte hin. Weil ein transnationales Unternehmen »gleichzeitig weltweite Konkurrenzfähigkeit, multinationale Flexibilität und globale Lernfähigkeit« entwickeln müsse, sei eine Differenzierung von Rollen und Verantwortung vorzunehmen, wobei die Führungsrolle teilweise auch an Niederlassungen abgetreten werde (Bartlett/Ghoshal 1990, 33, 82–87): »In this model, multinationals no longer seek to control their foreign subsidiaries but also to co-operate with them. […] Structures of co-ordination and co-operation between foreign subsidiaries and their parent company represent mechanisms for exploiting diversity.« (Béret u.a. 2003, 451) »Polyzentrische Dezentralisierung« führt demnach zu einer Differenzierung zwischen Unternehmensstandorten, weil Konzerne die Unterschiede gezielt ausnutzen: »They attempt to formalize differences in order to take advantage of competences in different parts of the company« (Béret u.a. 2003, 451 unter Verweis auf Bartlett und Ghoshal).

transnationalisieren. Dies kommt vor allem in drei (eng miteinander verbundenen) Phänomenen zum Ausdruck: In der unterschiedlich großen Bedeutung von Standardisierung für Produktentwicklung bzw. Dienstleistungs-Erbringung; in der daraus resultierenden unterschiedlichen Rolle von Niederlassungen innerhalb der transnationalen Konzernstruktur und schließlich in der entsprechenden Bedeutung direkter Kooperation zwischen Beschäftigten in verschiedenen Weltregionen. Ergebnis ist ein unterschiedliches Bemühen, betriebliche Arbeitskraftnutzung weltweit einheitlich zu gestalten.

Was zunächst Tendenzen von Standardisierung betrifft, so prägen sie Vertretern der »Industrialisierungs-These« zufolge den gesamten Softwaresektor (Kapitel 1.4). Immerhin bildete sich dort seit den neunziger Jahren ein stärker modular untergliedertes Produktionssystem heraus, das als Wintelismus bezeichnet worden ist (Borrus/Zysman 1997) und vor allem auf der klaren Definition von Schnittstellen, industrieweit akzeptierten Standards sowie breit anwendbaren »base processes and services« beruht (Lema/Hesbjerg 2003, 165). Dies scheint für eine Allgegenwart von Standardisierung zu sprechen, und tatsächlich argumentieren etwa Sahay, Nicholson und Krishna (2003, 8), bei Softwarearbeit werde die Heterogenität von Tätigkeiten durch die Standardisierung von Prozessen, Methoden und Programmiersprachen begrenzt und nehme zudem im Verlauf des Zyklus von Softwareentwicklung ab:

> The heterogeneity of software work is often limited by the standardization of development processes, methodologies and programming languages. While new and innovative work involves heterogeneity at early stages of conceptualization and design, it requires less at the stages of testing and implementation. Standardization of processes is central to disembedding and fragmenting of software processes to make them amenable to GSW [global software work].

Diese Ausführungen, die eigentlich eine Tendenz zur Homogenisierung von Softwarearbeit begründen sollen, verweisen allerdings auf einen zentralen Unterschied zwischen Produkt- und Servicefirmen: Der hier angesprochene Zyklus von Softwareentwicklung, der nach dem »Wasserfall-Modell« stets »[c]onceptualization, requirement analysis, high-level design, low-level design, coding, testing and support« umfasst (Arora u.a. 2000, 16), findet sich zwar im Prinzip in beiden Firmentypen und prägt die Arbeit jedes Entwicklers und jedes Projekteams. Gleichzeitig werden die mit den verschiedenen Phasen dieses Zyklus verbundenen Tätigkeiten allerdings im Zuge der (durch die Modularisierung von Softwareentwicklung voran getriebenen) organisatorischen Ausdifferenzierung der Branche (Kapitel 1.4) zunehmend ungleichgewichtig zwischen Produkt- und Servicefirmen aufgeteilt: Konzeptionalisierung, Anforderungsanalyse und »high-level design« von Software stellen in vieler Hinsicht den Kern der Entwicklung von Softwarepaketen in Produktfirmen dar bzw. finden bei den Kunden von Software-Dienstleistern statt, während die (zum Beispiel von indischen Servicefirmen erbrachten) Software-Dienstleistungen typischerweise einen Schwerpunkt bei »low-level design«, Programmierung, Tests und Wartung aufweisen (Arora u.a. 2000, 16). Grob gesprochen, entfallen damit anspruchsvollere Arbeiten eher auf Produktfirmen (und Kundenunternehmen) in den kapitalistischen Zentren, während indische Servicefirmen vor allem personalintensive und weniger komplexe Arbeiten erledigen (Arora u.a. 2000; D'Costa 2004; Upadhya/Vasavi 2006, 13). Weil diese späteren Phasen des Softwarezyklus (der oben zitierten Aussage zufolge) weniger »heterogene« (also weniger vielfältige oder unvorhersehbare) Arbeiten erfordern als die früheren, erstaunt es nicht, dass Standardisierung für Servicefirmen eine deutlich größere Rolle spielt als für Produktfirmen. Lema und Hesbjerg (2003, 166) jedenfalls konstatieren

> distinct breaks […] between what could be called the lead firms' product-tasks and the service provider's [sic!] process-tasks.

Produktfirmen konzentrieren sich dieser Argumentation zufolge eher auf »product tasks«, also auf technisch relativ anspruchsvolle Forschungs- und Entwicklungsaufgaben zum Zwecke der Herstellung neuer Softwarepakete. Standardisierung nimmt hier vor allem die Form von »Produkt-Standardisierung« an: Hergestellt wird Standardsoftware, also ein mit festgelegten Programm- und Designkomponenten ausgestattetes »Massenprodukt«, das höchst profitabel sein kann:

> [S]uccessful packaged software firms can be very profitable because they only need to write an application a single time (although perhaps in several variations) and then reap their revenues from the sales of many copies (Aspray/Mayadas/Vardi 2006, 136).

Die Entwicklung von Softwarepaketen erfolgt (in den Worten eines Managementvertreters von G-Pro, MM 63) weitgehend »abgetrennt von der Verkaufsseite dieses Produktes«. Daher gelten

> auf der ganzen Welt die gleichen Produktstandards. Das Produkt muss auf jeden Fall laufen, es gibt da auch keine unterschiedlichen Qualitätsmaßstäbe oder so.

Zudem sind transnational operierende Produktfirmen bei räumlich »verteilter Entwicklung« darauf angewiesen, dass Softwaremodule, Arbeitspakete und die Schnittstellen zwischen ihnen klar definiert sind, weil jedes Projektteam (und jedes seiner Mitglieder) genau umrissene Teil-Komponenten liefert.

Bei Servicefirmen hingegen steht »Prozess-Standardisierung« im Mittelpunkt, denn die Konkurrenz um Aufträge ist hart, und vor allem die Einhaltung von Kosten-, Pünktlichkeits- und Qualitätsstandards entscheidet darüber, wer Kunden gewinnen und halten kann. Entsprechend müssen Servicefirmen Projektabläufe möglichst weitgehend standardisieren, um Reibungsverluste und Kosten zu reduzieren. Dies gilt insbesondere für indische Servicefirmen, die zwar ein weites Spektrum von Software-Dienstleistungen (»a wide range of software development, maintenance, testing and other types of projects, on many different platforms and in diverse ›domain‹ areas«) anbieten, aber trotz aller Betonung von »Upgrading-Tendenzen«[35] bislang vor allem Aufträge erhalten, bei denen die Konkurrenz über Preis und Liefergeschwindigkeit ausgetragen wird (Upadhya/Vasavi 2006, 19). Aus diesem Grund werben Servicefirmen offensiv damit, dass sie über Zertifizierungen wie SEI-CMM, ISO oder Six-Sigma verfügen (Lema/Hesbjerg 2003, 167f.; Arora u.a. 2000, 45–50). Die damit formal dokumentierte Einhaltung internationaler Standards von Prozess- und Qualitätsmanagement soll eine korrekte, schnelle, reibungslose und nachvollziehbare Projektabwicklung garantieren und zögerliche Kunden überzeugen, auch anspruchsvollere Aufträge nach Indien zu vergeben.

Die beiden unterschiedlichen Strategien von Standardisierung, die man im Softwaresektor ausmachen kann, kollidieren demnach in vieler Hinsicht mit der klassischen Dichotomie zwischen »Massenproduktion« und »Handwerksproduktion«: Während Produktfirmen bei der Herstellung von Softwarepaketen auf Produktstandardisierung setzen, dabei jedoch (in markantem Gegensatz zu weiten Teilen industrieller Massenprodukten) nicht über den Preis, sondern vor allem über Qualität konkurrieren, erledigen Servicefirmen Arbeiten wie etwa die Anpassung von Software an Kunden-

35 Häufig werden Beispiele für »larger and more complex tasks« angeführt (Athreye 2003, 19) oder eine Zunahme des »revenue per employee« behauptet (Kumar 2001, 16; Singh 2003, 32). Aspray, Mayadas und Vardi (2006, 119) argumentieren jedoch, das indische »revenue per employee« sei bei »Software Services« zwar von 16.000 US-Dollar (1990) auf 33.000 US-Dollar (2003) gestiegen, liege aber noch immer weit hinter dem US-Wert von 142.000 Dollar, »probably because a significant portion of the US revenue is in software products where revenue per employee is much higher than in software services«.

wünsche – übernehmen also jene »customisation«, die üblicherweise mit Handwerksproduktion assoziiert wird und die eigentlich gerade nicht unter Bedingungen von Prozess-Standardisierung und Preiskonkurrenz stattfinden sollte, wie sie das Service-Geschäft prägen.[36]

Weitgehende Einigkeit besteht nun darüber, dass das Ausmaß der Standardisierung von Produkten und Prozessen die Transnationalisierungswege von Unternehmen insofern beeinflusst, als es die Rolle von Niederlassungen in transnationalen Konzernstrukturen prägt. Pries (2008, 62) zum Beispiel geht davon aus, dass eine Konstellation, »in der die ›Mutterkonzerne‹ mit ihrer Konzernzentrale das eindeutige Machtzentrum« darstellen, »für vergleichsweise standardisierte Produkte sinnvoll« sei. Für die Softwarebranche wurde umgekehrt argumentiert, die branchenweite Tendenz zu Standardisierung führe zur Reduzierung des Machtgefälles zwischen Mutterhaus und Niederlassungen – sie sei geradezu »a key feature in building and sustaining a relationship by homogenizing operations« im Rahmen transnationaler Softwareprogrammierung.

> The scope of this standardization effort encompasses physical, technical and management domains. While the physical domain could concern the layout of offices, the technical domain involves using the same software development methodologies and the management domain refers to efforts to create a universal template that can be used to define, guide and evaluate management practices [...] (Sahay/Nicholson/Krishna 2003, 37).

Dieser Argumentation ist zweierlei entgegenzusetzen:[37] Zum einen haben Studien zu Transnationalisierungsprozessen innerhalb und außerhalb des Softwaresektors gezeigt, dass Mutterhäuser ihre zentrale Stellung gegenüber Niederlassungen meist keineswegs einbüßen (Flecker/Simsa 2001;

36 Im produzierenden Gewerbe sind diese Merkmale meist anders kombiniert, wie Jackson und Deeg (2006, 18) unter Verweis auf Sorge und Streeck hervorheben: Unterschieden wird zwischen Massenproduktion (»standardized, price-competitive, high volume«) und »flexible production« (etwa »craft production«), die als »customized, quality-competitive, low volume« gilt. Zudem werden die mit einem Ende des »fordistischen Paradigmas« assoziierten Produktionsformen der neunziger Jahre als neue Muster diskutiert (»customization, quality competition, and higher production volumes«). Siehe auch Hollingsworth/Boyer 1997, 20–23. Inwiefern »flexible Spezialisierung« im »industrial district« von Bangalore unter Bedingungen einer »labour-surplus economy« möglich ist, diskutiert Holmström 1994.

37 Die Autoren relativieren diese Aussage selbst: »In an environment as dynamic, interconnected and yet diffused, as that in which GSAs (*global software alliances)* operate, trying to standardize is like shooting at a moving target.« (Sahay/Nicholson/Krishna 2003, 38).

Pries 2008, 65; Mense-Petermann 2005, 383f.).[38] Zum anderen werden (wie wir sahen) im Softwaresektor sehr unterschiedliche »Standardisierungs-Strategien« verfolgt – daher überrascht es kaum, dass sich auch die Rolle von Niederlassungen in Produktfirmen (unter Bedingungen von »Produkt-Standardisierung«) anders darstellt als in Servicefirmen (unter Bedingungen von »Prozess-Standardisierung«). Grundsätzlich scheinen Produktfirmen, die meist geringere Belegschaftszahlen aufweisen als Servicefirmen (Aspray/Mayadas/Vardi 2006, 139), dabei in geringerem Maße auf eine räumlich-inhaltliche Segmentation von Arbeitsprozessen zu setzen.

In indischen Servicefirmen (wie I-Serve) übernehmen Mutterhaus und ausländische Niederlassungen per definitionem unterschiedliche Funktionen: Prozess-Standardisierung ermöglicht es in diesem Fall, im Rahmen des »Offshoring-Modells« den Zyklus von Softwareentwicklung gleichsam zu halbieren und die beiden Hälften auf verschiedene Weltregionen zu verteilen: Die frühen Phasen dieses Zyklus (Konzeptionalisierung, Anforderungsanalyse und »high-level design«) werden durch den Kunden oder zusammen mit dem Kunden in Europa bzw. den USA erledigt, während »low-level-design«, Implemetierung, Tests und Wartung von Indien aus erfolgen. Das indische Mutterhaus ist dabei vorwiegend für die eigentlichen Programmierungsaufgaben zuständig, während amerikanische oder europäische Niederlassungen (in der Phase der Projektakquise) als Verkaufsstellen und (während der Projektdurchführung) als Anlaufpunkte für Kunden, Partnerfirmen sowie die indischen Onsite-Teams fungieren, die vor Ort beim Kunden arbeiten (Upadhya 2004; Upadhya/Vasavi 2006).[39] Niederlassungen dienen im »Offshoring-Modell« von Servicefirmen also vor allem dazu, räumliche Nähe zu bereits vorhandenen und potentiellen Kunden

38 Bei Volkswagen sei »Transnationalisierung zunächst mit einer Zentralisierung von Entscheidungskompetenzen verbunden« gewesen, »weil der Übergang von multinationalen zu transnationalen Organisationsformen die vormals organisational weitgehend autonomen Standorte nun verstärkt auf konzernweite Vorgaben und Standards verpflichtet.« (Mense-Petermann 2005, 383) In unserem Sample ist ein solcher Prozess zunehmender Zentralisierung nicht festzustellen, da die Niederlassungen in beiden Fällen von Anfang an eng in transnationale Strukturen und Abläufe eingebunden waren.

39 Feakins (2009, 3; 8) stellt für russische Softwarefirmen in den USA fest, dass die Übernahme von Sales- und Projektmanagementaktivitäten durch Niederlassungen in den kapitalistischen Zentren gerade dort notwendig ist, wo Geschäftskontakte sich nicht aus sozialen Netzwerken heimkehrender Arbeitsmigranten speisen, wie sie etwa den US-amerikanischen und den indischen IT-Sektor verbinden.

herzustellen.[40] Diese unterschiedliche Aufgabenstruktur von Mutterhaus und Niederlassungen schlägt sich zum einen in der geographischen Verteilung der Belegschaft und zum anderen im (mangelnden) Einfluss der Niederlassungen auf die Unternehmenspolitik nieder. Was die geographische Verteilung der Belegschaft betrifft, so beschäftigte I-Serve im Jahr 2007 von insgesamt über 90.000 Angestellten nur etwa 3.000 in einem knappen Dutzend europäischer Niederlassungen. In Deutschland arbeiteten zu diesem Zeitpunkt 37 »lokale Mitarbeiter« (mit »deutschem Arbeitsvertrag«), wovon (nach Schätzung einer Vertreterin der Personalabteilung; PAW 31) etwa die Hälfte Deutsche waren; zusätzlich waren »150 expatriates aus Indien« nach Deutschland entsandt. Insgesamt arbeiteten im Jahr 2007 mehr als 80 Prozent der Beschäftigten von I-Serve in Indien, aber nur 0,5 Prozent in Deutschland. Alleine die Tatsache, dass zu diesem Zeitpunkt in Deutschland nur ungefähr jede/r zehnte I-Serve-Angestellte Deutsche/r und in Europa insgesamt nur jede/r Zehnte bis Zwanzigste Europäer/in war (Gruppengespräch; MM 18), macht deutlich, dass die Gründung von Niederlassungen hier nicht in erster Linie der Anwerbung lokaler Arbeitskräfte dient. Zwar wird dieses Ziel von indischen Servicefirmen durchaus formuliert, »both to give a more multinational appearance and to deflect the anti-outsourcing wave« (Upadhya 2004, o. S.), und auch ein Manager von I-Serve betont:

> We want to be a German company in Germany. We don't want to have Indians all over the place. I want to go back [lacht] (MM 32).

Eine solche »Lokalisierung« der Belegschaft gestaltet sich jedoch offenbar nicht nur für I-Serve schwierig (vgl.: Feakins 2009, 9). Dass deutsche I-Serve-Angestellte dieses Problem explizit auf die Unterschreitung deutscher Standards von Arbeitsregulierung zurückführen und die Ignoranz des Unternehmens gegenüber ihrer diesbezüglichen Kritik beklagen, verweist bereits auf das oben erwähnte Machtgefälle zwischen Mutterhaus und Niederlassungen. So berichtet ein deutscher Kundenbeauftragter, die Weige-

40 Im Falle der deutschen Niederlassung von I-Serve dauerte es allerdings lange, bis diese Präsenz sich in Projektakquisen niederschlug, wie ihr (indischer) Leiter (MM 32) berichtet: »I think I was presenting a very, very … controversial business model. […] So first year I did zero business, second year again, I think, I did zero business. […] And then it took off.« Dies deckt sich mit Erfahrungen russischer Firmen, die in den USA auf Kundensuche gingen (Feakins 2009). Allerdings gilt der deutsche IT-Markt als (für indische Servicefirmen) besonders schwer zu erschließen. Dies ergaben Expertengespräche mit Kottayil (EXP 82), D'Souza (EXP 92) oder Matter (EXP 96).

rung des Unternehmens, bestimmte »fringe benefits« anzubieten, habe in Deutschland mehrere Neueinstellungen vereitelt,

> weil die Leute in Bangalore es einfach nicht verstehen. Die verstehen nicht, dass jeder, der im IT-Management Projektmanager und aufwärts ist, in Deutschland einen Firmenwagen hat zum Beispiel. Das ist denen auch irgendwie nicht klar zu machen. Also ich hab wirklich – also, diverse Leute, die ich einstellen wollte, denen hab ich gesagt: ›Hey, wir zahlen keinen Dienstwagen, den musst du dir selber kaufen‹. – ›Das mache ich nicht.‹ [...] Also, ich rede seit einem Jahr auf jeden, der mich nicht hören will, ein ... (KBM 28).

Dies ändere jedoch »wenig«. Mangelnden Einfluss auf die Unternehmenspolitik konstatiert auch eine andere deutsche Angestellte:

> [W]ir sind ja so ein Standort im Vorort, da fehlt halt irgendwie die Verbindung zur Zentrale [...]. [Zigtausend] Leute, davon 99 Prozent in Indien, das heißt, wenn man irgendeinen Ansprechpartner sucht, ist es fast unmöglich, den zu finden, für ein bestimmtes Problem halt. Da gibt es so viele, und es fühlt sich einfach niemand verantwortlich, oder es ist nicht sicher, wer verantwortlich ist. [...] [W]ir sind eigentlich nur der verlängerte Arm von Indien. Wir haben keine Entscheidungsbefugnisse, wird alles in Indien entschieden, und wir führen halt aus (PAW 31).

Man ist weit entfernt von der Zentrale, und Anregungen aus dem »Standort im Vorort« werden nicht ernst genommen – besser kann man die schwache Position der deutschen Niederlassung im »Offshoring-Modell« kaum zum Ausdruck bringen.

In Produktfirmen hingegen haben Niederlassungen offenbar häufig eine deutlich stärkere Position in transnationalen Konzernstrukturen. Dies ist nicht zuletzt darauf zurückzuführen, dass es bei »Produkt-Standardisierung« im Rahmen der Herstellung von Softwarepaketen schwerer möglich ist, den Zyklus von Softwareentwicklung in eine komplexe und eine weniger komplexe Hälfte zu zerlegen und diese auf unterschiedliche Weltregionen zu verteilen, wie es im »Offshoring-Modell« von Servicefirmen geschieht. Vielmehr werden bei Produktentwicklung »Module« identifiziert und im Rahmen »verteilter Entwicklung« verschiedenen Unternehmensgliederungen zugeordnet – an jedem Standort findet daher im Prinzip der gesamte Zyklus von Softwareentwicklung statt. Dies schlägt sich in einem Transnationalisierungsweg nieder, der offenbar häufig den – von Edwards und Kuruvilla (2005, 11) identifizierten – Versuch beinhaltet, kleinere (und kostengünstigere) Ausgaben (»mini-replicas«) des Mutterhauses in weit entfernten Weltregionen zu installieren. Wenn in indischen Niederlassungen westlicher Produktfirmen ein Modul von Softwarepaketen oder »embedded software« des Mutterhauses hergestellt wird (Upadhya/Vasavi 2006, 19), beinhaltet dies zwar teilweise ebenfalls vergleichsweise wenig komplexe Aufgaben (wie die Anpassung von Standardsoftware an verschiedene Sprachen und Rechtssysteme), doch insgesamt werden anspruchsvollere Arbeiten nach Indien verlagert als im Rahmen des »Offshoring-Modells«:

[M]ultinationals are more willing to undertake high value-added activities such as software product development within their own captive firm in India than they are to send the work to an Indian independent firm. It is within these subsidiaries where the highest value-added activities, such as globally directed research and development, take place (Aspray/Mayadas/Vardi 2006, 119).

Dies trifft auch auf die deutsche Produktfirma G-Pro zu: Anfangs wurde in der indischen Niederlassung vor allem Software »lokalisiert«, doch bald folgten komplexere Aufgaben, wie sich ein indischer Manager erinnert:

[S]lowly we started moving to various directions: Research, then quality management came in, and production has come in now. [...] All segments of the [G-Pro] product line are in India now. So there is a kind of a ... unique identity, that India can do things (MM 37).

Zum Zeitpunkt der Interviews wurde sogar eine neue Standardsoftware unter indischer Federführung entwickelt, obwohl Koordinations- wie Leitungsfunktionen in den von uns untersuchten deutsch-indischen Teams zumeist im deutschen Mutterhaus angesiedelt waren. Trotzdem trug die indische Niederlassung weit größere Verantwortung als unter deutschen Softwarefirmen üblich,[41] und ihre Rolle sollte dem Gründer der indischen Niederlassung zufolge weiter gestärkt werden:

Also in unserem Modell ist natürlich schon das Ziel, dass man irgendwann hergeht und gesamte Projekte dann auch aus Indien raus liefert. Und zwar nicht nur Projekte, das machen wir auch heute schon, sondern ganze Produkte. [Nennt zwei Branchenlösungen]. Das sind Produkte, wo wir das gesamte Know-How inzwischen nach Indien transferiert haben und wo auch die gesamte Lösung in Indien gemacht wird (MM 63).

Diese Form von transnationaler Arbeitsteilung beseitigt das strukturelle Machtgefälle zwischen Mutterhaus und Niederlassungen zwar sicher nicht,

41 Eine Umfrage (Moczadlo 2002, 4–5) ergab, dass die überwiegende Mehrheit der Befragten (ähnlich wie im »Offshoring-Modell«) vor allem Programmierung und Tests an ausländische Tochter- oder Partnerfirmen vergaben. Anforderungsanalyse und »high-level design« (hier Sollkonzept und Systementwurf genannt) sowie Qualitätssicherung wurden selten verlagert.

doch das Ungleichgewicht ist deutlich geringer als im »Offshoring-Modell« von Servicefirmen. Dies bestätigt auch der Blick auf die »Belegschafts-Geographie« und den Einfluss der (indischen) Niederlassung auf die Unternehmenspolitik. So ist die Belegschaft von G-Pro sehr viel gleichmäßiger über den Globus verteilt: Von den ungefähr 50.000 Beschäftigten arbeiteten im Jahr 2007 nur 36 Prozent im Mutterhaus (bei I-Serve waren es 80 Prozent), und alleine auf die indische Niederlassung entfielen sieben Prozent der Beschäftigten. Insgesamt unterhält G-Pro weltweit deutlich größere Niederlassungen als I-Serve,[42] die eher in der Lage sind, ein organisatorisches »Eigenleben« zu entfalten. Dies dürfte nicht zuletzt Ausdruck einer Transnationalisierungsstrategie sein, die auf langfristige örtliche Verankerung setzt. Zwar war die Gründung der indischen Niederlassung von G-Pro (ähnlich wie die Gründung der deutschen I-Serve-Niederlassung) durchaus dem Wunsch geschuldet, einen Standort am indischen »Zukunftsmarkt« zu haben, doch hätte dies allein wohl nicht den Aufbau eines Campus in Bangalore gerechtfertigt.[43] Dessen Existenz sei zwar wichtig, um potentiellen Software-Käufern den Eindruck zu vermitteln: »›Jawoll, das ist ein seriöser Vendor, die haben wirklich viele Gebäude.‹«, bemerkt der Gründer der indischen Niederlassung lachend, doch vor allem habe der Standort Bangalore dazu gedient, vor Ort eine große Zahl hoch qualifizierter Beschäftigter zu rekrutieren, die in Deutschland Ende der neunziger Jahre nicht verfügbar gewesen seien (MM 63).[44] Tatsächlich wurde die Belegschaft der indischen Niederlassung innerhalb von acht Jahren von 100 auf mehr als 3000 Beschäftigte erweitert und sollte zum Zeitpunkt der Interviews (2007) weiter vergrößert werden (MM 63; PAM 62). Der Umstand, dass die indische Belegschaft (nach Bekunden von Managementvertretern) Aufgaben übernehmen sollte, die bei »günstigerer« Arbeitsmarktlage im deutschen Mutterhaus erledigt worden wären, deutet bereits darauf hin, dass die indische Niederlassung von G-Pro nach Vorstellung der Un-

---

42 Aspray, Mayadas und Vardi (2006, 138) betonen hingegen die geringe Größe der Niederlassungen von Produktfirmen, was die Frage nach dem Vergleichsmaßstab aufwirft.

43 Der Verkauf von Softwareprodukten in Indien machte 2007 weniger als ein Prozent der »globalen Revenues« von G-Pro aus, und »[u]nsere Feldorganisation in Indien hat 150 Mann. Also, das reicht, um den Markt zu bearbeiten« (Niederlassungsgründer, MM 63).

44 Auch die von Moczadlo (2002, 4) befragten Unternehmen gaben als Gründe für ihre Outsourcing-Aktivitäten zu 54,7 Prozent an, dass »qualifizierte Programmierer im Inland nicht verfügbar« seien. Noch häufiger wurden allerdings die geringeren Lohnkosten (92 Prozent), die Überbrückung von Kapazitätsengpässen (76 Prozent) und die hohe Qualität der gelieferten Programme (73,3 Prozent) genannt.

ternehmensleitung eine deutlich stärkere Position in der transnationalen Konzernstruktur einnehmen soll als die deutsche Niederlassung von I-Serve. Diesen Unterschied reflektieren zumindest die »Anerkennungsverhältnisse« (Mense-Petermann 2005), wenn auch nicht unbedingt die realen Machtverhältnisse in beiden Unternehmen: Die deutschen Beschäftigten von I-Serve sind mehrheitlich Kundenbeauftragte oder Projektmanager und genießen vergleichsweise große Freiräume in ihrer täglichen Arbeit – und doch fühlen sie sich vom indischen Mutterhaus isoliert. Die indischen Beschäftigten von G-Pro hingegen betrachten sich (selbst als »einfache« Entwickler) als Teil einer aufstrebenden Niederlassung in einem renommierten Unternehmen, denen nicht alle, aber viele Türen offen stehen. Zwar beklagen auch hier Befragte, dass die Federführung (»Ownership«) für zahlreiche Projekte nach wie vor in Deutschland liege – und doch genießen sie die Anerkennung, die ihrem Betrieb »als organisatorisch und technologisch leistungsfähige[m] Tochterunternehmen« entgegengebracht wird, »das einen wichtigen und eigenständigen Beitrag zum Konzernerfolg leistet« (Mense-Petermann 2005, 390). Während deutsche I-Serve-Angestellte auf ihre »periphere Position« oft mit Resignation reagieren, fordern indische G-Pro-Beschäftigte in den Interviews selbstbewusst mehr Verantwortung. Einem indischen Manager erscheint es sogar denkbar, in die Leitungszirkel des Unternehmens aufzusteigen:

> Currently, as of now, most of the global positions are filled by German colleagues. But I would like to fill a global position. And that is where I would say it's a complete global company. When I as an Indian employee, home-grown, out of Bangalore, take up a global position. […] It is possible in my case, I know that … it can happen. I'm working towards it – it will happen. […] I think that those opportunities will come in our company – that's a big advantage in [G-Pro]. […] You're like a location outside a location … headquarters outside headquarters (MM 37).

Abgesehen davon, wie realistisch diese individuelle Karriereerwartung sein mag[45], bleibt der markante Unterschied festzuhalten, dass die deutsche Niederlassung von I-Serve nach Einschätzung von Beschäftigten »nur der verlängerte Arm von Indien« ist (PAW 31), die indische Niederlassung von G-Pro hingegen als »Zentrale außerhalb der Zentrale« (»headquarters outside headquarters«) bezeichnet wird. Dieser Unterschied ist Ausdruck der jeweiligen Geschäftsmodelle von Produkt- bzw. Servicefirmen, und er prägt betriebliche Arbeitskraftnutzung in verschiedenen Weltregionen.

45 Zu Grenzen der Besetzung von Schlüsselpositionen in transnationalen Konzernen mit Angehörigen anderer Nationalitäten siehe: Kotthoff 2006.

Konkrete Strategien unternehmerischer Arbeitskraftnutzung hängen nun davon ab, welche Funktion einer bestimmten Niederlassung im Rahmen der transnationalen Konzernstruktur zugeschrieben wird. Standorte werden aus einer Vielzahl von Gründen ausgewählt, so Edwards und Kuruvilla (2005, 14), darunter der Wunsch

> to access cheap labour, to use skilled labour, to bypass import restraints and thereby secure access to a market, to tap into technological expertise, to secure a reliable source of raw materials or components and so on.

Je nachdem, was man von einer Niederlassung erwarte, könne sich der dortige Umgang mit Arbeitskraft sehr unterschiedlich gestalten:

> [T]he relative importance of these factors plays a key role in shaping the employment practices the firm employs for that site (Edwards/Kuruvilla 2005, 14).

In der Softwarebranche scheinen Unternehmen umso mehr Interesse an einer weltweiten Vereinheitlichung von Arbeitskraftnutzung zu haben, je mehr direkte Kooperation zwischen Beschäftigten in verschiedenen Weltregionen notwendig ist – und diese Notwendigkeit hängt wiederum mit der jeweiligen Standardisierungs-Strategie und dem daraus resultierenden Verhältnis zwischen Mutterhaus und Niederlassungen zusammen. Daher spielt direkte transnationale Kooperation in Produktfirmen eine andere Rolle als in Servicefirmen, obwohl »notably the use of international project teams and task forces and the creation of virtual teams using electronic communication« (Bèret u.a. 2003, 452f.)[46] die Transnationalisierungswege beider Firmentypen prägt. Wie unterschiedlich sich die Kooperation zwischen deutschen und indischen Beschäftigten gestalten kann, betont ein Manager von G-Pro: Im »Offshoring-Modell« indischer Servicefirmen gebe es

> so nen Projektmanager onsite beim Kunden, […] ein Offshore Projektmanager und dann ne große Box da drunter mit Leuten. Eigentlich kommunizieren nur zwei Leute miteinander und die anderen nicht.

46 Bèret betont, die Folgen dieser Entwicklung für weltweiten Arbeitseinsatz in Forschung und Entwicklung, »which is known to be subject to national institutional pressures such as the way qualifications are generated through the national educational system, the influence of the employment relation system etc.« (ebenda, 453), seien weitgehend unerforscht. Die Ausführungen beschränken sich im Folgenden auf Karriere-Management und Vergütungspolitik.

Bei der Produktfirma G-Pro hingegen, fährt der Befragte fort, finde deutlich mehr direkter Austausch zwischen Entwicklern in Deutschland und Indien statt:

> [W]ir fahren eigentlich ne Integration auf Entwickler-Level, also die Entwickler kennen sich untereinander. [...] Und der Projekt-Lead ist mal in Indien und mal hier. Also das ist eine ganz andere Art und Weise der Zusammenarbeit (MM 63).

Dieser Unterschied ist letzten Endes auf unterschiedliche Geschäftsmodelle zurückzuführen: Weil deutsche und indische Beschäftigte bei Produktfirmen wie G-Pro zumeist gemeinsam an der Herstellung des Software-Moduls arbeiten, für das ihr Team mit zuständig ist, haben sie ein gemeinsames Arbeitsziel, ähnliche oder (im Falle der untersuchten Teams bei G-Pro, wo die Leitungsfunktion stets bei deutschen Kollegen liegt) zumindest eng aufeinander bezogene Arbeitsanforderungen, gemeinsame »Deadlines« usw. – und dies erfordert eine Fülle direkter Kontakte zwischen den beteiligten Beschäftigten. In Servicefirmen hingegen führen »Offshore«-Teams aus, was Kundenbetreuer bzw. Onsite-Teams vor Ort mit dem Kunden besprechen. Die Kommunikation findet in der Tat oft zwischen Onsite- und Offshore-Projektmanager statt, wobei Letzterer die relevanten Informationen an das für Programmierung zuständige Projektteam weitergibt, Arbeitspakete verteilt und die Einhaltung von Vorgaben kontrolliert.[47] Zwar werden Onsite-Teams aus dem indischen Standort entsandt, wo die Programmierung stattfindet, so dass man sich persönlich kennt, doch im Projektverlauf ist der direkte Kontakt zwischen den Teamteilen reduziert.

Trotz dieser strukturellen Unterschiede ist die Haltung beider Unternehmen zu einer weltweiten Vereinheitlichung von Arbeitskraftnutzung widersprüchlich: Das deutsche Produktunternehmen setzt zwar im Prinzip auf eine Annäherung zwischen den Standards des deutschen Mutterhauses und der indischen Niederlassung, doch trotzdem ist die Präsenz in Indien Ausdruck des Bemühens, von den Unterschieden zwischen beiden Standorten zu profitieren, die nicht zuletzt in unterschiedlichen Vergütungsni-

---

47 Ob nur der Offshore-Projektmanager direkten Kontakt zum Onsite-Projektmanager unterhält (PMM 16; KBW 30), indische Teamleiter den Kunden kontaktieren dürfen (SEW 20), das Offshore-Team sich direkt mit dem Onsite-Koordinator austauscht (TLM 6) oder direkt von Entwickler zu Entwickler kommuniziert wird (TLM 7; TLW 21), hängt vom Projektkontext ab. Einen »single point of contact« gebe es bei Entwicklungsprojekten; in Maintenance-Projekten sei eine solche Kanalisierung von Kontakten unmöglich, betont ein Projektmanager (PMM 19).

veaus (als Ausdruck der jeweiligen Regulierungsszenarien) in Erscheinung treten (Kapitel 5). Die Kostenvorteile Indiens seien im Laufe der Zeit sogar wichtiger geworden, meint der Gründer der Niederlassung Bangalore (MM 63). Früher habe ein Geschäftsbereich »völlig frei« entscheiden können, an welchem Standort man produzieren wolle:

Kosten – spielten – keine – Rolle in dieser Firma, also zumindest nicht in diesem Bereich (lacht). Das hat sich natürlich inzwischen verändert, ganz klar. Wir achten sehr, sehr genau auf die Kosten. Das heißt: heute ist dann die Maßgabe erstmal: ›Okay, low-cost Standort.‹[48]

Das indische Serviceunternehmen I-Serve hingegen verteilt im Rahmen des »Offshoring-Modells« Arbeitsaufgaben gezielt ungleich zwischen den Weltregionen, doch trotzdem besteht man, wie wir sahen, etwa in Bezug auf Zusatzleistungen (wie Dienstwagen) darauf, die Praktiken des indischen Mutterhauses auch in Deutschland beizubehalten, selbst wenn dies die Rekrutierung qualifizierter Arbeitskräfte erschwert.[49] Die Vereinheitlichung von Arbeitskraftnutzung geht demnach nicht unbedingt mit einer Erhöhung von Standards einher, sondern kann (wie in diesem Fall) durchaus auch zu ihrer Unterschreitung beitragen.

Festzuhalten ist also, dass wir es im Softwaresektor mit sehr unterschiedlichen Transnationalisierungswegen zu tun haben. Die jeweilige Funktionslogik der Geschäftsmodelle von Produkt- bzw. Servicefirmen schlägt sich in unterschiedlichen Standardisierungsstrategien nieder, die sich wiederum auf die Rolle von Niederlassungen in der transnationalen Konzernstruktur sowie auf die Notwendigkeit direkter Kooperation zwischen Beschäftigten in verschiedenen Weltregionen auswirken. Das Ergebnis ist ein unterschiedlich starkes Bemühen, Arbeitskraftnutzung weltweit zu vereinheitlichen.

48 Die von Moczadlo (2002, 4, 10f.) befragten Unternehmen gaben zu 92 Prozent an, dass Lohnkostenerspanisse sehr wichtig für ihre Entscheidung für transnationale Kooperation gewesen seien.

49 Auch in den von Béret u.a. (2003, 458) untersuchten (Software-)Unternehmen werden Vergütungsstandards nicht angeglichen, doch finden durchaus einheitliche Job-Klassifikationen und Instrumente zur Regelung von Gehaltserhöhung und Karrierefortschritt Anwendung.

2.2.2 Transnationalisierung zwischen Herkunfts- und Niederlassungskontext

Im Softwaresektor ist (wie eingangs erwähnt) das Geschäftsmodell von Unternehmen insofern mit deren Herkunftskontext verknüpft, als (zumindest die führenden) Produktfirmen meist aus den »Zentren« kapitalistischer Wirtschaft, die besonders stark expandierenden Servicefirmen hingegen zunehmend aus »semiperipheren« Regionen stammen. Daher ist es kein Zufall, dass bei der Suche nach typischen Konstellationen deutsch-indischer Softwarearbeit gerade eine deutsche Produktfirma und eine indische Servicefirma (mit Niederlassungen im jeweils anderen Land) in den Blick geraten (Kapitel 1.4). Jenseits dieser empirischen Evidenz wirft die Frage nach dem Zusammenhang zwischen dem Transnationalisierungsweg eines Unternehmens und seinem Herkunftskontext allerdings erheblichen konzeptionellen Klärungsbedarf auf: Die Produktfirma unseres Samples stammt aus Deutschland – aber ist sie deshalb ein »typisch deutsches« Unternehmen? Und was ist »typisch indisch« an der indischen Servicefirma?

Beim Herantasten an eine Antwort stößt man zunächst auf eine Fülle von Literatur zu »country-of-origin«-Effekten. Gemeinsam ist diesen Studien die Annahme, dass Unternehmens-Strategien weitgehend durch die institutionellen Strukturen ihres Herkunftskontextes geprägt sind. Hall und Soskice (2001, 15) etwa schreiben:

> [T]he firms located within any political economy face a set of coordinating institutions whose character is not fully under their control. These institutions offer firms a particular set of opportunities; and companies can be expected to gravitate towards strategies that take advantage of these opportunities. In short, there are important respects in which strategy follows structure.

Die Institutionen des Herkunftslandes beeinflussen dieser Argumentation zufolge sogar die Transnationalisierungswege der dort beheimateten Unternehmen, weil »institutionell vermittelte nationale Unterschiede in den Konzernstrategien« sich in einem »bleibenden Einfluss […] des Herkunftslandes auf die globalen und lokalen Strategien zur Restrukturierung der Arbeitssysteme« niederschlagen (Geppert/Matten/Schmidt 2006, 105). Edwards und Kuruvilla (2005, 7) argumentieren sogar, der institutionelle Herkunftskontext präge (vermittelt über Praktiken dort sozialisierter Manager) transnationale Konzernstrukturen so nachhaltig, dass es weitgehend unabhängig von der jeweiligen Personaleinsatzstrategie zu einer tendenziellen Vereinheitlichung weltweiter Arbeitskraftnutzung komme:

Whether or not there is a conscious attempt to ›export‹ the style and associated practices of the home country, the fact that key strategic decisions are taken there, largely by nationals of the home country, informs the behaviour of the firm at the international level. In many MNCs, this legacy creates a ›country of origin effect‹ that is carried over directly to the foreign subsidiaries [...]. This influence from the national base of the firm, particularly the cultural influence, is commonly used in empirical studies as an explanation for the existence of global tendencies in IHRM [International Human Resource Management].[50]

Diese Argumentation ist allerdings in viererlei Hinsicht konzeptionell problematisch:

Erstens kritisiert Ferner (1997, 23) zu Recht, der Verweis auf »Herkunftsland-Effekte« verstelle oft den Blick auf näherliegende Unterschiede zwischen Firmen:

A [...] deep-seated methodological issue arises out of the *interpretation* of ›country-of-origin‹ effects. Is this an explanatory variable in its own right, or is it a proxy for other more immediate causal factors? Do differences between Japanese and US MNCs, or between British and German companies, reflect some inherent quality of ›Japaneseness‹ or ›Britishness‹? Or rather, do they stem from differences in factors such as phase of internationalisation, corporate structure, proportion of operations represented by overseas operations, and so on?[51]

Alleine der Umstand, dass eine pauschale Kontrastierung »deutscher« und »indischer« Firmen keinen Raum für die unterschiedlichen Geschäftsmodelle lässt, die in der Softwarebranche eine so zentrale Rolle spielen, lässt es angebracht erscheinen, sich nicht mit dem vorschnellen Verweis auf Herkunftskontexte zu begnügen.

Ein zweites konzeptionelles Problem ergibt sich daraus, dass der Herkunftskontext von Unternehmen in Studien zu »country-of-origin«-Effekten oft als nahezu unveränderlich behandelt wird. Whitley (1999, 3) etwa attestiert »Business Systems« eine beträchtliche Stabilität:

[S]ocieties with different institutional arrangements will continue to develop and reproduce varied systems of economic organization with different economic and social capabilities in particular industries and sectors.

---

50 Auch Bartlett und Goshal (1990, 65) betonen: »National geprägte Verhaltensweisen bestimmen, wie ein Unternehmen ›die Dinge anpackt‹; sie formen die weltweite Organisationsstruktur und Unternehmenspolitik.«

51 Dieses Interpretationsproblem bleibe bestehen, wenn man konzediere, dass Transnationalisierungswege von Firmen selbst durch das Ursprungsland geprägt sein können: »Differences in phases and patterns of internationalisation, organisational structures etc., may themselves be typical of different ›national business systems‹« (Ferner 1997, 23).

Die Annahme, ein Unternehmen sei durch das »Modell«, »Regime« oder »Business System« seines Herkunftskontextes geprägt, verliert jedoch an Überzeugungskraft, wenn sich dieser Kontext selbst als »bewegliches Ziel« erweist. So argumentiert Sorge (2005, 228f.) überzeugend, jedes »Business System« sei durch permanente Veränderung geprägt, wobei sich »heimische« und »importierte« Einflüsse zu historisch Neuartigem (»new domestic institutional originality«) verbinden:

> Any domestic concoction now diagnosed, in retrospect, as embodying the domestic originality of a ›German system‹ also resulted from a reaction between imported and domestic substances during the process of hybridization, in which a novel substance was derived from the combination.

Diese Auffassung deckt sich in vieler Hinsicht mit dem (in Kapitel 2.1 entwickelten) Konzept eines Regulierungsszenarios: Letzteres hat man sich weniger als ein stabiles Strickmuster vorzustellen, das sich zwar geringfügig dehnen, aber im Wesentlichen Bestand haben (sich also pfadabhängig entwickeln) oder zerreißen (einen Pfadwechsel vollziehen) kann, denn als ein Kräfteparallelogramm, das aus in sich dynamischen Regulierungsstrukturen und -praktiken zusammengesetzt ist. Das konzeptionelle Problem, das sich aus der Missachtung dynamischer Herkunftskontexte ergibt, dürfte bislang vor allem deshalb nicht in all seiner Virulenz zutage getreten sein, weil sich entsprechende Diskussionen vor allem auf die kapitalistischen Zentren beziehen – richtet man den Blick hingegen auf Länder der »(Semi-)Peripherie«, so erscheinen Regulierungsstandards deutlich weniger stabil. Dass bislang etwa kein indisches »Business System« identifiziert worden ist (Lema/Hesbjerg 2003, 170f.)[52], dürfte nicht zuletzt auf die massiven »Kontextveränderungen« seit Anfang der neunziger Jahre zurückzuführen sein (Mayer-Ahuja 2006a). Zu diesem Zeitpunkt wurde das Ende der nach der Unabhängigkeit (1947) etablierten postkolonialen Ökonomie eingeläutet, die (durch hohe Importzölle, Subventionen für die heimische Wirtschaft und Restriktionen für ausländische Direktinvestitionen) weitgehend vor Weltmarktkonkurrenz geschützt und durch einen starken staatlichen Wirtschaftssektor geprägt war.[53] Seitdem wird eine Politik der wirtschaftlichen »Liberalisierung«, Privatisierung und »Weltmarktöffnung« betrieben (kritisch: Chandrasekhar/Ghosh 2002), wobei der starke Staatseinfluss auf die

52 Der »Business System»-Ansatz könne sektorale Unterschiede innerhalb eines Institutionengefüges generell nicht erklären, und »this shortfall is reinforced when such sectors are highly dependent on external linkages.» (Lema/Hesbjerg 2003, 170f.)

53 Zum frühen Einfluss transnationaler Konzerne in Indien siehe aber: Dar 1979.

Wirtschaftsentwicklung fortwirkt – die Entstehung und Expansion des IT-Sektors zum Beispiel ist ohne staatliche Unterstützung nicht vorstellbar.[54] Die Schwierigkeit, angesichts solcher Umwälzungen »Modelle«, »Regime« oder »Systeme« festzuschreiben, die per definitionem eine gewisse innere Stabilität aufweisen müssen, liegt auf der Hand. In den kapitalistischen Zentren mag die Veränderungsdynamik weniger rasant sein, doch auch das »deutsche System« erlebt derzeit nach weit verbreiteter Auffassung einen »Umbruch«[55] – seit Mitte der achtziger Jahre ist jedenfalls von einem »Ende des Fordismus« (Hirsch/Roth 1986), der Erosion des »Normalarbeitsverhältnisses« (Mückenberger 1985), einem Übergang zur Dienstleistungsgesellschaft (Häußermann/Siebel 1995), von Prekarisierung (Mayer-Ahuja 2003; Dörre/Fuchs 2005) oder einem Funktionswandel sozialer Sicherungssysteme im »flexiblen Kapitalismus« (Lessenich 2008) die Rede. Entsprechend kann man auch für Deutschland schwerlich von einem stabilen Kontext von Unternehmensaktivitäten ausgehen. Dies gilt umso mehr, als zwischen Regulierungsstrukturen und -praktiken stets dialektische Wechselwirkungen bestehen – im vorliegenden Fall bedeutet dies, dass Unternehmensaktivitäten zwar durch ihren institutionellen Kontext geprägt sind, gleichzeitig jedoch auf diesen Kontext zurückwirken und zu seiner Veränderung beitragen (Wittke 2003, 4).[56] Insofern ist die zitierte Aussage von Hall und Soskice (»strategy follows structure«) nur die halbe Wahrheit – sie muss mit der Ergänzung »structure follows strategy« versehen werden, weil sich zum Beispiel ökonomische Regulierungsstrukturen (an denen »Modelle«, »Regime« oder »Systeme« zumeist festgemacht werden) nicht zuletzt

54 Schon die Entstehung der indischen IT-Branche war Nebenprodukt einer Politik, die einen eigenständigen wissenschaftlich-industriellen Komplex in Indien etablieren sollte (Balakrishnan 2006, 3866; Lema/Hesbjerg 2003, 45–102). Heute reicht die staatliche Unterstützung der IT-Branche von der Förderung ausländischer Investitionen über staatliche Ausbildungspolitik (Kapitel 7) bis hin zur Einrichtung von »Software Technology Parks», in denen das indische Arbeitsrecht keine Gültigkeit hat (Balakrishnan 2006, 3869, 3871). Stellvertretend für eine Fülle von Beiträgen zur politischen Regulierung der Softwarebranche Indiens siehe: Venkata Ratnam 1998; Heitzman 1999; Vijayabaskar/Krishnaswamy 2003, 192; Kumar 2001; Kumar/Joseph 2004 oder Parthasarathy 2005.

55 Zu dessen quantitativer und qualitativer Vermessung siehe: SOFI u.a. 2005.

56 Dies tritt in Indien deutlich zutage, wenn einflussreiche (IT-)Unternehmen mit darüber bestimmen, wie staatliche Regulierung von Wirtschaft, Arbeit und Städtebau restrukturiert wird (zur »Privatisierung von Standardsetzung» siehe Mayer-Ahuja/Feuerstein 2007). Allerdings war etwa auch anhand des westdeutschen Teilzeitbooms der sechziger Jahre zu studieren, wie unmittelbar unternehmerische Rekrutierungsstrategien auf die »Ernährermodelle» eines Landes durchschlagen können (Oertzen 1999).

unter dem Einfluss veränderlicher Unternehmenspraktiken in einem Prozess permanenten Wandels befinden (Kapitel 2.3).

Drittens ist im Falle transnational operierender Konzerne die Frage nach dem Einfluss des Herkunftskontextes insofern unzureichend, als sich deren Aktivitäten stets zwischen verschiedenen Regulierungsszenarien entfalten (Kapitel 2.1.2). Daher muss man Herkunfts- und Niederlassungskontext(e) zusammen in den Blick nehmen, um (in den Worten von Geppert, Williams und Matten 2003, 621) konkurrierende Rationalitäten (»competing rationalities«) in Mutterhaus und Niederlassungen analysieren und deren »Einbettung« (»embeddedness«) in den jeweiligen institutionellen Kontext beurteilen zu können. Was genau an einem aus Deutschland stammenden Unternehmen »deutsch« ist, kann man demnach am besten ermessen, wenn man dessen Strukturen und Praktiken nicht nur im Mutterhaus, sondern auch in Niederlassungen in anderen Weltregionen studiert, um Unterschiede und Wechselwirkungen zwischen verschiedenen sozialräumlichen Operationskontexten fassen zu können. Zudem, meinen Ferner, Quintanilla und Varul (2001, 123), müsse man die Wechselwirkungen (»interplay«) zwischen Herkunftskontext, Niederlassungskontext und »den internationalen Personaleinsatzstrategien und -praktiken multinationaler Konzerne« (»international HRM policies and practices of MNCs«) in den Blick nehmen. In anderen Worten ist damit das Anliegen der vorliegenden Studie beschrieben, betriebliche Arbeitskraftnutzung (in der hier verwendeten Diktion) im Spannungsfeld zwischen transnationaler Konzernstruktur und ortsgebundenen Regulierungsszenarien zu analysieren.

Das vierte konzeptionelle Problem resultiert schließlich daraus, dass die Konzentration auf einzelne Unternehmen und deren Herkunftskontext oft den Blick auf Wechselwirkungen zwischen verschiedenen örtlichen Firmenaktivitäten verstellt, die in vieler Hinsicht das »wirtschaftliche Umfeld« eines Unternehmens konstituieren. Wenn etwa ein deutsches Unternehmen Formen von Arbeitskraftnutzung in Indien anders gestaltet als im Mutterhaus, wäre dies nach gängiger Lesart eine Anpassung an den Niederlassungskontext, an »die indischen Standards von Arbeitsregulierung«. Dies verkennt allerdings, dass speziell (aber nicht nur) in hochfragmentierten Wirtschaftssystemen verschiedene Branchen und insbesondere der »formelle« bzw. »informelle« Sektor nach unterschiedlichen Regeln funktionieren. Firmen dürften sich daher vor allem an Standards derjenigen Firmen orientieren, mit denen sie vor Ort (zum Beispiel um Arbeitskraft) konkurrieren. Die Perspektive auf das Einzelunternehmen muss daher durch einen Blick auf jenes »Organisationsfeld« (»organisational field«) (DiMaggio/Powell 1983) ergänzt werden, das durch einheimische wie ausländische Firmen konstituiert wird.[57] Dass Unternehmenspraktiken sich innerhalb eines solchen Feldes weitgehend unabhängig vom jeweiligen Herkunftskontext der beteiligten Firmen annähern, ist etwa im indischen IT-Zentrum Bangalore zu beobachten, wo die Konkurrenz indischer und ausländischer Firmen um einschlägig qualifizierte Arbeitskraft – die auch DiMaggio und Powell (1983, 154) für einen zentralen Homogenisierungs-Katalysator halten – zu einem relativ verbindlichen und (in den der Untersuchung vorausgehenden Jahren) permanent steigenden Branchenstandard in Hinblick auf die Gestaltung von Arbeitsumgebung, Vergütung oder Karrierewegen geführt hat. Diese Tendenz wird nicht zuletzt durch direkten Austausch zwischen vor Ort operierenden Firmen gespeist. So bestehen speziell zwischen indischen Servicefirmen und westlichen Produktfirmen enge Beziehungen (Lema/Hesbjerg 2003, 162f., 168)[58], wie ein Blick auf unsere Samplebetriebe in Bangalore bestätigt: Zum einen entsendet I-Serve regelmäßig Personal aus seinem Mutterhaus in die ebenfalls in Bangalore ansässige indische G-Pro-Niederlassung, um Kenntnis über aktuelle Produkt-Entwicklungen zu erlangen, da viele Kundenprojekte die Einführung oder das Upgrading von G-Pro-Software beinhalten (PAM 62). Zum anderen rekrutieren Produkt- und Servicefirmen ihre Beschäftigten in Bangalore aus demselben, vergleichsweise überschaubaren Teil der indischen Bevölkerung (Kapitel 7), und Arbeitsplatzwechsel zwischen diesen beiden Unternehmen sind nach Aussage eines Personalabteilungsvertreters von G-Pro (PAM 62) nicht unüblich: »we loose a lot of people to [I-Serve] and we get a lot of people from [I-Serve].«[59] Daher sind die Belegschaften (etwa als

57 Unter einem »organisational field» verstehen die Autoren »those organizations that, in the aggregate, constitute a recognized area of institutional life: key suppliers, resource and product consumers, regulatory agencies, and other organizations that produce similar services or products.» (DiMaggio/Powell 1983, 148)

58 Die Autoren argumentieren allerdings (ebenda), zwischen indischen Servicefirmen sowie zwischen ihnen und ihren »Komplementärindustrien» (im Bereich Hardware, Halbleiter, Data-Communication etc.) bestünden kaum Beziehungen. Angesichts der häufigen Jobwechsel von Beschäftigten zwischen ihnen und der konzertierten Einflussnahme dieser Firmen etwa auf Stadtentwicklungspolitik (Kapitel 3.2) wäre dies zu prüfen.

59 In der Diktion von DiMaggio und Powell haben wir es demnach mit »normativem» Isomorphismus zu tun, der aus der Prägung von Arbeitenden durch Ausbildungssysteme und Prozesse von Professionalisierung resultiert, aber auch mit »mimetischem» Isomorphismus, also mit der »unabsichtlichen» Verbreitung von Organisationsmodellen, die »indirectly through employee transfer or turnover» entsteht (DiMaggio/Powell 1983,

Nachbarn, ehemalige Kommiliton/innen oder Kolleg/innen) durch zahlreiche informelle Netzwerke miteinander verbunden.[60] Dieser direkte Austausch (auf Firmen- und Beschäftigtenebene) führt in zweierlei Hinsicht zu einer Annäherung von betrieblicher Arbeitskraftnutzung: Zum einen müssen sich alle Softwarefirmen in Bangalore an den Standards orientieren, die (aufgrund ihrer schieren Belegschaftsgröße) von den dominierenden indischen Serviceunternehmen gesetzt werden, während umgekehrt speziell westliche Produktfirmen (als der »stärkere« Kooperationspartner) selbst von diesen Dienstleistern eine gewisse Anpassung an die eigenen Standards verlangen können[61] – dies betrifft etwa personelle Stabilität oder technische Qualität und wirkt direkt auf unternehmerische Beschäftigungs- und Kontrollpraktiken zurück (Prasad 1998). Zum anderen werden Standards von Arbeitskraftnutzung für Beschäftigte direkt vergleichbar – und wo verglichen wird, können sich Maßstäbe verschieben, so dass Firmen mehr oder Anderes bieten müssen, um Arbeitskraft an sich zu binden. Demnach kann man tatsächlich davon ausgehen, dass betriebliche Arbeitskraftnutzung innerhalb eines organisationalen Feldes ähnlicher wird. Der Umstand, dass dabei des einen Herkunftskontext des anderen Niederlassungskontext ist, macht eine enge Fokussierung auf die regionale Herkunft eines Unternehmens ebenso unbefriedigend wie die Beschränkung auf eine innerorganisatorische Perspektive, selbst wenn diese Mutterhaus und Niederlassungen umfasst.

Angesichts dieser konzeptionellen Probleme kann es im Folgenden nicht darum gehen, zu der Debatte über »country of origin«-Effekte beizutragen: Für eine methodisch »saubere« Fassung eines solchen Beitrages wäre es unabdingbar, neben vielfältigen anderen Einflussfaktoren auf Firmenverhalten insbesondere die Dynamik des jeweiligen ortsgebundenen Regulierungsszenarios sowie die Beziehungen zwischen jenen Firmen genauer zu analysieren, die das wirtschaftliche Umfeld unserer Sampleunter-

---

151). Auf mimetischen Isomorphismus »by organizations such as consulting firms or industry trade associations» (ebenda, 151) wird zurück zu kommen sein, wenn es um die Rolle von Unternehmensberatungs-Umfragen bei der Festlegung von IT-Gehältern in Indien geht (Kapitel 5).

60 Zu »business networks» unter Absolvent/innen der Indian Institutes of Technology innerhalb und außerhalb Indiens siehe: Upadhya 2004.

61 DiMaggio und Powell (1983, 156) zufolge fördere ein gewisses Machtgefälle Homogenisierung: »Fields that have stable and broadly acknowledged centers, peripheries, and status orders will be more homogeneous both because the diffusion structure for new models and norms is more routine and because the level of interaction among organizations in the field is higher.»

nehmen konstituieren – dies würde den Rahmen der vorliegenden Studie sprengen. Dennoch stellt sich die (eingangs formulierte) Frage, inwiefern die Transnationalisierungswege der Samplefirmen (bzw. konkreter: die Formen der Arbeitskraftnutzung in ihren deutschen und indischen Mutterhäusern und Niederlassungen) Standards ähneln, die für andere transnationale Konzerne deutscher bzw. indischer Herkunft beschrieben worden sind. Inwiefern ist G-Pro also ein »typisch deutsches« und I-Serve ein »typisch indisches« Unternehmen? Bei ihrer Beantwortung können wir auf empirische Befunde von Studien zurückgreifen, die einem »country-of-origin effect« (vor allem) in Bezug auf das »deutsche Modell« auf der Spur sind[62], selbst wenn ihre konzeptionellen Prämissen nicht unbedingt geteilt werden.

Allerdings wäre eine positive Antwort auf die Frage, ob ausgerechnet Softwarefirmen typisch für ihren jeweiligen Herkunftskontext sind, in vieler Hinsicht überraschend. Immerhin gelten Softwarefirmen in Deutschland (etwa aufgrund ihrer notorischen Abstinenz von etablierten Instrumenten kollektiver Interessenvertretung) eher als Trendsetter für eine Neuausrichtung des Regulierungsszenarios denn als seine typischen Repräsentanten. Ähnliches trifft auf Indien zu, wo Softwarefirmen als »Kinder der neuen Zeit« angesehen werden, zumal das spektakuläre Wirtschaftswachstum seit Anfang der neunziger Jahre vor allem auf ihre Geschäftserfolge zurückgeht (Chandrasekhar 2005). Außerdem orientieren sich speziell indische Service-Firmen zumeist nicht an (wie auch immer definierten) indischen Standards von Unternehmenspolitik, sondern an den Praktiken ihrer (vorwiegend) US-amerikanischen Kunden. Lema und Hesbjerg (2003, 171) etwa bemerken:

> It is not all too far-fetched to argue […] that ›quality standards, management styles, and ideas of corporate governance owe more to western, especially US, models than to traditions of Indian firms‹ within the sector.

Trotz alledem erscheint G-Pro nicht nur als typisches Produktunternehmen, sondern in mancher Hinsicht auch als »typisch deutsch« – und I-Serve nicht nur als typisches Serviceunternehmen, sondern auch als »typisch indisch«. Dies zeigt sich vor allem in den jeweiligen Standardisierungsstrategien und den daraus resultierenden Formen von Arbeitskraftnutzung. Teilweise erinnert auch die Funktion von Niederlassungen an

---

62 Eine Übersicht über ältere Studien zu sog. »Human Resource Management» in transnational operierenden Unternehmen bietet etwa Ferner (1997, 21).

andere deutsche bzw. indische Unternehmen, und in Bezug auf das Bemühen um eine Vereinheitlichung von Arbeitskraftnutzung in verschiedenen Weltregionen liegen ähnliche Schlussfolgerungen nahe, selbst wenn die konkreten Praktiken von G-Pro und I-Serve erst im empirischen Teil der vorliegenden Studie (Kapitel 3 bis 7) behandelt werden. Bei der Frage nach dem Einfluss des Herkunftskontextes auf unternehmerische Transnationalisierungsstrategien geraten also just jene Aspekte in den Blick, die oben als Ausdruck der unterschiedlichen Geschäftsmodelle von Produkt- bzw. Servicefirmen diskutiert worden sind. Dies verweist erneut auf das konzeptionelle Problem, dass die Einflüsse von Geschäftsmodell und Herkunftskontext (zumindest in der Softwarebranche) analytisch kaum zu trennen sind.

Betrachten wir zunächst die Standardisierungsstrategie von G-Pro und deren Folgen für Formen von Arbeitskraftnutzung. Oben wurde ausgeführt, dass diese Firma Softwarepakete, also technologisch hochwertige und hochpreisige Standardprodukte herstellt. Damit folgt G-Pro dem »Erfolgsrezept« vieler deutscher Industrieunternehmen, die besonders seit den siebziger Jahren angesichts der wachsenden Preiskonkurrenz auf Massenmärkten (Wittke 2003, 11) eher mit hoher Qualität als mit günstigen Preisen um Kunden warben. Geht man nun (wie Sorge 1991, 165f.) davon aus, dass es einen engen Zusammenhang (»strategic fit«) zwischen Produktmärkten und Produktstrategien einerseits und dem Umgang von Unternehmen mit Arbeitskraft andererseits gibt, so verwundert es kaum, dass eine solche »High Road«-Strategie mit spezifischen Formen von Arbeitskrafteinsatz verbunden ist.

> This ›high road‹ approach has been supported by progressive HR strategies that include such practices as selective hiring, training, high pay linked to performance, employment security, teamwork, employee participation in decision making, and a relatively egalitarian status system (Frenkel 2003, 141).

Zwar bezieht sich diese Aussage nicht explizit auf Deutschland, doch die Gewährleistung hoher Qualität scheint speziell in Bereichen, die durch rapide Veränderung von Produkt- und Prozesstechnologien geprägt sind (Hollingsworth/Boyer 1997, 23), generell spezifische Formen von Arbeitskraftnutzung zu erfordern. Dies beinhaltet in erster Linie Beschäftigungsstabilität, den Rückgriff auf relativ hohe und flexibel einsetzbare Qualifikationen und deren Weiterentwicklung im Rahmen unternehmensinterner Karrierewege sowie eine eher konsens- als konfliktorientierte Organisationskultur. Damit ist jene Kombination aus »long-termism«, »management-employee cooperation« und »developmental approach« bezüglich Aus- und Weiterbildung angesprochen, in der laut Dickmann (2003, 267f.) ein »typisch deutscher Stil« von Arbeitskrafteinsatz zum Ausdruck kommt. Auch Geppert, Matten und Schmidt (2006, 105) argumentieren, »[e]inhergehend mit einer Ansiedlung der Produktpalette im oberen Marktsegment« spiegele das Arbeitssystem speziell bei diversifizierter Qualitätsproduktion

> wichtige Elemente des deutschen *business systems* wider, wie zum Beispiel langfristige strategische Orientierung, hoher Stellenwert beruflicher Bildung, formale Aus- und Weiterbildung und verbriefte Rechte von Arbeitnehmern.[63]

Ohne näher auf die Charakterisierung von »Business Systems« einzugehen, liegt die Frage nahe, welche Rolle derlei »deutsche Traditionen« von Arbeitskrafteinsatz bei einem Softwareproduzenten wie G-Pro spielen.

Beschäftigungsstabilität etwa gilt geradezu als Voraussetzung für die »diversifizierte Qualitätsproduktion« vieler deutscher Unternehmen. Deshalb, so heißt es, könnten diese sich auch nur eingeschränkt an einem (US-amerikanisch geprägten) »model of hiring and firing, market-determined wages, and high labour mobility« orientieren. Stattdessen wird in deutschen Firmen das Vorherrschen interner Arbeitsmärkte[64] »and a consequent concern with recruitment, selection, training and development« konstatiert (Ferner 1997, 30). Das Produktunternehmen G-Pro entspricht dieser Vorstellung insofern, als dort nicht nur fast ausschließlich unbefristete Vollzeitarbeitsverträge geschlossen werden (dies ist auch bei I-Serve der Fall), sondern die Fluktuationsrate tatsächlich geringer ist als bei dem indischen Serviceunternehmen (Kapitel 4). Dies ist bemerkenswert, denn immerhin wird Beschäftigungsstabilität oft mit der Existenz von Branchentarifverträgen begründet, die durch Festlegung von Vergütungsstandards für bestimmte Qualifikationsprofile einen Unternehmenswechsel (finanziell) weniger attraktiv machen (Ferner 1997, 30). Obwohl es in der deutschen

---

63 Eben diese Merkmale rechnet Sorge (1991, 165) einer Produktstrategie zu, die vor allem auf »Customization» setzt – sie sollten also eher in Servicefirmen als bei Produzenten von Standardsoftware zu finden sein. Wie (in Kapitel 2.2.1) erwähnt, können wir im Softwaresektor jedoch nicht von der gängigen Unterscheidung zwischen standardisierter Massenproduktion und an Kundenwünsche angepasster, spezialisierter Handwerksproduktion ausgehen. Speziell die Kopplung »hohe Qualität/Customization» bzw. »Standardisierung/geringe Qualität» (wie sie im peorativen Begriff »Massenprodukt» mitschwingt) gilt hier nicht.

64 Siehe dazu auch Burawoys (1979, 97f.) Ausführungen zu internen Arbeitsmärkten.

Software-Branche kaum Tarifverträge gibt[65] und auch G-Pro nicht tariflich gebunden ist, finden sich dort überwiegend jene langfristigen Vollzeit-Beschäftigungsverhältnisse, deren Rückgang seit etwa zwei Jahrzehnten unter der Überschrift »Erosion des Normalarbeitsverhältnisses« diskutiert wird (Mückenberger 1985; SOFI u.a. 2005).[66] Im indischen Mutterhaus von I-Serve hingegen werden zwar unbefristete Vollzeitverträge abgeschlossen, doch die Beschäftigungsstabilität ist deutlich geringer, weil die Konkurrenz von Firmen um qualifizierte Arbeitskraft häufige Jobwechsel lukrativ macht. Dies markiert einen Bruch mit Standards, die früher zumindest für den indischen »Public Sector« galten (Kapitel 4).

Beschäftigungsstabilität setzt nun nach gängiger Auffassung die Verfügbarkeit hoher und vielseitig einsetzbarer Qualifikationen voraus, die im Rahmen attraktiver Aufstiegswege unternehmensintern weiter entwickelt werden. In Deutschland wird die Verfügbarkeit solcher Qualifikationen vor allem durch das (Aus-)Bildungssystem gewährleistet (Ferner/Quintanilla/Varul 2001; Dickmann 2003). Selbst Softwarefirmen wie G-Pro, die fast ausschließlich Akademiker/innen beschäftigen (Kapitel 7) und entsprechend in ihren Kerntätigkeitsfeldern keine duale Berufsausbildung (als Markenzeichen des »deutschen Modells«) betreiben, profitieren in Deutschland von den vergleichsweise hohen Standards und der Anwendungsorientierung der Hochschulausbildung etwa in den Ingenieurstudiengängen (und, so können wir hinzufügen, in der Informatik), die Sorge (2005, 162) als »unverkennbar berufliches System höherer Bildung« (»distinctly vocational system of higher education«) bezeichnet hat.[67] Nach Ausbildung bzw.

---

65 Menez/Töpsch (2003, 5f.) zufolge war nur jedes dritte IT-Unternehmen in Deutschland, das über einen Betriebsrat verfügte, im Jahr 2000 an einen Branchen- bzw. Verbandstarif angeschlossen. In der Privatwirtschaft insgesamt lag der Anteil bei 77 Prozent. Zudem dürften IT-Unternehmen ohne Betriebsrat mit noch geringerer Wahrscheinlichkeit tariflich gebunden sein. Der Anteil der IT-Unternehmen mit Haustarifvertrag war (mit 23 Prozent) indes höher als im Rest der Privatwirtschaft (11 Prozent). Dominant sei in der IT-Branche »unternehmensbezogene Arbeitsregulation» (Betriebsvereinbarungen, Zielvereinbarungen etc.) sowie »individualisierte Arbeitsregulation», die auf Tarifvertrag, Mitbestimmung und Betriebsverfassung verzichte (ebenda, 16f.).

66 Zur schleichenden Erosion des Konzeptes »Normalarbeitsverhältnis» am Beispiel von Internetfirmen siehe: Mayer-Ahuja 2006b.

67 An anderer Stelle führt Sorge (1991, 174) die hohe Anwendungsorientierung von Softwarearbeit in Deutschland auf die Dominanz von »embedded software» zurück: »German electrical and electronic engineers have traditionally had training in elementary metal-working and mechanical design. This not only has implications for the professional habitus of the groups, but also for product strategy and personell development in com-

Studium folgt in vielen deutschen Unternehmen eine »progression through functional career paths where specialist technical expertise is developed« (Ferner 1997, 28f.). Man arbeitet sich also (idealerweise in einem einzigen Unternehmen) zum Fachvorgesetzten (in der Industrie etwa vom Facharbeiter zum Meister) und ggf. weiter zum personalverantwortlichen Manager hoch. Als Gegenpol hierzu wird eine »increasingly generalist culture of Anglo-Saxon management« ausgemacht; deren Kennzeichen sei es, dass unspezifisch qualifizierte Hochschulabsolventen einen schnellen Durchlauf durch Jobs in verschiedenen Funktionen, Standorten und Firmen absolvierten (Ferner 1997, 28f.). Interessanterweise ist damit bereits der wichtigste Unterschied zwischen den Qualifizierungsstrategien unserer beiden Sampleunternehmen angesprochen (Kapitel 7): Während G-Pro fast ausschließlich Hochschulabsolvent/innen mit Diplom oder Promotion in einschlägigen Studiengängen rekrutiert, stellt I-Serve »Bachelor« ein, die verschiedenste Ingenieurstudiengänge absolviert haben, aber nur selten auf »Software-Engineering« spezialisiert sind. Im Verlauf ihrer Karriere wechseln Beschäftigte bei I-Serve tatsächlich sehr häufig zwischen Projekten, Programmiersprachen und Kundenbranchen, während man sich bei G-Pro nicht nur längerfristig auf einen Arbeitsplatz, sondern auch auf eine fachliche Spezialisierung festlegt. Setzt man nun aber (wie G-Pro und viele andere deutsche Firmen) eher auf »Vertiefung« als auf »Verbreiterung« von Qualifikation, darf weder die horizontale noch die vertikale Arbeitsteilung zu stark ausgeprägt sein, denn »Spezialisten« geben sich nicht mit fragmentierter und entsprechend stärker entfremdeter Arbeit zufrieden, und die Autorität von Vorgesetzten speist sich weniger aus deren formaler hierarchischer Position, als aus technischer Expertise und Berufserfahrung:

> German firms exhibit a much more blurred horizontal differentiation of tasks and functions, and in particular have a much greater overlap of maintenance and production functions and of technical and supervisory work (Ferner 1997, 29).

Auch in dieser Hinsicht orientiert sich das deutsche Produktunternehmen G-Pro offenbar an den für deutsche Firmen typischen Standards. In Deutschland, wo stabile Beschäftigung und unternehmensinterne Seniorität nach wie vor als anstrebenswerte Norm (wenn auch nicht mehr unbedingt als statistische Normalität) gelten, stoßen die von G-Pro angebotenen langfristigen, auf fachlicher Expertise beruhenden, mit wenigen formalen

---

panies». Wir werden allerdings (in Kapitel 7) sehen, dass die Belegschaften der Samplefirmen zwar in Indien, aber nicht in Deutschland durch Ingenieure dominiert sind.

Beförderungen versehenen Karrierewege denn auch auf mehr Gegenliebe als in Indien, wo sie mit den Vorstellungen vieler Beschäftigter von einer erfolgreichen beruflichen Laufbahn kollidieren.

Die vergleichsweise geringe Bedeutung, die in vielen deutschen Firmen formalen Beförderungen zugemessen wird, speist sich nun nicht zuletzt aus einer konsensorientierten und (scheinbar) eine Gemeinschaft von Spezialisten über Hierarchiestufen hinweg verbindenden Organisationskultur. Sorge (2005, 162) beschreibt ein

> quasi-normative concept of management and organization, which emphasizes the social integration of the workplace and a transparent and simple organizational structure, as well as the legitimation of leadership and management on the basis of professional and specialist competence – this being a competence that links superiors and inferiors, rather then separating them socially.

Die Existenz einer solchen Organisationskultur wird hier auf das (nach dem Zweiten Weltkrieg etablierte) deutsche System kollektiver Interessenvertretung und verfasster Mitbestimmung (Sorge 2005, 162) sowie auf die deutlich ältere Ideologie der »Betriebsgemeinschaft« zurückgeführt, die den Nationalsozialismus überlebt hat.[68] Auch Ferner, Quintanilla und Varul (2001, 108f.) attestieren deutschen Firmen

> [a]n emphasis on consensus and cooperative decision-making within firms, reflecting the statutory framework of codetermination and industrial relations, and the German ethos of the ›works community‹ (the Betriebsgemeinschaft) embracing the whole workforce.

Interessanterweise orientiert sich nun ein Unternehmen wie G-Pro, das die institutionalisierten Ausdrucksformen dieser Regulierungstradition (wie Betriebsrat, Tarifverträge und Gewerkschaftseinfluss) kategorisch ablehnt, in seinem Umgang mit Beschäftigten offenbar durchaus an Standards von Konsensorientierung, die an Vorstellungen von »Betriebsgemeinschaft« er-

68 Zur historischen Genese des Konzeptes »Betriebsgemeinschaft» siehe: Buhr 1998, 50–58. »In diesem ideologischen Konstrukt wurde nicht nur der Gegensatz zwischen den verschiedenen betrieblichen Funktionseinheiten und den darin Arbeitenden, sondern auch derjenige zwischen Unternehmen und Beschäftigten scheinbar aufgelöst» (ebenda, 51). »Solidarisches Konkurrenzhandeln» ergänze »ein stark hierarchisiertes, führungsorientiertes und führungsabhängiges Verständnis von Gemeinschaft» (ebenda), was die betriebsgemeinschaftliche Ideologie auch für die Nationalsozialisten anschlussfähig machte. Buhr geht allerdings davon aus, dass »Betriebsgemeinschaft» in der Bundesrepublik keine Rolle mehr spielte.

innern.[69] Dies legt zumindest die Selbsteinschätzung vieler G-Pro-Beschäftigter als »Gemeinschaft fachlicher Spezialisten« nahe, die etwa darin zum Ausdruck kommt, dass man sich über formale Hierarchiestufen hinweg duzt und gegenseitig als »Kolleg/innen« bzw. »colleagues« bezeichnet. Im indischen Serviceunternehmen I-Serve hingegen spielt kollektive Interessenvertretung zwar eine ähnlich geringe Rolle, doch die Organisationskultur ist durch die Orientierung an US-amerikanischen Standards geprägt: Upadhya (2004) bemerkt, »corporate culture and human resources policies« der großen indischen Servicefirmen folgten

> the American model and the latest management fads (at least in theory), such as having an ›open‹ culture, a ›flat‹ and non-hierarchical structure, and flexible work routine.

Selbst in Beschäftigteninterviews ist bei I-Serve nicht von »colleagues«, sondern von »resources« die Rede, und auch Angestellte von G-Pro verfallen in diese Terminologie, sobald sie etwa über eine frühere Tätigkeit bei einer indischen Servicefirma berichten. In diesem semantischen Unterschied kommt nicht zuletzt der Umstand zum Ausdruck, dass sich deutsche Vorstellungen von »Unternehmenskultur« deutlich von dem US-amerikanischen Konzept der »corporate culture« unterscheiden, das auch indische Firmen prägt. So heißt es bei Ferner, Quintanilla und Varul (2001, 114), Unternehmenskultur in Deutschland

> signifies a culture that has grown ›organically‹ within an enterprise over decades, and that is much less susceptible to direct management intervention or to rapid transformation.

Im deutschen Verständnis wächst eine Unternehmenskultur demnach »von unten«, aus der alltäglichen Interaktion zwischen Belegschaft und Management, während eine US-amerikanische »corporate culture« von der Unternehmensführung in Form von »mission statements« vorgegeben wird – und eben dieser Unterschied scheint in Hinblick auf »Unternehmenskultur« zwischen G-Pro und I-Serve zu bestehen.

Allem Anschein nach steht G-Pro mit seiner Orientierung auf Beschäftigungsstabilität, innerbetriebliche Qualifikationsentwicklung und konsensorientierte Organisationskultur demnach für eine Strategie von Arbeits-

---

69 G-Pro ähnelt damit jenen deutschen Unternehmen, die kollektive Interessenvertretung (zumindest in ihren ausländischen Niederlassungen) verhindern, in denen aber dennoch »often a subtle echo of German traits» wahrnehmbar sei (Ferner/Quintanilla/Varul 2001, 116f.; siehe auch: Dickmann 2003).

kraftnutzung, die speziell in Deutschland im Laufe der letzten Jahrzehnte an Bedeutung gewonnen hat. Diese Strategie dürfte allerdings weniger auf jahrhundertealte »deutsche Traditionen« zurückzuführen sein, wie manche Analysten des »deutschen Modells« behaupten[70], als auf neue Formen transnationaler Arbeitsteilung, die sich vor allem seit den siebziger Jahren herausbildeten. Seit dieser Zeit wanderten Unternehmen, die weniger hochwertige Produkte herstellen und großen Bedarf an kostengünstigen, gering qualifizierten und leicht auswechselbaren Belegschaften haben, nach und nach aus den kapitalistischen Zentren ab (Marginson 1995, 705) und siedelten sich in Ländern der »Semiperipherie«, zunächst innerhalb und zunehmend auch außerhalb Europas an. Daher ist es kein Zufall, dass auf »Produkt-Standardisierung« setzende Hersteller von Softwarepaketen (wie G-Pro), die auf eine stabile und möglichst konfliktfreie Einbindung hoch qualifizierter Arbeitskraft angewiesen sind, in einem Land wie Deutschland tätig sind, während die auf »Prozess-Standardisierung« setzende Branche der Software-Dienstleister mit ihrem enormen und schwankenden Arbeitskräftebedarf, ihren knappen Projektbudgets, ihrem weitgehenden Verzicht auf Investitionen in Forschung und Entwicklung[71] und ihren relativ geringen Ansprüchen an die (Vor-)Qualifikation von Beschäftigten gerade in »semiperipheren« Regionen besonders stark expandiert. In diesem (historisch begrenzten) Sinne ist die Standardisierungsstrategie von I-Serve sowie die daraus resultierende Form von Arbeitskraftnutzung in der Tat als »derzeit typisch indisch«, die Standardisierungsstrategie und Arbeitskraftnutzung bei G-Pro hingegen als »derzeit typisch deutsch« zu kennzeichnen. Dies gilt jedenfalls, solange man als Vergleichsmaßstab für derlei Aussagen

---

70 Sorge (2005, 239) geht von einer deutschen »Metatradition» (»South-Germanic bedrock») aus, die sich auf Basis feudaler Herrschaft und zünftiger Selbstorganisation entwickelt habe. »It brought about a coalescence of hierarchy, professional authority, and lateral professional coordination, combined within a stakeholder approach and more communitarian business traditions that culminated in co-determination and collective regulation. This fusion would not have been as tight had it not been catalysed by vicious conflicts about the identity and borders of society and, more recently, by severe societal stress and strain caused by war and reconstruction, before and after defeat». Zur Kritik siehe: Campbell 2007; Herrigel 2007.

71 Lema und Hesbjerg (2003, 168f.) betonen, indische Servicefirmen »exhibit a low degree of innovation and experimentation. Firms are conservative in terms of business models and do not invest in R&D. For instance, Infosys' [Indian service company] R&D spending is less than one percent of revenues. In comparison with Infosys' 0,57 per cent R&D expenditure, the top 60 software and IT services companies in the world, invested in average 25 per cent of sales in R&D in 2001.«

die jeweils prägenden Branchen akzeptiert, obwohl in beiden Ländern (wie erwähnt) ein Großteil der Erwerbstätigen unter gänzlich anderen Bedingungen arbeitet – man denke etwa an den deutschen Niedriglohnsektor oder die indische Landwirtschaft. Festzuhalten ist demnach, dass die geographische Konzentration der beiden Geschäftsmodelle, die derzeit den Softwaresektor prägen, offenbar nicht auf »unveränderliche Eigenschaften« der Herkunftsregion von Unternehmen zurückzuführen, sondern Ausdruck einer spezifischen Phase der Branchenentwicklung ist.

Auch die Rolle von Niederlassungen innerhalb einer transnationalen Konzernstruktur wird offenbar nicht zuletzt durch die geographische Herkunft von Firmen geprägt. Über deutsche Firmen heißt es etwa, sie seien »relativ zögerlich« bei der Gründung ausländischer Niederlassungen[72], weil sie eher auf den Export von Produkten als von Arbeitsplätzen setzten (Ferner/Quintanilla/Varul 2001, 108f.). Umstritten ist, ob transnationale Konzerne deutscher Herkunft ihren Niederlassungen besonders viel (finanzielle, organisatorische oder technische) Eigenständigkeit zubilligen (Geppert/Williams/Matten 2003, 629f.) oder sie im Gegenteil eher als »Klone« behandeln (Sorge 2005, 205).[73] Auf jeden Fall scheint die Haltung vieler deutscher Unternehmen zu ihren Niederlassungen jedoch durch eine längerfristige Orientierung gekennzeichnet zu sein als bei angelsächsischen Konzernen üblich. Ferner (1997, 20) zum Beispiel spricht von einem

> decidedly ›long-termist‹ focus of management action, manifested for instance in the willingness to make large investments in newly acquired subsidiaries without demanding a short-term payback [..., a] more flexible approach to the achievement of budgetary targets, and [...] less draconian responses to failing managers or units than would be expected in an Anglo-Saxon business environment [...].

Zudem wird insofern ein »spezifisch deutsches« Kontrollmuster gegenüber ausländischen Niederlassungen ausgemacht, als deutsche Unternehmen offenbar in besonders großem Umfang deutsche Manager entsenden, um

72 Buhr (1998, 13ff.) zeichnet nach, wie langsam deutsche Direktinvestitionen im Ausland (trotz massiver Propagierung durch Bundesregierung und Wirtschaftsverbände) seit 1970 zunahmen.

73 Letzteres sei eine deutsche Besonderheit: »[W]hat has been observed for the industrialization of Germany has again shaped the process of internationalization. We see that the behavioural template of the medium-sized and endogenously growing firm extends directly into the reaches of complex multinational enterprises. This has not been found elsewhere to the same extent« (Sorge 2005, 205).

Niederlassungen direkt zu kontrollieren (Ferner/Quintanilla/Varul 2001, 110, 114; Mense-Petermann 2005, 385f.).

Betrachtet man vor diesem Hintergrund die Transnationalisierung von G-Pro, so stellt man zunächst fest, dass das Unternehmen ungefähr zur selben Zeit (Mitte der achtziger Jahre) erste Auslandsniederlassungen gründete wie andere Softwareproduzenten (darunter Microsoft in den USA). Von »deutscher Zögerlichkeit« ist nichts zu spüren – wohl aber von einer branchenweiten Tendenz zu Transnationalisierung, die dem damaligen Stand von vertikaler Desintegration im IT-Sektor und neuen technischen Möglichkeiten virtueller Kooperation geschuldet war (Kapitel 1.3). Auch eine besonders massive Entsendung deutscher Manager kann man G-Pro kaum attestieren, wenn man bedenkt, dass in der indischen Niederlassung im Jahr 2007 von ungefähr 3.000 Beschäftigten weniger als zehn Deutsche waren (PAM 62). Dem Gründer der indischen Niederlassung (MM 63) zufolge habe man zwar anfangs mehr Deutsche nach Indien geschickt, um den Standort aufzubauen, doch dies habe sich als zu aufwändig erwiesen:

> Die meisten Kollegen hier [im Mutterhaus], die hatten ja überhaupt keine Erfahrung mit Indien. Da hat man sehr viel Zeit damit verbracht, die einzelnen Teams aufzubauen, die richtigen Manager auszuwählen. Heute sind natürlich viele Entwicklungsbereiche schon seit vielen Jahren in Indien und managen das alles selbst.

In Hinblick auf die umstrittene Frage der Zentralisierung von transnationaler Unternehmenspolitik im Mutterhaus beschreitet G-Pro in vieler Hinsicht einen Mittelweg (Kapitel 2.2.1): Einerseits ist die indische Niederlassung im Rahmen »verteilter Entwicklung« eng in transnationale Kooperationsbeziehungen eingebunden, was laut Geppert, Williams und Matten (2003, 635) eine Standardisierung von Produktstrategien und Arbeitsorganisation und somit einen Kontrollverlust von Niederlassungen nahe legt. Andererseits geht man beim Arbeitskrafteinsatz in Bangalore durchaus eigene Wege, etwa bei Qualifizierungsstrategien oder Karrierewegen. Insofern erinnert letztlich vor allem die lange zeitliche Perspektive, mit der G-Pro die indische Niederlassung betrachtet, an die Beschreibung anderer deutscher Unternehmen. Immerhin betont ihr Gründer (MM 63), eine kontinuierliche Expansion des Standorts Bangalore sei unabdingbar, um hochwertige Software preisgünstig zu produzieren:

> [W]ir erweitern noch weiter, was ja auch eine natürliche Folge ist. […] Man muss natürlich ständig erweitern, weil das Kind auch wächst. Dass das alles aufgesetzt ist, dass man ne vernünftige Qualität auch erreicht in der Softwareentwicklung. […] Und natürlich die ›economies of scale‹. Sie werden größer. Also, ein IT-Team,

das von mir aus 200 Leute betreuen kann – internes IT-Team [im Mutterhaus] – kann auch 400 Leute betreuen. […] Und so haben Sie natürlich dann schon auch überall, an allen Ecken Einspar-Potential, wenn das ein größeres Ding wird, ist gar keine Frage.

Die indische Niederlassung wird hier als »Kind« bezeichnet, ihr kontinuierlicher Ausbau als »natürliches« Wachstum interpretiert – es schwingt mit, dass man die Entwicklung des Standortes Bangalore längerfristig begleiten und ihm im Zuge des »Erwachsenwerdens« mehr Verantwortlichkeiten zugestehen will. Dies ist allerdings der einzige Aspekt von G-Pros Transnationalisierung, den man unter Umständen als »typisch deutsch« bezeichnen könnte – und auch er ist letztlich vor allem auf das Geschäftsmodell dieser Produktfirma und die organisatorischen Notwendigkeiten »verteilter Entwicklung« zurückzuführen, die (wie wir sahen) eine gleichberechtigtere Kooperation zwischen Standorten in verschiedenen Weltregionen erfordert als etwa das »Offshoring-Modell« von Servicefirmen.

Der Umgang von I-Serve mit seinen Niederlassungen hingegen ist offensichtlich nicht »typisch indisch«, sondern durch das Geschäftsmodell indischer Servicefirmen (Kapitel 2.2.1) zu erklären, in dem (auch) die Rolle von Niederlassungen weniger durch strategische Planungen des Mutterhauses als durch Anpassung an die Wünsche westlicher Kunden geprägt ist. Wir haben es also bei indischen Servicefirmen mit dem (in der Literatur kaum diskutierten) Phänomen zu tun, dass der Transnationalisierungsweg eines Unternehmens statt durch dessen Herkunftskontext in erster Linie durch dessen Niederlassungskontext beeinflusst wird.[74] Lema und Hesbjerg (2003, 165) bezeichnen das (durch indische Dienstleister geprägte) Software-Cluster Bangalore daher folgerichtig als »virtual extension« führender westlicher Technologieregionen. Auch die konkrete Gestalt der Transnationalisierung indischer Servicefirmen ist vor allem als Reaktion auf Entwicklungen im (vorwiegend US-amerikanischen) Niederlassungskontext zu werten: I-Serve zum Beispiel beteiligte sich zunächst von Indien aus an dem (als »Bodyshopping« bezeichneten) »Verleih« indischer IT-Arbeitskräfte an US-amerikanische Firmen, die diese »Leiharbeiter« für Softwarearbeiten in den USA einsetzten (Lema/Hesbjerg 2003, 165).[75] Seine erste

74 Unbekannt ist dieses Phänomen jedoch nicht. Zur »Hybridisierung» des toyotistischen Produktionsmodells durch Anpassung an Niederlassungskontexte siehe: Boyer 1998, 33.

75 Biao (2007, 4) beschreibt das System: »Body shopping is arguably a uniquely Indian practice whereby an Indian-run consultancy (body shop) anywhere in the world recruits IT workers, in most cases from India, to be placed out as project-based labor with different clients. Unlike conventional recruitment agents who introduce employees to em-

US-Niederlassung gründete das Unternehmen Mitte der achtziger Jahre, als amerikanische Firmen (im Rahmen vertikaler Desintegration) Softwaredienstleistungen an Fremdfirmen auszulagern begannen (ebenda), und seinen Durchbruch erlebte es schließlich mit dem oben skizzierten »Offshoring«-Modell, nachdem die US-Regierung 1989 und 1993 die Visabestimmungen für indische Programmierer verschärft und verfügt hatte, dass diese nach amerikanischen Standards entlohnt und besteuert werden sollten (Rao Biradavolu 1999).[76] Nun ging I-Serve (wie andere indische Servicefirmen) dazu über, die Präsenz indischer Beschäftigter in den USA zu reduzieren, indem arbeitsintensive Programmierarbeiten nach Indien verlagert wurden. Unter diesen Bedingungen fungieren die ausländischen Niederlassungen von I-Serve vor allem als »Verkaufsstandorte«, die relativ kurzfristig in Kundennähe eröffnet oder geschlossen werden, wenn sich die Auftragslage ändert. Dass I-Serve (wie wir sahen) gerade in Deutschland einen außergewöhnlich »langen Atem« bewies und sich zum Zeitpunkt der Interviews sogar mit der Überlegung trug, eine mittelständische deutsche Firma zu übernehmen, um langfristig von deren Personalausstattung und Kundenkontakten zu profitieren (MM 32)[77], ist somit weniger auf einen »spezifisch indischen« Transnationalisierungsweg als auf ein Ge-

---

ployers, body shops manage workers on behalf of employers – from sponsoring their temporary work visas to paying their salaries, arranging for accommodation and the like. Thus, workers do not enter into any direct relationships with their contract employers and can be retrenched at any time, whereupon the body-shop sponsor either is able to place them out to a different client or puts them on a bench to await a placement.» Das erste Bodyshopping-Arrangement wird »Tata Consultancy Services» (1974) zugeschrieben (Aspray/Mayadas/Vardi 2006, 110), doch noch im Jahr 1990 waren 95 Prozent aller indischen Softwarefirmen »Bodyshops», und die Mehrheit der indischen Programmierer war im Ausland eingesetzt (Lateef 1997, ch. 2.4.).

76 Den Übergang zum Offshoring Modell skizzieren Sahay, Nicholson und Krishna (2003, 13). Allerdings weist Biao (2007, 4) darauf hin, dass Ende der neunziger Jahre eine neue Variante von »Body Shopping» an Bedeutung gewonnen habe: Die neuen »Body Shops» seien (meist) in den USA angesiedelt und »importierten» indische Arbeiter mit Hilfe indischer Vermittlungsagenturen. Um die Jahrtausendwende habe es in den USA etwa tausend moderne Body-Shop-Agenturen gegeben, die mehr als 20.000 indische Leiharbeiter beschäftigten.

77 Einem Bericht der Financial Times zufolge waren schon im Jahr 2003 die größten indischen Servicefirmen »auf Einkaufstour» in Deutschland (Ottomeier 2003). Auch Rolf Stephan, der deutsche Geschäftsführer des indischen Serviceunternehmens NIIT, erklärte, dass sein früheres Unternehmen (ein deutscher mittelständischer Software-Dienstleister) übernommen worden sei, um deutsche Repräsentanten und Kunden zu gewinnen (EXP 73).

schäftsmodell zurückzuführen, das auf weitgehender Anpassung an den (in diesem Fall deutschen) Niederlassungskontext beruht.

In Hinblick auf die Vereinheitlichung betrieblicher Arbeitskraftnutzung in Mutterhaus und Niederlassungen wird deutschen Unternehmen schließlich keine eindeutige Haltung attestiert: Einerseits stehen sie im Ruf, im Mutterhaus gepflegte Praktiken von (langfristigem, hoch qualifiziertem und konsensorientiertem) Arbeitskrafteinsatz nicht unbedingt auf ausländische Niederlassungen zu übertragen, wenn sie dort durch Rückgriff auf »local skill mixes and work organisation traditions« von geringeren Personalkosten profitieren können (Ferner 1997, 29). Andererseits heißt es, deutsche Unternehmen versuchten durchaus, langfristige Beschäftigungsverhältnisse und einen »developmental approach« bezüglich ihrer Qualifizierungsstrategien in ausländischen Niederlassungen durchzusetzen (Dickmann 2003).

Auch G-Pros Umgang mit indischer Arbeitskraft weist eine gemischte Bilanz auf: Zwar soll die indische Niederlassung im Rahmen »verteilter Entwicklung« immer komplexere Aufgaben und mehr Verantwortung übernehmen, doch indische Hochschulabsolvent/innen verfügen (im Schnitt) über ein weniger breites und übertragbares Grundlagenwissen als ihre deutschen Kommiliton/innen, was das Unternehmen durch interne Einstiegstrainings und betriebliche Weiterbildung nur halbherzig auszugleichen versucht (Kapitel 7). Damit reiht G-Pro sich unter diejenigen deutschen Firmen ein, die eher unternehmensspezifische Qualifikationen fördern, wenn sie in Arbeitsmärkten operieren, die (wie der indische) durch hohe Fluktuation geprägt sind. Über deutsche Firmen in Großbritannien heißt es:

> [G]iven the importance of the external labour market, firms had little incentive to increase the transferable technical skills of their workforce in isolation […], reflecting problems of retaining trained staff in a labor market context that encourages interfirm mobility (Ferner/Quintanilla/Varul 2001, 116; 118).

Ob diese Personaleinsatzstrategien von G-Pro in erster Linie »typisch deutsch« (also durch den Herkunftskontext beeinflusst) oder einer Anpassung an das indische Bildungssystem geschuldet (und damit eine Auswirkung des Niederlassungskontextes) sind, ist schwer zu entscheiden. Grundsätzlich ist wohl davon auszugehen, dass der betriebliche Umgang mit Arbeitskraft in transnationalen Konzernen stets durch eine Kombination der Einflüsse von Herkunfts- und Niederlassungskontext geprägt ist. Allerdings scheinen dabei markante Unterschiede zwischen verschiedenen Aspekten von Arbeitskraftnutzung zu bestehen – die Folge sind vielfältige Mischungsverhältnisse von Zentralisierung und Dezentralisierung:

[W]orkplace relations reflect a varying mix of centralized policies and decentralized responses to local labor market considerations (Frenkel 2003, 140).

Eine weltweite Vereinheitlichung von im Mutterhaus erprobten Praktiken im Sinne von »central direction, co-ordination and control« (Marginson u.a. 1995, 703) findet etwa bei der Ausbildung von Managementnachwuchs, Gehaltssystemen, internen Kommunikationswegen oder Verfahren der Leistungsmessung statt, während Rekrutierung und Entlassung, konkrete Gehaltsfestlegung, Arbeitszeiten und Arbeitsverträge, teilweise auch Standards von Arbeitsorganisation und -kontrolle, Aus- und Weiterbildung oder Beschäftigtenpartizipation oft eher durch Anpassung an den jeweiligen Niederlassungskontext geprägt zu sein scheinen (Ferner 1997, 22; Rosenzweig/Nohria 1994, 230; Ferner/Quintanilla/Varul 2001, 112; Béret u.a. 2003, 449f.). Demnach dürften in der vorliegenden Studie aufgrund ihrer empirischen Fokussierung (auf räumliche und vertragliche Bindung, Vergütung, Arbeitszeiten und Qualifikationsentwicklung) gerade jene Aspekte betrieblicher Arbeitskraftnutzung in den Blick geraten, an denen sich der Einfluss des jeweiligen (Herkunfts- oder Niederlassungs-) Kontextes – bzw. konkreter: der Einfluss der ortsgebundenen Regulierung von Arbeitskraft-(Re-)Produktion – am besten studieren lässt.

Kehren wir abschließend noch einmal zu der weitgehenden Kongruenz von Herkunftskontext und Geschäftsmodell zurück, so können wir diesen Zusammenhang nun präziser formulieren: Immerhin verweisen Befunde von Studien zu Arbeitskraftnutzung in anderen deutschen und indischen Unternehmen auf »Grenzen von Homogenisierung«, die nicht nur auf fachliche oder organisatorische Notwendigkeiten der Herstellung von Software-Produkten bzw. der Erbringung von Software-Dienstleistungen (und somit auf Geschäftsmodelle), sondern auch auf Unterschiede zwischen den verschiedenen Regulierungsszenarien zurückzuführen sind, aus denen Unternehmen stammen bzw. in denen sie operieren. Es ist demnach kein Zufall, dass ein Produktunternehmen wie G-Pro gerade in Deutschland beheimatet ist und seine Strategien von Arbeitskraftnutzung in vieler Hinsicht den »derzeit typisch deutschen Standards« entsprechen – vielmehr wurde das Geschäftsmodell dieses Unternehmens und die daraus resultierenden Formen von Arbeitskraftnutzung in Auseinandersetzung mit den in Deutschland zu einem bestimmten historischen Zeitpunkt verbreiteten

Regulierungsstandards von Arbeitskraft-(Re-)Produktion herausgebildet. Unternehmensstrategien von Arbeitskraftnutzung entwickeln nun zwar eine relative Eigenständigkeit gegenüber dem Regulierungsszenario, in dem sie entstanden sind, doch trotzdem dürften sie in ihrem eigenen Herkunftskontext leichter durchzusetzen sein als unter Bedingungen eines anderen Regulierungsszenarios – aus diesem Grund kann zum Beispiel G-Pro die im deutschen Mutterhaus etablierten Karrierewege nur schwer auf die indische Niederlassung übertragen. Damit schließt sich der Kreis, und wir kehren zur konzeptionellen Fassung der Regulierungsszenarien von Arbeitskraft-(Re-)Produktion zurück, die offenbar in einer komplexen Wechselwirkung zu den (verschiedenen Geschäftsmodellen inhärenten) Transnationalisierungswegen stehen: Regulierungsszenarien sind Voraussetzung für die Herausbildung von Geschäftsmodellen; sie markieren Grenzen für unternehmerische Wahlmöglichkeiten in Bezug auf Formen von Arbeitskraftnutzung; und sie werden gleichzeitig durch Unternehmensaktivitäten verändert. Die (in Kapitel 1) vorgeschlagene Visualisierung der Hypothese muss also um die Wechselwirkung zwischen Transnationalisierungswegen und ortsgebundenem Regulierungsszenario erweitert werden. *Wechselwirkungen* (und keine einseitige Wirkungsbeziehung), so die zweite Weiterentwicklung des visuellen Schemas, sind zudem zwischen betrieblicher Arbeitskraftnutzung und Unternehmensstrategien bzw. Regulierungsszenarien zu konstatieren. Der empirische Fokus bleibt allerdings auf betriebliche Arbeitskraftnutzung gerichtet, die in vieler Hinsicht als »Brennspiegel« für diese komplexen Wirkungszusammenhänge fungiert.

Schaubild 4: Grenzen der Homogenisierung (Erweiterte Visualisierung der Hypothese)

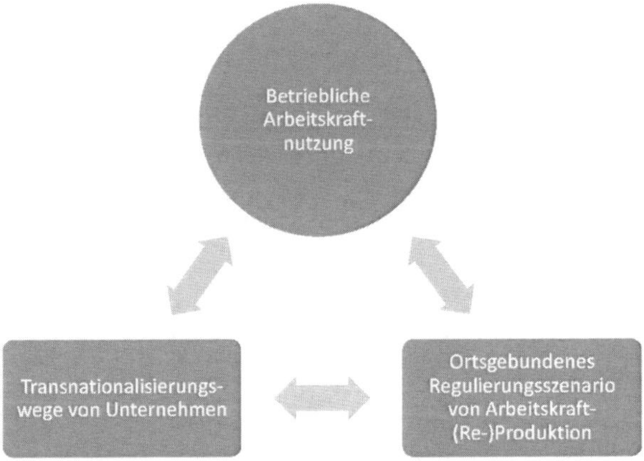

2.3 Betriebliche Arbeitskraftnutzung als Brennspiegel

Der breite konzeptionelle Zugriff auf Regulierungsszenarien und unternehmerische Transnationalisierungswege in den voran stehenden Unterkapiteln sollte einen Eindruck von Komplexität und Reichweite der Wechselwirkungen vermitteln, mit denen wir es hier zu tun haben. Einen geeigneten Analyserahmen für empirische Studien konstituiert ein solcher Zugriff allerdings nur, wenn man innerhalb dieses weiten Feldes eine präzise Fokussierung vornimmt.

Um die Grenzen der Homogenisierung von betrieblicher Arbeitskraftnutzung zu analysieren, die (so die Hypothese der vorliegenden Studie) zum einen in Transnationalisierungswegen von Unternehmen und zum anderen in einer ortsgebundenen Regulierung der Produktion und Reproduktion von Arbeitskraft begründet sind, bietet es sich nun an, den Fokus auf den Betrieb zu richten. Wie erwähnt, spielt der Betrieb hier in doppelter Hinsicht eine Rolle: Einerseits ist er als Teil eines transnationalen Unternehmens durch konzernweite Strategien von Arbeitskrafteinsatz geprägt. Andererseits dient der Betrieb in vieler Hinsicht als Brennspiegel, in dem sich nicht nur unternehmerische Strategien, sondern auch ortsgebundene (staatliche, ökonomische und gesellschaftliche) Regulierungsstrukturen und -praktiken von Arbeitskraft-(Re-)Produktion bündeln (Kapitel 2.2.1).

Betriebliche Arbeitskraftnutzung in diesem Sinne als Brennspiegel zu konzeptionalisieren, markiert keine völlig neue Herangehensweise. Immerhin sind die betrieblichen »work systems«[78], denen sich Studien zu »Societal Effects« widmen, durch ein ganz ähnliches Spannungsverhältnis geprägt: Einerseits kommen in ihnen Regulierungspraktiken (bei Sorge: »action systems«) and Regulierungsstrukturen (»social entities«) sowie die Wechselwirkungen zwischen beiden zum Ausdruck:

> [I]t is inevitable to look at work systems as societal action systems. They overlap with institutional work systems, which are social entities. However, overlap means that work systems as social entities are not confined to work action systems, and that work action systems are not confined to social entities (Sorge 2005, 143f.).

78 »Work systems» umfassen verschiedene »action subsystems», etwa den Raum der Organisierung (Verteilung von Arbeit auf Jobs oder Abteilungen, deren Integration und Kontrolle); den Raum der Sozialisierung (in Familie, Arbeit usw.); den Raum der Arbeitsmarkt- und Beschäftigungsverhältnisse oder den technischen Raum (Sorge 2005, 146).

Andererseits haben Firmen bei der Ausgestaltung betrieblicher »work systems« *relative* Gestaltungsautonomie gegenüber ihrem regulatorischen Kontext, können also Strategien von Arbeitskrafteinsatz verfolgen:

[The] concept of *the firm in society* is based on the set of processes (socialisation, organisation, social relations) that contribute to the construction of the actors and of the spaces in which productive activity takes place. The ›effects‹ of the various institutions (education system, industrial policy, industrial relations system) are both mediated by a multiplicity of ›intermediaries‹ and endogenised by and in the practices of firms and the actors in them (Maurice 2000, 33).

Die »Umwelt« bzw. der sozialräumliche Operationskontext von Unternehmen wird demnach auch hier nicht als »externer Faktor« behandelt, sondern als Quelle von »socialisation processes and organisational structures [...] that both permeate the firm and are, in part, produced by the firm« (Sellier 2000, 149). Dies verweist erneut auf die dialektische Wechselwirkung zwischen Geschäftsmodellen und Regulierungsszenarien: Ortsgebundene Regulierungsstandards wirken sich auf die Entstehung bestimmter Geschäftsmodelle aus; aus diesen Geschäftsmodellen resultierten spezifische Formen betrieblicher Arbeitskraftnutzung, die (speziell im Falle größerer Firmen oder unternehmensübergreifender Praktiken) direkte Konsequenzen für ökonomische, staatliche und gesellschaftliche Regulierungsstandards jenseits des Firmengeländes haben – und gleichzeitig ist von einem »societal effect« ökonomischer, staatlicher und gesellschaftlicher Regulierungsstrukturen und -praktiken auf betriebliche Arbeitskraftnutzung auszugehen. »The firm helps to shape the society of which it is a part, just as society helps to shape the firm« (Sellier 2000, 149).

In der vorliegenden Studie werden diese Interaktionen zwischen »Gesellschaft« und »Unternehmen« nun vor allem auf Betriebsebene in den Blick genommen. Dabei sind die beteiligten (individuellen und kollektiven) Akteure ebenso wie die Beziehungen zwischen ihnen sowohl durch organisatorische Strukturen und Praktiken des jeweiligen Unternehmens beeinflusst als auch durch das Regulierungsszenario, in dem ihre Interaktionen stattfinden. Sellier (2000, 166) geht von ganz ähnlichen Überlegungen zur Wechselwirkung zwischen Akteuren und Betrieb aus:

The actors are constructed by the training they receive and the way in which they are integrated and shaped within the organisation, which constructs relationships between the actors based on cooperation, competition or negotiation. The relations are constructed by the firm, but the construction process is based on the social relations it inherits when it hires individuals constructed in the wider society,

> notably in the education system, which itself depends on demand from firms and the social structure […]. The construction of both individual and collective actors – the firm being one of these actors – takes place in a process made up of a sequence of interdependent operations: the organisation depends on the education and training system and on the social structure and helps in turn to determine them. In this way, spaces, processes and actors are constructed which determine the quality of social relations in the firm.

Sieht man von der (in diesem Zitat anklingenden) Reduzierung des Regulierungsszenarios auf das (Aus-)Bildungssystem ab, ist diese Perspektive in hohem Maße anschlussfähig für den hier vorgeschlagenen Ansatz. Geteilt wird die Auffassung, dass die Beziehungen zwischen individuellen und kollektiven Akteuren auf Betriebsebene gleichermaßen durch Arbeitskrafteinsatz-Strategien von Unternehmen sowie durch Regulierungsstrukturen und -praktiken jenseits des Firmengeländes geprägt sind. In diesem Sinne kann man aus Gesprächen mit individuellen Akteuren auf Betriebsebene, auf denen die folgenden Ausführungen wesentlich beruhen, durchaus Rückschlüsse auf Grenzen der Homogenisierung von betrieblicher Arbeitskraftnutzung ziehen, die einerseits in unternehmerischen Transnationalisierungswegen und andererseits in verschiedenen Regulierungsszenarien von Arbeitskraft-(Re-)Produktion begründet sind.

Versucht man, auf Basis dieser konzeptionellen Überlegungen eine Struktur für Präsentation und Auswertung des empirischen Materials zu entwerfen, so stehen vor allem zwei Fragen im Mittelpunkt des Interesses:

- Welche Strategien verfolgen transnational operierende Unternehmen in Hinblick auf einen bestimmten Aspekt betrieblicher Arbeitskraftnutzung – und wo liegen innerorganisatorische Grenzen ihrer Umsetzung?
- Inwiefern wird der jeweilige Aspekt von Arbeitskraftnutzung durch ortsgebundene Regulierungsstandards der (täglichen, biographischen und transgenerationalen) (Re-)Produktion von Arbeitskraft beeinflusst?

Im ersten Schritt wird der Fokus jeweils auf die Transnationalisierungswege von Konzernen mit unterschiedlichen Geschäftsmodellen (Produkt- versus Serviceunternehmen), im zweiten Schritt auf die ortsgebundenen Regulierungsszenarien der (Re-)Produktion von Arbeitskraft (in Deutschland versus Indien) gerichtet. Dabei konzentriert sich die Analyse auf fünf Dimensionen von betrieblicher Arbeitskraftnutzung, in denen Grenzen von Homogenisierung besonders deutlich zu Tage treten.

Die beiden ersten Dimensionen betreffen die Zirkulation von Arbeitskraft: Die räumliche und die vertragliche Bindung von Arbeitskraft an einen Betrieb lenken den Blick über die Unternehmensgrenzen hinaus auf Erwerbsbiographien, die sich nicht auf einen einzigen lokalen Kontext, eine einzige organisatorische Struktur oder den Zeitpunkt des jeweiligen Interviews beschränken.[79] Die restlichen drei Dimensionen beziehen sich hingegen auf die Nutzung von Arbeitskraft im betrieblichen Kontext, wie sie sich zum Zeitpunkt der Interviews im Jahr 2007 in den deutschen und indischen Produktionsstätten unserer beiden Samplefirmen darstellte: Analysiert werden Vergütung, Arbeitszeit und Qualifikationsentwicklung. Daraus ergibt sich folgende Struktur für den empirischen Teil der Studie:

Schaubild 5: Betriebliche Arbeitskraftnutzung: Dimensionen und Regulierungsebenen

<table>
<tr><th colspan="2">Dimension betrieblicher Arbeitskraftnutzung</th><th colspan="2">Regulierungsebene</th></tr>
<tr><td rowspan="4">Bindung an den Betrieb</td><td rowspan="2">Räumliche Bindung</td><td colspan="2">Transnationaler Konzern</td></tr>
<tr><td>Ortsgebundenes Regulierungsszenario der (tägl., biogr., transgenerationalen) Arbeitskraft-(Re-)Produktion</td><td>Wirtschaft
Staat
Gesellschaft</td></tr>
<tr><td rowspan="2">Vertragliche Bindung</td><td colspan="2">Transnationaler Konzern</td></tr>
<tr><td>Ortsgebundenes Regulierungsszenario [...]</td><td>Wirtschaft
Staat
Gesellschaft</td></tr>
<tr><td rowspan="6">Nutzung im Betrieb</td><td rowspan="2">Vergütung</td><td colspan="2">Transnationaler Konzern</td></tr>
<tr><td>Ortsgebundenes Reguleriungsszenario [...]</td><td>Wirtschaft
Staat
Gesellschaft</td></tr>
<tr><td rowspan="2">Arbeitszeit</td><td colspan="2">Transnationaler Konzern</td></tr>
<tr><td>Ortsgebundenes Reguleriungsszenario [...]</td><td>Wirtschaft
Staat
Gesellschaft</td></tr>
<tr><td rowspan="2">Qualifikation</td><td colspan="2">Transnationaler Konzern</td></tr>
<tr><td>Ortsgebundenes Regulierungsszenario [...]</td><td>Wirtschaft
Staat
Gesellschaft</td></tr>
</table>

Es dürfte deutlich geworden sein, mit welcher Spannbreite von Phänomenen wir es zu tun haben, wenn wir uns im Folgenden anhand des empirischen Materials der betrieblichen Arbeitskraftnutzung im Spannungsfeld zwischen transnationaler Unternehmensstrategie und ortsgebundener Regulierung von Arbeitskraft-(Re-)Produktion zuwenden.

79 Wie (in Kapitel 2.1) erwähnt, kommt in den Interviews vor allem die aktuelle (in einem Betrieb und einer Lokalität verortete) Konstellation von Arbeitskraft-(Re-)Produktion zur Sprache, doch werden stets auch frühere Stationen der (Erwerbs-)Biographie und Zukunftsperspektiven angesprochen.

3. Räumliche Bindung von Arbeitskraft

Die erste Dimension betrieblicher Arbeitskraftnutzung, der wir uns im empirischen Teil dieser Studie zuwenden wollen, ist der Umgang mit räumlicher Mobilität. Im Kontext transnationaler Konzerne der Softwarebranche erscheint deren Notwendigkeit auf den ersten Blick selbstverständlich. Zum einen besteht trotz aller früheren Euphorie über die Potentiale virtueller Kooperation inzwischen weitgehende Einigkeit darüber, dass Email, Telefon- oder Videokonferenzen direkten zwischenmenschlichen Kontakt nicht vollständig ersetzen können (Hirschfeld 2002, 35–39).[1] Zum anderen spielt transnationale Kooperation in der Softwarebranche eine besonders große Rolle, wie etwa D'Mello und Sundeep (2008, 77) betonen. Entsprechend groß ist die Bedeutung einer räumlichen Mobilität von Ideen, Dingen und Menschen:

> The coordination of these activities involves the movement of pieces of code, developers, methodologies, technologies and documentation of different types across multiple places.

Dies beeinflusst Formen betrieblicher Arbeitskraftnutzung, denn Unternehmen, die nicht nur Arbeitskraft in verschiedenen Weltregionen einsetzen, sondern zudem transnationale Projektteams etablieren, müssen Kooperation und Koordination zwischen den betreffenden Beschäftigten gewährleisten. Allerdings sind zwei Präzisierungen erforderlich: Zum einen ist die physische Überwindung räumlicher Distanz nicht die einzige Möglichkeit, diesen Austausch sicherzustellen, seit Informations- und Kommunikationstechnologien einer virtuellen Zusammenarbeit den Weg bereitet haben (Bèret u.a. 2003, 452–456) – daher ist in transnationalen Konzernen stets eine Mischung von virtueller und direkter persönlicher Kooperation festzustellen, und nur letztere beinhaltet räumliche Mobilität. Zum anderen

1 Auch Ramioul (2003, 9) kritisiert ein »popular image of eWork«, das beinhalte: »bringing work to where people live instead of people having to commute to work«.

lässt sich räumliche Mobilität nicht auf »grenzüberschreitende Mobilität« beschränken – vielmehr beinhaltet sie auch die tägliche Bewegung zwischen verschiedenen Arbeitsorten bzw. zwischen Arbeits- und Wohnort innerhalb von Staatsgrenzen sowie Mobilität im Lebenslauf (etwa im Sinne privater oder berufsbedingter Umzüge). In jedem Fall verweist Mobilität jedoch auf spezifische raum-zeitliche Strukturen: Arbeitskraft und Produktionsmittel zusammen zu bringen, bemerkt etwa Harvey (2006b, 97), erfordere »spatial movements«, die Zeit und Geld kosten.

> Transport costs are incurred and this limits the spatial range over which exchange is economically possible. This is particularly important with respect to the daily flow of labor power between place of work and place of residence. The spatial range over which commodities can move depends upon transportation capacities and the means, cost and time taken. But in any given historical-geographical situation the spatial range and time taken are roughly known and a very specific spatio-temporal structure to capital accumulation arises.

Wir werden (in Kapitel 3.2) auf die Frage zurückkommen, wie sich diese raum-zeitliche Struktur um 2007 in Deutschland und Indien darstellte.

3.1 Unternehmensstrategien zur Steuerung räumlicher Mobilität

Unternehmerische Strategien im Umgang mit räumlicher Mobilität können sich nun sehr unterschiedlich gestalten – dies zeigt ein Blick auf Standards von transnationaler Mobilität, alltäglicher Mobilität und biographischer Mobilität in der Produktfirma und der Servicefirma unseres Samples.

3.1.1 Transnationale Mobilität

Grundsätzlich scheint transnationale Kooperation in Produkt- wie Servicefirmen immer seltener zu beinhalten, dass Beschäftigte sich zwischen Weltregionen hin- und herbewegen.[2] Sahay, Nicholson und Krishna (2003, 3) etwa bemerken, transnationale Softwareprogrammierung insgesamt erfolge

2 Ältere Studien zu »multinationalen Unternehmen« fokussierten auf die Mobilität von Expatriates (vgl.: Marginson 1995), doch wegen Kosten und Akkulturationsproblemen

primarily in electronic spaces created through the use of information and communication technologies (ICTs) such as videoconference and email. While the physical travel of personnel […] can never be completely eliminated, the ongoing quest […] is to optimize costs by minimizing travel and finding the appropriate blend between on-site and offshore development.

Dies dient einem G-Pro-Manager (MM 63) zufolge nicht zuletzt der Reduzierung von Reisekosten:

Gerade auch die Reiserei. Ich mein, wenn wir nicht in Indien wären […] – letztes Jahr sind da 2000 Leute hin und her geflogen, das kostet ja auch Geld. Das sind viele Millionen Euro, die allein wir an die Lufthansa bezahlen.

Allerdings spielt transnationale räumliche Mobilität bei der indischen Servicefirma unseres Samples eine deutlich größere Rolle als bei der deutschen Produktfirma.

Im »Offshoring-Modell« von I-Serve sind grenzüberschreitende Reiseaktivitäten sehr unterschiedlich zwischen drei Belegschaftsgruppen verteilt – eine Vereinheitlichung wird explizit nicht angestrebt. Das Gros der Beschäftigten arbeitet in Indien vom Schreibtisch aus, während ein kleinerer, meist ein Drittel eines Projektteams umfassender (MM 12), aber regelmäßig ausgetauschter Teil der indischen Belegschaft für längere Phasen (von zwei Monaten bis zwei Jahren; PMM 21) zu Kunden (vorwiegend) in den USA oder Europa entsandt wird. Während die indischen Offshore- und Onsite-Teams Arbeitsverträge mit dem Mutterhaus von I-Serve haben, ist die dritte Gruppe bei der I-Serve-Niederlassung in Deutschland beschäftigt. Es handelt sich dabei vor allem um Projektakquisiteure und Kundenbeauftragte, die kaum nach Indien reisen.[3]

Innerorganisatorisches Konfliktpotential entsteht hier zunächst, weil deutsche Beschäftigte wenig Kontakt zum indischen Mutterhaus haben. Zwar betont der Leiter der deutschen Niederlassung, jeder Neuzugang werde sofort nach Indien geschickt:

[A]ny German who joins [I-Serve], the first thing he gets is a flight ticket to India. And I tell him or her: ›Just stay there for two months and don't come back. Eat the food, get sick, face the traffic, make friends, live there, do project work there, see

werden inzwischen andere Formen transnationaler Arbeit erprobt (Bèret u.a. 2003, 452f.).

3 Upadhya (2006b) spricht angesichts der Kooperation dieser drei Gruppen in Projektteams von »virtueller Migration«. Dies ist irreführend, weil es Unterschiede zwischen deren Mobilitäts- (und Migrations-)Standards verschleiert.

the chaos, see the fact, that within that chaos there is some order, whatever.‹ And that helps a lot for example (MM 32).

Nach Einschätzung deutscher Beschäftigter hingegen wird ihre transnationale Mobilität kaum gefördert. Die Option, in Indien mit indischem Vertrag (und indischer Vergütung) zu arbeiten, sei für Deutsche unattraktiv (PAW 31), und Kurzaufenthalte im Mutterhaus würden von I-Serve kaum angeboten. So bezweifelt ein Befragter, dass I-Serve ihm die Teilnahme an Trainingsmaßnahmen in Indien ermöglicht hätte:

Reisen nach Indien, das ist so ein heikles Thema. Das kostet einfach viel Geld und … das ist … ehm … ich kann Ihnen nicht einmal sagen, warum das der Fall ist – *warum* [I-Serve] nicht bereit ist, uns halt … eine Reise nach Indien … für solche Maßnahmen zu finanzieren. Das ist immer relativ schwierig (PMM 27).

Diese Unternehmenspolitik hindere ihn daran, von Qualifizierungsangeboten des Mutterhauses in Indien zu profitieren, und erschwere den Aufbau grenzüberschreitender Netzwerke innerhalb des Konzerns, obwohl diese unverzichtbar seien:

Ich erachte es als ziemlich wichtig in unserem Geschäft, dass wir das Netzwerk aufbauen – und das wird meiner Meinung nach … *nicht* unterstützt, weil es eben so etwas nicht gibt: Sachen wie: Wir treffen uns mal alle. […] Ich persönliche halte es für eine schlechte Sache, ja. […] Unser Geschäft lebt davon, dass wir Menschen kennen […]. Wenn ich das Problem habe – dass ich weiß, wen ich anrufen kann. […] Um dann halt in der richtigen Situation den richtigen Menschen oder den richtigen Kollegen aus der Schublade ziehen zu können. Und das wird damit verhindert. Ja.

Persönlichen Kontakt durch Telefonate und Emails zu ersetzen, sei schwierig:

Also, zum einen müssen Sie dann schon *wissen*, wen Sie brauchen. Das heißt, irgendjemand muss irgendjemanden kennen, irgendjemand müssen *die* kennen. Und andererseits ist es auch sehr schwierig, persönliche Beziehungen übers Telefon aufzubauen. Jemanden, den ich persönlich kenne, den ich persönlich getroffen habe – mit dem rede ich ganz anders als mit jemandem, den ich nur vom Telefon her kenne (PMM 27).

Die (hier angesprochene) »Formalisierung von Interaktionen« durch mangelnde transnationale Mobilität (Ramioul 2003, 9) ist ebenso unstrittig wie der Umstand, dass transnationale Arbeit die Bedeutung von direktem persönlichem Austausch nicht reduziert, sondern teilweise erhöht (Reichwald/Möslein 2001, 131; Dahlmann/Huws 2004, 47). Dass I-Serve seinen deutschen Angestellten dennoch kaum Indien-Reisen finanziert, ist aus deren

Sicht umso problematischer, als Reiseaktivitäten ungleich und nicht immer nach arbeitsinhaltlichen Notwendigkeiten verteilt sind:

Da kommt es natürlich darauf an, was der einzelne Manager für wichtiger hält. Ich meine, manchen ist es egal, die kümmern sich nicht wirklich drum, manche sagen, ja, wichtig. Zum Beispiel ein Kollege von mir […] war acht Wochen in Indien, andere waren noch gar nicht, weil das hängt von der Business Unit ab (PAW 31).

Diese Ungleichbehandlung dürfte erheblichen Sprengstoff bergen, zumal der Mangel an persönlichen Kontakten nach Indien als Karrierehemmnis empfunden wird:

[I]ch würde sagen, die Karrieremöglichkeiten sind eher beschränkt, weil … dann doch zu viel in Indien passiert, das bekommen wir hier gar nicht mit, deswegen. Es ist halt so, sie sind dort – wir sind hier und … tja, aus den Augen, aus dem Sinn, so in der Art (PAW 31).

Entsprechend sei bislang kein deutscher Angestellter in das höhere Management von I-Serve aufgestiegen: »Man bleibt halt immer vor Ort dann in Projekten. Man bleibt dann dort stehen.« Die rigide Arbeitsteilung zwischen indischem Mutterhaus und deutscher Niederlassung, die dem Offshoring-Modell zugrunde liegt, zwingt I-Serve demnach zum Verzicht darauf, einen kleinen, aber strategisch wichtigen Teil der Belegschaft organisatorisch einzubinden, fachlich weiterzuentwickeln und für die Entwicklung von Strategien zur Erschließung des deutschen Marktes zu gewinnen, obwohl man nach eigenem Bekunden darauf angewiesen ist, mehr deutsche Angestellte zu rekrutieren und dauerhaft zu halten (siehe Kapitel 2.2).[4]

Transnationale räumliche Mobilität beschränkt sich hingegen vorwiegend auf die indischen Onsite-Teams. Ihr Anteil an den Belegschaften indischer Servicefirmen ist deutlich gesunken, seit der als »Bodyshopping« bekannte »Verleih« indischer Beschäftigter an US-amerikanische Kunden und der Unterhalt großer US-Niederlassungen durch Visa-Beschränkungen erschwert wurde (Kapitel 2.2.2; 3.2.3). Upadhya und Vasavi (2006, 22) for-

4 Der Gründer der deutschen Niederlassung von I-Serve (MM 32) erklärt, warum der Einsatz von Indern in Deutschland zu aufwändig sei: »Being in Germany is not the most attractive place for him to come. If I have to bring him here, I have to pay him the same salary as the German, I can not discriminate. Then I have to bring his wife. Then, I have to … if he has a kid, I have to put him in an English-school, which is expensive. I have to give him tickets to go to India on a holiday twice a year. I have to find a ›Makler‹ for him. All sorts of crazy stuff I have to do. It's much easier for me to hire a German. […] But I'm not getting that kind of people«.

mulieren die Konsequenzen dieser Entwicklung für räumliche Mobilität wie folgt:

[I]nstead of workers moving to where the jobs are, as in the earlier ›body shopping‹ phase of the industry, jobs increasingly are moving to where the workers are, who work remotely with colleagues and clients in other locations, most of whom they will never meet in person. Thus, while the global IT economy makes use of various forms of mobile labour, it is also producing new forms of labour immobility.

Diese »Immobilisierung von Arbeitskraft« kommt etwa in der geringen Größe der Onsite-Teams von I-Serve zum Ausdruck. Weil deren Mitglieder allerdings regelmäßig ausgetauscht werden, sammeln letztlich doch größere Teile der indischen Belegschaft Erfahrungen mit Auslandsaufenthalten (genannt »Postings«). Letztere sind für die meisten indischen Beschäftigten vor allem aus drei Gründen höchst attraktiv, wie ein indischer Kundenbeauftragter berichtet:

Some people come for good projects, some people would come for talking to the clients directly, telling the client. And some people come for the money. So it's a combination of these three things (KBM 29).

Offenbar zählt »Exposure« aus Sicht vieler indischer Beschäftigter zu den wichtigsten Vorteilen einer Tätigkeit in der IT-Branche (Upadhya/Vasavi 2006, 22). Nur indem man sich ausländischen Kunden »aussetzt«, kann man Erfahrung mit der Projektdurchführung vor Ort sammeln, während Beschäftigte im Offshore-Team meist keinen direkten Kontakt zum Kunden (und teilweise nicht einmal zu »onsite« arbeitenden Kolleg/innen) haben (Kapitel 2.2.1). Eine Entwicklerin erinnert sich wie folgt an ihr Posting nach Deutschland:

When you deal directly with the client and understand his or her problems, it's really easy for us to … deal the issues quickly. Because from here [India] we can only either ask our colleagues over there to talk to the client and get the things clarified. Or the other option is that we can drop a mail to them, which takes time to resolve the things. But working over there was a real nice experience. You get to know, how a client actually feels, what he wants exactly from you and how fast does he want the solution to be, what is the priority of the task and all these things (SEW 20).

Zudem ist ein Auslandseinsatz beim Kunden finanziell attraktiv, weil zusätzlich zum indischen Gehalt ein erklecklicher Auslandszuschlag gezahlt wird (Kapitel 5) – »und im Vergleich, wenn die in Indien bleiben, dann die verlieren viel«, meint ein indischer Manager (MM 24). Darüber hinaus kann ein Posting durchaus die Aufstiegsmöglichkeiten in Indien verbessern, weil ein gutes Verhältnis zum Kunden die eigene »Visibility« (also die »Sichtbarkeit« für Vorgesetzte) erhöht. Im Falle eines indischen Managers (MM 9) war das Lob (englischer) Kunden sogar Grund für eine vorzeitige Beförderung. Er habe während des Postings »a good network« aufgebaut,

> which was very beneficial to me at a later point in time, because those were the guys who actually took my name … to be pulled back into the team when […] I was being moved out by my management. So then I was again pulled back. And clients-manager, after getting the feedback from so many users, he actually requested my manager that I should be made the project-leader for that team. So that is how I got my PM [project manager] so fast. [lacht]

Vor allem aber sei der Auslandsaufenthalt eine »enorme Lernerfahrung« gewesen, weil der Befragte hier erstmals den Anwendungskontext von Software (hier: im Einzelhandel) kennen lernte:

> [I]n software industry it's very difficult, it's so intangible a product that you can't realize what things are happening. And there, what they made us do, was: They made us go around depots, warehouses […], and they made us just feel how things move. And they made us realize that, you know, if you don't … bring the application back in half an hour … these are the commodities which will never go to [retail chain's] shop and will never get sold out, and we will loose this much of money … every hour. So that was a kind of … statement given that, you know, was thrilling as well as scary [lacht] – scary actually! (MM 9)

Demnach befördert ein Posting auch den Erwerb von »Domain Knowledge« bzw. Branchenkenntnis, auf die indische Servicefirmen dringend angewiesen sind, über die jedoch nur wenige indische Universitätsabsolventen verfügen (Kapitel 7). Allerdings dürften vor allem längere Entsendungen in diesem Sinne der Karriere zuträglich sein. Immerhin durfte eine Entwicklerin (EW 22), die nur einen Monat in Deutschland war, zwei Wochen lang nicht mit der Kundenbelegschaft sprechen, was sich aus dem »Potential von Missverständnissen und wirklichem Kommunikationsdisaster« erklären mag, das direkte Kundenkontakte nicht-deutschsprachiger Beschäftigter nach Ansicht eines deutschen I-Serve-Angestellten (KBM 28) bergen. Daher dürfte die Beschränkung auf Kurzaufenthalte, die vor allem indische Frauen vornehmen (Kapitel 3.2), ein gravierendes Karrierehemmnis darstellen.

Angesichts der großen Bedeutung, die indische Beschäftigte »Postings« beimessen, ist es erstaunlich, dass die Kriterien für ihre Vergabe nicht klar geregelt sind. Auf der einen Seite betonen Manager, man verteile Reisemöglichkeiten möglichst gleichmäßig und versuche zudem, mit Rotationsplänen in den Onsite-Teams zu vermeiden, dass einzelne Beschäftigte zum »Bottleneck« für innerorganisatorischen Informationsfluss würden (PMM 19; TLW 21). Dieses Risiko beschreibt ein indischer Projektmanager in Deutschland wie folgt:

Vor Ort … […] sehr viele Sachen werden nie dokumentiert. […] Und wenn jemand zu lange hier bleibt, dann ist es sehr schwierig, weil … auch der Kunde fühlt sehr bequem mit dem, und … sagt einfach: ›Kannst du bitte das und das fixen? Hier ist … haben wir ein Problem.‹ Und das wird auch ganz schnell behoben. Ist auch gut so. Aber jetzt … weil wir in diesem verteilten Modus arbeiten – davon wird das Offshore-Team nie erfahren, was so und so stattgefunden hat. […] Und vielleicht haben nicht sehr viele Leute dran gedacht, und in einem Jahr ist ein großes Problem draus geworden. […] Also, dieses Networking … ist zwar sehr gut, aber es wird … wir bestreben, dass es nach zwei Jahren vielleicht jemand ändert. Es ist nicht dann so, dass wenn diese Person uns verlässt, wir dann sitzen so: ›Hm, was tun wir jetzt?‹ (PMM 25)

Die (offenbar tatsächlich relativ) gleichmäßige Verteilung von Reisemöglichkeiten führt nun dazu, dass Beschäftigte überzeugt sind, in gewissen Abständen Anspruch darauf zu haben – laut Upadhya und Vasavi (2006, 22) findet etwa das erste Posting meist nach zwei Jahren statt.[5] Auf der anderen Seite soll eine Entsendung jedoch explizit als Belohnung für herausragende individuelle Leistungen fungieren – man muss nach Managementangaben in den »appraisal-ratings […] mehr als Durchschnitt haben«, um für ein Posting ausgewählt zu werden (MM 24). Dieses Spannungsverhältnis kommt etwa in folgender Stellungnahme zum Ausdruck:

[O]n an average, people who spend two and a half years in the company … would have definitely been given a chance to go abroad. Let's say average – some people go early, some people go late … and it all depends on how good you are at work and good are you on your communications (MM 9).

Wiederum offenbart der Umgang mit transnationaler Mobilität bei I-Serve demnach innerorganisatorische Sollbruchstellen des Offshoring-Modells: Die Beschäftigtenzahlen in Indien explodieren, und (fast) jede/r Neueingestellte erwartet, innerhalb einer relativ kurzen Zeitspanne nach Nordamerika oder Europa entsandt zu werden. Wird diese Form der Anerkennung

5 Nur fünf Prozent derjenigen, die zwei Jahre oder weniger bei den von Upadhya und Vasavi (2006) untersuchten Firmen gearbeitet hatten, waren schon ins Ausland entsandt worden. Unter den Beschäftigten mit drei bis fünf Jahren Firmenzugehörigkeit waren es hingegen 72 Prozent.

verweigert, droht die Kündigung, wie im Falle eines G-Pro-Beschäftigten, der eine indische Servicefirma verließ:

I was *really* hard working there. Day and night I was working and then ... normally they send abroad for the other guys, rather than me (PMM 61).

Ersatz ist angesichts der Knappheit qualifizierter IT-Arbeitskraft in Indien nicht leicht zu finden. Die Wirtschaftlichkeit des Offshoring-Modells beruht jedoch darauf, dass der »onsite« arbeitende (und nach »westlichen« Standards vergütete) Teil der Projektteams möglichst klein bleibt. Weil zu viele Postings den (Lohn-)Kostenvorteil indischer Servicefirmen in Frage stellen, werden notwendigerweise Erwartungen von Beschäftigten enttäuscht.

Die damit skizzierte Strategie des Umgang mit transnationaler räumlicher Mobilität bei der Servicefirma I-Serve stellt sich nun sehr anders dar als bei der Produktfirma G-Pro – dies lässt die Begrenzung von Homogenisierungspotentialen durch unterschiedliche Geschäftsmodelle ahnen. Immerhin beinhaltet das »Offshoring«-Modell indischer Servicefirmen ein großes (obgleich aus Sicht von Beschäftigten nicht immer ausreichendes) Angebot an Auslandsentsendungen (zum Zwecke von »coordination work, systems maintenance, gathering of requirements from customers, software development and installation/deployment«), während in Indien tätige ausländische Software-Firmen insgesamt weniger Entsendungen vornehmen, die vor allem dazu dienen, indischen Beschäftigten Technologietransfer, Training oder »cultural exposure« im Mutterhaus angedeihen zu lassen (Upadhya/Vasavi 2006, 23). Darauf gründet der Verdacht, dass westliche Konzerne indische Beschäftigte gezielt »immobilisieren«, um voll von den geringeren indischen Lohnkosten zu profitieren. Ein indischer Manager verleiht ihm Ausdruck:

[I]n these MNCs [multinational corporations], they don't get an external exposure. If a big company is coming to employ you here [in India], they're coming for an Offshoring benefit. If they have to send you ... to an abroad location [...], they will have to pay you the same salary that they are paying their employees in their particular country. So they will stand to lose from your employment (MM 9).

Genau diesen Unterschied im Umgang mit transnationaler räumlicher Mobilität meint eine deutsche I-Serve-Angestellte zwischen ihrem Unternehmen und der Produktfirma G-Pro auszumachen. Sie betont, dass es bei I-Serve in Indien natürlich, also da ein ganz klarer Karriereschritt sein kann, zum Beispiel dann eben mal ins Ausland zu kommen. Das ist eher, das gehört halt dazu, klar, wenn man eine bestimmte Qualifikation hat […] – Und das ist eigentlich … gehört nicht unbedingt zum Karriereplan von einem [G-Pro]-Mitarbeiter. […Eine Entsendung ist] nicht so selbstverständlich, wie ich es jetzt meine, dass es bei [I-Serve] wäre. […] Die [… I-Serve] Kunden sind, ich glaube, zu 95 oder 98 Prozent nicht-indische Unternehmen. Das heißt also, da ist immer die Möglichkeit da, dass einer mal rauskommt (KBW 30).

Den Eindruck, dass bei der Produktfirma G-Pro hingegen kaum »einer mal rauskommt«, bestätigt ein Vertreter der dortigen Personalabteilung. Zudem, fügt er hinzu, hätten indische Beschäftigte von G-Pro selbst in Deutschland keinen Kundenkontakt:

The exposure levels are pretty different. Whereas here [in G-Pro], it's basically: you are interacting with the counterparts who are in Germany or basically you attend some meetings or discussions or some conferences or you sort of share some ideas, whatever. But then those types of work are pretty different, which [Indian service companies] send you for. So, people go on long term assignments – which is more than two years (PAM 62).

Dieser Unterschied ist nicht zuletzt auf das Geschäftsmodell von Produktfirmen (im Softwaresektor)[6] zurückzuführen. Im Rahmen »verteilter Entwicklung« macht ein Standort in Indien nur Sinn, wenn man von den geringen Löhnen profitieren, aber dennoch anspruchsvolle Arbeiten auf einem Qualitätsniveau erledigen lassen kann, das eine problemlose Integration der Resultate in das Gesamtprodukt ermöglicht (Kapitel 2.2.1). (Räumlich) »verteilte Entwicklung« bedeutet hier in vieler Hinsicht (inhaltlich) »integrierte« und eng abgestimmte Entwicklung. Damit werden jedoch Standards von Arbeitskraftnutzung für Beschäftigte direkt vergleichbar – Ungleichbehandlung fällt auf und ist nicht durch das (eigentlich auf eine gleichberechtigte Verteilung von Entwicklungsaufgaben abzielende) Geschäftsmodell gedeckt. Entsprechend strebt G-Pro auch im Bereich transnationaler Mobilität eher eine Vereinheitlichung von Arbeitskraftnutzung in verschiedenen Weltregionen an – und dies beinhaltet nicht zuletzt den Versuch, die im deutschen Mutterhaus übliche »örtliche Verankerung« tendenziell auf die indische Niederlassung zu übertragen.

6 Bei industrieller Fertigung stellen sich die Strategien von Produktfirmen oft anders dar: Speziell gering qualifizierte Arbeiten werden an »verlängerte Werkbänke« in Ländern der Peripherie delegiert. Deren Beschäftigte haben oft keinerlei Kontakt zu der Belegschaft von Mutterhaus oder anderen Niederlassungen. Zur Hardwareproduktion siehe etwa Lüthje 2004.

Allerdings nimmt transnationale räumliche Mobilität auch bei G-Pro zwei Formen an: Zum einen werden deutsche Führungskräfte kurz-, mittel- oder längerfristig in Auslandsniederlassungen (hier: nach Indien) entsandt – zum anderen werden Entwickler aus diesen Niederlassungen im deutschen Mutterhaus tätig. Wie (in Kapitel 2.2.2) angedeutet, ist die Zahl der Deutschen, die sich für Monate oder gar Jahre in Indien niederlassen, allerdings auch bei G-Pro gering – im Jahr 2007 waren (nach Auskunft der Personalabteilung) weniger als zehn deutsche Manager längerfristig in Bangalore eingesetzt (PAM 62). Einige von ihnen streben bewusst eine transnationale Karriere an und äußern zum Beispiel den Wunsch, sich nach China versetzen zu lassen (PMM 34, 35). Da jedoch alle Befragten ihre Perspektiven auf Dauer in Deutschland sehen, mag die Tatsache, dass G-Pro (wie viele andere deutsche Unternehmen; Kotthoff 2001, 141) »Expatriates« keine Statusgarantien für die Zeit nach ihrer Rückkehr anbietet, das geringe Interesse deutscher Manager an längeren Indienaufenthalten erklären. Ein deutscher Manager in Bangalore bemerkt dazu:

Dann gibt es … so eine Art Versprechen von [G-Pro], dass derjenige auch wieder eine vergleichbare Funktion bekommt in … Deutschland. Aber es ist eigentlich *in dem Sinne* keine Garantie und … es steht auch in den Verträgen, dass man sich da selbst schon auch drum kümmern muss und sorgfältig die Rückkehr planen muss. […] Und sagen wir mal, im nicht so idealen Fall […] würde … er [der Vorgesetzte] unter Umständen mir dann eine andere Position […] anbieten in Deutschland, …die natürlich nicht mehr meinem Level entspricht. Oder zumindest nicht der … nicht der Verantwortung, die ich habe. […] Klar, ich habe jetzt keine finanziellen Einbußen in dem Sinn, aber die Arbeit … eh, so wie ich sie seither eigentlich gemacht habe, was ich völlig gern tue, das abzugeben – das würde mir schon schwer fallen. Also das Risiko ist da, ganz klar. […] [D]as muss jedem bewusst sein. Wird auch jedem bewusst *gemacht*, ganz am Anfang. […].

Zwar erhalte man einen Gehaltszuschlag, fährt er fort, doch wer einen Wechsel des Stellenprofils scheue, sei bei G-Pro gut beraten, auf längere Auslandseinsätze zu verzichten:

Also *so sehr* lohnt es sich […] dann nicht, dass man *so ein Risiko* eingeht. Weil das Risiko könnte ja unter Umständen auch bedeuten, dass ich sage: ›Okay […], ich habe da jetzt einen Job in, in [Mutterhaus], aber mit dem bin ich nicht so zufrieden – so unzufrieden jetzt, eh, bin ich eigentlich mehr oder weniger gezwungen zu kündigen, zu gehen.‹ Könnte das ja auch bedeuten. Und das Risiko, das muss einem schon klar sein, dass das dann da ist (PMM 35).

Wenn es nun zutrifft, dass gerade deutsche Beschäftigte großen Wert auf eine klar strukturierte und planbare innerbetriebliche Fachkarriere legen, wie sie für viele deutsche Unternehmen in den vergangenen Jahrzehnten typisch war (Kapitel 2.2.2), dürfte es G-Pro auf Dauer schwer fallen, die im Zuge seiner Expansion zunehmende Zahl von Managerposten im Ausland mit Deutschen zu besetzen.[7] Für diese Annahme spricht, dass der hier zitierte Befragte im Bewusstsein lebt, mit seinem Auslandseinsatz ein großes berufliches Risiko einzugehen – selbst wenn sich dieses Bewusstsein eher aus der Abweichung von deutschen »Normalitätsvorstellungen« als aus negativer Erfahrung speist. »Es ist nicht so, …dass, dass es da nur Negativbeispiele [gibt]«, meint er zögernd, »eigentlich ist mir jetzt, fallen mir überhaupt keine Negativbeispiele ein [lacht]«.

Auch längerfristige Aufenthalte indischer Beschäftigter in Deutschland spielen bei G-Pro offenbar keine große Rolle.[8] Jedenfalls betont ein indischer Projektmanager, wer »long term travel« wünsche, halte sich von G-Pro fern, »because here you travel for a month or two weeks or maximum three months« (PMM 55). Kurz bevor die Entwicklung der neuen Software in Bangalore begann, wurden zwar ausgewählte indische Beschäftigte für bis zu zwei Jahre in das deutsche Mutterhaus versetzt, die anschließend in Bangalore den Betrieb ins Laufen bringen sollten (PMM 49), doch seitdem sind längerfristige Transfers und speziell dauerhafte Versetzungen offenbar immer seltener geworden. Selbst die wenigen Ausnahmefälle nähren allerdings Hoffnungen, wie die Aussage eines indischen Entwicklers belegen mag:

> In [G-Pro], we have a policy that … it's easy to move between the locations, if you are interested. So if you are staying … if you are with the same team for continuously two years – and if you feel like a change of the work and a change of the team, you can start applying for jobs within [G-Pro]. […] [W]e have this movement within [G-Pro], which is still possible. Of course, it is still exceptional cases, because you need to get selected. Moving from a low cost location to a high cost location is always a little problem. But it's quite possible within [G-Pro], means … After two years I can move. [G-Pro] supports that (EM 71).

---

7 Dies gilt, obwohl deutsche Mitglieder transnationaler Entwicklungsteams Auslandsaufenthalte sehr unterschiedlich (als »incentive« bzw. »Stressfaktor«) beurteilen (Hirschfeld 2002, 63f.).

8 Dies deckt sich mit Befunden zu deutschen Unternehmen anderer Branchen (Kotthoff 2001).

Die wiederholte Betonung, dass man »nach zwei Jahren« Anspruch auf einen Auslandsaufenthalt habe, deutet darauf hin, dass die Erwartungen dieses Befragten weniger durch die Unternehmenspolitik von G-Pro als durch die Standards indischer Servicefirmen wie I-Serve geprägt sein könnten, wo (wie wir sahen) nach etwa zwei Jahren tatsächlich die erste Entsendung zu erwarten ist – wir werden immer wieder auf die Bedeutung solch regionaler Branchenstandards (Kapitel 2.2.2) zurückkommen. Andere indische G-Pro-Beschäftigte heben hingegen den Ausnahmecharakter dauerhafter Transfers nach Deutschland hervor. So erinnert sich ein Entwickler zwar an »[a] few exceptions«, doch der Bewerbungsprozess sei kompliziert. Seiner Schätzung zufolge ziehen ohnehin nur ein bis zwei Prozent der indischen Kollegen mit Familie und fünf bis sechs Prozent der Singles eine Emigration nach Deutschland in Erwägung,[9] und selbst ihre Erfolgsaussichten seien gering:

> 100 people applying for Germany, I think, one or two gets the chance to work there, because it depends on a lot of things. That should be a suitable position and that people should be fit to that role. Then that person should be able to accept you, person should be able to release you, both HRs [human resource departments] should be okay […] and then global HR also should be okay. So these impediments are there. Then … there will be a question […] because low cost area – a person moves from low cost to high cost area (EM 38).

Demnach bleiben bei G-Pro (ähnlich wie bei I-Serve) deutsche Beschäftigte vorwiegend in Deutschland, und indische Beschäftigte siedeln nur in Ausnahmefällen nach Deutschland über. Zudem ist auch bei G-Pro sogar ein Rückgang der kurz- und mittelfristigen Auslandsaufenthalte festzustellen, denn schon nach Auslaufen der Greencard-Regelung (2004) ging die Zahl mehrjähriger Deutschlandaufenthalte zurück (Kapitel 3.2.3), und im Jahr 2007 wurden die Reisemittel insgesamt drastisch reduziert.[10] Insofern geht zunehmende Transnationalisierung nicht unbedingt mit einem Zuwachs an räumlicher Mobilität einher. Vielen deutschen Beschäftigten von G-Pro scheint die Budgetkürzung für Reisen zwischen Mutterhaus und Niederlassungen und speziell die Reduzierung mittelfristiger Postings eher

9 15 bis 20 Prozent seiner Kollegen hätten hingegen den Wunsch, zu G-Pro USA zu wechseln.

10 Ähnliches beschreibt Hirschfeld (2002, 39ff.) für deutsch-indische Teams in einem US-amerikanischen Konzern: Die deutschen Teammitglieder reisten weit seltener nach Indien, als die Beteiligten für sinnvoll hielten, und die Reise-Budgets wurden weiter reduziert.

entgegen zu kommen – einem indischen Manager zufolge seien viele deutsche Kollegen allenfalls für Indienaufenthalte von wenigen Wochen Dauer zu gewinnen: »I think they have an issue of spending three months here, to be very honest.« (MM 37) Die indischen Beschäftigten von G-Pro hingegen treffen die Kürzungen hart, da sie zuvor überdurchschnittlich oft nach Deutschland gereist waren. So berichtet ein deutscher Projektmanager, man habe in der Gründungsphase der indischen Entwicklungsabteilung für das neue G-Pro Produkt zwei Jahre lang »ein recht großes Reisebudget gehabt«:

[D]as heißt, es sind durchaus ganze Teams von indischen Kollegen, fünf, sechs auf einmal, nach Deutschland gereist. Und wir haben sie dann auch hier natürlich in einen Raum gesetzt oder bzw. versucht, die Kontakte zu den anderen deutschen Kollegen in benachbarten Gruppen herzustellen, indem wir dann während dieser Reise – also das war je nach Gruppe, waren das dann zwei oder vier Wochen, oder drei Wochen – dass man da den Kontakt einfach herstellt, so dass danach der Stefan aus der deutschen Gruppe die Bakhla aus der indischen Gruppe auch persönlich kennt. Und danach – in den meisten Fällen hat es schon gute Ergebnisse gebracht, dass dann halt wir danach als Projektleiter gesehen haben, die reden untereinander über die Probleme, anstatt, dass sie immer nur über den Chef reden (PMM 65).

Trotz dieser positiven Erfahrungen werden Reisen inzwischen deutlich restriktiver gehandhabt, wie ein Vertreter des höheren Managements feststellt:

Wir drehen eigentlich kontinuierlich am Geldbudget für die Reisebudgets nach unten. […] Also, ich glaube, da muss man disziplinierend eingreifen, sonst würde [G-Pro] heute ein Reisebudget haben, mit [dem] man andere Companies als Ganzes laufen lassen kann. […] [E]s ist nicht mehr so wie 1996, dass ich beliebig oft mit Business Class geflogen bin, wie immer ich wollte. […] Es ist einfach heute so, dass Sie ein Reisebudget haben und dass der [Personalvorgesetzte] in dem Fall wirklich in der Regel abzeichnet, ob Sie den Flug machen oder nicht. Und der muss da gucken, dass er das Reisebudget einhält (MM 69).

Indische Beschäftigte führen diese Veränderung realistischerweise auf sinkende Konzerngewinne zurück. In den Jahren vor 2007,

[G-Pro] was really doing much better than what it is doing right now, I would say. […] And also because of the economic turmoil – I mean, globally, yeah, there has been a little bit of budgetary constraints. Some cut on the travel … resource. […] It might have been a situation, maybe four years or five years back, […] some incidence, where there was a team of around five people – *all the five people* travelled to Germany only to maintain some personal relationships, get to know their team members well, understand what work has to be done. For short duration – maybe two weeks or three weeks and then come back. So, such a thing was possible then. Right now it's next to impossible. [lacht] (PMM 43)

Interessanterweise begründet dieser Befragte die reduzierten Reiseaktivitäten hier allerdings nicht nur mit Sparmaßnahmen, sondern ausdrücklich auch mit Verweis auf die zunehmende Transnationalisierung dieser Produktfirma: Das Unternehmen sei größer geworden und agiere »globaler«: »we weren't […] working in such a global environment as we do right now.« Früher, in einem überschaubareren Firmenkontext, habe man bei Problemen den richtigen Ansprechpartner meist persönlich gekannt: »[Y]ou would probably call him up, you know, purely on the basis of this personal relationship and get work done.« Inzwischen verlange man hingegen von Beschäftigten, zu begreifen,

that this is the way, it is going to be in future: That we will be distributed, we will be a global company and we need to understand the art of both – communicate with our peers, but not being in one place, but probably be across the globe, but still get work done in that manner (PMM 43).

Wir haben es demnach bei G-Pro mit einer markanten Veränderung im Umgang mit transnationaler räumlicher Mobilität zu tun: In der Phase, bevor die indische Niederlassung die Federführung bei einer neuen Produktentwicklung übernehmen sollte, förderte man längerfristige und vor allem kurzfristige Transfers von indischen Beschäftigten nach Deutschland, um transnationale Kooperation zu erleichtern. Zugespitzt formuliert, forcierte man die Netzwerkbildung indischer Beschäftigter im Mutterhaus, um sie an die dort üblichen Arbeitsstile und Qualitätsstandards zu gewöhnen und die neuen indischen Strukturen nach diesem Vorbild arbeitsfähig zu machen. Die Veränderung besteht nun nicht in erster Linie darin, dass diese innerorganisatorischen Vereinheitlichungsbemühungen aufgegeben worden wären – immerhin sollen Beschäftigte nun in Deutschland *und* Indien vorwiegend vor Ort arbeiten. Offenbar geht man jedoch davon aus, dass inzwischen eine ausreichend solide Basis für »verteilte Entwicklung« geschaffen ist und man (angesichts der angespannten Finanzlage) nun vorwiegend virtuell kooperieren kann. Ein deutscher Befragter argumentiert sogar, dass die Kürzung der Reisebudgets »dazu passt, da wir ja immer weniger eingreifen sollen. Also es ist schon in Ordnung. Vielleicht [ist der] Einschnitt ein bisschen hart, aber …« (SEM 68).

Trotzdem zeichnen sich angesichts dieser neuen Unternehmensstrategie im Umgang mit transnationaler Mobilität, der zufolge ein jeder an seinem Platz bleibt, auch hier innerorganisatorische Sollbruchstellen ab. Sie sind vor allem arbeitsinhaltlicher Natur, denn »verteilte Entwicklung« beruht nicht nur auf klaren Schnittstellen, sondern auch auf Kommunikation, und Letztere ist über räumliche Distanz nur eingeschränkt möglich. Ein Senior Entwickler begründet dies mit der Zeitzonendifferenz, aber auch mit der Unabdingbarkeit persönlicher Kontakte:

Sie können ja mal gedanklich versuchen, eine Telefonkonferenz zwischen [Standort in China], [Standort in USA] und Deutschland zu organisieren. Wann Sie die machen, ist ganz schön schwierig. Also das ist wirklich, Kommunikation ist für mich das A&O. Wenn man das hinbekommen will, muss man reisen. Man muss vor Ort sein. Es geht nicht ohne. […] Diese Sachen, die unerlässlich sind, sind einfach sehr, sehr teuer […]. Aber wer versucht, ein verteiltes IT-Projekt mit engen Schnittstellen aufzubauen, das verteilt ist, ohne dabei genügend Reisemittel zur Verfügung zu stellen, der kriegt ernsthafte Schwierigkeiten (SEM 68).

Tatsächlich fühlt sich ein deutscher Manager, der seit einigen Jahren in der indischen Niederlassung tätig ist, trotz aller virtuellen Kooperation (ähnlich wie Beschäftigte der deutschen I-Serve-Niederlassung) weitgehend vom Mutterhaus abgekoppelt:

Also ich kann nicht die Stimmung von den Leuten einfangen über Telefon oder Meetings oder sonst was, das sind halt auch viele informelle Gespräche, die dann einfach stattfinden irgendwo im Café eben oder einfach mal auf dem Gang oder zwischen Tür und Angel quasi.

Professionelle Netzwerke seien von Indien aus schwer zu pflegen – fehlten sie, so komme man »letzten Endes, vielleicht nicht ganz so einfach und schnell, aber dennoch zum selben Ergebnis«. Soziale Netzwerke hingegen seien mit räumlicher Entfernung inkompatibel – daher sei man von manchen Informationen abgeschnitten:

Für mich sind die Informationen, eh, *schwer* zugänglich … Wenn ich mir jetzt vorstelle, wenn ich nur, wenn ich jetzt hier in Indien […] der Firma beigetreten wäre – und einfach als Inder – dann komme ich an diese Informationen ja nie ran.

Selbst bestehende Kontakte versiegten mit der Zeit, weil soziale Netzwerke nicht zuletzt auf beiläufige Kommunikation angewiesen seien: »[E]s funktioniert von hier aus nicht, solche Kontakte zu pflegen. Ich hab gar nicht *die Zeit* mehr, wirklich bewusst Leute anzurufen und mit denen kurz mal ein Schwätzchen zu halten« (PMM 35). Weil in solchen »Schwätzchen« auch karriererelevante Informationen (etwa über offene Positionen oder betriebliche Machtverhältnisse) ausgetauscht werden, dürfte die zunehmende Festlegung von Beschäftigten auf *einen* Standort deren Position im Unternehmen nicht unbeträchtlich schwächen.[11] Aus Firmensicht hingegen mögen vor allem die Effizienzeinbußen durch virtuelle Kooperation problematisch sein, die ein indischer Entwickler anschaulich beschreibt:

> [I]t would happen with any geographically separated location. [...] I have been to Germany on two visits and I have seen that the two weeks that I have spent there – on each of the visits I have been able to accomplish work that I would probably do in two, two and a half months in India, you know? So, many decisions move much faster, when you are face to face with an individual, than it does, when you are away. [...] It's ten times more efficient, when you are sitting in front of them out there. It definitely is.

Auch dieser Befragte hebt die Schwierigkeit hervor, von Indien aus professionelle Netzwerke im Mutterhaus zu knüpfen.:

> It's because the structure over there is not visible to us. The hierarchies and the pattern of the tree over there is not at all visible to us. So ... eh, it definitely does take time for us to find out who is the right contact for which problem. Whereas, *if I am in Germany* ... I mean, I have seen people come in a meeting room, and seen people coming up to me and telling me themselves: ›Look, I am the one for your issue. You need to talk to me.‹ And it gets so much simpler.

Von der indischen Niederlassung aus müsse man hingegen formelle Anfragen stellen:

> And then it takes another day or two to find out which particular *group of people* are responsible. Then another day to find out which *person* in that group is responsible. It is an empty process – I find it very painful, to be very honest. It would be *much better*, if we were given better visibility to the hierarchies there. It would be much, much better. Eh, I think, it would also help ... if either *they* or *we* visit them more often.

Aufgrund gekürzter Reisebudgets habe allerdings bei weitem nicht mehr jede/r die Möglichkeit, nach Deutschland zu reisen – in seinem Team wurde dies etwa nicht einmal der Hälfte der indischen Mitglieder angeboten. Zwar strebe G-Pro an,

> that every developer also gets a chance to go to Germany at least once – at least once, is the perception. But when that ›at least once‹ comes, it's ... totally up to your manager or to the requirements of your team (EM 59).

---

11 Die in der Literatur diskutierten Probleme von Expatriates, sich mangels eigener sozialer Netzwerke am Niederlassungsstandort gegen Einheimische durchzusetzen (Wagner 2006), spielen in unseren Interviews interessanterweise keine Rolle.

Die in dieser Aussage spürbare Verbitterung kommt in vielen Interviews zum Ausdruck – sie dürfte darin begründet sein, dass Auslandsaufenthalte bei G-Pro nicht nur in ähnlichem Maße vom Willen des Vorgesetzten abzuhängen scheinen wie bei I-Serve, sondern zudem in viel geringer Zahl und für kürzere Zeiträume angeboten werden. Letzteres führt ein Vertreter der Personalabteilung von G-Pro aus:

They basically go there [to Germany] for some meetings, some conferences or at most some trainings – which might not last more than a couple of weeks or max two to three months. Whereas, if you go onsite in a place like [I-Serve and another Indian service company], you go there for two to three years at least. I mean, not at least – but then mostly.

Dauerhafte Transfers würden von G-Pro hingegen nicht gefördert, fährt er fort:

Because … if we give that option, then all [G-Pro] India employees – *most of them* would prefer to get a transfer to Germany or US and earn a lot of money. […]. *[A]s a policy* we pretty much discourage it, yeah, because otherwise we loose a lot of people. And […] then the whole purpose of our, of shovelling things to India will be lost. So, there will not be much of a cost advantage, if the people start moving to Germany (PAM 62).

Grundsätzlich kollidiert die Strategie von G-Pro, nach einer schwierigen Anfangsphase, in der gezielt persönliche Kontakte etabliert wurden, weitgehend zu virtueller Kooperation überzugehen, allerdings in zweierlei Hinsicht mit den Standards der indischen IT-Industrie: Zum einen ist die indische Belegschaft viel weniger stabil als die deutsche (Kapitel 4), weshalb immer neue indische Beschäftigte Kontakte zum Mutterhaus knüpfen und festigen müssen – eine weltweite Vereinheitlichung von Arbeitskrafteinsatz im Sinne »forcierter örtlicher Verankerung« stößt daher nicht nur an arbeitsinhaltliche Grenzen (in Form der Notwendigkeit fachlichen Austauschs), sondern auch an organisatorische Grenzen (in Form hoher Fluktuationsraten). Zum anderen widerspricht die Strategie der Reduzierung transnationaler Mobilität den »Normalitätsvorstellungen« der indischen Belegschaft, die in erster Linie durch Standards von umsatz- und belegschaftsstarken Unternehmen wie I-Serve geprägt sind. Aus diesem Grund erwartet der oben zitierte indische Entwickler (EM 71) in völliger Verkennung von G-Pros Reisepolitik (und letztlich von G-Pros Geschäftsmodell) nach zwei Jahren ganz selbstverständlich einen Transfer nach Deutschland. Auch für andere Beschäftigte haben Postings eine hohe Priorität, erklärt ein Projektmanager:

I mean, driving abroad as a part of career aspiration – definitely! I mean, everybody would want to travel a lot, see the world. […] 95 percent of the people would want to travel – unless they have family restrictions like a new born kid or something like that. Yeah. But travelling is attractive, yeah. [lacht] (PMM 44)

Aufgrund der starken Verhandlungsposition indischer IT-Beschäftigter unter (den 2007 geltenden) Bedingungen von Fachkräftemangel konnte daher die Strategie von G-Pro, Arbeitskraft nach deutschem Vorbild weltweit örtlich zu verankern, nicht ungebrochen realisiert werden. Weil indische Beschäftigte Auslandseinsätze erwarteten, die G-Pro immer weniger gewährleisten konnte, kreierte man künstlich »Exposure« und »Visibility«. So bemerkt eine indische Projektmanagerin, arbeitsinhaltliche Erfordernisse seien nicht das einzige Kriterium für eine Dienstreise:

[N]ormally I try to do it based on the project needs. But, eh, yes, I received also a little bit of complaints, that there are people, who are being here for two years, have never been to Germany and they would like to travel and so on. So now onwards, […] we try to send the other people as well. Because sometimes it happens (this is a matter of luck) that the work that a person is involved in doesn't require to travel much to Germany. So, eh, but yeah, we try to juggle around a little bit, so that they can do it (PMW 36).

Ein anderer Manager bestreitet, dass man Reisen gleichmäßig zu verteilen suche, räumt aber ebenfalls ein, man müsse teilweise Zugeständnisse machen:

You are trying to fit a person for the job […]. If it's the other way round, then it becomes dirty. It's no longer performance, competence to a particular need […]. So we try to be *as logical*, as reasonable as possible. But sometimes we try to create one or two trips for people who are performing well, who have no opportunity to travel. For example we have some presentations there – we send them to do the presentation. [… B]ecause they should not feel … neglected in the organization. That is a big pressure for us (MM 37).

Aus unseren Interviews geht nicht hervor, inwiefern ein solcher Kurzaufenthalt ausreicht, um reisehungrige Beschäftigte zufrieden zu stellen. Immerhin scheint jedoch der Umstand, dass selbst die Führungsriege von G-Pro aufgrund der gestärkten Position der indischen Niederlassung häufiger nach Bangalore reist, eine Deutschlandreise weniger dringend zu machen, weil man auch in Indien »Visibility« für Vorgesetzte erlangen kann. Dies meint jedenfalls ein indischer Projektmanager:

So, now that ownership of this complete part is with India … so, we have seen that now the top management […] – *they* keep coming to India very often, which was *not* so common in the past. [...] So now *we know more* of what's up and what's happening. Because these guys keep coming here, and we know their decisions, and they have meetings with people and they have normal employee meetings (PMM 52).

Auch diese Treffen von Topmanagement und indischer Belegschaft sollen offensichtlich den Mangel an persönlichem Kontakt zum Mutterhaus ausgleichen, den die forcierte Reduzierung transnationaler Mobilität verursacht. G-Pro mag versuchen, die in Deutschland verbreitete »örtliche Verankerung« auf die indische Niederlassung zu übertragen, ist aber mit der Notwendigkeit konfrontiert, sich an die in Bangalore geltenden Standards anzupassen. Wir werden darauf zurückkommen, inwiefern das indische Regulierungsszenario deren Herausbildung fördert.

3.1.2 Mobilität im Alltag

Neben transnationaler räumlicher Mobilität spielt die Mobilität von Beschäftigten in Indien bzw. in Deutschland eine zentrale Rolle für unternehmerische Strategien von Arbeitskraftnutzung. Wir beschränken uns hier auf zwei Aspekte: Zum einen auf den Umgang von Produkt- und Servicefirma mit alltäglicher Mobilität (im Sinne der Bewegung zwischen Arbeitsorten bzw. zwischen Arbeits- und Wohnort) und zum anderen auf die von den jeweiligen Firmen gewünschten bzw. angebotenen dauerhaften Versetzungen innerhalb eines Landes, die Mobilität im Lebenslauf befördern.

Berufsbedingte Reiseanforderungen als Quelle alltäglicher räumlicher Mobilität sind bei der deutschen I-Serve-Niederlassung am weitaus größten. Immerhin ist das »Offshoring-Modell« auf die Nähe spezialisierter Akquisiteure und Kundenbetreuer zu (potentiellen) Kunden angewiesen. Daher sind diese Beschäftigten ständig unterwegs – sie reisen von einem Kunden zum nächsten und arbeiten zudem regelmäßig im zentralen Büro von I-Serve Deutschland – ein Projektmanager berichtet, dies sei der Fall, wenn »ich kein Projekt habe oder wenn ich irgendwelchen Admin-Kram zu erledigen habe« (PMM 27). Hier treffen sie auch mit den indischen Onsite-Teams zusammen, wenn Absprachebedarf besteht (SEW 20). Die meiste Zeit verbringen Onsite-Teams allerdings beim Kunden – und entsprechend wohnen sie oft »um die Ecke«, also in unmittelbarer Nähe zu ihrem Einsatzort (PMM 27). Für die Akquisiteure und Kundenberater hingegen ist es relativ gleichgültig, wo sie ihren Wohnsitz nehmen, denn ihre

Arbeit treibt sie kreuz und quer durch Deutschland. Ein Projektmanager (PMM 27) betont, seit er bei I-Serve arbeite,

> bin ich einfach ›on the road‹. Insofern wäre es wurscht gewesen, wo ich wohne. Aber … ich fühle mich da einfach mit wohl. Und ja, also ich habe auch meine Freundin hier in [deutsche Großstadt] kennen gelernt, und ich denke … Also unser langfristiges Ziel wird es sein, hier in [deutsche Großstadt] wohnen zu bleiben. Einfach weil wir uns hier wohl fühlen.

Trotz aller Klagen von (indischen) Managern über die »Immobilität« deutscher Beschäftigter, die sich sogar weigerten, von Süd- nach Norddeutschland umzuziehen (MM 12, MM 18), sehen sich speziell deutsche Kundenbeauftragte durchaus mit hohen alltäglichen Mobilitäts-Anforderungen konfrontiert – zwar erfordert ihre Tätigkeit keine Umzüge, aber sie zwingt zum »Leben aus dem Koffer«. Entsprechend ungern erinnert sich ein Befragter, der bei einem IT-Beratungshaus gekündigt hatte, um »die ganze Reiserei, das ständige Umziehen« hinter sich zu lassen, an seinen ersten Arbeitstag bei I-Serve:

> [D]a hieß es: ‚So, wir müssen – heute Abend fahren wir nach [Schweizer Stadt], ›ne Projektübergabe‹. [… D]ie steckten *mitten* im Projekt und der Projektleiter hatte gekündigt und … hat mit mir nur noch die Übergabe gemacht an zwei Tagen. Dann ist er mit mir nach [Stadt] gefahren, ich musste im Prinzip dann vom Office nach Hause fahren, packen und nach [Stadt] fahren, und da hatte man mit mir nicht drüber gesprochen. Und … ja, dann saß ich da in [Stadt], und ich hab das Projekt gehasst, ich hab das Unternehmen dementsprechend gehasst, weil […] wegen der Konstellation war's einfach für mich – war *genau das*, was ich *nicht* wollte: Diese Reiserei, wieder aus dem Koffer leben.

Für die Zukunft sieht er allerdings mit weniger Reiseaufwand verbundene Perspektiven innerhalb des Unternehmens, denn man könne durchaus längerfristig an einem Ort arbeiten, wenn man für ein bestimmtes Projekt zuständig sei – und diese Option stehe ihm nach der nächsten Beförderung offen. Ihn erwarteten dann

> Rollen, wo man zwar noch auch viel reist, aber wo man dann halt *mehr* Kunden zur gleichen Zeit … zusammen hat. […] [I]ch seh da einerseits den persönlichen Teil, dass man halt … doch eher von *einer Basis aus* das steuern kann, also nicht soviel vor Ort beim Kunden sein muss. Und also […] geschäftlich ist es sicherlich eine sehr interessante Sache (KBM 26).

In Indien hingegen spielt räumliche Mobilität zwischen verschiedenen Arbeitsorten bei I-Serve offenbar kaum eine Rolle. Zwar werden Beschäftigte des Mutterhauses dort häufig zu Partnerunternehmen (wie der indischen

G-Pro Niederlassung) entsandt, doch dies findet innerhalb des Stadtgebietes von Bangalore statt. Weil der indische Teil von Projektteams meist nicht auf mehrere indische Standorte verteilt ist und es zudem kaum indische Kunden gibt, fallen fast keine Reisen innerhalb Indiens an – Postings hingegen beinhalten meist Interkontinentalreisen. Ein Teamleiter fasst dies prägnant zusammen: »So there was no travelling within India actually. Our travel was to [German city]« (TLM 7). Solange man jedoch in einem *Offshore*-Team von I-Serve arbeitet, bleibt man im Wesentlichen vor Ort. Aus diesem Grund wechseln indische Beschäftigte gezielt von anderen Firmen zu I-Serve, um trotz aller (gelegentlich auch kurzfristig anberaumter; SEW 20) Auslandseinsätze eine stabile örtliche Basis für sich und ihre Familie zu schaffen. Ein Manager etwa wechselte anlässlich seiner Verlobung von einem Bauunternehmen zu I-Serve:

> [I]t's a project-based job. Project which keeps you moving from one location to another, though within the country. […] My worry was that I am getting married to an engineer, she is also gonna work. If I keep moving – how will *she* work? […] I *was* told, I was clear that I might have to travel [at I-Serve]. But the good part is: you can still keep your base where you are. So I can still keep my family in Bangalore and keep travelling abroad for short duration and come back to Bangalore (MM 9).

Auch bei der indischen Niederlassung von G-Pro finden sich Beschäftigte, die gezielt von indischen Industrieunternehmen zur Niederlassung eines deutschen Konzerns wechselten, um in Indien weniger reisen zu müssen (PMM 44). Da das Unternehmen zusätzlich zu seinem eigenen Campus diverse Büroflächen innerhalb Bangalores angemietet hat, müssen sich Beschäftigte allerdings auch bei G-Pro teilweise zwischen verschiedenen Arbeitsorten im Stadtgebiet bewegen (EM 38), was einen bedarfsgerechten Einsatz der vom Unternehmen gestellten Bus-Shuttles zu einem komplizierten Unterfangen macht (LOG 41).

Im deutschen Mutterhaus von G-Pro hingegen herrschen örtlich stabile Arbeitsplätze vor. Die beiden wichtigsten Bürokomplexe sind nur wenige Kilometer voneinander entfernt, und da mangels direkten Kundenkontaktes keinerlei »Onsite-Einsätze« anfallen, beschränkt sich alltägliche Mobilität für dort Beschäftigte weitgehend auf die Überwindung der Distanz zwischen Wohn- und Arbeitsort.

Dies verweist bereits auf unterschiedliche Muster von alltäglicher Mobilität in Deutschland und Indien, auf die wir zurückkommen werden (Kapitel 3.2.1). Schon hier sei allerdings bemerkt, dass beide Samplefirmen weitgehend auf die Möglichkeit verzichten, alltägliche Mobilität (teilweise) durch Teleheimarbeit zu ersetzen. Dies gilt speziell für Indien, wo, wie Hirschfeld (2003, 12) feststellt, »die einfachen Software-Entwickler keine eigenen Laptops haben und von daher ausschließlich im Büro arbeiten«, obwohl die technischen Voraussetzungen für den Online-Zugriff auf ein Firmen-Intranet schon um die Jahrtausendwende gegeben waren (vgl.: Aundhkar u.a. 2000; Gothoskar 2000; Mitter 2000). Auch im Mutterhaus von I-Serve konnten Beschäftigte zum Zeitpunkt der Interviews (2007) nicht von zuhause auf das Intranet des Unternehmens zugreifen (TLM 7). In der indischen Niederlassung von G-Pro hingegen wird Teleheimarbeit am Abend oder Wochenende durchaus genutzt, um Termine einzuhalten (PMM 53) oder private Zeit-Engpässe auszugleichen. Dabei handelt es sich jedoch eher um bilaterale Arrangements als um festgeschriebene Rechte von Beschäftigten, wie ein Vertreter der Personalabteilung betont:

> We don't have a *formal* ›flexible working from home‹ policy. They are working on it at this point in time. But if there are days, when somebody has to work from home – they just tell their manager, the manager says yes, and again … […] People do use the opportunity – but this is not a formal programme. […] But if there is a genuine reason, in terms of … something in the family, they need to be at home … then it's our culture: we don't say ›no‹ (PAM 54).

In Deutschland stellt sich die Situation ähnlich dar: Bei der Niederlassung von I-Serve ist offiziell keine Teleheimarbeit vorgesehen, aber es komme vor,

> dass wir mal zu Hause sitzen und arbeiten, wenn wir kein Projekt haben. Ich sage mal: […] wo kein Kläger, da kein Richter. […] Ich kenne meinen Chef sehr gut. Ich weiß, wie er es macht – er weiß, wie ich es mache. Wir sind uns da einig (PMM 27).

Die indischen Onsite-Teams von I-Serve hingegen arbeiten offenbar häufig von zuhause aus, wenn sie Arbeitszeitbeschränkungen des Kunden umgehen wollen: »[W]enn man ist spät in der Abteilung, dann kommt der Betriebsrat«, bemerkt ein Manager dazu (MM 24). Diese Praxis ist nur möglich, weil I-Serve seine Angestellten in Deutschland mit Laptops ausstattet, doch trotzdem bewegen diese sich mit Teleheimarbeit eher in einer vom Unternehmen geduldeten Grauzone. Im deutschen Mutterhaus von G-Pro hingegen ist Teleheimarbeit selbstverständlich. Ein Senior Entwickler etwa berichtet, er arbeite zwar nicht regelmäßig zuhause,

[a]ber wenn ich irgendwann keine Lust mehr habe, kann ich natürlich auch früher gehen. [...] Ich hab einen Laptop. Ich [...] habe zu Hause eine Breitbandverbindung. Ich kann mich einwählen, und da kann ich genauso arbeiten, als würde ich hier sitzen (SEM 68; vgl.: MM 69).

Allerdings dient Teleheimarbeit auch in Deutschland vor allem dazu, Arbeitszeiten im Bedarfsfall auf Abende und Wochenenden auszudehnen (Kapitel 6). Als Instrument des Umgangs mit unterschiedlichen Mustern alltäglicher Mobilität – etwa als Zugeständnis der Firmen an arbeitende Eltern – wird sie kaum genutzt.

3.1.3 Mobilität im Lebenslauf

Räumliche Mobilität im Lebenslauf (im Sinne dauerhafter Versetzungen zwischen Unternehmensstandorten innerhalb desselben Landes) schließlich spielt in Deutschland weder bei I-Serve noch bei G-Pro eine zentrale Rolle. Die Kundenbetreuer und Akquisiteure von I-Serve sind, wie wir sahen, bei wechselnden Kunden eingesetzt und somit keinem Standort dauerhaft zugeordnet; daher wird die Festlegung oder der Wechsel des Wohnsitzes nicht zum Gegenstand von Unternehmenspolitik. Bei G-Pro hingegen sind die größten deutschen Standorte in direkter Nachbarschaft zueinander angesiedelt; daher erfordern selbst Projektwechsel zumeist keine Umzüge.

In Indien sind Versetzungen bei G-Pro ebenfalls unüblich. Softwareentwicklung findet fast ausschließlich in der Niederlassung in Bangalore statt, und wer bei G-Pro arbeiten wollte, musste bislang in diese südindische Stadt ziehen. Dies brachte für viele Beschäftigte ein Leben und Arbeiten weit entfernt von ihren Familien mit sich – entsprechend groß ist die Hoffnung speziell nordindischer Beschäftigter, an den neuen Standort im Großraum Delhi wechseln zu können, der zum Zeitpunkt der Interviews im Aufbau begriffen war. Ein indischer Manager betont:

I think my team is collected from all over India. Since [G-Pro] is not – was not there anywhere other than Bangalore, there was no issue. But now [G-Pro] has opened a office in North India, so most of the North Indian colleagues would like to go back to North India, surely [...]. So by opening our office in North India, actually they opened up an opportunity for people who want to get closer to their house ... (MM 37)

Eine Firmenstrategie im Umgang mit derlei Versetzungsgesuchen muss sich bei G-Pro erst herausbilden. Im indischen Mutterhaus von I-Serve hingegen spielt räumliche Mobilität im Lebenslauf vor allem in zwei Varianten eine zentrale Rolle für die Unternehmenspolitik: Zum einen fordert das Unternehmen sie ein, indem es Beschäftigten teilweise keine Wahl zwischen den indischen I-Serve Standorten lässt, sondern zum Beispiel neu Rekrutierte jahrgangsweise zuteilt (EW 3). Zum anderen bietet das Unternehmen einzelnen Beschäftigten durchaus die Möglichkeit, sich (auch kurzfristig) innerhalb Indiens versetzen zu lassen, falls private Umstände dies erfordern (vgl.: Upadhya/Vasavi 2006, 23). Die Gründe für beides liegen im Geschäftsmodell von I-Serve, aber auch in den Bedingungen des indischen IT-Arbeitsmarktes, unter denen dieses Unternehmen operiert und die es gleichzeitig mit beeinflusst (Kapitel 3.2.1): Weil I-Serve im Rahmen seines »Offshoring«-Modells darauf setzt, in Indien möglichst große Belegschaften zu unterhalten, und zu diesem Zweck angesichts hoher Fluktuationsraten alljährlich zahlreiche neue Beschäftigte rekrutieren muss, ist man angesichts der Firmenkonkurrenz um IT-kompatible Qualifikationen darauf angewiesen, sich in möglichst vielen Landesteilen direkten Zugriff auf einschlägig qualifizierte Arbeitskraft zu sichern. Dies versucht im Prinzip auch G-Pro: In Bangalore nähmen zu viele Firmen Einstellungen vor, erklärt etwa ein deutscher Projektmanager, und speziell indische Servicefirmen »grasen (in Anführungszeichen) den Markt regelrecht ab«. Entsprechend reise man

> dann auch wirklich nach beispielsweise Hyderabad oder Pune oder andere Standorte eben, um dort Interviews zu führen, um qualifizierte Leute zu bekommen (PMM 35).

I-Serve als eine dieser massenhaft rekrutierenden indischen Servicefirmen kann Arbeitskräfte allerdings nicht nur aus ganz Indien anwerben, sondern sie auch relativ ortsnah einsetzen, weil dieses Unternehmen mehr als ein Dutzend Standorte auf dem gesamten Subkontinent und längst auch außerhalb der IT-Metropolen unterhält. Dadurch ist I-Serve für viele Beschäftigte attraktiver als ein westlicher Konzern wie G-Pro, der nur eine einzige indische Niederlassung hat. Immerhin scheint die Möglichkeit, in der Nähe des Heimatortes zu arbeiten, für viele indische Angestellte wichtiger zu sein, als mancher I-Serve-Manager wahrhaben will. Für eine Befragte war die Existenz einer I-Serve-Niederlassung in ihrem Heimatort sogar der Hauptgrund, dort tätig zu werden:

[I]t was really impressive at that point of time, like, such a nice company with such good policy and the *most* attractive thing about [I-Serve] was that it was in [Indian city] where my parents stay [allgemeines Lachen]. I could always stay close to them (TLW 8).

Selbst in dem als »Schmelztiegel« geltenden Bangalore trifft man häufig auf Beschäftigte, die aus der Stadt selbst (EW 42; PMW 45), aus dem sie umgebenden Bundesstaat Karnataka (EM 40) oder aus angrenzenden Bundesstaaten stammen (PMM 43, 49, 50), wie ein Personalverantwortlicher bemerkt:

[L]et's say that a 100 people who are IT professionals are working in Bangalore – so out of those 100 IT professionals working in Bangalore, 15 to 20 percent approximately would be from Bangalore. Then, eh, amongst these four south Indian states, […] Tamilnadu, Andhra, Kerala and Karnataka – out of these four states you'll have a total 50 to 60 percent of the population here. The rest will be from northern and eastern India (PAM 62).

Nach weit verbreiteter Einschätzung besteht die IT-Bevölkerung Bangalores allerdings mehrheitlich aus Menschen, die aus anderen Teilen Indiens zugezogen sind,[12] und dies ist (wie wir in Kapitel 3.2 sehen werden), für die Reproduktion von Arbeitskraft von zentraler Bedeutung.

Auch im Mutterhaus von I-Serve sind viele Beschäftigte aus anderen Landesteilen tätig. In Einzelfällen, in denen sich Wohnort-Präferenzen ändern, kann das Unternehmen jedoch durchaus »Transfers« zu anderen indischen Standorten anbieten, um angesichts hoher Fluktuationsraten (Kapitel 4) Beschäftigte im Unternehmen zu halten. Immerhin erklärt eine indische Managerin, »location is becoming another reason why people leave«. Speziell Frauen kündigten nach der Heirat und zögen zu ihren Ehemännern, fährt sie fort, zumal es selbst in kleineren Städten inzwischen attraktive IT-Jobs gebe (MW 15). Unterhält I-Serve hingegen eine Niederlassung am Zielort, so werden Transfers offenbar so schnell und unkompliziert geregelt, dass Beschäftigte (ähnlich wie bei Postings ins westliche Ausland) einen gewohnheitsrechtlichen Anspruch darauf zu haben meinen. So erinnert sich eine Teamleiterin (TLW 8), die zunächst weit entfernt von ihrem

12 C.K. Meena, Journalistin bei der Tageszeitung »The Hindu« (EXP 97), betont, im Zuge des IT-Booms zögen immer mehr Nordinder nach Bangalore, die statt der örtlichen Amtssprache (Kannada) Hindi sprächen. Dies führe zu Spannungen, die sich etwa anlässlich der Beerdigung des Schauspielers Raj Kapur (2006) in Gewalt gegen IT-Beschäftigte und alle Symbole von Reichtum entladen hätten. Zu den Hintergründen siehe: Nair (2000a); Kapitel »Language and the Right to the City«, in: Nair 2005, 234–270.

Heimatort eingesetzt worden war, dass der Rück-Transfer sehr lange gedauert habe (»Took some time, a lot of time«) – doch faktisch handelte es sich um einen Zeitraum von drei bis vier Monaten. Selbst im Falle von Eheschließungen (als mit Abstand häufigstem Anlass für den Wunsch nach einem Transfer) wird die Versetzung offenbar teilweise sehr kurzfristig beantragt, doch dies scheint die Realisierungschancen nicht zu schmälern. Auch die hier zitierte Teamleiterin (TLW 8) plante zum Zeitpunkt des Interviews ihren Umzug an den Arbeitsort des Gatten – er sollte eine Woche später stattfinden, und das Unternehmen war erst seit drei bis vier Wochen informiert. Trotzdem war sie überzeugt, dass die Versetzung genehmigt werde: »I have to stay with my husband – I can't stay here alone«, bemerkte sie kategorisch und fügte hinzu: »And they are working on it and they will find me a position.« Ein ernsthaftes Bemühen des Unternehmens kann wohl insofern tatsächlich vorausgesetzt werden, als das Scheitern von Transfers nach Erfahrung eines Personalverantwortlichen einen der wichtigsten Gründe für die hohen Fluktuationsraten (speziell unter Frauen) darstellt:

[T]hat forms another reason, bigger source for our attrition, because many times people want to move out … at the time of marriage. Either they discontinue working or move to another city, where we don't have an office location (PAM 23).

Die Größe der Gesamtbelegschaft und die Präsenz in zahlreichen indischen Städten sind allerdings nicht die einzigen Aspekte des Geschäftsmodells von I-Serve, die den Umgang dieses Konzerns mit räumlicher Mobilität im Lebenslauf prägen. Vielmehr betonen viele Manager, dass kurzfristige Wechsel zwischen indischen I-Serve-Niederlassungen vor allem aufgrund der weit fortgeschrittenen Standardisierung von Arbeitspaketen und Arbeitsprozessen möglich seien (Kapitel 2.2.1). Auch deshalb könne man den örtlichen Präferenzen von Beschäftigten oft entsprechen. Ein Projektmanager erklärt dazu:

[W]e try to provide them their preferred location and that's more because we actually have a good number of employees within [I-Serve], so we can always get an alternative. The whole of processes is actually person independent […]. So that definitely gives us a benefit of, eh, giving some, eh, giving due considerations to the preferences that people have (PMM 19).

Der Leiter der deutschen Niederlassung präsentiert die Standardisierungsbemühungen von I-Serve geradezu als Antwort des Unternehmens auf die enorme räumliche Mobilität von indischen Beschäftigten:

Labour will move, and we are getting ourselves ready for that. […] We make software-development independent of people (MM 32).

Der Zusammenhang dürfte jedoch in zweierlei Hinsicht komplizierter sein: Einerseits dient Standardisierung im Rahmen des »Offshoring«-Modells vor allem dazu, durch möglichst transparente und reibungslose Abläufe Kosten zu senken und die Kontrollbedürfnisse von Kunden trotz räumlicher Distanz zu befriedigen (Kapitel 2.2.1) – und inwiefern Standardisierung das Unternehmen tatsächlich von individuellen Beschäftigten unabhängig macht, ist eine offene Frage. Andererseits ist die räumliche Mobilität indischer Beschäftigter zum Teil gerade nicht auf die von Managern gerne berufene Flexibilität indischer IT-Professionals, sondern auf deren Wunsch zurückzuführen, ein aus beruflichen Gründen unvermeidliches Verlassen des Heimatortes rückgängig zu machen – ein Wunsch, der in vieler Hinsicht auf die ortsgebundene Regulierung der Produktion und Reproduktion von Arbeitskraft zurückzuführen ist.

3.2 Regulierungsszenario und räumliche Mobilität

Wenn es nun zutrifft, dass unternehmerische Personaleinsatz-Strategien nicht der einzige Faktor sind, der Formen betrieblicher Arbeitskraftnutzung beeinflusst, so ist im Falle der räumlichen Mobilisierung oder Bindung von Arbeitskraft davon auszugehen, dass Firmenpräferenzen für eine »örtliche Verankerung« von Belegschaften oder aber für deren transnationale Mobilisierung, für Pendeln zwischen verschiedenen Arbeitsorten bzw. für flexible Versetzungen innerhalb eines Landes nicht ungebrochen durchgesetzt werden können. Vielmehr müssen sie sich an den jeweiligen Bedingungen von Arbeitskraft-(Re-)Produktion vor Ort orientieren – und diese stellen sich in Indien anders dar als in Deutschland. Aus diesem Grund lassen sich Unterschiede im Umgang unserer Samplefirmen mit räumlicher Mobilität nur teilweise unter Verweis auf die verschiedenen Geschäftsmodelle von Produkt- versus Servicefirmen erklären (Kapitel 2.2.1). Darüber hinaus spielen ortsgebundene Regulierungsszenarien eine zentrale Rolle, die sich nicht nur auf die Herausbildung von Geschäftsmodellen auswirken (Kapitel 2.2.2), sondern sich auch in ortsgebundenen Mobilitätsmustern niederschlagen, auf welche die betriebliche Nutzung von Arbeitskraft eingestellt werden muss. Im Folgenden wird die Unternehmenspolitik beider Firmen in Deutschland bzw. in Indien betrachtet und mit Fokus auf die Regulierungsebenen Wirtschaft, Staat und Gesellschaft (Kapitel 2.1.2) diskutiert, inwiefern ortsgebundene Standards der (Re-)Produktion von Arbeitskraft bestimmte Muster von räumlicher Mobilität fördern oder behindern. Die Rede von »Mobilitätsmustern« beruht dabei auf der Überlegung, dass es bei räumlicher Mobilität nicht nur um die Überwindung *absoluter* räumlicher Distanzen geht, sondern wir es in der Diktion Harveys zum einen mit *relativem* Raum zu tun haben, der auf Raum-Zeit-Verhältnissen beruht (»spatio-temporality«), und zum anderen mit *relationalem* Raum, der durch Prozesse menschlicher Auseinandersetzung mit Raum konstituiert wird. In Anlehnung an Henri Lefebvre betont Harvey, dass Raum kein einfaches und unveränderliches Gefäß (»simple and immutable container«) sei, in dem sich soziale Prozesse vollziehen. Vielmehr müsse man Räumlichkeit (»spatiality«) »as actively produced and as an active moment within the social process« betrachten (Harvey 2006b, 77). Räumliche Distanz und die Modalitäten ihrer Überwindung verweisen demnach auf soziale Strukturen und Beziehungen, die sich (in der Terminologie der vorliegenden Studie) zu einem Regulierungsszenario verdichten.

3.2.1 Wirtschaftliche Regulierung: Vergütung, Stadtentwicklung, Branchenkonzentration

Im ökonomischen Umfeld unserer beiden Sample-Unternehmen scheinen sich vor allem drei Phänomene auf Standards räumlicher Mobilität auszuwirken:

- Lohnkostenunterschiede zwischen Deutschland und Indien legen unabhängig vom Geschäftsmodell eine Reduzierung transnationaler Mobilität nahe;
- Stadt- und Verkehrsentwicklung prägen alltägliche Mobilität;
- Standards regionaler Branchenkonzentration beeinflussen die biographische Mobilität von Beschäftigten.

Das Ergebnis sind spezifische Mobilitätsmuster, auf die beide Sampleunternehmen sich vor Ort einstellen müssen. In diesem Sinne bewirkt die jeweils spezifische raum-zeitliche Struktur von Kapitalakkumulation und sozialer Reproduktion (vgl.: Harvey 2006b, 96; ders. 1990, 419) in Deutschland bzw. Indien, dass sich die Relativität von Raum in den beiden Ländern auf sehr unterschiedliche Weise bemerkbar macht.

Transnationale Mobilität ist (wie in Kapitel 2.1 ausgeführt) selbst Ausdruck von Zeit-Raum-Verdichtung (»time-space-compression«): Zwar hat sich an der absoluten räumlichen Distanz zwischen Deutschland und Indien nichts geändert – aber die Länder sind sich trotzdem näher gerückt, wie Harvey (2006b, 100) bemerkt:

> The reduction in the cost and time of movement of commodities, people (labor power), money and information through what Marx called ›the annihilation of space through time‹ is a basic law of capital accumulation. It has a notable presence within the historical geography of capitalism and underpins the production of uneven geographical development in many ways.

Dieses Phänomen ermöglicht transnationale Arbeit in zwei Varianten: in Form direkter, persönlicher Zusammenarbeit (weil Dauer und Kosten von Reisen sinken) und in Form virtueller Kooperation mit Hilfe von Kommunikations- und Informationstechnologien. Dass Weltregionen relativ näher zusammen rücken, bedeutet allerdings nicht unbedingt, dass die Unterschiede zwischen ihnen eingeebnet würden. Vielmehr verweist Harvey (2006b, 100f.) auf die Dialektik von Ort und Raum: Unterschiede in der Qualität verschiedener Orte gewinnen demnach durch die Reduzierung räumlicher Barrieren noch an Bedeutung, weil Firmen sie gezielter ausnutzen können (Harvey 1990, 428).[13]

Ein zentraler Unterschied in der Qualität von Orten, den transnationale Konzerne zu nutzen wissen, ist (im hier diskutierten Zusammenhang) zunächst das Gefälle zwischen deutschen und indischen Vergütungsniveaus (Kapitel 5). Immerhin veranlasst es Service- und Produktfirmen gleichermaßen, möglichst wenig teure Arbeitskraft in Deutschland und möglichst viel kostengünstige Arbeitskraft in Indien einzusetzen – und dabei (ebenfalls aus Kostengründen) speziell die Entsendung indischer Beschäftigter nach Deutschland möglichst weitgehend zu begrenzen. Zwar sind die Dauer und Kosten von Reisen gesunken, doch virtueller Austausch ist nach wie vor noch schneller und billiger, zumal man damit vermeidet, indische Beschäftigte in Deutschland nach deutschen Standards vergüten zu müssen. Transnationale Strategien von Arbeitskraft-Einsatz beruhen also in beiden Unternehmen letztlich darauf, transnationale Mobilität zu reduzieren, um optimal vom Vergütungsgefälle zwischen verschiedenen Standorten zu profitieren. Biao (zitiert in Upadhya 2004, 5149) argumentiert so-

---

13 Auch Migration speist sich aus »Zeit-Raum-Verdichtung« und den dadurch verschärften Unterschieden zwischen »absoluten Räumen« in Hinblick auf Löhne, Preise und Lebensqualität. Vgl.: Banerjee-Guha 2002, 4504.

gar, die Attraktivität indischer IT-Arbeitskraft erwachse vor allem aus deren »transnationalem Mehrwert«, also aus der Disparität zwischen den für die Produktion von IT-Arbeitskraft in Indien notwendigen Investitionen und den vorherrschenden Vergütungen auf dem »globalen Markt«; dies reflektiere eine internationale Arbeitsteilung, »where India specializes in producing (even overproducing) IT labor« (Biao 2007, 10). Geht es nun aber bei beiden Geschäftsmodellen letztlich um die Wahrung von Lohnkostenunterschieden zwischen Deutschland und Indien, so beschränkt sich der Unterschied zwischen Produkt- und Servicefirmen in vieler Hinsicht darauf, wie viel Reduzierung von transnationaler Mobilität in deren Funktionslogik konkret »möglich« ist. So war für die Produktfirma G-Pro, die im Rahmen »verteilter Entwicklung« immer komplexere Aufgabenpakete nach Indien zu verlagern suchte, der Einsatz indischer Beschäftigter in Deutschland und deutscher Beschäftigter in Indien eine Zeit lang unvermeidlich, um die Produktentwicklung in der indischen Niederlassung in Gang zu bringen. Später wurde transnationale Mobilität hier allerdings in viel stärkerem Maße reduziert als bei der Service-Firma I-Serve, deren »Offshoring-Modell« darauf beruht, für jedes einzelne Projekt Onsite-Teams nach Deutschland zu entsenden – Einsparpotentiale beschränken sich hier darauf, die Aufenthalte deutscher Beschäftigter in Indien zu reduzieren.

Zudem müssen sich beide Sampleunternehmen unabhängig vom jeweiligen Geschäftsmodell darauf einstellen, dass Mobilität im Alltag sich aufgrund unterschiedlicher Standards von Stadt- und Verkehrsentwicklung in Deutschland anders darstellt als in Indien. Wie wir sahen, prägen in Deutschland alltägliche Reisen zwischen verschiedenen Einsatzorten den Arbeitsalltag der Kundenbeauftragten (und zum Teil auch der Onsite-Teams) von I-Serve, und bei G-Pro legen viele Beschäftigte jeden Tag große Entfernungen zwischen Wohn- und Arbeitsort zurück. Dies hängt zum einen damit zusammen, dass Deutschland (absolut) sehr viel kleiner ist als Indien und Softwarefirmen bzw. deren Kunden (anders als in Indien) nicht auf wenige »Hubs« konzentriert sind (siehe unten). Entsprechend können IT-Beschäftigte in Deutschland leichter einen Arbeitsplatz in der Nähe des eigenen Wohnortes finden als indische Kolleg/innen, die außerhalb der indischen IT-Metropolen leben. Zum anderen ermöglicht es in Deutschland das Straßennetz und (in den wichtigsten Ballungsgebieten)[14] teilweise auch das regionale Schienennetz, innerhalb eines Tages deutlich größere Distanzen zurückzulegen als in Indien, was auf die Relativität raum-zeitlicher Beziehungen verweist – daher umfasst eine »angemessene« Entfernung für alltägliches Pendeln in Deutschland deutlich mehr Kilometer als in Indien. Dies beeinflusst auch die Verteilung der Wohnorte: Ein Projektmanager berichtet, dass zwar »relativ viele« deutsche G-Pro-Beschäftigte direkt in der Stadt wohnten, in der das Unternehmen sein Mutterhaus habe, aber »eigentlich ist es wirklich so der ganze [...] Raum, wo Leute wohnen« – Siedlungsschwerpunkte lägen in drei Städten, die 40 Kilometer, 50 Kilometer und 100 Kilometer entfernt seien (PMM 65). Eine Befragte pendelt sogar zwischen zwei Wohnorten, die etwa 350 Kilometer voneinander entfernt sind (KBW 30).

In Indien hingegen wäre es undenkbar, jedes Wochenende so weit vom Arbeitsort entfernt zu verbringen. Immerhin ist die Tatsache, dass Büros von I-Serve und G-Pro (wie wir sahen) allenfalls über das Stadtgebiet von Bangalore verteilt sind und das Pendeln zwischen verschiedenen indischen Standorten selbst bei I-Serve vermieden wird, nicht zuletzt auf spezifisch indische Mobilitätsmuster zurückzuführen: Selbst (absolut betrachtet) kurze und mittlere Strecken zu Lande zu überwinden, erfordert in Indien aufgrund mangelnder bzw. mangelhafter Verkehrsinfrastruktur teilweise mehr Zeit, als an einem Tag aufgebracht werden kann. So bemerkt Nair (2005, 99) lapidar zu den Straßen Bangalores:

> Roads in the city appear to have taken on a scandalous life of their own, stubbornly resisting repair efforts and impeding mobility rather than enhancing it.

Im Gegensatz dazu erreicht man mit dem Flugzeug selbst weit entfernte Weltregionen schnell und unkompliziert. So gelangt man von Bangalore aus schneller nach Frankfurt am Main (per Direktflug legt man etwa 7.500 Kilometer in knapp zehn Stunden zurück), als in eine Distrikthauptstadt im selben indischen Bundesstaat Karnataka – der Schnellzug nach Belgaum benötigt für etwa 500 Kilometer mehr als elf Stunden. Wenn I-Serve (wie wir sahen) Beschäftigte von Bangalore aus regelmäßig nach Deutschland, aber kaum zu anderen indischen Standorten reisen lässt, ist

14 Dazu zählen das rheinisch-westfälische Industriegebiet, die Region um München sowie das Rhein-Main-Gebiet. Vgl.: Deutschlandkarte. Wo sitzen die Dax-Unternehmen? In: Zeitmagazin Leben 24/07, 8.

dies also nicht nur dem »Offshoring-Modell« dieses Unternehmens, sondern auch der Ungleichmäßigkeit von Zeit-Raum-Verdichtung geschuldet.

Letztere macht sich selbst innerhalb Bangalores insofern bemerkbar, als gangbare Formen alltäglicher Mobilität davon abhängen, dass Wohn- und Arbeitsorte entweder (absolut) nicht weit voneinander entfernt sind oder sich (relativ) durch Straßenbau und Nahverkehr näher rücken – Mobilitätsmuster sind also maßgeblich durch Stadtentwicklung geprägt. In Bangalore zum Beispiel sind die beiden wichtigsten IT-Gewerbegebiete (»Electronic City« und der »Technology Park« in Whitefield) in Außenbezirken angesiedelt, wo (aufgrund des Entwicklungsgefälles zwischen urbanen und ländlichen Regionen in Indien) die Kosten für Boden und Infrastruktur geringer sind – dies hatte bereits seit Jahrzehnten Firmen und Forschungseinrichtungen des öffentlichen Sektors angezogen (Nair 2005; Fromhold-Eisebith 2006, 175f.). Der Ausbau von Verkehrsachsen zu diesen Gewerbegebieten hat die Reisezeiten vieler Beschäftigter verringert, wie ein Teamleiter bemerkt:

> [It] would take almost one and a half hour travelling in the morning and some two hours in the evening. Now it has improved a lot. So it's only around 45 minutes in the morning and one hour in the evening. […] The roads have been broadened and they improved everything, the roadway (TLM 7).

Über eine Halbierung von Fahrtzeiten durch forcierte Zeit-Raum-Verdichtung im Rahmen straßenbaulicher Maßnahmen berichten auch deutsche Befragte (wie KBM 28), doch trotzdem stellt sich die Situation in Indien in zweierlei Hinsicht anders dar: Zum einen erfolgen derlei Infrastrukturinvestitionen dort vorwiegend entlang der für die IT-Industrie relevanten Straßenzüge (MW 15), was offenbar öffentliche Ressentiments schürt.[15] Zum anderen hat der Wunsch vieler IT-Beschäftigter, möglichst nahe an ihrem Arbeitsplatz zu wohnen, im Kontext eines in Deutschland unvorstellbaren megastädtischen Wachstums zu einem Umbau der Stadt und zur »construction of a completely new set of space relations« geführt (Harvey 1990, 425).[16] So sind in den vergangenen Jahren nicht nur weitläufige Ge-

15 So diene der Bau einer neuen Schnellstraße (»that leads straight from central points in the city to Electronic City«), so die Journalistin C.K. Meena (EXP 97), nach weit verbreiteter Auffassung dem Zweck, dass »IT-people can just fly over and ignore the mess down here.« Ein Vorstandsmitglied von I-Serve (MM 5) spricht gar von »class struggle in terms of: why these things should be available only for IT guys«.

16 Die Etablierung einer »new socio-spatial order« und deren »devastating effects on large sectors of the urban economy« hat auch Sassen (2001, 7) beschrieben, denn sobald sich

werbegebiete entstanden, sondern auch riesige Apartment-Anlagen (Raymer 2008) und Einkaufszentren in der Nachbarschaft, deren Attraktivität für IT-Beschäftigte Upadhya (2008, 68) erklärt:

> They find living in such enclaves convenient because services such as security, maintenance, recreation and domestic help are provided or readily available. Within these gated communities, an army of maids, cooks, drivers and nannies looks after family needs and domestic work, freeing professional couples from chores and child care so that they can concentrate on their careers.

Einfache Wohnviertel und Slums hingegen[17] werden zunehmend aus dem Stadtgebiet verdrängt (Meena EXP 97; Benjamin 2005; Nair 2005),[18] was nach Einschätzung von Upadhya (2008, 67) Prozesse sozialer Fragmentierung reflektiert und weiter verstärkt. Immerhin betont Banerjee-Guha (2002, 4507), »the internal geography of the worlds' largest cities« sei insgesamt durch soziale Polarisierung und zunehmende Konflikte geprägt. »[I]ntra-city space […] tends to become a contradictory space, characterised by contestation and internal differentiation«. Dies beinhalte eine

> systematic selection of modern urban functions in specific areas, relocation of poor people and less profitable activities to the periphery and their replacement by newer functions, mega-structures and modern infrastructure.

Nach Einschätzung von Smith (2002) ist dies Folge einer Abkehr von keynesianisch inspirierter Stadtplanung, bei der die Schaffung von erschwinglichem Wohnraum in Nähe zu Produktionsstätten ein zentrales Ziel markierte. Stattdessen werde städtische Politik derzeit im Rahmen eines weltweit festzustellenden »New Urbanism« zunehmend an Interessen der Produktion orientiert. Soziale Reproduktion spiele hingegen eine immer geringere Rolle und werde für große Teile der aus den hochpreisigen Stadtzentren verdrängten, gering entlohnten und politischen Repressionen ausgesetzten Bevölkerung zu einem immer anspruchsvolleren Unterfangen. Dies gilt auch für Bangalore: Dort hat das Streben vieler IT-Beschäftigter nach

---

eine kritische Masse von Firmen mit »extremely high profit making capacities« ansiedele, explodierten etwa die Preise für Land und Wohnraum. Dies ist auch in Bangalore der Fall (Kapitel 5.2.).

17 Verdrängt werde, was »[u]n-planned, slums, non-conforming, illegal, un-authorised, and sub-standard« sei. Dies gelte für »90% of the city areas where people live and work.« (Benjamin 2005, 27).

18 Zur Computerisierung von »land titles« (Landbesitz-Rechten), durch die nur noch »'marketable' (rather than established claims based on occupancy)« als legitim gälten, siehe: Benjamin 2005, 27; Ramanathan, EXP 86.

größtmöglicher Nähe von Arbeits- und Wohnort zur Folge, dass viele ehemalige Bewohner der durch IT-Gewerbe- und -Wohngebiete verdrängten Viertel von den Rändern der Stadt auf schlecht unterhaltenen und überfüllten Straßen und ohne ausreichenden öffentlichen Nahverkehr zu ihren oft im Zentrum gelegenen Arbeitsplätzen gelangen müssen.[19] Die Verringerung relativer Entfernung für IT-Beschäftigte führt demnach für die von ihnen verdrängten Bevölkerungsgruppen zur absoluten und relativen Zunahme der räumlichen Distanz zwischen Wohn- und Arbeitsort.[20] Dies betrifft nicht zuletzt die Hausangestellten von IT-Beschäftigten, denn viele von ihnen leben in städtischen Slums in unmittelbarer Nähe zu den neuen Wohn- und Gewerbegebieten.[21] Nach Aussage von Geeta Menon, die in Bangalore Hausangestellte organisiert (EXP 90), sind etwa drei Viertel der Slum-Bewohner weibliche »domestic workers«, und eine bei diesem Gespräch anwesende IT-Angestellte ergänzt, auch ihr Wohngebiet grenze (wie in Bangalore üblich) an einen Slum:

I live in this apartment complex. […] So there is this road, you know, cutting across – where this side, it's like people from your economic strata live. And here – that is the slums. So most of the workers would come here – actually, they live around here […]. Most people […] they are not going to give, like, transportation money. […] Because that's kind of money plus they want their people to be located close by […]. So I think that's fairly common from my personal experience. […] You have a fancy building here, and next to it, you'll have a slum. And you have (because of this slum) workers in these fancy buildings.

Wir haben es demnach in Bangalore mit dem von Sassen (2001, 9) beschriebenen Prozess einer »high income gentrification« zu tun, »that rests, in the large analysis, on the availability of a vast supply of low wage workers«. Diese Konstellation – also die räumliche Verdrängung von Menschen im Zuge des IT-Booms und deren gleichzeitige Inanspruchnahme

19 Die Regierung von Karnataka stellte den Slumbewohnern Häuser am Stadtrand (»30 kilometers away«) zur Verfügung. Weil viele jedoch im Stadtzentrum arbeiteten, vermieteten sie die Unterkünfte und lebten in zentral gelegenen »shanty towns« (Meena, EXP 97).

20 Die Einbindung der Stadt in ihr Umland verliert also keineswegs an Bedeutung, wie etwa Banerjee (2002, 4507) argumentiert. Eine »Insellösung«, bei der Stadtentwicklung unabhängig von bzw. auf Kosten des Umlandes betrieben wird, strebten (laut Nair 2000b) allenfalls jene Regierungs- und Firmenvertreter an, die Bangalore in ein »zweites Singapore« verwandeln wollten.

21 Für Neu Delhi betont Neetha N. (2002): »A significant proportion of the live-out domestic workers are drawn from squatter settlements/slums, located in the periphery of middle and upper middle class residential areas.«

als billige, weil zunehmend prekär hausende Arbeitskraft – prägt offenbar auch die IT-Gewerbegebiete. Jedenfalls räumt ein Mitglied des I-Serve-Vorstandes (MM 5) ein, die Expansion des Firmengeländes habe viele Menschen ihrer landwirtschaftlichen Erwerbsquellen beraubt, weshalb man gezielt Einheimische (zum Beispiel als Gärtner oder Reinigungskräfte) rekrutiere:

Those who … really had to go without jobs because the land was acquired. So those women come and work here.

Durch diese Umverteilung von Land wurde Bangalore in vieler Hinsicht viergeteilt: Neben »einfachen« Stadtvierteln, die immer weiter schrumpfen, und den traditionellen Wohngebieten der einheimischen »Mittelschicht« (EW 22)[22], die bislang kaum von »Zugezogenen« bevölkert sind, haben sich neue Siedlungsschwerpunkte von IT-Beschäftigten herauskristallisiert, die Einheimische eher meiden. Jedenfalls betont eine aus Bangalore stammende Entwicklerin nachdrücklich, sie habe sich für ein Viertel entschieden, in dem »local people, rather than IT professionals« lebten. Die Nachfrage, ob IT-Beschäftigte schwierige Nachbarn seien, bejaht sie lachend:

Probably, if you have neighbors, I mean a bunch of bachelors, who keep partying all night, maybe. […] [P]lus there are more of stalls in such areas, like, people will be crowded 'til late in the night and all, which is not – [why] my husband won't prefer staying in such kind of an area, because I'll also be working late and coming home late and so that's one of the reasons we moved to a better area (EW 3).

Zu guter Letzt wohnen viele Befragte in gewachsenen innerstädtischen Vierteln, die zunehmend durch zahlungskräftige IT-Professionals bevölkert und deren Bedürfnissen gemäß umgebaut werden – Smith (2002) beschreibt diese Form von »Gentrification« als weltweit feststellbare »Urban Strategy«. Im Zuge dieser Entwicklung sind im Verlauf der letzten 50 Jahre Hunderte von Dörfern aus dem Stadtgebiet Bangalores verschwunden (Nair 2005, 147). Auch ein Manager berichtet, sein Stadtteil sei noch vor zehn Jahren ein Dorf gewesen, doch die rasante Entwicklung werde von den Einheimischen eher befürwortet, zumal ein Teil des Viertels unverändert sei:

22 Upadhya (2008, 55f.) betont, die Definition der »indischen Mittelschicht« bzw. der »indischen Mittelschichten« sei umstritten. Sie stellt jedoch fest: »software professionals and others employed in the IT industry are hardly representative of the much larger and broader ‚Indian middle class' (howsoever this contested term may be defined«.

The roads are still narrow, the same market, oldern style market. So that's still continuing in one block (MM 9).

Allerdings leben auch in seiner Wohnanlage nach Auskunft dieses Befragten kaum Einheimische, sondern fast ausschließlich IT-Beschäftigte, die sich die exorbitanten Mieten leisten können (Kapitel 5.2). Entsprechend bilden sich nicht nur in Form von Gewerbegebieten, sondern auch in Form von Wohngebieten und Freizeiteinrichtungen regelrechte IT-Enklaven heraus (Meena EXP 97) – die »IT-Szene« scheint sich nicht zuletzt aufgrund ihrer räumlichen Konzentration immer stärker zu vernetzen und immer weniger Kontakte zu Außenstehenden zu pflegen. In diesem Sinne lässt sich argumentieren, dass Bangalore derzeit eine jener Revolutionen in zeitlich-räumlichen Beziehungen erlebt, die »eine Zerstörung der Lebensweisen und sozialen Praktiken« vorangegangener Zeit-Raum-Systeme und eine Umverteilung von »Rollen, Handlungsspielräume[n] und Zugang zu Macht innerhalb einer gesellschaftlichen Ordnung« beinhalten (Harvey 1990, 419, 425).

Deutschland hingegen erlebt aktuell keine vergleichbare zeit-räumliche Revolution. Obwohl Smith (2002) auch deutschen Städten einen neoliberalen »new Urbanism« attestiert, sind die dortigen Mobilitätsmuster vergleichsweise stabil. Allenfalls unter den indischen Onsite-Teams von I-Serve ist offenbar »IT-Ghettobildung« festzustellen,[23] wie ein deutscher Kollege beobachtet hat:

[D]ie wohnen halt alle ums Eck. In einer Unterkunft, die man getrost als Abzocke bezeichnen kann – aber sie wohnen dort einfach alle. Was wieder verschiedene Gründe hat: Also, einerseits ja, […] dort können sie eben einfach dadurch, dass sie die persönlichen Netzwerke haben, eine Wohnung finden. Andererseits […]: Wenn die Kollegen ihre Familie mitbringen, die Familie spricht eben auch kein Deutsch. Die haben es einfach leichter, wenn mehrere Familien zusammen sind, in Anführungsstrichen: Ghettobildung. Etwas übertrieben dargestellt. Aber *nur so* funktioniert das (PMM 27).

Abgesehen davon leben Angestellte von I-Serve und G-Pro jedoch in Deutschland in zeitlich-räumlichen Beziehungen, die weder durch das megastädtische Wachstum noch durch die damit einhergehende Fragmentie-

23 Upadhya (2006b) führt dies auch auf europäische Ressentiments gegenüber »Outsourcing« und Einwanderern zurück. Allerdings leben auch indische IT-Beschäftigte in den USA zumindest in der ersten Zeit oft in Apartment-Anlagen, die von Familien indischer »H1-B-Visa«-Inhaber dominiert sind. Devi (2002, 4422) nennt sie »sophisticated ghettos«.

rung und Polarisierung sozialen Raums geprägt sind, welche die indische IT-Metropole Bangalore kennzeichnen.

Unternehmen müssen sich nun an diesen sehr unterschiedlichen Mustern alltäglicher Mobilität orientieren, um sicherzustellen, dass Beschäftigte trotz weiter absoluter Entfernungen (Deutschland) bzw. trotz überfüllter Straßen (Indien) rechtzeitig am Arbeitsplatz eintreffen und am Abend ausreichende Erholungszeiten haben, um verausgabte Arbeitskraft zu reproduzieren (Kapitel 6).[24] Eine besonders weitgehende Anpassung an örtliche Mobilitätsstandards ist hier den beiden Mutterhäusern unserer Samplefirmen zu attestieren, die diese Standards (im Falle von I-Serve aufgrund großer Beschäftigtenzahlen) mit prägen oder zumindest selbst durch diese Standards geprägt sind. Im Prinzip versuchen beide Unternehmen, die Standards des Mutterhauses auf ihre Niederlassungen zu übertragen, was aber jeweils nicht bruchlos gelingt. Im Falle der indischen G-Pro-Niederlassung ist allerdings mehr Einsicht in die Notwendigkeit erkennbar, sich örtlichen Mustern alltäglicher Mobilität anzupassen, als bei der deutschen I-Serve-Niederlassung.

Betrachten wir zunächst G-Pro, so stellt das Unternehmen allen IT-Beschäftigten[25] einen Firmenwagen zur Verfügung (PAW 67) – im deutschen Stammhaus nach drei Jahren (EM 71), in der indischen Niederlassung nach fünf Jahren, wobei die formale Position keine Rolle spielt (LOG 41; MM 37). G-Pro fördert damit die in Deutschland typische Form alltäglicher Mobilität, die auf Überwindung großer absoluter Distanzen mit dem PKW beruht. Weil die Kosten für Firmenwagen aus demselben Budget bestritten werden wie Flugreisen, geschieht dies auf Kosten transnationaler Mobilität, kritisiert ein Projektmanager: »Man« habe »halt gesagt«,

> der entsprechende Topf ist so und so global. Und das war's. Und in den gleichen Topf gehen – das darf man gar nicht sagen – momentan dann immer so Sachen wie die Firmenwagen und Ähnliches ein. Das heißt, wenn da eine Erhöhung ist, müssen automatisch die anderen Töpfe runterfahren. Mir persönlich völlig unverständlich, wie eine Firma solche Prioritäten setzen kann, aber … gut, wird halt gemacht (PMM 70).

24 Keines der Unternehmen gewährleistet dies durch nahe gelegene Werkswohnungen, obwohl andere IT-Firmen durchaus Apartmentblocks (für indische Beschäftigte in Deutschland) unterhalten (Upadhya 2006b).

25 Ausgeschlossen sind »Sekretärinnen, Team-Assistentinnen, unterstützende Kräfte« (PAW 67).

Für die indische Niederlassung gilt eine ähnliche Politik. Obwohl die Nutzung eines privaten PKW angesichts der überfüllten Straßen von Bangalore[26] Reisezeiten kaum verkürzt, werden Firmenwagen von indischen Beschäftigten offenbar sehr geschätzt, weil sie als Signum sozialen Aufstiegs gelten (D'Mello/Sundeep 2008, 84). Um zu vermeiden, dass Beschäftigte täglich stundenlang im Stau stehen, bietet G-Pro allerdings (anders als in Deutschland) zudem einen kostenlosen Bus-Shuttle an, der Beschäftigte aus dem ganzen Stadtgebiet zwischen 8 Uhr und 11 Uhr zum Campus und zwischen 17 Uhr und 19 Uhr (sowie eingeschränkt um 21 Uhr) zurück in die Wohngebiete befördert (LOG 41; TLW 47). Damit kopiert G-Pro (in kleinem Maßstab) die Praktiken indischer Servicefirmen, die sich besonders weitgehend an die Bedingungen von Zeit-Raum-Verdichtung in Bangalore angepasst haben.[27]

Das Mutterhaus von I-Serve etwa unterhält ein weit umfangreicheres System von Bus-Shuttles, die mehr als 10.000 Beschäftigte aus dem ganzen Stadtgebiet nicht kostenlos, aber zu erschwinglichen Preisen[28] zwischen Firmengelände und Wohngebieten hin und her transportieren. Zu diesem Zweck hat man mehrere Hundert Busse angemietet (zwei Drittel davon von der städtischen Verkehrsgesellschaft)[29], die zwischen 6 Uhr und 9 Uhr sowie zwischen 17 und 21 Uhr verkehren. Die längste Strecke beträgt 37 Kilometer, doch die Organisatoren des Shuttle-Systems betonen, ungefähr 60 Prozent der Beschäftigten wohnten in relativer Nähe zum Firmengelände (LOG 17). Firmenwagen hingegen werden in Bangalore nicht angeboten – und entsprechend verweigert man diese Zusatzleistung auch in der deutschen Niederlassung. Weil Firmenwagen für »Projektmanager und aufwärts« in Deutschland selbstverständlich seien, kritisiert ein deutscher Befragter (KBM 28), scheitere daran so manche Rekrutierung, auf die I-Serve dringend angewiesen sei (Kapitel 2.2). Ein Bus-Service ist angesichts der geringen Belegschaftszahlen in Deutschland nicht sinnvoll, und so müssen

26 Die chronische Überfüllung ist vor allem auf die extensive PKW-Nutzung einer Minderheit zurückzuführen, wie Nair (2000b, 1513) bemerkt: »In Bangalore, nearly 60 percent of trips are made on buses which account for less than two percent of the vehicles on the road«.

27 Nach Abfahrt der letzten Busse haben Frauen bei G-Pro ab 19.30 Uhr, Männer ab 22 Uhr Anspruch (MM 63) auf Taxen, die im Stundentakt fahren; bei I-Serve hingegen verkehren mehrere Hundert Taxen von Privatunternehmen offenbar nach Bedarf.

28 Eine Monatskarte kostete 2007 zwischen 700 und 1.000 Rupien (TLW 21), das Einstiegsgehalt bei I-Serve lag bei 27.000 Rupien (Kapitel 5.1.).

29 Dies habe die Qualität des öffentlichen Nahverkehrs erheblich verschlechtert, meint Meena (EXP 97).

sich Beschäftigte dort mit privaten Fahrzeugen (PMM 27) oder dem öffentlichen Nahverkehr (PMM 25) behelfen, obwohl sie (wie wir sahen) mit relativ hohen Mobilitätsanforderungen konfrontiert sind. Interessanterweise ähnelt dieses Muster alltäglicher Mobilität den Standards in einer nordindischen Niederlassung von I-Serve, wo die Bevölkerungsdichte sowie die Zahl transnationaler Firmen geringer ist (TLM 6; TLW 8). Daher reicht es nicht aus, von einem »indischen« bzw. einem »deutschen« Mobilitätsmuster zu sprechen – vielmehr haben wir es mit verbundener ungleichmäßiger Zeit-Raum-Verdichtung zu tun, wobei Ungleichmäßigkeiten zwischen Zentren und Semiperipherie kapitalistischer Wirtschaft, zwischen urbanen und ländlichen Gebieten in derselben Weltregion (Banerjee-Guha 2002, 4505) sowie durchaus auch innerhalb eines Stadtgebietes festzustellen sind, das (wie Bangalore) eine Revolution zeitlich-räumlicher Beziehungen durchlebt.

Schließlich müssen IT-Unternehmen bei der Entscheidung über Formen von Arbeitskraftnutzung auf Standards regionaler Branchenkonzentration Rücksicht nehmen – und diese ist in Indien sehr viel stärker ausgeprägt als in Deutschland. Immerhin bestehen in Indien enorme Unterschiede zwischen »wohlhabenden« und ärmeren indischen Bundesstaaten, und der IT-Boom scheint diese Disparitäten in den neunziger Jahren noch verstärkt zu haben (Fromhold-Eisebith 2006, 164, 166ff.). Indische wie ausländische Firmen siedelten sich vor allem in sieben Metropolen an[30], weil sie »large urban regions with their supply of highly educated people, fairly developed infrastructure and high quality of life« bevorzugten – so entstand ein »highly uneven locational pattern of IT firms« (Fromhold-Eisebith 2006, 169). Seit der zweiten Hälfte der neunziger Jahre ist allerdings ein Trend zur Einbeziehung kleinerer Städte zu verzeichnen, weil die Kosten für Arbeitskraft und Boden in IT-Zentren wie Bangalore rasant stiegen (ebenda, 170, 175).[31] Das Serviceunternehmen I-Serve vollzog diesen Trend mit, indem es immer mehr Niederlassungen außerhalb Bangalores gründete, und eröffnete sich damit (wie erwähnt) die Möglichkeit, Arbeitskraft gezielt durch Versetzungspolitik an sich zu binden – eine Option, die Unternehmen wie G-Pro ohne Niederlassungsnetz verschlossen

30 Es handelt sich um Mumbai, Bangalore, Neu Delhi, gefolgt von Hyderabad, Chennai, Kalkutta und Pune (Lateef 1999, chapter 2.4; Kumar 2001, 35; Fromhold-Eisebith 2006, 170, 177).

31 Laut Raymer (2008) liegt »the cost of doing business« selbst in Metropolen wie Chennai, Kalkutta oder Hyderabad 30 Prozent unter dem Niveau von Bangalore.

ist (Kapitel 3.1). Grundsätzlich ist die Gründung neuer Niederlassungen jedoch als höchst aufwändige und kostenintensive Anpassung an das wirtschaftliche Umfeld in Indien zu betrachten – und als Reaktion auf den Umstand, dass Wachstum und Konzentration der Branche zunehmend mit der (Re-)Produktion von Arbeitskraft in Konflikt geraten: Zum einen stellen berufsbedingte Langstrecken-Umzüge in die IT-Metropolen die transgenerationale (Re-)Produktion von Arbeitskraft in Frage (Kapitel 3.2.2), und zum anderen übersteigen die Lebenshaltungskosten etwa in Bangalore zunehmend das, was IT-Unternehmen in Arbeitskraft zu investieren bereit sind.

Auch in Deutschland spielen räumliche Konzentrationstendenzen durchaus eine Rolle – man denke etwa an die Herausbildung »regionaler Innovationssysteme«, »industrieller Distrikte«, »ökonomischer Cluster« oder regionaler »organisationaler Felder« (Kapitel 2.2). Allerdings ist das wirtschaftliche Gefälle zwischen Ballungsgebieten und ländlichen Regionen weniger stark ausgeprägt als in Indien, und speziell die IT-Industrie ist relativ gleichmäßig verteilt – »IT-Hubs« im indischen Sinne existieren nicht. Entsprechend besteht für ein Unternehmen wie G-Pro keine Notwendigkeit, den Zugriff auf Arbeitskraft regional zu verbreitern, um etwa den Gehaltssteigerungen in einem IT-Zentrum zu entgehen. Dies gilt umso mehr, als deutsche Beschäftigte bereit und (aufgrund der Verkehrsinfrastruktur) in der Lage sind, über deutlich weitere Strecken hinweg täglich zwischen Wohn- und Arbeitsort zu pendeln. Dass berufsbedingte Umzüge in solchen Fällen bewusst vermieden werden, irritiert einen indischen G-Pro Manager:

> Most of the Germans have this thing, I feel that. They want to stay close to the house, they are happy with that. I've seen colleagues travelling [200 kilometers] to [G-Pro headquarters] every day, [150 kilometers ...] every day. [...] They have their attachment to their roots and they don't wanna change. At any cost (MM 37).

Tatsächlich scheinen viele deutsche Angestellte von G-Pro ihre »Wurzeln« in der Region zu haben, in der sich die Unternehmenszentrale befindet. Ein Senior Entwickler bemerkt etwa, er glaube,

> dass die allermeisten in der Region verwurzelt sind. Also ich denke, die allermeisten werden bis zur Rente hier arbeiten wollen.

Dies bedeute nicht unbedingt, dass sie aus der Region stammten, erklärt er, aber dass die Leute hier Familie haben, vielleicht ein Haus gebaut haben. Und ich glaube, sobald man gebaut hat, ist ein Umzug deutlich schwieriger als ohne ein eigenes Haus zu haben (SEM 68).

Auch ein Vertreter der Personalabteilung formuliert den Eindruck, Kollegen,

die aus der Umgebung hierher kommen, die sind auch ortsverbunden. [...] Ich habe Kollegen, [...] Ende 20, die jetzt ihr Reihenhaus bauen, die sich niederlassen, die aus der Region kommen und auch vorhaben, hier komplett zu bleiben (PAM 66).

G-Pro stellt sich offenbar auf das durch »örtliche Verankerung« geprägte deutsche Mobilitätsmuster ein – und fördert zudem die Sesshaftigkeit der Belegschaft durch zinsgünstige Kredite für Hausbau oder Wohnungskauf.

Die Übertragung von Standards des Mutterhauses auf die jeweilige Niederlassung funktioniert jedoch auch in diesem Fall nur eingeschränkt: In der deutschen Niederlassung von I-Serve erfordert die Arbeit bei wechselnden Kunden viel häufiger »Dienstreisen« als im Mutterhaus, und man verfügt in Deutschland (anders als in Indien) nicht über ein Netz von Niederlassungen, das es ermöglichen würde, alltägliche Mobilität durch dauerhafte Versetzungen (also »biographishe Mobilität«) überflüssig zu machen. Beides erschwert die dauerhafte Einbindung deutscher Beschäftigter, die teilweise mit Eltern oder Schwiegereltern im selben Dorf wohnen (KBM 28) und dort ähnlich verwurzelt sind wie Angestellte von G-Pro. G-Pro hingegen versucht in seiner indischen Niederlassung die aus dem Mutterhaus bekannte »örtliche Verankerung« zu fördern, indem man dort ebenfalls günstige Kredite für Immobilienkauf gewährt (PAW 67). Tatsächlich scheinen die (von uns befragten) Angestellten bei G-Pro häufiger Immobilien zu besitzen als bei I-Serve, doch dies dürfte vor allem mit dem höheren Altersdurchschnitt der indischen G-Pro-Belegschaft und ihren höheren Gehältern zusammenhängen (Kapitel 4.2.3 und 5). Zudem symbolisiert ein Immobilienkauf zwar in Deutschland nach Ansicht vieler Befragter ein »Sesshaftwerden«, in Indien (und speziell in Bangalore) hingegen wird er oft in der Hoffnung auf Spekulationsgewinne und weitgehend unabhängig davon getätigt, ob man eine längerfristige Perspektive in Stadt oder Unternehmen sieht. Weil viele indische Beschäftigte (angesichts chronisch überfüllter Straßen und steigender Lebenshaltungskosten) nicht dauerhaft in Bangalore bleiben möchten, lassen sich die im Mutterhaus von G-Pro so zentralen Standards »örtlicher Verankerung« in der indischen Niederlassung nicht durchsetzen. Dies begrenzt die Möglichkeiten des Unternehmens, den Zugriff auf Arbeitskraft so langfristig zu sichern, wie es die Logik »verteilter Entwicklung« erfordern würde.

3.2.2 Gesellschaftliche Regulierung: Mobilität von Geschlechtern und Generationen

Der damit angesprochene Umstand, dass Beschäftigte in Deutschland eher eine langfristige »örtliche Verankerung« präferieren, während in Indien Umzüge als akzeptabler und teilweise sogar als wünschenswert gelten, verweist nun bereits auf ein zentrales Ergebnis der gesellschaftlichen Regulierung von Arbeitskraft-(Re-)Produktion, das betriebliche Arbeitskraftnutzung maßgeblich beeinflusst und sich in Deutschland anders darstellt als in Indien: auf die Arbeitsteilung zwischen Geschlechtern, Generationen und sozialen Schichten. Immerhin beinhaltet ein »deutsches« oder »indisches« Mobilitätsmuster keineswegs, dass alle Menschen in Deutschland oder in Indien mit denselben Standards räumlicher Mobilität leben. Vielmehr haben wir es wiederum mit verbundener ungleichmäßiger Entwicklung zu tun, weil unterschiedliche Mobilitätsstandards von Frauen und Männern, von Jungen und Älteren oder von Angehörigen verschiedener sozioökonomischer Gruppen aufeinander treffen, sich gegenseitig beeinflussen und sich zu einem spannungsreichen Muster verdichten, das wesentlich darüber entscheidet, in welcher Form Unternehmen vor Ort auf Arbeitskraft zugreifen und welche Mobilitätsanforderungen sie gegenüber Beschäftigten durchsetzen können.

So kann man etwa argumentieren, dass *transnationale Mobilität* von Männern erst durch die örtliche Verankerung von Frauen ermöglicht wird. Zwar müssen im Prinzip beide Geschlechter mit dem Spannungsverhältnis zwischen »capitalist formations (that require mobility) and household formations (that require stability)« umgehen (Raghuram 2004, 170), doch offenbar sind (speziell mittel- und langfristige) Auslandseinsätze in beiden Sampleunternehmen sowohl in Deutschland als auch in Indien ein vorwiegend männliches Phänomen. Frauen befördern diese Tendenz, indem sie (als IT-Beschäftigte) nach der Eheschließung auf Entsendungen verzichten oder (als Ehefrauen von IT-Beschäftigten) während deren Entsendungen (im Ausland oder im Herkunftsland) Reproduktionsarbeiten übernehmen. Wie wir (in Kapitel 4.2) sehen werden, sind IT-Belegschaften ohnehin männlich dominiert – dies gilt für die Samplefirmen ebenso wie für die deutsche und indische IT-Industrie. Unter transnational Reisenden scheinen Männer jedoch noch deutlicher überrepräsentiert zu sein – so das Ergebnis einschlägiger Studien (einen Überblick bietet: Raghuram 2004) und der Eindruck, der sich in Interviews und beim Gang durch Büro-gebäude aufdrängt. So entsendet G-Pro, wo in der untersuchten Abteilung in Deutschland knapp 14 Prozent und in Indien etwa 25 Prozent Frauen sind (PAW 67; PAM 54), vorwiegend männliche Manager von Deutsch-land nach Indien und männliche Entwickler von Indien nach Deutschland. Bei I-Serve, das in Indien ebenfalls etwa 25 Prozent Frauenanteil aufweist, in Deutschland hingegen fast keine Frauen beschäftigt (PAM 23; PAW 31), spielt der Einsatz deutscher Beschäftigter in Indien, wie wir sahen, unabhängig vom Geschlecht keine Rolle. Unter den in Deutschland eingesetzten Onsite-Teams sind Frauen jedoch weit seltener vertreten, als es ihrem Belegschaftsanteil in Indien entsprechen würde (KBM 29). Dies hebt auch der Leiter der deutschen Niederlassung hervor:

> In the Indian staff it's probably only 10 percent here in Germany, because a lot of women don't travel outside. […] A lot of women who travel here are on short term visas, they come on a ›Geschäftsvisum‹ or they do their work and go back. But typically, a lady from India […] does not come here on a one year, two year stay alone […]. We also have single ladies coming here, but the number is not that high (MM 32).

Es ist nun nicht auszuschließen, dass bewusst oder unbewusst Unterschiede zwischen der Karriereförderung für Männer bzw. für Frauen gemacht werden, die auch in der Verteilung von (zumindest für indische Beschäftigte) attraktiven Postings zum Ausdruck kommen. Upadhya und Vasavi (2006, 93) bemerken dazu:

> An engineer cannot be forced by the company to go onsite, but it does affect one's career growth to consistently refuse such assignments. Among our survey respondents, women had been abroad less frequently than men, with an average of 2.7 and 5.3 trips, respectively. The widespread impression that women are reluctant to take up onsite assignments, while apparently corroborated by our data, may be a self-fulfilling prophecy, in that it may also result in women getting selected less often.

Interessanter ist allerdings für unsere Zwecke die Frage, inwiefern sich in dieser (in beiden Samplefirmen und beiden Ländern feststellbaren) Ungleichverteilung von transnationaler Mobilität Unterschiede zwischen indischen bzw. deutschen Ernährermodellen niederschlagen. Vor allem zwei Aspekte dürften Auswirkungen auf transnationale Mobilität haben:

- Zum einen ist Familiengründung in Indien weitgehender standardisiert als in Deutschland, so dass indische (aber nicht unbedingt deutsche) Beschäftigte ab einem bestimmten (durch soziale Normen definierten) Punkt ihrer Biographie nicht mehr nur die (Re-)Produktion ihrer eigenen Arbeitskraft gewährleisten müssen, sondern zudem für Ehepartner und Kinder Sorge zu tragen haben.
- Zum anderen spielt Frauenerwerbsarbeit in den Ernährermodellen, die IT-Arbeit prägen, in den beiden Ländern eine unterschiedlich große Rolle.

Diese beiden Unterschiede zwischen deutschen und indischen Standards von Arbeitskraft-(Re-)Produktion prägen betriebliche Arbeitskraftnutzung in verschiedener Hinsicht, weshalb wir häufig auf die folgenden Ausführungen zurückkommen werden.

Exkurs: Standards von Familiengründung, Ernährermodelle

Für Deutschland herrscht weitgehende Einigkeit darüber, dass sich Lebensweisen und Haushaltskonstellationen in den vergangenen Jahrzehnten stark ausdifferenziert haben: in Westdeutschland[32] ist der Anteil von Alleinlebenden, Paaren ohne Kinder und Alleinerziehenden massiv gestiegen, der Anteil der Paarhaushalte mit Kindern hingegen deutlich zurückgegangen.[33] Daher ist es nicht verwunderlich, dass auch unter den deutschen Befragten diverse Lebensweisen vertreten sind – ein Muster ist dabei nicht erkennbar. Zwar kann man den Eindruck gewinnen, dass etwa eine Tätigkeit als Kundenbeauftragter bei I-Serve aufgrund hoher alltäglicher Mobilitätsanforderungen eine Familiengründung erschwert (ein 35-jähriger Deutscher jedenfalls bemerkt, eine feste Beziehung zu haben, sei »[b]ei meinem Job sehr schwierig«; KBM 26), doch unter denselben Mobilitätsbedingungen finden sich bei I-Serve auch kinderlose Paare (PMM 27, KBW 30) sowie ein »Hauptemährer« mit mehreren Kindern (KBM 28). Mit einer Tä-

32 Die Beschränkung auf Westdeutschland ist insofern gerechtfertigt, als unsere Samplefirmen dort operieren und die meisten deutschen Befragten aus dem Westen stammen.

33 Dem Sozioökonomischen Panel zufolge stieg der Anteil der Alleinlebenden unter 65 Jahren von 18,5 Prozent (1984) auf 23,6 Prozent (2001). Der Anteil von Paaren (unter 65 Jahren) ohne Kinder nahm im gleichen Zeitraum von 15,7 auf 18,6 Prozent, der Anteil Alleinerziehender von 2,2 auf 3,2 Prozent zu. Der Bevölkerungsanteil von Paaren mit Kindern im Haushalt sank hingegen 40,4 Prozent (1984) auf 30,4 Prozent (2001) (SOFI u.a. 2005, Tabelle II.3, A 1).

tigkeit im Mutterhaus von G-Pro hingegen lassen sich Paarbeziehungen offenbar leichter vereinbaren. So berichtet ein Manager über die älteren und erfahrenen deutschen Beschäftigten in seinem Umfeld:

[D]ie sind alle entweder verheiratet oder haben eine ganz andere Familienstruktur. [...] Verheiratet, feste Beziehung und Lebenspartner, wie auch immer die Beziehung sich nennt. [...] Alles was Sie so üblicherweise in Deutschland vorfinden. Aber alles in einer festen Beziehung (MM 69).

Auch Eltern seien vertreten (»Ja, klar. Auch mit zwei oder drei Kindern.«), wobei es sich allerdings ausschließlich um Männer handele.

In Indien hingegen scheint das Spektrum praktizierter Lebensweisen zumindest in den Mittelschichten, aus denen die überwiegende Mehrheit der IT-Belegschaften stammt (Kapitel 7.2.3), deutlich eingeschränkter zu sein. Zwar liegen keine entsprechenden Haushaltsstrukturdaten vor, doch für unsere Befragten und IT-Beschäftigte, die für andere Studien in den Blick genommen wurden, ergibt sich ein sehr einheitliches Bild, das Upadhya und Vasavi (2006, 111) als »pattern of social conservatism among software engineers with regard to family and marriage« bezeichnet haben. Obwohl unser Sample relativ klein und statistisch nicht repräsentativ ist, mag folgendes Schaubild dieses Muster für die indischen Befragten verdeutlichen.

Schaubild 6: Familienstand der indischen Befragten nach Durchschnittsalter (in Klammer: Zahl der Befragten)[34]

	Durchschnittsalter (Frauen)	Durchschnittsalter (Männer)
Unverheiratet & kinderlos	24 (2)	25 (8)
Verheiratet & kinderlos	26 (7)	31 (11)
Verheiratet mit Kind(ern)	35 (2)	33 (8)

Die wichtigsten Erkenntnisse, die sich daraus ergeben, decken sich mit Beobachtungen von Baas (2009, 292f.) in der IT-Szene Bangalores:

Those belonging to the educated middle-classes marry on average between 23 and 29 years. My informants often explain that girls generally marry earlier than boys [...]. However, although there are many options in regard to how and when, *not marrying* is not one of them.

34 Die Differenz zwischen der Summe der Fallangaben und der Gesamtzahl der Interviews ergibt sich daraus, dass Alter und Familienstand nicht für alle Befragten bekannt sind.

Überhaupt zu heiraten, gilt unter unseren indischen Befragten als so selbstverständlich, dass eine 25-Jährige nur zwei Kategorien von Kollegen ausmachen kann: »married and not yet married« (TLW 8). Frauen heiraten tendenziell früher als Männer, wie auch das Schaubild bestätigt. Sie schließen die Ehe im Alter von 24 bis 26 Jahren, Männer hingegen in ihren späten Zwanzigern,[35] und ungefähr zwei Jahre nach der Heirat wird der erste Nachwuchs geboren. Ein Befragter bestätigt dies:

So, for girls, yeah, by the time they are 24, 25, they get married. So in a year or two, they will have children. Guys get married usually around 27, 28. So, by the time, they are 30, they will have been a father. So, that's expected (TLM 51).

Der Zeitpunkt der Familiengründung scheint demnach in indischen IT-Belegschaften weitgehend standardisiert zu sein. Trotzdem sprechen vor allem zwei Argumente gegen die (in der Formulierung »pattern of social conservatism« anklingende) These, dieses Muster entspreche traditionellen Normen. Zum einen steigt das Heiratsalter an, wie ein Projektmanager von G-Pro zu Recht bemerkt:

Now, it's … yah, marriage age is about 26 and 28. […] It's going up. […] Some of them or … I don't know – they *might have* postponed their marriage also, for some time, until they get some experience and things (PMM 57).[36]

Zum anderen war es in Indien noch in den achtziger Jahren keineswegs selbstverständlich, dass hoch qualifizierte erwerbstätige Frauen überhaupt heiraten – vielmehr blieben viele von ihnen allein stehend, weil sie die Herkunftsfamilie unterstützen mussten, die Kosten einer Hochzeit zu hoch oder Ehemänner für »überqualifizierte« Frauen schwer zu finden waren (Fuller/Narasimhan 2008, 201). Insofern haben wir es bei dem scheinbar »konservativen« standardisierten Heiratsmuster in der indischen IT-In-

35 Diese Einschätzung bestätigen Varma und Sasikumar (2004, 58f.): Nationalen Surveydaten zufolge sind in der indischen IT-Industrie insgesamt 53 Prozent der Beschäftigten verheiratet (ähnlich: Sample von Ilavarasan 2005). Angesichts der Altersverteilung im Teilsegment »Softwareindustrie« (14 Prozent der Beschäftigten sind jünger als 25; 70 Prozent sind 25 bis 30 Jahre und 17 Prozent zwischen 30 und 35 Jahren alt) muss die Eheschließung im Schnitt zwischen 25 und 30 Jahren erfolgen, um die Verheirateten-Quote zu erklären.

36 Laut Biao (2007, 33) heiraten Frauen in ländlichen Gegenden der Nachbarregion von Karnataka (Andhra Pradesh) meist in ihren frühen Zwanzigern, selbst wenn der Gatte in der IT-Industrie tätig sei: »In many places, a family with a twenty-year-old daughter at home is a subject for gossip; having a twenty-five-year-old unmarried daughter is scandalous.«

dustrie mit einer Neuerfindung von Tradition (Hobsbawm/Ranger 1983) zu tun.

Auch die Entscheidung für Kinder gilt offenbar selbst unter Doppelkarrierepaaren der indischen IT-Branche als selbstverständlich. Jedenfalls beantwortet ein 28-jähriger Projektmanager, dessen Ehefrau ebenfalls in der IT-Branche tätig ist, die Frage, ob er Kinder habe (wie viele andere Befragte) nicht mit »Nein«, sondern mit »No, no – not yet«, und führt weiter aus:

I think in the Indian context, it is … it is … Very few people question, I think … So everybody kind of is conditioned or other … ›I know that at some point in time, you'll get married and you will have kids.‹ That is a very … I am *not sure* if this is the same in the West. Maybe in the West it is a very conscious choice that somebody makes (PMM 60).

Allerdings scheinen viele Frauen in der IT-Industrie nach der Heirat auch die Geburt des ersten Kindes hinauszuzögern (Upadhya/Vasavi 2006, 111). Jedenfalls ergab eine unternehmensinterne Erhebung von I-Serve, dass weibliche Beschäftigte im Schnitt erstmals mit 28 oder 29 Jahren gebären (MW 15), was eher »westlichen« als indischen Standards entspricht. Eine Projektmanagerin brachte ihr erstes Kind sogar mit 32 Jahren zur Welt, was sie selbst für erklärungsbedürftig hält und als bewusste Entscheidung im Rahmen der Karriereplanung darstellt:

I chose a … slightly different path. I mean, I settled in my career first … a few years, then I got married; set up – made money, made a house, made my property. Then I chose to have a son, so maybe financially I was more … far settled […] If you look at my age, I am 36, I only have a four year old son, which is kind of strange by Indian [lacht] … norms (PMW 45).

Alles in allem bestätigen diese Aussagen jedoch den Eindruck, dass die biographische Verortung von Heirat und Geburt in indischen IT-Kreisen sehr viel stärker standardisiert ist als in Deutschland. Entsprechend werden die (oft relativ altershomogenen) indischen Projektteams (Kapitel 4.2.3) von regelrechten Heirats- und Geburtswellen erfasst, wie sie ein Befragter für ein Team von 25 Personen schildert:

So, in my entire team, this year we are five of us, who are having kids. There are six of us, who have got married. […] So, there are three ladies, who are already on maternity leave. Eh, one of them has had a daughter, another one just had a son, and the other is expecting. I am expecting – there are two other colleagues of mine, who are expecting. So that makes six of us. Six of us who are expecting this year. … And this year … we have already had … four weddings. Two more to go – one more to go, sorry. Five weddings this year. We are a really productive team. [Lachen] (TLM 51)

Bedenkt man nun, dass die Bereitschaft, sich (vor allem mittel- und langfristig) ins Ausland versetzen zu lassen, unter familiär Ungebundenen besonders stark ist, so müssen die markanten Unterschiede in den Standards von Familiengründung die Möglichkeiten von Unternehmen direkt beeinflussen, deutsche bzw. indische Beschäftigte für Postings heranzuziehen. In Deutschland finden sich Singles oder reiselustige kinderlose Paare (angesichts diversifizierter Haushaltsstrukturen) durchaus auch in höheren Altersgruppen – für sie sind zum Beispiel die überstürzten Entsendungen deutscher G-Pro-Manager nach Indien (PMM 34, 35) offenbar meist kein Problem, während »Familienväter« eine Übersiedelung längerfristig vorbereiten müssen (SEM 64). In Indien hingegen markieren Heirat, die Geburt von Kindern und besonders deren Einschulung für fast alle Beschäftigten der Altergruppe zwischen 25 und 35 Jahren einen Bruch im Umgang mit transnationaler Mobilität, obgleich dieser sich für Männer anders darstellt als für Frauen.

Damit ist bereits die Bedeutung von Frauenerwerbstätigkeit für jene Ernährermodelle angesprochen, die IT-Arbeit in Deutschland bzw. in Indien prägen. In Deutschland ist die Zahl der (oft kinderlosen) Paare, die dauerhaft zwei Vollzeit-Stellen ausüben, gering, wenn auch im Zunehmen begriffen (siehe oben). Weit typischer ist hingegen das modernisierte Haupternährermodell, das inzwischen das Alleinernährermodell weitgehend ersetzt hat. Es beinhaltet, dass Frauen ihre Erwerbstätigkeit im Prinzip ein (Arbeits-)Leben lang aufrechterhalten,[37] allenfalls für (immer kürzere)[38] Phasen von Kinderbetreuung unterbrechen und anschließend oft in Form (mehr oder weniger qualifizierter) Teilzeitarbeit fortsetzen (vgl.: Oertzen 1999; Auth 2002; Mayer-Ahuja 2003, 55–64). Die in den indischen Mittelschichten dominierenden Ernährermodelle sind weniger gut erforscht, doch unsere Interviews legen die Vermutung nahe, dass viele weibliche IT-Beschäftigte in Indien nach der Heirat oder spätestens nach Geburt des ersten Kindes aus dem Berufsleben ausscheiden. Jedenfalls ergab die (oben erwähnte) interne Umfrage von I-Serve, dass viele junge Mütter

37 Iversen, Rosenbluth und Soskice (2005) machen eine zunehmende Präferenz von Frauen für lebenslange Erwerbsarbeit vor allem in Gesellschaften mit hohen Scheidungsraten aus.

38 Dem »Drei-Phasen-Modell« von Myrdal und Klein (1962) zufolge gaben die meisten Frauen die Erwerbstätigkeit nach Heirat oder Geburt für 15 bis 20 Jahre auf.

im Alter von 28 oder 29 Jahren das Unternehmen verlassen (MW 15). Viele Befragte formulieren den Eindruck, dass solche Frauen nach der Familienphase oft nicht in den Beruf zurückkehren – allerdings gibt es aufgrund des geringen Alters der indischen IT-Industrie kaum Beschäftigte über 35 Jahre (vgl. Varma/Sasikumar 2004, 58f.), so dass diese Annahme schwer zu überprüfen ist.

Derlei gesellschaftliche Standards von Arbeitskraft-(Re-)Produktion bleiben nicht ohne Folgen für betriebliche Arbeitskraftnutzung, denn Unternehmen können in Deutschland andere Formen von Mobilität durchsetzen als in Indien.

Was zunächst transnationale Mobilität betrifft, so enden Auslandseinsätze in Indien für viele Frauen mit etwa 25 Jahren. Wie erwähnt, sind selbst jüngere Frauen seltener als Männer in den Onsite-Teams von I-Serve anzutreffen[39], doch spätestens nach der Heirat sind offenbar viele nicht mehr bereit oder in der Lage, längere Auslandsaufenthalte anzutreten (PMW 45). Eine Ausnahme stellen allenfalls kinderlose IT-Paare dar. Zwar verzichten teilweise beide Ehepartner auf Postings, weil sie als Angestellte unterschiedlicher Firmen nicht zusammen reisen können (SEW 14), doch falls beide für I-Serve arbeiten, können sie sich im Prinzip zusammen entsenden lassen. In solchen Fällen versuche man, »to get them in the same location, but maybe different accounts, different clients or different projects« (MW 15; vgl.: PMM 13).[40] Eine indische Befragte, die selbst mit einem Kollegen verheiratet ist, fasst die Politik des Unternehmens zusammen:

> Especially if you are in a reporting structure … then you cannot be in the same project. You can be in different projects and posted together in a location. But normally it is preferred that you are not in the same project.

Zudem habe man keinen Anspruch auf gemeinsame Entsendung, fährt sie fort:

> You can only say that: ›yes, we *want* to be in the same place‹. But […] [y]ou cannot take them as a working person along with you – until and unless there is a project. But in case you have got different projects in the same location, then the seniors will obviously try to do it in a way that you are placed together. […] That is very flexible, that depends on the projects which are running in that particular location.

39 Unter indischen IT-Emigranten in den USA stellen allein stehende Frauen ebenfalls eine verschwindende Minderheit dar (Devi 2002, 4424).

40 Auch bei G-Pro lehnen Projektmanager den Einsatz von Ehepartnern im selben Team ab (PMM 35, 53).

[...] So all these things are respected and agreed upon. It is not by force or something. It can always be discussed (TLW 21).

Allerdings haben Doppelkarrieren im selben IT-Unternehmen wohl eher Ausnahmecharakter. Für die meisten weiblichen IT-Beschäftigten in Indien hingegen, die nicht mit einem Kollegen verheiratet sind, scheint die Eheschließung tatsächlich das Ende von Auslandseinsätzen zu markieren. Daher sind sie mit einer inoffiziellen Altersgrenze konfrontiert, die für indische Männer keine Gültigkeit hat. Heiraten nämlich männliche IT-Beschäftigte, so folgen ihnen die Ehefrauen häufig ins Ausland, wie ein deutscher I-Serve-Angestellter beobachtet hat:

[D]ie *wenigsten* kommen halt für drei Monate, sondern die kommen dann immer für mehrere Jahre. Die bringen dann ihre Familie mit. Ist eben auch das Rollen-Ding: In Indien ist das noch ein bisschen traditioneller als bei uns. Man wird ... heiratet früher als hier ... Also Heiraten finden dort halt regelmäßiger statt – das ist halt mehr institutionalisiert. Und wenn dann Kinder da sind und der Mann ins Ausland geht, dann gehen Frau und Kind halt mit. Es gibt auch Ausnahmen, oder auch anders rum. Ich hab's auch schon mal anders rum erlebt, dass die Frau hier war und der Mann mal seinen Job hat ruhen lassen, um dann mit dem Kind her zu kommen.

Üblicher sei es hingegen, »dass die Frauen mitkommen ... und dann eben ihren ... ihren Job im Zweifelsfall auch vorher aufgegeben haben«, fährt der Befragte fort (PMM 27). Männer lassen (selten) ihren Job ruhen – Frauen geben (häufig) ihren Job auf, wenn die Partnerin bzw. der Partner ins Ausland entsandt wird. Diese Konstellation lässt vermuten, dass die Erwerbstätigkeit verheirateter Frauen in Indien selbst in der IT-Branche eher als ein (im Notfall verzichtbarer) »Zuverdienst« angesehen wird. Dafür spricht auch, dass eine frisch vermählte indische Entwicklerin von 24 Jahren ihrem Gatten selbstverständlich in die Vereinigten Staaten folgen würde, aber nicht auf die Idee kommt, dass er sie zu einem Posting begleiten könnte:

I *would* opt for a short term posting, if at all I'm supposed to go. I prefer it to be something like two or three months and come back to India, if my husband is here. Otherwise, if my husband is in US, then ... let's see. I would like to go to US. Maybe, if ... [I-Serve] sends me, then I would be more than lucky. If it doesn't, then it does give long term leaves, as in, loss of payment leaves. I would take that and go to US with my husband (EW 3).

Offenbar kommt I-Serve also durchaus den Wünschen von Beschäftigten entgegen, wenn es sie (im Rahmen einer strikt geschlechtsneutral formulierten Firmenpolitik) dabei unterstützt, ihre (nicht im Unternehmen tätigen) Ehepartner zu einem Auslandsaufenthalt mitzunehmen. Ein Manager erklärt:

> We have a policy, where everybody going for a particular, more than a particular period – you can take your family along. The airfare, insurance, all these are paid by the organization. [...] I mean, people who would go typically for one month or so, they would not take their families. It doesn't make sense [...]. If you are going for more than six months, the company allows it. If your spouse is not working, let's say in India, he or she is, like, can travel with you (MM 2).

Viele männliche Beschäftigte scheinen von dieser Möglichkeit nicht zuletzt deshalb Gebrauch zu machen, weil es für ihre Ehefrauen als unschicklich gilt, alleine in Indien zu leben – immerhin kann schon eine mehrwöchige Abwesenheit des Mannes seine Gattin durchaus zwingen, mit den Kindern zu Verwandten zu ziehen oder Letztere bei sich aufzunehmen (Hirschfeld 2003, 15). Werden IT-Beschäftigte von ihren Familien ins Ausland begleitet, so zeitigen unterschiedliche Standards von Arbeitskraft-(Re-)Produktion, die sich in Ernährermodellen niederschlagen, direkte Folgen für die Projektarbeit. Immerhin treffen in Deutschland beim Kunden indische Familienväter auf deutsche Kollegen, die entweder ohnehin allein stehend sind oder Partnerin bzw. Familie für die Dauer des Einsatzes am Wohnort zurück gelassen haben. Dies erschwere es, soziale Beziehungen zu knüpfen[41], beklagt ein Projektmanager:

> Wenn ich auf Projekte gehe, bin ich meistens aus meiner Gruppe alleine dort. Das heißt, ich treffe vielleicht auf Kollegen, die sind dann in diesem Modus dort, dass sie zum Beispiel für zwei Jahre zum Kunden hingehen, die kommen mit Kind und Kegel dort hin. Ich komme dann halt plötzlich als Berater, keine Ahnung [...] und bin dann dort und arbeite auf dem Projekt. Bei meinem Leben bei [Unternehmensberatung] war das eben vergleichbar, aber ich war dort mit zehn anderen Kollegen, mit denen man dann abends ein Bier trinken gehen konnte. Das kann ich hier nicht [...], weil ... die Kollegen halt mit Kind und Kegel kommen und halt, wenn sie das Büro verlassen, Kind und Kegel möchten. Auch nachvollziehbar. [...] Deswegen ist mein Leben auch bei den Projekten – ich würde es mal als einsam bezeichnen (PMM 27).

Ob indische Familienväter in den Onsite-Teams die größte Gruppe (PMM 27) oder doch eher die Ausnahme (PMM 25) sind, ist umstritten. Auf jeden Fall herrscht Einigkeit darüber, dass eine Eheschließung für indische Män-

41 Vgl. zu ähnlichen Erfahrungen mit kurzfristigen Auslandsaufenthalten: Hirschfeld 2002, 64f.

ner (anders als für indische Frauen) meist nicht das Ende transnationaler Mobilität bedeutet. Selbst die Geburt von Kindern stellt die Auslandseinsätze ihrer Väter offenbar nicht unbedingt in Frage. Zwar berichtet ein Befragter (KBM 29), er sei nach Indien zurückgekehrt, als seine Frau schwanger wurde, doch typischerweise scheinen Frauen speziell die Babypause zu nutzen, um ihre Ehemänner ins Ausland zu begleiten. Dies war etwa bei einem indischen Manager der Fall:

We just had the baby, so she stopped working for some time. She didn't want to continue work, because she wanted to take care of the baby. So she just joined me there [in Germany] (MM 37).

Grundsätzlich gilt den meisten indischen Beschäftigten ein Aufenthalt in Deutschland allerdings als Durchgangsstation und die Rückkehr nach Indien als langfristiges Ziel. Ein 27-jähriger Inder im Mutterhaus von G-Pro etwa erklärt kategorisch:

[T]his will be definitely not my permanent location, once I get married and once I have planned to have kids. So maybe next fi… three, four years it's okay. But definitely, once I reach mid 30s, I will definitely try to go back (EM 71).

Der oben zitierte Manager begründet derlei Rückkehrwünsche damit, dass das Leben in Deutschland ohne Unterstützung von Dienstboten anstrengender sei als in Indien:

I've seen a lot of people struggle to keep their house clean because they don't have manual labour, which is very cheap in India. […] You do everything there on your own. And here [in India] everything is done for you – at the cost of some money, but the money is not much (MM 37).

Eine plastische Beschreibung dieser Erfahrung findet sich bei Devi (2002, 4422f.), die über die Ehefrau eines indischen IT-Beschäftigten in den USA schreibt:

Sunita had never washed the utensils, vacuumed the house or washed or ironed her clothes. […] In Kerala, Sunita only got up from bed at 7 in the morning with the housemaid waiting with bed tea for her. Now she is forced to get up at 5.30 am to make tea for [her husband].

Eine eigene berufliche Perspektive haben die Ehefrauen indischer IT-Angestellter in Deutschland meist nicht, weil ihnen Sprachkenntnisse und Arbeitserlaubnis fehlen (MM 24; PMM 44; zu Ausnahmen: PMM 25).[42] So bemerkt ein Befragter, in seinem Onsite-Team hätten zehn Inder ihre Ehefrauen nach Deutschland mitgebracht, doch nur eine von ihnen sei hier berufstätig (KBM 29). Eine deutsche Kollegin malt sich die Situation dieser Hausfrauen in düsteren Farben aus:

[D]ie Frauen sind immer zu Hause, warten bis der Ehemann nach Hause kommt. [...] Kochen, geben ihm sein Mittagessen mit, das dann hier in der Mikrowelle aufgewärmt wird. Die haben einen Kühlschrank hier. ...Die können halt kein Deutsch und lernen auch kein Deutsch, weil sie es vielleicht nicht wollen oder nicht können oder nicht dürfen, ich weiß es nicht. Also mir tun die schon leid, die Frauen (PAW 31).[43]

Angesichts solcher Schwierigkeiten kehren offenbar viele indische Ehefrauen vor ihren Gatten nach Indien zurück (MM 24). Langstreckenpendeln der betroffenen Männer oder eine Beendigung des Auslandseinsatzes werden jedoch spätestens dann notwendig, wenn Kinder mit drei bis vier Jahren das indische Schuleintrittsalter erreichen,[44] weil das deutsche und das indische Schulsystem als kaum kompatibel gelten (PMM 25; MM 32, 37; KBM 29). Für indische Väter schulpflichtiger Kinder sei Deutschland nicht akzeptabel, meint ein Projektmanager:

Germany, I think it's also ... the schooling and all, I think, is totally different from what we have here [in India]. And to find an Indian school and ... or at least a school, that an Indian kid can go to and somehow ... integrate himself or herself – it's still difficult, I would say (PMM 44).

Transnationale Mobilität ist demnach für indische IT-Beschäftigte in vieler Hinsicht ein lebensphasenspezifisches Phänomen. Geht man mit D'Mello und Sundeep (2008, 92f.) davon aus, dass der »life cycle of the IT-person« drei Phasen umfasst (unverheiratete Berufsanfänger; mit Heirat und Immobilienkauf befasste Teamleiter; Projektmanager mit schulpflichtigen Kindern), so beschränkt sie sich weitgehend auf Phase eins und zwei. Dies bestätigt ein Manager für die Onsite-Teams von I-Serve:

---

42 Zwar konnten Ehefrauen von Greencard-Inhabern in Deutschland nach einem Jahr eine Arbeitserlaubnis beantragen, »but a maze of rules and regulations makes it almost impossible for an accompanying wife to get a job« (Upadhya 2006b).

43 Dass die Aufenthaltserlaubnis von Frauen an das Visum des Gatten gebunden ist, wird (im Verein mit materieller Abhängigkeit) als Grund für die Häufigkeit ehelicher Gewalt in indischen IT-Haushalten in den USA angesehen (Devi 2002, 4423f.).

44 Die von Raghuram (2004, 170) interviewten IT-Migrantinnen in Großbritannien sorgen sich ebenfalls um die Schulkarrieren ihrer Kinder.

The ones who have family and kids, let's say, are above 35, probably don't want to come here. Because the kids are studying in the best schools, I mean, German education system … [sarkastischer Tonfall] […] The Indian system is far more better, for whatever reason. […] So the guy who is 35+ is demographically probably more provided with school-going kids. So he or she don't want to come. Their wives are probably established in careers. The guys are much younger, 25, 26, who probably want to come. They are single, they want to see the world, they wanna have fun, etc., etc. All guys who are freshly married come with their wives (MM 32).

Für deutsche Beschäftigte, die nach Indien entsandt werden, stellen sich im Prinzip ähnliche Probleme: So berichtet ein Befragter in Bangalore, seine Frau könne in Indien mangels Arbeitserlaubnis nur einer ehrenamtlichen Tätigkeit nachgehen, und Kollegen mit schulpflichtigen Kindern klagen über die (aus deutscher Sicht) viel zu langen Schultage ihrer Kinder (PMM 34). Darüber hinaus sind deutsche Beschäftigte allerdings mit Schwierigkeiten im Umgang mit transnationaler Mobilität konfrontiert, die für indische Männer keine vergleichbare Rolle spielen – und dies verweist auf unterschiedliche Standards von Arbeitskraft-(Re-)Produktion. Zum einen erschwert die örtliche Verankerung vieler deutscher Beschäftigter eine Entscheidung für transnationale Auslandseinsätze offenbar erheblich. Immerhin steht das Eigenheim (als Sinnbild von Sesshaftigkeit) eines deutschen Befragten (SEM 64) für die zweijährige Dauer seiner Entsendung nach Bangalore leer, da Immobilien in einem deutschen Dorf ungleich schwerer zu vermieten oder zu verkaufen sind als in der indischen »Boom-Town« Bangalore. Zum anderen ist es für deutsche Männer weniger selbstverständlich, Partnerinnen zu einem Auslandseinsatz »mitzunehmen«, weil Letztere selbst in einem modernisierten Haupternährermodell ihre Berufstätigkeit im Prinzip aufrechterhalten. Ein Auslandseinsatz, betont ein Senior Entwickler, erfordere »ein großes Commitment von einem Mitarbeiter, wenn er das macht, wenn er das auf sich nimmt«. Entsprechend gering sei das Interesse unter seinen Kollegen:

Der eine hat eine Freundin […], die ist Lehrerin […]. Der hat Wochenendbeziehung. Der will also auch natürlich nicht so einfach da weg. Und sie kann auch nicht weg. Und die anderen sind hier familiär sehr verwurzelt. Das sind dann halt auch die Opfer, die man dann trifft. Ich meine, ich bin dann halt weit weg von meiner Familie (SEM 64).

Man ist »dann halt weit weg« von der Familie – dieser Ausspruch bringt den zentralen Unterschied zwischen deutschen und indischen Ernährermodellen in Hinblick auf transnationale Mobilität auf den Punkt: Wird ein indischer IT-Beschäftigter nach Deutschland entsandt, so begleitet ihn mit hoher Wahrscheinlichkeit seine Ehefrau, solange kein schulpflichtiges Kind zu betreuen ist – geht hingegen ein deutscher IT-Beschäftigter nach Indien, so bleibt seine Partnerin (oft aus beruflichen Gründen) eher in Deutschland, was familiäre »Opfer« erfordert. Selbstverständlich sind dies nur Tendenzen – immerhin basieren Ernährermodelle auf gesellschaftlichen Normen, die Ausnahmen von der Regel unwahrscheinlich, aber nicht unmöglich machen. Im Einzelfall dürfte eine Entscheidung für oder gegen transnationale Mobilität stets Ergebnis von Überlegungen sein, in die widerstreitende Interessen einfließen. Ein indischer Befragter etwa kämpft um eine klare Position zu Auslandseinsätzen. Diese

> would be attractive definitely. But then, the other thing is also […] [w]hether you want to be away from your family, have a new kid, whether you want to take them along? How difficult is it for *them* to, you know, [to] adjust to that place and … […] I mean, finally it remains, that the money I earn *here*, is definitely much more than what is required for me to live a comfortable life in Bangalore, in India. So that balance is not affected. But there are always, you know, nice-to-have things – that you could always wish for a bigger house, a bigger car and, you know – so if you want that, so obviously then the other thing becomes attractive (PMM 44).

Letztlich ergeben sich aus derlei individuellen Abwägungen allerdings geschlechtsspezifische Mobilitätsmuster, die in Deutschland anders aussehen als in Indien – und daran müssen sich Firmen im Umgang mit transnationaler Mobilität orientieren.

Entsprechend dürfte die Entscheidung von G-Pro, transnationale Einsätze weitgehend zu reduzieren, zwar vor allem knappen Budgets geschuldet sein, doch ist sie umso leichter durchsetzbar, als sie den Präferenzen vieler (deutscher) Beschäftigter entspricht. Bei I-Serve hingegen, wo Postings im Rahmen des Offshoring-Modells unerlässlich sind, werden indische Beschäftigte meist schon nach etwa zwei Jahren Betriebszugehörigkeit ins Ausland entsandt, solange sie familiär ungebunden sind – nach diesem Zeitpunkt scheiden zunächst Frauen (nach Heirat oder der Geburt eines Kindes) und wenige Jahre später Männer (als Väter schulpflichtiger Kinder) aus dem Kreis der potentiell für Auslandseinsätze zur Verfügung Stehenden aus. Der Rückgriff auf junge Beschäftigte mit wenig Berufserfahrung markiert demnach eine optimale Anpassung an indische Standards von Arbeitskraft-(Re-)Produktion, ist aber für das Unternehmen keineswegs eine optimale Lösung: Zum einen kann I-Serve die (mit dem Geschäftsvolumen) zunehmende Zahl von Onsite-Positionen unter diesen

Bedingungen nur besetzen, solange kontinuierlich genug junge und reisewillige Beschäftigte rekrutiert werden. Sobald die Expansion des Unternehmens erlahmt, dürfte der latente Konflikt zwischen Geschäftsmodell und Reproduktionsstandards offen zu Tage treten. Zum anderen muss I-Serve seine Onsite-Positionen vorwiegend mit jugendlichen Beschäftigten füllen, deren geringe Branchen- und Berufserfahrung der Kooperation mit Kunden fachliche Grenzen setzt. Daher verwundert es kaum, dass indische Beschäftigte sich von der meist deutlich älteren und erfahreneren Kundenbelegschaft nicht ernst genommen fühlen: »I felt like a kid in front of them«, erinnert sich eine Entwicklerin (EW 22).

Personaleinsatzstrategien müssen sich demnach an ortsgebundenen Standards von Arbeitskraft-(Re-)Produktion orientieren, doch sie sind keineswegs durch das jeweilige Regulierungsszenario determiniert – vielmehr wirkt der Umgang von Unternehmen mit geschlechtsspezifischen Mobilitätsstandards durchaus auf Ernährermodelle zurück. So dürften etwa die Entsendepraktiken von I-Serve das für indische Mittelschichten typische Ernährermodell insofern fördern, als Frauen mit Familie explizit nicht zu Postings gezwungen werden. Eine Managerin betont:

> You would not force women with a family to move to another location or go onsite for long term or stuff like that. [...] There are ladies who would want to do that still. Maybe they have a very good support system here or their husband can accompany them and stuff like that. So in those cases it's purely whether they can do it or not (MW 15).

Dies dürfte vielen Frauen entgegen kommen, mindert jedoch langfristig deren Chancen auf eine eigenständige materielle Absicherung. Immerhin verursacht ein Verzicht auf Auslandseinsätze erhebliche finanzielle Einbußen, und selbst die verbreitete Praxis, den Ehemann ins Ausland zu begleiten, kostet Frauen Geld, weil sie dafür oft unbezahlten Urlaub nehmen (EW 3). Dies wiegt umso schwerer, als die meisten indischen IT-Beschäftigten nicht aus wohlhabenden Familien stammen (Kapitel 7.2.3). Ein indischer G-Pro-Manager erklärt:

> Most of the Indian youngsters want to go abroad to work, because of the financial security they want to build. [...] [M]oney plays a big role in the kind of lifestyle ... because most of the colleagues or employees who come to work in software companies are from very ... average to middle class families [...] – families with big academic background, but financially poor (MM 37).

Auch Meena (EXP 97) betont, Auslandseinsätze seien eine »added attraction« für Beschäftigte, die sonst jahrelang für ein Flugticket sparen müssten – und tatsächlich verlassen offenbar viele der (als Inbegriff transnationaler Jobnomaden geltenden) indischen IT-Beschäftigten ihr Heimatland im Rahmen von Postings zum ersten Mal. So berichtet ein Projektmanager, er sei mit 27 Jahren nach Deutschland geschickt worden, »and that was my *first* overseas trip also« (PMM 52). Abgesehen von Auslandszuschlägen und der Chance, die Welt zu sehen, verzichten viele Frauen zudem auf den mit transnationaler Mobilität verbundenen sozialen Status, den derselbe Befragte wie folgt beschreibt:

> [T]here is a lot of social esteem attached to moving out, going abroad. So, parents will take a lot of pride in saying: ›my son works in the US!‹ They take a lot of pride in that. Even the guy takes a lot of pride and he carries that way, that: ›I work in the US‹. Yeah, or in Europe, for example – UK or wherever. They take a lot of pride.

Unabhängig davon, ob indische Eltern ein Posting einer Tochter mit ebenso viel Stolz erfüllen würde, ist der Verzicht auf Auslandseinsätze schließlich oft mit einem Karriereknick verbunden (Raghuram 2004, 171). Dies trifft durchaus auch Männer, wie etwa jenen I-Serve-Angestellten, der nach Jahren im Ausland zu seiner schwangeren Frau nach Indien zurückkehrte und eine gemischte Bilanz dieser Entscheidung zieht:

> You cannot get best of professional, best of personal. So if you want to get best of professional you'll have a bit of sacrifice on personal and vice versa. You want a complete personal life, then your career is going to take slightly a step back. […] [I]t's up to the person how he takes it. What is more important to him at this point in time.

Für seine eigene Karriere stellt er fest:

> Luckily, nothing, yah, nothing *bad* happened to me, to my promotion plan [lacht]. Yah, I mean if I had stayed onsite for long, maybe I might have … looking backwards: I might have grown on faster. I *might* have grown faster (KBM 29).

Da allerdings vor allem Frauen aus familiären Gründen auf Auslandseinsätze verzichten, dürften solche Verlangsamungen bzw. Unterbrechungen der Karriere speziell den weiblichen Teil der I-Serve-Belegschaft betreffen – insofern stabilisiert die Unternehmenspolitik das männliche Haupternährermodell. Auch diese Tendenz wirkt jedoch nicht ungebrochen, denn gerade Softwarefirmen schaffen neue attraktive Karrierewege für Frauen – und diese sind nicht unbedingt bereit, ihre berufliche Entwicklung zu gefährden, indem sie etwa dem Ehemann ins Ausland folgen. Dies bekommt vor allem G-Pro in Bangalore zu spüren. Da der Altersdurchschnitt der Belegschaft höher ist als bei I-Serve (Kapitel 4.2.3) und man zudem eher erfahrene Beschäftigte in das deutsche Mutterhaus entsendet, sind die meisten der dafür in Frage kommenden Angestellten verheiratet. Folglich spielt die Vereinbarkeit von Postings mit der Berufstätigkeit der Partnerin bei G-Pro eine deutlich größere Rolle, obgleich dort weniger Reiseaktivitäten anfallen als bei I-Serve. So argumentiert ein indischer G-Pro-Entwickler, die meisten berufstätigen Ehefrauen würden ihre Gatten nicht begleiten. Anders stelle sich dies nur dar, wenn

> their wife would be working in some … in such a occupation, in which it won't affect, I mean … self paid, project type of occupation. Because, if the wife is already employed in a good position in some IT-company, she won't … accept it. Because it won't be nice for her to just leave the job and stay there as a dependant (EM 38).

Dies verweist auf das Spannungsverhältnis zwischen transnationaler Konzernstruktur und ortgebundenen Standards von Arbeitskraft-(Re-)Produktion: Das transnationale Geschäftsmodell kollidiert mit den (in relevanten sozioökonomischen Gruppen dominanten) Ernährermodellen – in Folge dessen wird teilweise die Personaleinsatzstrategie von Unternehmen angepasst, teilweise erodieren aber auch ortsgebundene Standards von Arbeitskraft-(Re-)Produktion. Die innere Dynamik von Regulierungsszenarien tritt zu Tage (Kapitel 2.1.2).

Auch ortsgebundene Standards von *alltäglicher Mobilität*, die etwa durch Stadtentwicklung und Verkehrsinfrastruktur bedingt sind (Kapitel 3.2.1), stellen sich für Frauen anders dar als für Männer – und wiederum hat dies direkte Konsequenzen für betriebliche Arbeitskraftnutzung. Grundsätzlich spricht sowohl das deutsche als auch das indische Mobilitätsmuster gegen eine gleichberechtigte Verteilung von Erwerbs- und Reproduktionsarbeit zwischen den Geschlechtern. Unabhängig davon, ob die absolute Entfernung zwischen Wohn- und Arbeitsort (wie in Deutschland) groß ist und durch PKW-Nutzung auf gut ausgebauten Straßen relativ reduziert wird oder ob diese Entfernung (wie in Indien) absolut geringer ist, aber durch schlechte und überfüllte Straßen relativ vergrößert wird – auf jeden Fall verlängern ausgedehnte Pendelzeiten die Abwesenheit von Zuhause (Kapitel 6). Die Option, sich als Paar für zwei halbe Stellen und eine Halbierung von Hausarbeit und Kindererziehung zu entscheiden, ist unter diesen

Bedingungen kaum realisierbar, und es überrascht nicht, dass keiner der Befragten ein solches Arrangement praktiziert. Stattdessen scheinen in beiden Ländern Formen geschlechtsspezifischer Arbeitsteilung zu dominieren, die beinhalten, dass Frauen (spätestens nach der Geburt von Kindern) Reproduktionsaufgaben übernehmen, während Männer lange Arbeitstage in (absolut oder relativ) weit entfernten Büros absolvieren. Dies führt dazu, dass in Deutschland kaum Frauen (und speziell kaum Mütter) in Softwarefirmen arbeiten (dies trifft auch auf die Samplefirmen zu), während in Indien (trotz massiven Fachkräftemangels) ein erheblicher Teil des weiblichen Viertels von IT-Belegschaften nach etwa fünf Jahren aus dem Erwerbsleben ausscheidet. Für Softwarefirmen bedeutet dies schmerzhafte Einbußen an qualifizierter und erfahrener Arbeitskraft – und trotzdem fördern zum Beispiel die Sampleunternehmen diese geschlechtsspezifische Arbeitsteilung, indem sie darauf verzichten, weibliche Beschäftigte mit familienbedingten Mobilitätsbeschränkungen durch Teleheimarbeit einzubinden. Selbst im deutschen Mutterhaus von G-Pro, wo Teleheimarbeit eher üblich ist, ermöglicht sie es vor allem männlichen Beschäftigten, im Bedarfsfall den Arbeitstag auszudehnen. Sie könnten

> ihr DSL zu Hause nutzen und [sich] abends, wenn die Babys im Bett sind, halt noch zwei Stunden dran setzen und gucken, dass sie das hier geregelt kriegen (MM 69).

Allerdings scheint die Polarisierung von alltäglichen Mobilitätsmustern zwischen (eher räumlich mobilen) Männern und (eher örtlich verankerten) Frauen, die im Prinzip in Indien wie in Deutschland festzustellen ist, in diesen beiden Ländern unterschiedliche Folgen für die Möglichkeit von Softwarefirmen zu haben, dauerhaft auf weibliche Arbeitskraft zuzugreifen: Zwar sind die Räume, in denen Ehefrauen und Mütter sich bewegen, in Indien kleiner als in Deutschland, doch gleichzeitig wird die örtliche Bindung von Frauen an das Zuhause in Indien eher durch Unterstützungsnetzwerke relativiert.

In Hinblick auf weibliche Bewegungsspielräume schlagen die langen und unkalkulierbaren Reisezeiten auf Bangalores überfüllten Straßen für die fast durchweg vollzeitbeschäftigten (Kapitel 4.1) Ehefrauen und Mütter der IT-Branche besonders schwer zu Buche. Während deutsche Kolleginnen Pendelzeiten mit Hilfe privater PKWs reduzieren können, bleibt vielen indischen Frauen zu diesem Zweck nur ein Arbeitsplatzwechsel. Eine Schwangere jedenfalls stellt fest:

[A]s of now, I am satisfied in [I-Serve], but only problem is, it's a bit far from my place, that is, I mean, I travel more than an hour one way … but, eh, it depends on the traffic also […]. If I can work for a company, which is very close to my house, then it would be much better with the kid, unless … provided that company also has a day-care or a crèche or something, where I can … then I might prefer. But it's not just that – I need to look at my professional grounds also, if I find a good job for my … profile (SEW 14).

Arbeitsplatzwechsel von Frauen, bei denen die fachliche Qualität der Arbeit (wie in diesem Fall) eindeutig hinter den durch familiäre Verpflichtungen begründeten räumlichen Zwängen zurücksteht, dürften umso wahrscheinlicher sein, als das Spektrum möglicher Wohnorte in einer hochgradig polarisierten Stadt wie Bangalore begrenzt ist (Kapitel 3.2.1). Speziell verheiratete Frauen mit Kindern müssen in räumlicher Nähe zu Kindergärten und Schulen leben, die sich im Stadtzentrum konzentrieren, wenn sie ihren Kindern die notorischen Staus ersparen wollen. Ein Vertreter der Personalabteilung von G-Pro berichtet, auch Väter wechselten deshalb den Arbeitsplatz, zumal Wohnraum in unmittelbarer Nähe zur Firma (als zweite Option, alltägliche Mobilität zu reduzieren) immer teurer werde:

People – *men* have shifted jobs, because they want to stay closer to where the schools are. And it's a *huge* … commuting is a problem nevertheless. […] [T]hey will say: ›I want to stay closer to home, I take up a job in the city.‹

In der Nachbarschaft von G-Pro hingegen seien Schulgebühren unerschwinglich:

Many expats have an impact on schools. So expats will find it affordable – but not the regular employee. […] But that's not a problem, because […] [t]he regular employee does not stay here. This area is actually getting very expensive. So everybody is – almost 90 percent stay in the city. So their family, hospital, school – everything is around there (PAM 54).

I-Serve subventioniert zwar eine (direkt neben dem Firmengelände gelegene) Kinderkrippe, wie ein Vertreter der dortigen Personalabteilung hervorhebt:

So some ladies can bring their kids over here. And in the daytimes they could just go over, walk over and see their kid and then again take the kid back during the end of the day. So they can do all that and continue to work while they can still manage the family side (PAM 23).

Diese Krippe ist jedoch nach Kenntnis von Carol Upadhya und Sahana Udupa (EXP 99) meist nicht voll belegt, und andere Softwareunternehmen in Bangalore bieten keine Kinderbetreuung am Firmengelände an (vgl. Upadhya/Vasavi 2006, 93). Für G-Pro begründet dies ein Vertreter der Personalabteilung mit dem Hinweis, dass die Reise zu IT-Firmen am Stadtrand »a huge commute for the child« darstelle:

> [Y]oung children, we can't bring them 25 kilometres every day, because we have a childcare here. […] In the city there are multiple opportunities. […] Opening here would be more, eh … a symbolic gesture. It won't really serve any purpose as such. Because […] we cannot build this thing in [industrial estate] and say: ›I know that you are suffering, spending one and a half hours on the road – please bring your child also with you.‹ [Lachen] (PAM 54)

Diese Argumentation leuchtet unmittelbar ein. Trotzdem dürfte das Fehlen von (auf IT-Arbeitszeiten und -orte abgestimmten) Betriebskrippen und -kindergärten dazu beitragen, dass in Indien viele junge Mütter ihre Tätigkeit in der Softwarebranche aufgeben. In Deutschland hingegen bietet I-Serve keinerlei und G-Pro zu wenig Krippenplätze an (MM 69; PAW 67), doch Kinderbetreuung findet dort ohnehin eher in den räumlich sehr viel weiter verstreuten Wohnorten von IT-Beschäftigten statt. Der örtliche Bewegungsspielraum von Frauen mit Familienpflichten ist demnach in beiden Ländern eingeschränkt, doch er beinhaltet in Deutschland einen wesentlich größeren räumlichen Radius.

In Indien hingegen relativiert sich die örtliche Bindung von Ehefrauen und Müttern an ihr Zuhause vor allem dadurch, dass sie auf diverse Unterstützungsnetzwerke zugreifen können – dies mag erklären, warum viel mehr indische als deutsche Frauen trotz familienbedingter Mobilitätsbeschränkungen Vollzeit in Softwarefirmen arbeiten (Kapitel 4.2.3). Während Hausarbeit und Kinderbetreuung in Deutschland vor allem im Rahmen der Kernfamilie organisiert werden, deckt diesen Aufgabenbereich in Indien häufig die erweiterte Familie (»joined« oder »extended family«) ab; dazu können neben Eltern und Kindern etwa Großeltern, Geschwister (PMM 43), Tanten oder Dienstboten gehören, die mit im Haushalt leben. Zwar ist es auch in Deutschland nicht unüblich, dass Großeltern sich regelmäßig um die Enkel kümmern – nur so ist zu erklären, dass die Ehefrau eines deutschen I-Serve-Kundenbeauftragten (KBM 28) mit drei Kindern im (Vor-)Schulalter einer Teilzeitstelle nachgehen kann und eine G-Pro-Angestellte nach dem Erziehungsurlaub auf eine Vollzeitstelle zurückkehrte (PMM 65). Die Erstzuständigkeit für Reproduktionsarbeiten liegt jedoch in Deutschland zweifelsfrei bei den Eltern, und entsprechend findet die darauf gerichtete Arbeitsteilung vor allem zwischen Mann und Frau statt.

Selbst wenn man dabei auf eine Kombination aus öffentlichem Kinderbetreuungs- und Schulsystem, großelterlicher Unterstützung und Haushaltsdienstleistungen zurückgreift, wird in solchen Arrangements die Beteiligung des (im deutschen Haupternährermodell vorrangig für Erwerbsarbeit zuständigen) Ehemannes im Prinzip erwartet. Weil deutsche Ehemänner jedoch (zum Beispiel in der IT-Industrie) tagsüber arbeiten, erweitert ihr Einsatz die Mobilitäts-Spielräume der Ehefrau kaum. Dies ist in indischen IT-Kreisen anders – dort können viele Frauen trotz Familienpflichten vollzeitberufstätig sein, weil sie Reproduktionsarbeiten an Dienstboten sowie an Eltern oder Schwiegereltern abtreten (vgl. Fuller/Narasimhan 2007). Ein deutscher Manager bringt diesen Unterschied auf den Punkt: Arbeite ein deutscher Familienvater zu lange, bekomme er »ganz massive Probleme mit der Regierung zuhause«:

> Sie können nicht Ihrer Frau vier Kinder hinsetzen und sagen: ›Aber ich arbeite jetzt mal 120 Stunden die Woche.‹ Dann kriegen Sie einfach Ärger. Dann braucht man einfach nicht verheiratet zu sein, wenn Sie sich für so was entscheiden. Deswegen, glaube ich, haben die Kollegen hier [in Deutschland] die Challenge […] die Work-Life-Balance zu finden mit ihrer Frau, mit ihren Familien, die in Indien anders aufgefangen wird. In Indien ist ganz klar, dass der Kollege, der da Geld verdient, erstmal für die ganze Familie sorgt. Punkt eins. Aber vice versa sorgt auch die ganze Familie für ihn. Das heißt, wenn ich jetzt vier Kinder als Inder hätte, dann habe ich auch logischerweise Oma, Opa und sonst was zu Hause, und die sorgen dafür. Ja? Die sind da, damit meine Frau dann auch arbeiten gehen kann (MM 69).

Dienstboten, die in diesem Zitat offenbar unter »sonst was« gefasst sind, werden in indischen IT-Kreisen vor allem im Haushalt eingesetzt. Die Kindererziehung hingegen überlässt man ungern den als »Ayahs« bezeichneten Kindermädchen, und auch private Kinderkrippen sind in Bangalore wenig beliebt, obwohl sie gerade unter IT-Beschäftigten wachsenden Zuspruch finden (EW 42; Menon, EXP 90). So erklärt eine Befragte:

> [I]f you know somebody, whom you can trust or rely upon leaving your kid with that person or at least … then it's fine. […] But I prefer leaving my kid in a daycare, which is much better than keeping a maid at home, I feel. […] It will be good for the kid also, like socially you get to know more people and learn many things from other kids. And once, like, after two and a half years, play-schools would be there, so … (SEW 14)

Vor allem aber spielen Großeltern in Indien offenbar eine viel größere Rolle für die Betreuung des Nachwuchses von IT-Beschäftigten als in

Deutschland. Dies ist keineswegs mit »zeitlosen« indischen Traditionen zu erklären, denn speziell Großmütter übernehmen damit oft deutlich mehr Verantwortung für die transgenerationale Reproduktion von Arbeitskraft, als es ihre eigenen Mütter taten (Fuller/Narasimhan 2008, 203–207). Dies führt zu Konflikten, denn viele Großmütter

> resent becoming hard-working childminders for empowered daughters-in-law and daughters, especially when they had expected a dutiful, ›home-loving‹ daughter-in-law to serve them (ebenda, 207).

Erstaunlich ist weniger diese Auseinandersetzung als die dahinter stehende zentrale Rolle von Großeltern bei der Kinderbetreuung, wenn man bedenkt, dass indische IT-Beschäftigte oft weit entfernt von ihrem Herkunftsort arbeiten.

Dies verweist auf *Mobilität im Lebenslauf*, die in Indien aufgrund der regionalen Konzentration der IT-Branche eine größere Rolle spielt als in Deutschland (Kapitel 3.2.1) – doch auch hier empfiehlt es sich, zwischen den Geschlechtern zu unterscheiden. Zwar scheint die Präferenz für eine örtliche Verankerung unter deutschen Beschäftigten weitgehend geschlechtsunabhängig zu sein, soweit man dies auf Basis unseres vorwiegend männlich besetzten Samples sagen kann – doch in Indien sind wiederum geschlechtsspezifische Mobilitätsstandards festzustellen. Während alltägliche Mobilität (wie erwähnt) vor allem Männern abverlangt wird, werden Umzüge vorwiegend von Frauen erwartet, die nach der Heirat an den Wohn- und Arbeitsort des Gatten ziehen (Raghuram 2004, 172f.)[45] – erinnert sei an die kategorische Aussage: »I can't stay here alone« (TLW 8). Solche Umzüge sind nicht zuletzt deshalb notwendig, weil Ehen in den indischen Mittelschichten (auch im IT-Sektor) häufig von den Eltern angebahnt werden (Devi 2002; Biao 2007). So stießen Upadhya und Vasavi (2006, 111) unter ihren Befragten auf 62 Prozent derart »arrangierter« Ehen gegenüber 28 Prozent »Liebesheiraten«, und der Gründer der indischen G-Pro-Niederlassung geht sogar davon aus, dass »80 Prozent aller Ehen, auch von unseren Mitarbeitern« arrangiert seien (MM 63).[46] Daher

45 Zu Ausnahmefällen, in denen indische Männer Umzüge in Kauf nahmen, um die berufliche Entwicklung ihrer Frauen zu fördern, siehe: PMW 36; MM 9.

46 Baas (2009) argumentiert allerdings, »Liebesheiraten« nähmen in IT-Kreisen zu. Auch sei die Unterscheidung zwischen arrangierten und Liebesheiraten künstlich, weil beide Heirats-Varianten Zuneigung voraussetzten und innerhalb der »Community« stattfänden -

stammen frisch Vermählte oft aus derselben Region und derselben Kaste, wohnen und arbeiten aber nicht unbedingt in derselben Stadt (TLW 8; SEW 14). Zwar trifft man durchaus auf Ehepaare, die sich bei der Arbeit kennen und lieben gelernt haben (PMM 13), doch typischer scheint auch in unserem Sample die Verheiratung durch die Eltern zu sein (MM 2; MW 15; SEW 14). Lebt der Ehepartner jedoch Hunderte Kilometer weit entfernt, so ist die von einer Befragten (KBW 30) praktizierte Lösung, zwischen zwei deutschen Wohn- und Arbeitsorten zu pendeln, angesichts indischer Standards von Zeit-Raum-Verdichtung kaum realisierbar. Vielmehr wird ein Umzug notwendig – zumeist auf Seiten der Frau.

Die Unternehmenspolitik von Firmen wie I-Serve und in (durch geringere Niederlassungsdichte) begrenztem Umfang auch G-Pro stellt sich auf diese Standards biographischer Mobilität ein – und wiederum stabilisiert man dadurch (ähnlich wie durch »Verschonung« von Ehefrauen und Müttern mit Auslandseinsätzen) letztlich das indische Haupternährermodell, weil auch familiär bedingte Ortswechsel oft die Karriere von Frauen behindern. Eine Senior Entwicklerin etwa musste heiratsbedingt aus ihrer eigenen Fachrichtung in den IT-Bereich wechseln (»since we got married and I had to come to Bangalore, I had no other option«; SEW 14), und eine Teamleiterin entwertete durch den Wechsel zu einer anderen indischen I-Serve-Niederlassung ihre jahrelange Erfahrung mit einem Kunden, dessen Projekte nicht am neuen Standort bearbeitet wurden (TLW 8). Auch dieses mobilitätsbedingte Karrierehemmnis betrifft Frauen weit häufiger als Männer.

Unter den zahlreichen IT-Beschäftigten in Bangalore, die nicht aus dieser Region stammen, dürften demnach viele Frauen sein, die nach der Heirat zu ihren dort arbeitenden Gatten gezogen sind. Weil Ehefrauen und Mütter in Indien (mehr als in Deutschland) darauf angewiesen sind, dass Großeltern und Dienstboten ihnen alltägliche Mobilität und somit Erwerbsarbeit ermöglichen, dürften solche Umzüge die Organisation von Haushaltsführung und Kinderbetreuung erheblich erschweren. Selbst die Rekrutierung von Dienstboten, berichtet Menon, sei für zugezogene Familien in Bangalore ungleich komplizierter als für Eingesessene:

> [T]he local people who have been here for a long time have had their social network to get labour. […] Meaning: I will tell my relative who's in the village, and she will find somebody for me. Or the old retainer who has been with me – so her

sei es in der Kaste oder in der »IT-Szene« als Kastenersatz, in der sich vorwiegend hochkastige Hindus träfen.

daughter will also be with me. Or her sister will come – somebody will come. But the newcomers, the new people who have migrated – [...] it's all the nuclear families [...]. And these nuclear families are all, as you know: they go out in the morning, come back late in the night [...] (EXP 90).

Zudem haben einheimische Frauen insofern bessere Chancen auf Erwerbstätigkeit, als ihre Eltern oder Schwiegereltern oft in der Nähe leben. So bejaht eine aus Bangalore stammende Projektmanagerin die Frage, ob sie nach Geburt ihres Sohnes Vollzeit gearbeitet habe, ausdrücklich mit Hinweis auf ihr Unterstützungsnetzwerk:

Yeah, that's because I have a very good structure in place [...]. I have my parents, my in-laws – everybody here. [...] I mean, I have a cook, I have a maid, I have a driver, so I don't have to really do the daily rush. [...] And also, I ... one biggest asset I have – I have a very supportive husband, who takes equal amount of responsibility at home – *or* he has not the ... wants and expectations. So either way it works. [...] And I have *been* leaving my son when travelling from the time he was about nine months – for a week, ten days, which is ok. My husband takes care when I'm not there ... so it's okay. And my mother is there to support as and when required. [... They stay six kilometres away but] I have a second car with a driver, so they juggle, my parents both are retired. So typically they are free the whole day. And for them, playing with the grand-child, if ... He goes to a playschool, and now he goes to a school, so ... First half of the day he is out. Only the second half (PMW 45).

Wer hingegen weit entfernt vom Herkunftsort lebt und arbeitet, muss (ähnlich wie in Deutschland) Reproduktionsarbeiten vorwiegend mit den Ressourcen der Kernfamilie organisieren. Daher sieht sich diese Befragte in einer grundlegend anderen Situation als Frauen, die nicht aus Bangalore stammen:

I mean, *for me*, it is different. Not all women fall in this category: They migrate from other cities, so they are taking breaks or they have to depend on servants, which is ... or a maid ... We are not very sure as a mother, whether you can leave the child ... They are there faced with problems. That – actually, we are lucky that we ... [lacht] it works! (PMW 45)

Wie schwierig es für Doppelkarrierepaare im IT-Bereich sei, Haushalt und besonders Kinderbetreuung ohne familiäre Unterstützungsnetzwerke zu bewältigen, betonen auch Upadhya und Vasavi (2006, 111):

Frequent travel and long working hours also put strains on marriages and on the nuclear family. Childcare is a major issue for many IT couples, who employ various strategies to manage their domestic situation, from heavy dependence on servants and crèches, to inviting one or the other set of parents to live with them. Some couples even leave their children with grandparents in India when they are working abroad. Because of these difficulties, many women postpone having children until they feel they are more ›settled‹, and many others leave employment after they have children, unable to cope with the pressure.

In dieser Passage wird allerdings nicht nur das Problem, sondern auch die am weitesten verbreitete Lösung angesprochen: Sie besteht darin, dass viele indische Paare, die nicht aus Bangalore stammen, Kinderbetreuung sicherstellen, indem sie ihre Eltern zu sich holen – die örtliche Bindung von Frauen an den Haushalt wird also gelockert und ihre *alltägliche* Mobilität erhöht, indem man die ältere Generation zu *biographischer* Mobilität veranlasst. Sind die Großeltern selbst noch berufstätig und entsprechend örtlich gebunden, findet die Kinderbetreuung teilweise an deren Wohnort statt. So berichtet eine Managerin, die mit einem Kollegen verheiratet ist, ihr Sohn habe seine ersten Lebensjahre weit entfernt von Bangalore bei den Großeltern in Bihar verbracht.

My parents have been extremely supportive. So for some time when my son was very young he was staying with my parents at their place […]. My parents were working. So my son was staying with them. […] What did happen: they used to come and stay for around two months. Every two months, every two, three months they would come here and stay for two months. And then I would visit them around twice or trice a year (MW 15).

Typischer scheint hingegen der Umzug der älteren Generation zu ihren (in der IT-Industrie von Bangalore arbeitenden) Kindern zu sein, der auch im hier geschilderten Falle stattfand, sobald die Großeltern in Rente gingen und das Kind eingeschult wurde. Ähnliche Pläne schmiedete ein Projektmanager für die Zeit nach der Familienpause seiner Frau:

In Indian culture basically it would be one of our family members, my parents, one of my parents would be accompanying me, and both of us can be working. So, my parents can take care of the child, while she is at work. […] [M]y father would retire in another two to three months. Then they will accompany me (PMM 19).

Diese Praxis ist so verbreitet, dass Upadhya und Udupa (EXP 99) argumentieren, die in Indien feststellbare Erosion der erweiterten Großfamilie werde ausgerechnet im IT-Sektor aufgehalten. Wieder haben wir es also nicht unbedingt mit zeitloser »Indian culture« zu tun, die im Zitat berufen wird, sondern mit einer Wiederbelebung von im Schwinden begriffenen Familienstrukturen in einem der modernsten und am stärksten durch transnationale Konzernaktivitäten geprägten Sektoren der indischen Wirtschaft.

Die Folgen der Re-Etablierung von »joined families« für die betriebliche Nutzbarkeit weiblicher Arbeitskraft sind allerdings ambivalent: Einerseits können viele Frauen nur deshalb trotz Familienpflichten berufstätig sein, weil die (Schwieger-)Eltern sie unterstützen – nach Erfahrung eines G-Pro-Managers erklärt dies, warum indische Frauen nach der Babypause früher an den Arbeitsplatz zurückkehren als deutsche Kolleginnen. Andererseits erwarteten die Eltern von IT-Beschäftigten, dass man sich im Alter um sie kümmere, fährt der Befragte fort, und da

unsere Mitarbeiterinnen in der Regel schon aus, aus besseren Familien kommen, die sich schon damals die gute Ausbildung leisten konnten, sind das auch jetzt nicht Familien mit sechs Kindern oder so, sondern die haben selber auch nur ein, zwei Geschwister in der Regel (MM 63).

Die Eltern alleine am Herkunftsort zurückzulassen (»parents are left alone at [the] native place«), wie es ein 25-Jähriger (EM 38) formuliert, wird offenbar von vielen IT-Beschäftigten als inakzeptabel empfunden. Dies führt ein Entwickler ausdrücklich auf das (fehlende) soziale Sicherungssystem in Indien zurück, obwohl er sonst kaum Unterschiede zu deutschen Familienkonstellationen erkennen kann:

I personally felt, it was not *very different.* […] [B]ecause I have a colleague in Germany, whom I very closely interact with – his family is *very similar* with so many of my cousins over here! They are married with two children, and so were they. They have got a very similar lifestyle. His wife left working, because the kids were very small, so she had to stay home to take care of the kids – which is exactly what happens in India. And they stay away from their parents, too, which is, what *many people* out here do. My case of course is different, because my … I am the only child, so I *have to* take care of my mother, eh because the social security system in India is not so strong – that an individual till the very end can get taken care of by the government. So children usually *have to* take care of their parents (EM 59).

Daher sieht sich selbst eine bislang kinderlose indische Befragte mit der Aussicht konfrontiert, ihre Eltern nach Bangalore zu holen.

[W]e are looking at it, in the long run […] – being the only child, we also need to support them, it will be very tough if they are at Delhi and I'm at Bangalore (TLW 21).

Die Verpflichtung, sich um die ältere Generation zu kümmern, schränkt allerdings die Möglichkeiten speziell von Frauen ein, den Erwartungen von Softwarefirmen gerecht zu werden. Manche Kolleginnen müssten etwa früh Feierabend machen, erklärt eine Entwicklerin, because if the in-laws are maybe strict and they want their daughter-in-law to make full ... make dinner, prepare dinner and also. For those cases, yah, it might be a restriction, as in: they have to compulsory leave office by 5.30 bus. Otherwise they might reach late to home (EW 3).

Tatsächlich scheint »Ausbeutung durch Schwiegermütter« selbst für weibliche IT-Beschäftigte nicht unüblich zu sein. Allerdings können sie sich besser als andere indische Frauen zur Wehr setzen, »because their large salaries contribute immensely to the household budget« (Fuller/Narasimhan 2008, 203).

3.2.3 Politische Regulierung: Immigrations-, Infrastruktur- und »Bildungspolitik«

Der Zugriff von Unternehmen auf (weibliche) Arbeitskraft gestaltet sich also nicht zuletzt aufgrund der in den indischen Mittelschichten geltenden Standards alltäglicher, biographischer und transgenerationaler (Re-)Produktion sehr anders als in Deutschland. Darüber hinaus sind die Mobilitätsmuster von deutschen bzw. indischen IT-Beschäftigten schließlich auch Gegenstand politischer Regulierung.

Was zunächst *transnationale* Mobilität betrifft, so schlägt sich staatliche Einflussnahme hier zum einen in Mobilitätsanreizen nieder. »[R]eceiving countries have typically been participants in the processes leading to the formation of international migration«, bemerkt Sassen (2007, 136), weil sie die Rekrutierung ausländischer Arbeitskräfte oft durch Mobilisierung alter Kolonialbeziehungen oder durch Anwerbeabkommen förderten. Zum anderen werden im Rahmen von Immigrationspolitik Mobilitätsbeschränkungen vorgenommen – und beide Seiten staatlicher Einflussnahme (Gerstenberger 2007) prägen Standards transnationaler Mobilität. Im Falle der indischen IT-Branche zum Beispiel herrscht weitgehende Einigkeit darüber, dass deren Entwicklung maßgeblich durch die wechselhafte Immigrationspolitik der Vereinigten Staaten beeinflusst wurde (Kapitel 2.2.2). Zwar entstanden die ersten »Bodyshopping«-Arrangements in den achtziger Jahren auf Grundlage der Netzwerke von indischen Emigrant/innen, die in den USA studiert hatten und in großer Zahl zum Beispiel in Silicon Valley arbeiteten (Upadhya 2004; Saxenian 2004; Aspray/Mayadas/Vardi 2006, 62f.; Saxenian 2006; Varma/Varma 2009; Biao 2007, 9f.) – doch dieses Geschäftsmodell konnte sich nur etablieren, weil die US-amerikanische Regierung einer Masse von indischen Programmierer/innen eine befristete Arbeitserlaubnis gewährte, so dass diese überhaupt an US-Kunden »verliehen« werden konnten. Auch der spätere Übergang vieler indischer Softwarefirmen zum »Offshoring«-Modell, das vor allem auf dem Einsatz indischer Arbeitskraft in Indien beruht, ist in erster Linie mit veränderten US-amerikanischen Visabestimmungen zu erklären: Die (1992 eingeführten) H-1B Visa beinhalteten eine Arbeitserlaubnis für drei bzw. sechs Jahre, doch ihre Inhaber/innen mussten nach US-Standards entlohnt und besteuert werden (Rao Biradavolu 1999; Biao 2007, 6).[47] Ein Vorstandsmitglied von I-Serve berichtet, man habe sich damals gefragt:

›[C]an't we develop our processes and methodologies and tools to do what is minimum required at customers‹ site? And remaining work we can do from places like India' […]. So that model came into existence – because the US government said, no, you can't send – we won't give you as many visas onsite. So then we said we'll do offshore (MM 5).

Seit den neunziger Jahren ist in Nordamerika und Europa ein steter Wechsel zwischen staatlichen Immigrationserleichterungen und –beschränkungen festzustellen, weil Regierungen dem schwankenden Arbeitskraftbedarf einheimischer Firmen gerecht zu werden suchen. So fand etwa in den späten Neunzigern in den USA und vielen europäischen Ländern eine massive Ausweitung der Visa-Vergabe an ausländische IT-Spezialist/innen statt, weil viele Firmen Unterstützung bei der arbeitsaufwändigen Umstellung von Computersystemen auf das neue Jahrtausend (Y2K) benötigten (Biao 2007, 21; Hirschfeld 2002; Raghuram 2004, 163; Upadhya 2006b). Es handelte sich dabei um einen jener Fälle, in denen die »organisierte Rekrutierung« von ausländischer Arbeitskraft »by employers or governments on behalf of employers« Immigrationsströme auslösten (Sassen 2007, 135). Schon wenige Jahre später hingegen wurde die Einwanderung von IT-Beschäftigten durch die US-amerikanische, aber zum Beispiel auch durch die deutsche Regierung massiv erschwert (siehe unten), was ein indischer Manager vor allem auf steigende Arbeitslosenzahlen zurückführt: »unemployment goes too high, then automatically there would be resistance towards giving visas, work permits, etcetera.« (MM 4). Dies löste sogar Spekulatio-

47 Von den Computer-bezogenen H-1B-Visa gingen 1998/99 etwa 74 Prozent an Inder. In Großbritannien war der indische Anteil ausländischer IT-Spezialisten ähnlich (Biao 2007, 7).

nen über einen »reverse brain drain« (MM 5) aus, weil gleichzeitig in Indien eine große Zahl attraktiver IT-Arbeitsplätze entstand.[48]

Die staatliche Regulierung transnationaler Mobilität scheint demnach im Fall der indischen IT-Branche eher von westlichen Regierungen vorgenommen zu werden als von der indischen, wobei europäische Staaten restriktiver vorgehen als die USA:

In general, it is much more difficult for Indians to obtain visas, work permits, and residence permits for European countries than for the US (Upadhya 2006b).

Dies hat direkte Konsequenzen für betriebliche Arbeitskraftnutzung. Im Falle von I-Serve stellen die komplizierten deutschen Einreise- und Aufenthaltsbestimmungen teilweise die kontinuierliche Betreuung von Kunden in Frage. Immerhin gilt für Onsite-Teams ein ausgeklügeltes Rotationssystem, wobei indische Beschäftigte für mehrere Monate »onsite« eingesetzt, aber in regelmäßigen Abständen einzelne Teammitglieder ausgetauscht werden, um trotz personeller Wechsel eine stabile Kooperation sicherzustellen. Diese Rotation, berichtet eine indische Entwicklerin, sei in ihrem Team ins Stocken geraten, als das deutsche Konsulat I-Serve-Angestellten vorübergehend keine Arbeitserlaubnis erteilte:

That time it was some problem with [I-Serve] and German consulate. So there were no work permits coming, they were not approved. […] People had applied and they were waiting for one year in all, so … That time many people were sent on this business visa and … That's why we were sent for a short term (EW 22).

Andere Befragte beklagen die Langwierigkeit des Vergabeprozesses: Visa für Deutschland müsse man eigentlich beantragen, bevor man überhaupt den Zuschlag für ein Projekt erhalten habe (MM 12), denn die Erteilung einer Arbeitserlaubnis dauere offiziell drei, manchmal aber auch fünf Monate (MM 24), und nur, wenn man sich intensiv bemühe, könne man es in sechs Wochen schaffen (KBM 29). Bedenkt man nun, wie schnelllebig das Geschäft indischer Servicefirmen und wie kurz manche Projektlaufzeit ist, so dürfte diese staatliche Immigrationspolitik nicht unerheblich dazu beitragen, dass sich I-Serve nur schwer auf dem deutschen Markt etablieren kann und auf die Rekrutierung deutscher Beschäftigter angewiesen ist.

48 Raymer (2008) gibt an, seit 2003 seien 50–60.000 indische IT-Spezialisten aus dem Ausland (vor allem aus den USA) zurückgekehrt. Angesichts der Tatsache, dass indische IT-Beschäftigte zunehmend zwischen Indien und dem westlichen Ausland hin- und herzögen, spricht Saxenian (2006, 1) hingegen statt von »brain drain« von »brain circulation«.

Indische Beschäftigte, die im deutschen Mutterhaus von G-Pro eingesetzt werden, benötigen hingegen meist keine mehrmonatige Arbeitserlaubnis, sondern entweder Geschäftsvisa (für Kurzaufenthalte) oder eine mehrjährige Arbeitserlaubnis (für dauerhafte Versetzungen). Daher kollidieren die Erfordernisse »verteilter Entwicklung« in geringerem Maße mit den Standards deutscher Immigrationspolitik. Der Gründer der indischen G-Pro-Niederlassung betont sogar, man habe sehr von der (in den Jahren 2000 bis 2004 geltenden) »Greencard-Regelung«[49] profitiert, die bei I-Serve fast keine Rolle spielte (PAW 31).

10 Prozent aller Greencard-Inhaber waren bei uns (lacht). Im ersten Jahr. Aber dann hat es sich eingeschwungen. Wir hatten wirklich einige Hundert, die hier waren letztlich auf Greencard. […] [F]ür uns … war das ein Instrument sehr hoher Flexibilität. Wenn jemand hier auf Greencard war – das ging ja Ruck-Zuck, nach zwei Wochen war der behördliche Prozess abgeschlossen. Und es wurde auch gern angenommen, viele haben die Gelegenheit angenommen, mal in Deutschland zu arbeiten.

Das seit Ende 2004 geltende deutsche Zuwanderungsgesetz, so der Zitierte weiter, sei hingegen ein wesentlicher Grund, warum man den Einsatz indischer Beschäftigter in Deutschland reduziere:

[D]as ist so aufwendig, dass sich hier so ne lokale Abteilung das natürlich dreimal überlegt, diesen Prozess überhaupt zu starten. …Das dauert ja Mo-na-te. Dann machen wir das manchmal schon so, weil das ja so ewig dauert, dass die Leute dann hier schon mal herkommen auf Business-Visum […]. Dann muss derjenige aber trotzdem zurückfliegen nach Indien, weil nur dort wird ja diese Genehmigung in den Pass gestempelt (ironisch). […] Was alles sehr aufwendig und unangenehm ist und außer der Lufthansa auch irgendwie keinem nützt, aber so ist nun mal der Prozess. Und … da sind wir sehr unglücklich.

Zudem habe die indische Regierung in Reaktion auf verschärfte deutsche Visabeschränkungen die Vorgaben für den Einsatz von Deutschen in Indien geändert:

[D]ie Inder haben natürlich *vice versa* ihren Prozess für Deutsche dann auch gleich verschärft. Früher bekamen wir fünf Jahre Arbeitsgenehmigung – kein Problem.

49 Im Rahmen des »Sofortprogramms zur Deckung des IT-Fachkräftebedarfs« erhielten IT-Spezialist/innen aus Nicht-EU-Ländern eine auf fünf Jahre befristete Aufenthalts- und Arbeitserlaubnis, wenn sie einen entsprechenden Hochschulabschluss hatten oder mindestens 50.000 Euro pro Jahr verdienten. Die Zahl der Greencards war zunächst auf 10.000, ab 2001 auf 20.000 begrenzt. Ca. 18.000 Greencards wurden vergeben (Wikipedia 2009; Benner 2001).

Heute ist es halt nur noch ein Jahr. [...] Das hat mir die indische Botschafterin [...] auch gesagt: ›Deutschland hat das geändert, und wir haben das ein halbes Jahr später auch geändert.‹ (MM 63)

Insofern ist der immer konsequentere Verzicht von G-Pro auf transnationale Mobilität (in Form der Entsendung deutscher Manager nach Indien oder indischer Entwickler nach Deutschland), der oben als Folge des Geschäftsmodells dieser Produktfirma diskutiert wurde (Kapitel 3.1), durchaus auch auf staatliche Immigrationspolitik zurückzuführen. Deren Einfluss auf betriebliche Arbeitskraftnutzung ist vor allem in dreierlei Hinsicht von empirischem wie konzeptionellem Interesse: Erstens macht er deutlich, dass auch der Umgang von Firmen mit transnationaler Mobilität teilweise durch deren Anpassung an das Regulierungsszenario zu erklären ist, in dem sie vor Ort operieren. Zweitens treten die Wechselwirkungen zwischen verschiedenen Regulierungsebenen zutage, denn staatliche Immigrationspolitik orientiert sich offenkundig an den Bedürfnissen der einheimischen Wirtschaft (als Ausdruck ökonomischer Regulierung), hat aber gleichzeitig direkten Einfluss auf geschlechtsspezifische Mobilitätsmuster (als Ausdruck gesellschaftlicher Regulierung). Immerhin verzichten viele indische Ehefrauen nicht zuletzt aufgrund der Schwierigkeit, in Deutschland ein Visum oder eine Arbeitserlaubnis zu bekommen, darauf, den Gatten ins Ausland zu begleiten: »Das dauert sehr lang. Und deswegen viele kommen allein«, bemerkt ein I-Serve-Manager (MM 24). Drittens bestätigen die skizzierten Beobachtungen die Annahme, dass staatliche Regulierung durch die Zunahme transnationaler Wirtschaftsaktivitäten keineswegs an Bedeutung verliert – dies spricht gegen eine »›zero-sum‹ conception of spatial scale«, der zufolge »state scale is said to contract as the global scale expands« (Brenner 1998, 3). In der Softwarebranche jedenfalls hat politische Regulierung immensen Einfluss, und sie hat selbst transnationale Züge angenommen, weil die Politik mehrerer Nationalstaaten gleichzeitig auf die betriebliche Nutzung sowie die (Re-)Produktion von Arbeitskraft einwirkt (Mayer-Ahuja/Feuerstein 2007).

Auch *Mobilität im Alltag* wird in Indien wie in Deutschland direkt durch staatliche Politik beeinflusst. Es würde zu weit führen, hier näher auf deutsche Verkehrspolitik einzugehen, doch deren Prioritätensetzung auf Straßenbau statt auf einen Ausbau des öffentlichen Personennahverkehrs (Wolf 1992) mag durchaus ein Grund sein, warum die meisten Befragten der Auffassung sind, das Pendeln zwischen Arbeitsorten bzw. zwischen

Arbeits- und Wohnort erfordere in Deutschland die Nutzung eines privaten PKW. Dieser Umstand lässt die Verweigerung von Dienstwagen bei der deutschen I-Serve-Niederlassung zur Ursache eines schwelenden Dauerkonfliktes werden – im indischen Mutterhaus dieses Unternehmens hingegen wird dieselbe Politik offenbar kaum diskutiert, weil unter dortigen Verkehrsbedingungen alltägliche Mobilität am besten durch (betrieblich organisierte und subventionierte) Busse zu gewährleisten ist. Allerdings sind auch Mobilitätsmuster in einer Stadt wie Bangalore kaum ohne Verweis auf staatliche Infrastrukturpolitik zu erklären.[50] Immerhin sind es staatliche Stellen, die IT-Gewerbegebiete einrichten, indem sie unter Bezug auf den kolonialen »Land Acquisition Act« von 1894 Land im »öffentlichen Interesse« beanspruchen, unter Marktpreis aufkaufen, landwirtschaftliche Nutzflächen (nicht immer legal) als »land for non-agricultural use« deklarieren und dann günstig an private Investoren weiter geben (Leo Saldanha, EXP 95).[51] Auch die Samplefirmen haben von dieser Form staatlicher Landvergabe profitiert, die zur Konzentration von IT-Firmen an den (vormals landwirtschaftlich genutzten) Rändern der Stadt beiträgt. Ein Vertreter der Logistik-Abteilung von G-Pro bemerkt:

> [W]e have not been involved in any direct way. […] [T]his is about government land, as what I have said, government has got it cleared. They declare this land as government and then they compensate the people, who are staying here, and then they buy this land and they allot it [to] us (LOG 41).

Darüber hinaus entscheiden Regierungsstellen über den Ausbau von Straßen und öffentlichen Verkehrsverbindungen, die meist ebenfalls auf staatlich requiriertem Land entstehen,[52] und nehmen die Vernachlässigung weniger prioritärer Verkehrswege in Kauf. In Bangalore zum Beispiel, wo im Jahr 2005 nur 16 Prozent aller Straßen asphaltiert waren (Benjamin 2005, 9), wurden ein neuer Flughafen, eine Stadtautobahn und eine Untergrundbahn gebaut. Im Rahmen der zu diesem Zweck gegründeten »Public-Private-Partnerships« tragen staatliche Stellen den Großteil der Kosten, was

50 Zur Entwicklung indischer Verkehrspolitik siehe: Panagariya 2008, 396–414.

51 Zu Protesten gegen die Anwendung des »Eminent Domain«-Gesetzes siehe: Nair 2005, 152–158. Dort (ebenda, 166–199) wird argumentiert, dass »state illegalities« in Bezug auf Landregistrierung und -nutzung in Bangalore die »illegalities of the poor« ersetzten.

52 Im Falle des »Bangalore Mysore Infrastructure Corridor« erhielten Kleinbauern, denen das Land gehörte, zehn Rupien pro »square foot«. Dieses Land »is developed at public expense at a cost between Rs. 800 to Rs. 1.000, but allocated to the private corporate sector at less than Rs. 1 as part of ‚negotiated' ‚PPPs' [Public Private Partnerships].« (Benjamin 2005, 7)

ihre Verschuldung bei Geldgebern wie der Weltbank fördert (Bopaiah u.a. 2003). Gleichzeitig wird der Einfluss privater Interessen in einem Maße institutionalisiert, das es nahe legt, von einer aktiven Politik der »Privatisierung von Standardsetzung« zu sprechen (Mayer-Ahuja/Feuerstein 2007). In Bangalore war ihr sichtbarster Ausdruck ein Planungsstab namens »Bangalore Agenda Task Force« (BATF), in dem sich (von 1999 bis 2003) Vertreter des Bundesstaates Karnataka, Firmenrepräsentanten und andere einflussreiche Bürger (die sich als Vertreter der örtlichen »Zivilgesellschaft« verstehen) zusammenfanden, um vor allem die Infrastrukturprobleme im Zuge des IT-Booms anzugehen. Während manche Beobachter die BATF-Errungenschaften feierten (Sukumar 2003), kritisierten andere, dass die BATF drängende Probleme im Bereich Armutsbekämpfung und soziale Sicherung ignoriert und sich ausschließlich auf Themen (wie Landerschließung, Wasserversorgung, Telekommunikation oder Verkehrsmanagement) konzentriert habe, die mit den Geschäfts- und privaten Interessen der Mittelschichten verbunden seien (Nair 2000b; Ghosh 2005, 4916; Benjamin 2005). Für diese Einschätzung spricht, dass die neuen Verkehrswege, die Nair (2005, 99–104) beschreibt, durchweg der Anbindung von IT-Gewerbegebieten an die Innenstadt bzw. an die Wohnviertel der IT-Belegschaften dienen, wobei Gebühren größere Teile der Stadtbevölkerung von der Nutzung der neuen Infrastruktur ausschließen dürften. Ein Vorstandsmitglied von I-Serve bezeichnet diese Politik als Beitrag zur »Modernisierung« Indiens:

[E]levated highway – it is being sponsored by the Central Government […]. And it is a Public Private Partnership kind of a thing, wherein the toll will be paid by the people who use that road. So the thing I'm trying to emphasize here is: India is going through a metamorphosis in its economy. Where there was very strong public sector dominance earlier and heavy subsidy on many of the things that even the rich men would use as well as the poor men would use, you see? But now all those subsidies […] were to go away, so that for example, this road: There is a common road, but if someone wants to reach faster you pay a toll of 50 Rupees because the express way will pay. So like that – so the distinction is coming, in the goods and services that are available. Earlier on there was no choice – everyone has to use and there is no choice for you to reach earlier, even if you are ready to pay. […] Because the economy is growing, and as part of that the urban infrastructure is coming under pressure. The developed countries like Germany and France and UK and the US – all of them have solved these problems. They also went through this phase – it's not unique to India.

In der Tat dürfte Indien nicht das einzige Land sein, das derzeit eine solche verkehrspolitische Polarisierung erlebt, doch die Einschätzung, man nähere sich damit westlichen Standards an, ist fragwürdig. Zum einen spricht die gleichmäßigere Verteilung von Ballungsräumen in einem Land wie Deutschland gegen eine derart fokussierte örtliche Konzentration staatlicher Infrastruktur-Ressourcen, wie sie Bangalore in den vergangenen Jahren erlebte. Zum anderen wäre es in Deutschland trotz aller Privatisierungs- und sozialer Polarisierungstendenzen erklärungsbedürftiger, Straßen und Bahnlinien explizit für eine zahlungskräftige Minderheit zu bauen. Auch aus dieser Perspektive betrachtet, operieren die Samplefirmen demnach in Deutschland und Indien unter sehr unterschiedlichen Bedingungen – und betriebliche Arbeitskraftnutzung dürfte nicht unbeeinflusst davon bleiben, in welchem Maße einflussreiche Unternehmen Verkehrsinfrastruktur gleichsam vom Staat ordern können, um die Mobilität von Beschäftigten im Alltag zu fördern.

Zu guter Letzt wird auch *Mobilität im Lebenslauf* durch staatliche Politik beeinflusst. Besonders drei Aspekte von »Bildungspolitik« prägen den unternehmerischen Zugriff auf Arbeitskraft: die staatliche Förderung der Herausbildung von IT-Zentren; die »Mobilisierung« von Arbeitskraft durch das Universitätssystem; sowie die Konstituierung einer besonders mobilen Bevölkerungsschicht im Rahmen der Schulpolitik, die allesamt in Indien eine ungleich größere Rolle spielen als in Deutschland.

Was die staatliche Förderung der Herausbildung von IT-Zentren betrifft, so ist die massive Konzentration von Software-Firmen in Bangalore nicht zuletzt darauf zurückzuführen, dass die indische Zentralregierung diese Stadt jahrzehntelang gezielt zu einem Schwerpunkt öffentlicher Forschung und Entwicklung in den Bereichen Luftfahrt, Telekommunikation und Elektronik ausbaute. Schon seit den vierziger Jahren entstand dort »a public sector city par excellence« (Nair 2005, 81f.), weil zahlreiche staatliche Großunternehmen (»public sector giants«) mit eigenen Forschungs- und Entwicklungsabteilungen, sowie (ebenfalls staatliche) »giant national laboratories« in Bangalore angesiedelt wurden. Das Ergebnis war eine »Science City« in staatlicher Trägerschaft, wie sie in Deutschland nicht existiert (Nair 2005, 82). Zwar gehörten Anfang der neunziger Jahre selbst in Bangalore 70 Prozent aller Arbeitsplätze zum »informellen Sektor«, doch von den Beschäftigten im »formellen« oder »organisierten« Sektor arbeiteten etwa zwei Drittel im öffentlichen Dienst – und alleine in der Elektronik- und Elektrikbranche der Stadt wurden 114.000 Arbeitsplätze registriert. Indische und ausländische Privatunternehmen hingegen gewannen erst im Zuge des IT-Booms in der zweiten Hälfte der neunziger Jahre an Bedeutung[53] – die Zahl privater Hard- und Software-Firmen explodierte von 109 (um 1995) auf 1.400 gegen Ende der neunziger Jahre (Nair 2005, 85f.). Die Entscheidung für Bangalore dürfte dabei oft nicht zuletzt dem Umstand geschuldet gewesen sein, dass aufgrund der beeindruckenden Ballung von öffentlichen (und zunehmend auch privaten) Bildungseinrichtungen in Stadt und Region (Kumar 2001, 36–39) sowohl das allgemeine Bildungsniveau[54] als auch die Absolventenquoten naturwissenschaftlicher Studiengänge deutlich höher sind als in anderen Teilen Indiens.[55] Die Präferenz von IT-Unternehmen für die Region Bangalore ist angesichts dieser regionalen Konzentration einschlägig qualifizierter Arbeitskraft nicht erstaunlich – doch dass sie dabei massive staatliche Unterstützung erhielten, markiert einen Bruch mit der früheren staatlichen Raumplanungspolitik. Immerhin war seit den fünfziger Jahren von Zentral- und Bundesstaatsregierungen das »mantra of reducing development disparities« wiederholt und die Niederlassung privater Konzerne in Großstädten gesetzlich erschwert worden, um das enorme Entwicklungsgefälle zwischen indischen Regionen sowie zwischen Stadt und Land zu mindern (Fromhold-Eisebith 2006, 162. Vgl. ebenda, 167). Mit Beginn des indischen IT-Booms weitete die indische Zentralregierung die entsprechenden Gesetze allerdings explizit nicht auf die IT-Industrie aus und förderte die regionale Konzentration dieser Branche seit Anfang der neunziger Jahre sogar explizit durch das Programm »Software Technology Parks of India«, das Firmen an bestimmten Standorten kostenlos Gebäude und technische Infrastruktur zur

53 Texas Instruments eröffnete schon 1986 eine Niederlassung in Bangalore (Lateef, chapter 3.2).

54 Im Jahre 2001 waren in Indien 65 Prozent der Bevölkerung alphabetisiert (Kapitel 7.2.2), in Bangalore (Urban District) hingegen 86 Prozent. Immerhin hat seit 1970 die Zahl der »Primary Schools« um 65 Prozent, die Zahl der »Secondary Schools« um 435 Prozent zugenommen, und die Gesamt-Schülerzahl stieg um 200 Prozent (Heitzman 2004, 220).

55 Im Jahre 1995 waren in der Region Bangalore etwa 175.000 Personen in Ingenieurstudiengängen eingeschrieben. Alleine im »Bangalore Urban District« gab es zu diesem Zeitpunkt 54 polytechnische Universitäten und 46 technische Institute, wo in diesem Jahr 25.000 Studierende (davon 47 Prozent Frauen) einen naturwissenschaftlichen Bachelor erwarben. Im Jahr 2000 existierten in der Region 82 »engineering colleges«, die sich zunehmend auf »electronic engineering« und »information technology« konzentrierten (Heitzman 2004, 222ff.).

Verfügung stellt (Parthasarathy, EXP 102). Auch die Regierung des Bundesstaates Karnataka, zu dem Bangalore gehört, war IT-Firmen nicht nur beim Landerwerb behilflich, sondern konnte ihnen zudem Steuererleichterungen anbieten, weil für sie in Bangalore besonders günstige »industrial tariffs« gelten (Vidyashankar, EXP 84; Kulkarni, EXP 107). Schon bald rekrutierten diese Firmen mehr Absolvent/innen von naturwissenschaftlichen und Ingenieurstudiengängen, als selbst die Region Bangalore hervorbrachte, und immer mehr einschlägig Qualifizierte zogen aus ganz Indien nach Bangalore – räumliche Mobilität im Lebenslauf nahm zu.

Darüber hinaus wird biographische räumliche Mobilität durch das indische Universitätssystem gefördert, weil Schulabgänger/innen sich typischerweise im ganzen Land um einen Studienplatz bewerben und (je nach Notendurchschnitt und Studiengang) nicht unbedingt von der Universität ihrer Wahl akzeptiert werden. Viele der von uns Befragten jedenfalls konnten nicht in ihrem Herkunftsort studieren, obwohl sie (wie die Mehrheit der indischen IT-Beschäftigten) aus größeren Städten mit einschlägigen Bildungseinrichtungen stammen (Kapitel 7.2.3). Selbst ein Entwickler aus der Hauptstadt Neu Delhi sah sich gezwungen, für sein Ingenieur-Studium nach Bangalore umzuziehen:

[I]n Delhi, [...] there are only two engineering colleges. And there are about [100–150.000 ...] students – writing the exam to get into, to get admission into that college. And there are about only 350 vacancies available (seats), so most of the Delhi students usually move out of Delhi to do their engineering. And, eh, I was one of them and I had written, I remember, I had taken the tests of thirteen different universities. And it was in Bangalore that I got selected (EM 59).

Ein Südinder schildert das Vergabesystem wie folgt:

[W]e have one particular examination, common entrance examination, that is [...] conducted across the country, eh, and based on the score that we have in that particular entrance examination, we will be – we can opt, yeah, for any of the institutions. Eh, I was ranked 380, yeah, and, eh, I was keen on getting into computer science. [...] I wasn't getting an opportunity as well in the southern part of India, where it would have been my first choice. [...] But then I got it in Bhopal – that was the closest at least, I would say, before going north (PMM 43).

In Deutschland war der Staatseinfluss bei der Studienplatzvergabe zu dem Zeitpunkt, als unsere Befragten ihr Studium aufnahmen, formal noch größer, denn Informatikstudienplätze wurden durch die staatliche »Zentrale Vergabestelle« (ZVS) zugeteilt. Deren Entscheidungen waren jedoch nicht bindend und relativ leicht zu umgehen. Ein Deutscher, der (wie der zitierte indische Kollege) keinen Studienplatz in der von ihm präferierten Region erhalten hatte, löste dieses Problem wie folgt:

Die Studienplätze für Informatik wurden derzeit mit Studienplatzgarantie über die ZVS verteilt. Und ich hatte da ziemlich viel Stress. Die hätten mich nämlich nach Passau geschickt. Mein Erstwunsch war Aachen, mein Zweitwunsch war Braunschweig, mein Drittwunsch war Hildesheim. Das wurde alles nicht berücksichtigt, und ich hab dann einen Studienplatz in Hildesheim bekommen, indem ich mich selber drum gekümmert habe. Also gegen die Regel an der ZVS vorbei, direkt an die Universitäten geschrieben (SEM 68).

Zum Zeitpunkt des Studienabschlusses macht sich die mobilisierende Wirkung des Universitätssystems allerdings in Indien sehr viel stärker bemerkbar als in Deutschland: Während sich Absolvent/innen in Deutschland normalerweise bei verschiedenen Unternehmen bewerben (und sich, wie wir bei G-Pro sahen, nicht selten für einen Arbeitsplatz in ihrer Herkunftsregion entscheiden), wird dieser Prozess in Indien durch sogenannte »Campus Placements« direkt von den Universitäten gesteuert: Dabei besuchen IT-Unternehmen besonders angesehene Bildungseinrichtungen, deren Absolvent/innen sich entscheiden können, mit welchen Firmen sie zusammentreffen wollen – sobald ein Unternehmen dem oder der Betreffenden jedoch ein Angebot unterbreitet, muss es akzeptiert werden, selbst wenn dies einen Umzug an das andere Ende des Subkontinents bedeutet (Kapitel 7.1.1). Angesichts der massiven regionalen Konzentration der IT-Branche in Indien dürfte dies in vielen Fällen biographische räumliche Mobilität fördern.

Zu guter Letzt hat die Versetzungspolitik im indischen »Public Sector« zur Herausbildung einer zahlenmäßig beachtlichen Bevölkerungsgruppe geführt, die nicht nur bildungsbeflissen und in »finanzieller Hinsicht arm« ist, wie es ein (oben zitierter) Manager (MM 37) formuliert, sondern für die räumliche Mobilität eine Selbstverständlichkeit darstellt. Wir werden auf die bemerkenswerte Konzentration von Kindern des indischen »Public Sector« in unserem Sample zurückkommen (Kapitel 4.2.3). Hier mag der Hinweis genügen, dass die Eltern vieler Interviewpartner/innen zum Beispiel für die indischen Streitkräfte (PMM 44, 60), für die »State Bank of India« (TLM 51), für die indische Zentralregierung (EM 58) oder für diverse »Government Companies« (PMW 36; EM 58) tätig waren. Beschäftigte in solchen Bereichen werden in regelmäßigen Abständen versetzt, und deshalb besuchen ihre Kinder eine spezielle Schule für den Nachwuchs des indischen »Public Sector«, die Bildungseinrichtungen innerhalb und außerhalb Indiens betreibt und auf regelmäßige Wohnortwechsel eingerichtet ist. Im Jahr 2008 existierten ungefähr 1000 dieser »Kendriya Vidyalayas« mit etwa einer Million Schüler/innen.[56] Ein Ehemaliger berichtet:

I have studied in a school that is called Central School, or Kendriya Vidyalaya, which is more or less established by the government *for people,* whose sons or daughters are in transferable jobs, the medium of instruction is generally English (PMM 44).

Die Unterrichtssprache Englisch erklärt sich daraus, dass Englisch (zusammen mit Hindi) in ganz Indien als Amtssprache gilt[57] und in Teilen der indischen Mittelschichten als zweite Muttersprache gepflegt wird. Die »öffentliche Zentralschule« fördert diese Sprachkompetenz weiter – dies mag erklären, warum deren Absolvent/innen für transnational operierende IT-Firmen so attraktiv sind, zumal die Kinder von Eltern mit »transferable jobs« als »quite cosmopolitan in their attitude« gelten (Devi 2002, 4424). Unser (statistisch nicht repräsentatives) Sample legt sogar den Eindruck nahe, dass diese räumlich hochmobile anglophone Gruppe von IT-Beschäftigten sich eher in westlichen Firmen (wie G-Pro) konzentriert. Sollte dies zutreffen, so wäre zu prüfen, ob die Strategie des Unternehmens, die örtliche Verankerung von Beschäftigten zu fördern, auf den Widerstand oder im Gegenteil auf die besondere Zustimmung von Zentralschulabsolvent/innen stößt, deren langjährige räumliche Mobilität damit ein Ende findet.

Am Ende dieses Kapitels ist festzuhalten, dass sich die Geschäftsmodelle der beiden Sample-Unternehmen in einem sehr unterschiedlichen Umgang mit räumlicher Mobilität niederschlagen. Dies gilt besonders für transnationale Mobilität, weil die Servicefirma I-Serve auf Auslandseinsätze indischer Beschäftigter angewiesen ist, deutsche Angestellte hingegen ausdrücklich nicht gleichermaßen »mobilisiert«, während die Produktfirma G-Pro deutsche wie indische Beschäftigte örtlich zu verankern sucht. Insofern markieren Geschäftsmodelle eine wichtige Grenze von Homogenisie-

---

56 Auftrag dieser Schulen ist, »[t]o cater to the educational needs of the children of transferable Central Government employees including Defence and Para-Military personnel by providing a common programme of education« (http://kvsangathan.nic.in).

57 Daneben gelten 22 weitere Sprachen als regionale Amtssprachen, doch die Zentralregierung gab im Zensus von 2001 insgesamt 122 indische Sprachen an (Berger 1995). Kinder aus verschiedenen Regionen können nicht unbedingt in derselben indischen Sprache miteinander kommunizieren.

rung. Beide Unternehmen müssen sich jedoch bei der Wahl von Formen der Arbeitskraftnutzung auf ortsgebundene Muster transnationaler, alltäglicher und biographischer Mobilität einstellen, die in Deutschland anders aussehen als in Indien. Daher ähnelt sich die betriebliche Arbeitskraftnutzung beider Firmen in Deutschland bzw. in Indien in einem Maße, das nicht zu erklären ist, wenn man nur Geschäftsmodelle berücksichtigt – eine zweite Grenze von Homogenisierung tritt zutage. Dabei wird die eingangs erwähnte Wechselwirkung deutlich: Unternehmen müssen sich an jenen Mobilitätsmustern orientieren, die aus ortsgebundenen Standards von Arbeitskraft-(Re-)Produktion resultieren – und gleichzeitig beeinflussen Unternehmen diese ortsgebundenen Mobilitätsmuster (indem sie etwa durch ihre Transferpolitik eine bestimmte Art geschlechtsspezifischer Arbeitsteilung fördern).

4. Arbeitsvertragliche Bindung

In Hinblick auf die vertragliche Bindung von Arbeitskraft an das Unternehmen (als zweitem Aspekt von Arbeitskraft-Zirkulation) verfolgen die beiden Samplefirmen sehr ähnliche Strategien – konkret geht es hier um Rekrutierungspraktiken, um die rechtliche Form von Arbeitsverträgen sowie um Versuche, die Dauer von Beschäftigungsverhältnissen gezielt zu verlängern. Produkt- wie Servicefirma bemühen sich dabei im Prinzip um eine Vereinheitlichung von Arbeitskrafteinsatz in verschiedenen Weltregionen. Allerdings führen auch in diesem Falle wirtschaftliche (Arbeitsmarkt), politische (soziale Sicherung und Arbeitsrecht) sowie gesellschaftliche Aspekte (Sozialstruktur) der ortsgebundenen Regulierung von Arbeitskraft-(Re-)Produktion, die deren vertragliche Bindung in besonderem Maße beeinflussen, dazu, dass sich betriebliche Arbeitskraftnutzung in Deutschland anders darstellt als in Indien.

Die transnationale Dimension der Einbindung von Arbeitskraft wird im Folgenden nicht mehr gesondert behandelt: Da Arbeitsverträge per definitionem nach den Vorgaben *eines* nationalstaatlichen Rechtssystems abgeschlossen werden, gibt es keine »transnationalen« Verträge. Wer etwa bei G-Pro mit deutschem Vertrag nach Indien versetzt wird, muss nach einer gewissen Zeit zurückkehren oder auf einen indischen Vertrag umsteigen (PMM 35). Im Mittelpunkt des Interesses steht demnach Arbeitskraftnutzung in Deutschland, Arbeitskraftnutzung in Indien sowie die Wechselwirkung zwischen den in beiden Ländern jeweils vorherrschenden Standards, die sich aus transnationaler Kooperation ergeben.

4.1 Unternehmensstrategien zur arbeitsvertraglichen Bindung

Angesichts der weit verbreiteten Vorstellung, dass gerade IT-Arbeit durch permanente technische und organisatorische Veränderungen geprägt ist, dürfte eines der überraschendsten Ergebnisse der vorliegenden Studie darin bestehen, dass die Produktfirma wie die Servicefirma unseres Samples in Indien wie in Deutschland gleichermaßen auf eine dauerhafte vertragliche Einbindung von Arbeitskraft setzen.

4.1.1 Rekrutierung

Die frappierende Ähnlichkeit zwischen den vertraglichen Bindungsstrategien der beiden Samplefirmen kommt bereits beim Abschluss von Arbeitsverträgen zum Ausdruck. Trotz aller Unterschiede in Geschäftsmodell und Herkunftskontext nehmen beide Firmen in Indien sehr viel umfangreichere Rekrutierungen vor als in Deutschland, was vor allem auf die unterschiedliche Entwicklungsdynamik der IT-Arbeitsmärkte (Kapitel 4.2.1) und Lohnkostenniveaus (Kapitel 5) in diesen beiden Ländern zurückzuführen sein dürfte. So wurden im deutschen Mutterhaus von G-Pro und auch in der hier untersuchten Abteilung in den vergangenen Jahren kaum Neueinstellungen getätigt, während man die Belegschaft der indischen Niederlassung in Bangalore seit ihrer Gründung Ende der neunziger Jahre von ungefähr 100 auf 3.000 Beschäftigte erweiterte (Kapitel 2.2.1). Offenbar nahm die Expansionsdynamik im Laufe der Zeit sogar zu, denn im Jahr 2007 betonte ein Vertreter der Personalabteilung: »Mind you, we also added thousand people – thousand people every year!« (PAM 54) Diese Expansion der indischen Niederlassung sei nicht mit Arbeitsplatzabbau im deutschen Mutterhaus einhergegangen, bemerkt der Gründer der indischen Niederlassung: Man habe »noch nie jemanden entlassen, weil wir irgendwas jetzt rübergeshiftet haben«.

Zum Glück, weil die [G-Pro] insgesamt halt ein wachsendes Unternehmen ist, sind wir in die Situation nie reingelaufen, dass wir hier 'nen Geschäftsbereich geschlossen hätten, die Leute hätten entlassen müssen, und dann machen wir das Gleiche in Indien. Dann hat man natürlich ganz andere Probleme. [...] Die ganzen 3.000

Leute heute – ist praktisch zusätzlich aufgebaut … und in [deutscher Stammsitz] sind wir halt nicht mehr so stark gewachsen (MM 63).[1]

Diese Rekrutierungspraxis ist Ausdruck der Strategie von G-Pro, die Verantwortung für das (in der untersuchten Abteilung hergestellte) Softwarepaket im Rahmen »verteilter Entwicklung« schrittweise nach Indien zu verlagern. Dies sei für die deutschen »Brückenköpfe« teilweise »sehr, sehr schwierig«, betont ein Senior Entwickler, weil damit ihr Aufgabenbereich schwinde: Zwar sei

jedem klar, dass man hier als deutscher Mitarbeiter immer noch sehr anspruchsvolle Arbeit machen kann in diesem Bereich […]. Und es ist der allgemeine Glaube, dass man auf Dauer auch immer noch ein deutsches Kernteam braucht, was sozusagen diese Verbindung [nach Indien] herstellt. Die Frage ist: Was macht das deutsche Kernteam? […] [I]nsgesamt werden diese Stellen in Deutschland abnehmen. Und es gibt also einen Kollegen bei mir, der gesagt hat: das ist ihm auf Dauer zu wenig (SEM 64).

Selbst wenn ein Projektmanager davon ausgeht, »dass es kurzfristig nicht möglich sein wird, sich überflüssig zu machen« (PMM 70), sehen sich angesichts immer weiter reduzierter Zuständigkeiten manche der deutschen Beschäftigten nach einer neuen Tätigkeit (meist innerhalb von G-Pro) um (SEM 64). In Indien hingegen stellt sich die Situation umgekehrt dar. Ein indischer Projektmanager etwa meint,

in future, *I* have the feeling that more quality work will come here. […] India is still growing. You see, we have here a new campus coming up for a lot of people. That means they want to continue *to grow* this place (PMM 52).

Während also in Deutschland ein weitgehender Verzicht auf Rekrutierungen mit der Maßgabe einhergeht, dass immer mehr Aufgaben nach Indien abgegeben werden sollen, erlebt die wachsende indische Belegschaft von G-Pro einen kontinuierlichen Verantwortungszuwachs, obgleich die Leitung der Projektteams derzeit noch meist bei deutschen Kollegen liegt.

Auch bei I-Serve wurde die deutsche Belegschaft seit der Niederlassungsgründung im Jahr 2001 nur langsam (von einem auf etwa 40 Beschäftigte) vergrößert, während im indischen Mutterhaus die Beschäftigtenzahlen geradezu explodierten, wie ein Vertreter der Personalabteilung betont:

1 Zu ähnlicher Beschäftigungsentwicklung in anderen IT-Unternehmen, die Arbeiten nach Indien verlagert haben, siehe: Hirschfeld 2004, 50. Bei G-Pro wurden allerdings im Jahr 2009 erstmals in der Firmengeschichte umfangreiche Entlassungen angekündigt (Kapitel 8).

[I]f you look at our organization and the way we have been growing – till around two years back, we were probably around 40.000 people. We have grown to 70.000 people. That means: 30.000 people have been in this organization for less than two years (PAM 23).

Diese ungleiche Verteilung der Neurekrutierungen dürfte (wie erwähnt) vor allem auf die jeweilige Entwicklungsdynamik des deutschen bzw. indischen IT-Arbeitsmarktes zurückzuführen sein. Das typische Profil der Neuzugänge hingegen verweist durchaus auf verschiedene Geschäftsmodelle: G-Pro stellt vor allem qualifizierte Fachkräfte mit längerer Berufserfahrung ein, die im deutschen Mutterhaus vorwiegend auf dem internen Arbeitsmarkt (also aus anderen Unternehmensbereichen; siehe unten) rekrutiert werden, weil man bei der Produktentwicklung auf firmenspezifisches Fachwissen und innerorganisatorische Netzwerke angewiesen ist. In der indischen Niederlassung hingegen greift G-Pro in Ermangelung eines internen Arbeitsmarktes vorwiegend auf Arbeitskräfte zurück, die in anderen Firmen einschlägige Berufserfahrung gesammelt haben. I-Serve hingegen rekrutiert in seinem indischen Mutterhaus mehrheitlich Berufsanfänger/innen, die in unternehmensinternen Einführungskursen auf ihre Aufgaben vorbereitet werden – dies lässt vermuten, dass Neueingestellte in dieser Servicefirma sehr viel geringere Qualifikationsanforderungen erfüllen müssen als in der Produktfirma unseres Samples (Kapitel 7). Für die deutsche Niederlassung hingegen rekrutiert auch I-Serve gezielt Fachkräfte mit Berufserfahrung (oft aus IT-Beratungshäusern), die umgehend Kundenverantwortung übernehmen können (PAW 31).

Festzuhalten ist demnach, dass in beiden Unternehmen in Indien sehr viel mehr Arbeitsverträge abgeschlossen werden als in Deutschland, die vertragliche Bindung von Arbeitskraft aber in Indien bei I-Serve typischerweise an einem deutlich früheren Punkt der Erwerbsbiographie einsetzt als bei G-Pro. In Deutschland ist hingegen das umgekehrte Phänomen festzustellen: Bei G-Pro wurden in der Vergangenheit vorwiegend frischgebackene Hochschulabsolvent/innen rekrutiert, während I-Serve für seine deutsche Niederlassung gezielt nach Berufserfahrenen sucht.

4.1.2 Dominanz unbefristeter Vollzeitarbeit

Diese unterschiedlichen Rekrutierungspraktiken wirken sich auf die rechtliche Form der angebotenen Arbeitsverträge aus. Trotzdem ist in beiden Unternehmen insofern keine »Pluralisierung von Beschäftigungsformen«

festzustellen, wie sie Menez und Töpsch (2003) der deutschen IT-Branche attestieren, als dort fast ausschließlich unbefristete Vollzeitverträge vergeben werden.

Bei G-Pro treten diese für fast alle Beschäftigten am ersten Arbeitstag in Kraft – selbst die sechsmonatige Probezeit, welche die Personalabteilung erwähnt (PAW 31), »is also considered as permanent employment«, erklärt ein indischer Entwickler (EM 40). Eine Ausnahme markieren allenfalls die auf sechs Monate befristeten Praktika in der indischen Niederlassung, doch selbst sie münden vielfach in eine Festanstellung (PMM 35). Bei I-Serve hingegen ist der Anteil der Neuzugänge mit Berufserfahrung, die auch in diesem Unternehmen sofort einen unbefristeten Vollzeitvertrag (mit drei bis sechs Monaten Probezeit; MM 2) erhalten, deutlich geringer. Zwar werden in der deutschen Niederlassung fast ausschließlich solche erfahrenen Arbeitskräfte eingestellt, doch im indischen Mutterhaus dominieren »Fresher«. Diese frischgebackenen Hochschulabsolvent/innen erhalten zunächst einen auf ein Jahr befristeten Arbeitsvertrag, der anschließend (nach erfolgreich absolviertem Training und Einarbeitung in die Projektarbeit) durch einen unbefristeten Vertrag ersetzt wird.

Unbefristete Verträge können nun zwar nicht umstandslos als Ausdruck einer unternehmerischen Orientierung auf langfristige Einbindung von Arbeitskraft interpretiert werden – immerhin gelten in vielen indischen IT-Firmen Kündigungsfristen von weniger als einem Monat (Varma und Sasikumar 2004, 69f.) – doch faktisch stehen beide Samplefirmen in Deutschland wie in Indien im Ruf, kaum Kündigungen auszusprechen. Dies heben speziell indische Beschäftigte positiv hervor, die bereits Erfahrung mit Branchenkrisen und Arbeitslosigkeit gesammelt haben (Kapitel 4.2). Ein indischer Manager erklärt:

> [G-Pro] as such never likes to terminate anybody. I've never heard in the history of [G-Pro]. Until, unless it is an ethical case, code of business conduct – we don't terminate anybody. And that's a great company (MM 37).

Man müsse bei G-Pro schon Bewerbungsunterlagen fälschen, um nach der Probezeit nicht übernommen zu werden, und selbst mangelnde Leistung sei kein Kündigungsgrund, ergänzt ein Entwickler (EM 58). Auch das indische Mutterhaus von I-Serve wird dafür geschätzt, in wirtschaftlich schwierigen Zeiten Kündigungen vermieden zu haben. Eine Teamleiterin erinnert sich:

I joined [I-Serve] when the slump was there, so I know what is the kind of support that [I-Serve] gives and what is the other. Because there were companies that did major layoffs, but [I-Serve] never did a layoff. So that is the kind of … the commitment that [I-Serve] holds, they respect all the employees and people they recruited (TLW 21).

Im Zuge der jüngsten Wirtschaftskrise, die um 2008 begann, schien diese Einschätzung sich nicht unbedingt zu bestätigen (Kapitel 8), doch zum Zeitpunkt der Interviews (2007) dienten selbst die befristeten Verträge für Berufsanfänger bei I-Serve offenbar nicht dazu, die Trennung von Arbeitskräften zu erleichtern: Zum einen lautete die Sprachregelung für den Übergang vom befristeten zum unbefristeten Vertrag »to get confirmed« (bestätigt werden), was nahe legt, dass Beschäftigte diesen Schritt nicht als Hürde empfanden, sondern mit einer gewissen Selbstverständlichkeit erwarteten. Zum anderen scheint in den vergangenen Jahren die Zahl derer, die den Trainingskurs oder die zwölfmonatige Befristung nicht überstanden, sehr gering gewesen zu sein (TLW 21). Eine Befragte berichtet, in ihrem Jahrgang seien von 90 »Auszubildenden« nur zwei nicht in die Festanstellung gelangt – dass sie sich daran zunächst nicht erinnert (»Oh, everybody gets confirmed«), macht den Ausnahmecharakter dieser Fälle deutlich (SEW 20). Der Sinn der Praxis, mit Berufseinsteigern Ein-Jahres-Verträge abzuschließen, besteht ganz im Gegenteil darin, sie mindestens für ein Jahr an das Unternehmen zu binden, bis sich die Trainingskosten amortisiert haben (TLM 6). Eine 24-Jährige erinnert sich an ihren Start bei I-Serve:

[I]t was a one year contract, as in: within one year, we're not supposed to quit the job. Otherwise there was no other bond, but this was a bond we were supposed to sign within one week of joining (EW 3).

Derlei vertragliche Beschränkungen des Kündigungsrechtes von abhängig Beschäftigten erinnern (wie auch die Wortwahl dieser Befragten nahe legt) in vieler Hinsicht an Verpflichtungsverträge (»bonds«), die in Indien illegal sind (Upadhya/Vasavi 2006, 90).[2] Trotzdem bestehen viele IT-Firmen auf entsprechenden vertraglichen Festlegungen, deren Bruch erhebliche finanzielle Konsequenzen haben kann. So musste ein Entwickler sechs Monatsgehälter an eine indische Servicefirma zahlen, weil er weniger als zwei Jahre nach Vertragsbeginn zu G-Pro wechselte (EM 56); Upadhya und Vasavi (2006, 90) berichten gar von Fällen, in denen drei Jahresgehälter gefordert

2 Dies ist in Artikel 23 der indischen Verfassung sowie im »Bonded Labour System (Abolition) Act« von 1976 geregelt (Venkata Ratnam 2003, 245).

wurden.[3] Diese Praxis ist in Indien offenbar so verbreitet, dass G-Pros Verzicht auf derlei Vertragsklauseln von einem Projektmanager lobend hervorgehoben wird:

That's another – one more *feature* in [G-Pro] that they never ask to sign a bond. Usually companies who provide training – [...] they ask everybody to sign a bond, at least for one year or so. So that this training cost doesn't go for, I mean, waste. But in [G-Pro] they would not ask anybody to sign a bond (PMM 52).

Zwar führt dieser Befragte den Verzicht auf Verpflichtungsverträge vor allem darauf zurück, dass der Einführungskurs bei G-Pro (anders als bei I-Serve) ohnehin nur firmenspezifisches Wissen vermittle (Kapitel 7), doch trotzdem betrachten Beschäftigte dies offensichtlich als Vorteil von G-Pro gegenüber anderen Softwarefirmen.

Festzuhalten ist demnach, dass unbefristete und (aus Unternehmenssicht) durchaus auf Dauer angelegte Vollzeitverträge (neben den Befristungen für Berufseinsteiger beim indischen Mutterhaus von I-Serve) die bei weitem häufigste Vertragskonstruktion in beiden Sampleunternehmen darstellen. Daneben findet sich nur sehr vereinzelt Teilzeitarbeit, denn keines der beiden Unternehmen versucht, Frauen mit Familienpflichten durch reduzierte Stundenkontingente an sich zu binden. Für das Mutterhaus von I-Serve erklärt ein Teamleiter kategorisch:

We don't have part-time working here. No, I don't think so. In [I-Serve] working is fulltime (TLW 7).

Selbst in der deutschen Niederlassung spielt Teilzeitarbeit offenbar keine Rolle. Nach Möglichkeiten der Stundenreduzierung befragt, antwortet eine Vertreterin der Personalabteilung:

Eh ... [langes Nachdenken], ich glaube, es gab noch keinen Fall von jemandem, der das gewünscht hat. Dadurch, dass wir eben 95 Prozent Männer ... nee, mehr sogar: fast 98 Prozent Männeranteil haben, da stellt sich die Frage gar nicht. Weil die halt ihre Ehefrauen haben, die dann woanders dann Teilzeit arbeiten ... könnte ich mir vorstellen (PAW 31).

Entsprechend stellen Teilzeitarbeitende bei deutschen Kunden für eine indische I-Serve-Angestellte eine erwähnenswerte Absonderlichkeit dar: »In Germany I had seen people working part-time also«, bemerkt sie: »They used to come for half a day or, say, they used to leave at lunchtime« (TLW

3 Besonders häufig werden »Bonds« anlässlich von Auslandseinsätzen abgeschlossen, um den Wechsel zum Kundenunternehmen zu unterbinden (Upadhya 2006b, 3).

8). Bei G-Pro hingegen ist Teilzeitarbeit offenbar etwas weiter verbreitet. So können Frauen nach einer »Familienpause« im deutschen Mutterhaus (PMM 65), aber auch in der indischen Niederlassung (laut Personalabteilung für maximal ein Jahr; PAM 62) reduzierte Arbeitszeiten leisten. Im Mutterhaus ist es zudem nach Einschätzung einer Personalabteilungsvertreterin

> sehr stark verbreitet [...], dass man auf 80 Prozent zum Beispiel zurückgeht. Das heißt, dass man sich den Montag oder den Freitag frei nimmt und versucht, die Arbeit innerhalb von vier Tagen zu erledigen. Also das ist sehr, sehr üblich. Und 50-Prozent-Stellen sind in dem Umfeld eher rar (PAW 67).

»Dadurch, dass wir einfach keine Frauen haben«, meint dieselbe Befragte, müssten durchaus auch Männer ihre Arbeitszeit auf 80 Prozent reduzieren, denn immerhin werde dies von »20 bis 30 Prozent« der Beschäftigten praktiziert. Dies bestätigt die Personalstatistik für die untersuchte Abteilung allerdings nicht: Von 51 Beschäftigten in Deutschland waren dort im Jahr 2007 immerhin sieben (knapp 14 Prozent) Frauen, und nur zwei Beschäftigte (knapp vier Prozent) hatten Teilzeitverträge.

Damit ist das Spektrum der von den beiden Samplefirmen angebotenen Vertragsformen bereits erschöpft. Im Arbeitsalltag spielt jedoch (neben den umfangreichen Belegschaften von Subunternehmen in Sicherheitsdienst, Gartenbau, Gastronomie, Raumpflege, Fuhrpark oder technischem Service)[4] eine weitere Beschäftigtengruppe eine wichtige Rolle, zumal sie indirekt dazu beiträgt, die Arbeitsverträge der Kernbelegschaft zu stabilisieren. Es handelt sich dabei um »contract employees«, also um Leiharbeiter, die bei anderen IT-Unternehmen angestellt sind, und deren Einsatz dazu dient, Beschäftigte der Kernbelegschaft zeitweise zu ersetzen oder bei erhöhtem Arbeitsanfall zu unterstützen (PMM 43). Wie erwähnt (Kapitel 2.2.2), nimmt dieser Arbeitskraft-Verleih in Indien enorme Ausmaße an. Sandhu (2006) spricht sogar von »Russian Doll Capitalism«, weil man dort in jeder Softwarefirma die Angestellten verschiedener Sub- oder Partnerunternehmen, unter deren Belegschaften wiederum Angestellte von Zeitarbeitsfirmen antreffe usw. Dies gilt offenbar auch für die Samplefirmen. Jedenfalls waren in der indischen G-Pro-Niederlassung zum Zeitpunkt der

4 Bei I-Serve wurden diese Aufgaben um das Jahr 2000 komplett an Fremdfirmen vergeben. Dies betraf »around thousand people on the Bangalore campus itself« (PAM 23). Die »Core Teams«, die den Subunternehmer-Einsatz koordinieren, haben unbefristete Vollzeitverträge bei I-Serve, doch die Beschäftigten der Subunternehmer sind meist befristet eingestellt (LOG 17).

Interviews (2007) neben 3.000 direkt Angestellten etwa 800 bis 900 Beschäftigte indischer Servicefirmen tätig (PAM 62). Jeder dritte bis vierte IT-Spezialist auf dem Firmengelände hatte demnach keinen Arbeitsvertrag mit G-Pro. Inwiefern dies auch im deutschen Mutterhaus praktiziert wird, ist umstritten: mal heißt es, Leiharbeit sei »nichts Indienspezifisches« und werde auch dort eingesetzt (SEM 64), mal wird dies für den IT-Kernbereich bestritten (PAW 67). Der umfangreiche Rückgriff auf IT-Leiharbeit in Indien jedenfalls macht deutlich, dass der im Mutterhaus von G-Pro geltende Standard »unbefristeter Vollzeitvertrag« zwar formal auf die indische Niederlassung übertragen, faktisch aber (zumindest) dort durch eine Flexibilitätsreserve in Form extensiver Leiharbeit ergänzt wird. Dies verändert den Charakter des betrieblichen Vertragsgefüges grundlegend, denn alle indischen G-Pro-Kollegen sind zwar (wie ihre deutschen Gegenüber) fest angestellt – doch jedes dritte bis vierte Mitglied eines Projektteams in Bangalore gehört formal nicht zur Belegschaft. Der Status von Leiharbeiter/innen ist umstritten – einerseits wird betont, ihr Einsatz diene der eigenen Qualifizierung (SEM 64), zumal sie bewusst in alle Arbeitsabläufe integriert würden (PMM 52); andererseits wird der mangelnde Zugang von Leiharbeitenden zu Weiterbildung (Sandhu 2006) beklagt, und das Misstrauen der Kernbelegschaft wird offenkundig, wenn etwa ein Projektmanager bemerkt: »I don't think there is anything we need to hide from those guys [...]. But anyway, if something is so secret, we don't talk in the team meetings.« Auf jeden Fall werden durch Leiharbeit Standards vertraglicher Bindung von Arbeitskraft unterschritten, denn (so fährt derselbe Befragte fort): »[y]ou don't have any permanent liability towards these guys«. Zum Zeitpunkt der Interviews hatte G-Pro etwa die Budgets für »contract employees« eingefroren, »so all these guys will go back« (PMM 52). Der zeitweise Entleih flexibel einsetzbarer Randbelegschaften konstituiert demnach auch in der indischen IT-Industrie die Kehrseite von unbefristeten Verträgen der Kernbelegschaft, und er führt zur Entstehung differenzierter Vertrags-Hierarchien: Die von indischen Servicefirmen wie I-Serve entliehenen Beschäftigten konstituieren die Randbelegschaft bei G-Pro, doch auch im Mutterhaus von I-Serve werden Leiharbeiter eingesetzt (TLM 7)[5] – immerhin scheinen die meisten großen Servicefirmen in Bangalore 10 bis 20 Prozent ihrer Arbeitskräfte von spezialisierten Leiharbeitsfirmen zu beziehen (Upadhya/Vasavi 2006, 44). Das Ergebnis ist eine »Pyramide«

5 In Deutschland hingegen wird Leiharbeit von I-Serve nur außerhalb des IT-Kernbereichs (etwa in der Verwaltung) genutzt (PAW 31).

randständiger Belegschaften, in der Leiharbeiter/innen vor Ort jeweils als »second class citizens« fungieren (ebenda), welche die langfristige vertragliche Bindung der Kernbelegschaft auch bei schwankendem Arbeitsanfall sicherstellen.

4.1.3 Maßnahmen zur Bindung von Beschäftigten

Weil trotz der Präferenz beider Samplefirmen für einen dauerhaften Zugriff auf Arbeitskraft speziell indische Beschäftigte in den vergangenen Jahren dazu neigten, häufig den Arbeitsplatz zu wechseln (Kapitel 4.2.1), werden diverse Maßnahmen ergriffen, um sie im Unternehmen zu halten.[6] Das indische Mutterhaus von I-Serve setzt dabei (aufgrund seiner Belegschaftsgröße) in vieler Hinsicht Maßstäbe, denen ausländische Firmen (wie G-Pro) nur teilweise gerecht werden können. Ein Vertreter der Personalabteilung von I-Serve (PAM 23) nennt hier zunächst einen »learning value-add«, weil man an betrieblichen Bildungsmaßnahmen in modernen Trainingseinrichtungen mit einer »peer group« teilhabe, »which is equally talented« (Kapitel 7). Zweitens verweist er auf das Firmengelände von I-Serve, wo man auf einem weitläufigen grünen Campus inmitten diverser Serviceeinrichtungen und in klimatisierten Glas-Stahl-Konstruktionen arbeitet, die Hitze, Staub und Lärm der Stadt fernhalten:

> [T]ypically we don't call it as an office. We call a campus, because it's more than just sheer office buildings. You'll find the [restaurants], you'll find the […] medical centre, the bank, the typical food provision stores etc. So it's, like: you can get all your work done over here, staying here. So you really don't have to go out to a club or something in the evening and all that stuff. So that creates an environment, where people can look [forward] to come back every morning, even, whatever traffic condition outside – people love to come back (PAM 23).

Zwar äußert sich ein ehemaliger Angestellter (EM 58) kritisch über die Verpflegung auf dem I-Serve-Campus (»quite pathetic«), und bemängelt, man gehe in der Masse von Beschäftigten unter (»you are counted as none«), doch die meisten Interviewten beantworten die Frage, was das Unternehmen für sie attraktiv mache, eher mit Verweis auf das Firmengelände als auf die Qualität der Arbeit. Entsprechend legt auch G-Pro in Bangalore Wert auf eine ansprechende Arbeitsumgebung, obwohl das Gelände klei-

---

6 Zu Versuchen, Beschäftigte durch Vergütung, Arbeitszeitgestaltung und Arbeitsinhalte an das Unternehmen zu binden, siehe Kapitel 5–7; zu Auslandseinsätzen: Kapitel 3.1.1.

ner, die Serviceeinrichtungen weniger umfangreich sind. Drittens macht der oben zitierte Personalabteilungsvertreter (PAM 23) einen »emotional value add« aus, denn eine Tätigkeit bei I-Serve erfülle die ganze Familie mit Stolz. Ein I-Serve Manager betont sogar, sie steigere den »Marktwert« bei arrangierten Heiraten:

People feel proud of it, you know. In India it's still happening. So, like, my parents would say: ›Oh, my son works for [I-Serve]‹. Your marriage value goes up in the social system (MM 32).

Immerhin habe das Unternehmen »a huge, huge brand name in the country«, so der Vertreter der Personalabteilung, und sei für soziales Engagement und Aktivitäten wie Partys oder »Familientage« bekannt:

So it's more than just a place of work [...]: it builds a bond amongst ... not only the employee, but the employee's family with the organization (PAM 23).

Auch G-Pro versucht, die Eltern der Beschäftigten für die Firma einzunehmen, indem man »Familientage« anbietet und soziales Engagement fördert: »[T]he family should take pride that their members are working in [G-Pro], right?«, meint ein Vertreter der Personalabteilung (PAM 54), doch auch dies erfolgt in kleinerem Maßstab.

Darüber hinaus soll die »emotionale Bindung« von Beschäftigten an beide Firmen durch diverse Motivationsmaßnahmen gefördert werden, darunter Wahlen zum »Mitarbeiter des Monats«, die öffentliche Bekanntgabe besonderer Teamleistungen oder auch eine transparente Unternehmenspolitik, worunter die Verkündigung von Firmenstrategien auf Betriebsversammlungen verstanden wird (MM 4 für I-Serve; EM 56 für G-Pro). G-Pro bietet Beschäftigten der indischen Niederlassung zudem geldwerte Vorteile an – darunter kostenloser Transport und Mittagessen (PAM 62), die Verteilung und Wartung von Mobiltelefonen (LOG 41), eine Kostenübernahme für »Team Dinners« oder informelle Mentorentreffen (EM 58) und schließlich aktienbasierte Gewinnbeteiligungen (PMM 50), die teilweise vergeben werden, um bestimmte Manager von der Kündigung abzuhalten (PMM 53; EM 59). I-Serve hingegen hat die Aktienvergabe inzwischen eingestellt, nachdem das Unternehmen in den neunziger Jahren »probably the most millionaires in India in one company« hervorgebracht habe (MM 32), und für Transport und Verpflegung müssen Beschäftigte zahlen. Allerdings werden Prämien gewährt, wenn I-Serve-Angestellte zur Rekrutierung oder Bindung von Arbeitskraft beitragen, indem sie bei der Anwerbung ihrer Freunde oder Verwandten helfen, um eine Kollegin werben (»dating allowance«) oder sie heiraten (PAM 54; PMM 19). Derlei Programme dienen offenbar in erster Linie dazu, die Bindung des Vermittlers und der Vermittelten an das Unternehmen zu stärken; jedenfalls betont ein Vertreter der Personalabteilung von G-Pro, Servicefirmen etablierten damit »an attrition barrier – if they are married, they'll stay back in one company«. Entsprechend bedauert er, dass interne Heiraten bei G-Pro weniger weit verbreitet seien, und führt dies ausdrücklich auf das Geschäftsmodell zurück:

> [I]n a product company – you tend to be in one team for a *long time*. So there are limited people that they get exposed to, right? But if you work in a project based [service] company, every three months you get into a new team, you meet new people, right? […] And, eh, they are much younger people in service companies. […] But it's not *so many* in our company, because, like I told you, the exposure done is not so high (PAM 54).

Allerdings eröffnet das Geschäftsmodell von G-Pro offenbar andere Möglichkeiten, Arbeitskraft an das Unternehmen zu binden. Zwar zählt ein deutscher Manager in Beantwortung der Frage, was G-Pro für indische Beschäftigte attraktiv mache, zunächst genau jene Aspekte auf, die auch bei Servicefirmen betont werden (darunter »zusätzliche Versicherungen«, »kostenlose Arztbesuche«, kostenlose Speisen und Getränke oder Fitnessräume), doch vor allem veranlasse die »Vielfalt an Möglichkeiten, Technologie, Geschäftsprozessen« sowie die Tatsache, dass G-Pro in seinem Bereich Marktführer sei, Beschäftigte zum Bleiben. Hinzu komme

> das Arbeitsumfeld bei [G-Pro], auch die Möglichkeiten sich einzubringen, zu lernen, sich zu entwickeln, und auch die Work-Life-Balance, die sei phantastisch, die sei einzigartig. Habe ich schon öfters gehört (PMM 35).

Tatsächlich scheinen viele Befragte neben dem Status, der mit einer Tätigkeit in der Produktentwicklung eines »world leader« verbunden ist (PMW 36; PMM 43), gerade die arbeitsinhaltlichen Herausforderungen im Rahmen verteilter Entwicklung zu schätzen. Dies bringt eine indische Projektmanagerin zum Ausdruck:

> I was looking forward to working in a product company. I was looking forward to doing, being part of something. Especially because I knew, it was something, that is a new product and a new development, that we were going to do, that was something, that I wanted to be part of (PMW 36).

Ein Projektmanager meint, Beschäftigte verliebten sich aufgrund der vielfältigen Herausforderungen bei G-Pro geradezu in ihre Arbeit:

[P]eople ... okay, tend to fall in love with the work because of the lot of challenges in the work. Not directly related only to technology, but also functional and understanding the needs of the customer – and providing a solution (PMM 50).

Entsprechend sei die Fluktuationsrate geringer als in anderen Firmen, und sie falle in der untersuchten Abteilung besonders niedrig aus, betont ein anderer Befragter,

because it's a brand-new product – nobody wants to leave in the middle of ... when the product is just starting. [...] So, when you always work in a *new product development*, then the attrition is usually very less. [...] But then there are other teams, where they work on the *maintenance* of existing products and things like that. So there, maybe the attrition is a bit higher (PMM 49).

Die Software-Dienstleistungen von I-Serve hingegen beinhalten oftmals die Arbeit mit überholten Technologien (Kapitel 7), und entsprechend werden statt Technik-Faszination eher Aspekte wie Firmengelände oder Markenname genannt, wenn es um die Frage geht, was Beschäftigte an das Unternehmen bindet.

In Deutschland spielen derlei gezielte Motivationsmaßnahmen in beiden Samplefirmen eine geringe Rolle. Beim Mutterhaus von G-Pro gelten Arbeitsinhalte und der im Unternehmen gepflegte Arbeitsstil (ähnlich wie in der indischen Niederlassung) als wesentliche Gründe für die geringe Fluktuationsrate. Für einen deutschen Projektmanager ist es etwa ausschlaggebend,

dass man flexibel agieren kann und stark eigenverantwortlich agieren kann, was man eigentlich alles hier hat. Dass man eigentlich Möglichkeiten hat, sich in diverseste Richtungen zu entwickeln [...]. Die finanziellen und sonstigen Leistungen sind natürlich auch wichtig, weil, das ist halt auch, wenn man das halt mal auflistet, ziemlich viel, was [G-Pro] neben dem normalen Gehalt bietet, wie, was weiß ich, gratis Benutzung von Fitness-Räumen und all diese Dinge. Dann, was auch sehr wichtig ist, ist schlicht und einfach die Atmosphäre in den Teams. Weil das ist ja auch nicht selbstverständlich, dass man eigentlich immer gut mit den Leuten auskommt. Ja, also, zusammenfassend eigentlich all die Komponenten ergeben halt, dass der Job Spaß macht und dann ... man irgendwie, ja, natürlich nicht jeden Tag, aber zumindest öfter mal, einfach zufrieden nach Hause geht. Und das ist mir eigentlich, zumindest in einem gewissen Umfang, wichtiger als das Geld. Also ich würde jetzt natürlich nicht sagen: ›Okay, nur Existenz-Minimum und die Arbeit macht Spaß!‹ Aber wenn es jetzt, was weiß ich, um, keine Ahnung, sagen wir 500, was weiß ich, von mir aus auch 1.000 Euro im Monat mehr wären und irgendwie die Arbeit überhaupt nicht Spaß macht, dann würde ich lieber bleiben (PMM 65).

Weil dies offenbar viele deutsche Beschäftigte ähnlich sehen, bietet G-Pro diverse geldwerte Vorteile zwar in Indien, aber nicht in Deutschland an, wie ein indischer Manager fast triumphierend betont:

[W]e get an allowance of relocation, we get medical facilities, we get insurance (medical insurance) free – which is not true in Germany (MM 37).

Den deutschen Beschäftigten von G-Pro ist diese Ungleichbehandlung offenbar nicht bewusst oder zumindest nicht wichtig; jedenfalls wurde sie in keinem Interview erwähnt. Bei I-Serve hingegen wird der Umstand, dass in der deutschen Niederlassung weder die bei deutschen Softwarefirmen noch die im indischen Mutterhaus üblichen Leistungen gewährt werden, als Ärgernis empfunden: Aus der Personalabteilung verlautet,

das ist auch ein wichtiger Fluktuationsgrund für die Mitarbeiter. Beispielsweise wir haben nur 20 Tage Urlaub, das ist ja wirklich ungewöhnlich für Deutschland. Dann zahlen die nur eine bestimmte Summe an Gehalt, wir haben keine Benefits, das heißt, wir haben […] keinen Firmenwagen, wir haben keine Versicherungen, wir haben keine Extras, die neue Mitarbeiter anreizen würden, zu uns zu kommen oder Mitarbeiter zu halten. […] Eh, in Indien haben die ganz andere Gehaltsstrukturen. Die haben da ihre ›basket of allowances‹ und haben … bekommen die sogar Kredite vom Unternehmen, wenn die sich eine Wohnung kaufen wollen oder wenn sie sich einen Scooter kaufen wollen oder wenn sie sich ein Auto kaufen wollen, die bekommen ja ziemlich viele Benefits. Das bekommen wir hier nicht (PAW 31).

Allerdings betont der Leiter der deutschen Niederlassung, manche Anreizsysteme ließen sich schlicht nicht auf Deutschland übertragen. Sein Versuch, den »Mitarbeiter des Tages« mit Kinotickets zu belohnen, sei etwa grandios gescheitert:

First of all, nobody wanted to. There was one Turkish girl and I really, really loved her. She was working hard, so everyday she got some price. So everyday she was winning. So after one week she didn't work hard at all, so I told her: ›What went wrong?‹ She said: ›Other people told me not to work so hard‹, because she makes them look bad. So all the others are actually capable of doing a lot more, a lot, lot more – but they don't want to (MM 32).

Der Befragte erklärt sich dies mit »maybe complacence, maybe people's rights« und betont, man müsse andere Maßnahmen ergreifen, um deutsche Beschäftigte zu motivieren: »I think it's probably you give him position: ›Abteilungsleiter‹ or something. An Indian doesn't really give a damn, if he is ›Abteilungsleiter‹«.

Dies verweist abschließend auf die Bedeutung formaler Beförderungen als Instrument der vertraglichen Bindung von Arbeitskraft. Zwar widerspricht die zitierte Einschätzung zahlreichen anderen Aussagen, denen zufolge klangvolle Titel in Indien ein weit effektiveres »Bindemittel« seien als in Deutschland, doch im Prinzip herrscht Einigkeit darüber, dass formalisierte Karrierewege Fluktuation reduzieren:

> [H]olding out the promise of steady upward professional mobility together with rewards for service tenure constituted a valuable arm in combating this perennial problem [of attrition] (Subramaniam 2008, 426; siehe auch: Burawoy 1987; Budhwar/Boyne 2004, 349).

Immerhin wird Beschäftigten dadurch die Möglichkeit eröffnet, ein verlässliches und tendenziell steigendes Einkommen innerhalb eines einzigen Unternehmens zu erzielen, was die Notwendigkeit von Arbeitsplatzwechseln reduziert.

Üblicherweise würde man formalisierte Karrierewege vor allem in den kapitalistischen Zentren erwarten, wo sich zwischen 1900 und 1970 speziell in Großunternehmen »interne Arbeitsmärkte« (Doeringer/Piore 1971) herausbildeten. Subramanian (2008, 426) beschreibt, wie dies Erwerbsbiographien prägte:

> Employers, acting either alone or in concert with unions, have devised on-the-job training and apprenticeship programmes designed to promote skill acquisition, charted well-codified job ladders to govern promotions, recognized the legitimacy of seniority rights, and framed rules to oversee lay-offs, reinstatements, and intrafirm transfers, all these structural arrangements serving to articulate and define the ›modern‹ work career.

In unserem Sample spielen formale Beförderungen jedoch nicht in Deutschland, sondern beim indischen Mutterhaus von I-Serve eine besonders zentrale Rolle. Dort finden sie so regelmäßig statt, dass Beschäftigte alle zwei Jahre einen Karrieresprung erwarten – erfolgt er nicht, so droht (ähnlich wie beim Ausbleiben von Postings) die Kündigung (Kapitel 3.1). Geschäftsmodell und indisches Regulierungsszenario wirken dabei insofern zusammen, als sich die (nicht zuletzt durch Standards des indischen »Public Sector« geprägten) Erwartungen von Beschäftigten (Kapitel 4.2.3) offenbar mit den Erfordernissen von Arbeitskrafteinsatz in einer Servicefirma decken.[7] Immerhin resultiert die Notwendigkeit wie die Möglichkeit,

7 Für die Bedeutung des Geschäftsmodells spricht der Umstand, dass I-Serve in seiner deutschen Niederlassung dieselbe Politik verfolgt (es werde »alle zwei Jahre […] beför-

regelmäßige Beförderungen anzubieten, letztlich daraus, dass im Rahmen des Offshoring-Modells vor allem kleinere Projekte mit kurzer Laufzeit akquiriert werden – und weil für jedes neue Projekt ein Projektmanager benötigt wird, nahm in den vergangenen Jahren mit Umsatz und Belegschaftsgröße auch die Zahl der Führungspositionen zu. In einer Produktfirma wie G-Pro hingegen haben Projekte eine deutlich längere Laufzeit, ihre Zahl ist durch inhaltliche Erfordernisse der Produktentwicklung begrenzt, und Beförderungen finden seltener statt, weil »Senioritätsaufstieg« bei G-Pro (wie in vielen deutschen Firmen) eher fachliche Weiterentwicklung und Gehaltssteigerung als formale Karriereschritte beinhaltet (Kapitel 2.2.2; 5). Immerhin wurden im deutschen Mutterhaus erst nach mehr als zehn Jahren Abteilungsleiter berufen, als das Unternehmen bereits mehrere Hundert Beschäftigte hatte. Inzwischen ist die interne Differenzierung weiter fortgeschritten, doch formale Hierarchie spielt nach wie vor eine geringe Rolle für das berufliche Selbstverständnis. Dies gilt umso mehr, als deutsche Beschäftigte im Rahmen der Kooperation mit Indien durchaus Gelegenheit zu fachlicher Weiterentwicklung haben und einen Verantwortungszuwachs erfahren, der zumindest für manche Betroffenen[8] attraktiv ist:

> Employees who had formerly been responsible for operational tasks are now managing, supporting or supervising the operational work that is now carried out remotely (Hirschfeld 2004, 51).

In der indischen Niederlassung von G-Pro hingegen erwarten Beschäftigte regelmäßige Beförderungen nach Art der großen indischen Servicefirmen, doch das Unternehmen weigert sich, Karrierewege zu standardisieren. Ein Entwickler meint:

> It depends on … the individual. […] [O]ne individual becomes a project manager within five years, and the other takes 20 years. It depends on the opportunity, it depends on the timing – it's all about being at the right place at the right time (EM 58).

---

dert ungefähr«), obwohl man deutsche Beschäftigte damit nicht im Unternehmen halten kann (PAW 31).

8 Hirschfeld (2004, 52) stellt für andere Softwarefirmen fest, das veränderte Tätigkeitsprofil werde nur teilweise (als »attractive progress on the career path«) begrüßt. Andere Beschäftigte hingegen »preferred to work as software developers, declining the new job description.«

Nur die erste Beförderung zum Teamleiter sei »easy« und mehr oder minder »time based«, erklärt ein Projektmanager; sie erfolge nach etwa vier Jahren (und damit deutlich später als bei I-Serve). Danach werde jedoch ausschließlich nach Projekterfordernissen befördert – nicht um Beschäftigte im Unternehmen zu halten.

[T]he growth […] would be then depending on the requirements of the project. You wouldn't normally promote somebody to project manager just to hold him back in the company, if there is no project for him (PMM 44).

Dies gelte umso mehr, betont ein anderer Befragter, als bei »verteilter Entwicklung« soviel weltweiter Austausch stattfinde, dass man als Projektmanager »en par with the global« sein müsse (PMM 53). Angesichts dieser restriktiven Beförderungspolitik müssen Manager indische Beschäftigte überzeugen, dass fachliche Weiterentwicklung wichtiger sei als formale Titel. »Yeah, we try to motivate them«, bemerkt ein Projektmanager,

we try to tell them the big picture of: what are you learning. […] We might not do vertical […], [but] horizontally we are learning much faster (PMM 39).

Teilweise scheint diese Überzeugungsarbeit erfolgreich zu sein. Jedenfalls berichtet ein anderer Projektmanager stolz, wie er sein Team ohne Beförderungen stabil gehalten habe: Neueingestellte und Frauen im Erziehungsurlaub, meint er,

won't ask for promotion. […] Then remaining ones – one of them has been promoted […]. So that takes care of this guy for next two years – at least two years. […] So, one guy wanted to work from Germany for a year […]. He got what he wanted, right? So, without giving him promotion, you can keep him happy for two years. […] Ok, one guy wants: ›I want to mentor somebody‹, right? So, if a guy joins my team – I'll make him his mentor! He is happy for six months, yeah? Some guy wants to travel abroad, so I'll speak to my [superior], if he can travel there for two to three weeks. One trip and he is happy for six months or one year.

Zudem könne man Beförderungen mit Verweis auf Leistungsdefizite hinauszögern:

So convince him that: ›you have not done enough‹. ›You have done 100 percent of your work – no doubt. You have been good in that, right? But you need to go *beyond that* to deserve the next position! […] So you can bargain for another year with these guys.‹

Gelinge es, Beschäftigte einige Jahre zu halten, verließen sie G-Pro ohnehin nicht mehr, fügt derselbe Befragte hinzu: »If they stick here for five, six years – then they stick here« (PMM 52). Ein Vertreter der Personalabteilung erklärt, man bleibe nicht bei G-Pro, »to become a lead or to become a manager«:

[P]eople who stay back stay back mostly for the learning experience. […] [I]n [G-Pro] you become a good functional expert, you understand a business, when you go. Which is very rare for the large companies. […] So, if you are working in a particular area – you would become an expert in two, two and a half years, right? Which is a conscious effort from our side to ensure that they don't depend on promotions (PAM 53).

Ein Manager hat beobachtet, dass manche indischen G-Pro-Angestellten diese fachliche Spezialisierung tatsächlich höher gewichteten als formale Beförderung, und interpretiert dies als Beleg für die Durchsetzung der im Mutterhaus üblichen Karrierestandards:

Da gibt's dann auch schlicht und ergreifend ein Set an Leuten, die diese Kultur annehmen, die wir haben, dass das ein toller Job ist, dass das eine interessante Tätigkeit ist. Sie sind [technischer Spezialist], sie haben ein gewisses Ansehen, es macht ihnen Spaß (MM 69).

Auch ein Personalabteilungsvertreter betont, formale Hierarchie sei bei G-Pro selbst in Indien von geringer Relevanz für den Arbeitsalltag:

When I say, hierarchies don't really matter, it means in terms of communicating your ideas. It means in terms of feeling confident and free of the hierarchical chains (PAM 62).

Zudem gebe es viele Führungskräfte, fährt dieser Befragte fort, die nur über »ten years experience, twelve years experience« verfügten: »they are doing very, very well at senior positions«. Junge Führungskräfte mit zehn bis zwölf Jahren Berufserfahrung – diese Formulierung ist in Bezug auf das deutsche Mutterhaus von G-Pro keineswegs ungewöhnlich, im Kontext der indischen Niederlassung hingegen irritierend. Dies lässt ahnen, dass eine Strategie der langfristigen vertraglichen Bindung von Arbeitskraft, wie sie beide Samplefirmen unabhängig von Geschäftsmodell und Weltregion verfolgen, in Indien schwerer durchsetzbar ist als in Deutschland.

4.2 Regulierungsszenario und arbeitsvertragliche Bindung

Der Umstand, dass beide Samplefirmen in Indien, aber nicht in Deutschland ausgefeilte Instrumente entwickeln müssen, um Beschäftigte längerfristig an sich zu binden, verweist wiederum auf Unterschiede zwischen dem deutschen und dem indischen Regulierungsszenario der (Re-)Produktion von Arbeitskraft. Dabei geraten vor allem Arbeitsmarktdynamik, soziale Sicherung und Arbeitsrecht sowie (erneut) Standards gesellschaftlicher Arbeitsteilung in den Blick.

4.2.1 Wirtschaftliche Regulierung: Beschäftigungsstabilität und Arbeitsmarktdynamik

Unternehmerische Präferenzen für dauerhafte Beschäftigung sind umso leichter zu verwirklichen, je geringer die Konkurrenz um Arbeitskraft ist. Daher konstituiert der deutsche IT-Arbeitsmarkt ein ideales Terrain für Strategien vertraglicher Bindung: Zwar führten noch Ende der neunziger Jahre Klagen über Fachkräftemangel zur Einführung der Greencard (Kapitel 3.2.3), doch seit dem Jahr 2001 waren die Umsätze rückläufig und die Arbeitslosenzahlen (wie in vielen westlichen Ländern) für einige Jahre im Steigen begriffen (Hirschfeld 2004, 29; Wieland [2003]: 18; Boes/Trinks 2006, 82–87; Bitkom 2007c).

Schaubild 7: Sozialversicherungspflichtig beschäftigte Datenverarbeitungsfachleute (774) im Bundesgebiet

Jahr	Gesamtzahl	davon Frauen (Prozent)	Arbeitslos (Prozent)
1999	363.248	20,9	5,5
2001	425.430	20,4	5,8
2003	440.456	20,4	12,3
2005	448.383	19,8	11,1
2007	469.880	19,1	6,6
2009	501.293	18,8	5,7

Quelle: Bundesanstalt/Bundesagentur für Arbeit (»Berufe im Spiegel der Statistik«); www.abis.iab.de

Die »neue Arbeitslosigkeit« unter IT-Spezialist/innen (Mesmer/Müller 2002; CDI 2003) veränderte die betrieblichen Machtkonstellationen grundlegend, weshalb manche Beobachter/innen selbst dann noch von einer »Zeitenwende« in der IT-Branche ausgingen, als die Arbeitslosenzahlen (ab 2006) wieder sanken (Boes/Trinks 2006; Kämpf 2008).

Die Reaktionen des Managements auf die veränderten wirtschaftlichen Rahmenbedingungen haben in den Unternehmen zu einer Erschütterung der bestimmenden Kultur geführt. Zentrale Momente der Sozialintegration fielen dem Rotstift zum Opfer. Der Mythos der Winnerbranche ist verloren gegangen und die eigene Ersetzbarkeit wird für viele plötzlich erfahrbar (Boes/Trinks 2004, 4).

Immerhin hatte sich im Zuge der krisenhaften Entwicklung eine »neue Unsicherheit« breit gemacht, weil planbare Karriereverläufe, sichere Arbeitsplätze und der gesellschaftliche wie berufliche Status von IT-Spezialist/innen in Frage standen (Kämpf 2008, 14f.). Dies veranlasste offenbar viele Beschäftigte, die sich vorher mehrere berufliche Optionen offen gehalten hatten, zu einer längerfristigen Unternehmensbindung, wodurch ein »wichtiger Ausgleichsmechanismus der Interessenregulation in den IT-Unternehmen« an Bedeutung verlor:

Die Exit-Option, also die Möglichkeit, das Unternehmen zu verlassen und zu besseren Konditionen bei einem anderen anzuheuern, war ein wichtiges Moment individueller Handlungsstrategien sowie der Machtauseinandersetzungen in den Unternehmen […]. Durch die Krise ist dieser Mechanismus für die Beschäftigten vermutlich außer Kraft gesetzt (Boes/Trinks 2006, 29).

Der Umstand, dass die Fluktuationsrate im deutschen Mutterhaus von G-Pro im Jahr 2007 unter zwei Prozent lag, dürfte demnach nicht zuletzt auf einen Mangel an Alternativen zurückzuführen sein, der sich seit der Jahrtausendwende verschärft hatte (vgl.: Kämpf 2008, 395ff.). So erinnert sich ein deutscher Befragter gern an die »relativ gute Zeit für Informatiker« Ende der neunziger Jahre: »'98 konnten wir uns die Jobs aussuchen, also überspitzt gesagt« (SEM 68). Der Gründer der indischen Niederlassung bezeichnet Fachkräftemangel sogar als Hauptgrund für die Entscheidung, einen Standort in Indien aufzubauen:

Die Motivation war ja ohnehin im Jahr '99, dass wir hier nicht mehr genug Leute kriegen. Da lief ja gerade die erste Internet-Welle heiß, und die Startups haben natürlich einen unheimlichen Zulauf gehabt von intelligenten jungen Menschen. Für ein etabliertes Unternehmen, was so ein bisschen als altmodisch galt, war es auch ein bisschen schwierig, gute Leute hier zu kriegen. Wir haben auf manche Stellenanzeigen hier überhaupt keine Response mehr bekommen (MM 63).

Insgesamt gewinnt man den Eindruck, dass zumindest die neunziger Jahre für IT-Beschäftigte in Deutschland eine ausgesprochen günstige Phase waren. Den »Stellenmarkt für berufs- und praxiserfahrene Spezialisten« bezeichnete Trautwein-Kalms (1991, 220) als »weiterhin hervorragend«:

Auf betrieblicher Ebene und als massenhafte Erfahrung spielt Arbeitslosigkeit zur Zeit […] keine bedrückende Rolle. Die prinzipielle Unabgesichertheit der Arbeitssituation wird wohl auch wegen der jungen Belegschaftsstruktur, der hohen (freiwilligen) Fluktuation – die durchschnittliche Betriebszugehörigkeit lag […] unter fünf Jahren – kaum als Problem formuliert.

Zum Zeitpunkt der Interviews (2007) hingegen konnte von freiwilliger Fluktuation im Mutterhaus von G-Pro keine Rede sein. Viele Befragte sahen für sich kaum Möglichkeiten, das Unternehmen zu verlassen, ohne finanzielle Einbußen (bei Anwendern von G-Pro-Software) oder eine Verschlechterung der Arbeits- und Lebensqualität (in der IT-Beratung) hinnehmen zu müssen (SEM 64; PMM 65). Dies erscheint umso realistischer, als die meisten Befragten die »kritische Altergrenze bei Ende 30« (fast) erreicht hatten, jenseits derer ein Arbeitsplatz in der deutschen Softwarebranche offenbar schwer zu finden ist (Boes/Trinks 2006, 139). Auch der Schritt in die Selbständigkeit sei früher eine Option gewesen, berichtet ein Projektmanager, doch »mittlerweile« sei »das Umfeld […] auch nicht mehr so, wie es eben mal vor fünf oder acht Jahren in der Hinsicht war« (PMM 70). Lasse man diesen Weg »mal außen vor […], dann sind die Möglichkeiten relativ gering«, meint ein anderer Befragter:

Also, ich sehe momentan jetzt keinen [potentiellen Arbeitsplatz], wo ich sagen würde: ›Jo, das wäre auch eine Alternative.‹ […] Entwicklung, wüsste ich jetzt nicht wirklich, weil es gibt nicht viele Entwicklungsfirmen (PMM 65).

Ein Senior Entwickler formuliert das Problem noch kategorischer: Es gebe »gar nicht so viele […] Möglichkeiten, in der Entwicklung zu arbeiten. Also: [G-Pro]-Entwicklung – arbeitet man natürlich nur bei der [G-Pro], oder quasi nur« (SEM 68). Nach Auffassung einer Vertreterin der Personalabteilung existiert für Beschäftigte, die sich auf die Entwicklung von Software-Produkten spezialisiert haben, überhaupt kein externer Arbeitsmarkt, denn »es gibt keine vergleichbaren Aufgaben in anderen Unternehmen« (PAW 67). Außerhalb von G-Pro, so der zuvor Zitierte, würden allenfalls Berater gesucht, die diese Software warten könnten – »die braucht man eher als die Leute, die das Ding gebaut haben« (SEM 68).

Unabhängig davon, ob tatsächlich ein Mangel an externen Job-Alternativen besteht, dürfte die Überzeugung vieler Beschäftigter, auf Gedeih und Verderb an G-Pro gebunden zu sein, zum Teil erklären, warum sie dauerhaft im Unternehmen bleiben und zum Beispiel nicht auf Beförderungen bestehen. Neben der arbeitsmarktbedingten Notlage dürfte dabei allerdings auch jener unternehmensbezogene Facharbeiterhabitus eine Rolle spielen, dem zufolge sich Status eher aus Einkommen, Qualifikation und Produzentenstolz als aus formalen Titeln speist. Dies kommt in folgender Stellungnahme zum Ausdruck:

Also ich sehe momentan relativ wenig Karriereaussichten bei der [G-Pro]. Darum gucke ich mich vorsichtig mal extern um. Aber, sehen Sie, da investier ich nicht viel Aufwand. Wenn mir jemand was sagt, und das wäre ein tolles Angebot, dann könnte ich mir das durchaus überlegen. Wenn nicht, bleibe ich natürlich hier. […] [L]etztendlich geht es aus meiner Sicht um Verantwortung und Bezahlung. Und das sind die Punkte, wo ich wachsen will. Der letztendliche Titel, der auf der Visitenkarte steht, ist für mich unwichtig (SEM 68).

Insgesamt sei G-Pro jedenfalls »auf Langfristigkeit ausgerichtet«, erklärt der hier Zitierte, und eine Vertreterin der Personalabteilung zeichnet ein ähnliches Bild. Zwar werde die Beschäftigungsdauer in Deutschland nicht dokumentiert (»[D]a sind keine Zahlen, die groß verfolgt werden, weil es einfach hier keine Angst gibt, dass Menschen abwandern.«), doch die meisten Beschäftigten seien in der untersuchten Abteilung »20 Jahre dabei«, und in der Nachbarabteilung »haben jetzt die ersten ihr 30-jähriges Jubiläum« (PAW 67). Trotz weit verbreiteter Beschäftigungsstabilität fühlten sich manche Befragten allerdings mit einer ungewissen Zukunft konfrontiert, obwohl die Wirtschaftskrise zum Zeitpunkt der Interviews (2007) noch nicht eingesetzt hatte. So wagte etwa ein 35-jähriger kinderloser Projektmanager mit verbeamteter Partnerin nicht, eine Immobilie zu erwerben:

[M]ir ist bewusst, was es heißt, wenn [G-Pro] oder irgendein anderer der größeren Konzerne hier aus der Region – oder weltwirtschaftlich eben gewisse Turbulenzen kommen, was das für die Konzerne bedeuten würde, was das für den Immobilienmarkt hier in der Region bedeutet. […] Ich halte es *nicht* für besonders wahrscheinlich. Ich glaube, dass wir relativ gut aufgestellt sind momentan mal wieder – gerade wenn ich sehe, was sonst so die Konkurrenten machen. Auf der anderen Seite weiß ich eben nicht, was … In der IT-Industrie kann man nicht sagen, was in den nächsten fünf oder zehn Jahren passiert (PMM 70).

Stabile Beschäftigung wird demnach im Falle des Mutterhauses von G-Pro letztlich durch eine Kombination von Faktoren gefördert: Das Geschäftsmodell der Produktfirma ist auf langfristige fachliche Spezialisierung angewiesen (Kapitel 7), und gleichzeitig veranlasst die unsichere Arbeitsmarktlage in Deutschland Beschäftigte, dauerhaft im Unternehmen zu bleiben.

Dies mag erklären, warum es unter den gleichen Arbeitsmarkt-Bedingungen in der deutschen Niederlassung von I-Serve nicht gelingt, Beschäftigte im Unternehmen zu halten – immerhin lag die Fluktuationsrate zum Zeitpunkt der Interviews (2007) nach Schätzung der Personalabteilung bei ungefähr 60 Prozent (PAW 31). Offenbar stellt sich die Situation dort aufgrund der Kombination von Arbeitsmarktlage und Offshoring-Modell in doppelter Hinsicht anders dar: Zum einen gelten die Aktivitäten von Servicefirmen aus »Niedriglohnländern« in Deutschland als Ursache steigender Arbeitslosenzahlen, was zu Spannungen mit der Kundenbelegschaft führt, wie ein indischer Projektmanager berichtet:

> [D]ie jetzigen Entwickler wissen nicht, was jetzt mit ihren Jobs sein wird. Und natürlich, für die wird das Gefühl dort [sein], dass wir jetzt hier als Geier gekommen sind, um die Arbeit wegzunehmen. [G]enau aus diesem Grund fürchten sich viele, bei Offshoring-Firmen […] einzusteigen, weil dann haben sie mit lokalen Reibungen zu tun. Und das wollen sehr viele nicht (PMM 25).

Wer darunter leide, als »Geier« wahrgenommen zu werden, so die Argumentation, werde auf Dauer nicht bei I-Serve bleiben. Zum anderen stehen IT-Spezialist/innen, die statt auf Produktentwicklung auf Software-Dienstleistungen spezialisiert sind, in Deutschland mehr Jobalternativen offen. Daher muss I-Serve seine Angestellten in Deutschland mit Hilfe von Headhuntern rekrutieren (PAW 31), während Beschäftigte von G-Pro nicht über derlei Offerten berichten (SEM 64). Weil deutsche I-Serve-Angestellte mehr Wahlmöglichkeiten haben, fühlen sie sich weniger an das Unternehmen gebunden – die Aussage eines Befragten: »das mach ich noch ein paar Jahre und dann …« ist durchaus typisch (KBM 26). Ein Kundenbeauftragter blickt auf deutsche IT-Belegschaften herab, die sich an ihre Arbeitsplätze klammerten:

> Ich glaube, was Inder an Deutschland nicht verstehen, ist, dass die meisten Deutschen in der IT-Industrie momentan *richtig Schiss* um ihren Job haben zum Beispiel. […] Die Leute klammern sich an bestimmte Dinge, auch wenn rational völlig klar ist, dass das keine Zukunft haben wird. Aber sie trauen sich nicht, da weg zu gehen. Ja? Und die Inder, die verstehen das nicht, weil die einfach auch nicht in diesem Mind-Set aufwachsen. […] Und halt auch die Erfahrung meiner Firma mit anderen Märkten, UK und USA, ist natürlich auch völlig anders, weil da auch die

Leute, die da lokal arbeiten, ja? Die sagen halt auch: ›Gut, dann mach ich halt nen anderen Job ab morgen.‹

Auch für sich selbst sieht er keinen Grund, sich auf I-Serve festzulegen:

Ich kann mir vorstellen, *andere* Leitungsfunktionen innerhalb von Deutschland wahrzunehmen. Ich kann mir auch vorstellen, wieder hier weg zu gehen. Das hängt von guten Angeboten ab, ne (KBM 28).

Wir haben es demnach bei I-Serve Deutschland mit dem interessanten Fall zu tun, dass eine unternehmerische Präferenz für stabile Dauerbeschäftigung, die gerade auf dem komplizierten deutschen Markt unumgänglich ist, trotz steigender Arbeitslosenzahlen (zumindest bisher) gegenüber Beschäftigten nicht durchgesetzt werden kann.

In Indien hingegen ist es für beide Samplefirmen nahezu unmöglich, Arbeitskraft dauerhaft vertraglich zu binden. Die Beschäftigtenzahlen in der IT-Industrie sind in den vergangenen Jahren geradezu explodiert, wie die (erst ab 2002 verfügbaren) Angaben des Branchenverbandes Nasscom belegen:

Schaubild 8: Beschäftigte im Bereich IT-(Service-)Exporte und IT-Sektor insgesamt (Indien)

Jahr	IT-Exporte/IT-Serviceexporte	IT-Sektor insgesamt
2002	170.000	522.250
2004	296.000	830.000
2006	513.000	1.293.000
2008	860.000	2.010.000

Quelle: Nasscom 2009, beruhend auf Unternehmensbefragungen

Weil die Nachfrage von Unternehmen nach qualifizierten Beschäftigten jedoch noch schneller zunahm, herrschte zum Zeitpunkt der Interviews (2007) lebhafte Konkurrenz um IT-Arbeitskraft. Unter diesen Bedingungen sind die Fluktuationsraten speziell in indischen IT-Zentren wie Bangalore sehr viel höher als in Deutschland[9], selbst wenn auch hier erhebliche Schwankungen festzustellen sind. Als IT-Expertise um die Jahrtausendwende im Zuge des Y2K-Geschäftes weltweit begehrt war, wechselte in Bangalore jede/r vierte Beschäftigte im Laufe eines Jahres den Arbeits-

9 Ähnliches gilt zum Beispiel für Silicon Valley (Fallick/Fleischman/Rebitzer 2005).

platz. Die Fluktuationsraten sanken in den Jahren 2001 und 2002 im Zeichen eines massiven ökonomischen Abschwungs, doch zwischen 2003 und 2006 bewegten sie sich regelmäßig zwischen 10 und 15 Prozent (Upadhya/Vasavi 2006, 50f.).

Aus Unternehmenssicht ist »Job-hopping« vor allem Ausdruck der starken Verhandlungsposition von Beschäftigten in Zeiten von IT-Fachkräftemangel. Ein Vertreter der Personalabteilung von G-Pro bemerkt dazu:

> [I]t has to do with the growth rate of the economy, it has to do with a lot of multinational organisations […]: they can afford to pay much higher salaries to the employees back in India, because of the conversion rates. […] [I]f you leave one company, the other company will offer you some decent increase in your salary. […] Right now, one of the major reasons, why attrition is very high is because demand is more and supply is less (PAM 62).

Daher herrsche keine Angst mehr vor Arbeitslosigkeit, meint sein Kollege:

> People are not *scared* anymore. They say: ›Eh, finding a job is so easy these days!‹ They think it will run forever. That's where we loose our people. But this will *not* run forever. […] That's when stability comes in. Why? If we have 50.000, 100.000 new jobs coming, people will not have that fear. So that fear level is *not there*. […] And if you are a reasonably smart person, the company will take care of you. Whether you wish it, you can stay (PAM 54).

Prägnanter kann man den Stimmungsunterschied zwischen deutschen und indischen IT-Belegschaften kaum formulieren: In Deutschland haben viele IT-Spezialist/innen »momentan *richtig Schiss* um ihren Job« (KBM 28) – ihre Kollegen in Indien hingegen »are not scared anymore« (PAM 54). Allerdings stellt sich die Situation nicht nur in Deutschland komplizierter dar, weil etwa für die IT-Dienstleister von I-Serve (wie erwähnt) mehr Jobalternativen bestehen als für die Produktentwickler von G-Pro. Vielmehr herrscht auch in Indien kein »goldenes Zeitalter« der IT-Arbeit, denn Beschäftigten ist durchaus bewusst, wie unkalkulierbar die Arbeitsmarktlage ist. Immerhin haben viele der heutigen IT-Angestellten anlässlich der Branchenkrise um 2001/02 erlebt, wie schnell boomende Arbeitskraft-Nachfrage erlahmen kann (Upadhya/Vasavi 2006, 42) – so war in Andhra Pradesh, dem Nachbar-Bundesstaat von Karnataka, 2001 die Hälfte aller IT-Absolvent/innen arbeitslos (Biao 2007, 41). Ein 28-Jähriger flüchtete im Krisenjahr 2002 zu G-Pro:

> [T]hese were very uncertain times. I saw many of my colleagues loosing their jobs and there was *a lot* of insecurity in the IT industry in India at that point of time. […] And [G-Pro] really […] – that it was like an oasis in the desert! […] One rea-

son was to move to a bigger brand and therefore move to a company which is more stable, which is more certain – also a company which provided better benefits, salary and things like that (PMM 57).

Bis heute gilt G-Pro als »company that doesn't believe in hire and fire«, was einem Vertreter der Personalabteilung (PAM 62) zufolge einen Gutteil seiner Attraktivität für Beschäftigte ausmacht. Ähnliches trifft offenbar auf I-Serve zu – dies betont jedenfalls eine Teamleiterin, die nach ihrem Studienabschluss im Jahr 2002 drei Monate lang Arbeit suchte, bis sie bei I-Serve unterkam:

At that time, it was, like, *crazy*! Because ... not much was coming up at that point in time. [... Usually] it is like: [...] six months before you even complete your degree you have a job in hand. If you have done it from a good university, that is the normal process. But in our case, it was because of the slump, we almost completed our degree and even after that we were waiting. That was tough (TLW 21).

Diese Befragte gibt fast als Einzige an, dass sie sich »definitely« vorstellen könne, bis zur Rente bei I-Serve zu arbeiten, gerade weil das Unternehmen in der letzten Branchenkrise keine Entlassungen vorgenommen habe.

Vor diesem Hintergrund dürfte die günstigere Entwicklung des indischen IT-Arbeitsmarktes seit 2003 kaum ausreichen, um Beschäftigte von den Vorteilen einer langfristigen Bindung an ein Unternehmen zu überzeugen. IT-Firmen in Bangalore kommen und gehen, und entsprechend »flexibel« gestalten sich Loyalitätsbeziehungen:

[M]any software engineers believe that they should accumulate the maximum in terms of money and career advancement while they can, because they are unsure of the future. [...] While the industry desires a workforce that is mobile and flexible, this requirement has also created a culture of individualism in which employees pursue their own goals over those of their employers – who are in any case often temporary (Upadhya/Vasavi 2006, 42; 48).

Weil Software-Ingenieure sich der »volatility of the industry and the jobmarket« nur allzu bewusst seien, versuchten sie permanent ihren Marktwert (»marketability«) zu steigern, argumentieren diese Autorinnen. Dies erfordere häufige Jobwechsel, denn es würden vorwiegend gering qualifizierte Arbeiten nach Indien verlagert, die kein innerbetriebliches Fortkommen erlaubten. Das Ergebnis sei ein Teufelskreis, denn

employees begin to feel dissatisfied when their jobs or projects do not allow them to improve their knowledge, while companies are reluctant to invest too much in employees who may not stick to the job (Upadhya/Vasavi 2006, 55. Vgl. ebenda., 54f.).

Denselben Gedanken formuliert ein Projektmanager bei G-Pro, obwohl das Unternehmen eher anspruchsvolle Arbeiten in Indien erledigen lässt: Die hohen Fluktuationsraten, meint er, seien »a pain point, which is not there in Germany«:

This is, like, *both ways*. Those guys, Germans, they cannot give very critical work, because they know that: ›ok, you don't have the expertise‹. And by the time somebody has this expertise, he will move out. And *we also keep* complaining that we don't get critical work or important work. So that's [...] why we try to emphasize that: ›ok, you need to spend some time in [G-Pro] – three years, four years ... And then only you start getting ... more important, critical‹ [work ...]. [T]he management or the senior management needs to get *confidence* in this place: That actually people *can do* and people *will stay* (PMM 52).

Auch in finanzieller Hinsicht zahlt sich eine längerfristige vertragliche Bindung an ein Unternehmen in Indien nicht aus, denn im Zeichen des Fachkräftemangels führen Jobwechsel zu erheblichen Gehaltserhöhungen – die Rede ist von durchschnittlich 10 bis 15 Prozent (BWW 10), teilweise sogar von 30 Prozent (TLM 48). Wer bleibt, muss hingegen mit geringeren Gehaltszuwächsen und einem langsameren beruflichen Aufstieg rechnen, wie eine Befragte hervorhebt:

[I]f you generally keep sitting, then you can't ask for more salary. [...] [L]ike, if you leave from this place they offer you a better role and all that (TLW 8).

Die unbestreitbare Tatsache, dass man in der indischen IT-Branche durch Jobwechsel Einkommen und Karrieremöglichkeiten verbessern kann, ist demnach nur eine Seite der Medaille – ihre Kehrseite ist der Zwang, sich permanent weiter zu qualifizieren und alle Optionen offen zu halten, weil man sich seiner beruflichen Zukunft in einem Unternehmen oder einer Spezialisierungsrichtung nie sicher sein kann. Ein indischer Angestellter von G-Pro beschreibt den daraus resultierenden Druck:

[C]olleagues in Germany – they want to do one task in deep. [...] But in India, people ... want to learn many things [...]. They have to make sure that ... with respect to the job market they're always on the correct track. [...] Means: there are a lot of open opportunities in the market and you have to [...] keep your eyes and ears open, where is a good job and who is giving good money and what skills that they want ... So in India it's always a fight. [...] When I came here, [to Germany ...] I know that: ›okay, next one, two years, I'm not going to change the job‹. Okay? This really gives me a lot of ... difference in the working style. Means, I can do whatever I want. […] So here, the [German] colleagues – they don't have the pressure that: ›okay, I should think of a new job next year‹. […] But in India, it's quite common. If you stick to the company for one, one and a half years – if you don't see good opportunities, so you think of changing the job (EM 71).

Zwar könne man sich durchaus für eine langfristige Tätigkeit bei G-Pro entscheiden (»[G-Pro] will never ask you to go«), meint dieser Befragte, doch vielen Beschäftigten sei dies zu riskant.

Entsprechend ist es nicht verwunderlich, dass beide Samplefirmen trotz aller Präferenzen für dauerhaft stabile Beschäftigungsverhältnisse in Bangalore mit vergleichsweise hohen Fluktuationsraten konfrontiert sind. Bei der Niederlassung von G-Pro erreichten sie in den Jahren vor 2007 »nur« zwischen sechs und neun Prozent, wobei die untersuchte Abteilung mit 7,5 Prozent (2006) im Mittelfeld lag (PAM 54, 62) – daher die Einschätzung vieler Befragter, dass Team und Belegschaft »pretty stable« seien (TLM 51; PMM 49). Das indische Mutterhaus von I-Serve hingegen verlor im Finanzjahr 2007 fast 13 Prozent seiner Beschäftigten (MM 2; MW 15; MM 5)[10], was ein Vertreter der Personalabteilung geradezu als Erfolg der oben skizzierten Bindungsstrategien wertet:

Today, when you say it's around 12.6, the market would be anywhere around 18, 19 percentage. And this has been a significant achievement for us over the years. We have been able to retain people much better than the entire industry has been able to (PAM 23).

Man mag derlei Fluktuationsraten für hoch oder gering halten. Auf jeden Fall müssten sie eigentlich noch höher sein, wenn man bedenkt, dass speziell jüngere Beschäftigte, die in Indien die überwiegende Mehrheit der Belegschaften stellen, oft angeben, nach spätestens drei Jahren das Unternehmen wechseln zu wollen (siehe unten) – die beruflichen Mobilitätserwartungen von Arbeitenden gehen offenbar noch über die Realität hinaus. Die Unterschiede zwischen den Fluktuationsraten von G-Pro und I-Serve machen allerdings deutlich, dass Standards beruflicher Mobilität (und Mobilitätserwartungen) auch in Indien durch eine Kombination aus Arbeitsmarktlage und Geschäftsmodell geprägt sind.

Im indischen Mutterhaus von I-Serve denken Beschäftigte meist nicht weiter als zwei bis drei Jahre in die Zukunft. Die Frage, ob man in fünf

10 Davon entfallen zwei bis drei Prozent auf »forced attrition«, also auf Kündigungen von Unternehmensseite. Gründe seien laut Personalabteilung (PAM 23) meist mangelnde Leistung oder Betrugsversuche.

Jahren noch im Unternehmen anzutreffen sein werde, löste vielfach Erheiterung aus (TLM 7; SEW 20), und eine Perspektive bis zur Rente ist für die meisten Befragten jenseits des Vorstellungsvermögens. Tatsächlich liegt die durchschnittliche Betriebszugehörigkeit nach Einschätzung eines indischen Angestellten bei dreieinhalb bis fünf Jahren (KBM 29). Die große Nachfrage nach IT-Arbeitskraft macht häufige Unternehmenswechsel möglich – aber sie werden zusätzlich durch das Geschäftsmodell von Servicefirmen erleichtert. Immerhin sammeln Beschäftigte dort (aufgrund kurzer Projektlaufzeiten) Erfahrung mit verschiedenen Technologien, Branchen und Kunden, trainieren (durch regelmäßige Beförderungen) unterschiedliche »Rollen« und verfügen (wegen der häufigen Postings) zudem über Auslandserfahrung und Kundenkontakte, was sie in verschiedensten Firmen einsetzbar macht (Kapitel 7). Schon nach wenigen Jahren steht derart breit Qualifizierten auch der »Aufstieg« in eine westliche Produktfirma offen, wo Arbeitskräfte nur innerhalb eines engen »Erfahrungsspektrums« rekrutiert werden. Dies beschreibt ein Entwickler, der von I-Serve zu G-Pro gewechselt war:

[A]fter working one and a half years it was actually just about the right time. Because it is difficult for the freshers to get into [G-Pro] and … if you get too much experience, then also it's a problem. It can be difficult to … switch the technology. […] Because then your previous experience is not counted fully (EM 46).

Zudem legt es das Geschäftsmodell von Servicefirmen nahe, nach ein paar Jahren intensiver Praxiserfahrung aus dem wilden Projektreigen auszusteigen und außerhalb des Unternehmens Zusatzqualifikationen (etwa im Rahmen eines »Master of Science« oder »Master of Business Administration«) zu erwerben, um anschließend auf einer höheren Hierarchiestufe wieder einzusteigen. »[T]hey *do come* for hands-on experience mostly«, fasst eine Teamleiterin diese Karrierestrategie zusammen (TLW 21). Nach Erfahrung der Personalabteilung sind höhere Studien (neben der Familiengründung bei Frauen) der wichtigste Kündigungsgrund:

People join us, spend a year, two years with us, then choose to resign – go and pursue their MBA career. So that's one of our biggest source of where we loose people. But lot of these people, after completing their MBA, choose to come back to [I-Serve], because […] they get a career jumping […], with a higher compensation, higher responsibility, etc. (PAM 23).

Auch bei der indischen Niederlassung von G-Pro ist dieser Kündigungsgrund weit verbreitet, obwohl das Unternehmen im Rahmen seines Geschäftsmodells anspruchsvollere Tätigkeiten (in der Produktentwicklung) anbietet. Ein Projektmanager berichtet von Fällen, »wo einer sagt: ›Gut, ich habe jetzt Erfahrung gesammelt. Ich würde jetzt aber trotzdem noch mal gern meinen MBA machen.‹ Dann ist er weg (lacht)« (PMM 35). Trotzdem ist die Fluktuation hier geringer und die durchschnittliche Beschäftigungsdauer mit fünf bis sechs Jahren deutlich länger als bei I-Serve (PMM 57). Dies ist für das Produktunternehmen G-Pro insofern existentiell, als es nach Erfahrung eines Managers trotz der einschlägigen Berufserfahrung der meisten Neuzugänge ungefähr ein Jahr dauert, bis sie »produktiv« eingesetzt werden können – und dennoch verließen die Ersten das Unternehmen schon nach zwei bis drei Jahren: »That's the time when they start getting bored« (MM 37). Auch manche Beschäftigten meinen, in ungefähr drei Jahren alles Wissenswerte bei G-Pro lernen zu können (EM 40) – eine Perspektive, die für deutsche Kollegen extrem kurzfristig, für indische Kollegen hingegen vergleichsweise langfristig sein dürfte, wenn man bedenkt, dass einer der Befragten in zehn Jahren sieben Unternehmen durchlaufen hat (PAM 54). Insofern ist die Beschäftigungsdauer bei der indischen Niederlassung von G-Pro, die eine mittlere Position zwischen den Standards des deutschen Mutterhauses und indischer Servicefirmen einnimmt, in doppelter Hinsicht auf die Kombination von Geschäftsmodell und Arbeitsmarktlage zurückzuführen: Zum einen ist trotz Fachkräftemangels eine längerfristige Bindung von Arbeitskraft möglich als in vielen anderen Firmen in Bangalore, weil im Rahmen verteilter Produktentwicklung anspruchsvollere Arbeiten erledigt werden und Beschäftigte sich weniger früh »langweilen« – zum anderen werden die Standards des deutschen Mutterhauses (trotz aller aus dem Geschäftsmodell resultierender Notwendigkeiten) nicht erreicht, weil indische Beschäftigte sich nicht bis zur Rente auf eine Firma festlegen können oder wollen: »There is no lifetime … concept. […] [T]hey would think in terms of five years or ten years« (PAM 54). Die »vertragliche Mobilität« von Beschäftigten, die in Deutschland durch das Geschäftsmodell von G-Pro reduziert wird, wird jedenfalls in Indien dadurch geradezu gefördert. Immerhin steigert die Spezialisierung auf die Entwicklung von G-Pro-Software, die in Deutschland einen Jobwechsel nach Einschätzung vieler Betroffener nahezu unmöglich macht, in Indien den »Marktwert« von Arbeitskraft erheblich, denn »it also adds brand value to […] your bio data – *it looks good* [lacht]« (PMM 53). Ein Projektmanager bemerkt:

[A]ls Entwickler, wenn ich irgendwo eine gewisse, gewisse Ausbildung hab und ein gewisses Know-How habe, was vom Markt halt interessant ist, und das ist generell auch [G-Pro] Know-How und speziell auch [G-Pro] Know-How, dann steigt natürlich der Marktwert. Und dann [...] kann man erhebliche Verbesserung erzielen durch einen simplen Wechsel zu einer anderen Firma, zu einem Service-Provider (PMM 35).

Dieser markante Unterschied zwischen dem »Marktwert« von Produktentwicklungserfahrung auf externen IT-Arbeitsmärkten in Deutschland bzw. in Indien hat vor allem zwei Gründe: Zum einen sind indische Beschäftigte von G-Pro (anders als die deutschen Befragten) durchaus bereit, zu einer Service- oder Beratungsfirma zu wechseln (PAM 54), und finden es oft attraktiv, außerhalb Indiens zu arbeiten:

[A] lot of companies are buying in [G-Pro]. So there is lot of requirement for [G-Pro] consultants also – outside. [...] It's *changing*, but [...] *we wait* for some opportunity to enter US [...], UK or some other locations (PMM 53).

Zum anderen sind indische Beschäftigte, wenn sie G-Pro nach zwei bis drei Jahren verlassen, weniger eng spezialisiert als deutsche Kolleg/innen mit längerer Betriebszugehörigkeit. Nach etwa fünf Jahren beginnt das Spezialisierungsniveau allerdings auch in Indien gegen einen Jobwechsel zu sprechen, wie ein Teamleiter betont:

[N]ow, that I have been in [G-Pro] for four years, I think, I'll stay with [G-Pro]. Because I know the technology, that [G-Pro] works on. I have learned it over four years. So *now* shifting to any other technology doesn't make sense for me (TLM 51).

Dies gelte umso mehr, als es in Indien kaum auf Softwareprodukte spezialisierte Firmen gebe: »in India we have got three or four choices there« (Kapitel 2.2). Trotzdem ist es selbst für indische Beschäftigte, die sich im Prinzip eine Karriere innerhalb des Unternehmens vorstellen könnten, ungleich schwerer als für deutsche Kolleg/innen, sich auf eine langfristige vertragliche Bindung einzulassen. Einerseits sind sie mit dem Problem konfrontiert, dass »globale Managementpositionen« bislang vor allem mit Deutschen besetzt sind (MM 37). Andererseits bleibt die Sorge, dass das Unternehmen sich als weniger stabil erweisen könnte als erwartet. Ein Teamleiter bemerkt:

[I]f I am learning something, that does not have any demand outside, then it doesn't really help me – because tomorrow, if [G-Pro] goes bankrupt, I don't have a job at all! So the idea is to learn something which is valid outside as well (TLM 51).

Insofern resultieren die Schwierigkeiten von Unternehmen, Beschäftigte dauerhaft an sich zu binden, nicht in erster Linie aus »externen Faktoren«, die vor den Betriebstoren weitgehend ohne ihr Zutun wirken, wie ein Vertreter der Personalabteilung in Bezug auf den indischen IT-Arbeitsmarkt behauptet:

[I]t's not company specific. And that has a lot to do with a lot of external factors, eh, which means, eh: it has to do with the growth rate of the economy, it has to do with a lot of multinational organizations (PAM 62).

Vielmehr ist das wirtschaftliche Umfeld der Samplefirmen (einschließlich der Arbeitsmarktlage) Ergebnis der gesammelten Investitions- und Arbeitskrafteinsatz-Strategien von vor Ort operierenden Unternehmen, die in diesem Fall beinhalten, sich nicht langfristig auf den Standort Bangalore festzulegen. Einzelne Unternehmen mögen (wie für I-Serve und G-Pro beschrieben) Arbeitskraft dauerhaft vertraglich binden wollen – doch durch die Konkurrenz von Softwarefirmen um Beschäftigte und deren vielfach kurzfristige Investitionshorizonte torpediert die Branche letztlich die Grundlagen für eine erfolgreiche Umsetzung dieser Strategie.

4.2.2 Politische Regulierung: Soziale Sicherung und Arbeitsrecht

Die Haltung von Unternehmen und Arbeitenden zu einer dauerhaften vertraglichen Bindung von Arbeitskraft wird allerdings nicht nur durch das wirtschaftliche Umfeld, sondern auch maßgeblich dadurch beeinflusst, welche Erwerbsformen in einem nationalstaatlichen Kontext politische Förderung genießen. So stellt in Deutschland die möglichst (erwerbs-)lebenslange, unbefristete Vollzeitarbeit in ein und derselben Firma nicht zuletzt deshalb (als gesellschaftliche Norm, wenn auch nicht mehr unbedingt als statistisch belegbare Normalität) einen integralen Bestandteil der Vorstellung von einem »Normalarbeitsverhältnis« dar, weil das deutsche System sozialer Sicherung weitgehend auf diese Erwerbsform ausgerichtet ist.[11]

11 Das bundesdeutsche »Normalarbeitsverhältnis« ist eine Variante des »Standard Employment Relationship« (im Sinne einer langfristigen, durch betriebliche Sozialleistungen abgesicherten, mit innerbetrieblicher Weiterbildung, Karrierewegen und Gehaltszuwächsen verbundenen Tätigkeit), das Arbeitsmärkte im angelsächsischen Raum nach 1945 prägte (Appelbaum 2001).

Immerhin haben nur Inhaber/innen von »Normalarbeitsverhältnissen« vollen Anspruch auf gesetzliche Schutz- und Teilhaberechte, Tarifleistungen, Betriebsrenten, Sozialpläne, Qualifizierungsmaßnahmen sowie auf Leistungen der Sozialversicherung, wobei die Absicherung meist (gemäß Senioritätsprinzip) mit Dauer der Betriebszugehörigkeit zunimmt (Mückenberger 1985; Kress 1998, 490; Hinrichs 1989, 12). Daher ist es nicht verwunderlich, dass im deutschen Mutterhaus von G-Pro Unternehmen und Beschäftigte eine Präferenz für unbefristete, dauerhafte Vollzeit-Beschäftigung teilen. Der Mangel an Jobalternativen scheint diese Vorliebe bei Arbeitenden (wie wir sahen) noch zu verstärken, doch selbst die vielfältigen Optionen Ende der neunziger Jahre veranlasste sie kaum zu Jobwechseln. Ein Projektmanager erinnert sich:

> [19]98 […] war ja der Arbeitsmarkt in Deutschland auch so, dass […] man eigentlich auch endlos Möglichkeiten hatte. Ich bin mir aber *recht sicher*, […] dass die Fluktuation in der Zeit bei [G-Pro] nicht signifikant höher war. Insofern muss es dann doch irgendwie andere Gründe geben, die eben auch immer in der Kultur liegen, […] warum die Leute dann im Endeffekt nicht so gewechselt haben (PMM 35).

»Kulturelle Unterschiede« – so lautet die Formel, mit der sich viele Befragte erklären, warum indische Beschäftigte öfter den Arbeitsplatz wechseln als deutsche, und warum bei dieser Entscheidung finanzielle Anreize in Indien eine größere Rolle spielen. Für deutsche Beschäftigte hingegen, meint der hier Zitierte, sei Geld

> mit Sicherheit immer auch eine, klar, eine starke Motivation, aber ich glaube nicht, dass es in Deutschland eine *so starke* Motivation ist – für die meisten zumindest (PMM 35).

Diese unterschiedliche Prioritätensetzung dürfte allerdings weniger mit »Kultur« als mit den sozialen Sicherungssystemen Deutschlands und Indiens zu tun haben. Immerhin eröffnet gerade *stabile* Vollzeitbeschäftigung in Deutschland Zugang zu einem ausdifferenzierten sozialen Sicherungssystem (und speziell zu Leistungen der Sozialversicherung). In Indien hingegen sind (dem »National Sample Survey« von 1999/2000 zufolge) nur sieben Prozent der Bevölkerung in der »formellen Ökonomie« bzw. im »organisierten Sektor« (abhängig) beschäftigt, für den Arbeitsgesetze gelten (Appasamy u.a. 1996, 53–57)[12] – und nur hier existieren soziale Siche-

12 »The organized sector of employment, as it is known in India, comprises all those employed in government, local authorities, public sector enterprises, quasi-government

rungssysteme, die (ähnlich wie in Deutschland) langfristige Beitragszahlung im Rahmen stabiler abhängiger Beschäftigung honorieren.[13]

Given this configuration, it is clear that the scope for contributory social insurance premised on regular wage employment is extremely limited. It also follows that the formal social security system is likely to be heavily skewed in favour of public services and of workers in the organized private sector (Appasamy u.a. 1996, 53).

Selbst für Beschäftigte des formellen Sektors fallen die Leistungen dieser rudimentären Sicherungssysteme[14] eher gering aus:

Thus, in sum, even in the limited domain to which formal social security is applicable, effective access to it is neither adequate nor satisfactory (ebenda, 57).

Wer sich und seine Familie absichern will, kann demnach in Indien nicht (oder zumindest nicht voll) auf Sozialversicherung oder Betriebsrente setzen, wie es in Deutschland (noch) üblich wäre, sondern muss möglichst viel Geld verdienen und (angesichts der erfahrungsgemäß unkalkulierbaren Entwicklung des IT-Arbeitsmarktes) möglichst schnell Rücklagen bilden, um die Reproduktion von Arbeitskraft in Phasen von Krankheit, Arbeitslosigkeit, Kindererziehung oder im Alter sicher zu stellen. Dies erklärt die große Bedeutung privater Ersparnisse, die in Indien zudem durch steuerbegünstigte Vermögensbildungsprogramme und staatlich festgelegte Zinsen gefördert werden (Asher 2002). Umso problematischer ist nach Auffassung eines Managers der mangelnde Weitblick vieler junger IT-Beschäftigter:

It's only after you spend good years […] in the job, is when you start to realize that I should be able to save something for … whatever, old times or bad times […] because […] there is no social security kind of a concept in India. So you got to care about it yourself (MM 9).

---

bodies, in the factory sector of manufacturing enterprises and in mining, trade and other sectors in establishments to which statutory labour laws relating to conditions of labour apply.« (Appasamy u.a. 1996, 53). Letzteres ist in Betrieben mit mehr als zehn Beschäftigten der Fall. Von den Beschäftigten des »organisierten Sektors« standen um 2000 ca. 70 Prozent in öffentlichen Diensten. Daher meinen Rudolph, Hoeber und Rudolph (1987, 260), Studien zu Industriellen Beziehungen seien in Indien auf »the state's rather than capital's relations to labor« zu richten, »because the state is labor's most important counterplayer.« Siehe auch: Bhattacherjee 2000.

13 Einen Überblick über die Alterssicherung in der »formellen« Privatwirtschaft und im »Public Sector« bietet Asher (2002). Bei Unternehmenswechseln können viele Ansprüche nicht transferiert werden (EPW 2002).

14 Zu Sozialpolitik in der Peripherie siehe: Jäger/Melinz/Zimmermann 2001.

Die Aussage, dass es in Indien »kein Konzept sozialer Sicherung« gebe, ist allerdings übertrieben. Immerhin wurden nach dem Zweiten Weltkrieg (ähnlich wie in den kapitalistischen Zentren) durchaus Bemühungen unternommen, abhängige Beschäftigung dauerhafter zu gestalten und sozial abzusichern – diese gipfelten in der massiven Expansion des öffentlichen Sektors (Mohapatra 2006, 7). Gefördert durch weitreichenden gesetzlichen Kündigungsschutz[15], praktizierten auch viele private Großunternehmen eine langfristige (und oft lebenslange) vertragliche Bindung von Arbeitskraft (Venkata Ratnam 2003, 241), was die Rede von einer »›traditional‹ Indian business culture of paternalism and employee loyalty« rechtfertigen mag (Upadhya/Vasavi 2006, 51). Dass der oben zitierte 35-Jährige dennoch »kein Konzept sozialer Sicherung« erkennen kann, dürfte daran liegen, dass derlei Standards von langfristiger Arbeitskraftnutzung im Rahmen der »Liberalisierungspolitik« seit den frühen neunziger Jahren an Bedeutung verloren haben (Venkata Ratnam 2003, 241).[16] Speziell die junge IT-Branche ist von Arbeitsrecht und gesetzlichen Vorgaben für soziale Sicherung ausgenommen – zwar zahlen Beschäftigte und Unternehmen durchaus Beiträge an den »Provident Fund« (als zentrales System staatlicher Alterssicherung), doch unsere Befragten hatten keinerlei Vorstellung von den zu erwartenden Leistungen (Kapitel 5). Unter diesen Bedingungen hängt soziale Sicherung in erster Linie von Rücklagen ab, die aus dem Erwerbseinkommen gebildet werden, und dieses Einkommen steigern indische IT-Spezialist/innen vor allem durch Jobwechsel.

In Deutschland hingegen wirken trotz aller Erosionstendenzen die (sozialpolitisch stabilisierten) Normen fort, die das »Normalarbeitsverhältnis« der Nachkriegszeit konstituierten. Diese beinhalten zum einen, dass ein Gehalt (gemäß dem Senioritätsprinzip) auch innerhalb eines Unternehmens mit zunehmender Berufserfahrung steigt, und zum anderen, dass für ein bestimmtes Qualifikationsprofil (im Rahmen des Tarifsystems) branchenweit ähnliche Gehälter gezahlt werden, so dass sich Unternehmens-

15 Kapitel V-B des »Industrial Disputes Act« sieht etwa vor, dass Unternehmen, deren Beschäftigtenzahl einen bestimmten Grenzwert (seit 1982: 100 Personen) übersteigt, Entlassungen von der zuständigen Regierung genehmigen lassen müssen (EPW 2002; Mohapatra 2006, 8-11).

16 D'Souza (2002) begründet dies damit, dass viele Unternehmen (statt von einem bankbasierten Finanzsystem) zunehmend von Kapitalmärkten abhängig seien. Die neuen Geldgeber lehnten es ab, »worker privileges such as job security« zu finanzieren. Damit gewännen externe Arbeitsmärkte und eine kurzfristige Rekrutierungs- und Entlassungspolitik an Bedeutung.

wechsel finanziell kaum »lohnen«. Obwohl die IT-Industrie sicher kein Hort deutscher Standards von Erwerbsregulierung ist, weil dort etwa kaum Tarifverträge gelten (Kapitel 2.2.1), betrachtet ein indischer Teamleiter die branchenweite Standardisierung von Gehältern in Deutschland als Hauptgrund für die unterschiedliche Verweildauer deutscher und indischer Beschäftigter bei G-Pro:

> [S]ee: in Germany the salary and everything – it's [...] normalised with the level of experience. [...] So even if I switch – then also, for the same experience, I'll be getting same amount. In India it happens other way. If I'm working for *one company* for five years – then I would be having small hikes [...]. Salaries are not normally related to the experience level. So people often switch companies ... to get ... a bigger amount of salary. That's why people stick to the company there [in Germany] and they work for the same designation – because it doesn't make any difference (TLM 48).

Das jeweilige soziale Sicherungssystem trägt demnach wesentlich dazu bei, dass Unternehmensstrategien zur Etablierung dauerhafter Beschäftigungsverhältnisse gegenüber Arbeitenden in Deutschland leichter durchzusetzen sind als in Indien.

Ähnliches ist für das Arbeitsrecht festzustellen: In Deutschland gelten für »Nicht-Normalarbeitsverhältnisse« wie Leiharbeit oder Befristungen trotz aller gesetzlichen Erleichterungen von Standard-Unterschreitung (Mayer-Ahuja 2001) bislang relativ komplizierte Vorgaben. Dies hält offenbar beide Samplefirmen davon ab, derlei Vertragskonstruktionen in großem Umfang zu nutzen. Leiharbeit wird allenfalls in der Administration eingesetzt (PAW 67; PAW 31), während man im IT-Kernbereich die wenigen Neuzugänge durch unbefristete Arbeitsverträge an das Unternehmen bindet. In Indien hingegen haben rechtliche Vorgaben zu Leiharbeit[17] für den IT-Sektor keine Gültigkeit, und so werden in beiden Samplefirmen Massen von IT-Leiharbeiter/innen eingesetzt, um Schwankungen von Personalbestand oder Auftragsvolumen auszugleichen (Kapitel 4.1.2). Auch der Abschluss befristeter Arbeitsverträge ist nach Auskunft der Personalabteilung von G-Pro für den IT-Kernbereich in Deutschland nicht sinnvoll, weil er (dem Gesetz über Teilzeitarbeit und befristete Arbeitsverträge von 2001 zufolge) einen sachlichen Grund voraussetze: Ein Projekt »muss wirklich einen eindeutigen Anfang, ein eindeutiges Ende haben«. Dies sei bei Produktentwicklung nicht der Fall:

17 Zum »Contract Labour (Regulation and Prohibition) Act« siehe: Mohapatra 2006, 12.

Wenn das Produkt auf dem Markt ist, muss es ja auch immer weiter entwickelt werden. Dann kommt was Neues dazu. Man hat da nicht das Problem, die Leute anderweitig zu beschäftigen (PAW 67).

Wegen des seit Anfang 2007 geltenden Einstellungsstopps schließe man allerdings befristete »Übergangsverträge« ab – in der Hoffnung, »dass man nach diesen sechs Monaten die Stellen bekommt, die man versprochen bekommen hat, und dann die Leute unbefristet einstellen kann« (PAW 67). Ein Manager erklärt den Verzicht auf Befristungen zudem mit dem Risiko, dass im Falle unzulässiger Kettenarbeitsverträge ein unbefristeter Vertrag eingeklagt werde. Es sei üblich, dass eine Befristung

oft, sehr sehr oft verlängert wird. Nun braucht man in Indien nicht zu befürchten, dass man […] das irgendwann ändern muss auf dauerhaft. […] Hier hat man ja immer das Problem – und eigentlich arbeitet das ja gegen die Mitarbeiter: Die werden dann irgendwann nicht mehr weiter verlängert aus dem Grund, weil man nicht möchte, dass die dieses Anrecht haben, sich hier reinzuklagen. Also verzichtet man oft auf gute befristete Kräfte (MM 63).

Bei der deutschen Niederlassung von I-Serve hingegen hängt der Verzicht auf Befristungen offenbar mit der abschreckend komplizierten Rechtslage zusammen. Ihr Leiter erklärt:

German employment law is very tough for employers. […] [S]ome German companies, they have two year contracts, so they are fixed. So my lawyers keep telling me that instead of having open ending long term contracts, we should also […] do all sorts of funky stuff (MM 32).

Die Unmöglichkeit, erfahrene und einschlägig qualifizierte Arbeitskräfte aus anderen Firmen abzuwerben, indem man ihnen befristete Verträge offeriert, erwähnt der Befragte nicht, obwohl er sich der mangelnden Attraktivität solcher Verträge durchaus bewusst ist: In Indien, so meint er, seien befristete Verträge alleine aufgrund der Konkurrenz um Arbeitskraft ausgeschlossen.

Das deutsche Arbeitsrecht macht allerdings aus Sicht der befragten Unternehmensvertreter/innen nicht nur Befristungen und Leiharbeit unattraktiv, sondern fördert stabile Beschäftigungsverhältnisse zudem durch gesetzlichen Kündigungsschutz. So nimmt die gesetzliche Frist für eine Kündigung durch das Unternehmen mit Dauer der Betriebszugehörigkeit zu (§ 622 Bürgerliches Gesetzbuch), und für Kündigungen durch Beschäftigte gilt eine Frist von vier Wochen, die allerdings (speziell für leitende Angestellte) oft durch Betriebsvereinbarung oder Einzelvertrag verlängert wird. In diesem Fall dient Kündigungsschutz dazu, Arbeitskraft an ein Unternehmen zu binden. Der Leiter der indischen Niederlassung von G-Pro zum Beispiel bemerkt sarkastisch, er könne das Unternehmen quasi nicht mehr verlassen:

Also, ich zum Beispiel habe eben auch ein Jahr Kündigungsfrist, das ist relativ lang, da können Sie eigentlich nicht mehr wechseln [lacht]. Ja, da muss ich dann mich wirklich einigen und einen Auflösungsvertrag machen [...]. Da finde ich jetzt bestimmt einen Arbeitgeber, nen neuen, der das akzeptiert, dass ich ihn in 14 Monaten joine oder so [kichert].

Auch in Indien dienen Kündigungsfristen diesem Befragten zufolge in erster Linie dazu, Beschäftigte vertraglich an das Unternehmen zu binden. Kündigungen von Firmenseite seien höchst selten. Vielmehr versuche man, die kurzen gesetzlichen Kündigungsfristen durch betriebliche Vereinbarungen zu verlängern, um ein allzu plötzliches Ausscheiden von Beschäftigten zu verhindern:

Man kann sehr schnell eben Arbeitsverhältnisse schließen, aber auch lösen, von beiden Seiten. Ganz früher hatten wir nur vier Wochen Kündigungsfrist, das Minimum in Indien ist eigentlich zwei Wochen. [...] Wir haben das jetzt auf drei Monate erweitert, vertraglich. Aber länger geht schon gar nicht, weil dann kriegen wir keinen mehr, der bei uns unterschreibt, weil länger möchte sich gar keiner binden, so ungefähr.

Zwar bestehe man nicht auf Fristeinhaltung, wenn etwa jemand eine verspätete Studienplatzzusage erhalte:

Also, da zwingen wir jetzt auch keinen, die drei Monate abzuleisten [lacht]. Aber das ist halt eine gewisse Erwartungshaltung, die wir da setzen, dass wir halt klar sagen: ›Also hier, von heute auf morgen Verschwinden ist nicht‹. Weil, Kollegen haben das halt auch knallhart durchgezogen. Kündigung auf den Tisch, und zehn Tage später waren sie weg (MM 63).

Insofern erfüllen betrieblich vereinbarte Kündigungsfristen, die über gesetzliche Vorgaben hinausgehen, bei G-Pro India einen ähnlichen Zweck wie die Verpflichtungsverträge (»Bonds«) beim Mutterhaus von I-Serve (Kapitel 4.2.1).

Die wichtigste Besonderheit des indischen Arbeitsrechts, so fügt derselbe Befragte hinzu, bestehe aber darin, dass man damit »gar nichts zu tun habe«:

[A]lso der IT-Sektor steht, ähm ... außerhalb aller tariflichen Vereinbarungen. Es gibt keine Gewerkschaft im IT-Bereich, also gibt es auch keine Betriebsräte und so was. Das Arbeitsrecht, das indische, ist relativ ähnlich wie das deutsche. Es gibt halt Regelarbeitszeiten und solche Geschichten. Da haben wir aber keine negativen Erfahrungen (MM 63).

Interessant an dieser Stellungnahme ist zweierlei: Zum einen lässt das Changieren zwischen den Themen Arbeitsrecht, Tarifvertrag und Betriebsrat die (durchaus überzeugende) Einschätzung erkennen, dass gesetzliche Vorgaben nur Wirkung entfalten, wenn sie vor Ort (etwa durch Betriebsrat oder Gewerkschaft) durchgesetzt werden. Immerhin ist gerade beim Kündigungsschutz in Deutschland die tarifliche, betriebliche oder einzelvertragliche Überschreitung gesetzlicher Mindestvorgaben an der Tagesordnung. Zum anderen deutet der Befragte an, dass arbeitsrechtliche Vorgaben für den IT-Sektor in Indien geringere Bedeutung haben als in Deutschland. Hintergrund dafür ist wiederum die Politik der »aktiven Privatisierung von Standardsetzung« durch die indische Zentralregierung und diverse Bundesstaatsregierungen (Mayer-Ahuja/Feuerstein 2007; Kapitel 3.2.3), die bewirkt, dass die für den »organisierten Sektor« der Wirtschaft geltenden arbeitsrechtlichen Regeln explizit nicht auf den IT-Sektor angewandt werden. Der frühere Labour Commissioner von Karnataka, Jayakar Jerome, fasst diese Politik zusammen:

Just leave them [IT-companies] alone, don't interfere with them, leave them alone. [...] Because they are good. You see, there is intervention necessary where there is unfair labour practices, any kind of exploitation, whereas here it doesn't take place at all. They look after them well, they pay them well, so why should we unnecessarily intervene [...]? (EXP 80)

Ein für die Implementierung von Arbeitsrecht zuständiger hochrangiger Administrator gibt also zu Protokoll, dass es in Indien erhebliche Spielräume für die Nicht-Anwendung geltenden Rechtes gibt. Auch in Deutschland existieren im Bereich abhängiger Beschäftigung durchaus Grauzonen, die bewusst nicht gesetzlich reguliert werden.[18] Der Unterschied zur indischen Konstellation besteht zum einen darin, dass arbeitsrechtliche Bestimmungen zumindest für einen Großteil der deutschen Wirtschaft gelten. Zum anderen belegt der Umstand, dass selbst in einer tariflich ungebundenen Softwarefirma wie G-Pro gesetzliche Mindestvorgaben (etwa beim Kündigungsschutz) nicht nur gelten, sondern durch betriebliche oder einzelvertragliche Regelungen zugunsten von Beschäftigten überschritten wer-

18 Dies gilt etwa für »geringfügige Beschäftigung« (Mayer-Ahuja 2003, 169-212).

den[19], dass hier sogar Standards deutscher Arbeitsregulation indirekt zum Tragen kommen, die in anderen Branchen tarifvertraglich festgelegt sind.

Festzuhalten ist demnach, dass politische Regulierung in beiden Ländern die Chancen von Unternehmen maßgeblich beeinflusst, Arbeitskraft dauerhaft vertraglich an sich zu binden: In Deutschland wird stabile Vollzeitbeschäftigung sozialpolitisch und arbeitsrechtlich gefördert – in Indien hingegen verzichten Regierungen im Bemühen, IT-Firmen nicht übermäßig zu reglementieren, ironischerweise auch darauf, Unternehmen im Ringen um stabile Beschäftigung gesetzlich zu unterstützen.

4.2.3 Gesellschaftliche Regulierung: Sozialstruktur der Belegschaften

Selbst wenn Unternehmen eine langfristige vertragliche Bindung von Arbeitskraft anstreben und politische Vorgaben dies (wie in Deutschland) fördern, kann die Etablierung stabiler Beschäftigungsverhältnisse schließlich nur gelingen, wenn Arbeitskräfte sich binden *lassen* – nur dann wird ein unbefristeter Arbeitsvertrag zur Grundlage einer stabilen Erwerbsbiographie bzw. einer innerbetrieblichen Karriere. Ob sie dies tun, hängt jedoch nicht nur von Job-Alternativen ab (Kapitel 4.2.1), sondern auch von den Präferenzen der Arbeitenden, die immer Ausdruck individueller wie gruppenspezifischer sozialer Prägungen sind. Das Interesse an einer langfristigen vertraglichen Festlegung auf ein Unternehmen ist nun sehr ungleich zwischen Altersgruppen, Geschlechtern und sozioökonomischen Herkunftsmilieus verteilt. Insofern sind die Unterschiede in der Bereitschaft deutscher und indischer Belegschaften, sich dauerhaft vertraglich binden zu lassen, weniger auf »Kultur« als auf deren jeweilige sozialstrukturelle Zusammensetzung zurückzuführen.

In Hinblick auf die Alterszusammensetzung deutsch-indischer Projektteams fällt zunächst in beiden Samplefirmen zweierlei auf: Zum einen sind die Belegschaften in Deutschland wie in Indien weitgehend altershomogen, und zum anderen ist der deutsche Belegschaftsteil im Schnitt zehn Jahre älter als der indische.

---

19 Ein G-Pro-Manager (MM 63) berichtet von einem Jahr Kündigungsschutz für beide Vertragsparteien. Das Kündigungsschutzgesetz (1951) sieht hingegen bei Kündigung von Firmenseite selbst nach zwanzig Jahren Betriebszugehörigkeit eine Frist von sieben Monaten vor. Tarifliche Regelungen zur »Unkündbarkeit« von Angestellten (etwa nach 15 Jahren im öffentlichen Dienst) werden hingegen nicht übernommen.

Exkurs: Altersstruktur

Die jüngsten Beschäftigten finden sich in unserem Sample beim indischen Mutterhaus von I-Serve, wo zahlreiche Hochschulabsolvent/innen im Alter von 21 bis 23 Jahren zu arbeiten beginnen (PMM 1, 19). Die ältesten Beschäftigten sind vielfach seit Beginn der massiven Belegschaftsexpansion (um 1995) bei I-Serve tätig und waren zum Zeitpunkt der Interviews 35 bis 40 Jahre alt (MM 18). Der Altersdurchschnitt liegt (angesichts des hohen Anteils von Neurekrutierten in diesem expandierenden Unternehmen) im Mutterhaus zwischen 25 und 26 Jahren. In Onsite-Teams liegt das Durchschnittsalter etwas höher, da für eine Entsendung mehrere Jahre Berufserfahrung vorausgesetzt werden (PMM 1). Wie wir (in Kapitel 3.1) sahen, erwarten I-Serve-Angestellte das erste »Posting« nach etwa 24 Monaten (also rein rechnerisch im Alter von 23 bis 24 Jahren), doch Manager (MM 2, 32) geben an, man entsende vorwiegend Beschäftigte mit vier bis fünf Jahren Betriebszugehörigkeit (also im Alter von 25 bis 26 Jahren). Im Schnitt bestünden Onsite-Teams sogar aus 28- oder 29-Jährigen, wobei das Altersspektrum geringer sei als im Mutterhaus (»here [onsite] it's the medium-experience kind of people«; PMM 16). Die Angestellten der deutschen I-Serve-Niederlassung gehören hingegen meist zur Altersgruppe zwischen 35 und 40 Jahren (MM 24), was die Personalabteilung damit begründet, dass man gezielt »Mitarbeiter mit mehr Berufs- und Führungserfahrung« einstelle (PAW 31). Entsprechend erklärt ein 39-jähriger Deutscher, »ich bin 10, 15 Jahre älter als die meisten Inder« (KBM 28).

Bei G-Pro stellt sich die Altersverteilung sehr ähnlich dar – auch hier ist der indische Teil der Belegschaft ungefähr »zehn Jahre jünger« als der deutsche (PMM 70). Der Altersdurchschnitt liegt allerdings mit 27 Jahren bei der indischen Niederlassung von G-Pro (PAM 62) ein bis zwei Jahre höher als beim Mutterhaus von I-Serve (MM 37), was darauf zurückzuführen ist, dass G-Pro in Indien vorwiegend Beschäftigte mit (zumindest kurzer) Berufserfahrung rekrutiert. Im deutschen Mutterhaus hingegen ist der oder die durchschnittliche Beschäftigte 37 Jahre alt (PMM 65), in der untersuchten Abteilung sogar 38,3 Jahre (PAW 67). Dieses Altersspektrum entspricht den Standards der deutschen IT-Branche insgesamt, wo im Jahr 2003 die »große Mehrheit der IT-Fachleute [...] zwischen 30 und 40 Jahre alt« war (Wieland u.a. 2003, 16).

Die Gründe für den großen Altersunterschied zwischen deutschen und indischen Belegschaften werden bei I-Serve kaum thematisiert – offenbar legen die unterschiedlichen Rollen von deutschen Kundenbeauftragten und indischen Programmierer/innen im Rahmen des Offshoring-Modells derlei Vergleiche nicht unbedingt nahe, während das hohe Durchschnittsalter der IT-Belegschaften von Kundenunternehmen indische Onsite-Teams durchaus irritiert. Bei G-Pro hingegen stellen sich viele Beschäftigte die Frage, warum die an »verteilter Entwicklung« Beteiligten in Deutschland soviel älter sind als in Indien. Indische Befragte erklären sich dies vor allem mit den längeren deutschen Studienzeiten – immerhin würden deutsche Hochschulabsolventen/innen erst im Alter von 28 bis 30 Jahren und Promovierte noch später zum ersten Mal berufstätig (PMM 49, 50). Deutsche Kollegen begründen das hohe Durchschnittsalter im Mutterhaus eher mit der Kombination aus Beschäftigungsstabilität und Einstellungsstopp (Kapitel 4.1). Ein Projektmanager erklärt,

> der deutsche Standort ist sicherlich der älteste Standort vom Durchschnittsalter. […] Was aber einfach daran liegt, dass zum einen in Deutschland die Fluktuation noch geringer ist als in den anderen Standorten. Und dass halt auch schlicht und einfach in Deutschland weniger eingestellt wird (PMM 65).

Altersunterschiede schlagen sich bei G-Pro allerdings nicht direkt in der formalen Position nieder, wie ein indischer Projektmanager ungläubig bemerkt:

> [W]ith 35, people would be developer there [in Germany] – 30 years, for example, people would have the more senior level in […] India (PMM 50).

Allerdings umfasst die formale Positionsbezeichnung »Entwickler« in Deutschland und Indien sehr unterschiedliche Tätigkeitsprofile (Kapitel 7.1.3). Entsprechend bemerkt ein indischer Teamleiter, wenn er auf deutsche Kolleg/innen in derselben Position treffe, seien diese meist »more experienced than I am« (TLM 51).

Diese Disparitäten in der Altersstruktur von deutschen versus indischen Belegschaften resultieren in mancher Hinsicht aus den (in Kapitel 4.1.1) beschriebenen unternehmerischen Strategien von Arbeitskraftnutzung, denn beide Samplefirmen rekrutieren in Indien zahlreiche junge IT-Spezialist/innen, während sie in Deutschland auf ältere Beschäftigte zurückgreifen (I-Serve) oder eine stabile Belegschaft altern lassen (G-Pro). Diese Praxis ist allerdings nur bei I-Serve direkt auf das Geschäftsmodell des Unternehmens zurückzuführen, weil man gezielt unerfahrene Beschäftigte für (relativ wenig komplexe) Programmierarbeiten in Indien und Berufserfahrene für die (anspruchsvolle) Kundenbetreuung in Deutschland einsetzt. Bei G-Pro hingegen würde im Prinzip viel dafür sprechen, in der indischen Niederlassung ältere und erfahrenere Beschäftigte einzusetzen, weil die ungleiche Altersverteilung mit einer strukturellen Schieflage bei der Aufgabenverteilung in deutsch-indischen Projektteams einhergeht. Immerhin haben die deutschen (an Lebensjahren und Betriebszugehörigkeit) älteren Kolleg/innen in diesen Projekten meist die Führungsrolle inne, und einem Manager zufolge (MM 69) zieht man für solche »Brückenkopffunktionen« sogar gezielt »Senior Skills zusammen [...], also wirklich Leute, die zehn plus Jahre bei der [G-Pro] sind« – daher seien die deutschen Teammitglieder mit 35 bis 45 Jahren sogar älter als der Belegschaftsdurchschnitt im Mutterhaus. Das vielfach bekundete Bemühen von G-Pro, im Rahmen verteilter Entwicklung zunehmend Verantwortung nach Indien abzugeben, wird demnach nicht zuletzt durch die ungleiche Altersverteilung konterkariert.

Fragt man nun, wie diese markanten Unterschiede in der Alterszusammensetzung deutscher und indischer Belegschaften zustande kommen, wenn sie nicht umstandslos auf die Rekrutierungspräferenzen der Samplefirmen zurückzuführen sind, so geraten in erster Linie Trends von Branchen- und Arbeitsmarktentwicklung in beiden Ländern in den Blick (Kapitel 4.2.1; Mayer-Ahuja 2011). Immerhin müssen die meisten *indischen* Beschäftigten beider Unternehmen, die zum Zeitpunkt der Interviews (2007) Mitte Zwanzig waren, rein rechnerisch um das Jahr 2003 rekrutiert worden sein, als die indische IT-Industrie nach der (erwähnten) Branchenkrise wieder zu boomen begann. Die meisten deutschen Beschäftigten des Mutterhauses von G-Pro hingegen sind (angesichts geringer Fluktuation und eines Durchschnittsalters von 37 Jahren) vermutlich im Unternehmen tätig, seit sie Ende der neunziger Jahre ihr Studium abgeschlossen haben. Ihre Rekrutierung erfolgte damit während des letzten Aufschwungs der deutschen IT-Industrie, der in den Jahren 2000 bis 2002 durch eine weltweite Branchenkrise beendet wurde (Menez/Töpsch 2003). Tatsächlich wird die Dominanz der um 1997/98 eingestellten Beschäftigtengruppe nicht nur in zahlreichen Interviews erwähnt, sondern zeigt sich auch in der statistischen Altersverteilung von Datenverarbeitungsfachleuten in Deutschland. Wie bei G-Pro ist die Altersgruppe der 35- bis 50-Jährigen auch branchenweit in den vergangenen Jahren zur zahlenmäßig stärksten »IT-Generation« geworden – ihr gehörten 2005 fast 47 Prozent der Beschäftigten an. Ältere hingegen, die im Jahre 1999 fast 40 Prozent der Belegschaften gestellt hatten, waren 2005 nur noch mit knapp 16 Prozent vertreten.

Schaubild 9: Altersverteilung von Datenverarbeitungsfachleuten in Deutschland (in Prozent)

Altersgruppe	1999	2001	2003	2005
Unter 25	4,5	8,4	8,0	9,9
25 bis unter 35	16,8	24,9	30,7	27,9
35 bis unter 50	38,8	41,8	47,0	46,6
50 und älter	39,8	25,0	14,3	15,6

Quelle: Bundesanstalt/Bundesagentur für Arbeit, Beschäftigten- und Arbeitslosenstatistik, »Berufe im Spiegel der Statistik«, www.abis.iab.de

Diese Altersverteilung wirkt sich direkt auf die Möglichkeit von Unternehmen aus, Arbeitskraft dauerhaft vertraglich an sich zu binden, weil stabile Beschäftigung gegenüber jüngeren Beschäftigten schwerer durchsetzbar ist als gegenüber älteren (vgl. Upadhya/Vasavi 2006, 50f.). Der Umstand, dass jüngere Altersgruppen in den indischen Belegschaften beider Samplefirmen in der Mehrheit, unter deren deutschen Beschäftigten hingegen kaum vertreten sind, dürfte demnach maßgeblich zu den höheren indischen Fluktuationsraten beitragen. Dies bekräftigt ein Projektmanager von G-Pro: Für eine langfristige Tätigkeit entscheide sich nur, wer

gegebenenfalls schon ein paar Jahre auch in anderen Unternehmen war. So was wird kaum jemand treffen, so eine Entscheidung, bei [G-Pro] zu bleiben (das kann ich mir zumindest nicht vorstellen), wenn man nichts anderes gesehen hat. Sprich: wenn ich jemand neu einstelle von der Uni – da weiß ich, ok, der wird … irgendwann wird der gehen (PMM 35).

Auch ein indischer Manager argumentiert, stabile Beschäftigung habe für Arbeitende nicht in allen Phasen der Erwerbsbiographie dieselbe Priorität, zumal in Indien eine enge Verbindung zwischen Alter und Familienstand besteht (Kapitel 3.2):

A normal German gets a job or starts a job around 30 […], [w]hereas the Indian starts to work at 21. […] At that stage, 21, I think, even a German colleague would be what you call fickle-minded what he wants to do in life. He'll be confused to a large extent. Because he will not have seen the companied world. […] People don't ask me why I don't leave, because I already crossed the barrier of 30 years and I know what I want. I'm not confused as the other people. So I know the balance in life, I'm settled down, married with kids. So I know the balance. I don't want to explore too much, because I know I'm comfortable now (MM 37).

Die Dominanz jungendlicher Singles betrachtet ein indischer Projektmanager sogar als Hauptgrund für hohe Fluktuationsraten:

21 – average age when we start working […]. So, initially you don't have any responsibility, you don't have any dependency. […] So, you can jump. So, by the time, you are getting married, which is around 27, 28 – it's possible, that you have done an entire tour of the world. […] And then you get married *and* settle down (PMM 52).

Ein Vertreter der indischen Personalabteilung von G-Pro führt allerdings aus, dass die hohe Fluktuation unter jüngeren Beschäftigten weniger auf deren Jugendlichkeit per se zurückzuführen sei als auf das geringe »Toleranzniveau der jüngeren Generation« unter Bedingungen von Fachkräftemangel:

[E]arlier, until and unless you reach, eh, let's say, an irritance of 10, you don't quit, because you know that outside also not much is there. *Right now*, even if you have one irritation, you say, ›that will be enough‹ (PAM 62).

Es besteht demnach eine enge Wechselwirkung zwischen Arbeitsmarktlage und Altersstruktur – der Fachkräftemangel eröffnet Beschäftigten insgesamt Chancen für Unternehmenswechsel, doch diese werden vor allem von Jüngeren genutzt. Als Grund dafür gibt ein indischer Manager an, dass man zu Beginn der Karriere vor allem Wert auf eine steigende Vergütung lege, was durch häufige Jobwechsel am besten zu gewährleisten sei:

If you look at the youngsters, coming out fresh from college, you know – I don't blame them, that is a normal human mentality – you will go towards where more money is […] [Y]ou are not so mature, so you don't think about long-term anyway (MM 9).

Je älter und erfahrener man hingegen werde, desto schwerer wögen Arbeitsinhalte und fachliche Anerkennung, meint ein anderer Befragter:

I mean, money is still one uniform reason *across all the groups*. But money – it plays a very important role during your initial years in the industry. Then it becomes: what kind of work you're getting and how much stake you have in that work, for example (PMM 53).

Aus diesem Grund, so ein deutscher Projektmanager, bänden sich einige wenige indische Kolleg/innen (er schätzt ihren Anteil auf fünf Prozent) langfristig an G-Pro:

> Es kann dann trotzdem sein, dass einer sich wirklich so wohl fühlt und sagt: […] Mir gefällt die Arbeit, weil eben ein Produkt hergestellt wird, weil es nicht nur einfach Service ist, weil ich mit den neuesten Technologien […] zu tun habe und arbeiten kann. […] Es gibt ja auch hier jetzt viele Leute, trotz […] solchen … Möglichkeiten auf dem Markt, was das Gehalt anbelangt zum einen und was natürlich ja auch irgendwelche Karriereplanungen anbelangt […] – die Leute sitzen ja auch hier, sieben Jahre, acht Jahre, zehn Jahre (PMM 35).

Allerdings klingt hier an, dass eine »langfristige Bindung« aus Sicht indischer Beschäftigter eine andere Zeitspanne umfasst als für ihre deutschen Kolleg/innen: In Deutschland endet eine »langfristige Bindung« im Prinzip mit dem Renteneintritt, der (je nach Geburtsjahrgang und Geschlecht) im Alter von 60 bis 67 Jahren erfolgt – freiwillige Unternehmenswechsel älterer Beschäftigter sind selten, und wer sich vorzeitig zur Ruhe setzt, muss erhebliche Kürzungen der Altersbezüge hinnehmen. In Indien hingegen gibt es kein derart verbindliches Renteneintrittsalter, und gerade in den indischen Mittelschichten, aus denen die meisten IT-Spezialist/innen stammen (Kapitel 7.2.3), ist es durchaus üblich, früher aus dem Erwerbsleben auszuscheiden. Dies ist der Hintergrund von Interviewpassagen, in denen etwa eine 36-Jährige (PMW 45) erklärt, sie werde sich eventuell vor Erreichen der nächsten Karrierestufe zur Ruhe setzen (»I may retire faster than that actually«), oder ein 28-Jähriger seiner Verwunderung über deutsche Karrierewege Ausdruck verleiht:

> I mean, people remain developer for, I think … […]. I've seen a 45 years old developer. 45 years – I think I'll be retired till then (TLM 48).

Viele Frauen gingen schon mit Mitte 30 in den Ruhestand, berichtet eine Befragte:

> [A]fter they become 40 and all, I think, I've *not* seen many *old* women working here. […] 30+, 35 they take the retirement. They just want to be at home with the kids and the family (EW 22).

Es lässt sich demnach kaum argumentieren, die Festlegung von Arbeitenden auf ein Unternehmen erfolge in Indien schlicht an einem späteren Punkt der Erwerbsbiographie als in Deutschland. Deutsche wie indische Beschäftigte optieren etwa mit 30 Jahren für stabile Beschäftigung, wenn man auf deutscher Seite den ersten Arbeitsvertrag unterzeichnet bzw. auf indischer Seite fünf bis zehn Jahre Berufserfahrung hat. Bedenkt man jedoch, dass für indische Beschäftigte die (durch Familiengründung und örtliche Verankerung geprägte) »stabile Erwerbsphase« oft schon im Alter von 35 oder 40 Jahren zu Ende geht, dürfte eine langfristige vertragliche Bindung von Arbeitskraft in Indien von Unternehmen selbst dann schwerer durchsetzbar sein als in Deutschland, wenn das Durchschnittsalter der Belegschaften mit dem Alter der IT-Branche steigen sollte. Dies kollidiert vor allem mit G-Pros Strategie von Arbeitskraftnutzung, die auf fachliche Tiefe und Berufserfahrung baut.

Darüber hinaus deutete sich in den Ausführungen zu Ernährermodellen (Kapitel 3.2.2) und Renteneintritt bereits die Bedeutung der geschlechtsspezifischen Zusammensetzung von Belegschaften an, weil Frauen sich gemeinhin schwerer an Unternehmen binden lassen als Männer. Immerhin ist eine (erwerbs-)lebenslange stabile Vollzeitbeschäftigung in Deutschland (Mayer-Ahuja 2003, 54–92) ebenso wie in Indien ein weitgehend männliches Phänomen, weil viele Frauen die Erwerbsarbeit zugunsten von Kinder- oder Altenbetreuung unterbrechen und im Anschluss nicht (in Indien) oder mit reduzierten Arbeitszeiten (in Deutschland) auf den Arbeitsmarkt zurückkehren. Insofern dürfte die Tatsache, dass der Frauenanteil in beiden Samplefirmen in Indien wesentlich höher ist als in Deutschland, dazu beitragen, dass diese trotz aller Präferenzen für stabile Beschäftigung in Indien der hohen Fluktuationsraten kaum Herr zu werden vermögen.

Exkurs: Frauenanteil an den Belegschaften

Im deutschen Mutterhaus von G-Pro liegt der Frauenanteil in der untersuchten Abteilung bei knapp 14 Prozent und damit deutlich unter dem Branchenschnitt, der (bei Datenverarbeitungsfachleuten) zum Zeitpunkt der Interviews (2007) etwa 19 Prozent betrug (Schaubild 7).[20] Ähnliches gilt für die deutsche Niederlassung von I-Serve, wo unter 37 Beschäftigten mit »deutschem Vertrag« zum Zeitpunkt der Interviews fünf Frauen waren, davon vier in der Administration und eine einzige Kollegin im Projektgeschäft (PAW 31). In den Onsite-Teams von I-Serve, die bei deutschen Kunden arbeiten, sind Frauen mit ungefähr zehn Prozent der Beschäftigten stärker vertreten, aber weiterhin unterrepräsentiert (MM 32; Kapitel 3.1).

20 Dostal (2002, 201) beziffert auf Basis der BIBB/IAB-Befragung den Frauenanteil in den Computerberufen für Ende der neunziger Jahre auf 16,8 Prozent. Die Erwartung, dass er in Zeiten des Fachkräftemangels steigen würde (Ruiz Ben 2003), erfüllte sich nicht.

Im indischen Mutterhaus von I-Serve liegt der Frauenanteil immerhin bei rund 25 Prozent, was die Personalabteilung als Ergebnis gezielter Bemühungen darstellt:

We were close to 20 percent around three, four years back, but there's a lot of effort, which is going on in the gender diversity part, which has seen the ratios go up and up, with every year (PAM 23).

Aus der Personalabteilung von G-Pro in Bangalore verlautet, man bemühe sich um einen hohen Frauenanteil, obwohl man Beschäftigte nicht nach Geschlecht, sondern »purely by merit« auswähle.

We [...] consciously watch it for the number – because it might be that we go to court. And then we want to see [...]: are we en par with the market and, eh, the quantity of people coming into the market from the institutes. [...] [W]e do want to give the conscious message: we are global player and equal opportunities employer invariably (PAM 54).

Die Angaben der Personalabteilung zum Frauenanteil liegen zwischen »20, 25 percent« (PAM 54) und 37 Prozent (PAM 62), doch auf jeden Fall liege man über dem Branchendurchschnitt:

[I]f we look at kind of companies, similar to ourselves – we have at least six or seven percentage points more than that (PAM 54).

Für die indische IT-Branche insgesamt existieren keine verlässlichen Daten, doch für das Jahr 2004 werden Werte zwischen 15 und 30 Prozent genannt (Varma/Sasikumar 2004, 57f.; Mukherjee 2008, 60). Die Samplefirmen scheinen demnach im oberen Mittelfeld zu liegen, was auch damit zusammen hängen könnte, dass indische Frauen ohnehin eher in der Softwareentwicklung anzutreffen sind als etwa im Bereich »IT-sales and marketing« (Mukherjee 2008, 54).

In Hinblick auf die langfristige Bindung weiblicher Arbeitskraft scheint sich der Einfluss von Geschlecht und Alter gegenseitig zu verstärken. Immerhin ist der Frauenanteil unter den neu Rekrutierten am höchsten, obwohl Befragte in beiden Samplefirmen betonen, Frauen seien auch hier unterrepräsentiert, weil sie kaum einschlägige Studiengänge absolvierten. So wird der geringe Frauenanteil im deutschen Mutterhaus von G-Pro als »absolut typisch für die Branche« bezeichnet:

Ich habe [Informatik ...] an der Universität in Deutschland studiert, die den höchsten Frauenanteil unter den Studierenden als auch unter den Lehrenden hatte. Und das war zwischen 17 Prozent und 15 Prozent (SEM 68).

In Indien stellt sich die Situation nach Angaben der Personalabteilung von I-Serve ähnlich dar, weil kaum Frauen jene Ingenieurstudiengänge absolvierten, aus denen IT-Beschäftigte rekrutiert werden (Kapitel 7):

> [I]t is slightly skewed for us, because the input itself is skewed. Because we hire from the Indian engineering colleges and amongst the lady students, engineering is not a preferred stream of study. So [...] probably around ten to fifteen percent of a typical class would be ... lady students. [...] There we don't have people to hire from (PAM 23).

Einer Wiederholungsstudie (Parikh/Sukhatme 2004) zufolge waren 1998 zwar erstmals mehr als 15 Prozent der Absolvent/innen von Ingenieurstudiengängen Frauen, doch zum einen lag ihr Anteil in den prestigereichen Indian Institutes of Technology (Kapitel 7.2.2) weiterhin nur bei drei Prozent. Zum anderen schlug sich die Zunahme der Absolventinnen-Zahlen nicht unbedingt in steigenden betrieblichen Frauenquoten nieder: Im Bereich Elektrotechnik (»electronic engineering«), der als besonders anschlussfähig für IT-Arbeit gilt, lag der Frauenanteil 1998 bei immerhin 37 Prozent, doch diese Absolventinnen fanden schwer Zugang zur IT-Branche: Sie wurden seltener als Praktikantinnen akzeptiert und zu Campus-Placements (Kapitel 3.2.3, 7.1.1) geladen als Männer, und fast jede Dritte war 1998 ungewollt arbeitslos.

Frauen sind allerdings in Indien nicht nur unter Neurekrutierten, sondern generell auf den unteren Stufen der Karriereleiter besonders stark vertreten. So liegt bei I-Serve der Frauenanteil in Projekten, die vorwiegend mit »einfachen Entwicklern« besetzt sind, teilweise bei 70 bis 80 Prozent (PMM 19). Auf höheren Stufen der Karriereleiter hingegen nimmt er in beiden Samplefirmen deutlich ab, und auch dies entspricht dem Branchenstandard. Immerhin waren 1998 nur 20 Prozent der Frauen, die 1975/76 ein Ingenieurstudium abgeschlossen hatten, in das höhere Management aufgestiegen, und für spätere Jahrgänge fiel der Wert sogar unter fünf Prozent. Jede Vierte der 1975/76 Graduierten gab an, keinerlei Management-Aufgaben wahrzunehmen: »This can be referred to as the ›glass ceiling‹ that women rarely cross« (Parikh/Sukhatme 2004, 196. Vgl.: Arun/Arun 2002). Dieses Phänomen der für Frauen undurchdringlichen »Glasdecke« ist in beiden Samplefirmen festzustellen. Zwar versuche man Frauen im Unternehmen zu halten[21], so wird betont, doch die meisten kündigten, bevor sie

21 Ein Vertreter der Personalabteilung von I-Serve (PAM 23) nennt hier Aspekte von »Frauenförderung«, die entweder faktisch nicht angeboten (Teilzeitarbeit) oder nicht angenommen werden, wie die Kinderkrippe am Rande der Stadt (Kapitel 3.1.).

Karriere machen könnten. Schon unter Beschäftigten mit mehr als fünf Jahren Betriebszugehörigkeit, heißt es bei I-Serve, liege der Frauenanteil nur noch im einstelligen Bereich (PAM 23; PMW 36). Eine der wenigen Frauen im höheren Management von I-Serve bestätigt dies:

[U]p to project manager it is fine. Above project managers – the number comes down drastically. It may be also because these are people who have spent good ten, eleven years in the organisation and at *that* time ladies were joining less.

Es seien jedoch bereits Verbesserungen festzustellen, fährt sie fort:

A few years back, we did not have [...] too many lady project managers. But at least today *that* has changed. [...] Definitely, it has, it is improving and it will definitely improve. Because now marriage age is going up and people are changing, families are changing, the pressure on women to get married at an early age is changing. More women are joining these professional educations like medicine and engineering. So it's bound to change (MW 15).

Angesichts des Umstands, dass Beförderungen in indischen IT-Firmen nicht zuletzt von der Bereitschaft zu Auslandseinsätzen und Überstunden abhängen, die unter Frauen geringer ist als unter Männern (Arun/Arun 2002, 45ff.), erscheint diese Einschätzung allerdings allzu optimistisch.

Jedenfalls trug der relativ hohe Frauenanteil unter jüngeren IT-Beschäftigten, die in beiden Samplefirmen in Indien die Belegschaftsmehrheit stellen, zum Zeitpunkt der Interviews erheblich zu Fluktuation bei. Das Ausscheiden von Frauen anlässlich von Heirat oder Mutterschaft galt (neben Weiterbildung) bei I-Serve sogar als Hauptgrund für Kündigungen:

At around 24, 25 some of the ladies decide to get married. [T]hat forms another reason, bigger source for our attrition, because many times people want to move out ... at the time of marriage (PAM 23).

Spätestens nach einer Geburt nehmen fast immer die Mütter Erwerbsunterbrechungen in Kauf (PMM 1; MM 9, 37). Zwar wird Erziehungsurlaub etwa von G-Pro India im Prinzip auch Männern gewährt (MM 63), doch nach Erfahrung der Personalabteilung (PAM 54) bitten diese allenfalls um »extended leave«, falls es zu Komplikationen komme. Entsprechend selbstverständlich geht ein Teamleiter davon aus, dass seine Frau nach ihrer Niederkunft pausieren werde:

[I]t's really a hard decision at times. If the child is to be brought up properly, she has to stay at home for a couple of years at least to take care of the kid. So, in that way, yeah, it does affect her career (TLM 51).

Das Ergebnis sind weibliche Karriereverläufe, die eher von Reproduktionspflichten denn von betrieblichen Anforderungen geprägt sind, wie ein Vertreter der Personalabteilung von I-Serve berichtet:

[A]t the end of three years, that time we see the problem starts topping up. A lot of ladies start getting married or [...] plan a kid or something like that. [...] And after five years is when the problem really hits, because: a second kid, or some people have got married at three years, want to have a kid after five years, kind of thing. So after five years is when it is a real problem for us to keep employees back (PAM 23).

Nach sechs bis sieben Jahren Betriebszugehörigkeit erfolgt bei I-Serve gemeinhin die Beförderung in das Projektmanagement (PMM 19), und viele Frauen kündigten nicht zuletzt, so der Personalexperte, um dies zu vermeiden:

When you become a project manager, it becomes a ... very demanding role, because you're not only an individual contributor, you're also a team leader. [...] A lot of your time is decided by your team members, your client, you know. So that's when people, a lot of ladies start loosing control on their personal time versus the work time. [...] That's when it causes a disruption in their work life balance. [...] That's where we are seeing people start quitting – when they move into project manager role (PAM 23).[22]

Ist dieser neuralgische (durch die Kombination von Heirat, Mutterschaft und Übernahme von Projektmanageraufgaben markierte) Punkt jedoch überwunden, verlassen Frauen (einer unternehmensinternen Erhebung von I-Serve zufolge) das Unternehmen seltener als Männer, selbst wenn sie Familienpflichten haben.

Actually the change is very surprising. The older the ladies are, they have the less propensity to leave the company. So people, I think, above the age of 28 or something (we did some analysis there) the ladies left the company in much less percentage than the men folks (MW 15).

Auch ein Projektmanager bei G-Pro Bangalore erklärt, Ehefrauen und Mütter seien

a very good resource to have in the team. Because they are very stable and, eh, chances of them leaving are very less, if you make them comfortable (PMM 52).

22 Eine Entwicklerin (SEW 20) hingegen hofft, als Projektmanagerin könne sie flexibler und (dank Firmen-Laptop) notfalls von zuhause arbeiten.

Tatsächlich kehren indische IT-Spezialistinnen offenbar nach einer Familienpause häufiger, deutlich früher und eher auf Vollzeitbasis in den Beruf zurück als ihre deutschen Kolleginnen (MM 63; PMM 65).[23] Gerade indem man den betrieblichen Mutterschutz in Indien auf ein Jahr und damit »deutlich über das gesetzliche Minimum raus erweitert« habe, argumentiert der Leiter der indischen G-Pro-Niederlassung[24], stelle man sicher, »dass bestimmt 70, 80 Prozent der Frauen wiederkommen«. Insofern sei das »Risiko« geringer als in Deutschland,

> dass wir da Frauen einstellen – und die Ausbildung ist nun mal sehr teuer, das braucht fast ein Jahr, bis jemand produktiv ist – und die dann raus gehen, und man wüsste dann nicht, wann die wiederkommen oder so. Die meisten Frauen versuchen eigentlich schon nach drei Monaten wieder zu kommen. Was natürlich schön ist, die haben den Familien-Verbund, und da ist zu Hause die Schwiegermama oder die eigene Mama, und die kümmert sich um die Kleinen, und das funktioniert eigentlich recht gut (MM 63).

Diese Einschätzung ist in zweierlei Hinsicht zu relativieren: Zum einen scheiden viele Frauen durchaus schon mit 35 Jahren aus dem Erwerbsleben aus, um sich um die Familie zu kümmern (siehe oben), und zum anderen ist die vertragliche Bindung von Frauen an ein Unternehmen in vielen Fällen gerade aufgrund indischer Standards von Arbeitsteilung zwischen Geschlechtern und Generationen bei der (Re-)Produktion von Arbeitskraft schwer durchzusetzen (Kapitel 3.2.3). Diese schmerzhafte Erkenntnis bringt ein deutscher Manager, der die beschäftigungsstabilisierende Wirkung indischer (und zum Teil auch deutscher) Großfamilien durchaus anerkennt, mit der poetischen Wendung »ein Vertrag ist ein Vertrag ist ein Vertrag« zum Ausdruck. Eine indische Kollegin habe ihn montags »den Tränen nahe« angerufen:

> Ja, sie müsste mir jetzt mitteilen, dass also Freitag ihr Letzter wäre, ihr letzter Arbeitstag. ›Das ist nett, dass Du das sagst. Wir haben einen Vertrag. […] Aber warum ist denn Freitag Dein Letzter?‹ Ja, sie heiratet am Samstag. Hab ich gesagt: ›Das ist ja toll.‹ […] ›Wieso musst Du dann deswegen kündigen?‹ Ja, ihr Mann wohnt in Hyderabad. Das ist 350 Kilometer weg, und er möchte nicht, dass sie in Bangalore lebt. […] Na gut, sie hat genau vier Tage vorher erfahren, dass sie heiratet. Und den Mann hat sie auch noch nicht gekannt. So, und dann habe ich HR

23 Laut Personalabteilung sind unter den rund 3000 Beschäftigten der indischen Niederlassung von G-Pro insgesamt 150 bis 200 Mütter (PAM 54).

24 Das indische Gesetz (»Maternity Benefit Act & Rules«) gewährt jungen Müttern 84 Tage Mutterschutzurlaub (einschließlich Wochenenden und Feiertagen), der bei Krankheit um 30 Tage verlängert werden kann.

angerufen, weil in unseren Verträgen steht ja, dass die Leute vier Wochen zum Monatsende (Minimum) […]. Und HR hat mir gesagt: ›Die hat Freitag den Letzten. Fertig. Amen. Fang nicht an zu diskutieren. […]‹ Soviel zu Verträgen und was die Tatsachen sind, mit denen Sie umgehen müssen. […] Sie dürfen sich nicht ganz so auf Leute verlassen … was Sie eigentlich in Deutschland auch nicht tun sollten. Ich meine, ich hatte mal eine Kollegin, die ist unter eine Straßenbahn gekommen, ja? (MM 69)

Lassen wir die Gefahren des Straßenverkehrs einmal außer Acht, so dürften in Deutschland zumindest familiäre Veränderungen für die (vorwiegend männlichen) Beschäftigten von G-Pro kaum Anlass zur Kündigung geben. Vielmehr scheint das modernisierte Hauptenährermodell die langfristige Bindung an das Unternehmen sogar zu erleichtern. Jedenfalls argumentiert derselbe Befragte (MM 69), ein Deutscher, dessen Frau inzwischen meist ebenfalls ein Erwerbseinkommen erziele, verzichte leichter auf Beförderungen und könne andere Prioritäten setzen als ein indischer Alleinernährer, der eine erweiterte Familie samt Dienstboten versorge:

[W]enn ich mit dem Gehalt, den ich da bekomme als Entwickler, leben kann, meine Frau vielleicht auch arbeiten geht, weil sie es auch gerne möchte, und jetzt verdienen [wir] eigentlich genug, dann ist die große Frage: Warum muss ich dann unbedingt Manager sein und mich in abendlichen Telefonkonferenzen ergötzen, statt abends mit meinen Kindern zu spielen? Das heißt nicht, dass die Leute weniger arbeiten, aber sie haben die größeren Freiheiten, wie sie arbeiten.

In Indien hingegen ist der Druck, das Familieneinkommen zu erhöhen, für männliche Beschäftigte sehr viel größer als in Deutschland, und der gängige Weg der Verdienststeigerung beinhaltet Firmenwechsel. Weil das männliche Alleinernährermodell außerdem zu den hohen Fluktuationsraten unter Frauen beiträgt, kann man durchaus argumentieren, dass die Arbeitsteilung zwischen den Geschlechtern es Unternehmen in Indien schwerer macht als in Deutschland, Arbeitskraft dauerhaft an sich zu binden.

Zu guter Letzt scheint die viel berufene »Wechselfreudigkeit« indischer IT-Spezialist/innen je nach sozioökonomischer Herkunft unterschiedlich stark ausgeprägt zu sein. Offenbar spielt die Präferenz für Unternehmen, in denen man dauerhaft arbeiten kann, solange sich keine attraktiven Alternativen bieten, ebenso wie die prinzipielle Bereitschaft, sich tatsächlich lebenslang an ein Unternehmen zu binden, unter den »Kindern des indischen ›Public Sector‹« eine besonders große Rolle.

Schon als Grund für die Berufswahl nennen viele Befragte den Wunsch nach einem stabilen Erwerbsverlauf. So betont ein Teamleiter, seine Eltern hätten sich von einer IT-Laufbahn »a safe career« für ihn erhofft, die er eher von einem indischen als in einem westlichen Unternehmen erwartet:

> I chose to be with [I-Serve] because [of] the brand name and the job security that [I-Serve] gives. […] I don't think we have enough job security with a multinational company (TLM 6).

Andere meinen, westliche Unternehmen seien die bessere Wahl, denn sie hätten »some kind of stability of their own, outside being dependent just on some other industry« (PMM 39). Auf jeden Fall jedoch wird das stabilere Unternehmen bevorzugt. Aus diesem Grund haben sich manche Befragten bewusst für »verlässliche« Großunternehmen entschieden. Ein 28-jähriger G-Pro-Angestellter meint:

> [I]f I join a smaller company now they would definitely pay me more. […] 30 percent. Yeah, but the point is: I cannot expect them to stay for long. Small companies can go for a loss … at any time. So stability's another factor (TLM 48).

Die Gründe für eine solche Prioritätensetzung dürften nicht zuletzt darin liegen, dass bei Entscheidungen über Studiengang oder Arbeitsplatz die Eltern indischer IT-Spezialist/innen häufig eine zentrale Rolle spielen. Karriereplanung wird so zu einem transgenerationalen Projekt, und die Vorstellungen der Elterngeneration von einem »normalen Erwerbsleben« beeinflussen die Bereitschaft von Berufseinsteiger/innen, sich langfristig an ein Unternehmen zu binden. Immerhin markieren häufige Jobwechsel einen markanten Bruch mit früheren Standards nicht nur deutscher, sondern auch indischer (Arbeits-)Kultur, wie ein Projektmanager betont:

> People [in Germany] prefer to stay with jobs. Which *was* culture in India – till the previous generation. Yeah. If you see my dad's generation – they'll retire from the same work! They join a company and they retire from there. It's *that culture*. And mostly, they are scared for us now. Because they see: he is changing jobs every two years, three years. They are scared! For them, it's a kind of shock (PMM 52).

In Deutschland wird stabile Beschäftigung allerdings (wie wir sahen) weitgehend unabhängig von sozialer Herkunft und Branche durch Arbeitsrecht und soziales Sicherungssystem gefördert. Im hochfragmentierten indischen Erwerbssystem hingegen hat die spezifische berufliche Prägung der Eltern deutlich größere Bedeutung für die Haltung zu vertraglicher Bindung, und der sozioökonomische Hintergrund indischer IT-Beschäftigter ist weit homogener als derjenige ihrer deutschen Kolleg/innen: Sie stammen mehrheitlich aus den städtischen, hochkastigen und akademisch gebildeten Mittelschichten, deren Entstehung und Expansion engstens mit dem Ausbau des indischen »Public Sector« verbunden war (Upadhya 2008; Kapitel 7.2.3). Betrachtet man nun unser Sample, so scheinen tatsächlich die Eltern vieler Befragter im öffentlichen Sektor tätig (gewesen) zu sein. Zwar existieren keine verlässlichen Statistiken, welche die Dominanz von »Kindern des indischen Public Sector« unter IT-Beschäftigten bestätigen oder widerlegen könnten[25], doch ihre Ballung in den beiden Samplefirmen ist zumindest bemerkenswert. Immerhin gaben von 40 indischen Befragten, die Aussagen zum beruflichen Status ihrer Eltern machten, nicht weniger als 26 an, zumindest ein Elternteil (und in vielen Fällen sogar beide Eltern) seien im öffentlichen Sektor beschäftigt (gewesen).[26]

Man mag nun argumentieren, dass es angesichts des schieren Umfangs von »Public Sector Employment« in Indien, wo um die Jahrtausendwende zwar nur ein Bruchteil der Bevölkerung, aber damit immer noch fast 20 Millionen Menschen in öffentlichen Diensten standen (siehe oben), wenig erstaunlich ist, dass die Kinder dieser Beschäftigtengruppe auch in der IT-Branche anzutreffen sind. Trotzdem verdient die Dominanz dieses sozialen Herkunftsmilieus in unserem Sample in zweierlei Hinsicht Erwähnung: Zum einen erwarten im öffentlichen Sektor beschäftigte Eltern offenbar, ihre Kinder könnten (angesichts der explodierenden Zahl hoch qualifizierter Berufseinsteiger und des gleichzeitigen Abbaus »öffentlicher« Arbeitsplätze)[27] ausgerechnet in der IT-Branche jene finanzielle Sicherheit und Beschäftigungsstabilität erlangen, die ihr eigenes Arbeitsleben prägten. Diese Interpretation legt die Erinnerung einer Managerin an ihre Berufswahl nahe:

> My dad's was government sector. […] Both my parents, my mum was a teacher. So the idea was: whoever was good in studies went into engineering or medicine. So that work would fetch you the maximum financial security as well as job security and those were basically at that time considered as the best fields (MW 15).

---

25 Zu ähnlichen Befunden einer qualitativen Studie für Chennai siehe: Fuller/Narasimhan 2007, 141.

26 Unter den Eltern waren Angestellte von staatlichen Universitäten (MM 1, 9; MW 15; TLW 21; KBM 29), Staatsbanken (TLW 8; BWW 10; TLM 51), staatlichen Gesundheitseinrichtungen (PMW 45), staatlichen Schulen (TLM 7; EW 22; MM 24; PMM 44; PMM 53; EM 56), staatlichen Industrieunternehmen (SEW 20; PMW 36; TLW 47; TLM 48; EM 56, 58) und (zentral- bzw. bundesstaatlichen) Regierungseinrichtungen (EM 38, 40; PMM 44, 49, 57, 60) sowie ein Parlamentsabgeordneter (MM 24), ein Mitglied der Streitkräfte (PMM 44) und der Leiter eines Postamtes (PMM 13).

27 Die Zahl der Beschäftigten im öffentlichen Sektor wurde zwischen 1999 und 2005 von 19,4 auf 18 Millionen reduziert; zwischen 1987 und 1997 hatte sie nur noch um 1,5 Prozent pro Jahr zugenommen (Vijayabaskar/Rothboeck/Gayathri 2001, 39).

Zum anderen müssen Unternehmen, wenn sie Beschäftigte dieser sozioökonomischen Herkunft dauerhaft an sich binden möchten, ihre Formen betrieblicher Arbeitskraftnutzung an jenen Vorstellungen von »guter Arbeit« ausrichten, die (falls unser Sample im Entferntesten aussagekräftig ist) maßgeblich durch die Standards des »Public Sector« geprägt sein dürften. Dieser ist als »citadel of security and relative prosperity« bezeichnet worden (Subramanian 2008, 430)[28], und trotz aller Veränderungen im Zuge privatisierungsbedingten Arbeitsplatzabbaus (Budhwar/Boyne 2004) dürften die langjährig dort Beschäftigten ihren erwerbsbezogenen Wertekanon an ihre Kinder in der IT-Industrie weitergeben, selbst wenn diese sich bewusst gegen eine »Public Sector«-Laufbahn entschieden haben (Fuller/Narasimhan 2007, 142).[29]

Diese Einflussgröße auf betriebliche Arbeitskraftnutzung wird in Studien zu indischer IT-Arbeit selten erwähnt, und sie wurde auch in unseren Interviews nicht systematisch behandelt, da ihre Bedeutung sich erst im Laufe der empirischen Erhebungen abzeichnete – insofern ist weitere Forschung unverzichtbar. Schon hier sei jedoch auf zwei Phänomene hingewiesen, die vermuten lassen, dass beide Samplefirmen tatsächlich Praktiken des indischen »Public Sector« nachahmen, um Beschäftigte aus diesem Herkunftsmilieu an sich zu binden.

Zum einen handelt es sich dabei um die Gewährung geldwerter Vorteile (Kapitel 4.1.3). Ein Vertreter der Personalabteilung von G-Pro zieht in seinen Ausführungen zum kostenlosen Transport- und Verpflegungsangebot ausdrücklich eine Parallele zum öffentlichen Sektor und kreiert dabei mit dem Begriff »IT-service« sogar eine verbale Brücke zwischen »IT work« und »public service«:

> It's only in the IT-service that you used to get free lunch or transport – earlier, only *large* government companies had these opportunities. And even there, you had to *pay* for your lunch – even subsidized lunch (PAM 54).

28 Im »Public Sector« herrschten noch 2004 »[l]ifetime employment and seniority based pay« vor (Budhwar/Boyne 2004, 358), und im Gegensatz zum IT-Sektor galten Arbeitsrecht (etwa der Factory Act von 1948) oder Mitbestimmungsrechte (laut Industrial Disputes Act von 1947). Vgl.: Budhwar/Boyle 2004; Upadhya/Vasavi 2006, 51.

29 Upadhya (2008, 57) konstatiert eine ideologische Neuorientierung von Teilen der indischen Mittelschichten, die den »Public Sector« inzwischen ablehnten: »Having consolidated its social, economic and political standing on the basis of the developmental state, this group is now ready to kick it away as the ladder it no longer needs«. Hier wird hingegen argumentiert, dass die Vorstellungen, wie eine »ordentliche (Karriere-)Leiter« auszusehen habe, nach wie vor durch Standards des indischen »Public Sector« geprägt sind.

Die Servicefirma I-Serve, wo Transport und Verpflegung betrieblich organisiert, aber von den Beschäftigten selbst bezahlt werden, orientiert sich demnach offenbar noch stärker an Gepflogenheiten des öffentlichen Sektors.

Zum anderen zeigt sich die Anlehnung an »öffentliche« Praktiken von Arbeitskraftnutzung besonders deutlich im Umgang mit Beförderungen. Immerhin hat auch in Indien in den Jahrzehnten nach dem Zweiten Weltkrieg (zumindest im »formellen Sektor«) eine Formalisierung von Karrierewegen im Rahmen der Herausbildung interner Arbeitsmärkte stattgefunden, und »the Indian public sector evolved as the central loci of such regulated processes« (Subramaniam 2008, 429f.). Ein zentraler Aspekt dieses Prozesses war die Einführung eines bedingungslosen Zeitaufstiegs, der gegen die Willkür von Vorgesetzten gerichtet war – die Bindung von Karrierefortschritt an die Betriebszugehörigkeit geriet damit laut Subramanian zum »keystone« der »moralischen Ökonomie« (ebenda, 434ff., 441, 448, 451). Die Beförderungspolitik im indischen Mutterhaus von I-Serve erinnert nun in vieler Hinsicht an die ungefähr seit den sechziger Jahren geltenden »öffentlichen« Standards: Zwar entscheiden durchaus Vorgesetzte (im Rahmen der jährlichen »appraisal cycles«) darüber, ob Leistung und Qualifikation eines Beschäftigten eine Beförderung rechtfertigen – doch in der allgemeinen Erwartung, alle zwei Jahre befördert zu werden, sowie in der Praxis des Unternehmens, diese Erwartung selten zu enttäuschen, scheint doch der Zeitaufstieg des öffentlichen Sektors weiterzuleben. Jedenfalls betont Ilavarasan (2002, 150), der Beförderungsprozess erfolge in vielen indischen IT-Firmen »almost periodical[ly]«, »after gaining certain years of experience in the present level«:

> Indian software workers are promoted to managerial positions based on seniority in the job rather than proven managerial capabilities of the workers (Ilavarasan 2005, 12).[30]

Bleibt der »Zeitaufstieg« aus, so droht die Kündigung, wie Subramanian (2008, 437) in Bezug auf den öffentlichen Sektor erklärt:

> Because the question of an orderly career progression is intimately entwined with notions of self-adequacy, personal legitimacy, and justice, the denial of promotion

30 Upadhya und Vasavi (2006, 80, 82) hingegen betonen, »promotions are not time-bound«. Dies widerspricht allerdings den Aussagen vieler Befragter sowie den »Aufstiegsmustern«, die sich aus der Schilderung ihrer Erwerbsbiographie ergeben.

opportunities, by contesting workers' ability, did not fail to provoke cracks in what Richard Sennett has called ›the badge of individual worth‹.

Allerdings scheint auch eine fragwürdige Begleiterscheinung der Beförderungspraktiken des öffentlichen Sektors in der indischen IT-Industrie fortzuleben: die Tendenz, formale Beförderungen zwar mit Gehaltszuwächsen und neuen Titeln, aber nicht unbedingt mit neuen Arbeitsinhalten oder größerer Verantwortung zu verbinden (Subramanian 2008, 456). Bei I-Serve spielt dies bislang keine Rolle, weil durch die schnelle Expansion des Unternehmens in den vergangenen Jahren genügend reale Aufstiegspositionen geschaffen wurden. Bei der indischen Niederlassung von G-Pro hingegen wurden teilweise neue Titel eingeführt, die keinerlei arbeitsinhaltliche Bedeutung hatten – die Folge ist »a pronounced disjunction [...] between the nominal and the real, between the title and the function of the job« (Subramanian 2008, 456). Ähnlich wie im öffentlichen Sektor Indiens wurde hier angesichts sehr viel langsamer wachsender Belegschaftszahlen kein regelmäßiger Bedarf an zusätzlichen Führungskräften geschaffen – und doch musste der Zeitaufstieg gewährleistet werden, den speziell »Kinder des öffentlichen Sektors« erwarten.[31] Im deutschen Mutterhaus von G-Pro waren derart inhaltsleere Titel nicht durchsetzbar und gerieten zum Gegenstand von Hohn und Spott. In diesem Fall scheiterte der Versuch des Unternehmens, die Maßnahmen zur langfristigen vertraglichen Bindung von Arbeitskraft weltweit zu vereinheitlichen, demnach an Unterschieden zwischen den jeweiligen Vorstellungen von »betrieblichem Senioritätsaufstieg«, weil in Indien eher formale Beförderung, in Deutschland eher Verantwortungs- und Gehaltszuwachs erwartet wird. Wie wir sahen, verweist dies wiederum auf Besonderheiten des deutschen bzw. indischen Regulierungsszenarios von Arbeitskraft-(Re-)Produktion.

Eine Homogenisierung von unternehmerischen Strategien der Arbeitskraftnutzung über Geschäftsmodelle hinweg ist demnach insofern festzustellen, als Produkt- und Servicefirma gleichermaßen auf eine langfristige vertragliche Bindung von Beschäftigten setzen. Dies schließt sogar ein ähnliches Bemühen ein, Arbeitskraftnutzung (in Bezug auf diesen Aspekt) weltweit zu vereinheitlichen – doch es scheitert an den sehr unterschiedlichen Standards von Arbeitskraft-(Re-)Produktion in Deutschland und Indien. Weil in Indien der IT-Arbeitsmarkt unberechenbarer, das soziale

31 Zur Anwendung dieser »Bindungsstrategie« in westlichen Unternehmen siehe: Upadhya/Vasavi 2006, 79f.

Sicherungssystem ebenso wie das Arbeitsrecht weniger auf die langfristige Stabilisierung von Beschäftigungsverhältnissen ausgerichtet und die Belegschaftsstruktur stärker durch Beschäftigte geprägt ist, die aufgrund ihres Geschlechts oder ihres Alters (wenn auch explizit nicht aufgrund ihrer sozialen Herkunft) besonders schwer auf eine dauerhafte vertragliche Bindung festgelegt werden können, sind Beschäftigungsverhältnisse in Indien trotz aller vertraglichen Stabilisierungsbemühungen beider Samplefirmen deutlich weniger dauerhaft als in Deutschland. Dies verweist schlussendlich doch auf Grenzen der Homogenisierung, die in den jeweiligen Geschäftsmodellen begründet sind: Immerhin kann die Produktfirma G-Pro aufgrund ihrer Angewiesenheit auf eine langfristige Vertiefung von Qualifikation sehr viel schwerer mit instabiler Beschäftigung umgehen als die Servicefirma I-Serve, deren Geschäftsmodell ohnehin durch Kurzfristigkeit geprägt ist – hier dient die hohe Fluktuation unter indischen Beschäftigten allenfalls als zusätzlicher Anreiz, sich durch möglichst weitgehende Standardisierung von individuellen Qualifikationsprofilen unabhängig zu machen (Kapitel 7).

5. Vergütung

Die Vergütung von Arbeitskraft stellt ein besonders offensichtliches Bindeglied zwischen unternehmerischen Strategien von Arbeitskraftnutzung und der (Re-)Produktion von Arbeitskraft dar. Immerhin beeinflusst die Höhe und Entwicklung von Gehältern (aus Firmensicht) die Entscheidung darüber, wo man Arbeitskraft in welcher Form einsetzt, und sie wirkt sich (aus Sicht der Arbeitenden) darauf aus, welche Produkte und Dienstleistungen man zur Aufrechterhaltung und Weiterentwicklung der eigenen Arbeitsfähigkeit sowie zur Herstellung neuer Arbeitskraft (durch Geburt, Erziehung und Sozialisation von Kindern) verwenden und inwiefern man zeitweilig auf den Verkauf von Arbeitskraft (etwa bei Krankheit, Arbeitslosigkeit, in Erziehungszeiten oder im Alter) verzichten kann. Zudem geht es bei Vergütungsfragen nicht nur um materielle Ressourcen:

> [S]alaries and distributed earnings are not only of instrumental value but are basic to the acquisition and maintenance of status, reputation, and satisfaction; they are both tangible and intangible benefits at the same time (Sorge 2005, 192).

Dies macht Vergütung zu einem politisch sensiblen Aspekt von Arbeitskraftnutzung.

5.1 Unternehmensstrategien zu Vergütungsfragen

Bei der Vergütung von Arbeitskraft verfolgen die beiden Sampleunternehmen im Prinzip ähnliche Strategien: Immerhin ist die Gründung einer indischen Niederlassung durch die deutsche Produktfirma (G-Pro) ebenso wie die Beschränkung der indischen Servicefirma (I-Serve) auf eine kleine deutsche Niederlassung nicht zuletzt dem Bemühen geschuldet, von dem Lohnkostengefälle zwischen kapitalistischen Zentren und Semiperipherie zu profitieren (Chandrasekhar/Ghosh 2007).[1] Die Unterschiede zwischen der Vergütungspolitik beider Firmen werden allerdings bei Betrachtung der drei wichtigsten Gehaltskomponenten (Grundvergütung, variable Gehaltsbestandteile und Beiträge zu sozialer Sicherung) erkennbar.

5.1.1 Grundvergütung

Das geringste Gehalt beziehen in unserem Sample Neueingestellte beim indischen Mutterhaus von I-Serve. Sie erhielten zum Zeitpunkt der Interviews (im Frühjahr 2007) ungefähr 27.000 Indische Rupien (480 Euro) pro Monat als Bruttogehalt.[2] Senior Entwickler (mit zwei bis drei Jahren Betriebszugehörigkeit) bezogen im Schnitt 30.000 Rupien (535 Euro) Brutto, und als Teamleiter konnte man zwischen 36.000 Rupien (642 Euro) mit dreieinhalb Jahren Betriebszugehörigkeit und 55.000 Rupien (982 Euro) nach fünf Jahren erwarten. Diese Angaben, die sämtlich aus Interviews stammen, scheinen einigermaßen repräsentativ zu sein. Jedenfalls wird auf einer Webseite, auf der Beschäftigte anonym ihr Gehalt veröffentlichen können (www.payscale.com) bei mehreren Hundert Einträgen für I-Serve ein durchschnittliches Entwicklergehalt von 25.000 Rupien (446 Euro) angegeben. Senior Entwickler erhalten demnach im Schnitt 34.000 Rupien (607 Euro), Teamleiter etwa 42.000 Rupien (750 Euro), und als Projektmanager kann man 76.000 Rupien (1.250 Euro) erwarten. Die von uns befragten Projektmanager/innen machten dazu keine Angaben.

Bei der indischen Niederlassung von G-Pro hingegen werden speziell Neueingestellte deutlich höher vergütet. In den Interviews war von einer Spannbreite zwischen 42.000 und 52.000 Rupien (also 750 bis 928 Euro) die Rede. Am oberen Ende dieses Spektrums bewegte sich das Gehalt eines »Freshers« bei G-Pro demnach ungefähr in der Größenordnung, die ein Teamleiter bei I-Serve mit fünf Jahren Berufserfahrung erreichte. Allerdings fielen die Steigerungsraten in den ersten Jahren bei G-Pro sehr viel geringer aus als bei I-Serve. Während eine Entwicklerin bei I-Serve berichtet, »four times I've got a hike in three and a half years« (EW 3), beziehen bei G-Pro selbst Beschäftigte mit zwei bis drei Jahren Betriebszugehörig-

1 Diese Motivation wurde indischen Softwarefirmen schon früh attestiert (Mitter/Pearson 1992), und über deutsche Softwarefirmen heißt es: »Cost reduction is the prime driver of this offshoring for German firms« (Aspray/Mayadas/Vardi 2006, 126).

2 Alle Umrechnungen von Indischen Rupien in Euro wurden nach Wechselkurs vom 30.04.2007 vorgenommen. 100 Rupien entsprachen damals 1,78 Euro.

keit, die sich nur teilweise als Teamleiter bezeichnen dürfen, durchweg 54.000 Rupien (964 Euro) monatliches Bruttogehalt. Die erwähnte Webseite hingegen enthält Hinweise auf ein breiteres Gehaltsspektrum – allerdings liegen weniger als hundert Einträge für G-Pro vor: Für Entwickler werden Gehälter zwischen 34.100 Rupien (609 Euro) und 49.000 Rupien (874 Euro) genannt, wobei die größte Gruppe ein Gehalt von 44.000 Rupien (oder 785 Euro) angibt. Unsere Interviewpartner/innen gehören demnach zu den besser vergüteten (und vermutlich höher qualifizierten) Beschäftigtengruppen innerhalb der indischen Niederlassung.

Grundsätzlich bestätigen die Vergütungspraktiken der Samplefirmen demnach die verbreitete Einschätzung, dass Niederlassungen westlicher Firmen in Hinblick auf Gehaltsfragen eine mittlere Position zwischen deren Mutterhäusern und indischen Firmen einnehmen. Einerseits kommen westliche Firmen nach Indien, um Personalkosten zu sparen:

[T]he very reason why the multinational companies are coming to India is also to reduce the cost. So they have to reduce the cost, they cannot survive by paying more to people (PMM 16).

Andererseits zahlen sie im Schnitt deutlich besser als indische Unternehmen, wie eine Befragte bei I-Serve bemerkt:

Okay, pay is, compared to multinational companies, it's not … you can't compare it. But otherwise for an average Indian it's quite good (EW 3).

Allerdings besteht ein enger Zusammenhang zwischen den Vergütungsstandards westlicher und indischer Firmen, weil die zunehmenden Aktivitäten westlicher Konzerne in Indien als Hauptgrund für die dortigen Gehaltssteigerungen gelten, wie ein Manager von I-Serve hervorhebt:

The salaries have gone up. Primarily because of a lot of MNCs coming into the play, to the market, and obviously they're floating a lot of money (MM 9).

Trotzdem kann die Tätigkeit für Servicefirmen lukrativer sein, weil sich bei Auslandseinsätzen enorme Sparpotentiale ergeben. Ein G-Pro-Entwickler erklärt:

[W]hen some person joins service companies, the pay will be very less [than in G-Pro]. It will be […] at most half of this. So 17.000 [Indian rupees] a person will be taking home. But then service companies also give a chance to go to a different country, which is having a different currency, so the person makes more money. So, the money, he will be making one month will be around … 70 to 80.000 one month. So, on an average – he is getting more (EM 38).

Durch eine Entsendung nach Deutschland (und die entsprechenden Zulagen) zum Beispiel vervierfacht sich ein indisches Gehalt (KBM 29), was umso mehr zu Buche schlägt, als der indische Staat keine Steuern auf im Ausland erzielte Einkommen erhebt (Mukherjee 2008, 61).

In Deutschland sind die Grundgehälter erwartungsgemäß bei beiden Samplefirmen deutlich höher: In der Niederlassung von I-Serve lagen die Bruttovergütungen im Jahr 2007 zwischen 6.250 und 7.500 Euro im Monat – weil diese Angestellten meist Projektmanager/innen sind, ist ein direkter Vergleich mit den indischen Onsite-Teams, die vorwiegend aus Entwickler/innen und Teamleiter/innen bestehen, kaum möglich. Auf Projektmanager-Ebene jedoch stehen 6.250 Euro (in Deutschland) ungefähr 1.250 Euro (in Indien) gegenüber – man erhält also in Deutschland das Fünffache eines indischen Verdienstes. Im deutschen Mutterhaus von G-Pro hingegen steigt man als Entwickler in Gehaltsstufe 1 mit etwa 3.600 Euro Bruttomonatsverdienst ein, erreicht aber in der (ebenfalls für Entwickler geltenden) Gehaltsstufe 3 bereits zwischen 6.250 und 7.000 Euro. Zudem gebe es »historische Fälle«, in denen Beschäftigte seit zwanzig Jahren als Entwickler arbeiteten und es auf Monatseinkommen von bis zu 10.000 Euro gebracht hätten, berichtet eine Vertreterin der Personalabteilung (PAW 67) – dies mag erklären, warum formale Beförderungen in Deutschland Beschäftigten weniger dringlich erscheinen als in Indien. Für Neueingestellte hingegen umfasst ein deutsches Gehalt demnach auch bei G-Pro ungefähr das Fünffache eines indischen Verdienstes. Damit ist der Unterschied zwischen deutschen und indischen Gehältern in beiden Samplefirmen deutlich größer als die Befragten selbst vermuten. Diese geben nämlich an, in Deutschland verdiene man im Schnitt ungefähr vier Mal soviel wie in Indien (siehe für I-Serve: KBM 29; für G-Pro: MM 69), wobei Entwicklergehälter stärker auseinanderklafften als Managergehälter (MM 63) – bei »normalen Entwicklern« müsse man bei G-Pro den Faktor 4 bis 6 zugrunde legen, während sich der Unterschied schon bei »erfahreneren team leads« auf den Faktor 2 bis 3 reduziere (MM 70).

Dieses Gehaltsgefälle ist allerdings keineswegs stabil, weil indische IT-Gehälter in den vergangenen Jahren sehr viel schneller gestiegen sind als deutsche. In der indischen IT-Branche wurden die Vergütungen im Schnitt um etwa 15 Prozent pro Jahr erhöht (Nasscom/Hewitt 2008)[3], was vor

3 Aspray, Mayadas und Vardi (2006, 118) meinen allerdings, derlei Gehaltssteigerungen gälten nur im Management; für Berufseinsteiger/innen liege der jährliche Zuwachs bei fünf bis zehn Prozent.

allem auf Fachkräftemangel zurückgeführt wird. Das indische Mutterhaus von I-Serve vollzog diese Entwicklung offenbar mit; jedenfalls erklärt ein Personalverantwortlicher, »somewhere in the range of ten to fifteen percent would be a good increase in India, across years« (PAM 23). In Deutschland hingegen waren sehr viel geringere Zuwächse zu verzeichnen. Boes und Trinks (2004, 7) begründen dieses branchenweite Phänomen mit dem »allgemeinen Preis- und Margenverfall« seit der Krise um 2001. Für die deutsche Niederlassung von I-Serve berichtet die Personalabteilung sogar, die Gehaltssteigerungen seien »minimal« gewesen und »auf jeden Fall« hinter dem Branchendurchschnitt zurückgeblieben (PAW 31). Auch im deutschen Mutterhaus von G-Pro beschränkte sich nach Auskunft der Personalabteilung der Gehaltszuwachs zwischen 2004 und 2007 auf etwa 2,5 Prozent pro Jahr: Da man »mit Gewerkschaften keine Verhandlungen« führe, lege der Vorstand in Absprache mit den Forschungs- und Entwicklungszentren in aller Welt alljährlich ein Gehaltsbudget für jeden einzelnen Standort fest. Früher, als man noch »stärker gewachsen ist, weil es [G-Pro] noch besser ging«, »war das nicht so reglementiert«. Inzwischen werde der (um 2,5 Prozent vergrößerte) Topf hingegen

> über alle Mitarbeiter [verteilt …]. [I]n einem Bereich … können das drei Prozent sein, im anderen weniger, oder auch vier Prozent. Dann muss ich eben als Manager in ein Nullsummenspiel einsteigen, denn ich kann das nicht wirklich übersteigen. Man muss dann […] sagen: ›Ok, das sind meine Guten, die bekommen vier Prozent, oder fünf.‹ Und dafür müssen andere eben auch leer ausgehen (PAW 67).

Im indischen Kontext bedeutet dies, dass G-Pro-Gehälter immer weiter hinter dem Branchendurchschnitt zurückbleiben, wie ein Projektmanager berichtet:

> [G-Pro] used to be a good pay-master. Not a good, but among the top pay masters … till about two, three years back. But I think we are not now keeping pace with the others. […] Maybe somebody who is equivalent to me … outside [G-Pro] *might be getting*, say, around 20 percent more than me or something like that. […] [H]ikes are decided in Germany (PMM 44).

Insofern mögen zwar beide Samplefirmen ausdrücklich nicht auf eine Homogenisierung von deutschen und indischen Vergütungsstandards setzen, doch die Differenz zwischen beiden Ländern hat sich bei der Produktfirma in den vergangenen Jahren deutlich langsamer reduziert als bei der Servicefirma, während sich die Vergütungsniveaus beider Firmen *in Indien* zunehmend angleichen dürften, weil I-Serve schnellere Gehaltssteigerungen vornimmt als G-Pro.

5.1.2 Variable Gehaltsbestandteile und Gehaltserhöhungen

Im Prinzip wird das Grundgehalt in beiden Samplefirmen durch variable Gehaltsbestandteile ergänzt. Die vorliegende Studie bestätigt jedoch die Einschätzung, »dass die Bedeutung der leistungsbezogenen variablen Entgeltgestaltung als Moment der individuellen Leistungssteuerung häufig überschätzt wird« (Boes/Trinks 2006, 149). Insgesamt spielen leistungsbezogene Gehaltsbestandteile in der Selbstdarstellung von I-Serve eine größere Rolle als bei G-Pro – dies mag ein Versuch sein, die weniger herausfordernden Tätigkeiten, die eine indische Servicefirma bieten kann (Kapitel 7), durch anderweitige »Herausforderungen« zu kompensieren. In diesem Fall wäre die unterschiedlich starke Betonung variabler Vergütung Folge der jeweiligen Geschäftsmodelle, doch der weitgehende Verzicht darauf scheint gleichzeitig ein Merkmal deutscher Unternehmen zu sein. Immerhin heißt es, deutsche Gehaltssysteme seien

> rather limited in the percentage of variable pay, targets were […] undemanding and evaluation lax, and in some cases the ›variable‹ percentage did not vary that much in practice (Ferner/Quintanilla/Varul 2001, 113ff.).

Die Zurückhaltung von G-Pro bei variablen Gehaltsbestandteilen wäre demnach nicht nur typisch für das Geschäftsmodell einer Produktfirma, die Beschäftigte eher durch attraktive Tätigkeiten als durch leistungsbasierte Vergütung motiviert, sondern zudem typisch für den deutschen Herkunftskontext des Unternehmens. Doch wie groß sind die Unterschiede zwischen den Samplefirmen wirklich?

Im indischen Mutterhaus von I-Serve geben Beschäftigte an, der variable Gehaltsanteil umfasse 20 bis 30 Prozent ihrer monatlichen Grundvergütung. Ein Vertreter der Personalabteilung spricht sogar von einer Spannbreite zwischen einem und 35 Prozent (PAM 23). Die Höhe der Zahlung hängt von drei Faktoren ab: »company performance«, »unit performance« und »individual performance« (TLM 6). Ergebnis sei, so der Leiter der deutschen Niederlassung,

> a very, very dynamic linked … compensation system, where people know what they earn and their efforts can be realized into money (MM 32).

Die Höhe des an individuelle Leistung gebundenen Gehaltsbestandteils ist von den Ergebnissen zweier »appraisal cycles« pro Jahr abhängig, die dazu dienen, jede/n Beschäftigte/n in eine von vier Zielerreichungskategorien einzuordnen. Je nachdem, ob man die persönlichen Ziele nach Einschätzung der Vorgesetzten »übererfüllt«, »erfüllt«, »teilweise erfüllt« oder »nicht erfüllt« hat, fällt der individuelle Teil der variablen Gehaltszahlung höher oder geringer aus. Der Vorstand legt für jedes Tätigkeitsprofil einen bestimmten Geldbetrag für Kategorie 1 bis 4 fest, und entsprechend unterschiedlich gestalten sich die Gehälter von Entwickler/innen (TLM 6, 7). Upadhya und Vasavi (2006, 80) argumentieren daher, die Eingruppierung als »Entwickler« reflektiere zwar »levels of responsibility«, äußere sich aber nicht unbedingt in einer bestimmten Gehaltshöhe. Trotzdem sind die variablen Gehaltsbestandteile offenbar nicht gänzlich »individuell« – der erwähnten Webseite (www.payscale.com) zufolge erhalten jedenfalls Entwickler/innen bei I-Serve im Schnitt ungefähr 10.000 Indische Rupien pro Monat als variable »Bonuszahlung«, Senior Entwickler/innen 15.000 Rupien, Teamleiter/innen 20.000 Rupien und Projektmanager/innen 30.000 Rupien. Der Begriff »Bonus« ist allerdings insofern irreführend, als er an Zahlungen denken lässt, die über eine feststehende Grundvergütung hinausgehen. Auch der Leiter der deutschen Niederlassung setzt den variablen Gehaltsteil mit »Leistungszulage« gleich:

> See, the base salary is always there for everybody. […] But the extra money which you get, it's driven by performance alone (MM 32).

Unter den Expansionsbedingungen der vergangenen Jahre wirkte sich der variable Gehaltsbestandteil offenbar in der Tat meist als »Zulage« aus, die das Grundgehalt merklich erhöhte. Faktisch ist er bei I-Serve allerdings im Bruttogehalt inbegriffen – verdient ein Entwickler monatlich 27.000 Indische Rupien (brutto), so sind davon 10.000 Rupien (und damit fast ein Drittel des Gehalts) von der Leistung des Unternehmens, der Abteilung und des Individuums abhängig. Im Zuge der Wirtschaftskrise ab 2008 führte dies dazu, dass bei rückläufigen Unternehmensgewinnen auch der variable Anteil schrumpfte und im Ergebnis spürbare Kürzungen des Grundgehaltes stattfanden. Letzteres ist also durchaus nicht fest definiert und »immer für jeden verfügbar«, wie der hier zitierte Manager meint.

Auch Gehaltserhöhungen im Zuge von Beförderungen hängen vom Verlauf der alljährlichen Zielvereinbarungsrunden ab. Nur wer seine individuellen Ziele erreicht (und besser: übererfüllt), kann die nächste Stufe der Karriereleiter erklimmen, für die dann (unabhängig von Unternehmens-

und Unit-Performance) die nächste (Grund-)Gehaltsstufe gilt. Die Personalabteilung stellt dies als Abkehr von einer früheren Praxis dar: »six, seven years back« sei mit Beförderung (und Gehaltserhöhung) meist keine Veränderung des Tätigkeitsprofils einhergegangen.

[A]ll of the promotions are effective first of April. So first of April, person will come to the office, he would say: ›I have been promoted‹, congratulations etc., get the letter, and a pat on the back. Go to your desk and doing the same job, which you have left unfinished at 31st of March. [... Promotion] would imply a salary hike, yes, but no change in responsibility as such.

Die aktuelle Praxis, einen Teil des Gehalts und jede Beförderung vom Erreichen von Leistungsvorgaben abhängig zu machen, markiere hingegen einen Bruch mit früheren Standards indischer Vergütungspolitik, fährt dieser Befragte fort:

In India typically [...] everybody at a particular level used to earn the same salary. We realized at a certain stage it's started to be a disincentive for people, who are really good performers. [...] [W]e started seeing that rather than being the best employer for all employees, we'll be a better employer for better employees. So we started differentiating on performance.

Diese Neuorientierung ist in zweierlei Hinsicht interessant: Zum einen, so derselbe Befragte weiter, habe man auf Grundlage dieses (stärker leistungsbasierten) Systems ein »performance banding« entwickelt:

So at each band, we say that certain percentage of the people need to be performance band 1, certain percentage (in case of post-ranking) of performance band two, performance band three, and performance band four (PAM 23).

Derlei Vorgaben, welcher Anteil der Belegschaft (weitgehend unabhängig von individueller Performanz) zu jeder der vier Leistungskategorien gehören soll, wurden in keinem unserer Interviews thematisiert, sind jedoch nach Erkenntnis von Mukherjee (2008, 59) in indischen Softwarefirmen durchaus üblich:

Software companies formulate a statistical scale to normalise the ratings and only a certain number of employees can be allocated to each category, based on the yearly profit. Hence, software professionals often lament that no matter how well one performs somebody or the other has to be allocated to a lower scale to ›fit‹ into the normal curve. Further dissatisfaction arises from the fact that rating influences compensation, and many feel that such an arbitrary statistical scale robs them of the year-end bonus they deserve (Vgl.: Upadhya/Vasavi 2006, 83).

Nach Einsetzen der Wirtschaftskrise sollte die Identifikation eines (vorab festgelegten und schrittweise erhöhten) Anteils von »Minderleistern« zu einem wirkungsvollen Instrument des Arbeitsplatzabbaus werden – dies beklagten jedenfalls IT-Spezialist/innen in Online-Foren (wie http://www.crazyengineers.com), während Firmenvertreter weiter die Objektivität entsprechender Verfahren betonten (Sayeed/Sekhar 2009).

Zum anderen sind trotz dieser »Reform« des Vergütungssystems offenbar manche Elemente der früheren Praktiken erhalten geblieben. Immerhin ist der variable Gehaltsbestandteil, der von *individueller* Leistung abhängt, sehr gering. Ein Teamleiter bemerkt: »It's a very small component actually« (TLM 7), und eine andere Befragte führt aus:

> At a certain level, eh, it means at a certain stage […], all of them [employees] are almost equally paid. Only a difference is of the performance thing which is varying […]. So, it's a common trend that at a certain level a person will be paid equal to his peer only. The little part that will be varying will be depending on the performance (SEW 20).

Darüber hinaus wurde bereits auf die bemerkenswerte Regelmäßigkeit von Beförderungen hingewiesen, die an den Zeitaufstieg des indischen »Public Sector« erinnert (Kapitel 4.2.3) – und sich schlecht mit dem Kriterium »individueller Leistung« zu vertragen scheint. In der deutschen Personalabteilung wird diese Praxis (wieder einmal) »kulturell« begründet:

> Die sind Ausdruck der indischen Kultur, diese … diese Beförderung aufgrund des Dienstalters. Ich meine, hier bei uns gilt ja das Leistungsprinzip – bei denen sind's halt Dienstalter (PAW 31).

Der Umstand, dass das Senioritätsprinzip gerade im deutschen System der Arbeitsregulierung eine zentrale Rolle für Vergütung und soziale Absicherung spielt (Kapitel 4.2.2), ist der Befragten offenbar ebenso unbekannt wie die Tatsache, dass die »Kultur der Beförderung nach Dienstalter« sich auf den (früheren) öffentlichen Sektor und damit auf einen kleinen Teil der indischen Wirtschaft beschränkt.

In der deutschen Niederlassung von I-Serve hingegen ist der leistungsabhängige Gehaltsbestandteil anscheinend größer – die Kundennähe scheint hier eine Art »Provisionszahlung« nahe zu legen. Dieser Anteil umfasst zwischen 20 und 60 Prozent des Grundgehaltes, kann aber nach Auskunft der Personalabteilung zumindest theoretisch bis zu 100 Prozent erreichen:

Ist immer schwierig zu sagen, wie viel da gewonnen werden kann [lacht?], weil (also, das hab ich jetzt wieder von Mitarbeitern gehört), weil: das sind so utopische Ziele. Ja, die kann man gar nicht erreichen. … Also, der volle Bonus wird, ist nie ausgezahlt worden (PAW 31).

Die Praxis von I-Serve, individuelle Leistung weniger hoch zu gewichten als den (leichter messbaren) Unternehmens- oder Abteilungserfolg, scheint demnach in der deutschen Niederlassung besonderes Konfliktpotential zu bergen: Angesichts der Schwierigkeiten von I-Serve, auf dem deutschen Markt Fuß zu fassen, müssen Beschäftigte vor Ort sehr engagiert arbeiten, um überhaupt Umsatz zu generieren. Dieser bleibt jedoch stets weit hinter den Zielvorgaben zurück, und so kann ihre Leistung im Rahmen des angeblich »leistungsbasierten« Vergütungssystems nicht honoriert werden. Dies führt zu Frustration, denn »manche haben das Gefühl, sie verdienen mehr … für das, was sie an Arbeit hinein gesteckt haben« (PAW 31).

Auch bei G-Pro wird sowohl für Deutschland als auch für Indien von einer alljährlichen »Bonuszahlung« berichtet. Ihre Höhe wird ebenfalls auf Basis von Zielvereinbarungen festgelegt, doch scheinen die zugrunde liegenden »appraisal cycles« weniger formalisiert abzulaufen als bei I-Serve. Ein indischer Projektmanager jedenfalls hat Schwierigkeiten, die Prozedur zu beschreiben. Man gebe

feedback in a half year – we give it once every six months. But it's … Yah. Last year I didn't have an official documentation, but, yah – had a meeting with the people. So yearly definitely it's done (PMM 57).

Ähnlich wie bei I-Serve gehen Unternehmensleistung, Teamleistung und individuelle Leistung in die Bewertung ein, doch Letztere hat bei G-Pro offenbar einen besonders hohen Stellenwert, wie ein Projektmanager betont:

[T]he basic appraisal thing or the rating will be based on the – what a person has achieved. Because … there could be many things, which are beyond the person's control, developer's control so … […]. Yah, it's *basically* individual targets. […] There is an organizational goal, and then from there a team goal is derived. And then from the team goal the individuals' goals are derived. […] There is no budgetary thing […], it's basically that qualitative stuff (PMM 50).

Während bei I-Serve »Ziele« meist in Form von Kennziffern formuliert werden – darunter Gewinnziele (das im Zitat erwähnte »budgetary thing«) oder eine bestimmte Zahl fehlerfreier »lines of code« – werden demnach bei G-Pro vorwiegend »qualitative« (das heißt auf Arbeitsinhalte gerichtete) individuelle Ziele vereinbart. Festgelegt werden etwa

> the tasks that need to be done by this individual; […] the cross topic that he needs to work on; […] the scenario that he needs to finish; […] the goals for the testing, bug fixing or corrections (TLW 47).

Die Individualziele einer Entwicklerin umfassten: »getting adjusted to the team«, »take some session«, »do the knowledge transfer across this application« (EW 42). Derlei Vorgaben würden zwischen den Betreffenden und ihren Vorgesetzten ausgehandelt, erklärt ein Projektmanager (»If they have a proposal, we ask them also to come up with some goals«; PMM 50), während ein deutscher Kollege den Einfluss von Beschäftigten auf den Zyklus von Zielfestlegung, Leistungsbewertung und (variabler) Gehaltsfestsetzung bezweifelt und vermutet,

> [d]ass es im Endeffekt ›friss oder stirb‹ größtenteils ist. Also man hat die Möglichkeit natürlich, […] ein bisschen zu drohen und ein bisschen zu verhandeln. Aber echte Verhandlung – dass man jetzt wirklich sich gegenübersetzt und dann auspackt, was man jetzt dieses Jahr verdient oder was man jetzt dazu bekommt: Das gab es nie, zumindest in meinem Umfeld nie. […] Man kann natürlich sagen, das ist zu viel, oder gewisse Sachen wegdrücken. […] Auf der indischen Seite kann ich das überhaupt nicht einschätzen, wie viel da tatsächlich beeinflussbar ist. […] Da wird es, glaube ich, wirklich rein durch exerziert (PMM 70).

Jedenfalls scheinen im Ergebnis keine großen Unterschiede zwischen den Zielvorgaben für verschiedene Entwickler zu bestehen: »If everybody is a developer, then the kind of goals they need to achieve is common for every, more or less«, meint ein Projektmanager. Auch eine jährliche Gehaltszulage erhalte im Prinzip jede/r Beschäftigte (»everybody gets the bonus«), doch wenn die individuellen Ziele »übererfüllt« seien, könne sie mehr als 100 Prozent umfassen.

> [I]f he exceeds, he gets 105 to 120 percent of his, eh [target] bonus, something like that. […] [A]t the starting of the year everybody knows what is their bonus – target bonus. So if you achieve, then it gets multiplied … (PMM 50).

Zwar wird auch bei G-Pro von »Erwartungen« der Personalabteilung berichtet (»they would expect …«), wie stark die einzelnen Zielerreichungskategorien besetzt sein werden oder sollen (PMM 57), doch der oben zitierte Projektmanager hatte noch nie das Verdikt »Ziel nicht erfüllt« ausgesprochen: »Normally, I think, the spread is mostly of people who really meet the expectations, or people who exceed the expectation.« (PMM 50) Dies deutet darauf hin, dass der Umgang mit variablen Gehaltsbestandteilen bei G-Pro nicht nur weniger formalisiert ist, sondern die Zielerreichung auch weniger Folgen für die Vergütung hat. Letzteres deckt sich mit der Beobachtung von Boes und Trinks (2006, 151), dass »leistungsabhängige Bezahlung« in der deutschen IT-Branche eher skeptisch beurteilt werde:

> Bemühungen zur Verankerung eines elitären Leistungsgedankens [fallen] in den Belegschaften nicht auf einen fruchtbaren Boden, [… zumal] unter dem Eindruck geringerer Verteilungsspielräume der innere Funktionsmechanismus der leistungsdifferenzierten Bezahlung […] in der Wahrnehmung der Beschäftigten leidet.

Bei G-Pro führen diese »geringere[n] Verteilungsspielräume«, wie wir sahen, zu einem reduzierten Wachstum des für Gehaltszahlungen vorgesehenen Gesamtbudgets, und es ist nicht auszuschließen, dass leere Kassen auch in diesem Fall eine »kritischere« Bewertung von individueller Performanz nahe legen.

Die Höhe der jährlichen Bonuszahlung umfasst in Deutschland 10 bis 20 Prozent des Jahresgrundgehaltes (PAW 67; SEM 68). In Indien ist von »a little more than your monthly salary« die Rede (EM 59) – laut »Payscale« kann der Bonus für einen Entwickler bei G-Pro etwa 40.000 Rupien, für einen Senior Entwickler 55.000 Rupien und für einen Projektmanager bis zu 180.000 Rupien betragen. Nur in Deutschland werden Beschäftigte außerdem am Unternehmenserfolg beteiligt – erreicht das Unternehmen die selbstgesteckten Umsatzziele zu 100 Prozent, erhält man im Mutterhaus ein zusätzliches Monatsgehalt[4]; bei Abweichungen in der Zielerreichung kann die Zahlung geringer oder höher ausfallen (PAW 67). Das in vielen deutschen Unternehmen gezahlte »dreizehnte Monatsgehalt« wurde demnach von G-Pro für Deutschland und Indien übernommen und mit »individueller Performanz« verknüpft, das »vierzehnte Monatsgehalt« hingegen (nur in Deutschland) an den Unternehmenserfolg gekoppelt.

Eine *dauerhafte* Erhöhung des Grundgehaltes setzt im deutschen Mutterhaus von G-Pro (anders als bei I-Serve) nicht unbedingt eine formale Beförderung voraus. Selbst wenn man Entwickler bleibe, steige das Gehalt, erklärt ein Projektmanager:

> [E]in Entwickler, der schon relativ lange dabei ist, der wird verhältnismäßig mehr verdienen als der Durchschnitt […]. Was dann noch hinzukommt, ist eben innerhalb der Gehaltsstufen auch diese Altersstufe. Das heißt … oder Erfahrungsstufe.

4 Laut Personalabteilung wird dieser Gehaltszuschlag teilweise in Form von Firmenaktien gewährt (PAW 67).

> Das heißt, wenn jemand eine gewisse Erfahrung hat, kriegt er natürlich auch, klar, ein gewisses Plus an Gehalt … entsprechend der Leistung dann eben auch, klar. Aber da gibt es nicht die großen Gehaltssprünge mehr, einfach von der Gehaltsstufe. Die gibt es eben nur dann, wenn diese Person den Sprung schafft in die nächste Karriereebene und damit ins nächste Gehaltsband (PMM 35).

Dieses Zitat bringt die inneren Widersprüche der Gehaltsfestlegung in einem deutschen Software-Unternehmen auf den Punkt: Die »Altersstufe« (also das Vergütungskriterium »Dienstalter«, das etwa aus dem öffentlichen Dienst bekannt ist), spielt eine zentrale Rolle, doch weil dies offenbar mit Vorstellungen von einer »IT-Karriere« kollidiert, wird die »Alterstufe« unversehens in »Erfahrungsstufe« umgedeutet, und Erfahrung rechtfertigt »klar, ein gewisses Plus an Gehalt … entsprechend der Leistung dann eben auch.« Dienstalter – Erfahrung – Leistung: mit Hilfe dieses argumentativen Dreischritts gelangt der Befragte von einem zentralen Kriterium der in Deutschland weit verbreiteten senioritätsbasierten Arbeitsregulierung zu »Performance« als Kernstück angelsächsisch geprägten Personalmanagements. Interessanterweise entspricht die damit beschriebene Politik (vorwiegend zeitbasierter) Gehaltserhöhungen durchaus den Karriere-Vorstellungen vieler indischer Beschäftigter, die nicht zuletzt durch Standards des »Public Sector« geprägt sind (Kapitel 4.2.3). Entsprechend dürfte es wenig Widerspruch hervorrufen, dass die Gehaltshöhe bei der indischen Niederlassung von G-Pro in erster Linie durch die Dauer der Betriebszugehörigkeit bestimmt ist, wie ein Vertreter der Personalabteilung erklärt: »There is no range, it's a fixed amount. So if you fall in the band of two to two and half years – this is exactly the salary you get« (PAM 62). Konfliktpotential birgt allerdings der Umstand, bemerkt der oben zitierte Projektmanager (PMM 35), dass die jugendlichen indischen Belegschaften weniger lang auf formale Beförderungen zu warten bereit seien als ihre deutschen Kolleg/innen, zumal die Spannbreite eines Entwicklergehaltes in Indien deutlich geringer sei. Zudem habe der IT-Fachkräftemangel zu massiven Gehaltssteigerungen von »16, 18, bis zu 20 Prozent in der gesamten Branche« geführt, die das interne Gehaltsgefüge durcheinanderbrachten:

> Ich muss im Prinzip […] aufpassen, dass die fünf neuen Entwickler, die ich ein Jahr später einstelle, dass die *vom Gehalt her* die Entwickler von damals nicht überholen. […] Da mussten wir eine Anpassung machen vor ein paar Jahren. […] Die haben quasi noch mal etwas obendrauf gekriegt, eh, weil […] das Wachstum der Gehälter am Markt einfach so, so rapide war, dass *unser internes* Wachstum da ein bisschen hinterher gehinkt ist, und man eben dann diesen Ausgleich vornehmen

musste, weil sonst hätte man die Konsequenz gehabt, dass die Leute schlicht und ergreifend wegen Geld gehen (PMM 35).

Die Vergütungspolitik von G-Pro ist demnach im Prinzip im Mutterhaus wie in der indischen Niederlassung durch langsame, vorwiegend zeitbasierte Gehaltssteigerungen geprägt. Zwar imitiert man formal die Leistungslohn-Praktiken, wie sie etwa bei I-Serve genutzt werden, doch die Auswirkung auf Gehälter ist gering. Insofern kann man G-Pro kaum attestieren, dass »die Relation von Leistung und Gratifikation in vergleichsweise hohem Maße individualisiert« sei, wie Menez und Töpsch es für die deutsche IT-Branche behaupten. Vielmehr wird bei G-Pro (wie in zahlreichen deutschen Firmen tariflich festgeschrieben) für ein bestimmtes Ausbildungs-, Erfahrungs- und Tätigkeitsprofil ein weitgehend standardisiertes Gehalt gezahlt. Indische Beschäftigte akzeptieren dies nur, weil man in Bangalore letztlich doch einen Bruch mit den Standards des Mutterhauses vollzieht: Man nimmt dort häufiger formale Beförderungen vor, statt das Gehalt (wie in Deutschland üblich) innerhalb einer Karrierestufe steigen zu lassen:

In Deutschland gibt es … weiß nicht … ich glaube, vier Stück [Gehaltsstufen] für Entwickler, ich weiß es gar nicht ganz genau. […] [D]ie haben einen relativ großen Spielraum, also zwischen Minimalgehalt einer Stufe bis Maximalgehalt einer Stufe ist ziemlich viel dazwischen. Und in Indien wäre das eher aufgesplittet. Und das macht sich dann auch wirklich eher in offiziellen Titeln bemerkbar (PMM 65).

Bei G-Pro ist also durchaus der Versuch festzustellen, zwar nicht die Gehaltshöhe, aber die Gehaltssystematik weltweit zu vereinheitlichen. Allerdings kollidierte die Orientierung des Mutterhauses auf langsame, eher zeitals leistungsbasierte Gehaltserhöhungen zum Zeitpunkt der Interviews (2007) mit den Standards des schnelllebigen und durch massive Gehaltszuwächse geprägten indischen IT-Arbeitsmarktes. Dass das Unternehmen sich dem nur teilweise anpasste, trug dazu bei, dass die indische Fluktuationsrate die deutsche bei weitem überstieg.

5.1.3 Beiträge für soziale Sicherung

Die dritte Gehaltskomponente (neben Grundgehalt und variablen Anteilen) umfasst Beiträge zur sozialen Sicherung, wobei diese teilweise von der Grundvergütung einbehalten (also von den abhängig Beschäftigten finanziert) und teilweise von Unternehmen zusätzlich zum Grundgehalt gezahlt werden. Beide Samplefirmen führen in Deutschland wie Indien entsprechende Beiträge ab, wobei sie sich an die jeweiligen gesetzlichen Vorschriften halten. Daher kann man aus diesen Zahlungen kaum Rückschlüsse auf Unterschiede in Strategien von Arbeitskraftnutzung ziehen, die sich aus der Kombination von regionaler Herkunft und Geschäftsmodell ergeben würden. Trotzdem sei dieser Gehaltsbestandteil der Vollständigkeit halber erwähnt, zumal die daraus resultierende Möglichkeit von Beschäftigten, phasenweise auf den Verkauf der eigenen Arbeitskraft zu verzichten, wesentlich die Bedingungen beeinflusst, unter denen Arbeitskraft produziert und reproduziert wird.

In Indien sind die »Abzüge«, die Brutto- von Nettogehältern trennen, deutlich geringer als in Deutschland: Für soziale Sicherung werden weniger Beiträge erhoben, und Einkommenssteuern fallen erst ab einem so hohen Grenzwert an, dass selbst manche IT-Einkommen steuerfrei bleiben (EM 56).[5] Daher macht das Nettoeinkommen (nach Angaben von Befragten) in beiden Samplefirmen zwischen 83 und 65 Prozent des Bruttoverdienstes aus. Am geringsten sind die Sozialabgaben (absolut wie relativ) bei den niedrigsten Gehältern[6], wobei der Familienstand unerheblich zu sein scheint. Diese Beiträge fließen in Indien fast ausschließlich in die Alterssicherung, da sich gesetzlich geregelte Sicherungsmechanismen weitgehend auf diesen Bereich beschränken (Asher/Vasudevan 2005) – an den »Provident Fund« zahlen Beschäftigte und Unternehmen je zwölf Prozent des Grundgehaltes (Asher/Vasudevan 2005).[7] Zwar existiert eine staatlich organisierte Krankenversicherung für den formellen Sektor der Wirtschaft (Mahal 2002),[8] doch beide Samplefirmen haben statt dessen Gruppenversicherungsverträge bei privaten Krankenversicherungen abgeschlossen, die für Beschäftigte bei I-Serve beitragsfrei sind (TLM 7), während die Beiträge bei G-Pro (nach Vorbild der früher in Deutschland üblichen paritätischen Finanzierung) je zur Hälfte von Beschäftigten und Unternehmen gezahlt

---

5 Zudem werden Beiträge zu »mutual funds« vom zu versteuernden Einkommen abgezogen (BWW 10).

6 Bei einem Bruttolohn von 29.000 Indischen Rupien fallen 5000 Rupien (oder 17 Prozent) Sozialabgaben an; bei 54.000 Rupien hingegen 19.000 Rupien (oder 35 Prozent).

7 Dies ist eine verpflichtende, beitragsbasierte Pensions- und Versicherungsanstalt. Die Beiträge werden gesammelt und mit (derzeit) 8,5 Prozent verzinst (Wikipedia 2009b).

8 Beschäftigte im öffentlichen Dienst Indiens werden durch das »Central Government Health Scheme« erfasst, zahlen selbst aber keine Beiträge. Für Privatunternehmen des organisierten Sektors gilt das »Employees State Insurance Scheme« (ESIS), zu dem Beschäftigte 4,75 Prozent, das Unternehmen 1,75 Prozent beitragen.

werden (EM 40; PMM 44). Außerdem sind Unternehmen (durch den »Payment of Gratuity Act« von 1972) verpflichtet, Beschäftigten für jedes Jahr der Betriebszugehörigkeit das Äquivalent der Vergütung von 15 Arbeitstagen als Abfindung auszuzahlen, wenn diese die Firma (nach mindestens fünf Jahren) verlassen; viele Unternehmen überweisen diese Summe jährlich an einen (firmeneigenen oder von der »Life Insurance Corporation of India«) unterhaltenen Trust. Dort wird (besonders für Manager) teilweise auch eine freiwillige »Superannuation« (von derzeit 15 Prozent der Grundvergütung) eingezahlt – die Begünstigten erhalten so beitragsfrei Anspruch auf eine monatliche »Betriebsrente«, der bei Jobwechseln übertragen werden kann, während Unternehmen in den Genuss von Steuervorteilen (nach dem »Income Tax Act«) kommen.[9] Die Beiträge für diese drei Alterssicherungskomponenten belaufen sich auf rund 20 Prozent des Grundgehaltes (MM 37).[10]

In Deutschland hingegen hängt die Höhe der Steuern und Sozialabgaben zumindest teilweise von den persönlichen Verhältnissen des oder der Beschäftigten ab: Die Einkommenssteuer richtet sich danach, ob man allein stehend oder verheiratet ist und ob die Vergütung als Haupt- oder Zusatzverdienst der Familie fungiert. Die Krankenkassenbeiträge variierten zum Zeitpunkt der Interviews (2007) je nach Krankenkasse sowie danach, ob man gesetzlich oder privat versichert war und (im zweiten Fall) Familienangehörige zu versichern waren. Für die (von Beschäftigten und Unternehmen) anteilig zu zahlenden Renten-, Arbeitslosen- und Pflegeversicherungsbeiträge lassen sich pauschale Angaben machen – sie lagen im Jahr 2007 bei 19,9 Prozent (Rente), 4,2 Prozent (Arbeitslosigkeit) und 1,7 Prozent (Pflege). Alleine diese Zahlungen übertreffen die indischen Sozialabgaben bei weitem.

In Hinblick auf die Standards sozialer Sicherung in den Samplefirmen zeigen sich in Indien allenfalls Detailunterschiede. Sowohl das Mutterhaus von I-Serve als auch die Niederlassung von G-Pro zahlen die gesetzlich

9 Siehe dazu die Homepage der »Life Insurance Company of India« (http://www.licindia.in).

10 Für Leiharbeiter zahlen Firmen keinen dieser Beiträge. »[T]hey are low on cost. […] So, you don't have to contribute to the provident fund and you don't contribute to the gratuity and superannuation … […] You get rid of these permanent costs, which are there.« Zudem zahle man nur für geleistete Arbeitstage (also nicht für Wochenenden oder Urlaubstage). Der Stundensatz für Leiharbeiter sei höher als der Stundenlohn etwa bei G-Pro (PMM 52). Davon profitiere jedoch vor allem die Leiharbeitsfirma; bei den Beschäftigten komme wenig an (PMM 55).

vorgeschriebenen Beiträge zu »Provident Fund« und »Gratuity«, die der Alterssicherung dienen.[11] Bei I-Serve beschränken sich die Zahlungen allerdings darauf (TLM 8; TLW 21), während bei G-Pro eine Betriebsrente (»Superannuation«) erwähnt wird (MM 37), die aber offenbar nur Beschäftigte auf höheren Hierarchiestufen erhalten (PAM 62). Durch Beiträge zu »Provident Fund« und »Gratuity« entsteht zudem (anders als im öffentlichen Sektor des Landes; EPW 2002) kein Anspruch auf eine monatliche Rente bis zum Lebensende. Ein Manager weist auf diesen Unterschied hin:

> [T]here is no concept that we will get social benefit afterwards ... from the government. We are a private organization so we don't get it. So we need to save a lot (MM 37).

Die Krankenversicherung deckt bei I-Serve kostenlos bis zu drei Familienangehörige mit ab (SEW 14; MM 18); bei G-Pro können nach Auskunft der Personalabteilung beliebig viele Angehörige[12] gegen Zahlung eines Zusatzbeitrages mitversichert werden:

> [I]t covers their immediate family and they can also insure their parents [...], dependent sisters and brothers – they can cover every member of their family, for a very nominal amount and get *huge* insurance benefits (PAM 62).[13]

Einer solchen Form sozialer Absicherung, die potentiell die gesamte Familie abdeckt, komme gerade in Indien enorme Bedeutung zu, argumentiert ein Manager:

> It's a family insurance. [...] [Y]ou get a complete coverage for your family members: that means your wife, kid, parents, dependent parents – because in India, we don't have social security, so we need ... parents are dependent on you (MM 37).

Allerdings kommt die Versicherung offenbar nur für Krankenhausaufenthalte auf, während Beschäftigte privat für ambulante Arztbesuche und Medikamente zahlen müssen (EW 3; PMM 44). Dies markiert einen weiteren Unterschied zum formellen (öffentlichen wie privaten) Sektor Indiens, wo auch diese Leistungen durch staatliche Krankenversicherungen erbracht werden (Mahal 2002, 561). Einer Befragten ist diese Unterschreitung von Standards des öffentlichen Sektors durchaus bewusst:

---

11 Beschäftigte können die angesparte Summe schon vor Renteneintritt reklamieren (MM 18).

12 Der hier zitierte Vertreter der Personalabteilung (PAM 62) erwähnt zudem eine Unfallversicherung.

13 Ein Projektmanager (PMM 44) zahlt für seine Angehörigen pro Jahr etwa 5.000 Rupien.

> [F]or a private company [...], I think, that is what is followed, but *my father* was a central government employee. So he used to get *all* his medical things claimed: Treat or small medicine or hospitalization or an operation, surgery were covered (EW 3).

Lohnfortzahlung im Krankheitsfall scheinen in Indien beide Unternehmen anzubieten – allerdings herrscht unter den Befragten Unsicherheit über deren Dauer, da langfristige Erkrankungen selten sind und die Entscheidung offenbar hier wie dort im Ermessen der Vorgesetzten liegt (PMM 13; EW 3; TLM 47). Ein Vertreter der Personalabteilung von G-Pro erklärt:

> [T]wo months illness – that they can give you. They can extend beyond that [...] with the manager's approval. [...] [S]ince we employ young workers – we don't have too many of those ... It's mostly a week or two weeks of illness, the pay would be covered (PAM 62).

Letzteres dürfte auch für I-Serve gelten, wo der Altersdurchschnitt der indischen Belegschaft noch geringer ist als bei G-Pro (Kapitel 4.2.3).

In Deutschland hingegen bestehen deutlich größere Unterschiede zwischen der sozialen Absicherung bei I-Serve und G-Pro, obwohl beide Unternehmen die gesetzlich vorgeschriebenen Sozialabgaben zahlen. Über die deutsche I-Serve-Niederlassung heißt es jedoch, »die zahlen eben in die Sozialkassen ein, Arbeitgeberbeitrag und das Ganze«, doch über »das gesetzliche Minimum« hinaus gehe das Unternehmen nicht. So gebe es keine subventionierten Kredite (für Immobilien- oder Autokäufe), wie sie in Indien üblich seien, keine Zusatzkrankenversicherung und keine Betriebsrente (PMM 27; KBM 28; PAW 31). Entsprechend zentral ist für manche Befragten private Vermögensbildung, etwa in Form von Ersparnissen, Wohneigentum oder einer (staatlich geförderten) »Riester-Rente« (PMM 27, 70). Das deutsche Mutterhaus von G-Pro hingegen wirbt in einer Broschüre mit den (bei I-Serve schmerzlich vermissten) günstigen Krediten für Wohnungs- und Autokauf[14] und bietet Beschäftigten zusätzliche Gesundheitsversorgung im Rahmen eines firmeneigenen »Health Service« sowie eine Reihe von Leistungen an, die direkt oder indirekt der Alterssicherung dienen. Dazu zählen vermögenswirksame Leistungen, preisreduzierte Unternehmensaktien, steuerlich begünstigte Lebensversicherungen oder eine (für Beschäftigte beitragsfreie) private Unfallversicherung. Zudem haben in Deutschland alle Beschäftigten Anspruch auf eine betriebliche Altersvor-

---

14 Interessanterweise stellt sich diese Konstellation in Indien genau umgekehrt dar (PAM 62).

sorge. Das Unternehmen zahle »auf jeden Fall« entsprechende Beiträge, erklärt eine Vertreterin der Personalabteilung,

> und der Mitarbeiter kann sich dann überlegen, ob er das wirklich für die Altersvorsorge oder für Hinterbliebenenrente ausgeben möchte, oder für Berufsunfähigkeit. [...] Also der Mitarbeiter kann dann eben auch noch mal eigenfinanziert Geld dazu steuern, sagen: ›Ok, ich möchte das noch aufstocken‹ (PAW 67).

Ein Senior Entwickler konkretisiert dies:

> Es gibt eine betriebliche Altersvorsorge, die zum Teil mitarbeiterfinanziert ist, zum Teil arbeitgeberfinanziert ist. [...] Sie können einen Teil ihres Gehaltes in die mitarbeiterfinanzierte Altersvorsorge einzahlen. Und der Arbeitgeber zahlt einen konstanten Betrag ein. Der, glaube ich, ist – ich vermute, es ist ein Prozentsatz vom Bruttogehalt (SEM 68).

Im Krankheitsfall wird das Netto-Gehalt über die gesetzlich (im Entgeltfortzahlungsgesetz) festgelegten sechs Wochen hinaus für maximal ein Jahr in voller Höhe weiter gezahlt (PAW 67) – damit spielt die Willkür von Vorgesetzten eine deutlich geringere Rolle als in Indien.

Zusammenfassend ist demnach festzuhalten, dass beide Samplefirmen im Prinzip sehr ähnliche Vergütungsstrategien verfolgen – insbesondere versuchen sie ausdrücklich nicht, die massiven Lohnkostenunterschiede zwischen deutschen und indischen Standorten auszugleichen. Trotzdem spielen die unterschiedlichen Geschäftsmodelle insofern eine Rolle, als die Produktfirma G-Pro auf höher qualifizierte Beschäftigte mit Berufserfahrung angewiesen ist und daher schon an Neueingestellte höhere Gehälter zahlt, während die Servicefirma I-Serve den mehrheitlich direkt aus den Hochschulen rekrutierten »Freshern« geringere Grundvergütungen bietet. Diese können allerdings durch umfangreiche Auslandszuschläge im Rahmen von Onsite-Arbeit aufgestockt werden, was bei G-Pro aufgrund geringerer transnationaler Mobilitätsanforderungen nicht möglich ist (Kapitel 3.1.1). Zudem passt der höhere Stellenwert »variabler« Gehaltsbestandteile bei I-Serve insofern zum Geschäftsmodell einer Servicefirma, als die tendenziell wenig herausfordernden Tätigkeiten damit (zumindest in Prosperitätsphasen) teilweise durch finanzielle Anreize kompensiert werden können. Bei der sozialen Absicherung von Beschäftigten scheint schließlich vor allem der Herkunftskontext der Samplefirmen zu Buche zu schlagen: G-Pro überträgt manche, wenn auch bei weitem nicht alle Leistungen des Mutterhauses, die weitgehend den Standards deutscher Großbetriebe entsprechen, auf die indische Niederlassung, während die deutsche Niederlassung von I-Serve sich nicht zuletzt dadurch als Teil eines indischen Unternehmens ausweist, dass man gerade nicht die umfangreichen Zusatzleistungen gewährt, die ein deutsches Unternehmen wie G-Pro über das gesetzliche Minimum hinaus bietet.

5.2 Regulierungsszenario und Vergütungsstandards

Diese zaghaften Versuche beider Samplefirmen, zwar nicht die Vergütungshöhe, aber die Vergütungssysteme weltweit zu vereinheitlichen, verweisen bereits auf die Bedeutung des deutschen und indischen Regulierungsszenarios. Allerdings kann man den Einfluss politischer und gesellschaftlicher Regulierung hier vergleichsweise kurz ansprechen, weil die relevanten Aspekte andernorts ausführlicher diskutiert werden.

5.2.1 Politische Regulierung: Vergütung zwischen Individual- und Sozialeigentum

Grundsätzlich werden Gehälter in Deutschland wie in Indien zwischen Unternehmensvertretern und abhängig Beschäftigten vereinbart, sei es bilateral, im Rahmen betrieblicher Vergütungssysteme oder in branchenweiten Tarifverträgen. Der Staat sollte dabei eigentlich keine zentrale Rolle spielen – so will es etwa das deutsche Prinzip der Tarifautonomie. Dennoch sind staatliche Einflüsse auf das deutsche bzw. indische Vergütungssystem beider Samplefirmen unverkennbar. Diese äußern sich nicht nur in der (erwähnten) Politik einer aktiven Privatisierung von Standardsetzung (erkennbar etwa bei der bewussten Nichtanwendung von Mindestlohnvorgaben oder Steuergesetzen), sondern auch und vor allem in Gestalt sozialer Sicherungssysteme. Immerhin müssen diese Firmen nicht nur für die aktuelle Nutzung von Arbeitskraft zahlen, sondern auch zu Rücklagen für Perioden beitragen, in denen diese Arbeitskraft (wegen Krankheit, Arbeitslosigkeit, Alter oder Reproduktionspflichten) zeitweise nicht verkauft werden kann – in diesem Sinne dienen Vergütungen zur Sicherung ihrer täglichen, aber auch biographischen und transgenerationalen (Re-)Produktion. Dass diese Absicherung in Indien vor allem individuell bzw. im Rahmen der Familie (also auf Basis von »personalized collectivities«), in Deutschland hingegen im Rahmen eines staatlich organisierten sozialen Sicherungssystems (also durch »impersonal and bureaucratically governed collectivities«) erfolgt (Sorge 2005, 10f.)[15], markiert einen der wichtigsten Unterschiede zwischen dem deutschen und dem indischen Regulierungsszenario von Arbeitskraft-(Re-)Produktion. In Deutschland werden derlei Rücklagen vor allem im Rahmen der Sozialversicherung gebildet – Castel (2000, 271–282) identifiziert das dadurch begründete »Transfereinkommen« als wichtigen Bestandteil kollektiven »Sozialeigentums«. Die Samplefirmen müssen daher in Deutschland allein schon deshalb höhere Grundvergütungen zahlen, weil ein relativ großer Anteil des Gehaltes nicht zur Finanzierung gegenwärtiger Lebenshaltung genutzt werden kann, sondern direkt an die Sozialversicherung abgeführt wird. In Indien ist der Anteil der Sozialabgaben an der Grundvergütung zwar geringer, doch im Gegenzug achten Beschäftigte genau auf die ausgezahlten Gehälter, weil die geringen und (etwa aufgrund unvorhersehbarer Zinsentwicklungen beim »Provident Fund«) kaum kalkulierbaren Leistungen der Sicherungssysteme nicht ausreichen, um eine (Re-)Produktion von Arbeitskraft auch nur bei Krankheit, geschweige denn im Alter zu gewährleisten. Beschäftigte sehen dies umso kritischer, als ihre Vorstellungen von »guter Arbeit« nicht zuletzt durch Standards sozialer Sicherung geprägt sind, wie sie im »öffentlichen Sektor« Indiens vorherrschen (Kapitel 4.2.3) – und dies müssen Unternehmen bei ihrer Vergütungspolitik in Indien berücksichtigen. Zwar haben sich viele IT-Beschäftigte (auch aus finanziellen Gründen) bewusst gegen den »Public Sector« entschieden, wie ein Vertreter der Personalabteilung von G-Pro unter Verweis auf Gehälter für Berufseinsteiger/innen bemerkt:

> Their first month salary is much more than what their parents are making on the given date – after 30 years of service (PAM 54).

Trotzdem wird die soziale Sicherung des öffentlichen Sektors durchaus vermisst. So kritisiert eine Entwicklerin, dass sie im Alter trotz regelmäßiger Beiträge zu »Provident Fund« und »Gratuity« deutlich weniger Leistungen beanspruchen könne als im öffentlichen Dienst: Nach ihrer Verrentung

> whatever money has been deducted in all these years from our salaries every month, that I would get – lump-sum […]. But then [I-Serve] is not responsible to pay the employee monthly any pension. But if a person is a government employee, then he is eligible for a monthly pension. Supposed, your husband is working and

15 Für Sorge beinhaltet Individualisierung einen Übergang von der Absicherung durch personalisierte Kollektive zur Absicherung durch bürokratisch organisierte Kollektive.

if he retires: 'til *he* is alive, he'll get. After he's dead his wife also would get the same 'til his wife is dead (EW 3).

In der Tat sind soziale Sicherungsmechanismen im öffentlichen Dienst Indiens besonders gut ausgebaut, aber selbst in Privatfirmen des formellen Sektors[16] sind Beschäftigte (zumindest formal)[17] meist umfassender abgesichert als in den Samplefirmen.[18] So werden in öffentlichen wie privaten Unternehmen des formellen Sektors die Kosten für Arztbesuche und Medikamente meist erstattet, während die Krankenversicherung bei I-Serve und G-Pro nur für Klinikaufenthalte aufkommt, und Alterssicherung beinhaltet im formellen Sektor (nicht aber in den Samplefirmen) auch Hinterbliebenenrenten. Zudem haben Beschäftigte des formellen Sektors Anspruch auf Unterstützung im Falle von Massenentlassungen (»retrenchments benefits«) – auch dies ist in der indischen IT-Industrie nicht vorgesehen, dürfte aber in Krisenzeiten wichtiger werden.[19] Obwohl beide Samplefirmen sich in Indien teilweise durchaus an Sicherungsmechanismen des formellen Sektors orientieren[20], müsste demnach ein bedeutender Teil der IT-Vergütungen für private Absicherung aufgewendet werden, um etwa das Schutzniveau des öffentlichen Sektors zu erreichen. Auf jeden Fall müssen Beschäftigte in höherem Maße als (bislang) in Deutschland unter Einsatz von »Individualeigentum« private Vorsorge treffen, weshalb individuellen Rücklagen (gleich welcher Form) eine deutlich größere Bedeutung zukommt. So zahlen manche indischen Beschäftigten von G-Pro in Lebensversicherungen (EW 42; EM 56, 59), andere in freiwillige Rentenver-

16 Im informellen Sektor existiert kaum staatlich vermittelte soziale Sicherung: »Existing schemes are mainly restricted to the organised sector, barely 10 per cent of the Indian workforce, where employer-employee relationships can be clearly established. For millions in the unorganised sector or informal economy, social security continues to be a missing link in their struggle for survival« (Jhabvala/Sinha 2002, 2041).

17 In der Privatwirtschaft werden Sozialleistungen oft zurückgehalten oder verweigert, so dass sie eingeklagt werden müssen (Appasamy u.a. 1996, 55).

18 Eine Übersicht bieten: Appasamy u.a. 1996, 55. Zu den reduzierten Leistungen des sozialen Sicherungssystems seit den achtziger Jahren siehe: Mahendra Dev/Mooij 2002.

19 Zu Debatten über die gesetzliche Entschädigung bei Entlassungen siehe: Bhalotra 2003, 11-12.

20 Interessant ist die Feststellung Venkata Ratnams (1998, 578), der öffentliche Sektor biete Beschäftigten eine »physical and social infrastructure« in Form von »huge self-contained industrial townships [...], schools/colleges and hospitals/dispensaries.« Die Firmengelände von I-Serve und (in kleinerem Maßstab) von G-Pro erscheinen demnach als Versuch, diese Standards in modifizierter Form zu wahren. Auch hier wird eine »soziale Infrastruktur« angeboten, doch sie umfasst eher Fitnessräume als Wohnraum, Bildungs- oder Gesundheitseinrichtungen für die Familien der Beschäftigten.

sicherungen ein (EM 59), und wieder andere legen sich festverzinsliche Wertpapiere, Gold (EM 59) oder Immobilien zu (PMM 61), um sich (auch für das Alter) ein Zusatzeinkommen (aus Versicherungsleistungen, Investitionsgewinnen oder Mieteinnahmen) zu sichern. Bei I-Serve hingegen scheinen sich die meisten Befragten nicht für ihre Alterssicherung zu interessieren, was teilweise mit dem geringeren Durchschnittsalter zusammenhängen dürfte (Kapitel 4.2.3). Eine 25-Jährige jedenfalls räumt ein, dass sie von den Rentenbeiträgen, die I-Serve für sie zahle, keine Ahnung habe:

> I am not very much aware, but I've heard, that yes, they are planning to or may be giving also, but I am not aware actually, because I am not so old [lacht] (SEW 20).

Trotzdem mag die zentrale Bedeutung von Individualeigentum (in Indien) bzw. von Sozialeigentum (in Deutschland) für die Sicherung der (Re-)Produktion von Arbeitskraft die unterschiedliche Herangehensweise deutscher und indischer Beschäftigter an Vergütungsfragen erklären, die ein deutscher Befragter schildert:

> Den Indern ist es wichtig, möglichst viel Geld zu haben, weil das, glaub ich, auch mit dem sozialen Status zusammen hängt, und alles andere ist relativ unwichtig. Und in Deutschland – man arbeitet halt nicht nur fürs Geld, sondern man hätte gerne noch mehr andere … andere Zusatzleistungen. Also: mehr Urlaub, Dienstwagen, irgendwie zusätzliche Kranken- oder Rente-, Betriebsrente ist ja so ein schönes Thema (KBM 28).

Entsprechend dürfte es weniger auf Mentalitätsunterschiede als auf Unterschiede zwischen den sozialen Sicherungssystemen beider Länder zurückzuführen sein, dass indische Beschäftigte so viel größeren Wert auf (zumindest in wirtschaftlichen Boomphasen) lukrative Leistungslöhne und »geldwerte« Beförderungen legen. In Deutschland hingegen ist ein langsam und kontinuierlich steigendes Gehalt offenbar eher akzeptabel, weil parallel zu den monatlichen Auszahlungen die gesetzlich vorgeschriebenen Rücklagen gebildet werden und die Höhe der Leistungen zudem nur teilweise von den eingezahlten Beiträgen abhängt. So ist die spätere Rentenhöhe etwa (anders als in Indien) nicht mit dem eingezahlten Gesamtbetrag gleichzusetzen, seit die Rentenentwicklung (1957) an die allgemeine Entwicklung der Löhne und Gehälter gekoppelt worden ist. Daher mag der unterschiedliche Stellenwert von Individual- bzw. Sozialeigentum zumindest teilweise erklären, warum die Samplefirmen in Deutschland eher hohe (wenn auch sehr langsam steigende) Gehälter zahlen müssen, um eine für Beschäftigte akzeptable Absicherung zu gewährleisten, während deren indische Kolleg/innen durch eine insgesamt geringere, aber schneller steigende Vergütung eher zufrieden zu stellen sind.

5.2.2 Gesellschaftliche Regulierung: Individual- und Familienlöhne

Gesellschaftliche Standards von Arbeitskraft-(Re-)Produktion beeinflussen die Gehaltsfestsetzung auch deshalb, weil sich Unternehmen daran orientieren müssen, ob eine Vergütung typischerweise als Individual- oder Familienlohn fungiert. Dies hängt wiederum mit der Altersstruktur der Belegschaften und gesellschaftlichen Standards von Familiengründung zusammen, die bereits diskutiert worden sind (Kapitel 3.2.2; 4.2.3).

Für Deutschland sind zwar angesichts einer zunehmenden Ausdifferenzierung von Lebensweisen und Haushaltskonstellationen keine festen Muster von Familiengründung festzustellen, wie sie die indischen Mittelschichten prägen, doch es wäre zu prüfen, inwiefern die Vergütungshöhe in der männlich dominierten Softwarebranche trotzdem auf die finanziellen Pflichten männlicher Haupternährer abgestimmt ist. Vor allem scheint jedoch (aufgrund des Senioritätsprinzips) ein enger Zusammenhang zwischen Alter und Einkommenshöhe zu bestehen (Apfelbaum 2007). Daher dürfte der hohe Altersdurchschnitt der deutschen Belegschaften (zumindest bei G-Pro) ein Grund für die vergleichsweise hohen Vergütungen sein.

In Indien hingegen sind IT-Belegschaften durch Singles oder (solange die gesellschaftlich akzeptierte Altersgrenze für die erste Geburt nicht überschritten ist) durch kinderlose »Doppelverdiener« dominiert, wobei vielfach beide Ehepartner in der IT-Branche arbeiten. Letzteres erklärt ein Projektmanager unter anderem mit den hohen Lebenshaltungskosten in IT-Zentren wie Bangalore:

> Given a choice, most of them marry within IT industry, because of the … wage differences between IT and other industries are quite significant. So … that helps – I mean, even in cities, big cities, even life style expenses are quite huge (PMM 53).

Zudem könne das Fehlen eines ausreichenden sozialen Sicherungssystems nur durch zwei Gehälter kompensiert werden, bemerkt ein anderer Projektmanager:

> [W]e don't have a social infrastructure like in Germany. Government doesn't support anything – education or health or anything, right? And insurance is a new

concept in India. […] And now, because both the guys are earning, husband and wife – so the insecurity is no longer (PMM 52).

Die Einschätzung, dass zwei IT-Einkommen ein Paar vor finanzieller Unsicherheit bewahren könnten, erscheint allerdings in zweifacher Hinsicht zu optimistisch: Zum einen ist der »IT-Doppelverdienst« eine zeitlich begrenzte Konstellation, die spätestens mit der Elternschaft endet, weil viele Frauen sich dann aus dem Erwerbsleben zurückziehen. Sind zudem »abhängige Eltern« und Geschwister zu versorgen und Dienstboten zu finanzieren, muss ein IT-Gehalt für die Arbeitskraft-(Re-)Produktion einer deutlich größeren Personengruppe ausreichen als in Deutschland, wo Familien im Schnitt kleiner sind und oft anderthalb Gehälter dauerhaft zur Verfügung stehen. »IT-Doppelverdienste« scheinen zwar in Deutschland seltener zu sein als in Indien (Kapitel 4.2.3), doch die Notwendigkeit, hohe Einkommen zu erzielen, ist für indische »Alleinverdiener« drängender als für deutsche Haupternährer (Kapitel 3.2.2). Zum anderen stehen IT-Beschäftigte trotz zweier Einkommen oft unter enormem finanziellen Druck, zumal viele (in den Worten eines Managers) aus akademisch gebildeten, aber wenig wohlhabenden Familien stammen (MM 37). Die Frauenforscherin Indrani Mazumdar meint:

I mean, the IT-dream is there. […] The incomes on one end may be very high, but at another level, it's not that high. So in order to even pursue that dream, or that pushing of that life-style, everything you are associated with, two incomes will be necessary. So you might find marriages are taking place where they are looking for a woman who is also in IT (EXP 83).

Tatsächlich deuten viele Interviewpassagen auf die Notwendigkeit zweier Gehälter hin. So erklärt eine frisch Vermählte auffallend zögerlich, warum sie weiterarbeite:

I enjoy working and he also thinks that it is very important to work these days. […] Like, times are changing and both of us work and bring … Like, sitting at home doesn't help anybody really (TLW 8).

Der unvollendete Satz hätte vermutlich »bring money home« gelautet. Jedenfalls verlautet aus einer Personalabteilung, dass der Finanzbedarf junger Paare immens sei:

Because when they are starting a married life, they need extra income in hand. So nobody compromises on that. Most of them want […] to *earn more*. They outdo each other some times. [lacht] (PAM 54).

Selbst zwei IT-Einkommen schließen finanzielle Engpässe nicht aus. So erklärt eine Befragte, sie benötige keine Hausangestellten, »[b]ecause the house is not so huge, I can handle it« (EW 3), was für ihre soziale Schicht ungewöhnlich ist. Eine 25-Jährige meint, sich »noch« keine Kinder leisten zu können: »Because of financial conditions also and because of timing also. We are not well established yet« (SEW 20). Immerhin verursacht eine längere Babypause neben unmittelbarem Verdienstausfall auch Verzögerungen bei Gehaltserhöhung und Beförderung. Eine schwangere Angestellte von I-Serve erklärt:

> [I]f you go on a three months leave and join back, after the maternity leave, it would not be a problem. […] But if you go on a further leave […] – even if it is six months on a loss of pay, it would affect the appraisals during this time and the rating, yearly rating, which is based on the salary revisions, promotions and all those things, *would affect*. So, if there is a promotion, which is due in a year or so, it would get one more year postponed, so (SEW 14).

Zwar bestreitet ein Projektmanager im selben Unternehmen dies vehement (»you cannot say, that she will not move to the next role or she will not get promoted during that maternity leave«; PMM 19), doch grundsätzlich dürften längere Erwerbsunterbrechungen bei I-Serve angesichts häufigerer »Aufstiegsrunden« (Kapitel 5.1) größere finanzielle Konsequenzen haben als bei G-Pro, wo selbst ein Jahr Erziehungsurlaub nicht ausreichen würde, um eine Beförderung zu verpassen. Vor allem aber legen es die hier zitierten Aussagen nahe, den Gemeinplatz der astronomischen indischen IT-Gehälter zu hinterfragen und die Vergütungshöhe in Relation zum ökonomischen Umfeld zu betrachten, in dem Beschäftigte leben.

5.2.3 Wirtschaftliche Regulierung: Verdienste und Lebenshaltungskosten

Der Einfluss des wirtschaftlichen Umfeldes auf die Gehaltsfestsetzung zeigt sich zunächst in Gestalt der Arbeitsmarktlage. Wie (in Kapitel 4.2.1) dargestellt, hat der Fachkräftemangel in Indien die IT-Vergütungen in die Höhe getrieben und in beiden Samplefirmen für eine Annäherung zwischen (rapide steigenden) indischen und (weitgehend stagnierenden) deutschen Gehältern gesorgt, selbst wenn das Gefälle bei weitem nicht ausgeglichen wurde (Kapitel 5.1.1). Unter diesen Bedingungen klagen Personalverantwortliche über exorbitante Gehälter, während indische IT-Spezialist/innen gleichzeitig finanzielle Sorgen formulieren. Offenkundig spricht die absolute Höhe eines Gehaltes also nicht für sich – vielmehr stellt sich die Frage nach einem angemessenen Bewertungsmaßstab.

Ob Vergütungen »übertrieben« oder aber »unzulänglich« sind, hängt nicht zuletzt von den Lebenshaltungskosten ab, die für IT-Beschäftigte in Indien deutlich geringer sind als in Deutschland. Letzteres führt ein Manager an, um zu widerlegen, dass indische IT-Arbeitskraft »billig« im Sinne von qualitativ minderwertig sei:

> The cost is of course cheap, but […] okay, everything else in India also is cheap. You look at it that way. The food in India is cheap … […], the clothing is cheap, everything else is cheap. […] I'm only cheap because the currency, exchange rate is there, and also the country as such has a standard of living which is cheaper, lower than the other countries (MM 37).

Das Argument, dass sich Vergütungen an Lebenshaltungskosten – oder anders formuliert: an den Kosten für die alltägliche ortsgebundene (Re-)Produktion von Arbeitskraft – orientieren müssen, leuchtet unmittelbar ein. Trotzdem erfordert es in dreierlei Hinsicht eine Konkretisierung: Erstens ist die Relation zwischen Gehalt und Lebenshaltungskosten (anders als der Befragte argumentiert) in Indien nicht unbedingt günstiger als in Deutschland, wenn man die spezifischen Ausgaben berücksichtigt, die das Arbeiten in der IT-Branche und das Leben in einer IT-Metropole wie Bangalore mit sich bringt. Zweitens reichen IT-Gehälter in Indien (anders als in Deutschland) paradoxerweise dennoch aus, um einen weit überdurchschnittlichen Lebensstandard zu finanzieren – dies verweist auf die Neuformierung sozioökonomischer Klassen im Zuge von »Liberalisierungspolitik« (Harvey 2006a, 42) und speist Debatten über eine »New-Rich Middle Class« (Fuller/Narasimhan 2007; Upadhya 2008). Drittens deutet der Umstand, dass indische IT-Gehälter je nach Perspektive mit vollem Recht als extrem knapp und exorbitant hoch bezeichnet werden können, auf ein hochgradig fragmentiertes wirtschaftliches Umfeld hin, das es unmöglich macht, von *den* indischen Lebenshaltungskosten zu sprechen, an denen sich unternehmerische Vergütungspolitik orientieren könnte. Ausschlaggebend für die Gehaltsfestsetzung sind deshalb vor allem die Vergütungsstandards in der deutschen bzw. indischen IT-Industrie, was die Frage aufwirft, wie diese in einer nicht tarifgebundenen und angeblich hoch individualisierten Branche erzeugt werden.

Zum Verhältnis von IT-Gehältern und Lebenshaltungskosten ist zunächst festzustellen, dass die deutschen Vergütungen in beiden Samplefirmen (trotz rückläufiger Steigerungsraten im IT-Sektor, die im Jahr 2006 kaum die Inflation ausglichen; Apfelbaum 2007), weit über dem deutschen Durchschnittsverdienst lagen. Letzterer umfasste dem Statistischen Bundesamt zufolge im ersten Quartal 2008 genau 3.064 Euro (brutto) – bei G-Pro lag im Jahr 2007 selbst die Berufseinsteigervergütung (mit 3.600 Euro) deutlich höher, und Projektmanager/innen erhielten in beiden Samplefirmen mindestens 6.250 Euro Bruttogehalt. Entsprechend komfortabel gestaltet sich für Beschäftigte die Bestreitung des Lebensunterhaltes. So musste ein Projektmanager für Miete und Nebenkosten in einer deutschen Hochpreisregion gerade einmal 15 Prozent und für anderthalb Stunden Haushaltsdienstleistung pro Woche knapp ein Prozent seines I-Serve-Gehalts aufwenden (PMM 27).[21] Auch für einen anderen Projektmanager, dessen Partnerin vollzeitbeschäftigt ist, spielen finanzielle Sorgen keine Rolle:

> [W]ir *sparen* nicht wirklich, aber es bleibt enorm viel übrig. Ich habe gewaltige Probleme, mir zu überlegen, wo man das sinnvoll anlegen könnte (PMM 50).

Allenfalls die Höhe der monatlichen Fixkosten wird moniert. Ein Single erklärt:

> Also meine Ausgabenlast ist ziemlich groß, wenn man sich das dann Netto anguckt […], ich rechne immer so, dass von einem Euro 55 Cent übrig bleiben. Von den 55 Cent muss ich dann halt noch Altersvorsorge bestreiten. Von jedem Euro, den ich verdiene, nach Abzug von Miete, Auto, [private] Altersvorsorge, bleiben mir so was wie 16, 17 Cent. Und davon müsste man fairerweise noch die Mehrwertsteuer abziehen (SEM 68).

Bedenkt man allerdings, dass durch die hier beklagte Differenz zwischen Brutto- und Nettogehalt ein Anspruch auf umfangreiche Sozialversicherungsleistungen begründet wird, erscheint diese Rechnung allzu pessimistisch, selbst wenn im Zuge der »Reformen« sozialer Sicherungssysteme in den letzten Jahren die private Altersvorsorge (auch bei diesem Befragten) als gewichtiger Kostenfaktor hinzugekommen ist. Jedenfalls war es Beschäftigten in beiden Samplefirmen problemlos möglich, auf Basis ihrer Gehälter nicht nur die laufenden Lebenshaltungskosten zu bestreiten, sondern auch Ansprüche auf »Sozialeigentum« zu erwerben und private Rücklagen zu bilden.

In Indien hingegen stellt sich das Verhältnis von IT-Gehältern zu Lebenshaltungskosten deutlich anders dar. Zwar gelten IT-Beschäftigte als

---

21 Zu ähnlichen Berechnungen von IT-Reallöhnen siehe Schweizer (2006), der allerdings auf eine Einkommenspolarisierung hinweist.

Repräsentant/innen einer »neuen Mittelschicht«, die sich durch hohe Konsumstandards auszeichnet[22], doch faktisch müssen sie in Bangalore einen deutlich größeren Teil ihres Einkommens für die Lebenshaltung aufwenden als deutsche Kolleg/innen – immerhin existieren in Deutschland keine Software-Metropolen, in denen IT-spezifische Reproduktionskosten anfallen würden (Kapitel 3.2.1). Insofern ist es eine Fehleinschätzung, wenn ein deutscher Befragter meint:

Ich [...] kann mir von dem Gehalt weniger leisten, als er [der indische Kollege] es von seinem Gehalt vielleicht kann (SEM 64).

Vielmehr dürften die Vergütungen der Samplefirmen in Indien sogar näher an der zur alltäglichen (Re-)Produktion von IT-Arbeitskraft notwendigen Geldmenge liegen als in Deutschland. Dies beschränkt die Spielräume unternehmerischer Gehaltsfestsetzung, denn »firms located in Bangalore have to offer compensation packages that cover the cost of living as well« (Lateef 1997, 4.3.4). Dass diese Lebenshaltungskosten durch das Leben und Arbeiten in einer IT-Metropole besonders hoch ausfallen, belegt ein Blick auf die Ausgabenstruktur der Befragten. Der größte Kostenfaktor ist für sie offenbar Wohnraum.[23] Solange man unverheiratet ist und in einer »Paying Guest«-Unterkunft oder einer Wohngemeinschaft lebt, scheinen sich die Ausgaben noch in Grenzen zu halten: Befragte geben an, ein Zehntel (BWW 10; EW 22; EM 56), ein Fünftel (TLM 7, P 47; EM 40; EW 42) oder höchstens ein Drittel (TLM 6; TLW 8) ihres Einkommens für Miete auszugeben. Nach der Heirat hingegen steigen die Wohnkosten stark an, wie eine Teamleiterin erklärt:

Before marriage, we were six girls staying in a three bedroom house, which is very comfortable and it comes out to be very cost effective also. But once you are married, you are only two people staying in two BHKs [bedroom, hall, kitchen], so that increases the cost (TLW 21).

Die Kostensteigerung falle umso größer aus, wenn man sich (wie viele frisch Vermählte) für den Kauf einer Immobilie entscheide, fährt dieselbe Befragte fort: Die Miete für eine solche Wohnung liege in Bangalore bei rund 10.000 Rupien, der Kaufpreis hingegen bei 3,5 bis 5 Millionen (oder 60 bis 90.000 Euro) – dies bestätigen Angebote örtlicher Immobilienmakler. Müsse man dafür einen Kredit aufnehmen, so beliefen sich die monat-

22 Siehe zu dieser Argumentation: Beinhocker/Farrell/Zainulbhai 2007; kritisch: Upadhya/Vasavi 2006, 104-107; Fuller/Narasimhan 2007, 125.

23 Dies bestätigen Fuller und Narasimhan (2007, 134) für Chennai.

lichen Raten auf 15 bis 25.000 Rupien. Dies mag angesichts rapide steigender Immobilienpreise (Lateef 1997, 4.4.2) eine gute Investition sein: »the prices are rising like anything! It is almost a 100 Prozent increase from the last two years«, jubelte diese Frau im Jahr 2007 (TLW 21). Trotzdem nehmen die monatlichen Kreditzahlungen für den Erwerb einer »two bedroom flat«, wenn man sich an die Vergütungen in den Samplefirmen erinnert (Kapitel 5.1), teilweise fast ein komplettes Nettogehalt in Anspruch. Ein 26-jähriger Single mit 29.000 Rupien Nettogehalt zahlt für seine Eigentumswohnung sogar monatlich 25.000 Rupien an die Bank.[24]

It's a huge amount of my salary ... [...]. If we take [...] a home loan we get a tax reduction of some 2.000 Rupees. So the net ... what I pay is around 18.000 Rupees per month (TLM 7).

Die Bemerkung, dass dies immer noch die Hälfte seines Bruttogehaltes von 36.000 Rupien ausmache, quittiert er selbstbewusst unter Verweis auf die bei I-Serve zu erwartenden Gehaltserhöhungen: »Yah, yah. Half of 36. But if it goes to 50, it will be still lesser then«. Der langfristigen Planung, die IT-Beschäftigte in Bangalore für die Deckung von Reproduktionskosten entwerfen, liegt also (nicht nur) in diesem Fall die Annahme stabil hoher »Wachstumsraten« zugrunde. Es wird zu prüfen sein, welche Auswirkungen die im Jahr 2008 einsetzende Wirtschaftskrise auf derlei Finanzarrangements hatte. Zudem fallen weitere Ausgaben an, die den spezifischen Bedingungen von IT-Leben und IT-Arbeit in Bangalore geschuldet sind. Dazu zählen die Gebühren von Privatschulen (Fuller/Narasimhan 2007, 134), die in der Nähe von IT-Gewerbegebieten besonders hohe Kosten für Eltern verursachen: »Many expats have an impact on schools«, meint ein Personalverantwortlicher, »[s]o expats will find it affordable – but not the regular employee« (PAM 54). Hinzu kommen Transportkosten für die Fahrt zu den am Stadtrand gelegenen Arbeitsplätzen (Kapitel 3.2), wobei Beschäftigte von I-Serve den Bus-Shuttle bezahlen müssen (je nach Entfernung fallen monatlich zwischen 700 und 5.000 Rupien bzw. 12,50 bis 89 Euro an), während die meisten G-Pro-Angestellten kostenlos pendeln. Teilweise verschulden sich IT-Beschäftigte für privat finanzierte Master-Studiengänge – eine Befragte (BWW 10) gibt an, ihr M.A.-Abschluss habe 400.000 Rupien (7.140 Euro), ihr Auto 300.000 Rupien gekostet, und die Kreditzahlungen für beides nehmen ungefähr 20 Prozent ihres Monatsgehaltes in Anspruch. Zudem investieren (angesichts der ma-

---

24 Andere Befragte zahlen für Kredite monatlich 20 bis 38.000 Rupien (SEW 14; EM 59).

geren und unkalkulierbaren Leistungen sozialer Sicherungssysteme; Kapitel 5.1.3) manche Befragten 10 bis 20 Prozent ihres Nettogehaltes in private Lebensversicherungen oder »Pension Plans« (EW 22, 42, PMM 44; EM 56) – von deutschen Befragten werden teilweise sogar 20 bis 25 Prozent des Einkommens für private Alterssicherung ausgegeben (PMM 27, SEM 68). Nur in Indien stellen schließlich Unterstützungsleistungen für Angehörige einen großen Ausgabenposten dar. So finanzieren IT-Beschäftigte teilweise die Wohnung ihrer Eltern (EW 22) und zahlen Kreditraten für das elterliche Auto oder die Hochzeit von Geschwistern, die mehrere Tausend Rupien pro Monat umfassen können (SEM 6, SEW 20, EM 58). Ein 26-Jähriger führt sogar sein gesamtes Einkommen an die Eltern ab:

I give my parents everything. Seriously! […] So they have it all. *It's me – it's me,* who asks for monthly wages, if you can call it that way (EM 58).

Bedenkt man außerdem, dass teilweise pro Monat 2.300 Rupien (etwa 41 Euro) für Internet und Telefon oder 3.000 Rupien (etwa 54 Euro) für Benzin ausgegeben werden (EM 38, EM 59), dürfte selbst von einem IT-Gehalt nicht sehr viel übrig bleiben. Zwar bilden einige Befragte durchaus private Rücklagen (siehe oben), doch dies scheint keineswegs selbstverständlich zu sein. Ein 24-Jähriger jedenfalls berichtet, keinerlei Ersparnisse zu haben, weil er umgerechnet fast 3.000 Euro für den Bruch eines Verpflichtungsvertrages mit einer indischen IT-Firma zahlen musste (Kapitel 4.1) und mehrere Jahre brauchte, um seinem Vater das geliehene Geld zurückzuzahlen:

I don't have enough savings to make plans today. […] But yes – now onwards I will have savings. And maybe in a couple of years I will buy a car first – then think of a house. I would like to buy a car (EM 56).

Eine Finanzsituation, die es erlaubt, »vielleicht in einigen Jahren ein Auto anzuschaffen«, passt ebenso wenig zu dem viel berufenen Hedonismus einer neureichen indischen IT-Szene (Fuller/Narasimhan 2007, 133) wie die Prioritätensetzung, die viele indische IT-Beschäftigte bei ihren Ausgaben vornehmen. Zwar investiere man deutlich früher in Immobilienbesitz als die Elterngeneration, meinen Upadhya und Vasavi (2006, 106), doch die Anlagestrategien selbst seien weitgehend unverändert:

[O]wn your own house, plan for economic security, and invest in whatever is required for the family's security and upward mobility, such as children's education.

Dies verweist auf das oben erwähnte Paradox: Weil Beschäftigte für derlei traditionelle Investitionen in einem IT-Zentrum wie Bangalore sehr viel größere Geldsummen aufwenden müssen als etwa ihre Elterngeneration und darüber hinaus die für ein IT-Arbeitsleben notwendigen Ausgaben (für Wohnraum, private Bildung, »Ablösegelder« oder auch nur eine Internetverbindung, die Telearbeit und Online-Lernen ermöglicht) zu bestreiten haben, geraten sie leicht unter finanziellen Druck – und doch liegen die von den Samplefirmen gezahlten Gehälter (angesichts des hoch fragmentierten wirtschaftlichen Umfelds von IT-Arbeit) weit über den Vergütungen in anderen indischen Branchen, deren Niveau sich eher an den Kosten für nicht-IT-spezifische Aspekte von Lebenshaltung (wie Kleidung, Nahrungsmittel oder private Dienstleistungen) orientiert.[25] Zwar klagt ein Befragter, auch Nahrungsmittel seien in Bangalore teurer als in seiner Heimatstadt:

> [V]egetables and these items, milk and other items are very costly, and fast food is very, very costly, at least double of Bhopal, triple (EM 38).

Er fügt jedoch hinzu, dass auch sein Einkommen mehr als doppelt so hoch sei wie das seiner Eltern, die beide als Angestellte im öffentlichen Sektor arbeiten.

Tatsächlich reichen IT-Gehälter in Indien (anders als in Deutschland) aus, um einen weit überdurchschnittlichen Lebensstandard zu finanzieren. Zum einen sind die Preise für Grundnahrungsmittel (speziell in Relation zu einem IT-Gehalt) außerordentlich gering.[26] Dies wird nicht zuletzt durch das Einkommensniveau im Agrarsektor ermöglicht, der etwa im Bundesstaat Karnataka eine so tief greifende Krise durchläuft, dass viele Bauern angesichts ihrer ausweglosen Verschuldung Selbstmord begehen (Deshpande 2002; Chandrasekhar/Ghosh 2006).[27] Zum anderen sind die Ein-

---

25 Nach Eindruck von Fuller und Narasimhan (2007), den wir teilen, sind IT-Beschäftigte in Hinblick auf Schmuck oder Kleidung kaum von gleichaltrigen Angehörigen der Mittelschichten zu unterscheiden. Upadhya und Vasavi (2006, 104) hingegen argumentieren, sie investierten viel Geld in Markenkleidung, Gebrauchsgegenstände wie Zweiräder, Autos, Mobiltelefone oder Musikanlagen sowie in den Besuch teurer Restaurant oder Shopping Malls.

26 Die Preise für Grundnahrungsmittel werden seit 1994, als Indien das »Allgemeine Zoll- und Handelsabkommen« (GATT) unterzeichnete, direkt durch den Weltmarkt beeinflusst. Die Weltmarktpreise für Primärprodukte (wie Getreide, Reis oder Zucker) stürzten zwischen 1995 und 2001 um 30 bis 50 Prozent ab (Patnaik 2009, 112f.).

27 Patnaik (2009, 91ff., 108) argumentiert, dass dies nicht dem »Langzeitproblem einer hochgradigen Konzentration von Land und anderen Vermögenswerten« oder der »gro-

kommensunterschiede zwischen IT-Sektor und anderen urbanen Dienstleistungsbranchen beträchtlich. So lag das Einstiegsgehalt in der IT-Branche in Bangalore Ende der neunziger Jahre bei etwa 12.000 Rupien (oder 214 Euro) im Monat – das durchschnittliche *Jahreseinkommen* in der Stadt Bangalore hingegen erreichte nur 10.500 Rupien, was etwa 187 Euro entspricht (Lateef 1997, 4.3.4). Zum Zeitpunkt der Interviews (2007) stellte sich die Situation nicht wesentlich anders dar: So betrug die monatliche Grundvergütung eines Angestellten im Sicherheitsdienst, der für ein Subunternehmen das Firmengelände von G-Pro bewacht, etwa 5.000 Rupien (oder 89 Euro); seine (ebenfalls »ausgelagerten«) Kolleginnen im Reinigungsdienst bezogen etwa 3.500 Rupien (oder 62,50 Euro; LOG 41). Die Hausangestellten unserer Befragten erhielten für einen Arbeitseinsatz von ein bis zwei Stunden an sieben Wochentagen (EW 42) sogar nur ein Monatsgehalt zwischen 200 und 650 Rupien, also zwischen 3,60 und 11,60 Euro (TLM 7, BWW 10, SEW 20, TLW 21, EW 22, EM 38, PMM 44, EM 46, EM 56, EM 59). Ihre Vergütungen sind damit laut Geeta Menon, Repräsentantin einer Hausangestellten-Gewerkschaft in Bangalore, eher unterdurchschnittlich. Allerdings sind Vergütungen ebenso wie Arbeitszeiten und -anforderungen selten eindeutig vertraglich geregelt:

So it's not like: three tasks, and four people in the house is such money. It is done like: You do … everything we ask you. […] But on an average, whatever they have been given is around 500 to 900 Rupees, 1.000 Rupees – for a month. […] It could be for one hour, it could be for four hours, it could be for […] all kinds of work, and some houses are small, some houses are big. Some have four only members, some have ten. Whatever be the variation – salary remains.

Zwar erzielen Hausangestellte höhere Einkommen, wenn sie mehrere Arbeitsstellen kombinieren, und »mitlebende« Dienstboten können Monatsgehälter von 6.000 Rupien (107 Euro) erreichen (KBM 29). Die gängige Annahme, auch Dienstboten-Gehälter seien im Zuge des IT-Booms gestiegen, weist Menon jedoch zurück:

No way! We have such a surplus I can tell you! […] [W]e have a surplus of women who are illiterate, we have a surplus of women who are daily migrating and com-

---

ße[n] Anzahl kleiner, armer und landloser Bauern« geschuldet, sondern direkte Folge der Wirtschaftsreformen sei. Sie nennt die Streichung von Subventionen für Dünger, die Abschaffung zinsreduzierter Darlehen sowie die Förderung der Ausfuhr von Rohbaumwolle. Weil deren Anbau hohe Investitionen erfordert, verschuldeten sich viele Bauern und konnten ihre Kreditzinsen nicht mehr zahlen, als um 1996 die Weltmarktpreise für Rohbaumwolle abstürzten.

ing. They have no other jobs, no other skills. So that's why … Our women […] are saying that: […] if I'm not ready to go for three hundred Rupees today, there is somebody there waiting to go for 250, because she needs it desperately (EXP 90).

Der hier kritisierte Niedriglohn wird etwa im Haushalt eines Befragten gezahlt (siehe oben). Offensichtlich ist das Gehaltsgefüge Bangalores damit nicht umfassend charakterisiert, doch selbst diese ersten Hinweise lassen ahnen, dass die Gehälter in beiden Samplefirmen weit über das Minimum hinausgehen, das in Bangalore zur täglichen (Re-)Produktion von Arbeitskraft notwendig ist. Selbst die Vergütungsstandards anderer Branchen, in denen vergleichbar qualifizierte Beschäftigte tätig sind, wurden von IT-Gehältern schon Ende der neunziger Jahre deutlich überschritten.

[A] software engineer in other industries in Bangalore cannot expect to earn more than half of what he would make in the software industry (Lateef 1997, 4.3.4).

Auch ein Maschinenbau-Ingenieur, der als Projektmanager bei I-Serve arbeitet, betont die Attraktivität der IT-Gehälter: Diese seien der Grund, warum Ingenieure »from a functional industry to an IT-industry« wechselten. Er selbst habe durch diesen Schritt vor sechs Jahren sein Gehalt verdoppelt:

So, at that time it was 100 percent increase and then probably the growth that has happened in the last six, six and half years is much more than what I would have got there (PMM 19).

Ein Maschinenbau-Ingenieur bei G-Pro erhielt sogar das 3,5-Fache des Gehaltes, das er zuvor bei einem Hersteller von Förderanlagen bezogen hatte (PMM 44). Selbst die Gehälter im öffentlichen Sektor, wo (wie wir sahen) die Eltern vieler Befragter tätig sind oder waren (Kapitel 4.2.3), sind offenbar (abgesehen von einigen Spitzenpositionen; PMM 55) weit geringer als in der IT-Branche (EM 40, PMM 44), obwohl sie traditionell eher den oberen Rand des indischen Gehaltsspektrums markierten.[28] So waren die Vergütungen im öffentlichen Sektor zwar im Jahr 2005 nach wie vor doppelt so hoch wie in der indischen Privatwirtschaft, doch die Gehälter bei »Multinationalen Unternehmen« übertrafen »private Vergütungen« um das Vier- bis Fünffache und selbst »öffentliche« Vergütungen noch um das Doppelte (Singh 2005, 8). Weil sich beide Samplefirmen offenkundig an

28 Privatunternehmen des formellen Sektors hingegen zahlten bislang geringere Gehälter, und die überwiegende Mehrheit der indischen Erwerbstätigen, die im »informellen Sektor« arbeiten, waren und sind ohnehin weit abgeschlagen (Bhalotra 2003, 23).

den Maßstäben orientieren, die westliche Konzerne für die IT-Branche etabliert haben, sind ihre Vergütungen »among the top ten percent of Indian salaries« (MM 32) und übertreffen selbst die relativ hohen (»öffentlichen«) Einkommen der Elterngeneration bei weitem. Entsprechend bemerkt eine Teamleiterin, die mit fünfeinhalb Jahren Berufserfahrung ein fast doppelt so hohes Gehalt bezieht wie ihr Vater, lapidar: »He was paid by the government and government salaries are not so high« (TLW 8).[29] Eine Kollegin, deren Vater als Wissenschaftler im Staatsdienst arbeitet, hat dessen Einkommen schon mit 22 Jahren erreicht und rechnet damit, es weit hinter sich zu lassen: »Right now, it's not *that* big difference, but [...] [o]nce I become a senior – it'll be a great difference« (EW 22).[30] Ähnliche intergenerationale Gehaltszuwächse haben teilweise auch deutsche Befragte erlebt, die (angesichts des Durchschnittsalter von Mitte Dreißig) noch von der bundesdeutschen Bildungsexpansion der siebziger Jahre profitiert haben. Ein Projektmanager bemerkt jedenfalls:

Also als ich damals angefangen habe zu arbeiten, hat mein Vater noch [als Facharbeiter] gearbeitet, und ich habe *zu dem Zeitpunkt* genauso viel verdient wie er (PMM 27).

Für Indien sind allerdings speziell die Vergütungsunterschiede zwischen IT-Beschäftigten und ihren im öffentlichen Sektor tätigen Eltern in zweierlei Hinsicht zu relativieren: Zum einen sind die Lebenshaltungskosten über die Jahre gestiegen und in Bangalore deutlich höher als in vielen Herkunftsorten. Die 24-jährige Tochter eines Wissenschaftlerpaares etwa betont:

[M]y dad would have been earning the same amount when he was near to his retirement. I'm earning just, at the beginning of my career. But then the cost of living also has increased considerably (EW 3).

Ein Teamleiter meint sogar, der »IT-Bonus« werde durch die Lebenshaltungskosten in Bangalore mehr als aufgezehrt. Zwar verdiene er nominell mehr, doch sein Realeinkommen bleibe hinter dem der Eltern zurück:

29 Die Größenordnung könnte realistisch sein. Ein anderer Befragter (PMM 44) meint, sein Vater habe nach 30 Jahren im Ministeriumsdienst 50.000 Rupien pro Monat verdient.

30 Ein Projektmanager bei G-Pro (PMM 50) gibt an, das 25-Fache des Einkommens seines Vaters zu verdienen, der als Manager in einem kleinen Privatunternehmen tätig war.

[T]he expenses in Bangalore also are comparatively higher. Like the rent that we pay in Belgaum – we used to pay was something like 1.500. [...] [H]ere the rent is 6,000. So. Yah. So compared to the expenses my parents do earn more (TLM 7).

Berücksichtigt man dies, so fällt der Gehaltszuwachs, den IT-Beschäftigte gegenüber ihren im öffentlichen Sektor tätigen Eltern erzielen, weniger beeindruckend aus. Zum anderen sind IT-Gehälter zwar höher als die Vergütungen im öffentlichen Sektor, aber mit deutlich weniger (direkt oder indirekt) »geldwerten« Zusatz- und sozialen Sicherungsleistungen verknüpft (Kapitel 5.2.1). Auch dies relativiert die gängige Vorstellung von einer gänzlich von den Maßstäben der indischen Ökonomie losgelösten Gehaltsgestaltung im IT-Sektor – und schränkt die Möglichkeiten unternehmerischer Vergütungspolitik entsprechend ein.

Offen bleibt allerdings die Frage, warum beide Samplefirmen in Deutschland wie in Indien Gehälter zahlen, die das Vergütungsniveau anderer Branchen weit übertreffen. Der Grund liegt in spezifischen Standards der Software-Branche selbst, die sich in Deutschland anders darstellen als in Indien – dies betrifft die Gehaltshöhe, aber auch die Art der (eher individualisierten bzw. standardisierten) Gehaltsfestsetzung und markiert eine wesentliche Grenze der Homogenisierung von unternehmerischer Vergütungspolitik. Damit ist die (in Kapitel 2.3) erwähnte Wechselwirkung zwischen der (einzel-)betrieblichen Nutzung von Arbeitskraft und der gesamtwirtschaftlichen Regulierung ihrer (Re-)Produktion angesprochen: Die Vergütungspraktiken jedes einzelnen Betriebes tragen zur Etablierung eines (veränderlichen) Branchenstandards bei – und gleichzeitig tritt dieser Branchenstandard dem Betrieb als »objektive« (und durch einzelne Firmen scheinbar kaum zu beeinflussende) Rahmensetzung gegenüber, an der sich orientieren muss, wer Arbeitskraft gewinnen bzw. halten will. Was die Standards der Software-Branche in Deutschland betrifft, so existieren zwar keine Tarifverträge, doch trotzdem hat sich zumindest für Großunternehmen ein betriebsübergreifendes Vergütungsniveau etabliert[31], das etwa der alljährlichen Gehaltsumfrage der Computerzeitschrift c't zu entnehmen ist.[32] Interessanterweise lagen die Vergütungen unserer Befragten in beiden

---

31 Menez und Töpsch (2003, 14) betonen hingegen die »starke Einkommensdifferenzierung sowohl zwischen Einstiegs- und Topmanagementgehältern als auch zwischen verschiedenen Tätigkeiten bzw. Berufen im IT-Bereich«, zumal sie (etwa mit »Grafik und Multimedia«) ein sehr weites Spektrum von Betrieben und Tätigkeiten einbeziehen.

32 Vgl.: Apfelbaum 2007. C't betont, die Umfrage sei nicht statistisch repräsentativ, zeichne aber ein aussagekräftiges Bild der Gehaltsstrukturen in den IT-Berufsfeldern.

Samplefirmen in Deutschland (mit sechs- bis siebentausend Euro monatlichem Brutto) deutlich über dem von C't ermittelten Durchschnittsgehalt von Projektleitern, die in der Softwareentwicklung im Jahr 2007 im Schnitt 5.000 Euro erhielten (Apfelbaum 2008). Dies dürfte vor allem auf die relativ hohe Qualifikation und langjährige Berufserfahrung der Befragten zurückzuführen sein, da sich die individuelle Eingruppierung in Deutschland (und auch bei G-Pro) vorwiegend nach diesen beiden Kriterien richtet (PAW 31).[33] Entsprechend, meint ein indischer Befragter, erhalte man in Deutschland branchenweit ungefähr dasselbe Gehalt:

> Even if I'm working for one company five years – let's say, I'm getting some n amount. So even if I switch – then also, for the same experience, I'll be getting same amount (TLM 48).

Damit ist ein zentrales Merkmal des deutschen Systems von (kollektiver) Arbeitsregulierung angesprochen:

> [I]ndustrial collective bargaining in Germany has a tendency to set standard wages more effectively than elsewhere and thereby ›take wages out of the competition‹ between firms (Sorge 2005, 170).

Mit branchenweit standardisierten Vergütungen für verschiedene Beschäftigtenprofile scheint sich erneut ein Aspekt dieses Systems in der Softwarebranche durchgesetzt zu haben, obwohl Management und Beschäftigte (etwa bei G-Pro) kollektiver Arbeitsregulierung eigentlich ablehnend gegenüber stehen. Weil man (in Sorges Worten) die Vergütungen auch hier »aus der Konkurrenz zwischen Unternehmen herausgenommen« hat, besteht für G-Pro kein Anlass, die Gehaltspolitik anderer Software-Firmen zu beobachten – dies gilt umso mehr, als Beschäftigte meist sehr lange im Unternehmen bleiben und der Anteil fachfremder Quereinsteiger, über deren Vergütung man sich verständigen müsste, gering ist (Kapitel 7). In Indien hingegen, so berichtet ein Manager, finden im selben Unternehmen

> natürlich auch von HR-Seite ganz anders Analysen statt, was den Markt anbelangt: Was wird denn gezahlt innerhalb der Branche, was ist branchenüblich, was sind die Incentives und so weiter und so fort? Also, da wird sehr viel mehr Aufwand rein gesteckt […] als wie jetzt beispielsweise in Deutschland. Weil da ist es doch relativ stabil irgendwo. In der Branche insgesamt, da gibt es eigentlich nicht *die* großen Spielräume, da ist es eigentlich eher so, so konsolidiert (MM 35).

---

33 Einfluss auf die Vergütung haben (laut Apfelbaum 2007) auch Alter, Region, Berufsfeld, Branche sowie die Übernahme von Leitungsfunktionen. All diese Faktoren lassen bei unseren Befragten ein überdurchschnittlich hohes Einkommen erwarten.

Während die »Konsolidierung« auf Branchenebene in Deutschland demnach weiter fortgeschritten ist als in Indien, scheint die Vergütungsfestsetzung auf Unternehmensebene in Deutschland weit weniger »standardisiert« zu sein: Zwar werden Beschäftigte im Mutterhaus von G-Pro je nach Qualifikation und Berufserfahrung eingruppiert, und diese Kriterien würden selbst bei einem Arbeitsplatzwechsel zu einer ähnlichen Vergütung führen – doch für den Aufstieg in höhere Gehaltsstufen gibt es (wie erwähnt) weder standardisierte Zeiträume noch Kriterien. Insofern ist unternehmensintern nach wie vor eine »unübersichtliche Differenzierung« festzustellen, von der Trautwein-Kalms (1991, 221) schrieb, sie führe »zu extremem Gehaltswildwuchs auch bei formal gleicher Qualifikation oder Tätigkeit«. Speziell die »historischen Ausnahmefälle« hoch bezahlter Entwickler durchbrechen im Mutterhaus von G-Pro jede Standardisierungslogik – und doch entsprechen sie deutschen Vorstellungen von individuellem Senioritätsaufstieg, selbst wenn diese Praxis bei G-Pro weder kollektiv verhandelt noch tarifvertraglich festgeschrieben ist. In der deutschen Niederlassung von I-Serve hingegen werden zwar ähnliche Vergütungen gezahlt, aber die Gehaltsfestsetzung erfolgt nach anderen Kriterien: Weil hier regelmäßig externe Rekrutierungen vorgenommen werden, sind in erster Linie die Branchenstandards ausschlaggebend, und Beschäftigte heben lobend hervor, dass diese bei I-Serve durchaus gewahrt würden. So betont eine Befragte (KBW 30), ihre Vergütung »passt zur IT-Branche. Also das ist absolut in Ordnung«, und aus der Personalabteilung verlautet, ein I-Serve-Gehalt »lässt sich eigentlich ganz gut sehen«: Bei Vorstellungsgesprächen sehe man,

> was sie [Bewerber] im Moment bekommen, und das vergleiche ich mit, was wir bieten können. Das ist teilweise immer ein bisschen drüber (PAW 31).

Historisch gewachsene Ausnahmefälle existieren bei I-Serve Deutschland nicht, weil Beschäftigte nicht lange genug im Unternehmen bleiben und zudem weitgehend ohne Ansehen des Einzelfalles in die Gehaltsbänder des indischen Mutterhauses eingeordnet werden. Daher, klagt eine Vertreterin der Personalabteilung, sei der Verhandlungsspielraum schon bei Neueinstellungen gering:

> Wir haben da so eine bestimmte Bandbreite, in der ich verhandeln kann, aber … es steht eigentlich schon fest, in welcher Breite das sein wird (PAW 31).

Eine Konsequenz dieses Versuchs, sich in Hinblick auf die Vergütungshöhe an deutschen Branchenstandards zu orientieren, aber gleichzeitig das indische Vergütungssystem auf die deutsche Niederlassungen zu übertragen, sind die Rekrutierungsprobleme von I-Serve in Deutschland.

In Indien hingegen scheint es Software-Firmen bislang nicht zu gelingen, Vergütungen aus der Konkurrenz um Arbeitskraft herauszuhalten, obwohl durchaus Standardisierungserfolge festzustellen sind: So gab Heeks (1996, 115) schon Mitte der neunziger Jahre Durchschnittsgehälter für eine Reihe von Tätigkeitsprofilen an, und die meisten Befragten gehen selbstverständlich davon aus, dass alle großen IT-Firmen in Indien ähnliche Vergütungen bieten.[34] Indische Servicefirmen offerierten ohnehin »the same package« (TLM 7), doch selbst westliche Produktfirmen hätten sich diesem Standard inzwischen angepasst (EW 14; MM 18). Zwar bestehen deutliche Gehaltsunterschiede zwischen Produkt- und Servicefirmen – wie wir sahen, liegen die Vergütungen im Mutterhaus von I-Serve ungefähr zwischen westlichen Unternehmen (wie G-Pro) und dem indischen öffentlichen Sektor. Diese Unterschiede scheinen jedoch vor allem dadurch bedingt zu sein, dass Produktfirmen im Schnitt eine höhere Qualifikation und mehr Berufserfahrung verlangen: Produktfirmen zahlten besser, meint eine Teamleiterin bei I-Serve, aber »then you need those kind of skills« (TLW 21). Demnach hat auch in Indien eine branchenweite Verständigung darüber begonnen, welche Vergütung für eine bestimmte Kombination aus Qualifikation und Berufserfahrung zu zahlen ist – und Jobwechsel versprechen durchaus nicht immer Gehaltssprünge. Wechsele man, so dieselbe Befragte,

> to a different company with this much experience, then there will be negotiations and there will be, you will obviously be getting a little more (TLW 21).

Zwar galt ein Unternehmenswechsel zum Zeitpunkt der Interviews (2007) nach wie vor als eine der effektivsten Methoden, um das eigene Gehalt zu erhöhen (Kapitel 4), doch diese »Wechsler-Zulagen« sprengen den entstehenden »Vergütungsstandard« der indischen IT-Branche offenbar nicht. Immerhin geben viele Befragte an, die Gehälter in den Samplefirmen seien »pretty much average« (TLM 6, 7; TLW 8; BWF 10; EW 14) – und wo Durchschnittswerte angegeben werden können, existieren einigermaßen

34 Das Gehaltsgefälle zwischen großen, transnational operierenden Produkt- und Servicefirmen auf der einen Seite und mittleren bis kleinen (meist indischen) IT-Firmen auf der anderen Seite (die laut Ravi Sundaram den Großteil der IT-Arbeitsplätze stellen; EXP 88) ist enorm. Im Jahr 2000 zahlten Großunternehmen 12-15.000 Rupien Grundvergütung, mittelgroße indische Firmen hingegen 3500 bis 4.000 Rupien (Vijayabaskar/Rothboeck/Gayathri 2001, 48).

verbindliche Standards. Der Umstand, dass der Durchschnittsverdienst in der indischen Software-Branche über Jahre hinweg zweistellige Wachstumsraten aufwies, offenbart allerdings, dass Vergütungsstandards in Indien sehr viel weniger stabil sind als in Deutschland. Unter Bedingungen von Fachkräftemangel bemühen sich vor allem Unternehmen um eine branchenweite Standardisierung von Gehältern, um auch indische Vergütungen aus der Konkurrenz um Arbeitskraft herauszunehmen und die durch »Wechsler-Zulagen« bedingte Fluktuation zu reduzieren. So melden Unternehmen ihre (eigentlich streng geheimen) Vergütungsstandards an Unternehmensberatungen wie Noble & Hewitt, die daraus Branchenübersichten anfertigen und an Firmenkunden verkaufen. Vertreter beider Samplefirmen erklären, man dürfe den (durch derlei Umfragen identifizierten) Branchenstandard nicht unterschreiten, wenn man Arbeitskraft extern rekrutieren oder halten wolle – immerhin sammeln Beschäftigte (etwa mit Hilfe von Webseiten wie »Payscale«) ähnlich systematisch Informationen über branchenweite Vergütungsstandards wie es Firmen mit Unterstützung von Unternehmensberatungen tun. Gleichzeitig wird jedoch in beiden Firmen hervorgehoben, dass man den Branchendurchschnitt bewusst nicht überschreite. Bei I-Serve heißt es, man sei nicht »the best paymaster« (PAM 23) oder kein »big payer« (PMM 16), und bei G-Pro wird betont, man zahle »mit Sicherheit nicht die höchsten Löhne« (PMM 35). Stattdessen verorten sich beide Samplefirmen erfolgreich im Mittelfeld der Branche[35], wobei G-Pro sich in Indien sogar ein Zurückbleiben hinter steigenden Vergütungsstandards erlaubt: Ein Befragter erklärt, als er vor drei Jahren bei G-Pro eingestellt worden sei, habe er etwa 85 Prozent des Verdienstes erzielt, den Freunde in anderen Software-Firmen erhielten, doch der Abstand habe sich vergrößert:

So, as compared to my friends, I was good, when I joined [G-Pro], but I am no good now. After they have made some movement and then their company has given them good growth (EM 38).

---

35 Laut Varma und Sasikumar (2004, 61) verdienten etwa 30 Prozent der Beschäftigten weniger als 16.500 Rupien pro Monat, 35 Prozent 16.500 bis 33.500 Rupien, 27 Prozent 33.500 bis 50.000 Rupien und etwa acht Prozent mehr als 50.000 Rupien. Ein Großteil der I-Serve-Beschäftigten (deren Einstiegsgehalt 2007 bei 27.000 Rupien lag) gehört demnach grob zum mittleren Drittel, Beschäftigte bei G-Pro hingegen durchweg zum oberen Drittel, wobei schon Teamleiter zu den »Spitzenverdienern« zählen. Allerdings werden hier Vergütungen des Jahres 2007 mit einer Übersicht von 2004 verglichen. Angesichts der rapiden Gehaltssteigerungen dürften beide Samplefirmen 2004 noch eindeutiger im Mittelfeld gelegen haben.

Ein Projektmanager bestätigt: »we are not now keeping pace with the others« (PMM 44), und begründet dies damit, dass über Gehaltszuwächse im deutschen Mutterhaus entschieden werde. Der Gründer der indischen Niederlassung bietet hingegen eine andere Erklärung an: In den ersten Jahren der Indien-Präsenz müsse man in der Umfrage von Noble & Hewitt unter den bestzahlenden Unternehmen sein, doch

> je mehr brand-name und so was man hat, desto weiter kann man nach unten. Aber natürlich können wir als [G-Pro] auch nicht der schlechteste Paymaster im Land sein. Also, wir gucken so, dass wir im zweiten Quarter sind, also nicht mehr bei den Top 25 Prozent, aber immer noch in der oberen Hälfte (MM 63).

Bei den Bemühungen der Samplefirmen um eine Positionierung im Mittelfeld des (großbetrieblichen) IT-Vergütungsspektrums fungieren die häufigen Arbeitsplatzwechsel indischer Beschäftigter offenbar nicht nur als Anlass, sondern auch als Instrument von Gehaltsstandardisierung, weil man gerade in Vorstellungsgesprächen Kenntnis über Vergütungen in anderen Firmen erlangt. Ein Teamleiter erklärt:

> [I]f I am joining a new company, I have to show that: ›This is how much I was getting, that's why I'm expecting this from you.‹ And anyways – it is known to everybody that […] to a fresher that you give this much, and this company also gives the same. […] Same way it happens for ›one year experience‹ or ›two year experience‹. They're kind of standardized (TLM 48).

Es findet demnach durchaus eine Etablierung von Vergütungsstandards auf Branchenebene statt, die sich an ähnlichen Kriterien orientiert wie in Deutschland, selbst wenn diese Standards bislang weniger stabil sind. Die Gehaltsstandardisierung innerhalb von *Unternehmen* scheint in Indien hingegen eine deutlich größere Rolle zu spielen. Zwar existieren in beiden Samplefirmen (über Abteilungen und Spezialisierungsrichtungen hinweg) auch in Indien »Gehaltsbänder«, doch das Vergütungsspektrum innerhalb eines Bandes ist deutlich geringer als in Deutschland. Ein Vertreter der Personalabteilung von I-Serve jedenfalls bemerkt: »if they're at the same band, their salaries would nearly be at the same level« (PAM 23), und für G-Pro India erklärt ein Vertreter der Personalabteilung, innerhalb eines Gehaltsbandes »[t]here is no range, it's a fixed amount« (PAM 62). Zwar finden sich auch in der indischen Niederlassung von G-Pro die im Mutterhaus so prägenden »Ausnahmefälle« – darunter etwa jener Technik-Spezialist, der nach zehn Jahren im Unternehmen mehr verdient als Kollegen auf formal höheren Positionen und dies ausdrücklich auf Seniorität (als zentralem

Prinzip von Arbeitsregulierung in Deutschland und im indischen »Public Sector«) zurückführt: »See, I was working a long time and I normally held critical projects« (PMM 61). Allerdings ist eine solche Übertragung von Vergütungspraktiken des Mutterhauses (samt langsamer und auf Einzelfälle abgestimmter Gehaltserhöhungen) auf die indische Niederlassung problematisch. Weil indische Beschäftigte von G-Pro weniger lang im Unternehmen bleiben als ihre deutschen Kolleg/innen, muss das Gehaltsgefüge nicht nur in höherem Maße externen Branchenstandards entsprechen, sondern letztere müssen sich auch konsequenter als in Deutschland in einer internen Kongruenz von Vergütungsstrukturen niederschlagen. Wenn man jemandem »weniger zahlt wie anderen … mit vergleichbarer Leistung und auch weniger als draußen auf dem Markt«, meint ein Befragter, werde derjenige »dann gehen, klar. Der ist unzufrieden, der fühlt sich ungerecht behandelt und zu Recht« (PMM 35). Offenbar legen viele indische Beschäftigte weniger Wert auf Spitzenlöhne denn auf eine »gerechte Vergütungsstruktur«. So betont ein Entwickler, das Gehaltsgefüge bei G-Pro sei »more or less streamlined« und lasse glücklicherweise kaum Spielraum für Verhandlung:

> [T]here is not much of a room for any individual to negotiate. That's also *nice* in some way. Because then … it's, it's, it's not that common, that you see a disparity between incomes. It's quite a *fair* pay structure, definitely (EM 59).

Auch die Vergütungen bei I-Serve scheinen den Vorstellungen der Beschäftigten von einem »gerechten« Gehalt weitgehend zu entsprechen. So erklärt eine Entwicklerin den Unterschied zwischen ihrem eigenen Gehalt und dem ihres Ehemannes im selben Unternehmen wie folgt:

> [H]e's just two years a senior to me. He's getting, what he's supposed to get […] at that post, and I'm getting whatever I'm supposed to get on my post. It is definitely more, because he's a senior. But then it is comparable, maybe in a couple of years, I'll also may [be] getting the same salary (EW 3).

Allerdings bringt diese Formulierung auch die ambivalente Haltung vieler Interviewter zu unternehmerischer Vergütungsstandardisierung zum Ausdruck: Man weiß, welches Gehalt angemessen ist (»what he's supposed to get«), wobei die hohe Akzeptanz von (nach Qualifikation und Berufserfahrung) standardisierten und faktisch in geringem Maße von aktueller individueller »Leistung« abhängigen Gehältern ein Erbe des indischen »Public Sector« darstellen mag. Auch rechnet man im Prinzip damit, ein solches Gehalt zu bekommen (»I'll also …«), sobald die Voraussetzungen für einen

Zeitaufstieg erfüllt sind (»in a couple of years«), doch offenbar bleibt eine gewisse Unsicherheit, ob dieser wirklich eintreten wird (»may be«). Diese Unsicherheit ist darauf zurückzuführen, dass das Verhältnis von objektiven Vergütungskriterien (wie Dauer der Beschäftigung) und Instrumenten individualisierter Gehaltsfestlegung (wie Zielvereinbarungen) weitgehend ungeklärt ist. Ergebnis ist eine mangelnde Transparenz von Vergütungsstrukturen:

> Although most companies claim that they offer salaries to new recruits based on standard benchmarks, in fact there is a great deal of negotiation that takes place [...]. Promotions are based on individual performance appraisals, and salaries also have a performance-linked component [...], which means that there may be wide variation in compensation among engineers in similar positions (Upadhya/Vasavi 2006, 49).

Diese mangelnde interne Kongruenz von Vergütungen öffnet der Willkür von Vorgesetzten Tür und Tor, was indische Beschäftigte dazu veranlasst, sich ihrerseits um die Identifikation »objektiver« Standards zu bemühen, an denen sie ihr Gehalt messen können. Ausdruck dieser Bemühungen ist (neben der Teilnahme an webbasierten Umfragen) auch der informelle Austausch unter Kolleg/innen über Gehälter, den beide Samplefirmen in Indien vergeblich untersagen. Ein Vertreter der Personalabteilung von G-Pro klagt: »Of course, we can't stop people. Especially the youngsters do share a lot of information« (PAM 62). Ähnlich äußert sich sein Kollege bei I-Serve:

> We really discourage discussion of compensation between the employees. But it's a natural phenomenon, curiosity, when they go ahead and still discuss. [...] I would say that ... that knowledge on what is the average pay level for each of these roles: It's pretty much there across employees (PAM 23).

Nach Einschätzung vieler Befragter ist der informelle Informationsaustausch unter Beschäftigten sogar ein wesentlicher Grund, warum Firmen Gehälter standardisieren müssen: Selbst IT-Angestellte, die in verschiedenen Firmen arbeiteten, »come from the same college, they take an apartment, they stay together« (MM 37) – und »when they go back home they start comparing their compensation« (PAM 23). Erfolgten Gehaltserhöhungen nicht nach klaren Regeln, seien zumindest Konflikte zwischen Kolleg/innen im selben Unternehmen vorprogrammiert, meint ein Manager:

> Weil, wenn ich wirklich Leute habe mit gleicher Qualifikation oder mit gleicher Erfahrung, dann gibt's für mich eigentlich keinen Grund, warum der eine dann aufgrund von Verhandlungsgeschick [...] mehr bekommen sollte. Das führt dann wiederum auf der anderen Seite auch wiederum zu ... zu vielleicht Diskussionen dann ... Weil, klar, eigentlich, ich denke, es ist bei allen Firmen so, dass es nicht gern gesehen ist, wenn sich die, die Mitarbeiter austauschen über ihre Gehälter. [...] Aber sie machen es ja doch (PMM 35).

Ergebnis ist eine Tendenz zur Standardisierung unternehmensinterner Vergütungsstrukturen, die in diesem Maße in Deutschland nicht festzustellen ist. Bei der deutschen Niederlassung von I-Serve bleiben Beschäftigte nicht lange genug, um derlei Standards zu etablieren bzw. die Standards des indischen Mutterhauses durchzusetzen, und im Mutterhaus von G-Pro, wo man sich (auch angesichts branchenweiter Standardisierung) auf die Vorliebe vieler Beschäftigter für eine möglichst langfristige Unternehmensbindung verlassen kann, hängen Gehaltserhöhungen weniger von der formalen Position in der Firmenhierarchie als von individuellen Qualifikationen und »Verdiensten« ab. In Indien hingegen beinhaltet die Standardisierung unternehmensinterner Vergütungsstrukturen nicht nur eine Festlegung, welches Gehalt für welche Kombination aus Qualifikation und Berufserfahrung gezahlt wird, sondern es steht auch mehr oder weniger fest, zu welchem Zeitpunkt eine Beförderung zu erfolgen hat. Immerhin benötigen Softwarefirmen unter Bedingungen von Branchen- und Firmenexpansion einigermaßen verbindliche Branchenstandards, um Gehaltssteigerungen zu begrenzen, und möglichst klare innerbetriebliche Vergütungsstrukturen, um Neuzugänge konfliktfrei eingruppieren zu können. Man kann daher den Eindruck gewinnen, dass Unternehmen in Indien durch die Betonung leistungsabhängiger Gehaltsbestandteile die Motivation von Beschäftigten zu steigern suchen, indem sie (innerhalb eines weitgehend standardisierten Gehaltsgefüges) die Konkurrenz um minimale Zulagen schüren. Ein wichtiger Unterschied zwischen dem deutschen und dem indischen ökonomischen Umfeld besteht allerdings darin, dass man sich in Indien (zum Zeitpunkt der Interviews) sehr viel intensiver um die Motivation von Beschäftigten bemühen musste: Ganz unabhängig von Herkunftskontext und Geschäftsmodell blieb beiden Samplefirmen keine Wahl, als die steigenden Vergütungsstandards der Branche mit zu vollziehen. Der Gründer der indischen G-Pro-Niederlassung meint: »Wir könnten uns da definitiv nicht ausklinken.« In Deutschland »handhaben wir das ja letztlich ähnlich«, so der Befragte weiter, allerdings unter gänzlich anderen Bedingungen:

> Der Markt hier [in Deutschland] bewegt sich kaum, und die [G-Pro] zahlt jetzt da auch nicht Traumgehälter plötzlich (MM 63).

Angesichts geringerer Verteilungsspielräume ist der Austausch über Gehaltsfragen zwischen Beschäftigten in Deutschland offenbar weniger wichtig. Zwar finden teilweise kollegiale Gespräche über Gehälter statt (PMM 35), doch vielfach hat man »keine Ahnung«, was Kolleg/innen verdienen (TLM 68) – ein Fakt, den indische Beschäftigte erstaunt zur Kenntnis nehmen.

> [T]he wage is a very confidential stuff in Germany … and the employees don't discuss the wage … They must be friends who discuss the wage. But … as a normal practise the wage or the bonuses […] are not discussed among the employees in Germany (MM 37).

Zwar sind sich Beschäftigte auch in Deutschland sicher, was eine »angemessene Vergütung« ausmacht, doch im Zeichen stagnierender Beschäftigtenzahlen erwächst daraus kein Druckpotential – und keine Gehaltserhöhung. Dies fördert die Annäherung zwischen (stagnierenden) deutschen und (steigenden) indischen Gehältern.

Das deutsche bzw. indische Regulierungsszenario von Arbeitskraft-(Re-)Produktion trägt demnach in mehrerer Hinsicht zum unterschiedlichen Umgang beider Samplefirmen mit deutschen bzw. indischen Vergütungen bei: Zunächst können in Indien geringere Grundvergütungen gezahlt werden als in Deutschland, weil sich das hoch fragmentierte wirtschaftliche Umfeld (vermittelt über geringe Löhne in anderen Branchen) in relativ geringen Kosten für Arbeitskraft-(Re-)Produktion niederschlägt. Dass sich indische und deutsche Vergütungsstandards dennoch annähern, hängt nicht zuletzt mit der Dynamik der jeweiligen IT-Arbeitsmärkte zusammen, weil deutsche Beschäftigte kaum Gehaltserhöhungen durchsetzen können, während indische Beschäftigte über mehr Druckpotential verfügen. Allerdings sind Letztere in den IT-Metroplen mit hohen und steigenden Lebenshaltungskosten konfrontiert, die einen Großteil der steigenden Gehälter aufzehren. Dies gilt umso mehr, als soziale Sicherung in höherem Maße privat finanziert werden muss als in Deutschland, weil Sozialeigentum keine vergleichbare Rolle spielt. Variable Gehaltsbestandteile (und speziell die von individueller Leistung abhängigen Komponenten) spielen in der Selbstdarstellung von I-Serve zwar eine viel größere Rolle als bei G-Pro, machen jedoch in beiden Firmen und beiden Weltregionen faktisch nur einen kleinen Teil der Vergütung aus. Wichtiger für die Gehaltsfestsetzung sind hingegen branchenweite Standards, die in Deutschland (trotz des Fehlens von Branchentarifverträgen) relativ stabil, in Indien hingegen erst im Entstehen begriffen und rapiden Veränderungen unterworfen sind – ein Umstand, der speziell bei G-Pro die Übertragung der (auf langsamen und individuell geregelten Aufstieg setzenden) Vergütungspraktiken des Mutterhauses auf die indische Niederlassung erschwert. Die Standardisierung von Vergütungen auf Unternehmensebene hingegen spielt in Indien in beiden Firmen insofern eine sehr viel größere Rolle als in Deutschland, als dort nicht nur die Vergütung einer bestimmten Kombination von Qualifikation und Berufserfahrung, sondern auch der zeitliche Ablauf von Gehaltserhöhungen viel klarer geregelt ist – daher trägt der Versuch von I-Serve, indische Standards in der deutschen Niederlassung durchzusetzen, zu den Rekrutierungsproblemen des Unternehmens bei.

6. Arbeitszeit

Ausführungen über Vergütungsstandards bleiben notwendigerweise unvollständig, solange Arbeitszeit-Fragen nicht erörtert sind. Wird in großem Umfang Mehrarbeit geleistet, so fallen die Stundensätze selbst bei hohen monatlichen Grundvergütungen (Kapitel 5) gering aus, und höhere Gehälter gehen meist mit längeren Arbeitszeiten einher, wie ein Projektmanager bei G-Pro hervorhebt:

> [D]a muss man halt wieder das Gehalt sehen – in Relation sehen zu der Arbeitszeit, die ich investieren muss. [...] Also geschenkt bekommt eigentlich in der Regel keiner was. [...] Ein höheres Gehalt bezahle ich mit Sicherheit mit einem höheren Arbeitsaufwand oder mit einer schlechteren, wie sagt man so schön: Work-Life-Balance (PMM 35).

Insofern müssen Arbeitszeit und Vergütung gemeinsam in den Blick genommen werden, um den Tauschwert von Arbeitskraft zu bestimmen. Die Entscheidung, ob Arbeitszeit intensiver genutzt oder verlängert wird, um Wachstumsziele zu erreichen, markiert dabei einen wesentlichen Aspekt unternehmerischer Strategien von Arbeitskraftnutzung. Zugleich beeinflussen Arbeitszeiten deren (Re-)Produktion, weil die Frage, welcher Anteil eines Tages bzw. eines Lebens auf Erwerbsarbeit verwendet werden muss, maßgeblich darüber entscheidet, wie die alltägliche (Re-)Produktion von Arbeitskraft (im Sinne von Erholung), die biographische (Re-)Produktion von Arbeitskraft (im Sinne der Abfolge von Phasen der Erwerbstätigkeit und Nichterwerbstätigkeit) oder eine transgenerationale (Re-)Produktion von Arbeitskraft (im Sinne der »Erzeugung« und Erziehung der nächsten Generation) realisiert wird. Daher hängt es nicht zuletzt von ortsgebundenen Standards von Arbeitskraft-(Re-)Produktion ab, wie Unternehmen Arbeitszeiten in Deutschland und Indien gestalten (können) und inwiefern eine Vereinheitlichung über Weltregionen hinweg möglich ist.

Der einschlägigen Literatur für Deutschland (etwa Glißmann/Peters 2001) und für Indien (etwa Upadhya/Vasavi 2006) zufolge scheint der

Umgang mit Arbeitszeiten in der Softwarebranche beider Länder ähnlich zu sein: Demnach leisten Beschäftigte in großem Umfang Mehrarbeit, wobei der Verzicht vieler Unternehmen auf formelle Arbeitszeiterfassung und -kontrolle nicht zur Reduzierung, sondern zur (scheinbar) freiwilligen Verlängerung von Arbeitszeit beiträgt, da zwar die Termineinhaltung, aber nicht die Termin- und Budgetfestlegung in die Verantwortung von Beschäftigten verlagert wird. Das Ergebnis ist in den Worten von Glißmann und Peters »mehr Druck durch mehr Freiheit«. Wie also stellt sich Arbeitszeitgestaltung in unseren Samplefirmen dar?

6.1 Unternehmensstrategien der Arbeitszeitgestaltung

Die vertragliche Regelung von Arbeitszeiten gestaltet sich in beiden Samplefirmen und in deren indischen wie deutschen Niederlassungen sehr ähnlich. Überall gilt eine Fünf-Tage-Woche – dies ist in Indien durchaus nicht selbstverständlich[1], wird jedoch in vielen Softwarefirmen praktiziert, was diese speziell für Frauen attraktiv macht:

As you have five days working in IT industry and in India, if you look at any other industry like automobile, retail or any other sector, most of these industries have six days working and the work timings are very bizarre, so. In that sense the quality of life and the growth prospects that women have is a lot better in IT-industry than anywhere else (BWW 10).

Die Wochenarbeitszeit ist bei G-Pro (in Deutschland und Indien) vertraglich mit 40 Stunden festgeschrieben (PMM 35), während I-Serve im indischen Mutterhaus 42,5 Stunden, in der deutschen Niederlassung hingegen ebenfalls 40 Stunden verlangt (EW 3; PMM 13; MM 24; KBW 30). Auch bei der offiziellen Dauer, Lage und Verteilung der Arbeitszeiten bestehen kaum Unterschiede: Im Mutterhaus von I-Serve beginnen sie zwischen acht und neun Uhr morgens und enden (inklusive einer etwa einstündigen Mittagspause) zwischen 17 und 18 Uhr (PMM 1; TLM 7), und bei der indischen Niederlassung von G-Pro wird (samt Mittagspause) von acht bis 17 Uhr gearbeitet (PMM 35). In beiden Firmen werden Abende und Wo-

1 Der »Factories Act« von 1947 etwa geht von einer Sechs-Tage-Woche aus (Kapitel 6.2.1), und außerhalb des organisierten Sektors dürfte selbst dies schwer durchsetzbar sein.

chenenden nur im Notfall eingeplant, wie ein Projektmanager bei I-Serve betont:

Generally anyway you don't allocate work for weekends and late night. So it only happens during a pressure situation when somebody might have to work over a weekend or a late night (PMM 1).

Angesichts des in der IT-Industrie und auch bei den Samplefirmen üblichen Bekenntnisses zu »flexiblen« Arbeitszeiten und der vorherrschenden Meinung, dass exzessive Mehrarbeit (speziell in Indien) geradezu ein Branchenkennzeichen sei (Nadeem 2009, 27), ist es erstaunlich, wie selbstverständlich die meisten Befragten den »normalen« Beginn und Endpunkt eines Arbeitstages benennen. Die Erklärung dürfte darin liegen, dass etwa I-Serve bereits im »appointment letter« (SEW 20) bzw. im Einführungskurs (BWF 10) verbindliche Präsenzzeiten formuliert. Nur im deutschen Mutterhaus von G-Pro erhielten wir auf die Frage nach »üblichen Arbeitszeiten« keine Antwort, sondern wurden über die faktischen Arbeitszeiten der jeweiligen Befragten oder ihres unmittelbaren Umfeldes informiert. Was nun diese tatsächlich geleisteten Arbeitszeiten betrifft, so geben indische Beschäftigte in beiden Firmen an, (wie vertraglich vorgesehen) täglich acht bis neun Stunden (nämlich von 8 bis 17 oder von 9 bis 18/19 Uhr, mit einstündiger Mittagspause) zu arbeiten (für I-Serve: EW 3; BWW 10; PMM 13; SEW 14; TLW 21; für G-Pro: PMW 36). Damit liegen ihre Arbeitszeiten unter den Werten, die sonst für die indische Softwarebranche genannt werden – Ilavarasan (2002, 122) geht etwa von einer durchschnittlichen Wochenarbeitszeit von 48,7 Stunden aus. Auch im deutschen Mutterhaus von G-Pro ist von Arbeitszeiten die Rede, die zwischen 8 und 9 Uhr beginnen und um 18 Uhr oder 18:30 Uhr enden, was ein Manager als »gesund, noch gesund« bezeichnet (MM 69). Allerdings berichten deutsche und indische Beschäftigte in beiden Unternehmen, in Hochdruckphasen mehr als zwölf Stunden pro Tag (EW 3; SEW 20; TLW 47; EM 58; SEM 68; EM 71) oder am Wochenende gearbeitet zu haben (PMW 36; EW 42; MM 69). Derlei Mehrarbeit gilt in beiden Firmen als durch das Gehalt abgedeckt; es gibt weder Überstundenvergütungen noch vertraglich geregelten Freizeitausgleich (TLM 6; PMM 35; MM 63).[2] Dies hält ein deutscher Angestellter von I-Serve für unproblematisch:

2 Allerdings wird Wochenendarbeit, die von G-Pro angeordnet wurde, mit dem 1,5-fachen Stundensatz vergütet – so ein Bericht, der aus Anonymisierungsgründen nicht zitiert werden kann.

Also Überstunden sind halt mit dem Gehalt abgeglichen. [...] [D]as seh ich als kein Problem an. Ich glaube, das ist ... in meinem Business auch normal (PMM 27).

Ein Projektmanager von G-Pro bemerkt, er wisse nicht, ob es überhaupt eine IT-Firma gebe, »die das speziell vergütet, Überstunden, die wirklich so eine Art Zeitarbeitskonto führt« (PMM 35).

Grundsätzlich scheint im Bereich der Arbeitszeitgestaltung die Homogenisierung von betrieblicher Arbeitskraftnutzung über Geschäftsmodelle und Weltregionen hinweg besonders nahe zu liegen. Trotzdem bestehen Unterschiede zwischen den Samplefirmen, die auf die Geschäftsmodelle von Produkt- und Servicefirmen und somit auf Grenzen der Homogenisierung verweisen.

6.1.1 Unterschiede in der Arbeitszeitgestaltung von G-Pro und I-Serve

Die wichtigsten Unterschiede zwischen der Arbeitszeitgestaltung bei G-Pro und I-Serve zeigen sich im Umfang von Mehrarbeit sowie in der Möglichkeit, geleistete Überstunden durch Freizeit zu kompensieren. So scheinen Überstunden bei G-Pro nicht nur im deutschen Mutterhaus, sondern auch in der indischen Niederlassung eine deutlich geringere Rolle zu spielen als bei I-Serve – dies deckt sich mit Upadhyas und Vasavis (2006, 86) Feststellung, dass Mehrarbeit bei Servicefirmen weiter verbreitet sei als im Produktgeschäft. Mehrarbeit sei »not so frequent«, meint ein indischer Entwickler bei G-Pro (EM 56), und ein Kollege (EM 59) gibt an, meist von 8 bis 17 Uhr und nur gelegentlich bis 19 Uhr zu arbeiten. Nun variieren Arbeitszeiten von Team zu Team und von Projektphase zu Projektphase, und teilweise werden auch bei G-Pro mehr Überstunden geleistet. Eine Entwicklerin bemerkt:

On a week I would say it's eight to seven in three days and the other two will be eight to five. And sometimes [...]: 8:00 to 8:30 (EW 42).

Trotzdem herrscht Einigkeit darüber, dass die Arbeitszeitgestaltung eher zu den Vorteilen einer Tätigkeit bei G-Pro gehört. Dies ist nicht zuletzt auf die Möglichkeit zurückzuführen, sich die eigenen Arbeitszeiten innerhalb eines durch Projekterfordernisse gesetzten Rahmens selber einzuteilen, was nicht nur, aber auch den »Abbau« von Überstunden betrifft. Von einem formellen Freizeitausgleich kann hier freilich keine Rede sein, weil Arbeitszeiten (und demnach auch Überstunden) bei G-Pro nicht erfasst werden. Zwar wäre es ein Leichtes, Arbeitszeiten mit Hilfe jener Daten zu kontrollieren, die bei der Nutzung von ID-Karten beim Betreten jedes Firmengebäudes erhoben werden (Mukherjee 2008, 60), doch der Gründer der indischen Niederlassung betont, diese Informationen würden nicht ausgewertet.

Sie gehen hier zwar durch die Drehtür, die Drehtür erfasst auch, wer rein gekommen ist, das ist aber mehr aus Sicherheitsgründen, dass wenn jetzt hier irgendwie ein Flugzeug drauf stürzt, weiß man, wer ist jetzt tot. Extrem gesprochen [lacht]. [...] Es [...] wird überhaupt nicht ausgewertet, oder so: Wie lang war der eigentlich in dem Gebäude, oder warum ist der dann da rüber gegangen? [lacht]

Diese Praxis des deutschen Mutterhauses wurde in der indischen Niederlassung übernommen. Dem Befragten zufolge sei es »übrigens ungewöhnlich in Indien, dass wir die Arbeitszeit nicht erfassen. Weil wir einfach diese Freiheit den Leuten zubilligen«. »Der Gruppendruck ist sowieso viel besser«, fährt er fort: »Wenn das Team eine Aufgabe zu schaffen hat [...] – wenn dann drei Leute da sitzen, geht der vierte nicht an den Baggersee« (MM 63). Beschäftigte scheinen diesen moralischen Druck durch Kolleg/innen angenehmer zu finden als Arbeitszeitkontrollen durch Vorgesetzte. Jedenfalls betont eine Entwicklerin, sie schätze G-Pros Zeitmanagement, das nicht durch »Policing« gekennzeichnet sei:

Like, no one restricts you, like, you have to, you know, come at nine and you have to leave at ten ... you know, or stretch or other things. Like, there is no policing of the job (EW 42).

Zu dieser Zufriedenheit dürfte auch der Umstand beitragen, dass ein informeller Abbau von Überstunden meist zu gelingen scheint. Wenn »vor entsprechenden Deadlines entsprechend mehr gearbeitet wird«, berichtet ein Befragter über das Mutterhaus, würden »umgekehrt entsprechend entspanntere Situationen auch genutzt [...], um eben entsprechend runter zu fahren« (PMM 70). Dies gilt offenbar auch für die indische Niederlassung, wo ein Projektmanager betont:

It's never, like, for a year you'll be working 15 hours a day – that never happens. So, maybe for *one week*, you will work a lot. And then another week, you will work really less. [...] On an average, I think, it may be eight, nine hours per day, for everybody (PMM 52).

Einem anderen Projektmanager in Indien zufolge fielen zwar Überstunden an, doch gibt es eben bei uns […] auch wiederum die Flexibilität, dass man dann sagt: ›Also ich habe einfach einen privaten Termin. Ich habe die letzten Tage wirklich ziemlich viel gearbeitet und da einige Überstunden angesammelt. Ich gehe jetzt heute einfach mal früher.‹ […] Na ja, dann geht er eben. Das sind dann so Sachen, wo es sich dann einfach so ein Stück weit wieder ausgleicht (PMM 35).

Ein deutscher Angestellter gibt sogar an, er arbeite zwar »nicht regelmäßig« abends oder am Wochenende, könne aber bei Bedarf dennoch früher gehen:

[W]enn ich irgendwann keine Lust mehr habe, kann ich natürlich auch früher gehen. Wenn ich irgendwas erledigen muss, einen Termin beim Arzt habe oder so was […]. Das lässt sich schon relativ gut einteilen (SEM 68).

Auch in Indien steht es offenbar selbst »einfachen« Entwicklern frei, nach Erledigung ihrer Arbeiten das Büro zu verlassen:

If some work is given to you, so, whenever finished, you can go out. You don't sit till eight o'clock, even if you don't have work. You complete the work, you can go at four o'clock itself (EM 40).

Bei I-Serve hingegen findet durchaus »Policing« im Sinne technischer Arbeitszeiterfassung statt. Auch hier wird das Betreten und Verlassen von Firmengelände und Gebäuden registriert, doch anders als bei G-Pro dient dies nicht zuletzt dem Nachweis, dass man pro Tag mindestens 8,5 Stunden im Unternehmen war, wie Mukherjee (2008, 60) es für viele indische IT-Firmen beschreibt. I-Serve besteht selbst dann auf diesen Präsenzzeiten, wenn keinerlei Projektarbeiten anstehen (EW 3). Zudem fallen deutlich häufiger Überstunden an. So berichtet ein Entwickler, der in beiden Samplefirmen gearbeitet hat, er mache bei G-Pro meist um 17 oder um 19 Uhr Feierabend; bei I-Serve hingegen sei es »generally« 20 oder 21 Uhr geworden (EM 46). Schließlich scheint auch die Kompensation von Mehrarbeit durch Freizeit bei I-Serve nicht selbstverständlich zu sein. Zwar könne man »sometimes« früher gehen, wenn man zuvor länger gearbeitet habe, bemerkt ein Teamleiter,

but it is not officially, just informal understanding. If you stay late night one day then the next day you can come late sometimes. But if you work on a weekend like Sunday – then you take a day off on a Thursday or something like that (TLM 7).

Allerdings kollidiert eine (von Beschäftigten gestaltete) Arbeitszeitflexibilität mit den rigiden Präsenzvorgaben von I-Serve. So ist eine Entwicklerin der Auffassung, ein vorzeitiger Feierabend werde (unabhängig von der aktuellen Arbeitsbelastung) vom Management nur in Ausnahmefällen akzeptiert:

Yah, there might be people, who … leave early. Maybe they leave in six or seven hours. For a *few* days: ok, doesn't matter. But if it's a continuous pattern for, say like, one month of fifteen days, they do get mails that: ›Why are you leaving so early?‹ (EW 3)

Ein Kollege meint sogar, »[i]f you did that frequently, then it would probably hurt your reputation in the team« (TLM 6), und ein anderer erwartet Karrierehemmnisse, weil vorzeitige Feierabende mit weniger kritischen Aufgaben quittiert würden:

Some people prefer to leave early in the day. So they are allocated into lesser important or lesser priority streams, something like that (TLM 7).

Allenfalls Kundenbeauftragte, die nicht direkt aus Projektbudgets vergütet werden, berichten von flexibleren Arbeitszeiten und Teleheimarbeit, was sie allerdings mit dem Primat stetiger Erreichbarkeit bezahlen. Ein Betroffener erklärt:

I have flexible hours because I am not really billable to a client. I pretty much start off early with my blackberry and, you know – I start off at about seven o'clock, 7.30, and my day ends almost at nine, ten. But having said that – I also sneak [out] some time in between to do some shopping or so (KBM 29).

Entwickler/innen hingegen scheinen bei I-Serve (abgesehen von Überstunden) relativ standardisierte Bürozeiten zu absolvieren. Zwar besteht die Möglichkeit, den Präsenzzeitraum geringfügig zu variieren – ein Teamleiter meint etwa, »[w]e can work from eight to five or ten to seven, any time« (TLM 7) – doch dies rechtfertigt kaum die Einschätzung eines Managers, indische Beschäftigte könnten »jederzeit kommen, jederzeit gehen, was sie möchten«:

Viele kommen um zwei oder 14 Uhr nachmittags, gehen wieder drei Uhr morgens. […] Wie die arbeiten, was sie arbeiten – das ist nicht für Manager zu mikromanagen (MM 24).

Wie eng die Spielräume sind, verdeutlicht hingegen die Aussage eines Projektmanagers in Indien: »So, if he works from 7:30 to 3:00, it's wonderful, and if he works from 6:00 to 2:00, it's not« (PMM 13). Dies legt die Vermutung nahe, dass Vorgesetzte bei I-Serve größeren Einfluss auf die Arbeitszeitgestaltung in ihren Teams nehmen als bei G-Pro, selbst wenn Beschäftigte dies allenfalls in Bezug auf Konfliktsituationen thematisieren.

So erinnert sich eine Befragte an eine Phase, in der ihr zwei Vorgesetzte unabhängig voneinander Aufgaben erteilten:

Both of them used to give work, and I still sit, and sit late and finish both the things. […] But then I was, like, told that you should do like this: You should approach both of them and tell that you're working on something (EW 22).

In deutschen Kundenfirmen hingegen sind Beschäftigte von I-Serve teilweise mit sehr anderen Formen von Arbeitszeitgestaltung konfrontiert:

[P]eople used to come by seven to the office and complete their work by four or six, say four or something, and they used to leave. […] [V]ery unlike India (EW 3).

Wie sich Arbeitszeiten in den Onsite-Teams von I-Serve gestalten, ist allerdings umstritten: Ein deutscher Kollege meint, dass diese sich »ein bisschen an die Arbeitszeiten vom Kunden anpassen. Das heißt, dass die in der Zeit vielleicht ein bisschen weniger arbeiten als die Kollegen in Indien« (KBM 28). Ein indischer Kundenbeauftragter hingegen betont, Arbeitszeiten »onsite« und »offshore« seien »pretty much the same« (KBM 29), und aus der Personalabteilung verlautet (in Übereinstimmung mit Upadhya/Vasavi 2006, 89; Upadhya 2006b), Zeitdruck und Arbeiten auf Abruf spielten bei Onsite-Einsätzen eine so große Rolle, dass Wochenarbeitszeiten von bis zu 50 Stunden keine Seltenheit seien (PAW 31). Für die Vermutung, dass Onsite-Teams von I-Serve häufig Überstunden und Wochenendarbeit leisten, spricht jedenfalls der Umstand, dass es nicht selten zu Konflikten kommt, weil I-Serve-Angestellte die beim Kunden geltenden tariflichen Arbeitszeitvorgaben verletzen (Upadhya 2006b, o. S.). So berichtet eine Vertreterin der deutschen Personalabteilung, dass »sich teilweise der Kunde schon beschwert hat, dass sie so viel arbeiten« (PAW 31). Zudem ist von Diskussionen mit Wach- und Schließdiensten sowie Betriebsräten von Kundenfirmen die Rede (EW 3; MM 18; TLM 6; PMM 13): »[D]ann kommt der Betriebsrat«, meint ein in Deutschland tätiger indischer Manager (MM 24) ironisch.

Sieht man von diesen besonderen Bedingungen der Onsite-Teams ab, ist die Arbeitszeitgestaltung bei I-Serve deutlich standardisierter als bei G-Pro. Dessen indische Niederlassung scheint allerdings eine mittlere Position zwischen den Praktiken von deutschem Mutterhauses und indischen Servicefirmen einzunehmen. So bemerkt ein deutscher Befragter, in Deutschland wie Indien arbeite mancher G-Pro-Entwickler aus fachlicher Begeisterung Nächte durch, doch nur in Indien komme man trotzdem am nächsten Morgen um acht Uhr ins Büro (SEM 68). Zwar argumentiert ein deutscher Projektmanager, dass es in Indien »doch wesentlich stärker limitiert ist, wann und wie gearbeitet wird«, und Beschäftigte weniger bereit seien, auf Mehrarbeiten zu reagieren, während es in Deutschland große Unterschiede gebe:

> es gibt Leute, die wirklich sich nicht überarbeiten hier und [...] entsprechend eher unter diese gewünschten 40 Stunden im Schnitt fallen. Und es gibt Leute, die erheblich mehr noch machen (PMM 70).

Dennoch gewinnt man den Eindruck, dass individuelle Arbeitszeitpräferenzen bei G-Pro auch in Indien eine größere Rolle spielen als bei I-Serve. Über Projektmanager/innen bei G-Pro wird etwa berichtet, dass manche länger arbeiteten als ihre Teams (EM 56; MM 69), während andere früher Feierabend machten:

> It's *almost impossible* to see a manager here at 9:30 [pm] – almost impossible at 9:30. No way! No manager will work at 9:30! (TLM 48)

Treffen beide Aussagen zu, so dürfte diese Varianz nicht zuletzt Ausdruck individueller Arbeits- und Führungsstile im Projektmanagement sein. Bei I-Serve hingegen leisten offenbar alle Manager/innen besonders lange Arbeitszeiten, und es wird (in Deutschland wie in Indien) selbst nach Feierabend ein »Bereitschaftsdienst« verlangt: »I guess that's why I have been given a Blackberry and a Laptop – not to stop working!« bemerkt ein Manager ironisch: »Go home – still responding to [I-Serve ...]. Better never get a Blackberry!« (MM 9) Teilweise wird zwar argumentiert, Projektmanager/innen könnten durch Teleheimarbeit Erwerbs- und Privatleben besser vereinbaren (SEW 20), doch faktisch sind auch sie weitgehend an die vergleichsweise starren Arbeitszeitmuster von I-Serve gebunden.

6.1.2 Arbeitszeitgestaltung und Geschäftsmodell

Die geschilderten Unterschiede zwischen der Arbeitszeitgestaltung bei G-Pro und I-Serve sind nun in vieler Hinsicht auf die Geschäftsmodelle von Produkt- und Servicefirmen zurückzuführen. Sieben Aspekte verdienen besondere Erwähnung:

Erstens hängt der höhere Überstundenanfall bei I-Serve damit zusammen, dass Servicefirmen eine weitere Spannbreite von Projekten anbieten, die unterschiedliche Arbeitszeit-Implikationen haben. So kann mit Kunden ein

Fixpreis vereinbart oder nach »Zeit und Material« abgerechnet werden, und speziell bei Fixpreis-Verträgen fallen oft spontane Veränderungswünsche und damit Mehrarbeit an (PMM 16). Zahlt der Kunde für Rund-um-die-Uhr-Unterstützung (etwa bei Serverwartung oder Software-Support), ist Schichtarbeit notwendig (PMM 1; TLM 6). Bei »Entwicklungsprojekten« (etwa beim Upgrade eines Softwaresystems) hingegen ist dies in der Programmierphase nicht erforderlich, doch dafür fällt oft Mehrarbeit vor Abgabeterminen an (EW 3), wie ein Teamleiter erläutert:

In a development project it is more frequent that you work on the weekends and work late. Because in that you have a fixed deadline and you have to deliver by that time in any case. And [in] the production-support-phase that I am in right now, it doesn't happen very frequently, those problems normally do not come in on the weekends (TLM 6).

Ein Projektmanager fügt hinzu, »during the end time of a project or during the completion of the project« werde bei I-Serve teilweise bis zu 14 Stunden pro Tag gearbeitet (PMM 1). Auch bei G-Pro bestehen große Unterschiede in der Arbeitszeitgestaltung – etwa zwischen der untersuchten Abteilung, die neue Softwareprodukte entwickelt und dabei verbindliche Termine einhalten muss, und dem »Bereich Support«, wo »eher ein kontinuierlicher Prozess« stattfindet und »in der Regel mehr Zeit da ist« (PMM 35). Selbst in Entwicklungsprojekten scheinen Arbeitsbelastungen und Arbeitszeiten allerdings gleichmäßiger verteilt zu sein als im Service-Geschäft, wo Phasen höchsten Arbeitsdrucks regelmäßig durch erzwungenes Nichtstun abgelöst werden, wie eine Angestellte von G-Pro erklärt:

In service industries it's … it gets too hectic at one point in time, that is, when you are trying to … deliver a product or an application. And then […] you are sitting idle […]. I think that balanced work is somehow missing in service based companies (TLW 47).

Die Formulierung »sitting idle« bezieht sich auf die (regelmäßig wiederkehrenden) Phasen, in denen Beschäftigte als Personalreserve »on bench« sitzen – was im Jahr 2007 auf etwa 20 Prozent der Belegschaft zutraf (SEW 14) – und sich 8,5 Stunden lang selbst beschäftigen müssen:

[M]aybe read some good articles on the net, maybe do self study on Java or some cases, case studies. […] Means there's nobody to keep a check on, ok, you *should* do this and you should do that for the people on bench. But then, yah, 8.5 hours is compulsory (EW 3).

Weil diese Personalreserve Ausdruck eines Geschäftsmodells ist, das sich durch rapide Schwankungen von Auftragslage und Arbeitskraftbedarf auszeichnet, kann man davon ausgehen, dass sowohl der größere Umfang als auch die ungleichmäßigere Verteilung von Mehrarbeit in direktem Zusammenhang mit dem Charakter von Service-Projekten stehen, der sich maßgeblich von Produktentwicklung unterscheidet.

Zweitens sind Arbeitszeitdauer, -lage und -verteilung bei Serviceunternehmen wie I-Serve in weit höherem Maße von außen (durch den Kunden) bestimmt als bei G-Pro (Upadhya/Vasavi 2006, 88). Latniak und Gerlmaier (2006, 1f.) bemerken dazu (interessanterweise in Bezug auf deutsche Servicefirmen):

> Die Projektspezifikation ist selten abschließend; in der Bearbeitung und im Kontakt mit dem Kunden ergeben sich neue Anforderungen, die berücksichtigt werden müssen. […] Durch erweiterte Kooperationsbeziehungen zum Beispiel zu Kunden gibt es nicht selten über formale Weisungsstrukturen hinausgehende Abhängigkeiten, etwa bei Informationen oder notwendigen Vorarbeiten.

Dies bewirke, dass »immer neue Anforderungen und Änderungswünsche an die Projektteams herangetragen werden, die geplanten Auslieferungstermine und Kostenlimits aber trotzdem eingehalten werden müssen« (ebenda, 4). Auch Beschäftigte bei I-Serve berichten von veränderlichen Kundenanforderungen, die immer wieder zu ungeplanter Mehrarbeit führten:

> [O]vertime is never planned for any employee. But overtime can come into picture, only when there are certain specific requirements from the clients, which probably might not have come up earlier. […] [L]et's say a client is requesting me to give them some data. Now that data, let's say, can be extracted only over the weekend from a system, right? So, in that case only we will have to ask somebody to do some kind of overtime (PMM 19).

Eine Entwicklerin berichtet gar, dass sie in Reaktion auf Kundenanforderungen einmal pro Woche drei bis vier Stunden länger arbeiten müsse:

> [T]he onsite would say that I need it today or I have to give it to the client today. And if it's not done, then I would have to sit back and code or test or what … (EW 3)

Unter diesen Bedingungen erweist sich der Arbeitstag von Beschäftigten oft als nicht im Voraus planbar. Auf die Frage, ob man normalerweise morgens wisse, wann man das Unternehmen abends verlassen werde, antwortet eine Teamleiterin: »No. [lacht] That was difficult« (TLW 8). Die

Tatsache, dass ähnliche Stellungnahmen in der indischen Niederlassung von G-Pro formuliert werden, lässt vermuten, dass Arbeit in dieser Produktfirma nicht grundsätzlich besser planbar ist. Die Gründe dafür liegen jedoch (in Ermangelung direkten Kundenkontaktes) eher inner- als außerhalb des Unternehmens. Ein Projektmanager erklärt:

Es gibt eben diese heißen Entwicklungsphasen, wo man wirklich kurz vor irgendeiner Deadline steht, und dann muss irgendwie was noch fertig werden. Und dann kommt's natürlich … Das bleibt nicht aus, insgesamt in der IT-Industrie, dass dann irgendwas nicht funktioniert, dass dann irgendwelche Systeme nicht da sind, dass es irgendwelche Fehler, irgendwelche Probleme gibt irgendwo. Und das geht von der Entwicklungszeit irgendwie ab. Und dann bleiben die Leute eigentlich in der Regel schon länger und machen Überstunden (PMM 35).

Derlei Widersprüche zwischen Anforderungen und Ausführungsbedingungen, die sich etwa durch mangelhafte »Systeme« ergeben (PMM 61), halten Latniak und Gerlmaier (2006, 3) für eine wesentliche Ursache von psychischer Belastung durch IT-Arbeit. Eine Projektmanagerin bei G-Pro erklärt allerdings, ein Großteil der arbeitszeitintensiven Abstimmungsprobleme sei weniger auf technische Schwierigkeiten als auf »verteilte Entwicklung« zurückzuführen, weil dabei mehrere aufeinander aufbauende »Schichten« der Software parallel entwickelt würden:

So there are times, when you don't work for, like, two or three days and then there are times, when we are, like, really … hurrying to catch the deadline […]. [R]eally the predominant problem is the way in which this product development has been, eh, eh, … It's [a] very challenging, very, very sort of ambitious project so to say, where all these three different layers on which we work on do the development in a parallel phase. […] Of course, if you are developing parallely you'll have issues in one layer or the other (PMW 36).

Mehrarbeit ist dabei fast unvermeidlich, meint ein Projektmanager:

We are in the topmost layer of the application – there are two more layers. So, usually, when this happens … you are more supposed to wait for the others to finish your work. […] But your deadlines don't move. […] So, if I wait for half a day, because I was waiting for someone else's issue … and then towards evening this issue is solved. Then I have a chance to do it today or do it tomorrow. And that depends on how close to the deadline we are. And, if it can wait until tomorrow, then yeah, it's fine – but otherwise your day extends (PMM 49).

Indische Beschäftigte leisten in dieser Konstellation nicht zuletzt deshalb Überstunden, weil sie teilweise stundenlang auf Arbeitsanforderungen der meist in Deutschland ansässigen Projektkoordinator/innen warten, die (aufgrund der Zeitverschiebung) häufig erst nachmittags in Indien eintreffen (EW 42; TLM 48). Auch auf deutscher Seite sind Arbeitstage schwer planbar, weil Projektkoordination ein ausgefeiltes »Multitasking« erfordert, wie ein »Brückenkopf« im Mutterhaus berichtet:

> [T]he whole team in Germany will be most of the time busy in the meetings and trying to get the communication […]: we try to get all the work and try to understand it and make it a bunch and give it to India. So I would say fifty, fifty: sometimes you know what you will do […], but … sometimes it's not clear. You have come here – and if some other priority tasks will come, you simply forget what you wanted to do (EM 71).

Insofern sind es Kernaspekte des jeweiligen Geschäftsmodells von Produkt- bzw. Servicefirmen (nämlich verteilte Produktentwicklung versus Kundenkooperation), die zu unkalkulierbaren Wechseln zwischen Arbeitsmangel und Arbeitsüberlastung und bei I-Serve letztlich zu mehr Überstunden führen als bei G-Pro.

Drittens werden Arbeitszeiten durch die Laufzeit von Projekten und die daraus resultierende kurz- bzw. langtaktike Arbeitsweise beeinflusst. Bei Servicefirmen wie I-Serve umfassen Projekte meist einige Monate, und selbst wenn man jahrelang für denselben Kunden arbeitet, zerfällt dieser Zeitraum oft in mehrere, durch Neuausschreibungen abgegrenzte Einzelprojekte. Zudem ist die Konkurrenz um Aufträge so hart, dass teilweise unrealistisch kurze Laufzeiten (und entsprechend reduzierte Preise) angeboten werden, um überhaupt zum Zuge zu kommen. Dies gilt als allgemeines Problem von Servicefirmen:

> When companies bid for projects, estimates are usually made in terms of mandays, based on an eight-hour day. However, the number of mandays required is often underestimated for various reasons, and as a result engineers are required to work much longer hours in order to meet their deadlines which are rarely flexible (Upadhya/Vasavi 2006, 86).[3]

Diese Praxis hat teilweise dramatische Folgen für die Arbeitszeiten von Beschäftigten, wie eine Entwicklerin erklärt:

> I don't remember, even a single day, leaving at 5:45. [lacht] […] [T]he general trend is, what I have seen, that workload is more than the actual eh calculations, that eh

---

3 Auch das IT-Servicegeschäft in Deutschland ist durch eine weit verbreitete »Differenz zwischen geplantem Aufwand […] und tatsächlich geleisteter Arbeit« (Wieland u.a. [2003], 18f.) geprägt.

have been made. So, to cope up with that, we sit back and do the work. […] [O]bviously, company proposes lesser time because the client will definitively want the results faster. So they commit it and then the team members are asked to do it in a shorter period of time whereas it actually requires more time (SEW 20).

Kurze Projektlaufzeiten bei Servicefirmen bewirken zudem, dass die Arbeitspakete, die einzelnen Beschäftigten zugeteilt werden, meist in Stunden oder allenfalls Tagen bemessen sind. Die Einhaltung von Qualitäts- und Zeitstandards wird durch Vorgesetzte kontrolliert, doch weil Beschäftigte ihre Arbeitsstunden direkt gegen das jeweilige Projektbudget verbuchen, kann auch der Kunde die Einhaltung von Vorgaben überwachen – der Arbeitsdruck steigt, ohne dass Vorgesetzte eine aktive Rolle spielen müssten (TLM 6; SEW 14). Dies mag der Grund sein, warum Beschäftigte bei I-Serve trotz kurztaktiger Kontrollen ihrer Arbeitsleistung im Bewusstsein leben, sich Arbeit und Arbeitszeit relativ frei einteilen zu können, solange sie Termine wahren. Dies verdeutlicht die Stellungnahme eines Projektmanagers:

Say, there is a person who is given a task, which needs to be performed in three days. How he splits his work within the three days – this is up to that particular person. So he can, like, work only for six hours on one day and work [for] ten hours the next day and do that particular task for that particular period of time. But when it comes to three days, then it has to be three days, because otherwise the schedule won't be done (PMM 13).

Wie viel Zeit die Bearbeitung einer Aufgabe erfordert, wird allerdings bei I-Serve nicht mit den betreffenden Beschäftigten diskutiert, sondern durch Vorgesetzte entschieden. Dabei bestehen sehr konkrete Vorstellungen, welche Leistung eine (menschliche) »Ressource« pro Zeiteinheit zu erbringen hat, weil dies Grundlage für jede Budgetkalkulation gegenüber Kunden ist. Für Beschäftigte hat dies in doppelter Hinsicht Konsequenzen: Zum einen gerät Arbeitszeitkontrolle zu einer der Hauptvoraussetzungen für die profitable Durchführung von Serviceprojekten:

[C]ontrol over the time of employees is as crucial to software companies as is control over the work process; indeed, in an outsourcing industry that bills clients on the basis of hours or days of work, they are inseparable. It would not be an exaggeration to state that extracting the maximum amount of time (and ›effort‹) out of software engineers is key to the profitability of services companies (Upadhya/Vasavi 2006, 85).

Zum anderen ist ein Anschein von Objektivität im Service-Geschäft auch bei der Bewertung von Einzelleistungen unabdingbar. Beschäftigte haben dies offenbar so weitgehend verinnerlicht, dass sie ein Zurückbleiben hinter Terminvorgaben (trotz aller Einsicht in zu knapp bemessene Zeitbudgets) oft als Ausdruck eigener Minderleistung interpretieren, die folglich durch unbezahlte Mehrarbeit ausgeglichen werden muss. Dies verdeutlicht die Erinnerung einer Entwicklerin:

> [I]nitial days, when I was new in the project, I did take a little more time. It varies from person to person also, some people take less time [...] to learn things and to get hold of things, and some people take more time and learn. That is there, but, eh, once I am a little stabilized in the project, I am a little comfortable in the project, I could manage in working hours (SEW14).

Eng begrenzte Arbeitspakete im Verein mit scheinbar nach »objektiven« Kriterien bemessenen Leistungsvorgaben erwecken demnach den Anschein, Arbeitszeiten seien Ausdruck individueller Leistungsfähigkeit – dabei führen faktisch die kurzen (und oft allzu kurzen) Projektlaufzeiten in der Servicefirma I-Serve zu strukturell bedingter und von einzelnen Beschäftigten kaum zu beeinflussender Mehrarbeit. Bei der Produktfirma G-Pro hingegen scheinen Projektlaufzeiten deutlich länger zu sein. Zwar arbeitet die untersuchte Abteilung unter besonders hohem Termindruck (EM 59), doch trotzdem umfasst der Zeitraum zwischen der Einrichtung von Teams und der Markteinführung der neuen Software mehrere Jahre. Zudem werden Beschäftigte bei G-Pro oft nicht nur für die (gesamte) Dauer der Produktentwicklung, sondern auch für Weiterentwicklungen bzw. Nachfolgeprodukte herangezogen. Arbeitskraftnutzung ist in diesem Fall offenkundig auf Langfristigkeit ausgerichtet. Dies schließt Phasen von erhöhtem Arbeitsdruck keineswegs aus, denn auch bei Projekten mit längerer Laufzeit sind (Zwischen-)Termine einzuhalten (»*there are* strict deadlines here as well«; EM 59), und die forcierte Markteinführung des neuen Produktes führte nach Auskunft der Personalabteilung im Jahr 2007 dazu, dass »einfach die Arbeitslast momentan sehr groß ist. [...] Also da wird um jede Minute gefeilscht« (PAW 67). Trotzdem beinhaltet die langfristigere Orientierung, dass Arbeitspakete (anders als bei I-Serve) zumindest in der Entwicklungsphase von Software (PMM 49) nicht für Stunden oder Tage, sondern eher für Wochen (EM 46; TLW 47) oder gar Monate (EM 40) vergeben werden. Innerhalb dieses (auch bei G-Pro durch Projekttermine begrenzten und durch Vorgesetzte kontrollierten) Rahmens können sich Beschäftigte Arbeit und Arbeitszeit offenbar weitgehend selbst einteilen. »If I know well in advance that something has to be delivered in two weeks or three weeks or four weeks time«, meint ein Projektmanager, »then I leave it to the individual developers« (PMM 53), und eine Teamleiterin verweist auf die Möglichkeit, eigene Wochenpläne zu entwerfen (»I think, eh, we can anticipate a week's schedule«; TLW 47). Zwar verbuchen auch bei G-Pro Beschäftigte ihre Arbeitsstunden direkt gegen Projektbudgets, um nachzuweisen, »wie viel Arbeitszeit […] eigentlich in welches Projekt geflossen« sei (MM 63). Dies entfaltet jedoch unter Bedingungen von Softwareproduktion eine gänzlich andere Wirkung als im Service-Geschäft, weil es keine als »objektiv« anerkannten Kriterien für die pro Person und Zeiteinheit zu erwartende Arbeitsleistung gibt, die bei Servicefirmen (wie erwähnt) Grundlage für jeden Projektvertrag mit Kunden sind. Manche Beschäftigten diskutieren zwar auch bei G-Pro ihr Zurückbleiben hinter einem »normalen« Zeit-Leistungsverhältnis als individuelles Problem (»I was new that time in this team and I had to do a lot of learning and I was slow also in contributing«; EM 38), doch für Vorgesetzte dürfen derlei »Normalitätsannahmen« explizit keine Rolle spielen. Vielmehr werden Abgabetermine kalkuliert, indem man dem Zeitraum, den die Bearbeitung einer Aufgabe erfahrungsgemäß erfordert, relativ umfangreiche »Pufferzeiten« hinzufügt, um mögliche Verzögerungen aufzufangen. Ein Manager erklärt:

> [W]e have a project, let's say 1.000 days. And the project manager breaks down the project into tasks, and each task is assigned to a developer […]. So let's say: we have a month in which the developer has 20 days. But what we do is: we don't plan 20 days, we plan 16 days. 16 days for the project and four days for his personal vacation and education (MM 37).

Ein Projektmanager bestätigt, »I plan for six hours per day actually«: »remaining two hours is […] also productive time, but he is spending with […] team meeting and other things actually« (PMM 61). Diese im deutschen Mutterhaus entwickelte Praxis kollidiert in der indischen Niederlassung teilweise mit den Vorstellungen von Vorgesetzten, die (oft durch eine frühere Tätigkeit als Entwickler in Servicefirmen geprägt) dazu neigen, Abgabefristen möglichst knapp zu bemessen. Die Aussage eines Teamleiters zeigt, wie schwer ihm diese Art der Arbeitsplanung fällt:

> [B]uffer times need to be taken in consideration […] because … at times, the technology itself is not supporting […]. [A]t times … when I was quite optimistic, so he [the project manager] said: ›This doesn't look realistic to me. So we should extend it for a few more days.‹ […] I was a developer itself [… and] used to think in that way: ›Yes, I can finish it in *half* a day – so I can expect developers to finish in *maximum* one day.‹ I will not take into consideration other factors – as in: leaves.

I'm not thinking – because I'm not going on leave, I would think: ›Okay, nobody's going on leave‹. But manager *has to*, because he has to approve [...]. When *I* would say: ›I take one day‹, manager will definitely say: ›one point five‹. [...] Basically, we have to test – we have to check whether it is working or not. As a developer I can say: ›Definitely, yes, I would finish in one day‹. But I would never promise that it would be bug-free. [...] So that kind of buffer comes in from upper layer (TLM 48).

Indem dieser Befragte ausgerechnet technische Probleme als wichtigste Erklärung für die Notwendigkeit von Pufferzeiten anführt, verweist er wiederum auf ein scheinbar objektives Kriterium für die (in diesem Fall: großzügige) Bemessung von Bearbeitungsfristen. Manager/innen hingegen, die schon länger in der Produktfirma arbeiten, betonen eher Kooperations- und Qualifizierungserfordernisse, die in Servicefirmen für die Arbeitsplanung (zumindest explizit) keine Rolle spielen, weil sie Kunden nicht in Rechnung gestellt werden können. Geht man nun aber (wie bei G-Pro üblich) davon aus, dass es keine »objektive« Arbeitsleistung pro Zeiteinheit gibt, so werden Planungshorizonte verhandelbar. Tatsächlich betont eine Entwicklerin, sie lehne öfter Arbeiten ab, um Zeit für unvorhergesehene Aufgaben freizuhalten:

I can always negotiate things, you know. If I have got too many tasks: ›I can't take up this task‹ or something. [...] I rather say ›no‹. In between you get a lot of work, apart from what you are supposed to (EW 42).

Auch Projektmanager können offenbar bei G-Pro Anforderungen zurückweisen – man sei »free to actually ... say no to new requirements, just because you don't have enough people to deliver« (PMM 44).[4] Insgesamt drängt sich demnach der Eindruck auf, dass die Arbeit bei G-Pro in deutlich ruhigeren Bahnen verläuft als bei I-Serve. Zwar mag die Aussage eines Entwicklers (EM 40), er habe ein Drittel der Zeit wenig zu tun (»[i]n some time period of some six months, you can tell: some two months of time where we don't have much work«) nicht auf alle G-Pro-Angestellten zu-

4 Dieser Befragte betont an anderer Stelle, indische Beschäftigte wehrten sich (im Gegensatz zu deutschen Kolleg/innen) kaum gegen Anforderungen: »I mean, here Indians do not say ›no‹ too often, they would say ›yes‹. [...] [T]he German would see, whether he can do it or not and then say ›no‹ - even if it's a superior [...] asking him to do it«. Im obigen Zitat geht es um den eigenen Arbeitsalltag, in dem »nein sagen« offensichtlich eine zentrale Rolle spielt - in der zweiten Passage hingegen spricht er über »die indische Kultur« und »the saying yes thing« als Gegenstand interkultureller Trainingskurse.

treffen, doch bei I-Serve wäre sie schlicht undenkbar. Dies bestätigt ein Befragter, der in beiden Unternehmen gearbeitet hat:

> [G-Pro] being a product company its pressure is relatively less than we had at [I-Serve]. And … it actually results in a better work balance at [G-Pro] as compared to [I-Serve]. […] It's like, I have a little more time for myself and friends than I had in [I-Serve]. […] Working hours, officially they are the same everywhere. [lacht] […] Actually, […] in a product company you have *your own* deadlines. In a service company you have deadlines set by the client (EM 46).

Die hier formulierte Einschätzung, dass man bei G-Pro »seine eigenen Abgabefristen« habe, schlägt sich vielfach in der Überzeugung nieder, auch die Arbeitszeitgestaltung liege im individuellen Ermessen, solange man diese Fristen wahre:

> The main thing here is that … you have to finish your task, whatever is given to you. It doesn't matter, when you do it or how you do it. We … when I joined [G-Pro], my manager told me this, that: ›I don't care if you come to office and stay in office for four hours – provided you do your job. I am not saying you have to come at nine and leave at five – if you finish the task, I give you a bonus. So, finish it in four hours and all is done!‹ [lacht] (TLM 51).

Tatsächlich dürften Arbeitszeiten flexibler zu handhaben sein, wenn ein Arbeitspaket eher Monate als Tage umfasst, doch die hier zitierte Stellungnahme verkennt, dass Vorgesetzte auch bei G-Pro durchaus auf gewissen Präsenzzeiten bestehen – ein Projektmanager jedenfalls betont: »The main thing is: you have to do eight hours of work« (PMM 52). Abgesehen davon dürfte die Praxis von G-Pro, Beschäftigten quasi die Allein-Zuständigkeit für eine Aufgabe zuzusprechen (»It's not, that we are able to share one task across multiple people«; PMW 36), das Verantwortungsgefühl der Betroffenen in einem Maße steigern, das (die im Zitat erwähnten) Vier-Stunden-Tage unwahrscheinlich macht und die Bereitschaft zu freiwilliger Mehrarbeit erhöht.

Der vierte Unterschied zwischen Produkt- und Servicefirma, der sich auf Arbeitszeitgestaltung auswirkt, ist die Notwendigkeit transnationaler Kooperation über Zeitzonen hinweg (vgl.: Upadhya/Vasavi 2006, 86).[5] Bei I-Serve ist der Abstimmungsbedarf zwischen »Offshore-Teams« in Indien

5 Nadeem (2009, 21) zufolge kann »time arbitrage« bei transnationalen Unternehmen (verstanden als »exploitation of time discrepancies between geographical labour markets to make a profit«) beinhalten, Arbeitszeiten durch Nutzung der Zeitzonendifferenz auszuweiten.

und Kundenvertreter/innen bzw. Onsite-Teams (zum Beispiel) in Deutschland so hoch, dass direkter Kontakt (zumeist per Telefon) unumgänglich ist. Eine Deutsche beschreibt die Folgen für ihre eigenen Arbeitszeiten:

Also, ja gut, man muss sich natürlich dran gewöhnen, dass man über Zeitzonen hinweg arbeitet, dass man spät abends noch Telefonkonferenzen hat, zum Beispiel wenn Amerikaner involviert sind, dass man vielleicht früh morgens schon was tun muss, wenn irgendwas direkt in Abstimmung mit Indien passiert. Also diese Time Range ist eine andere als wenn man jetzt in Deutschland so von ›nine to five‹ [arbeitet] (KBW 30).

Aufgrund der Zeitverschiebung zwischen Deutschland und Indien (zwischen 3,5 und 4,5 Stunden) findet transnationaler Austausch hier meist am deutschen Vormittag bzw. indischen Nachmittag statt (PMM 13, 16). Allerdings müssen sich die in Indien arbeitenden Teamteile wegen des strukturellen Machtgefälles zwischen Auftraggeber und Dienstleister im Servicegeschäft weitgehend nach den Zeitpräferenzen ihrer Kunden bzw. der (beim Kunden tätigen) Onsite-Teams richten – »Western business times« werden weltweit exportiert (Nadeem 2009, 23).[6] Bei I-Serve arbeiten Beschäftigte in Indien, die deutsche Kunden bedienen, folglich oft bis in die Abendstunden, wie eine Teamleiterin erklärt:

[I]f the person is supporting an application which is being used by Germans, so … we might have to change our timings according to German time, like, we come around eleven and leave around eight or nine (TLW 8).

Die Präsenzzeiten würden allerdings nur abgeändert, falls ein Kunde dies ausdrücklich verlange, fährt die Befragte fort. Geschieht dies nicht, so ergibt sich eine Kombination aus vergeudeter Zeit am Vormittag und abendlichen Überstunden, die eine Entwicklerin kritisiert:

[I]t's always same. We *have* certain tasks, but we have to wait for them to have them, get some clarification and something. We *have* to wait till 12:30 or 1:30. So that *time* is wasted. Usually after lunch the work […] *starts* happening, so they call and we call and … So usually it gets … even though you've come early in the morning, you reach by eight o'clock – but around five o'clock, six o'clock it'll be like … proper working time for us. We can't leave by five o'clock (EW 22).

---

6 Dies gelte vor allem für »offshoring of synchronous work«, also kundenbetreuungsintensive Software-Dienste. Bei »Maintenance«-Projekten (»asynchronous offshoring«) müsse hingegen durchgehender »24/7«-Service gewährleistet werden (Nadeem 2009, 23).

Diese direkte Anpassung an Kundenarbeitszeiten macht ein Manager bei G-Pro als wesentliche Ursache dafür aus, dass in Servicefirmen in größerem Umfang Mehrarbeit geleistet werde als in seinem eigenen Unternehmen:

The work-life-balance is *not good* in most of the Indian [i.e. service] companies. Because you tend to work for an American customer, or you tend to work for a German customer – then your time spills over from … Whereas, if you see, in [G-Pro] (if you watch it) we work from eight o'clock to five o'clock, and most of the employees leave at five o'clock. […] [O]ur quality life, family life has increased. No doubt about it (MM 37).

Tatsächlich scheint transnationale Kooperation bei G-Pro andere Folgen für die Arbeitszeitgestaltung zu haben als bei I-Serve: Weil bei »verteilter Entwicklung« von Softwareprodukten nicht Auftraggeber und Dienstleister, sondern Kolleg/innen kooperieren, ist der Umgang mit Zeitverschiebung eher durch die Suche nach Kompromissen geprägt. So betont ein indischer Projektmanager, man teile sich die durch transnationalen Abstimmungsbedarf entstehenden Überstunden mit Deutschland:

I take care of some overlapping time here and he [German coordinator] takes care of some overlapping time over there. So we work as near colleagues, so to take care (PMM 61).

Nach 17 Uhr indischer Zeit, berichten deutsche wie indische Befragte, werde bei G-Pro kein Abstimmungstermin angesetzt, weil man indische Kolleg/innen nicht zu Überstunden zwingen wolle (PMM 50) – der Leiter der indischen Niederlassung meint, er erwarte hier »schon« Rücksichtnahme (MM 63). Ein indischer Manager beschreibt die entsprechenden Aushandelungsprozesse:

I don't have a meeting after five o'clock with any German colleague. We had one meeting where I asked my German manager: ›Five o'clock is our closing time, do you *want us* to have the meeting at 5.30 to 6.30? And I have to take the bus at seven o'clock to my home – I reach home at eight o'clock. Do you think that this is fine – every week? What do you want to suggest?‹ […] I was the only one outside Germany, but he still made every German colleague to change the meeting before five o'clock. […] Then they asked me: ›Can I put it during your lunch-time?‹ Fine – when they could change it, I could change it! (MM 37)

Trotzdem bestimmt die Notwendigkeit der Abstimmung mit Deutschland in beiden Unternehmen den Zeitraum, den Beschäftigte in Indien mindestens im Büro verbringen müssen – daraus resultieren Kernarbeitszeiten von 10 bis 16 Uhr bei I-Serve (PMM 13, 35) und von 11.30 Uhr bis 17 Uhr bei G-Pro (PMM 52). Ein Projektmanager bei I-Serve etwa berichtet, die Kooperation mit Deutschland »affects sometimes, because what it does is generally, you start late and you end late.« Die Kernarbeitszeit, die Jede/r im Büro verbringen müsse, umfasse »maybe five to six hours«.

[O]ffice starting is 8.30. This means that everybody should be there at least by ten o'clock. […] [Y]ou should not think that you can come in any time and walk out any time […], because there is a lot of team work that is required as well (PMM 1).

Eine andere Befragte präzisiert dies:

[O]ne person's work is dependent on another person's work within the same team. So if one person decides to work at a certain time and everybody else is working another time probably that is not that, eh, project way of working (BWW 10).

Bei G-Pro hingegen verändert sich der Abstimmungsbedarf einem deutschen Entwickler zufolge je nach Projektphase:

Wenn ich einen Job hab, wo ich ein halbes Jahr für mich alleine irgendetwas entwickeln muss, dann kann ich von mir aus auch nachts arbeiten. Das würde niemanden stören. In der Position, in der wir jetzt sind, ist es so, dass wir sehr viel kommunizieren müssen, sehr viel auf Meetings sind, und dann richtet sich die Arbeitszeit nach den Meetings, die man hat. Und dann sind wir wieder bei den normalen Office-Arbeitstagen.

Auch die Kooperation mit Indien spiele für die Arbeitszeitgestaltung eine Rolle:

Wenn wir ein Meeting haben mit den Kollegen in Indien, können wir das natürlich nicht um 17 Uhr beginnen lassen. Mit deutschen Kollegen geht das (SEM 68).

Bei G-Pro scheint es demnach eine größere Varianz in den Präsenzzeiten zu geben, weil der Abstimmungsbedarf ungleichmäßiger über Projektphasen verteilt und insgesamt geringer ist als im Service-Geschäft. Nur deshalb ist es möglich, dass manche Kolleg/innen in Deutschland wie in Indien erst um elf Uhr vormittags ins Büro kommen (EW 42) und andere vorwiegend nachts arbeiten:

Some people *like* to do the work after – in the evenings when there is nobody around. No meetings and no disturbance. […] [O]ne of our leads, who comes in at around five o'clock, something like that, sometimes – and sits whole night, because he wants to devote time to his son in the morning (EM 56).

Eine solche Arbeitszeitgestaltung setzt viel konzentrierte Einzelarbeit voraus, die in einer Produktfirma eher zu erwarten ist als in einer Servicefirma.

Dies verweist (fünftens) auf die Intensität von Arbeit, also auf die Frage, ob bei (phasenweise) steigenden Anforderungen Arbeitszeiten verlängert werden müssen oder ob dies durch Arbeitsverdichtung vermieden werden kann (Frenkel 2003, 145). Für deutsche Servicefirmen gehen Latniak und Gerlmaier (2006, 5) von einer »gleichzeitigen Verdichtung und Ausdehnung« aus, was zu psychischer Belastung bis hin zu Burn-Out-Syndromen führe. Abgesehen davon, dass das indische Regulierungsszenario tendenziell weniger Arbeitsverdichtung ermöglicht als das deutsche (Kapitel 6.2)[7], besteht allerdings auch hier ein markanter Unterschied zwischen Produkt- und Servicefirma. So war die Frage, wie viele Stunden pro Tag auf Einzelarbeit entfielen, für viele Beschäftigte im Mutterhaus von I-Service schlicht unverständlich, weil der Arbeitsalltag in Servicefirmen durch unvorhersehbare, schnell wechselnde und oft parallel anfallende Aufgaben sowie enormen Abstimmungsbedarf mit Onsite-Teams, Kunden und Kolleg/innen geprägt ist. Ein Teamleiter erklärt:

> My job profile includes handling a lot of things simultaneously. So that is part of my job. I don't have any … work on which I had to sit and work on it for long. So the whole day I'm like handling people and handling requirements. So it changes the whole day (TLM 7).

Besonders dramatisch stellt sich dieses »Multitasking« offenbar bei Onsite-Einsätzen dar, weil man beim Kunden noch konsequenter »auf Abruf« arbeitet als unter Offshore-Bedingungen. Ein Teamleiter etwa meint, seinen Onsite-Koordinator »almost any time« anrufen zu können (TLM 6), und ein Manager erinnert sich, während seines Onsite-Einsatzes selbst am Wochenende »with the beeper in hand« für den Kunden erreichbar gewesen zu sein. Auch diese Arbeitssituation ist direkt auf das Geschäftsmodell von Servicefirmen zurückzuführen, in dem Onsite-Teams die Aufgabe zukommt, dringende Probleme rund um die Uhr vor Ort zu lösen – »the client leaves, but obviously we have to stay and solve them«, bemerkt eine Entwicklerin (SEW 20). Selbst im indischen Mutterhaus findet konzentrier-

7 Nadeem (2009, 24) bemerkt jedoch zu Recht, dass »Business Process Outsourcing« (also Callcenter- oder Dateneingabe-Arbeiten) auch in Indien extreme Formen von Arbeitsverdichtung beinhalten; Ramesh (2004) spricht daher von »Cyber-Coolies«. Dies mag daran erinnern, dass ein Regulierungsszenario sehr unterschiedliche Formen von Arbeitskraftnutzung ermöglicht (Kapitel 2.1).

te Einzelarbeit allerdings »more on the weekends« statt: Ein Teamleiter betont, er verzichte am Wochenende soweit irgend möglich darauf, sein Team zusammenzurufen, weil er ungestört arbeiten wolle. Kategorisch erklärt er:

Working in teams is the worst thing. It's different than working alone. […] You have to learn to adjust with your team members and to work in a team environment. You sit in a cubicle with four people around you, so you don't have your personal space (TLM 6).

Derselbe Befragte führt aus, dass man in den Großraumbüros von I-Serve, in denen Vierer-Arbeitsbereiche (»cubicles«) nur notdürftig durch Stellwände abgegrenzt sind, gezwungen sei, spontane Arbeitsbesprechungen, Privatunterhaltungen oder Musik von Kolleg/innen mit anzuhören, und dies scheint nicht nur für I-Serve, sondern auch für andere indische Softwarefirmen typisch zu sein (Ilavarasan 2005, 21f.). Zudem wird Konzentration (und somit Arbeitsintensivierung) offenbar dadurch erschwert, dass viele indische Beschäftigte im Büro ausgiebig »Networking« betreiben, was sich in zahlreichen »Flurgesprächen« niederschlägt. Ein Projektmanager schätzt, diverse Arbeitsunterbrechungen (»lunch time as well as some personal time«) summierten sich auf etwa anderthalb Stunden pro Tag (PMM 1). Folgende Beschreibung des typischen Arbeitstages einer Entwicklerin lässt ahnen, dass dies eher untertrieben ist:

I reach by 9.30, 9.45. Just have a coffee when we come, so ten, ten fifteen, I start. And then … 12.30 to one: lunch. And then … come back in one hour from lunch. […] And there'll be one coffee break in between. And if there are some treats, you know: birthday treats … many treats in our team, so… [lacht] But that's not always – weekly one treat we'll be having, […] we have lots of reasons to have treats [lacht]. […] Initially I used to sit late, till ten, eleven … but now: no. I don't remember […] Seven, six or seven only I've been leaving (EW 22).

Ähnliche Berichte werden zwar auch für die indische Niederlassung von G-Pro formuliert (PMM 52, 61), doch trotzdem spielt intensive Einzelarbeit eine größere Rolle als bei I-Serve. Immerhin geben Beschäftigte an, täglich drei bis fünf Stunden konzentriert alleine arbeiten zu können und zu müssen (TLW 47; EM 56). Fallen hingegen zu viele Sitzungen an, werden Überstunden erforderlich:

[S]ometimes stretching is required because of a lot of meetings on that day. And I don't find enough time to go to my work, bemängelt ein Entwickler (EM 56). Trotzdem sind gerade Manager überzeugt, dass die Arbeit bei G-Pro zu viel Konzentration erfordere, als dass man dauerhaft in nennenswertem Umfang Mehrarbeit leisten könne. »[G-Pro] insists to have a work life balance«, meint etwa ein indischer Entwickler süffisant – dies unterscheide das Unternehmen von Servicefirmen, »where the manager takes for granted that you stay late« (EM 71). Ein Projektmanager begründet diese Unternehmenspolitik wie folgt:

I keep pushing them [developers] that nobody should stay beyond five o'clock in the evening. Beyond seven is absolutely not recommended. [...] Once in a while you can be there until seven, if things have to be done. It shows their efficiency. If you can't do it before seven, then ... it's a problem! [I]f you come here at eight and then you leave at seven *on a daily basis* – that's ... not going to help you or help me. Because after five o'clock, I don't think you can work efficiently – if you have worked almost eight hours in this, since morning (PMM 57).

Eine Projektmanagerin kritisiert allerdings, auch bei G-Pro mache nur Karriere, wer zusätzliches Engagement in Form von Mehrarbeit zeige:

[Y]ou can work from nine to five, you can do your regular job, but you will not be able to achieve anything more than that. And sometimes you need to go a little bit over the edge to be able to prove yourself in a certain position (PMW 36).

Obwohl G-Pro demnach auch in der indischen Niederlassung eher auf intensive denn auf extensive Arbeitskraftnutzung setzt, scheinen markante Unterschiede zum deutschen Mutterhaus zu bestehen, die ein deutscher Entwickler (SEM 68) in der Formulierung bündelt, indische Kolleg/innen arbeiteten »[n]icht unbedingt härter. Aber länger«. Indische Beschäftigte nehmen offenbar denselben Unterschied wahr, denn viele betonen, im Mutterhaus beginne der Arbeitstag früher und ende pünktlicher als in Indien:

[I]t starts at eight am. [If] the colleague has got a lot of work and he wants to spend more time at office, he just comes at seven o'clock in the morning and stays back late, till eight or nine at max (EM 38).

Während der Bürozeiten arbeite man in Deutschland intensiver:

Not many people just walk to your desks and then talk to you ad hoc – so, it's more planned. So, that way your disturbance is also much lesser. And that way, you are able to finish your work much faster (PMM 49).

Ein Manager bemerkt, wenn deutsche Kollegen ins Büro kämen,

> they are very focused on their office work, there are very minimal distractions they do. […] They come, they see their mails, […] they start their work, they go for lunch, they come back – they have a planned day and they are completely focused on their job. Whereas the Indians, we have a lot of distractions. […] [A]s a developer if … suddenly … somebody […] comes *to you*, you don't say: ›I'm working. I will discuss with you tomorrow or later.‹ You continue with the discussion with that somebody. In Germany that wouldn't happen. ›I have work to do. I'll come back to you […]. Let's go to the coffee-table, we'll talk.‹ Here, the distractions happen at the seat. We never say no to anybody. That's a cultural part. But now it's changing, I think people also understand that their time is important. They need to go at five o'clock – they need to finish the task (MM 37).

»We never say no to anybody« – dieser zentrale Lehrsatz »interkultureller« Trainingskurse wird hier als Grund für die geringere Arbeitsintensität in der indischen Niederlassung von G-Pro angeführt, doch wieder verweist das beschriebene Phänomen nicht auf eine unveränderliche »indische Kultur«, sondern auf konkrete Arbeitsbedingungen. Immerhin ist »Nein-Sagen« angesichts des strukturellen Machtgefälles zwischen westlichen Auftraggebern und den Belegschaften indischer Servicefirmen (I-Serve) bzw. zwischen erfahrenen deutschen Koordinatoren und ihren deutlich jüngeren und formal untergeordneten indischen Kolleg/innen (G-Pro) objektiv nicht einfach. Allerdings kommt auch die Veränderlichkeit solcher Konstellationen in den Interviews zur Sprache. »[N]ow it's changing«, bemerkt der Zitierte (MM 37) zur Ablenkbarkeit indischer Kolleg/innen, und ein indischer Projektmanager stellt fest, die Arbeitszeitgestaltung deutscher Kolleg/innen habe sich durch zunehmenden Konkurrenzdruck verändert:

> [I]t's not the culture. *They were* really particular about the time. So I've seen people saying: ›Five o'clock, okay, I'm packing for the day. No more tasks.‹ […] *[N]ow* I can … have seen that people *slog* really in Germany also. But that *was* the case earlier (PMM 52).

Deutsche Beschäftigte leisten diesen Aussagen zufolge immer mehr Überstunden, während indische Beschäftigte ihre Arbeitszeiten begrenzen und stattdessen immer intensiver arbeiten. Zwar sind einer weltweiten Vereinheitlichung der Standards von Arbeitsverdichtung durch unterschiedliche materielle Bedingungen in Deutschland und Indien Grenzen gesetzt (Kapitel 6.2), doch trotzdem scheint sich auch in der indischen G-Pro-Belegschaft die Erkenntnis zu verbreiten, dass Arbeitsintensivierung und extensive Arbeitszeiten sich ausschließen: »If you don't tend to work in … odd hours, your health is good, you can be more productive«, bemerkt ein Manager (MM 37). Der Verzicht auf »odd hours« ist allerdings in einer Produktfirma leichter zu realisieren als in einer Servicefirma.

Sechstens wird Arbeitszeitgestaltung durch die Notwendigkeit beeinflusst, ausscheidende Arbeitskräfte zu ersetzen und Neuzugänge anzulernen, und wieder stellt sich die Situation bei I-Serve anders dar als bei G-Pro. Immerhin sind die Fluktuationsraten in der Servicefirma unseres Samples in Indien wie in Deutschland sehr viel höher als in der Produktfirma (Kapitel 4.1), und scheiden Teammitglieder aus, so fallen für ihre Kolleg/innen (trotz Existenz der erwähnten »Personalreserve«) oft Zusatzaufgaben und Überstunden an (TLW 8). Bei G-Pro hingegen finden Neueinstellungen weit seltener statt – doch Rekrutierung und Einarbeitung sind (aufgrund höherer fachlicher Anforderungen von Produktentwicklung) so aufwändig, dass Kolleg/innen oft ebenfalls Mehrarbeit leisten müssen. Ein Entwickler beschreibt seine ersten Arbeitsmonate wie folgt:

[W]hen I joined the project, I didn't know what to do, how to do. […] I used to ask a lot of questions – I used to trouble him [team lead] a lot. […]. So it was difficult for him, I have to admit. Because he had his own task – and then, every two minutes, I used to call him up or used to message him that: ›can you please – do I have to write this in this input – perhaps I have to write this …?‹ […] I would say – probably I got the *most patient person* on earth. [lacht]. […] Always answered all my questions – and that helped me […]. Because if he would have just told me: ›ok, this is, how we should be doing it – and I tell you *why* it should be done like this later‹ – then it never gets clear, you know (EM 56).

Einarbeitungsphasen wie diese dürften weder Neuzugängen noch ihren Anleiter/innen intensives Arbeiten erlauben. Vielmehr absolvierte der hier Zitierte monatelang zwölfstündige Arbeitstage, und auch für den Rest des Teams fallen in derlei Konstellationen nach Erfahrung eines Teamleiters Überstunden an:

[If] we have to take somebody from outside […] we will groom the guy inside the team itself, provide a few sessions from the colleagues. And other colleagues of the team would share the load as well. […] If they can manage in eight to nine hours, it's okay. If they cannot, then … they … need to stay. But with their own wish (TLM 48).

Bedenkt man zudem, dass bei G-Pro India jeder Neurekrutierung zahlreiche Bewerbungsgespräche vorausgehen (PMM 35; PMW 36), so macht sich der Unterschied zwischen Produkt- und Servicefirma noch deutlicher bemerkbar: Fluktuation führt in beiden Samplefirmen zu Mehrarbeit –

doch bei G-Pro stellt jede Rekrutierung und Einarbeitung für das betreffende Team eine erhebliche zeitliche Belastung dar, während bei I-Serve zwar häufiger die Aufgaben von Ausscheidenden durch Kolleg/innen übernommen werden müssen, die Ausbildung von Neuzugängen aber zentralisiert erfolgt und das geringere Spezialisierungsniveau die Einarbeitung erleichtert (Kapitel 7.1).

Siebtens schlagen sich die unterschiedlichen Geschäftsmodelle der Samplefirmen in Regelungen für eine zeitweise Unterbrechung der Erwerbstätigkeit nieder. Die Servicefirma I-Serve bietet Beschäftigten nach fünf Jahren Betriebszugehörigkeit ein »Sabbatical« an – es handelt sich dabei um unbezahlten Urlaub von bis zu zwei Jahren, der etwa für Weiterbildung oder Familienpflichten genutzt werden kann (TLW 8; TLM 6; MM 24). Diese Möglichkeit besteht in der Produktfirma G-Pro nicht, doch hier trifft man auf Beschäftigte wie jenen Projektmanager (PMM 39), der zweieinhalb Jahre lang freitags vormittags und samstags an einem Masterstudiengang teilnahm, ohne Arbeitszeit (und Gehalt) formell zu reduzieren. Der Zusammenhang mit dem jeweiligen Geschäftsmodell ist unverkennbar: In der Servicefirma sind einzelne Beschäftigte (aufgrund geringerer Spezialisierung und kürzerer Projektlaufzeiten) phasenweise durchaus verzichtbar – steht man jedoch zur Verfügung, so muss man dies (angesichts knapp kalkulierter Budgets) hundertprozentig tun. In der Produktfirma hingegen spezialisiert man sich langfristig und wirkt oft jahrelang an der (Weiter-)Entwicklung eines Produktes mit. Wer hier ein bis zwei Jahre aussetzen möchte, muss kündigen – doch gleichzeitig erlauben die geringere Arbeitsverdichtung und die größere Planbarkeit von Tages- und Wochenarbeitszeiten zum Beispiel berufsbegleitende Studien. Die Arbeitszeitpräferenzen von Beschäftigten hängen allerdings wiederum nicht zuletzt von Standards der (Re-)Produktion von Arbeitskraft ab, die in Indien anders aussehen als in Deutschland.

6.2 Regulierungsszenario und Arbeitszeitgestaltung

Die Einschätzung, dass Arbeitszeitgestaltung sich in Indien grundsätzlich anders darstelle als in Deutschland, durchzieht viele Interviews. Ein Projektmanager bei G-Pro bringt sie auf den Punkt:

If I talk only between eight to five, [...] Germans would be more committed during those nine hours. But beyond that, definitely they're *not* committed. Whereas Indian[s] probably [...] tend to work beyond hours. [...] Time-commitment is very much there in German IT worker, but anytime commitment is much more in ... Indian IT worker (PMM 16).

»Time-commitment« in Deutschland, »anytime commitment« in Indien – diese Formulierung legt Unterschiede im Zeitmanagement von Beschäftigten nahe, die quer zu Geschäftsmodellen verlaufen. Sie führen dazu, dass deutsche und indische Beschäftigte sich gegenseitig einen zweifelhaften Umgang mit Arbeitszeit attestieren. So bemerkt ein indischer I-Serve-Angestellter über Belegschaften deutscher Kunden:

They have a different approach. They [...] come very early in the morning. And they leave very early. They take long leaves. [lacht] Usually ah they are not available sometimes. Like, we go for clarification – they are usually on leaves. They have a lot of leaves in Germany, I think. And eh they leave earlier – around four o'clock, five o'clock they tend to leave. And no weekends – I don't think they work on weekends (TLM 7).

Speziell die Kombination aus geringen Arbeitszeiten und hohen Gehältern, die westliche IT-Belegschaften aus indischer Sicht genießen, empfindet eine Befragte als ungerecht: In den Vereinigten Staaten, so meint sie,

usually they are in office by 7:30, 8:00 – [...] and their day ends by four, so they, they spend more time with the family and do other extra, extra activities like pursuing your hobbies or anything. So, I feel that that is *more* outside of India, and here, people work, work, work and they just work [lacht]. [...] [I]n US: They have much better time, quality time with their families [...] and they are paid much more than what we are being paid here (SEW 14).

Umgekehrt beklagt ein deutscher Projektmanager bei I-Serve, in Indien gebe es viele Kollegen, die »so sehr verstärkt [...] das ›nine to five‹ haben«[8] – gleichzeitig gebe es

8 Auch Hirschfeld (2002, 59) meint, »bei den Indern« bestehe »eine vergleichsweise striktere Trennung von Privat- und Berufsleben« als bei »den Deutschen«, zumal man meist nicht mit Hilfe von Laptop und Internet von Zuhause aus arbeiten könne, sowie eine

aber mehr Leute, die am Wochenende arbeiten, so dass ich irgendwelche e-mails am Wochenende bekomme (PMM 27).

Der Leiter der deutschen I-Serve-Niederlassung macht ähnliche Unterschiede aus, die ihm zufolge zu deutsch-indischen Missverständnissen führen:

You call an Indian on the weekend and say: ›hey, go to the office and do this‹. He'll do it. [... A German will] probably not do it. He would say: ›No, that's my private time, how dare you even call me?‹ [...] Does it make him a wise guy or a stupid guy, I don't know. [...] But what is interesting to see is the misunderstandings which come from that. The Indians think the Germans are inflexible and don't work hard. And the Germans think that the Indians are inefficient, that's why they have to work on the weekend (MM 32).

Allerdings sind Standards von Arbeitszeitgestaltung (wie wir in Kapitel 6.1.2 sahen) veränderlich, und speziell die enge Kooperation in transnationalen Projektteams versetzt Beschäftigte in die Lage, sich bewusst an den Praktiken von Kolleg/innen in anderen Weltregionen zu orientieren. Ein indischer G-Pro-Entwickler etwa lobt die Arbeitszeitgestaltung seiner deutschen Kolleg/innen:

[T]he eight hours [...] a German colleague would spend at office would be very well utilized, efficiently utilized, without many phone calls and walking up and down to the coffee corner every now and then. [...] And it's not common practice to stay back at work, long hours – which is not so in India. [...] In fact, I believe, that even if my boss does not have a life after six o'clock, it does not mean, that even I shouldn't, ok? I certainly believe that if my work gets over by five, if I am efficient enough to finish it by five – I walk out of the office at five. I don't carry my work home. But many a times the impression *in India* is that [...] the ones who stay late at work are the better workers. Ok? That's something I cannot relate to. That's something that I do not like about our work culture. That's something I appreciate more about the German work culture (EM 59).

Im Folgenden wird argumentiert, dass wir es hier weniger mit dem Aufeinandertreffen unveränderlicher deutscher und indischer (Arbeits-)Kulturen zu tun haben, wie diese Aussage nahelegt, als mit unterschiedlichen, aber in sich hochdynamischen Standards von Arbeitszeitgestaltung, die nicht zuletzt im deutschen bzw. indischen Regulierungsszenario begründet sind.

»gesellschaftlich akzeptierte (oder geforderte) Priorisierung von Familienbelangen«. Unsere empirischen Befunde bestätigen dies nicht: Teleheimarbeit ist in Bangalore technisch durchaus möglich, und IT-Beschäftigte, die Arbeit und Privatleben strikt trennen, sind selten.

6.2.1 Politische Regulierung: Arbeitszeit- und Urlaubsgesetze

Aus einer Lebenslaufperspektive betrachtet, beeinflusst politische Regulierung das individuelle und kollektive Arbeitszeitvolumen in verschiedener Hinsicht. So ist etwa in Deutschland wie Indien ein Minimum an Schuljahren gesetzlich festgeschrieben (Kapitel 7.2). Zudem fördern in Deutschland Sozialversicherung und Steuerrecht das Haupternährermodell (Auth 2002) und damit die Praxis, dass Frauen sich phasenweise ganz oder teilweise auf die Betreuung der nächsten Arbeitskraft-Generation konzentrieren (Kapitel 3.2). Dies reduziert weibliche Erwerbsarbeitszeiten in alltäglicher (Teilzeitarbeit) wie in biographischer Hinsicht (Erziehungszeiten). Politische Regulierung in Form von Arbeitszeitgesetzen hingegen scheint in der IT-Branche in Deutschland wie Indien keine wesentliche Rolle zu spielen. Allerdings weist Upadhya (2006b, o. S.) auf einen zentralen Unterschied hin:

> While there is scarcely any regulation of labour conditions and working hours in the Indian IT industry, such regulations in European countries are strict and well enforced.

So gilt das Arbeitszeitgesetz in Deutschland durchaus auch für Softwareunternehmen, weshalb Acht-Stunden-Tag und Vierzig-Stunden-Woche auch von den Samplefirmen eingehalten werden müssen[9] – und tatsächlich scheint sich die Arbeitszeitgestaltung im Mutterhaus von G-Pro und (in gewissem Maße) auch in der deutschen I-Serve-Niederlassung an den hier in Gesetzesform gegossenen gesellschaftlichen Vorstellungen von einem »normalen Arbeitstag« zu orientieren. In Indien hingegen sieht der »Factories Act« von 1948 (auf Grundlage einer Sechs-Tage-Woche) maximal neun Arbeitsstunden pro Tag und 48 Arbeitsstunden pro Woche vor.[10] Da die IT-Branche allerdings von vielen Arbeitsgesetzen ausgenommen ist (Gerome, EXP 80) und die für sie geltenden Arbeitszeitvorschriften (etwa in Bezug auf Schichtarbeit, Feiertagsarbeit sowie die Nachtarbeit von Frauen) gelockert wurden (Nadeem 2009, 33), scheinen sich auch die Samplefirmen in Indien eher grob an gesetzlichen Maßstäben zu orientieren. Dies beinhaltet teilweise die Überschreitung gesetzlicher Mindeststandards:

---

9 Auf bis zu zehn Stunden darf die Arbeitszeit (laut § 3 des ArbZG von 1994) »nur verlängert werden, wenn innerhalb von sechs Kalendermonaten oder innerhalb von 24 Wochen im Durchschnitt acht Stunden werktäglich nicht überschritten werden«.

10 Wird länger gearbeitet, so haben Beschäftigte für diese Zeit Anspruch auf doppelten Stundenlohn (Factories Act, Section 51, 52, 54, 59).

So praktizieren beide Unternehmen eine Fünf-Tage-Woche, und die formelle Wochenarbeitszeit bleibt mit 42,5 Stunden (I-Serve) bzw. 40 Stunden (G-Pro) weit hinter dem zulässigen Höchstwert zurück, wobei Überstunden allerdings nicht zusätzlich vergütet werden. Indische Kritiker/innen (wie Upadhya/Vasavi 2006, 85; Varma/Sasikumar 2004, 70f.) bemängeln denn auch allenfalls die Nichteinhaltung des Acht-Stunden-Tages in den meisten indischen IT-Firmen.[11] Demnach haben Arbeitszeitgesetze in Deutschland tatsächlich direkten Einfluss auf die zeitliche Dimension unternehmerischer Arbeitskraftnutzung; in Indien hingegen setzen Softwarefirmen ihre Standards weitgehend unabhängig von gesetzlichen Mindeststandards – sie überschreiten diese »freiwillig«, verzichten aber damit nicht auf die Möglichkeit, innerhalb des legalen Rahmens bei Bedarf deutlich längere Arbeitszeiten anzuordnen als in Deutschland.

Auch der Umgang der Samplefirmen mit bezahltem Erholungsurlaub ist durch eine Orientierung an deutschen bzw. indischen Rechtsvorgaben geprägt, wobei in diesem Fall nur G-Pro die gesetzlichen Standards überschreitet.[12] In Indien steht erwachsenen Beschäftigten laut »Factories Act« ein bezahlter Urlaubstag für zwanzig geleistete Arbeitstage zu (Section 79); dies ergibt (bei Zugrundelegung einer Sechs-Tage-Woche) einen jährlichen Mindesturlaub von 15,6 Tagen. In der indischen Niederlassung von G-Pro erhalten neu Eingestellte hingegen 21 Tage bezahlten Erholungsurlaub, und mit jedem Jahr der Betriebszugehörigkeit kommt ein Tag hinzu (MM 37; EM 46), bis die Obergrenze von 27 Tagen erreicht ist (PMM 50). Dies kann als Nachahmung deutscher Urlaubsregelungen auf reduziertem Niveau interpretiert werden – man agiere »[s]imilar to Germany«, bemerkt ein indischer Manager zu Recht (MM 37). I-Serve hingegen gewährt in den

---

11 Dabei gilt offenbar nicht die indische Fabrikgesetzgebung (die sechs Wochenarbeitstage von maximal neun Stunden vorsieht), sondern die Satzung der Internationalen Arbeitsorganisation (1919) als Maßstab: in Abschnitt II wird die »Annahme des Achtstundentages oder der 48-Stunden-Woche als zu erstrebendes Ziel überall da, wo es noch nicht erreicht ist« bezeichnet.

12 Ähnliches gilt für den Erziehungsurlaub: In Deutschland wahrt G-Pro die gesetzlichen Vorgaben des Bundeserziehungsgeldgesetzes (gültig bis 2006/08) und gewährt bis zu drei Jahre Erziehungsurlaub (PAW 67), während dieses Recht bei I-Serve Deutschland noch nicht in Anspruch genommen wurde. In Indien hingegen sieht der »Maternity Benefit Act & Rules« nur 84 Tage Mutterschutzurlaub (einschließlich Wochenenden und Feiertagen) vor, der bei Krankheit um 30 Tage verlängert werden kann. I-Serve gewährt Müttern tatsächlich drei Monate bezahlten Mutterschaftsurlaub (SEW 14; MM 37), G-Pro hingegen bis zu ein Jahr Erziehungsurlaub (MM 63). Zu Erziehungszeiten in der Praxis siehe: Kapitel 3.2.2.

ersten zwei Jahren der Betriebszugehörigkeit nur 15 Tage bezahlten Jahresurlaub (BWW 10) – dies ist nicht illegal, weil der »Factories Act« für die IT-Branche formal keine Gültigkeit hat, muss aber dennoch als Unterschreitung gesetzlicher Standards gewertet werden – während ab dem dritten Jahr mit 20 Tagen das gesetzliche Minimum deutlich überschritten wird.

In Deutschland schreibt das Bundesurlaubsgesetz (§ 3) mindestens 24 Werktage bezahlten Urlaub vor. Im deutschen Mutterhaus von G-Pro hingegen erhalten Beschäftigte je nach Alter zwischen 28 und 30 Urlaubstage, wobei die Endstufe mit dem 40. Lebensjahr erreicht wird (PMM 70). Offenkundig orientiert sich das nicht tarifgebundene Unternehmen G-Pro auch hier an (höheren) tariflichen Standards, wie sie etwa im deutschen öffentlichen Dienst gelten[13], und für die indische Niederlassung wurde zwar nicht die Zahl der Urlaubstage, aber die am Senioritätsprinzip orientierte Systematik ihrer Berechnung übernommen. I-Serve hingegen gewährt in Deutschland (wie in Indien) nur 20 Tage bezahlten Erholungsurlaub (KBW 30; PAW 31). Damit werden zwar die Vorgaben des Bundesurlaubsgesetzes formal eingehalten[14], aber dennoch Vorstellungen von einer »normalen Urlaubsregelung« verletzt, die wiederum durch Tarifstandards anderer Branchen geprägt sein dürften. Jedenfalls trägt der Umstand, dass der Urlaubsanspruch bei I-Serve deutsche Standards unterschreitet und zudem nicht mit der Betriebszugehörigkeit steigt, zu den Rekrutierungsproblemen des Unternehmens in Deutschland bei (PMM 27) und verursacht teilweise auch familiäre Konflikte:

> [G]erade, wenn Sie ja Leute mit einer gewissen Berufserfahrung [haben], die aber dann vielleicht auch schon ein bisschen älter sind und die Kinder haben, denke ich, da ist das schon ein Problem, also ein ernsthaftes (KBW 30).

Interessanterweise formulieren deutsche I-Serve-Angestellte ihr Unbehagen über diese Urlaubsregelung, ohne sich bewusst zu sein, welche rechtlichen Standards ihre eigenen Erwartungen prägen. Selbst eine Vertreterin der Personalabteilung bemerkt:

---

13 Laut TVöD (§ 26) besteht bis zur Vollendung des 30. Lebensjahres Anspruch auf 26 Arbeitstage bezahlten Erholungsurlaub, bis zur Vollendung des 40. Lebensjahres auf 29 und anschließend auf 30 Arbeitstage (Wikipedia 2009c).

14 Das Bundesurlaubsgesetz sieht 24 Werktage auf Basis einer Sechs-Tage-Woche vor – folglich stehen Beschäftigten vier Wochen Erholungsurlaub zu. Weil I-Serve eine Fünf-Tage-Woche praktiziert, ergibt sich tatsächlich ein Urlaubsanspruch von 20 Tagen. (Wikipedia 2009c).

Teilweise in anderen Ländern ist es einfach so, je länger man in einem Unternehmen ist, desto mehr Urlaubstage hat man (PAW 31).

Sie bezieht dies (fälschlicherweise) auf Indien, obwohl sie damit das Senioritätsprinzip (als zentralen Aspekt deutscher Arbeitsregulierung) anspricht, das zwar nicht im Bundesurlaubsgesetz, aber in zahlreichen Tarifverträgen festgeschrieben ist. Ihre Unzufriedenheit speist sich demnach aus der Unterschreitung von Arbeitszeit-Normen, deren politisch-rechtliche Grundlagen ihr nicht gegenwärtig sind.

Eine Homogenisierung von Arbeitszeitstandards über Weltregionen und Regulierungsszenarien hinweg stößt demnach an gesetzliche Grenzen, weil beide Samplefirmen sich an einer Rechtslage orientieren müssen, die in Deutschland anders aussieht als in Indien. Zwar übertragen beide Firmen manche der in den Mutterhäusern geltenden Standards auf ihre Niederlassungen, doch weil sie dabei die vor Ort geltenden Gesetze beachten müssen, bleiben Unterschiede bestehen – die Arbeitszeitpraktiken in der ausländischen Niederlassung markieren jeweils einen Mittelweg zwischen Herkunfts- und Niederlassungskontext. So werden bei G-Pro India längere Arbeitszeiten verlangt und weniger Urlaubtage gewährt als im deutschen Mutterhaus, indische Standards aber dennoch überschritten. Bei I-Serve Deutschland hingegen sind die Arbeitszeiten kürzer als im indischen Mutterhaus und die Zahl der Urlaubstage äquivalent, was einer Wahrung bzw. Unterschreitung deutscher Standards gleichkommt.

Zudem stößt eine Homogenisierung von Arbeitszeitgestaltung an Grenzen, die weniger auf die rechtlichen Vorgaben selbst als auf den Umgang von Beschäftigten und Management mit diesen Vorgaben zurückzuführen sind. Erholungsurlaub zum Beispiel wird in Deutschland (anders als in Indien) als Recht von Beschäftigten akzeptiert, selbst wenn man es nicht unbedingt in Anspruch nimmt. Ein Projektmanager etwa bemerkt, 30 Urlaubstage pro Jahr seien »so viel, dass ich es normalerweise nicht nehmen kann«, schätzt aber die Option, »angesparte« Urlaubstage für eine längere Auszeit zu nutzen (PMM 70) – Konflikte mit Vorgesetzten entzünden sich an Urlaubswünschen offenbar nicht. In Indien hingegen ist die Gewährung von Erholungsurlaub keineswegs selbstverständlich. Bei I-Serve hängt die Frage, ob man Urlaub nehmen könne, vom Projekt ab:

Like in our previous project we can take leaves. But here it's a hectic schedule so … usually we tend to take the leaves at the end of the project (TLM 7).

Eine andere Befragte verweist auf das Gutdünken von Vorgesetzten: Der Umgang mit Urlaubsanträgen »depends on the relationship, what you share with your manager or your lead and … how they are« (TLW 21). Bei G-Pro hingegen wird der Rechtsanspruch auf Erholungsurlaub offenbar auch in Indien ernster genommen. Jedenfalls stellt ein indischer Projektmanager kategorisch fest:

[A]nybody is allowed to take a leave – so, I don't want to restrict them leave. […] ›I want to go for marriage‹, they say. No, I can't say that: ›No!‹ Because it's a privilege here (PMM 61).

Die Formulierung »Privileg« verdeutlicht allerdings, dass auch dieser Befragte die Durchsetzung des Rechtsanspruchs auf Erholungsurlaub für ein erklärungsbedürftiges Sonderrecht von G-Pro-Beschäftigten hält. Der Nachdruck, mit dem viele Vorgesetzte auch bei G-Pro den Aufwand betonen, der mit urlaubsbedingten Vertretungsregelungen verbunden sei (»We *plan* for these vacations«; PMW 36), lässt ahnen, mit welchen Vorbehalten sie Urlaubsgesuchen begegnen dürften. Jedenfalls sehen indische Beschäftigte in beiden Samplefirmen die Notwendigkeit, Erholungsurlaub mit mehreren Wochen oder Monaten Vorlauf anzumelden. Ein G-Pro-Entwickler erklärt:

One or two days leave here and there – *unplanned* leave, is ok. But, if you want … more than a week's leave, then you have to plan and you have to tell them in advance. […] In the beginning of each quarter our manager sends across the Excel and says: ›please update your leave plans, whatever leave is planned‹. […] Suppose I have planned that I want to go home for my birthday – then I can plan it that way (EM 56).

Offenkundig versucht G-Pro, die im deutschen Mutterhaus praktizierte langfristige Urlaubskoordination auf die indische Niederlassung zu übertragen. Derlei Regelungen sind in Indien allerdings schwer durchzusetzen, weil Beschäftigte hier oft spontaner Urlaub benötigen als in Deutschland. Meist geht es dabei um wenige Tage (EW 42), die nicht der Erholung von Individuum oder Kernfamilie, sondern Verpflichtungen im Rahmen der erweiterten Familie gewidmet sind. Eine Befragte beschreibt die daraus resultierenden deutsch-indischen Diskussionen:

Like, if they [Germans] have to go for vacations they will plan right in the beginning of the year […]. And they used to ask us, like: […] ›When we can plan why can't you plan?‹ I used to tell them […] we are all staying, like, in a big family and sometimes somebody is getting married. So … all of us then will leave, and when somebody is falling sick we will all leave. And that in your culture you generally live independently and you can plan for yourself, like, there is no other influence on your planning (TLW 8).

Auch ein deutscher Befragter bemerkt, dass Urlaub in Indien eine andere soziale Funktion habe als in Deutschland:

[D]ie Leute in Indien nehmen eigentlich keinen Lust-Urlaub, die nehmen keinen Urlaub, weil sie verreisen wollen oder weil sie mal ausruhen wollen. Sondern die nehmen Urlaub, weil sie heiraten oder weil jemand anders heiratet oder weil es sonst irgendwie familiäre Gründe dafür gibt (KBM 28).

Allerdings wäre wiederum zu prüfen, inwiefern es sich hier um unveränderliche »kulturelle Unterschiede« handelt. Immerhin trifft man durchaus auf indische Beschäftigte, die großen Wert auf mehrwöchige Urlaube legen (TLW 47), aber betonen, wie schwer dies gegenüber Managern durchzusetzen sei:

[I]t's very difficult to get through the vacation parts here. [lacht] […] I would take *at least* two weeks off. […] And two weeks, they think, is a pretty long period so … (EM 46)

Offenbar kollidieren hier die Erholungsbedürfnisse eines indischen Beschäftigten mit den Personaleinsatzstrategien seiner ebenfalls indischen Vorgesetzten – dass zwei Wochen Urlaub Letzteren »ziemlich lang« erscheinen, dürfte daher weniger mit der kulturellen Disposition indischer Belegschaften als mit Formen betrieblicher Arbeitskraftnutzung zu tun haben, die in Indien leichter gegen Beschäftigte durchgesetzt werden können als etwa in Deutschland. Über derlei Konflikte wird in beiden Samplefirmen berichtet, doch scheint das Insistieren auf mehrwöchigem Urlaub bei I-Serve aufgrund der relativ kurzen Projektlaufzeiten besonders gravierende Folgen zu haben. Eine Entwicklerin etwa landete nach mehrmonatiger Projektarbeit urlaubsbedingt auf der »Wartebank«:

So I was working on that project, but because I was taking three weeks leave, so they released me from that project. Currently I don't have any project on hand, but they are looking to put me in some project (EW 3).

Dieser Umgang mit längeren Urlauben ist offenkundig Folge des Geschäftsmodells, weil derart kurzfristige Versetzungen bei Servicefirmen, aber nicht bei Produktfirmen möglich sind. Gleichzeitig sind der Homogenisierung von Arbeitszeiten über Weltregionen hinweg jedoch auch deshalb Grenzen gesetzt, weil es selbst für eine Servicefirma in Deutschland schwieriger sein dürfte als in Indien, die Gewährung von Erholungsurlaub von Projekterfordernissen abhängig zu machen – gesetzliche und gesellschaftliche Normen sprechen dagegen.

6.2.2 Wirtschaftliche Regulierung: Arbeitszeitregime

Betriebliche Arbeitszeitgestaltung wird zudem durch ortsgebundene Arbeitszeitregime (als zentralem Bestandteil des ökonomischen Umfeldes eines Unternehmens) bestimmt. Darunter werden hier[15] jene komplexen »Muster« verstanden, die aus überlappenden und sich gegenseitig beeinflussenden raum-zeitlichen Rhythmen individuellen, öffentlichen und ökonomischen Lebens resultieren. Rhythmen von Produktion sind dabei nicht unbedingt mit Rhythmen von Arbeitskraft-(Re-)Produktion kompatibel. Daher konstatiert Nadeem (2009, 21; 35) ein Spannungsverhältnis zwischen

> the network time of corporate globalization and the prosaic rhythms of everyday life [...], producing a struggle over the definition of working time.

Raum-zeitliche Rhythmen von Produktion werden unter den vor Ort im selben »Organisations-Feld« operierenden und konkurrierenden Firmen oftmals verallgemeinert. So haben Vorgesetzte in Bangalore offenbar über einzelne Softwarefirmen und Geschäftsmodelle hinweg einen Arbeitszeitstandard verinnerlicht, der exzessive Mehrarbeit so selbstverständlich voraussetzt, dass Überstunden als einzig möglicher Ausdruck von Motivation und Leistungsfähigkeit erscheinen (Upadhya/Vasavi 2006, 87). Selbst in einem Unternehmen wie G-Pro, das eher auf Arbeitsverdichtung als auf überlange Präsenzzeiten setzt (Kapitel 6.1), gibt ein Entwickler zu Protokoll:

> [M]any managers might say, that: ›I appreciate people, who don't stay late, because they show efficiency‹. But it's a lie! ... I don't agree with it. I think they *do* appreciate people, who stay late – more than people, who don't (EM 59).

Trotz dieser Tendenz zur Vereinheitlichung unternehmerischer Arbeitszeitpolitik ist die *Praxis* betrieblicher Arbeitszeitgestaltung stets durch spannungsreiche Wechselwirkungen zwischen den raum-zeitlichen Rhyth-

15 Dieser Begriff wird hier in einem weiteren Sinne gebraucht als bei Schmidt und Dworschak (2001; 2006), die den Einfluss industrieller Beziehungen auf Arbeitszeitgestaltung analysieren.

men von Produktion und von Arbeitskraft-(Re-)Produktion geprägt. Dies zeigt ein Blick auf Verkehrsinfrastruktur, Ladenöffnungszeiten und das Verhältnis von Arbeitsintensivierung und Erholung unter den jeweils spezifischen Bedingungen von Branchen- und Bevölkerungskonzentration in Deutschland bzw. Indien.

Verkehrsinfrastruktur beeinflusst Standards alltäglicher räumlicher Mobilität (Kapitel 3.2), und diese entscheiden maßgeblich darüber, wie Unternehmen Arbeitszeiten gestalten können. In Deutschland etwa werden flexible Arbeitszeiten nicht zuletzt durch die Nutzung privater PKW ermöglicht, doch angesichts der drängenden Infrastrukturprobleme in Bangalore wird dieser Zusammenhang vor allem von indischen Beschäftigten thematisiert. Deutlich wird dabei die Wechselwirkung zwischen Verkehrsinfrastruktur und betrieblicher Arbeitszeitgestaltung, denn die Infrastrukturprobleme erleichtern es einerseits den Samplefirmen, verbindliche Arbeitszeiten durchzusetzen, beschränken aber andererseits deren zeitlichen Zugriff auf Arbeitskraft. Betrachten wir diesen Zusammenhang genauer: Was die disziplinierende Wirkung verstopfter Straßen betrifft, so versuchen beide Samplefirmen, durch die Festlegung von Busfahrplänen Einfluss auf die Arbeitszeitgestaltung von Beschäftigten zu nehmen. Ein Vertreter der Logistik-Abteilung von I-Serve bringt dies auf den Punkt: »[F]lexibility is there, but discipline also needs to be there« (LOG 17). Weil Arbeitszeiten bei I-Serve (je nach Arbeitsanfall oder Zeitzone des Kunden) variieren, verkehren die Shuttlebusse der Servicefirma morgens (von 6.30 bis 9.30 Uhr) im Zehnminutentakt und abends (von 17.30 bis 21 Uhr) halbstündlich (EW 3). Für Beschäftigte, die 35 Kilometer vom Unternehmen entfernt wohnten, so die Logistik-Experten, stelle man allerdings morgens nur stündliche Verbindungen zur Verfügung (6.30 und 7.30 Uhr) – man wisse um »the human tendency to have a good nap« und wolle sie nicht fördern: »the person who is staying at far-flung area should not be encouraged to take the second bus after missing the first one« (LOG 17). Verpasst man beide Busse, muss die Fahrt privat organisiert und bezahlt werden. Bei G-Pro hingegen kommen die Shuttlebusse morgens um acht Uhr oder um elf Uhr an und verlassen das Firmengelände um 17 oder um 19 Uhr (EM 38, 58, 59; TLW 47).[16] In Zusammenhang mit diesen Busfahrplänen wird bei beiden Samplefirmen ausdrücklich von einer Früh- und einer Spätschicht

16 Dies mag erklären, warum Entwickler/innen um 17 oder 19 Uhr Feierabend machen (Kapitel 5.1.1), während Manager/innen (die über Dienstwagen verfügen) länger arbeiten (MM 69).

gesprochen (LOG 17, 41; EM 38), was den Eindruck weitgehend standardisierter Arbeitszeiten bestätigt. Insofern ist Upadhya und Vasavi (2006, 87) zuzustimmen, die schreiben, Beschäftigte seien »not really free to choose their working hours in any meaningful sense«. Die Infrastrukturprobleme Bangalores wirken allerdings nicht nur auf Beschäftigte disziplinierend – vielmehr schränken sie auch den zeitlichen Zugriff von Unternehmen auf Arbeitskraft ein, denn Arbeitszeitgestaltung hängt nicht zuletzt von Staufrequenzen ab (KBW 30). So sahen sich etwa IT-Firmen in der Nachbarschaft der indischen G-Pro-Niederlassung zur Koordination ihrer Kernarbeitszeiten gezwungen, um die Zubringerstraßen zu entlasten – der Arbeitsbeginn bei G-Pro musste auf 8 Uhr vorverlegt werden, obwohl dies die Kooperation mit Deutschland zusätzlich erschwerte (EM 38; MM 63). Zudem schafft die durch Busfahrpläne forcierte Standardisierung von Arbeitszeiten für Unternehmen neben (erwünschter) Zeitdisziplin auch (unerwünschte) Koordinierungsprobleme, die eingangs in Zusammenhang mit dem Konflikt um die »kritische Viertelstunde« thematisiert wurden (Kapitel 1). Deutsche Kolleg/innen jedenfalls erklären, dass

> es *völlig illusorisch* ist, wenn man [in Indien] irgendwelchen Leuten sagt: ›Kannst du heut mal ne halbe Stunde länger bleiben oder so?‹ Das *geht nicht*, weil: die Leute sind auf diese Busse angewiesen, ja? Und wenn der letzte Bus weg ist, dann kommen die nicht mehr nach Hause. […] Wenn ich hier in Deutschland jemanden habe, ich weiß, der ist sowieso mit dem Auto da – und ob der jetzt oder in ner halben Stunde fährt, ist im Grunde genommen Wurst (KBM 28).

Weil »sehr viele mit solchen Firmen-Shuttles zur Arbeit kommen oder eben auf öffentlichen Verkehr angewiesen sind«, meint auch ein G-Pro-Projektmanager, sei es in Indien kaum möglich, spontan ein paar Minuten länger zu arbeiten (PMM 70) – dass stundenlange Mehrarbeit hingegen leichter akzeptiert wird als in Deutschland, verweist bereits auf die gesellschaftliche Regulierung von Arbeitszeit (Kapitel 6.2.3). An dieser Stelle hingegen ist festzuhalten, dass der Rhythmus betrieblicher Arbeitskraftnutzung direkt durch Rhythmen alltäglicher Mobilität in einem jeweils spezifischen raum-zeitlichen Kontext beeinflusst wird.

Zudem müssen beide Samplefirmen Beginn und Ende von Bürozeiten an Rhythmen des »öffentlichen Lebens« anpassen, die sich in Deutschland anders darstellen als in Indien. Ladenöffnungszeiten spielen dabei offenbar eine zentrale Rolle. Immerhin beobachten Inder/innen erstaunt, dass deutsche Beschäftigte auch deshalb früh Feierabend machen, weil sie vor Ladenschluss Einkäufe erledigen müssen:

[They] say: ›Shops close five pm!‹ 'Cause in India, you will see the shops open till nine or ten in the evening. So you can work late and still you can get everything that you need. I mean in Germany – most of the time shops close at seven or eight. So, that's quite an experience for them [Indians]. [lacht] So they [Germans] are used to leaving office early. So it's – when you are forced to leave office at five, it's one third off (PAM 54).

Das Firmengelände von I-Serve in Bangalore hingegen fördert längere Arbeitszeiten: Indem Geschäfte und Banken in unmittelbarer Nähe zum Büro angesiedelt und ihre Öffnungszeiten betrieblichen Rhythmen angepasst werden, nimmt man gezielt Einfluss auf den raum-zeitlichen Rhythmus der Versorgung von Angestellten mit den für Arbeitskraft-(Re-)Produktion erforderlichen Lebensmitteln und Dienstleistungen. In Deutschland hingegen wird betriebliche Arbeitskraftnutzung durch raum-zeitliche Rhythmen von Arbeitskraft-(Re-)Produktion begrenzt, die zum einen die zeitaufwändige Überwindung relativ großer räumlicher Distanz einschließen (weder Wohnorte noch Geschäfte liegen in unmittelbarer Nähe des Firmengeländes von G-Pro) und zum anderen an früheren (zu gesellschaftlichen Normen geronnenen) Standards betrieblicher Arbeitszeitgestaltung orientiert sind, die als »Normalarbeitszeit« bezeichnet werden: Weil es in den vergangenen Jahrzehnten in Deutschland (abgesehen von industrieller Schichtarbeit) zunehmend üblich wurde, dass ein Arbeitstag an Werktagen früh morgens beginnt und am Nachmittag endet, sind Ladenöffnungszeiten (trotz aller Veränderungen des Ladenschlussgesetzes) bislang weitgehend an diesem Arbeitszeitstandard orientiert. Massiver und dauerhafter Überstundenanfall in einem Unternehmen wie G-Pro würde daher die Versorgung von Beschäftigten stören und somit die alltägliche (Re-)Produktion von Arbeitskraft in Frage stellen, sofern sie nicht über andere Haushaltsmitglieder gewährleistet ist. Von einer Wechselwirkung ist hier deshalb auszugehen, weil der politische Druck hoch qualifizierter Angestellter, die auch in Deutschland zunehmend überlange und unregelmäßig verteilte Arbeitszeiten leisten, die schrittweise Erweiterung gesetzlicher Ladenöffnungszeiten erleichtert haben dürfte. Ein neuer Rhythmus betrieblicher Arbeitskraftnutzung trägt demnach zur Veränderung von Rhythmen der Arbeitskraft-(Re-)Produktion bei.

Schließlich ist betriebliche Arbeitszeitgestaltung auch insofern durch unterschiedliche Arbeitszeitregime geprägt, als betriebliche Rhythmen von Möglichkeiten der Arbeitsintensivierung unter spezifischen Bedingungen von Branchen- und Bevölkerungskonzentration abhängen, die wiederum eng mit ortsgebundenen Rhythmen von Arbeitskraft-(Re-)Produktion verknüpft sind. Zwei Phänomene verdienen Erwähnung: Zum einen befördert die räumliche Konzentration der Softwarebranche in Indien häufige Arbeitsplatzwechsel von Beschäftigten (Kapitel 3.2; 4.2) – und diese setzen die Pflege betriebsübergreifender Netzwerke voraus. Während Beschäftigte in Deutschland sich (angesichts relativ stabiler Beschäftigungsverhältnisse) auf »Networking« innerhalb des Unternehmens konzentrieren können, das im Rahmen kurzer und intensiver Arbeitszeiten stattfinden kann, benötigen indische Software-Spezialist/innen weit verzweigte Netzwerke, denn »[n]etworking and personal ties are very important for career progression« (Mukherjee 2008, 58). Aufenthalte in betrieblichen Kaffeeecken sowie in IT-dominierten Einkaufszentren, Bars oder Restaurants dienen ihnen nicht zuletzt dazu, karriererelevante Kontakte zu knüpfen und zu pflegen. Gleichzeitig reduzieren sie allerdings die Möglichkeit, Arbeit zu intensivieren:

> [W]hat is regarded by time management experts as ›wasting time‹ is often valuable to employees in terms of building social relationships. Unlike European workplaces, where work is rigidly organised in a given timeframe and employees rarely spend time on non-work social interaction, Indian offices are known for their collegial social atmosphere. Participating in the social life of the workplace not only provides some release from stress […] – it can also be crucial for building one's career. For instance, informal interaction and networking at the workplace are often the conduits for the circulation of crucial information about the company and the industry, which can help employees strategise in their career planning (Upadhya/Vasavi 2006, 87f.).

Insofern stellen unterschiedliche Standards von Branchenkonzentration, die sich auf die Zeithorizonte von Investitionen und Beschäftigung auswirken (Kapitel 4), eine wesentliche ökonomische Grenze für die Homogenisierung betrieblicher Arbeitszeitgestaltung in Deutschland und Indien dar. Zum anderen wirkt sich das jeweilige Maß von Bevölkerungskonzentration auf Standards von Arbeitsverdichtung aus. Dies lässt der Bericht eines indischen Angestellten über einen Deutschland-Aufenthalt ahnen:

> I used to wake up at 6:30. I used to stay in a […] small village. So every day I should go to the balcony in the morning and look out and at least see a few faces. There is no one. So, there are very few people there, and after some time I started feeling really lonely. As being an Indian I really like to have lots of people around me – shout, scream, do whatever! […] I think, in most rich and hectic countries, there aren't too many people … (TLM 51)

Ein indischer Manager beschreibt ähnliche Unterschiede für die Büroatmosphäre:

It is not as in Germany. It's quite different. The noise level [in India] is quite high, no doubt about it. We have to accept the fact, the noise level is high, there is more distractions in India, but still the work gets done (MM 37).

Diese Aussage bezieht sich offenkundig nicht auf Indien insgesamt, sondern auf die IT-Metropole Bangalore, die in den vergangenen Jahren ein rapides Bevölkerungswachstum erlebte (Kapitel 3.2). Bedenkt man nun, dass Lärm, Gedränge und die Fortbewegung auf schlechten und überfüllten Straßen an menschlichen Kräften zehren, so wird ein weiterer Grund erkennbar, warum das Konzentrationsniveau unter indischen Belegschaften nach Einschätzung vieler Befragter geringer ist als in Deutschland, selbst wenn sie den klimatisierten Mikrokosmos einer Softwarefirma erreicht haben. Dies begrenzt unternehmerische Wahlmöglichkeiten zwischen intensiver und extensiver Arbeitskraftnutzung: Ein Unternehmen wie G-Pro mag aufgrund seines Geschäftsmodells eher auf Arbeitsverdichtung als auf Mehrarbeit setzen, doch diese Präferenz kollidiert mit raum-zeitlichen Rhythmen von Arbeitskraft-(Re-)Produktion in der IT-Metropole Bangalore, wo die relative Verlängerung von räumlicher Distanz zwischen Arbeits- und Wohnort sowie die Omnipräsenz von Lärm und Gedränge Erholung (im Sinne der alltäglichen Wiederherstellung von Arbeitskraft) und damit Arbeitsintensivierung zu einem schwierigen Unterfangen machen.

6.2.3 Gesellschaftliche Regulierung: Arbeitszeit und Reproduktionsarbeit

Ob betriebliche Arbeitskraftnutzung eher intensiv oder extensiv gestaltet wird, ob also Arbeitsverdichtung oder Arbeitszeitverlängerung überwiegt, hängt auch davon ab, inwiefern die Präferenzen von Vorgesetzten gegenüber Beschäftigten durchgesetzt werden können – und dies verweist auf das Verhältnis zwischen Erwerbs- und Reproduktionsarbeit. Allerdings ist die Aussage Nadeems (2009, 26), in Indien sei generell »an intense focus on family and social life« festzustellen, der nicht zu »the rigidity of organization time and clock discipline« passe, zu pauschal. Vielmehr ist auch für Arbeitszeitgestaltung die gesellschaftliche Arbeitsteilung zwischen Geschlechtern, Generationen und sozialen Schichten von zentraler Bedeutung, die dazu führt, dass Arbeitszeitpräferenzen zwischen Beschäftigtengruppen variieren. Weil sich die Belegschaftszusammensetzung der Samplefirmen (nach Alter, Familienstand und Geschlecht) in Deutschland anders darstellt als in Indien, stößt eine Homogenisierung betrieblicher Arbeitskraftnutzung wiederum an Grenzen.

Was zunächst Altersstruktur und Familienstand betrifft, sind die indischen Belegschaften beider Samplefirmen ungefähr zehn Jahre jünger als ihre deutschen Kolleg/innen (Kapitel 4.2.3). Angesichts der in Indien vergleichsweise standardisierten Muster von Eheschließung und Familiengründung (Kapitel 3.2.2) dürften vor allem die unteren Hierarchiestufen in Indien vorwiegend mit allein stehenden Männern und Frauen besetzt sein, von denen viele nicht aus Bangalore stammen. Getrennt von ihrer Herkunftsfamilie, leben sie oft als Untermieter in »paying guest«-Unterkünften oder teilen sich Wohnungen mit anderen Junggesell/innen (Upadhya/Vasavi 2006, 87). Ihr soziales Umfeld beschränkt sich vielfach auf IT-Beschäftigte, mit denen sie Arbeits- und Lebenssituation sowie (aufgrund der örtlichen Konzentration von IT-Belegschaften) oft auch das Wohngebiet teilen (Kapitel 3.2). Andere Treffen finden allenfalls am Wochenende statt, wie ein lediger Entwickler erklärt:

> Eh, the basic problem with Bangalore is the traffic jams. […] [M]ost of my friends live on the other part of the city. And going there is almost impossible on weekdays – because it makes no sense. I'll go and come back, that's all (EM 56; ähnlich: EW 22).

Werktags hingegen trifft man vorwiegend Mitbewohner/innen, Nachbar/innen bzw. Kolleg/innen, die im selben Unternehmen arbeiten (EW 3). Ein 26-jähriger Single gesteht: »I don't have *too* many friends [who] are outside of this company« (TLM 46). Ein anderer Befragter gibt an, sein Freundeskreis rekrutiere sich »from project and from my college«:

> Monday to Friday usually the work is the whole day and the end of day we … tend to hang around with friends or watch television. That's all. So only during the weekends we have appointments with friends and other activities (TLM 7).

Viele ledige IT-Beschäftigte in Indien führen demnach außerhalb des Büros ein ausgesprochen einsames Leben, das allenfalls durch Parties am Wochenende unterbrochen wird (EM 38, 40). Speziell junge Männer sind unter diesen Bedingungen leicht zu Überstunden zu motivieren (Mukherjee 2008, 63f.). Eine Befragte vermutet sogar, sie blieben aus purer Langeweile im Büro:

I know most of the people who are bachelors – they live in a hostel or they live as a paying guest in some place and they would prefer to stay for long hours in office [rather] than getting bored at home (SEW 14).

Dies deckt sich mit der Selbsteinschätzung vieler Befragter. Ein 24-jähriger Single etwa berichtet:

I generally see that people with family try and leave as early as possible, which makes sense. Because for me, when I go home – I don't have anything to do. So, I don't mind sitting here also, frankly. What all I usually do at home is basically listen to music and go to bed. So, if I stay here – maybe I can learn more (EM 56).

Ein 28-jähriger Single fügt hinzu:

If somebody is married – then they would leave office by five or maximum by six. My kind of people leaving here by ten or eleven, it doesn't matter. Any of us would stay – we would go and have dinner, and *again* I come back, because I don't have anything else to do at home [lacht]. [...] Here developers stay late night. [...] Not that they have to, but *they stay*. [...] Because I don't have anything else to do at home, so I come down to the office again on weekend as well. [lacht] (TLM 48)

Von sozialer Isolation außerhalb des Büros scheinen vor allem jene betroffen zu sein, die weit entfernt von ihrer Herkunftsfamilie leben. Überstunden jedenfalls, meint ein Entwickler, leisteten vorwiegend

males like me, who have come from various other cities, who don't have their own families here. So, if you don't have a family to go back to every day, I mean, you might as well stay here [lacht] (EM 59).

Im Falle von Ledigen, die alleine in Bangalore leben, beeinflussen Familienpflichten die Arbeitszeitgestaltung allenfalls anlässlich von Wochenendbesuchen, wie eine Befragte erklärt:

The only time it affects is probably Friday evening. My place is in [Indian city] which is like about five hours away [...]. If I want to go [...], then probably on Friday I will not be able to stay back very late. So that is the way where I see any family obligations affecting my work time – otherwise not (BWW 10).

Die Dominanz junger alleinstehender Beschäftigter in den indischen Belegschaften mag nun in zweierlei Hinsicht erklären, warum Arbeitsverdichtung in Indien schwerer, Mehrarbeit hingegen leichter durchsetzbar ist als in Deutschland. Zum einen dienen die Bürozeiten jugendlichen Singles in Indien nicht als »reine Arbeitszeit«, sondern werden auch genutzt, um im Internet zu surfen, private Emails zu schreiben, sich zum Kaffee und Essen zu verabreden, Sport zu treiben etc. (EM 71; TLM 6). »[B]ecause there are lots of beautiful young girls and also young guys«, bemerkt ein Befragter süffisant, »office is a nice place for them to meet« (TLM 51). Am Feierabend hingegen drohen Einsamkeit und Langeweile, wie ein Entwickler betont:

> Weekdays: reaching home, eating and one hour for … watching TV […]. I am staying with my bachelor friends. So we do some discussions and we have some jokes and all that […]. Sometimes you don't even meet, because they also come late, I also come late (EM 38).

Diese vergleichsweise reduzierte Variante der (Re-)Produktion von Arbeitskraft ist nicht zuletzt auf deren spezifische raum-zeitliche Rhythmen in einer IT-Metropole wie Bangalore zurückzuführen: Aufgrund großer relativer Distanzen ist die alltägliche Freizeitmobilität gering, und die hohen Kosten städtischen Lebens machen es selbst IT-Beschäftigten unmöglich, regelmäßig auszugehen bzw. Wohnarrangements mit höherer Reproduktionswirkung zu finanzieren (Kapitel 3.2; 5.2). Das Ergebnis ist ein Standard von Arbeitskraft-(Re-)Produktion, der eher mit extensiver als mit intensiver Arbeitskraftnutzung vereinbar ist, die mehr Konzentration und folglich mehr Erholung erfordern würde.

Zum anderen setzen die überlangen Arbeitszeiten jugendlicher Singles Maßstäbe dafür, was von Vorgesetzten als »fachliches Engagement« gewertet wird. Ein lediger Entwickler jedenfalls betont diesen Zusammenhang:

> [Tasks] are interesting – number one. They are challenging – number two. That's why … I work for fourteen hours maybe! Because I enjoy, what I am doing – that's why I dedicate fourteen hours. Otherwise, I would have … only spent eight hours (EM 58).

Tatsächlich scheinen speziell Beschäftigte von Servicefirmen eher auf Mehrarbeit als auf hohe Effizienz zu setzen, um ihre Sichtbarkeit (»visibility«) für Vorgesetzte zu erhöhen:

> [E]ven when there is no real work pressure, some engineers tend to stay late in the office to show the boss that they are working hard [… and] will not leave office before their managers do (Upadhya/Vasavi 2006, 87).

Auch aus diesem Grund kann Arbeitsverdichtung in indischen Softwarefirmen nicht auf das in Europa oder den USA übliche Maß gesteigert werden:

> [W]hen employees know that they will not be able to leave office before 8.00 or 9.00 p.m., they feel free to spend time on non-work activities during the office hours (ebenda).

Bei der indischen Niederlassung der Produktfirma G-Pro verbringen zwar speziell junge, ledige Männer ebenfalls Abende und Wochenenden im Büro, doch weil Vorgesetzte zu diesen Zeiten meist nicht präsent sind und persönliche Kontrolle weniger üblich ist als bei I-Serve (Kapitel 6.1), dient dies nicht in erster Linie dazu, »gesehen zu werden«, sondern um freiwillig übernommene Zusatzaufgaben zu erledigen. »I'll […] assign tasks for a few days«, berichtet ein Projektmanager,

> but they complete just one day, and stay up to eleven o'clock and they have finished that actually. And they come to me next day, say: ›See, I am done with that actually. Can you give some other task?‹ (PMM 61)

Ein Kollege erklärt, Wochenendarbeit sei bei G-Pro zwar unüblich, doch:

> We have some opportunities where you can contribute – so that you try to come up with an idea, and then try to build something out of it. And then we present it to the top management. […] And, eh, if some colleagues are participating in this, of course – they have to put some additional effort over and above their normal work. So in this case, maybe colleagues come on the weekend and do such things. But that's out of their own interest (PMM 49).

Dieses »Eigeninteresse« dürfte jedoch durch die Auffassung vieler Vorgesetzter verstärkt werden, dass überdurchschnittliches Engagement nicht nur freiwillige Zusatzarbeit, sondern auch lange Präsenzzeiten beinhalte. Eine Projektmanagerin erklärt:

> [T]he main thing would be basically the initiative that a person takes. […] [S]ome people have made commitments […]. And these people sometimes, they do a lot of work. They stay, stay back late, beyond office hours, just to be able to meet those commitments. And I would rate these people as top-notch, because in addition to just being able to deliver something within a period of time they are also, eh, they would know much more about what is going on around them. Whereas the other people are more or less … Ok, give them a task, they say: ›ok, this is what I will do, if I can't finish it, I can't finish it‹. Which is ok, I have no problems with that […] – except that they wouldn't know anything outside of that and that's not too much of a value-add to them, it's not a value-add to the project or to the company, so. And that's why I really use to differentiate between these different kinds (PMW 36).

Ähnliches äußert ein Teamleiter aus Sicht derer, die sich gegenüber Vorgesetzten beweisen müssen:

> [I]f you really want people to notice you and if you really want to grow in your career it makes sense to take up extra tasks […]. That […] helps you gain visibility, that … helps you in your appraisals. And that helps your career growth (TLM 51).

Ergebnis ist teilweise eine Teamatmosphäre, in der selbst Erholungsurlaub (Kapitel 6.2.1) als Ausdruck mangelnden fachlichen Interesses erscheint. Ein 26-jähriger Single erklärt jedenfalls kategorisch: »if you enjoy what you are working on, you don't feel like taking holidays« (EM 58). Dies dürfte ein extremer Fall sein, denn immerhin betont ein 25-jähriger lediger Kollege, Dauerpräsenz und »Überstunden-Kultur« seien für G-Pro India keineswegs prägend:

> Eh, some people: yes! They do appreciate working late. But if I don't, I don't – and nobody questions me about it. So it works fine for me to leave at five. And, eh … nobody has the right to ask me to stay late (EM 59).

Trotzdem wird vielfach der Eindruck formuliert, gerade leistungsabhängige Zulagen seien bei beiden Samplefirmen nicht in erster Linie vom Arbeitsergebnis, sondern vom Umfang geleisteter Mehrarbeit abhängig:

> [I]f you would work overtime, then it would be reflected positively in your bonus. I think, overtime productive work is what they want,

bemerkt eine Teamleiterin bei G-Pro (TLW 47). Eine Kollegin bei I-Serve kritisiert, dass man sich der Ableistung von Überstunden kaum verweigern könne:

> [E]ven if you want to […] finish off your work in the time and go home and spend time with your family […], others in the project […] get bored at home – and they love to work more and more. They obviously spoil the total environment and if a person is doing, working more […] your superior expects the same from you (SEW 14).

Auch ältere Beschäftigte mit Familienpflichten dürften dadurch unter Druck geraten, ihre Arbeitszeiten zu verlängern, obwohl die (Re-)Produktion ihrer Arbeitskraft nach anderen Regeln funktioniert (siehe unten).

Für die deutschen Belegschaften unseres Samples werden ähnliche Unterschiede zwischen der Arbeitszeitgestaltung von jungen, hoch motivierten Berufseinsteiger/innen und älteren Kolleg/innen beschrieben, denn in beiden Ländern scheint die Bereitschaft zu Überstunden mit den Jahren zurückzugehen. Eine Inderin erzählt:

> [I]nitially even I used to spend more time. Initial days, since I was new to IT also, so I took more time to learn and adjust to the IT culture here. But … slowly I have learned things, how to manage time and how to balance between personal and work life (SEW 14).

Einem deutschen Projektmanager zufolge fordern Vorgesetzte zwar vor allem in Indien von Berufseinsteiger/innen Mehrarbeit ein: »von neuen Leuten wird halt schon erwartet, dass sie sich massiv selbst ausbeuten, also Überstunden kloppen ohne Ende.« Dennoch sei exzessive Mehrarbeit zu Beginn des Berufslebens kein indienspezifisches Phänomen: »wenn ich überlege, als ich frisch von der Uni kam, habe ich es eigentlich auch gemacht«. Dies sei weniger auf die Erwartungshaltung von Vorgesetzten, als auf »objektiven« Termindruck zurückzuführen, fährt dieser Befragte fort, relativiert dies jedoch nach kurzem Nachdenken durch die Feststellung, man lasse sich davon mit zunehmender Erfahrung immer weniger beeindrucken:

> Ich meine, bei Software ist eigentlich sowieso die mehr oder minder einzige Konstante der Termindruck. Also, […] irgendwann sagt man sich dann auch: ›macht ja keinen Sinn‹, weil […] ganz hält man den Zeitplan sowieso nicht ein. Und auf der anderen Seite, man kann es halt auch nicht ewig machen. Weil wenn man irgendwie permanent nur Überstunden macht, irgendwann ist halt Schluss. […] [G]esundheitlich – oder irgendwie das Privatleben ist völlig hinüber. Also, darum würde ich sagen, so unterschiedlich ist es eigentlich gar nicht zwischen Deutschland und Indien (PMM 65).

Insofern scheint eine Grenze der Homogenisierung von Arbeitszeitgestaltung darin zu liegen, dass die deutschen Beschäftigten beider Samplefirmen aufgrund ihres höheren Alters und ihrer größeren Berufserfahrung souveräner mit Stress und schwankenden Arbeitsanforderungen umgehen als ihre indischen Kolleg/innen. Tatsächlich scheint unter deutschen IT-Belegschaften der Unwille gegenüber Mehrarbeit in den vergangenen Jahren zugenommen zu haben. Jedenfalls erinnern Berichte über deutsche IT-Firmen aus den frühen neunziger Jahren durchaus an die Arbeitszeitexzesse junger indischer Männer im Jahr 2007: in beiden Fällen waren Überstunden an der Tagesordnung, galten Vorgesetzten als Ausweis fachlichen Interesses und Beschäftigten (trotz notorisch enger Terminvorgaben) als Inbegriff von »Zeitautonomie«. So attestierte Trautwein-Kalms (1991, 224) deutschen IT-Beschäftigten »eine subjektive Bereitschaft zur Mehrarbeit bis hin zu arbeitssüchtigem Verhalten« und fuhr fort:

> Durch (Sach-)Zwang erforderliche Nacht- und Wochenendarbeit zum Beispiel schränkt die Möglichkeiten zur Teilnahme am sozialen und kulturellen Leben ein und kann schließlich durchaus zur freiwilligen Übernahme von Mehr-, Schicht- und Nachtarbeit führen, weil man außerhalb des Arbeitslebens allmählich vereinsamt ist (vgl. ebenda, 222–225).

13 Jahre später hingegen bemerkte Boes (2004, 9): »Das Thema Arbeitszeit – Lebenszeit ist ein hochbrisantes Thema für die IT-Beschäftigten«. »Viel stärker noch« als in einer früheren Erhebung um 1999/2000 habe man

> den Eindruck gewonnen, dass sich hier das Bestreben abzeichnet, das Leben verstärkt gegen die Anforderung nach Extensivierung und Flexibilisierung der Arbeitszeit zu behaupten. Viele Beschäftigte reflektieren ihre Erfahrungen in der Vergangenheit und kommen zu dem Entschluss, dass die Ausweitung der Arbeitszeit und die ›Entgrenzung‹ von Arbeit und Leben eine Grenze in ihren lebensweltlichen Ansprüchen und ihrer Gesundheit findet, die sie verteidigen müssen.[17]

Offensichtlich hat also ein doppelter Reifungsprozess stattgefunden: Individuelle Beschäftigte wurden älter und sammelten Erfahrung mit der mangelnden Honorierung sowie den gesundheitlichen und sozialen Konsequenzen exzessiver Mehrarbeit:

> Die Beschäftigten berichten von gesundheitlichen Problemen, die sie zu einer Umkehr bewegt haben. Andere fürchten um ihre Familie und ihre Freundschaften außerhalb der Arbeit. Kurzum: die Protagonisten eines neuen Zeitregimes in der IT-Industrie sind ein paar Jahre älter geworden, haben jetzt Familie und spüren die Grenzen der körperlichen Belastung intensiver (Boes/Trinks 2006, 315).

Weil jedoch viele IT-Unternehmen (und auch unsere Samplefirmen) eine weitgehend altershomogene Belegschaft haben, verändert dies nicht nur die »individuelle soziale Lage« (ebenda, 58), sondern auch Branchenstandards von Arbeitszeitgestaltung. Daher ist es nicht überraschend, dass eine deutsche Befragte bei G-Pro und I-Serve in Deutschland wie Indien ähnliche Lernprozesse zu beobachten meint:

> [W]enn jemand direkt von der Uni anfängt, für den ist erst mal sein Job die komplette Welt. […] Ich denke, mit dem Verlauf von auch Berufserfahrung, dass man eben einfach ein bisschen andere Prioritäten setzen lernt. […] Einfach die Bereitschaft, […] von morgens sechs bis nachts um zehn zu arbeiten, und das eben nicht nur ab und zu, sondern fast als Standard. […] Das ist eine Zeit lang sogar so, dass man das ganz cool findet, wenn man so engagiert ist. Nur irgendwann kommt dann auch mal die Erkenntnis, dass es ja vielleicht auch einfach ein bisschen ungesund ist, oder dass man überhaupt kein, ja, ›social life‹ mehr hat oder so. Das dauert eben ein bisschen (KBW 30).

---

17 An anderer Stelle (Boes/Trinks 2004) wird ausgeführt, dass Arbeitszeitbegrenzung von Frauen mit mehr Nachdruck gefordert und häufiger verwirklicht werde als von Männern.

Allerdings sprechen zwei Aspekte gegen die Annahme, dass sich die Arbeitszeitgestaltung in Indien gleichsam zeitversetzt an die neuen Standards der deutschen IT-Branche anpassen werde, sobald die Belegschaftsmehrheit altert, Familien gründet und Erfahrung sammelt: Zum einen wurden (zumindest unter Bedingungen von Branchenexpansion) immer mehr jugendliche Beschäftigte rekrutiert, so dass deren prozentualer Anteil an den wachsenden Belegschaften im Zeitverlauf nicht durch Alterung abnahm – es wäre zu prüfen, inwiefern sich dies durch die Wirtschaftskrise verändert hat. Zum anderen hebt ein indischer Befragter zu Recht hervor, Beschäftigte in Deutschland hätten bessere Möglichkeiten, Formen von Arbeitskraftnutzung abzulehnen, die deren umfassende Reproduktion in Frage stellen:

> [V]ielleicht ist es der Grund, dass die Deutschen *haben* sehr viel Erfolg schon. […] Und die deutschen Kollegen sagen: ›Phhh, ja, ich bekomm mein Gehalt ja, ich hab meine Sicherheit, ich habe meine Lebensversicherung, ich hab dies und das.‹ Wobei ich find's auch, dass die Inder manchmal es übertreiben. Die […] vergessen, was ein Privatleben ist. Und … Stress und Selbstmorde zum Beispiel kommen immer wieder vor. Das hört man. Oder Scheidungen (PMM 25).

An dieser Aussage ist zweierlei interessant: Einerseits wird die Einsicht formuliert, dass individuelle Arbeitszeitgestaltung nicht nur Ergebnis bilateraler Verhandlungen zwischen Management und Beschäftigten, sondern auch durch das institutionalisierte System von Arbeitsregulierung beeinflusst ist, das hier in Gestalt (sozialer) »Sicherheit« und Lebensversicherung zur Sprache kommt. Andererseits wird trotzdem die individuelle Arbeitshaltung als Hauptgrund für Mehrarbeit betrachtet: »die Inder« übertreiben es, so der Befragte, und sind folglich selbst für gesundheitliche und familiäre Folgen überlanger Arbeitszeiten verantwortlich.[18] Der Druck von Vorgesetzten und Kunden rückt damit ebenso in den Hintergrund wie der Mangel an sicheren Erwerbsperspektiven und langfristiger sozialer Absicherung, obwohl beides die Bereitschaft speziell indischer Beschäftigter zu exzessiver Mehrarbeit erhöhen dürfte. Dies lässt es eher unwahrscheinlich erscheinen, dass indische IT-Belegschaften von selbst »ruhiger werden« und ihre Arbeitszeiten begrenzen.

---

18 Zur Gesundheitssituation von IT-Beschäftigten, die (laut Internationaler Arbeitsorganisation) zunehmend durch Herzprobleme, Dauermüdigkeit, Depressionen, Erkrankungen von Muskel- und Knochenapparat, chronische Infektionen und Diabetes geprägt ist, siehe: Nadeem (2009).

Künftige Forschung zur Entwicklung von IT-Arbeit unter Bedingungen der Wirtschaftskrise wird klären müssen, ob die Dominanz junger unverheirateter Männer in den indischen IT-Belegschaften in erster Linie dem rapiden Branchenwachstum (also einem Aspekt des indischen Regulierungsszenarios) geschuldet oder aber auf eine gezielte Auswahl von Beschäftigten mit phasenweise reduzierten Ansprüchen an Arbeitskraft-(Re-)Produktion (also auf unternehmerische Strategien von Arbeitskraftnutzung) zurückzuführen ist. Auf jeden Fall ist damit der wichtigste Unterschied in der Sozialstruktur der Belegschaften beider Samplefirmen angesprochen, der Mehrarbeit in Indien vergleichsweise leicht, Arbeitsverdichtung hingegen schwer durchsetzbar macht – und der erklären mag, warum sich die Situation in Deutschland, wo die Beschäftigten im Schnitt zehn Jahre älter sind, in mancher Hinsicht umgekehrt darstellt. Allerdings können vor allem drei Beschäftigtengruppen selbst in Indien nicht unbedingt exzessiv Überstunden leisten – es handelt sich dabei um ledige Frauen, verheiratete Männer sowie Frauen mit Kindern.

Junge, unverheiratete Frauen werden in Indien offenbar häufig von den Eltern zu pünktlichen Feierabenden angehalten. »[T]here are certain girls who […] have to go home … to take the last bus, reach before it gets dark and all«, berichtet eine Entwicklerin bei I-Serve (EW 22), und eine Kollegin bei G-Pro bemerkt: »when you have parents at home, then you *have to* [lacht] leave early« (TLW 47). Selbst Vorgesetzte, so eine Entwicklerin, legten ihr als »only girl in the team« nahe, das Büro rechtzeitig zu verlassen: »They don't, you know, prefer me to stay late, when they are working« (EW 42). Tatsächlich gibt ein Projektmanager an, weibliche Teammitglieder von Abend- und Wochenendeinsätzen auszunehmen:

> [W]e try to make sure that we don't ask them to come over or stay back in office late at night. Okay, or probably not to call them over the weekend. So … whenever we allocate some task which has to be done in off-office hours, […] [male] bachelors will not have any problems (PMM 19).

Offenbar verletzt es Schicklichkeitsvorstellungen, wenn unverheiratete Frauen und Männer gemeinsam Nächte durcharbeiten, doch auch Sicherheitsbedenken aufgrund von (medial breit diskutierten) Überfällen, Morden und Vergewaltigungen auf nächtlichen Straßen sind ein Grund, warum Frauen auf Nachtarbeit verzichten (Nadeem 2009, 33ff.). Eine Entwicklerin betont:

I would not sit more than twelve, especially in Bangalore where there are cases of rape and all that. So it's not so safe to stay back after twelve. Even a manager does not encourage anybody to stay after twelve (EW 3).

Entsprechend scheint es für weibliche Singles in Indien vergleichsweise einfach zu sein, Überstunden abzulehnen, und teilweise werden zu diesem Zweck sogar Vorbehalte der Eltern erfunden: »They lie that: they have to go home early: ›my parents …‹« (EW 22). Allerdings dürfte dies die Karriereaussichten von Frauen nicht unbedingt verbessern. Wenn etwa eine Angestellte von G-Pro wegen ihrer Eltern zwar keine Sitzungen, aber informelle Teamaktivitäten (wie »work team dinner, a team lunch or something«) ausfallen lässt (TLW 47), verpasst sie zentrale Anlässe für betriebsinterne Netzwerkbildung, die (speziell auf dem wechselhaften indischen IT-Arbeitsmarkt) über beruflichen Erfolg oder Misserfolg entscheiden kann. Zudem haben Upadhya und Vasavi (2006, 92ff.) beobachtet, dass Frauen oft weniger kritische Aufgaben zugeteilt werden, weil sie kürzere Arbeitszeiten haben und von informellen »knowledge networks and social networks« ausgeschlossen bleiben:

[W]omen may be given less responsible tasks because they are perceived as unable or unwilling to handle more difficult or time consuming jobs (ebenda, 93).

Demnach dürfte es nicht zuletzt auf geschlechtsspezifische Arbeitszeitrestriktionen zu Beginn der beruflichen Laufbahn zurückzuführen sein, dass in den indischen Belegschaften beider Samplefirmen jenseits der Projektmanager-Ebene kaum Frauen anzutreffen sind (Kapitel 4.2.3). Für die deutschen Belegschaften unseres Samples hingegen erwähnen die Befragten keine Unterschiede zwischen der Arbeitszeitgestaltung von männlichen und weiblichen Berufseinsteigern, obwohl andere Studien davon ausgehen, dass Männer auch in der deutschen IT-Branche im Schnitt länger, Frauen hingegen kürzer arbeiten als vertraglich vereinbart (Boes/Trinks 2004, 10).

Bei verheirateten Männern als zweiter Beschäftigtengruppe, die keine exzessiven Überstunden leisten kann, bestehen hingegen wesentliche Unterschiede zwischen Deutschland und Indien, die vor allem auf die jeweils dominierenden Ernährermodelle zurückzuführen sind. Weil deutsche Haupternährer in geringerem Umfang von Reproduktionsarbeiten entlastet sind als indische Alleinernährer (Kapitel 3.2.2), legitimiert in den deutschen Belegschaften zwar nicht die Eheschließung, wohl aber die Verantwortung für Kinder dauerhaft einen pünktlichen Feierabend. Jedenfalls relativiert ein G-Pro-Angestellter seine Aussage, in Deutschland sei Mehrarbeit »eigentlich nicht« üblich, durch die Formulierung: »Nicht mehr, wenn die Leute Familie haben« (SEM 68). In den indischen Belegschaften beider Samplefirmen hingegen werden familienbedingte Arbeitszeitbeschränkungen von Ehemännern offenbar nur für begrenzte Phasen (etwa kurz nach der Heirat) akzeptiert: »[T]his is the initial stage of his marriage, so he goes earlier«, bemerkt eine Projektmanagerin (PMW 36). Allerdings sind indische Ehemänner generell dafür bekannt, dass sie seltener und weniger spontan Mehrarbeit leisten als Ledige (PMM 49). »My colleague, he is married«, meint ein Befragter, »so sometimes he has to leave early in the evenings« (TLM 7). Dies gilt selbst unter (oft durch »Arbeit auf Abruf« geprägten) Onsite-Bedingungen, denn »[w]enn die mit der Familie hier sind, dann die versuchen auch abends … rechtzeitig zu Hause zu gehen« (MM 24). Dass Familienpflichten die Arbeitszeitgestaltung von Männern *dauerhaft* beeinflussen, wird in Indien vor allem dann akzeptiert, wenn deren Gattin ebenfalls vollzeiterwerbstätig ist. »They have to take care of the kids and leave a bit earlier«, stellt ein Befragter fest (PMM 55). Insofern mögen Doppelkarriere-Paare in indischen IT-Belegschaften Vorreiter für die (oben erwähnte) Tendenz sein, Überstunden zu begrenzen und stattdessen die vertraglich vereinbarte Arbeitszeit intensiver zu nutzen. Ein Projektmanager bei I-Serve, der mit einer Kollegin verheiratet ist, beschreibt, wie man als (kinderloses) Paar zwei Vollzeitstellen in der IT-Branche zeitlich koordiniert:

[T]here is normally a perception, which says that, you know, IT-industry people normally stay late and all this stuff. It is not true, because … we have been able to, like, come to office at around 8:30 to nine every day and we do leave some around five to six. So, we do have plenty of time for doing housework. […] We do work at office for eight hours – and in fact more than eight hours, because we work till around five to six, and based on our work, we would leave. Mostly one of us normally leaves at around five to six. So obviously there can be days, one or two days, where there is a lot of work that is there, and obviously both of us have to stay back and all those things. That happens, but it is something which is manageable (PMM 13).

Ein lediger Entwickler bestätigt, dass Mehrarbeit in Indien eher unter Singles, Arbeitsverdichtung hingegen eher unter Verheirateten üblich sei: Letztere

do not devote that much time as bachelors do […] but they are much more efficient, I think. Bachelors do participate in coffee corner talks and this type of things, they are participating more. And they make a lot of fun, they check their personal mails and personal accounts and they do Google chat and then they participate in social communities as well. But married people are much more focused and they know [lacht] that their time is very much important for their home as well. So … there is a difference. And even when […] a bachelor person […] is just doing his work – doing that, he mostly stays back later to try to finish the office work. But married people, they have to go home early (EM 38).

Dies verweist wiederum auf Notwendigkeiten von Arbeitskraft-(Re-)Produktion, die hinter derlei Arbeitszeitpräferenzen stehen: So dürfte eine Paarbeziehung zwar mit höheren familiären Verpflichtungen und Kosten (etwa für adäquaten Wohnraum) verbunden sein (Kapitel 5.2), aber (speziell wenn zwei Einkommen verfügbar sind) auch das Reproduktionsniveau erhöhen und insofern eine intensivierte Arbeitskraftnutzung erleichtern. Dies lässt sich auch für die deutschen Belegschaften unserer Samplefirmen beobachten, zumal insbesondere Väter mehr Reproduktionsarbeit leisten als ihre indischen Kollegen. Angesichts der geringeren Unterstützung durch die erweiterte Familie und Hausangestellte (Kapitel 3.2.2) liegt die Verantwortung für Kinderbetreuung fast ausschließlich beim Elternpaar, was auch Väter in der IT-Branche zwingt, ihre Arbeitszeiten zu begrenzen. Ein Kundenbeauftragter von I-Serve etwa gibt an, er sehe abends zu,

dass ich einigermaßen pünktlich hier raus komme, ich kümmer mich um die Familie, und wenn ich dann noch was habe, was ich arbeiten *will*, setz ich mich vielleicht abends um 10 noch mal hin und mach ein oder zwei Stunden was (KBM 28).

Zudem beaufsichtigt er seine Kinder samstags, was regelmäßige Wochenendarbeit ausschließen dürfte. Im deutschen Mutterhaus von G-Pro werden Arbeitszeiten nicht zuletzt durch den Schulbeginn beeinflusst. Ein Manager erklärt:

[M]eine Leute sind normalerweise alle um acht Uhr da. Die haben alle ein geregeltes Leben. Da müssen die Kinder in die Schule, sag ich jetzt mal einfach. Also sind die um acht Uhr da (MM 69).[19]

Insofern scheint die tendenziell größere Zuständigkeit deutscher Männer für Reproduktionsarbeiten (und speziell für Kinderbetreuung) durchaus dazu beizutragen, dass gegenüber den untersuchten Belegschaften in Deutschland (weitgehend unabhängig von Unternehmensstrategien) eher

19 Derselbe Befragte erklärt allerdings, auch deutsche Väter leisteten Mehrarbeit, doch diese sei weniger »sichtbar«, weil sie von Zuhause aus arbeiteten, während sie etwa schlafende Kinder betreuten.

Arbeitsverdichtung als Arbeitszeitverlängerung durchzusetzen ist. Dies gilt, obwohl die Hauptlast transgenerationaler Arbeitskraft-(Re-)Produktion offenbar von den Ehefrauen der befragten Väter getragen wird, die viel seltener als in Indien in der Softwarebranche tätig sind, sondern allenfalls Teilzeitarbeit in anderen Branchen leisten (Kapitel 3.2.2).

Tatsächlich sind Mütter (als dritte tendenziell »überstundenresistente« Beschäftigtengruppe) in den deutschen Belegschaften unserer Samplefirmen kaum präsent (Kapitel 4.2.3), während sie in Indien geradezu als Pionierinnen von Arbeitsintensivierung fungieren. Ein Projektmanager hat dies beobachtet:

> If you need eight to nine hours from them – then they are ok with it. Because they are very focused – they know that they are here for eight hours. And then they have – they can go back to the family, right? (PMM 52)

Zwar betonen weibliche Befragte in IT-Paarbeziehungen, beim Ehemann mehr Verständnis für lange Arbeitstage zu finden, als man es außerhalb der Branche erwarten könne:

> Because being in the same profession, you understand that you can be *late* at work and it is not very acceptable to the conventional Indian families at times (TLW 21).

Trotzdem scheint die Zeit für Mehrarbeit für Frauen spätestens nach der Geburt von Kindern vorbei zu sein. So beginnen Mütter ihren Arbeitstag oft später als männliche Kollegen, nachdem sie den Nachwuchs versorgt haben, was eine Teamleiterin akzeptabel findet:

> [W]e don't have a strict time line, that: you *have to be* in office at eight o'clock, at nine o'clock. It's fine, if you come, but finish your work! […] If you have important meetings in the morning […] – you *have to* be here. So, there are no two ways about it. But otherwise, I think, they [working mothers] manage, eh … I mean sometimes, you have to re-work on your time lines and probably come a little late and stay about a little bit later, but it's not an issue, I think.

Allerdings, so fährt sie fort, müssten andere Teammitglieder teilweise die Arbeit von Müttern mit übernehmen:

> [T]hey would probably distribute *their work* to other people – then, somehow make sure that the work is not stopped because of their absence or whatever (TLW 47).

Dies lässt Konflikte im Team erwarten, zumal es vielen Müttern kaum möglich sein dürfte, einen verspäteten Arbeitsbeginn durch ein späteres Arbeitsende auszugleichen, wie diese Befragte vorschlägt. Immerhin umfassen »Familienpflichten« in Indien (anders als in Deutschland) nicht nur die Verantwortung für minderjährige Kinder, sondern oft auch für die erweiterte Familie (Kapitel 3.2.2). Ein deutscher Befragter etwa meint, »die Inder« hätten

> auch ihre spezifischen Probleme, wenn die dann plötzlich sagen: ›Ich muss morgen frei machen, weil meine Schwiegermutter muss zum Arzt, und ich muss da mit hin.‹ Das sind Sachen, die würden hier, glaub ich, nicht vorkommen, ne? (KBM 28)

Speziell verheiratete Frauen sind aufgrund solch »erweiterter Familienpflichten« auf einen pünktlichen Feierabend angewiesen. Eine Entwicklerin erklärt, für sie selbst spiele dies zwar keine Rolle, da sie nur mit ihrem Ehemann zusammenlebe, der im selben Unternehmen arbeite (»my husband also works late, generally«), doch für viele Frauen seien Überstunden nicht machbar, weil etwa Gatte, Eltern oder Schwiegereltern ein pünktliches Abendessen erwarteten (EW 3). Derlei alltägliche Reproduktionsarbeiten gelten in indischen IT-Kreisen offenbar selbst dann meist als alleinige Aufgabe der Frau, wenn beide Ehepartner vollzeiterwerbstätig sind. Dieselbe Befragte jedenfalls verneint die Frage, ob ihr Mann sich an der Hausarbeit beteilige, die sie auf zwei Stunden pro Tag und mehrere Stunden am Wochenende veranschlagt: »Unfortunately not. [lacht]. He's been too pampered by his mother! But maybe slowly I can teach him things« (EW 3). Eine andere Befragte berichtet über ihren Gatten: »He is ready to work […], but by the time I'll explain him what to do, I do it myself only« (SEW 20). Dieser augenzwinkernde Verweis auf die mangelnde Haushaltseignung des Mannes (dem offenkundig Vorstellungen von einer »natürlichen Arbeitsteilung« zwischen den Geschlechtern zugrunde liegen) mag in Doppelkarrierehaushalten der indischen IT-Branche überraschen. Allerdings scheint das »Monopol« erwerbstätiger Frauen auf Haushalt und Kindererziehung in Indien auch in diesen Kreisen so wenig hinterfragt zu werden, dass eine kinderlose Projektmanagerin bei G-Pro selbstverständlich davon ausgeht, Mütter könnten zwar in Softwarefirmen arbeiten, aber dort keine Karriere machen:

> If you have kids that's fine: you can come, you can work from nine to five, you can do your regular job, but you will not be able to achieve anything more than that. And sometimes you need to do a little bit over the edge to be able to prove yourself in a certain position. And I think, that may not always be possible, if you have other priorities (PMW 36).

Auch in Deutschland ist die geschlechtsspezifische Ungleichverteilung von Reproduktionsarbeiten keineswegs überwunden (vgl. Jürgens 2006). Wie erwähnt, äußert sie sich in Softwarefirmen sogar besonders drastisch – nämlich in dem Umstand, dass (trotz aller Klagen über Fachkräftemangel und aller politischen Initiativen, den Anteil weiblicher IT-Beschäftigter zu erhöhen) nach wie vor sehr wenige Frauen mit Familienpflichten in dieser (für großen und kurzfristigen Überstundenanfall berüchtigten) Branche tätig sind.

Die Frage, warum Ehefrauen und Mütter in Indien trotz aller Arbeitszeitrestriktionen weit häufiger Vollzeitarbeit in Softwarefirmen leisten als in Deutschland, verweist schließlich einmal mehr auf Unterschiede in der gesellschaftlichen Arbeitsteilung zwischen Generationen und sozialen Schichten, die es indischen IT-Beschäftigten (weitgehend unabhängig von Alter, Familienstand und Geschlecht) erlaubt, ihre Arbeitskraft in höherem Maße auf Erwerbsarbeit zu konzentrieren, als es ihren deutschen Kolleg/innen möglich ist. Teilweise ist dies auf die weit verbreitete Übernahme von Kinderbetreuungsaufgaben durch Großeltern (Kapitel 3.2.2), vor allem aber auf den Umstand zurückzuführen, dass in Indien Hausangestellte einen Großteil der Reproduktionsarbeiten übernehmen. So setzen etwa die exzessiven Überstunden der ledigen Belegschaftsmehrheit vieler Softwarefirmen nicht zuletzt deren Entlastung von Haushaltspflichten voraus.[20] Ein Lediger jedenfalls erklärt, er verwende keinerlei Zeit auf Hausarbeit:

> I actually have a maid to do that [smiles], so I don't have to spend my time on that. [She works daily:] One hour in the morning, that is for the cleaning of the house and for the breakfast. […] And then she comes in around eight and then she'd do two more hours around dinner and all (TLM 6. Ähnlich: TLM 7; EM 56).

Eine ledige Befragte, die mit einer Kollegin zusammenlebt, gibt an, täglich ein bis zwei Stunden Hausarbeit zu leisten und für einen ebenso langen Zeitraum eine »Zugehfrau« zu beschäftigen (BWW 10), was den zeitlichen Umfang von Reproduktionsarbeiten für sie zumindest halbiert. Noch komfortabler ist offenbar die Situation lediger Frauen, die noch bei den Eltern wohnen. Zwei 25-Jährige berichten, keinerlei Reproduktionsarbeiten zu leisten: »On weekdays, I would do nothing«, bemerkt eine Befragte (TLW 47), und die andere meint:

20 Zum Ausnahmefall einer Junggesellen-Wohngemeinschaft, die auf Hausangestellte verzichtet, siehe EM 40. Eine andere Befragte, die nach dem Tod des Vaters die Familie allein ernähren muss (EW 42), erledigt die Hausarbeit am Wochenende.

> when I just reach, everything will be ready on the table. I just eat and go to my room and … just sleep [lacht, verlegen]. Next day I'll get up and come to office (EW 22).

Auch eine ledige Teamleiterin erklärt, Haushaltspflichten würden »by servants and mom« erledigt, und entsprechend groß war die Umstellung während eines Arbeitsaufenthaltes in Deutschland, wo sie (wie viele indische Kolleg/innen; MM 24; KBM 29) auf Hausangestellte verzichten musste:

> But while in Germany I used to do all the household work. I used to go to office nine to six and after that I used to do all the housework, cooking, cleaning, everything. […] Like, after office time I was doing that – two, three hours a day (TLW 8).

Speziell indische Frauen bringen (aufgrund ihrer Erstzuständigkeit für Reproduktionsarbeiten) oft die Überzeugung zum Ausdruck, man brauche in Indien Dienstboten, um erwerbstätig sein – und, so ist hinzuzufügen, um flexible und lange Arbeitszeiten leisten zu können: »It's not easy to work without a maid«, stellt die zitierte Teamleiterin (TLW 8) fest. Während Ledige und kinderlose Paare meist »Zugehfrauen« beschäftigen, die ein bis zwei Stunden pro Tag arbeiten und etwa die Hälfte der erforderlichen Reproduktionsarbeiten übernehmen (SEW 20; TLW 21; PMM 50)[21], erfordert eine Doppel-Karriere von Eltern im IT-Bereich offenbar mehr zeitliche Entlastung. Ein Manager jedenfalls beschäftigt einen Vollzeit-Koch sowie ein »Dienstmädchen« (»maid«), die im Haushalt lebt, diesen führt und sich nachmittags um die Kinderbetreuung kümmert (MM 9). Ebenso handhabte es ein anderer Befragter, solange er in Indien lebte (KBM 29).

In Deutschland hingegen ist die Unterstützung durch Hausangestellte unter unseren Befragten viel weniger weit verbreitet. Selbst wer Haushaltsdienstleistungen einkauft, übernimmt im Allgemeinen einen größeren Teil der Reproduktionsarbeiten selbst. Ein Alleinstehender etwa gibt an, seine Wohnung werde alle zwei Wochen etwa drei Stunden lang gereinigt (PPM 27) – selbst wenn man berücksichtigt, dass die Pflege einer Wohnung in Deutschland (aufgrund besserer Isolierungsstandards und geringeren Staubaufkommens) weniger aufwändig ist als in Indien, dürfte er mehr Zeit für Haushaltspflichten aufwenden als die meisten indischen Kolleg/innen. Ähnlich stellt sich die Situation jenes 35-Jährigen dar, der zunächst betont,

21 Hausangestellte übernehmen meist Reinigungsarbeiten, während das Kochen Aufgabe der Ehefrau bleibt (SEW 20).

neben seiner G-Pro-Tätigkeit »gar keine Arbeit« zu leisten, dann aber ins Nachdenken gerät:

Also ich muss auch meine Wohnung saugen, ich muss meine Wäsche waschen und bügeln. Ich müsste mal wieder meine Fenster putzen. […] Nee, ich weiß gar nicht wie viel. Wie viel braucht man dafür? Keine Ahnung. Zwei Stunden, drei Stunden. […] Ach nee, das passt nicht. Das muss mehr sein (SEM 68).

Offensichtlich spielen derlei Reproduktionsarbeiten keine Rolle, wenn IT-Spezialist/innen über Arbeitszeitgestaltung nachdenken – jedenfalls stieß die Frage nach Zeitkontingenten für Haushalt und Kinderbetreuung meist auf großes Unverständnis. Der Umstand, dass ein Großteil dieser Arbeiten in Deutschland, aber nicht in Indien von den Beschäftigten selbst erledigt werden muss und dass dies einen nicht unerheblichen Teil ihrer Zeit und Kraft in Anspruch nimmt, ist trotzdem als wichtiger Einfluss auf unternehmerische Arbeitszeitgestaltung zu werten, der eine markante Grenze für eine Homogenisierung des betrieblichen Umgangs mit Arbeitszeit zwischen diesen beiden Ländern konstituiert.

Es lässt sich demnach argumentieren, dass wir es speziell bei den jungen, ledigen Beschäftigten, welche die indischen Belegschaften beider Samplefirmen dominieren, in mancher Hinsicht mit dem von Russell Hochschild (1997) beschriebenen Phänomen zu tun haben, dass die Arbeit zum Zuhause wird (»work becomes home«). Während diese Autorin damit vor allem den Umstand anspricht, dass soziale Bindung und Anerkennung zunehmend eher im Job als in der Familie gefunden werden, führen die ledigen Befragten allerdings außerhalb des Büros oft ein weitgehend isoliertes Leben. Die umgekehrte Entwicklung (»home becomes work«), also die von Russell Hochschild festgestellte Tendenz zur tayloristischen Durchstrukturierung des Familienlebens erwerbstätiger Eltern, spielt hingegen in diesem Sample eine geringe Rolle: Unter den deutschen Befragten sind nur wenige Eltern, und in diesen Fällen werden die langen Arbeitszeiten des Ehemannes oft durch eine nicht erwerbstätige oder teilzeitbeschäftigte Ehefrau kompensiert. In Indien hingegen, wo ab einem bestimmten Alter Ehe und Elternschaft auch in der IT-Branche deutlich weiter verbreitet sind als in Deutschland, übernehmen teilweise die Großeltern, vor allem aber ein Heer von Hausangestellten die notwendigen Reproduktionsarbeiten. Manche Mütter scheiden zwar dennoch aus dem Erwerbsleben aus, aber andere können mit vergleichsweise geringen zeitlichen Einschränkungen Vollzeit arbeiten, indem sie ihr Familienleben nicht an tayloristischen Prinzipien ausrichten, sondern auf aktualisierte Varianten vormoderner Familienverbände und auf (teilweise an feudale Abhängigkeiten erinnernde, aber durchaus »moderne«) häusliche Dienstverhältnisse zurückgreifen. Insofern ist das Vorherrschen von Mehrarbeit in Indien bzw. von Arbeitsintensivierung in Deutschland durchaus auf unterschiedliche Standards gesellschaftlicher Arbeitsteilung zurückzuführen, die (neben Arbeitszeitgesetzen und Arbeitszeitregimen) eine Grenze für die Homogenisierung von unternehmerischer Arbeitszeitgestaltung konstituieren.

7. Anforderungsprofile und Qualifikationen

Das Verhältnis zwischen Anforderungsprofilen und Qualifikationen von Beschäftigten ist ein Aspekt der betrieblichen Nutzung von Arbeitskraft, der im Zentrum von Diskussionen über die langfristige Profitabilität von »Offshoring« steht. Kann man in einem Land wie Indien ein Arbeitskraftpotential herstellen, das hinreichend qualifiziert ist, um Arbeiten dort erledigen zu lassen, die heute westlichen IT-Belegschaften vorbehalten sind – und wird dies von Unternehmen angestrebt? Im Folgenden wird der Umgang der Samplefirmen mit Qualifikation dargestellt und diskutiert, in welchem Verhältnis dies zu Anforderungsprofilen steht, und inwiefern beides auf unterschiedliche Geschäftsmodelle zurückzuführen ist. Zudem markiert der Umstand, dass Arbeitende in- und außerhalb von Unternehmen (fachliche und soziale) Qualifikationen herausbilden, aufrechterhalten, weiterentwickeln und gegebenenfalls auch verlieren und dass sie durch Sozialisierung und Erziehung von Kindern Qualifikationen transgenerational weiter geben, einen zentralen Aspekt von Arbeitskraft-(Re-)Produktion. Daher wenden wir uns abschließend Einflüssen des deutschen bzw. indischen Regulierungsszenarios zu, um zu prüfen, welche Grenzen diese einer Homogenisierung von Qualifikationsprofilen über Weltregionen hinweg setzen.

7.1 Unternehmensstrategien zur Qualifikationsentwicklung

Der betriebliche Umgang mit Qualifikation umfasst vor allem drei Aspekte, nämlich die Rekrutierung neuer Beschäftigter mit spezifischen Qualifikationen, deren Einarbeitung sowie die Qualifikationsentwicklung im Laufe der Tätigkeit im Betrieb.

7.1.1 Rekrutierung von Qualifikationsprofilen

Im indischen Mutterhaus von I-Serve sind zunächst durchweg akademisch gebildete Beschäftigte tätig. Ein Projektmanager gibt an, etwa 80 Prozent der Belegschaft seien »Bachelor«, 13 Prozent »Postgraduates« (»Masters of Technology« oder »Business Administration«) und sieben Prozent sogar promoviert (PMM 16). Bei der Rekrutierung von Arbeitskräften griff I-Serve zum Zeitpunkt der Interviews (2007) fast ausschließlich[1] auf Absolvent/innen von Ingenieurstudiengängen zurück.[2] Diese hatten nach vier Jahren Studium einen Bachelor-Abschluss in einer der zahlreichen Ingenieurdisziplinen erworben, darunter Maschinenbau (»mechanical engineering«), chemische Verfahrenstechnik (»chemical engineering«) oder Bauingenieurwesen (»civil engineering«). Absolvent/innen der Computerwissenschaft (»computer science«), der technischen Informatik (»computer engineering«) oder der Elektrotechnik (»electronics engineering«) schienen hingegen bei I-Serve (und anderen indischen Softwarefirmen) in der Minderheit zu sein.[3] Zwar wurden nach Angaben der Personalabteilung noch in den neunziger Jahren nur Informatik-Bachelor rekrutiert, doch dann expandierte I-Serve rapide, und man habe realisiert, »that there are not enough computer science graduates [...] to meet the kind of growth targets we had set for ourselves«:

So we went from computer science, hiring only computer science graduates. We've decided we'll hire from *all disciplines* of engineering (PAM 23).[4]

Zwar werden in indischen Servicefirmen durchaus auch berufserfahrene Beschäftigte rekrutiert[5], doch die überwiegende Mehrheit (55 bis 75 Pro-

1 Hinzu kommen Experten für verschiedene Kundenbranchen, die über »domain knowledge« verfügen (MM 12), sowie Absolvent/innen betriebswirtschaftlicher Studiengänge (PMM 19).

2 Auch in der Erhebung von Varma und Sasikumar (2004, 64f.) verfügten über 95 Prozent der Befragten über einen technischen Studienabschluss.

3 Im Sample von Upadhya und Vasavi (2006, 26) verfügten 76 Prozent der Befragten über einen akademischen Abschluss (»graduate or postgraduate«) in einer Ingenieurdisziplin, davon 28 Prozent in »computer science« und 43 Prozent in anderen Fachrichtungen.

4 Zum Zeitpunkt der Interviews (2007) experimentierten indische Servicefirmen zudem mit der Rekrutierung von »Bachelors of Science« (für G-Pro: PAM 62; für I-Serve: PAM 23). Mitter (2000, 2247) meint, damit werde speziell Frauen der Zugang zur IT-Branche erleichtert.

5 Hier spielen »employee referral« Programme eine Rolle, die Beschäftigte mit Prämien belohnen, deren Empfehlung zu einer Rekrutierung führt (Vijayabaskar/Rothboeck/Gayathri 2001, 46). Auch I-Serve zahlt solche Prämien (PMM 19).

zent) der Neuzugänge besteht aus »Freshern«, die direkt nach dem Bachelor-Abschluss eingestellt werden (Upadhya/Vasavi 2006, 28). Auch I-Serve rekrutiert in erster Linie Hochschulabsolvent/innen ohne IT-Qualifikation und ohne Berufserfahrung – im Jahr 2007 waren 70 Prozent der Neuzugänge »Fresher« (MM 18; PAM 23). Den Verzicht auf IT-Kenntnisse begründet die Personalabteilung damit, dass der »Ausstoß« des indischen Bildungswesens an einschlägig qualifizierter Arbeitskraft nicht mit der Belegschaftsexpansion Schritt halte:

> [W]e realized that, if we were to grow faster, we had to hire people in, you know: batches, at entry level. And we had to train them and invest in them and grow them from within the company, to take on larger responsibilities (PAM 23).

Immerhin, so der Befragte weiter, plane das Unternehmen im Jahr 2008 in Indien über 10.000 Neueinstellungen vorzunehmen. Der Auswahlprozess findet meist im Rahmen von »Campus Placements« statt (Upadhya/Vasavi 2006, 30–33), bei denen Universitäten Studierende im letzten Studienjahr in Kontakt zu Unternehmen bringen. Die Studierenden entscheiden, mit welchen der teilnehmenden Firmen sie sprechen möchten, doch die Reihenfolge der Gespräche wird von der Universität in Absprache mit den Unternehmen festgelegt – und wird man von einer Firma akzeptiert, darf kein anderes Gespräch mehr stattfinden. Eine Befragte erklärt:

> So we could decide […] which companies' recruitment processes we sit for. I did have multiple offers in *that* sense but once I got selected in [I-Serve] I wasn't allowed to sit for any other companies (BWW 10).

Gefragt, warum sie sich für I-Serve entschieden habe, verweist sie auf Leumund und »brand name« dieses Unternehmens – doch ausschlaggebend war, dass das Gespräch schlicht als erstes stattfand: »apart from that [I-Serve] was, like, the first one to come. [lacht]« Dies ist kein Zufall, denn I-Serve genießt laut Personalabteilung in vielen Universitäten das Privileg, als erste Firma auf Studierende zu treffen (PAM 23). In dem weitgehend standardisierten Auswahlverfahren kommt es nicht auf IT-Kenntnisse, sondern auf allgemeine analytische Fähigkeiten an (»[T]he recruitment of people happens on their analytical ability«; MM 19) – und speziell frischgebackenen Ingenieur/innen wird »a certain level of intelligence and aptitude […] in logical thinking, problem-solving and analytical skills« unterstellt (Upadhya/Vasavi 2006, 27). Ein Manager, der aus einem Maschinenbau-Unternehmen zu I-Serve kam, erinnert sich an sein eigenes Bewerbungsverfahren:

I had no clue about computers at that point of time. […] I was using [computers] at that point just to write letters to my clients […]. I just travelled there and did the written test. Obviously I was shocked to see puzzles in that […]. And … I've been always fond of puzzles – so it cracked. It cracked, and then the interview happened, and I was giving the interview in a very casual manner because I wasn't too interested in changing the job. But I guess that's how you get a job (MM 9).

Die im Studium erworbenen Kenntnisse hingegen können fachfremde Ingenieur/innen bei I-Serve kaum nutzen. Eine Befragte erklärt:

[I]f you have done something in software engineering, [that] only helps. My electrical engineering hardly helped. But you can say that … with electrical engineering you have that kind of … logic building skills that you can solve these problems (TLW 8).

Auch ein Teamleiter meint, für seine Tätigkeit sei ein »Bachelor of Engineering« vorteilhaft, weil man »analytical skills« erwerbe, doch das für eine Servicefirma relevante IT-Fachwissen sei selbst in seinem eigenen »Computer Science«-Studium nicht vermittelt worden:

Like Cobol (that was required in my first project) is not taught in the colleges. So when we come here we learn. […] The mainframe line of technology, it's not taught in those colleges. Then the data applications, these are not taught in the colleges. In the colleges we are taught on … operating systems, […] communication networks and all these things. But they help us to get a background on how these things work actually. So it helps us to pick up very easily (TLM 7).

Diese Aussage legt nahe, dass Beschäftigte bei I-Serve nicht zuletzt lernen müssen, mit älteren Technologien (wie der Programmiersprache Cobol oder Mainframes) umzugehen. Tatsächlich räumt ein Mitglied der Geschäftsführung ein, knapp ein Drittel aller Projekte befasse sich nicht mit neuester Technologie, was Konsequenzen für die Arbeitsmotivation zeitige:

[P]eople management … would be to balance between the career aspirations that they would have versus the, the kind of […] business you get from customers […]. [Y]ou have to accept technologies which may not be current, may be five, ten years old. But then we have to enthuse the people to work on those technologies and deliver what is required. Then of course you will also get new technologies that customers are using. So that is easier to manage. But the challenge is to manage both (MM 5).

Zudem erledigen indische Servicefirmen zwar ein breites Spektrum unterschiedlich komplexer Projekte (Kapitel 6.1.2), doch ein Großteil ihres Geschäftes entfällt auf Anwendungsentwicklung, kundenspezifische Anpassungen und Wartung,

> which basically translates into writing code, fixing bugs, testing and providing maintenance support. In the international division of labour in software production, Indian programmers primarily provide relatively lower end service functions. Most of the high end designing and packaged production of software is dominated by American and European firms (Mukherjee 2008, 55).

Bei solchen Aufträgen kann die Standardisierung von Projektabläufen und Arbeitsprozessen besonders weitgehend durchgesetzt werden (Kapitel 2.2.1), und die erforderlichen Tätigkeiten sind oft wenig herausfordernd. Eine Entwicklerin jedenfalls beschreibt den Unterschied zwischen Wartungsprojekten und Softwarentwicklungs-Projekten wie folgt:

> Because it was a maintenance [project], I was supposed to follow whatever has been previously done by my seniors or whatever is being done by the client itself. And I think, if it's a development [project], then a coder can create … can have his own ideas, can put forth his own ideas to the manager […]. I've never been a part of development projects. […] So there was not much of creativity to be shown. […] [I]n development projects you get to learn much more than you can learn in a maintenance project, is what I feel (EW 3).

Der Seltenheitswert anspruchsvoller Entwicklungsprojekte bei I-Serve ist nun insofern eine direkte Konsequenz des Offshoring-Geschäftsmodells, als seine relativ kostengünstigen Angebote speziell für Kunden attraktiv sind, die eine Systemumstellung aus Kostengründen scheuen und es vorziehen, vorhandene Software mit Hilfe indischer Arbeitskraft warten und teilaktualisieren zu lassen.

Angesichts dieses Anforderungsprofils erstaunt es nicht, dass I-Serve bei der Rekrutierung nicht nur auf IT-Kenntnisse, sondern auch auf technisches Interesse zu verzichten scheint. Jedenfalls spielt die (technische) Qualität der Arbeit weder für die Selbstdarstellung des Unternehmens noch für die berufliche Identität der befragten Beschäftigten eine zentrale Rolle. Bei der Vorstellung des Unternehmens an Universitäten kommen die Inhalte der Arbeit offenbar nicht zur Sprache – stattdessen sei es um »their revenues and their policies« gegangen, erinnert sich eine Teilnehmerin (TLW 8). Auch Beschäftigte beantworten die Frage, warum I-Serve für sie attraktiv sei, meist mit Hinweis auf Firmengelände, sichere Arbeitsplätze, Unternehmenskultur oder Auslandseinsätze – das fachliche Profil der Tätigkeiten hingegen wird selten erwähnt. Nur ein einziger Projektmanager attestiert I-Serve-Beschäftigten technisches Interesse:

[T]he technology part does attract people. [...] [I]f there is a challenging technology, then that challenging technology attracts people. [...] Most of the people prefer to work on the new technologies, upcoming technologies [...]. So from the basic nature of people working in IT, people want to keep learning newer and newer happenings in the industry. [...] [T]he implementation of web-pages and all that, it's coming up new these days, more and more innovation is happening. So, that's where people are interested – then they want to learn and become the experts of those new technologies (PMM 19).

Angesichts des Projektspektrums dieser Servicefirma erscheint demnach die Implementierung von Internetseiten mit Hilfe neuerer Webtechnologien als Inbegriff technologischer Komplexität – ein Umstand, der eine allzu pauschale Gleichsetzung von IT-Arbeit mit hoch qualifizierter Tätigkeit fragwürdig macht.

In Deutschland hingegen nimmt I-Serve insgesamt nur wenige Rekrutierungen vor, und dabei handelt es sich durchweg um Beschäftigte mit langjähriger Berufserfahrung (vor allem in der IT-Beratung), die man mit Hilfe von »Headhuntern« anwirbt, um eine bestimmte Stelle zu besetzen. Eine Vertreterin der Personalabteilung erklärt, Alternativen dazu gebe es nicht:

Um an die Personen, die wir wirklich brauchen, zu kommen, brauchen wir Headhunter, weil wir haben kein branding. Das bedeutet: ich könnte zwar jetzt in der FAZ, ich könnte in der Computer Woche, ich könnte in der C't inserieren, aber es würde sich niemand bewerben, weil uns niemand kennt (PAW 31).

In Deutschland stellt I-Serve kaum unterhalb der Projektmanager-Ebene ein, was einem Befragten zufolge »einfach auch ein bisschen an der Verfügbarkeit« liege:

Ich kann *hier in Deutschland* eigentlich fast nur Projektmanager einstellen, weil [...] Leute mit so zwei bis fünf Jahren Berufserfahrung – gibt der Markt nicht her. Und ich will eigentlich auch hier Leute haben, die ne robuste Berufserfahrung haben. [S]ie werden [...] dadurch, dass sie in dieser Kundensituation stehen, auf jeden Fall Führungserfahrung brauchen (KBM 28).

Aus der Personalabteilung verlautet, man rekrutiere ausschließlich Beschäftigte mit Hochschulabschluss und »ab sechs Jahren Berufserfahrung«, die zudem einschlägige Projekterfahrung (bei Einstellungen im technischen Bereich) bzw. Verkaufserfahrung (im »Sales«-Bereich), Technologie- und Branchenkenntnis sowie internationale Tätigkeiten vorzuweisen hätten (PAW 31) – und tatsächlich berichtet ein Projektmanager, in seinem Umfeld sei »keiner dabei, der weniger als acht Jahre IT-Industrie-Erfahrung hat« (PMM 27). Allerdings erachten es manche Befragten als problematisch, dass es bei I-Serve Deutschland keinerlei Berufsanfänger/innen gebe. Ein Kundenbeauftragter etwa betont, wie wichtig es sei,

> grad im IT Geschäft, dass man immer viele neue Leute unten einstellt, ja? Weil die einfach die neuen Technologien von der Uni mitbringen, die bringen neue Ideen mit, die arbeiten sich schnell in beliebige neue Themen ein (KBM 28).

Trotzdem verzichtet das Unternehmen nach Auskunft der Personalabteilung bewusst auf deutsche »Fresher«,

> weil, wenn die direkt aus der Uni kommen, die müssen ja angelernt werden, die brauchen trainings, die brauchen halt ein bisschen Struktur! Und hier ist niemand da, der sich drum kümmert, [...] die müssen sofort aktiv in den Projekten sein, weil sonst lohnt sich unser Geschäftsmodell nicht (PAW 31).

Entsprechend stellt sich die deutsche Belegschaft von I-Serve in Hinblick auf die Dauer der Berufserfahrung recht einheitlich dar, doch das Spektrum der Studienabschlüsse ist sehr viel breiter als in Indien:

> [A]lso wir haben zwei Juristen, dann haben wir vier Informatiker, wir haben einen diplomierten, promovierten Chemiker, wir haben hier ein paar Ingenieure, dann viele mit Betriebswirtschaft, also ... alles Mögliche (PAW 31).

Ein Informatikstudium halten viele Befragte für die Tätigkeit bei I-Serve nicht für erforderlich. Ein BWL-Absolvent, der zuvor in der IT-Beratung gearbeitet hatte, meint:

> [B]ei [IT]-Beratung stehen auch oft mehr die Prozesse im Vordergrund, die Geschäftsprozesse, und das Customizing – und den IT-Kram lernt man dann sozusagen nebenbei. Also daher ist BWL eigentlich 'ne gute Voraussetzung dafür, für IT auch. Und noch mehr für *die Sachen*, die ich jetzt mache (KBM 26).

Nur wenige deutsche I-Serve-Angestellte können überhaupt einschlägige IT-Erfahrung (etwa ein Aufbaustudium Informatik oder Programmierjobs neben dem Studium) vorweisen (PMM 27; KBM 28), doch trotzdem meinen manche Befragten, besser qualifiziert zu sein als indische Kolleg/innen. Ein Projektmanager etwa geht (fälschlicherweise) davon aus, dass indische Projektmanager in Onsite-Teams

> nicht unbedingt ein Ingenieurstudium haben. Kann sein, dass die eher einen Business Background haben. Ich schätze mal, dass das der Grund ist [,... warum] die technisch nicht sehr fit sind. [...] Die würde ich nicht als Projektmanager bezeichnen, die würd' ich als Projektverwalter bezeichnen, weil sie eigentlich nicht aktiv etwas managen, sondern weil sie einfach nur die Statusberichte von irgendwelchen

Leuten und Zahlen zurichten. Sie können aber *wenig* … mit Problemsituationen umgehen (PMM 27).

Faktisch sind die indischen Mitglieder von Onsite-Teams bei I-Serve (wie wir sahen) fast durchweg Ingenieur/innen und verfügen über mehrjährige Berufserfahrung (Kapitel 3.1.1). Der Grund, warum deutsche Kolleg/innen ihre Qualifikation oft unterschätzen, mag allerdings darin liegen, dass sich eine für indische Standards lange Berufserfahrung im Kontext deutscher Kundenfirmen eher gering ausnimmt: Ein Kundenbeauftragter hat Folgendes beobachtet:

[T]echnically the team is very sound. At least, you know, the technical they learn a lot in [I-Serve]. Having said that – [i]n [customer firm] you have a person who's twenty years experienced […]. So we have a five year experience guy – that cannot match the skill-level of that person in *that* context. So, yah, that is a mismatch. But otherwise, I think, you know … for the job which he needs to do, I think he has all the technical knowledge (KBM 29).

Festzuhalten ist jedenfalls, dass I-Serve im indischen Mutterhaus grundlegend andere Rekrutierungspraktiken verfolgt als in der deutschen Niederlassung, was Auswahlverfahren sowie die Zahl und Qualifikation von Neueingestellten betrifft.[6] Es wird zu prüfen sein, inwiefern dies auf Unterschiede zwischen dem deutschen und indischen Regulierungsszenario zurückzuführen ist. In erster Linie haben wir es jedoch mit einer Konsequenz des Geschäftsmodells dieser indischen Servicefirma zu tun, die in Europa und den USA nur wenige hochqualifizierte und breit einsetzbare Beschäftigte benötigt, die Aufträge akquirieren, Kunden betreuen, die Projektabwicklung überwachen – kurz: eher beraten als programmieren. In Indien hingegen, wo das Gros der Programmierarbeiten erledigt wird, setzt I-Serve auf eine große Zahl fachfremder, aber analytisch vorgebildeter und im Unternehmen angelernter Arbeitskräfte, die erst nach mehreren Jahren Gelegenheit erhalten, Onsite bei Kunden zu arbeiten.

Auch bei der Produktfirma G-Pro findet Rekrutierung fast ausschließlich in Indien statt (Kapitel 4.1.1). Die Qualifikationsprofile der indischen Neuzugänge unterscheiden sich allerdings von denen frischgebackener I-Serve-Angestellter, was in erster Linie auf das Geschäftsmodell des Unternehmens zurückzuführen ist: Weil im Rahmen verteilter Entwicklung durchaus

6 Nach Auskunft der Personalabteilung in Bangalore gilt »Kundenbetreuung« auch im Mutterhaus als eigene, »höhere« Laufbahn, doch sie ist sehr schwach besetzt (PAM 23).

auch höher qualifizierte Arbeiten in der indischen Niederlassung erledigt werden, sind bei G-Pro (nach Auskunft der Personalabteilung) nicht alle Ingenieurfachrichtungen gleichmäßig vertreten. Vielmehr dominieren »computer engineers or software engineers« sowie berufserfahrene

> engineers from different streams, who have adopted themselves as software professionals […]. And plus, you'll have some people who have their masters background as well, like MTech [Master of Technology] and MCA [Master of Computer Administration] (PAM 62).

Zudem scheint G-Pro allenfalls Praktikant/innen direkt von der Hochschule zu rekrutieren – an »Campus Placements« beteilige man sich hingegen nicht:

> Because [of] the type of work that we do … going to campus was never a part of our strategy. […] So typically we take people with more than two years of experience […] [i]n a *good* IT company (PAM 62).

Upadhya und Vasavi (2006, 29) konstatieren hier einen generellen Unterschied zwischen indischen Service- und westlichen Produktfirmen:

> [W]hile the large services companies hire many fresh graduates, some MNCs and products companies prefer only those with three or more years of experience.

G-Pro bevorzugt demnach in Indien Beschäftigte, die in anderen IT-Unternehmen Berufserfahrung gesammelt haben, setzt aber keine Kenntnisse von G-Pro-Software oder Anwenderbranchen voraus (TLW 47).[7] Technisches Interesse hingegen gilt durchaus als Auswahlkriterium, und tatsächlich berichten bei G-Pro weit mehr Befragte als bei I-Serve, dass sie sich als Jugendliche für Computer interessiert hätten. Der Fall eines Projektmanagers ist allerdings insofern typisch, als dieses Interesse oft nicht die Studienwahl, sondern (angesichts guter Karriereaussichten in der IT-Branche) erst die Berufswahl beeinflusst:

> Reflecting back at that point in time the, the *good opportunities* in India were in IT industry. […] I was always interested in computers, but incidentally, […] I got chemical engineering from a good university and I decided to get into *that*. […]. [B]ut I always – since my schooldays itself – I had a good hands-on onto the com-

7 Ein Personalabteilungsvertreter bemerkt, man rekrutiere nur in seltenen Fällen aufgrund von Branchenkenntnis, »but then that should have been grown and sharpened in terms of their expertise in IT industry, in functional consulting role – in some other organisation.« (PAM 62)

puters, so I was always interested. So the decision was not a tough one for me to switch from chemical to the IT industry, yes (PMM 39).

Innerhalb der IT-Branche sind Arbeitsinhalte nach Erfahrung eines Projektmanagers der wichtigste Grund, von einer Servicefirma zu G-Pro zu wechseln. Er höre in Einstellungsgesprächen oft:

Dass sie nicht einfach irgendwie was implementieren wollen oder irgendwie jetzt auf Kundenanforderungen hin eine Spezialentwicklung machen wollen, sondern dass sie wirklich auch mal für nen langen Zeitraum einfach am Produkt mitarbeiten wollen. Und auch wirklich neueste Technologien kennen lernen wollen, auch Zeit haben wollen, sich da einzuarbeiten, auch Wissen haben wollen, was Geschäftsprozesse anbelangt. Was natürlich für uns auch wiederum sehr wichtig ist, dass dieses Interesse da ist, dass es diese Motivation gibt (PMM 35).

Neben technischem Interesse entscheiden (nach Auskunft der Personalabteilung) vor allem drei Faktoren darüber, wer zur »cream« der indischen IT-Szene gehöre, für die G-Pro sich vor allem interessiere. Dazu zähle

the institute that they pass out from and the companies that they work for. And additionally on top: people's skills [...]. If you come from a *great* institute, from one of the IIs [Indian Institutes of Technology]; they work for a large multinational, and they work in the latest technology – everybody comes behind them (PAM 54).

Tatsächlich scheint G-Pro in Indien bei Neurekrutierungen sehr viel wählerischer zu sein als I-Serve. Während I-Serve der Personalabteilung zufolge umfangreiche Rekrutierungen in den zweihundert prestigereichsten Colleges Indiens vornimmt (PAM 23), akzeptiert G-Pro (ebenfalls laut Personalabteilung) nur Absolvent/innen der »top hundred« Colleges, sofern sie einschlägige Berufserfahrung haben (PAM 54). Insgesamt gehen bei G-Pro weniger Bewerbungen ein (etwa 90.000 pro Jahr im Vergleich zu 1,5 Millionen bei I-Serve), von denen zwischen 2005 und 2007 jährlich etwa tausend (statt mehrere zehntausend bei I-Serve) akzeptiert wurden. Die »Erfolgsquote« von Bewerber/innen ist damit (rein rechnerisch) bei G-Pro (mit 1,1 Prozent) deutlich geringer als bei I-Serve (1,7 Prozent). Angesichts geringerer Bewerberzahlen verläuft auch der Auswahlprozess weniger standardisiert. In den ersten Jahren nach Gründung der indischen Niederlassung stellte G-Pro größere Gruppen von Beschäftigten ein und beteiligte sie an der Diskussion über die Projektverteilung. Ein Entwickler erinnert sich an die Frage eines Managers:

›This is what I plan for you […]. Would you like to go for some other field?‹ It depends on your interest. [Y]ou can freely talk to him and say: ›Look, I have this particular knowledge already. So why don't you put me in there […]?‹ (EM 58)

Im Jahr 2007 hingegen wurden nach Auskunft der Personalabteilung Neueinstellungen nur vorgenommen, wenn eine konkrete Position zu besetzen war:

[I]t is not mass recruitment and it is non-campus recruitment – because of that, most of our recruitment happens to basis positions. […] So, we have a manager […] who sort of explains the role to the person and ensures that that person's competence is mapped to that particular role. Then only we take a decision. […] And we accordingly hire people, based on that particular job description (PAM 62).

Diese intensiven Gespräche führe man mit jenen Bewerber/innen, die zuvor die Personalabteilung (»at a screening level«) ausgewählt habe (PAM 62; PMM 35) – von schriftlichen Tests wie bei I-Serve ist nicht die Rede. Weil man sich bei G-Pro auf eine konkrete Position bewirbt, ist von Anfang an klar, um welches Team und welche Tätigkeit es sich handelt, und man lernt schon im Vorstellungsgespräch die zuständigen Fach- und Personalvorgesetzten kennen (EM 40). Entsprechend wählt nicht nur das Unternehmen ein Qualifikationsprofil aus – auch künftige Beschäftigte können im Rahmen einer Bewerbung ihr Qualifikationsprofil gezielt einsetzen und Weichen für seine Weiterentwicklung stellen. Allerdings gibt es durchaus auch Fälle wie jenen Entwickler, der sich in einem anderen Unternehmen auf einen Aspekt von G-Pro-Software spezialisiert hatte, sich auf eine einschlägige Stelle bewarb und dann in einem anderen Bereich fachfremd eingesetzt wurde.

So, after joining, I asked him [superior] how to get into [field of specialization] again, because … I have worked in [this field] for two years and I have in-hand experience of the product. […] So, *I told him* that […] *I want to do that*, I don't know [lacht] how far it's possible (EM 56).

Der Vorgesetzte versprach, ihn für Positionen im früheren Spezialisierungsgebiet zu berücksichtigen, doch zunächst wurden in diesem Fall (ähnlich wie vielfach bei I-Serve) Vorqualifikationen entwertet. Betroffenen bleibt die vage Hoffnung, dass auch die aktuelle Tätigkeit nützlich sei – in den Worten dieses Befragten: »even, when you work for [current field], you get a lot of knowledge every day.«

Im deutschen Mutterhaus von G-Pro hingegen wurde (wie erwähnt) zum Zeitpunkt der Interviews (2007) in der untersuchten Abteilung kaum extern rekrutiert. Freie Stellen wurden meist innerhalb des Unternehmens ausgeschrieben (PMM 35; SEM 68) – dies war einer der wenigen Wege, die indische Beschäftigte ins deutsche Mutterhaus führen konnten (Kapitel 3.1.1). In Hinblick auf Qualifikationsprofile sind Quereinsteiger/innen im Mutterhaus von G-Pro offenbar deutlich stärker vertreten als in Indien – dies mag dem Umstand geschuldet sein, dass Mitte der neunziger Jahre akuter IT-Fachkräftemangel bestand, den viele Firmen durch Ausweitung ihrer qualifikatorischen Rekrutierungsbasis kompensierten (Wieland u.a. [2003], 16). »They have studied different things«, berichtet daher ein indischer G-Pro-Entwickler über seine deutschen Kolleg/innen, doch dies werde durch langjährige Spezialisierung ausgeglichen: »They go in one single field and … they come out as computer engineers« (EM 58). Ein Projektmanager stellt fest:

> Es gibt ja auch viele Beispiele in Deutschland irgendwie, dass einer Biologie studiert hat. […] Wenn der vorher gut Erfahrungen […] gesammelt hat und qualifiziert ist, motiviert ist, wenn es ihm Spaß macht, dann ist mir dann letzten Endes der Background auch egal. Also was jetzt die Ausbildung anbelangt. Dann interessiert mich einfach die Erfahrung, dann interessiert mich […:] Ist der konzeptuell gut, weiß der Bescheid über Business-Prozesse, was hat er an Erfahrung gesammelt? Und das gibt's hier [in Indien] tendenziell auch. Aber ich würde schon sagen, eher weniger im Moment (PPM 35).

Ein anderer Befragter betont, im deutschen Mutterhaus gebe es »sehr viele Nicht-Informatiker«, darunter »ausgesprochen viele Mathematiker, Physiker. Es sind auch ein paar Chemiker dabei«. In der Anwendungsentwicklung (auf die sich die vorliegende Studie konzentriert) hätten nur 30 bis 50 Prozent der Beschäftigten Informatik studiert, doch der formale Studienabschluss sei »von Anfang an irrelevant, denke ich. Also zumindest war es so, als ich eingestellt wurde« (SEM 68). Demnach scheint es bei G-Pro Deutschland unter Bedingungen von Belegschaftsexpansion und Fachkräftemangel in den späten neunziger Jahren durchaus üblich gewesen sein, Hochschulabsolvent/innen ohne IT-Abschluss zu rekrutieren. Ein Studium der Naturwissenschaften galt in Deutschland offenbar als ähnlich anschlussfähig für IT-Arbeit wie ein indisches Ingenieurstudium zum Zeitpunkt der Interviews, und Fachqualifikation im engeren Sinne wurde in beiden Fällen erst im Betrieb erworben. Insofern könnte man annehmen, betriebliche Qualifizierung, die auf der universitären aufbaut, sei für beide

Samplefirmen und in beiden Ländern relevanter als der Studienabschluss. Allerdings gilt dies nur für Phasen von Fachkräftemangel, denn je weniger Rekrutierungen (erst bei G-Pro Deutschland, dann bei G-Pro Indien und durchweg bei I-Serve Deutschland) vorgenommen wurden, desto einschlägiger sollte die Qualifikation von Neueingestellten sein. Dies verweist bereits auf den Einfluss von Arbeitsmarktdynamik auf betriebliche Rekrutierungspraktiken (Kapitel 7.2.1).

7.1.2 Einarbeitung

Betriebliche Qualifizierung beginnt in allen vier Samplebetrieben mit einer Einarbeitungsphase. Ihre Ausgestaltung hängt wiederum von den Geschäftsmodellen von Produkt- bzw. Servicefirmen ab, die unterschiedlich viele Rekrutierungen erfordern und auf unterschiedliche Qualifikationen angewiesen sind.

Das Einarbeitungsprogramm im indischen Mutterhaus von I-Serve beinhaltet (wie bei vielen indischen Servicefirmen; Ilavarasan 2002, 116–120) eine weitgehend standardisierte Grundausbildung (KBM 30), die eine große Zahl vorwiegend fachfremder Hochschulabsolvent/innen in kurzer Zeit auf den Einsatz in Projekten vorbereiten soll. Wer »computer engineering« oder »computer science« studiert hat, durchläuft ein vierwöchiges Training, das »Fresher« auf die Anwendung von Studieninhalten im Projektkontext vorbereitet:

> [A]t university level what you get is just the theoretical part of it. But [I-Serve] training is more about the practical part of it, how to apply it to the real world (TLM 6).

Ingenieur/innen anderer Fachrichtungen hingegen werden drei Monate lang geschult (TLM 6; MM 18). Eine Absolventin berichtet:

> [T]here is a training of three months in the beginning […], both on soft skills as well as the technical skills […]. [T]here would be more on technical skills, because since we are new, eh, there would be one general computer science training for one month […] and two months, a particular stream, a particular technology training would be there (SEW 14).

Nach Abschluss der Trainingsphase werde jedoch nicht mehr zwischen Beschäftigten mit und ohne »Computer-Bachelor« unterschieden, betont eine Entwicklerin: »Finally, once the training is over we're not like … nobody is different. Everybody is the same« (EW 22). Unternehmensvertreter heben mit besonderem Nachdruck hervor, dass das Qualifikationsniveau indischer »Fresher« durch das Einstiegstraining in I-Serves hochmodernen Trainingseinrichtungen (MM 12) auf die Ebene eines US-amerikanischen »Bachelor of Science« angehoben werde, und verweisen auf dessen Akkreditierung durch US-amerikanische Wissenschaftler (MM 5) – immerhin erhalten nur indische IT-Spezialist/innen ein H-1B-Visum (also eine US-Arbeitserlaubnis), die diesen Bachelor-Abschluss »or its equivalent« vorweisen können (Wikipedia 2009d). Ein Vertreter der Personalabteilung erklärt:

> [W]e certify that […] whoever goes through sixteen years of education [12 years of school, four years BE] in India, and has those fourteen weeks of training, initial training programme – that person *is* equivalent to a BS kind of a qualification in the US. So that helped with the immigration model in terms of having our people travel to the client centers (PAM 23).

Die Absolvent/innen der Grundausbildung betonen vor allem deren Intensität: Teilweise müsse man die Wochenenden durcharbeiten, erinnert sich eine Entwicklerin (EW 3), und eine andere Befragte verweist auf kurztaktige Lernkontrollen, die man erfolgreich absolvieren müsse, um nach der Einführung »übernommen« zu werden:

> [E]very, say, four days, four to five days a subject, and after two days we'll have these … some dozen or twenty-five … online tests. […] And after the […] four or five days of course, we'll have a test. […] And we had to clear each and every subject. And finally, after that, […] we'll have a project. […] They give one week time for that, and we have to develop it and execute – and make it executable. Then again we'll have one, around one week time for the final exams. It […] will have questions of all, I mean, whole our training. […] It's not that you can just come and clear it off. It is: You have to *study* (EW 22).

Dabei haben Beschäftigte keinerlei Einfluss darauf, in welchen Technologien sie ausgebildet und in welchen Projekten sie nach der Einführung eingesetzt werden:

> [T]here is no option for us to select, […], because it is completely based on the requirement of the company, eh, how, how many new projects they are expecting on different technologies and how many, eh, resources they would require for, eh, different streams (SEW 14).

Individuelle Vorqualifikationen oder Interessen spielen bei der Zuteilung keine Rolle. So beklagt ein Manager, seine Berufserfahrung sei schlicht ignoriert worden:

It was a tough time in the beginning, yes. […] [T]he ups and downs came primarily from the side that I was loosing my three and a half years of seniority, by changing the line. […] I was inducted as a fresher […]. I was obviously loosing a lot … on the job experience front (MM 9).

Ein Projektmanager kritisiert vor dem Hintergrund ähnlicher Erfahrungen vor allem die Entwertung dringend benötigter Kenntnisse über Kundenbranchen:

[I]f we have some experience in the functional area, prior to moving into IT-industry, it is probably better, and it always pays off. […] So, a software engineer, if he has seen how a production happens, it would be easy for him to write the code for that process (PMM 19).

Bei I-Serve entscheidet jedoch einzig der Personalbedarf in aktuellen Projekten über die Zuteilung menschlicher »Ressourcen«: »[I]t entirely depends on the business needs« (PMM 13). Dieser Bedarf ändert sich (aufgrund kurzer Projektlaufzeiten, veränderlicher Kundenwünsche und harter Konkurrenz im Servicegeschäft, die oft zum Ausfall fest eingeplanter Aufträge führt) teilweise so schnell, dass nicht nur individuelle Vorqualifikationen unberücksichtigt bleiben, sondern Beschäftigte nach dem Einstiegstraining sogar in Projekten eingesetzt werden, in denen die just erlernten Fertigkeiten nicht gefragt sind. Eine Entwicklerin berichtet:

[T]here are cases where training is done in mainframes or something, [but] [t]hey are put in Dot-Net or Java, depending on the projects which come in and requirement. […] So then he has to learn everything again (EW 3).

Selbst wenn im Einführungskurs die im Projekt benötigten Technologien behandelt wurden, können Absolvent/innen offenbar nicht umgehend produktiv eingesetzt werden. Zwar stellt ein Projektmanager (nach einem Lamento über Kunden, die keine »Fresher« im Team akzeptierten) kategorisch fest, »most of the freshers are productive right from day one« (PMM 19). Doch ein Kollege betont, »once they get into the projects, they are not proof in it – they are just trained« (PMM 16), und eine Teamleiterin erklärt, Neuzugänge brauchten eine Einarbeitungsphase im Projekt:

Again […] you have a training that is given based on the project specifics, which may range from one month to two months. […] [P]eople who have just joined the project are given a lesser, a lesser priority work, wherein they get time to learn and they expertise. So only when they know it properly, this is when we start giving them critical things (TLW 21).

In der deutschen Niederlassung von I-Serve hingegen finden weder standardisierte Einführungskurse noch eine systematische Projekt-Einarbeitung statt – man scheint davon auszugehen, dass die Berufserfahrung der Beschäftigten eine betriebliche »Grundausbildung« überflüssig macht. Ein Projektmanager etwa bemerkt:

> Also ich hab nichts gemacht [...] [E]s *hat* ein Seminar ... das eben in Bangalore abgehalten wird. Mir ist aber von verschiedenen Seiten gesagt worden, dass das aber nicht so sehr spannend für mich ist, weil es eben in erster Linie für die Freshers von der indischen Universität [gedacht ist] ... Habe es deswegen auch nie versucht, dort hinzukommen (PMM 27).

Eine andere deutsche Befragte meint über ihr »dreitägiges ›Introduction Training‹ in Bangalore selber«: »das war nicht viel« (KBW 30). Wiederum kommt hier das Geschäftsmodell der Servicefirma zum Tragen, das darauf beruht, dass die Masse der Programmierer/innen in Indien relativ standardisierte technische Grundkenntnisse erwirbt, während die wenigen Kundenbetreuer/innen und Projektmanager/innen in Deutschland nach anderen Kriterien ausgewählt und (nicht) eingearbeitet werden.

Bei der Produktfirma G-Pro stellt sich die Einarbeitungsphase anders dar, weil man (wie erwähnt) selbst in der indischen Niederlassung kaum auf frischgebackene Hochschulabsolvent/innen trifft. Eine Ausnahme konstituieren allenfalls Praktikant/innen (Kapitel 4.1.1), deren »Traineeprogramm« vom deutschen Mutterhaus übernommen wurde (SEM 68)[8], und die anfangs den allgemeinen Einführungskurs durchlaufen (»training was as it would be for a normal employee«; PMM 44). An diesem Einführungskurs nehmen allerdings zum einen nicht alle Beschäftigten teil – eine Befragte absolvierte etwa nur ein Drei-Tages-Seminar (EW 42). Zum anderen ist der Kurs deutlich kürzer als bei I-Serve – er wurde von 10 Wochen (2004) auf vier Wochen (2007) gekürzt – und vermittelt vor allem Einblick in relevante Unternehmensbereiche und G-Pro-Software (EM 40, 56; PMM 44; TLW 47; TLM 48). Ein Entwickler bemerkt leicht abfällig, man erhalte dort »a casual [...] overview of the knowledge of all [G-Pro] tech-

8 Ein Entwickler, der während seines Masterstudiengangs als Praktikant bei G-Pro einstieg, beschreibt das »one year internship programme, in which initially six months was a three-days-a-week coming to [G-Pro]. And two days, still we had our courses. Because, if you do masters [...], one and a half years it will be studies, and six months it will be internship. [...] This was our first six months, and the latter six months it was a full internship« (EM 38).

nologies« (EM 40), doch dies ist offenbar dringend erforderlich, weil (nach Erfahrung eines Teamleiters) kaum ein Neuzugang firmenspezifische Qualifikationen mitbringt:

[G-Pro] technology itself … is different from everywhere. They have their own proprietary language, they have their own proprietary technology platform. […] It's never taught outside. There are a few institutes, but not … very good. […] That's why whoever comes from outside – even if he is having five, six years of experience – would be a fresher.

Für Berufserfahrene könne die Einführung dennoch relativ knapp ausfallen:

[W]hen somebody is already having five, six years of experience, the logic is already there, understanding is there. […] So learning the language I don't think it can take more than fifteen days or so. [The rest is for] understanding the technology platform as well (TLM 48).

Nach dem Einführungskurs unterscheidet auch G-Pro nicht mehr zwischen Praktikant/innen und regulär Rekrutierten, und auch Berufserfahrung zählt nicht unbedingt:

[O]nce we came out of training, all of us were basically the same. May be the treatment would be [different] in terms of salary or whatever, but not in the type of work (PMM 44).

G-Pro praktiziert demnach ebenfalls eine Art von unternehmensspezifischer Grundausbildung, doch sind vor allem zwei Unterschiede gegenüber I-Serve auszumachen: Zum einen verfügen Neuzugänge bei G-Pro bereits über IT-Kenntnisse und einschlägige Berufserfahrung. Ein Entwickler, der bei I-Serve gearbeitet hatte, bemerkt:

[M]y previous learning, that helped, because I had the basics in place. You learn how programming works – then, you can actually program in any language, you just have to learn the syntax and the basic things (EM 46).

Zum anderen ist die Entscheidung darüber, wie Neueingestellte nach dem Training eingesetzt werden, bei G-Pro in höherem Maße verhandelbar als bei I-Serve. Dies dürfte daran liegen, dass es sich um weniger Personen handelt, die als Berufserfahrene oder (im Falle von Praktikant/innen) als Master-Anwärter/innen renommierter Institute über größere Verhandlungsmacht verfügen, zumal sie (anders als bei I-Serve) nicht durch Verpflichtungsverträge gezwungen sind, für eine gewisse Zeit im Unternehmen zu bleiben (Kapitel 4.1). All diese Faktoren verweisen auf das Geschäftsmodell dieser Produktfirma, die auch in Indien darauf setzt, eine kleinere Zahl hoch qualifizierter Arbeitskräfte langfristig an das Unternehmen zu binden und intern fachlich weiter zu entwickeln. Besonders deutlich tritt dieser Unterschied nach dem Einführungskurs hervor: Während das Trainingsprogramm bei I-Serve als solides Fundament für die Projektarbeit gilt, soll es bei G-Pro explizit nur einen ersten Überblick vermitteln, während die eigentliche Einarbeitung im Projekt erfolgt. Ein Entwickler zitiert seine Vorgesetzten mit der Aussage: »they say that: ›you can learn the maximum when you are working. The training is not filling up for this‹« (EM 56). Tatsächlich scheint die Einführung recht oberflächlich zu sein: »[I]t was just an overview of all the technologies«, berichtet ein Befragter: »The technology, which I am working on – I just had a two-day-training over there« (EM 40). Daher findet in der untersuchten Abteilung ein zusätzliches Training von zwei bis drei Wochen statt, doch zum Projekterfolg beitragen könnten Neuzugänge erst viel später, erklärt eine Teamleiterin:

> The time to get productive for an employee for us, in our department, is almost one year. We spend one year of their life just training them. They don't give back anything to the company in one year (TLW 47).

Immerhin, so hebt ein Projektmanager hervor, beinhalte »Produktiv-Sein« bei einer Produktfirma mehr als bei einer Servicefirma: Eingearbeitete Beschäftigte

> can go and handle the problems themselves and then take, you know, full charge of what's going on and everything. [...] [I]f I have to say: ›Just execute this task‹ – *then* you can make them productive in three months. [...] For product development it's worse – how much time it takes to become productive compared to a project or a consulting or a service, where you say: ›Okay, don't care about anything. You just write hundred lines of code today!‹ (PMM 57)

Erinnert man sich an jenen Entwickler (EM 56), der seinen Vorgesetzten monatelang im Minutentakt anrief, um Unklarheiten zu beseitigen (Kapitel 6.1.2), so wird deutlich, dass diese langwierige Einarbeitung bei G-Pro (statt von einer spezialisierten Trainingsabteilung) *vor allem* von Kolleg/innen und direkten Vorgesetzten geschultert wird. Ein Teamleiter erklärt:

> Now we have recruited a few new people. So I am training them, and I also have to do some work on my own, so: development work and project management. So basically everything has to be done [klingt müde].

Ein Monat Einarbeitung reiche in diesem Fall aus, so der Befragte weiter, weil es sich um interne Rekrutierungen handele. Allerdings sei der formelle Einführungskurs aus Mangel an Neuzugängen gestrichen worden, so dass kollegiale Unterweisung und Selbststudium den Kurs ersetzen müssten: »I have distributed the things that we need to teach them. And then there are lots of training material they can go through themselves«, wobei Letzteres ebenfalls von Kolleg/innen erarbeitet wurde:

> Because we are building something from scratch, there can't be training material. So, […] over a period of time, we have learned by ourselves all the stuff. And then we have got together with our German colleagues and *made* some material, which can be used for new people (TLM 51).

Teilweise scheint die hier umrissene Kombination aus Einarbeitungskurs, kollegialer Unterweisung und Selbststudium den Projekterfordernissen allerdings kaum gerecht zu werden, und in solchen Fällen schlägt die Möglichkeit, sich individuell einzuarbeiten, schnell in Zwang um. Ein Entwickler erinnert sich:

> I was trained on a lot of things that was not required. And I was not trained on […] the majority of my work. […] I also raised it to the management […]. But then […] the timelines were very strict, and they said: ›we don't have time to now give you trainings‹. So they said that: ›Take your time, do it. Take help from people!‹ […] So, that – for additional *learning* I had to stretch […]. [F]irst four months, I would say, eh … I worked for a long time. Every day almost twelve hours. And even more than that at times (EM 56).

Dieser Problemfall mag den Einfluss des Geschäftsmodells auf Praktiken betrieblicher Einarbeitung verdeutlichen: Zum einen gibt es in der Neuentwicklung von Softwareprodukten sehr viel weniger standardisiertes Fachwissen als im Servicegeschäft – daher kann I-Serve (anders als G-Pro) Neuzugängen zumindest Prozessvorgaben vermitteln, selbst wenn dies praktische Projekterfahrung nicht ersetzt. Zum anderen ist die Vielfalt der Einarbeitungsmaßnahmen bei G-Pro (vom Einführungskurs über »Wissenstransfer« im Projekt bis hin zu Selbststudium) sowie die Erfahrung, dass die Kombination dieser Elemente von Fall zu Fall variiert, Ausdruck davon, dass G-Pro statt auf Vermittlung eines standardisierten »Wissenskanons« auf individuelle Expertise und Spezialisierung setzt. Dies gilt in der indischen Niederlassung ebenso wie im deutschen Mutterhaus, wo (mangels externer Rekrutierungen) keinerlei Einführungen stattfinden, sondern sich Einarbeitung auf Selbststudium und Erfahrungszuwachs im Projektkontext beschränkt.

7.1.3 Betriebliche Qualifikationsentwicklung

Bei der betrieblichen Qualifikationsentwicklung im Laufe einer IT-Karriere ist ein markanter Unterschied zwischen deutschen und indischen Beschäftigten festzustellen, den ein indischer Teamleiter prägnant formuliert:

> They will stick to that technology probably throughout their lives [in Germany]. But we don't get a chance to do that here. We normally become the jack of all trades and master of none (TLM 6).

Der Umstand, dass für die deutsche Produktfirma und die indische Servicefirma unseres Samples eine ganz ähnliche Trennlinie – zwischen einer »standardisierten Verbreiterung« von Qualifikation (bei I-Serve) und »spezialisierter Vertiefung« (bei G-Pro) – auszumachen ist, verweist auf wesentliche Grenzen der Homogenisierung von betrieblicher Arbeitskraftnutzung über Geschäftsmodelle hinweg. Dies spricht gegen die Annahme (Kämpf 2008, 374), das geringere Ausmaß von Standardisierung in deutschen Softwarefirmen stelle ein »organisatorisches Defizit« gegenüber dem »global delivery model« US-amerikanischer oder »aufstrebender indischer Unternehmen« dar. Statt mit einem »one best way« von Internationalisierung und Industrialisierung haben wir es vielmehr mit unterschiedlichen Logiken betrieblicher Qualifikationsentwicklung zu tun, die Unterschieden zwischen den Geschäftsmodellen von Produkt- und Servicefirmen geschuldet sind.

Was die Strategie der standardisierten Verbreiterung von Qualifikation bei I-Serve betrifft, so macht es das Geschäftsmodell einer Servicefirma mit seinen kurzfristigen und schwer planbaren Projektakquisen und -verlusten erforderlich, (menschliche) »Ressourcen« (in Hinblick auf Qualifikation und Leistung pro Zeiteinheit) so zu standardisieren, dass man Arbeitende zwischen Projekten versetzen kann, ohne auf technologische Spezialisierung, Branchen- oder Kundenkenntnis Rücksicht nehmen zu müssen.[9] Immerhin wird Konkurrenz im Servicegeschäft nicht nur über Preise, sondern auch über Geschwindigkeit ausgetragen, und dies erfordert den schnellen Zugriff auf eine große Zahl von »generic programmers« mit möglichst breiter Einsetzbarkeit (Upadhya/Vasavi 2006, 46f.). Auch das »Bench«-System ist Ausdruck der daraus resultierenden Form betrieblicher Qualifikationsentwicklung, wie ein Projektmanager erklärt:

---

9 Unterschiede bei »kultureller« oder »sozialer Kompetenz« werden durch »soft skill trainings« und »cultural trainings« angegangen, um die Einsetzbarkeit von Beschäftigten (etwa in verschiedenen Weltregionen) zu verbessern. Vgl.: Sathaje 2008.

Bench is, like, people without any project. […] [I]f my company needs to be healthy then I probably need to have 20 percent of bench-percentage. There are two reasons for this. One is: typically we bid for large projects. Projects which require 100, 200 people or much more than that. […] There is always the possibility of 50 percent that you may win and 50 percent that you may lose. In case of win … the customers are typically not ready to wait. […] So unless we have this 20 percent of people who are ready to work the moment there is a notice, then we will not be able to supply those 20 percent to a team. […] Another reason … in India is also because of attrition rates. […] So, when you have about 10 percent people moving, then you need this supply (PMM 16).

Wer auf dieser »Wartebank« sitzt, kann in jedes beliebige Projekt (»any of the projects«) berufen werden, fährt der Befragte fort – die Bedeutung einer möglichst breiten Qualifikation für das Servicegeschäft mit seinen rapiden Projektveränderungen und hohen Fluktuationsraten ist offensichtlich. Man darf vermuten, dass diese Form des Arbeitskrafteinsatzes maßgeblich zu jener Kombination von Arbeitsdruck (durch Terminvorgaben) und »eingeengten Entscheidungs- und Kontrollmöglichkeiten« (etwa bezüglich der eigenen Qualifikationsentwicklung) beiträgt, die IT-Arbeit nach Einschätzung von Arbeitswissenschaftler/innen gesundheitlich besonders beanspruchend macht (Wieland [2003], 27). Allerdings scheint die von I-Serve angestrebte »Austauschbarkeit von Ressourcen« nicht in vollem Umfang realisierbar zu sein. Dies klingt etwa in der Aussage an, drei Wochen auf der »Wartebank« seien für viele Beschäftigte Grund genug, das Unternehmen zu verlassen (MW 15), und sind Vakanzen in einem Projektteam zu füllen, müssen Vorgesetzte sich durchaus mit den Qualifikationsprofilen der auf der »Wartebank« befindlichen Beschäftigten befassen, um eine angemessene Wahl zu treffen (MM 9). Als *Ideal* des Umgangs mit Qualifikation ist »Verbreiterung« jedoch bei I-Serve weitgehend unumstritten. Schon in der Rekrutierungsphase werden Studienabsolvent/innen mit unspezifischen »analytischen Fähigkeiten« ausgewählt; in der Grundausbildung werden die Neueingestellten mit einem standardisierten Wissenskanon ausgestattet und anschließend oft mit Technologien konfrontiert, die sie im Rahmen des »initial training« nicht erlernt haben. Letzteres könnte man für einen unerwünschten Nebeneffekt der Kombination aus Massenrekrutierung und schnelllebigem Service-Geschäft halten, doch scheint diese Form von Arbeitskrafteinsatz bei I-Serve durchaus System zu haben, denn auch im weiteren Verlauf einer Tätigkeit in diesem Unternehmen wird »Breite« explizit vor »Tiefe« gestellt. Dies mögen drei Beobachtungen verdeutlichen:

Erstens werden Beschäftigte bei I-Serve so systematisch mit verschiedenen Technologien konfrontiert, dass man von einem Rotationsprinzip sprechen kann:

The large service companies tend to rotate employees among different technologies and products, a policy that is linked to the demand for ›generic‹ or jack-of-all-trades programmers (Upadhya/Vasavi 2006, 55).

Beschäftigte beurteilen dies eher positiv, denn »[i]t's always advantageous if you know more technologies. You have more opportunities« (SEW 14). Welche Gelegenheiten man wahrnehmen kann, entscheidet allerdings der Vorgesetzte, der den »rotation plan« erstellt. Ein Projektmanager meint:

[N]ormally that rotation plan is released for each and every individual based on their skill sets. [...] [A] *normal* rotation plan may be from six [months] to one year (PMM 13).

Auch innerhalb eines Projektes werden Aufgaben regelmäßig neu verteilt:

[F]inding the problem, finding the solution, testing that solution [...] – unit testing and system testing. So we randomly associate different people so that everybody is capable of doing everything (TLM 6).

Dies dient nicht zuletzt dazu, die Entstehung von Wissensmonopolen zu verhindern:

[I]t's not that one person should always work on the same module type [...]. So, we always try to bring that kind of a picture to *everybody* in the team, so that, like, every individual is capable of taking on any challenge in the project. [...] [T]he project should not be dependent on a particular person at any point [...]. [S]upposing this person leaves the company, [...] or leaves this project, then there is a major problem in the project, like, there is a major lack of knowledge there (SEW 14).

Eine Unternehmensstrategie von Qualifikationsentwicklung, die darauf abzielt, dass »jede/r alles machen kann«, erschwert allerdings die Herausbildung vor allem technischer Expertise. Dies gilt, obwohl zum einen manche Vorgesetzten durchaus Wert darauf legen, dass ihre Teams sich technisch weiterentwickeln. Eine Befragte erklärt:

If you tell him that this is the solution, [...] he will not be able to put in his thoughts [...]. [I]f you start telling him from the beginning, he would never be able to analyze the things on his own and that is growth as well (TLW 21).

Zum anderen wird bei I-Serve (neben Projektmanagement, Kundenbetreuung und Branchenexpertise) auch eine technische Laufbahn angeboten, für die sich jedoch (trotz besserer Bezahlung) laut Personalabteilung nur zwei bis drei Prozent der Beschäftigten entscheiden (MW 15; PAM 23). Ungefähr 85 Prozent hingegen präferieren eine Projektmanagement-Karriere, wie eine Managerin betont:

> [I]f you are in the technical team, you […] won't have a team to manage, you won't have the clients-connect the way these people [project managers] would have. These people would also develop a strong business domain understanding, which the technical team will not. So … they want to have the best of both worlds, they want to be technically strong and they want to manage people and understand the client (MW 15).[10]

Die hier formulierte Einschätzung, dass man in einer Projektmanagement-Laufbahn bei I-Serve auch technische Stärken entwickeln könne, ist allerdings wenig überzeugend, weil Beschäftigte nur zu Beginn der Tätigkeit schwerpunktmäßig mit Programmierung befasst sind und dieser Zeitraum aufgrund schneller Beförderungen meist sehr kurz ist. Ein Projektmanager meint,

> in Indien […] ein Entwickler bleibt ein Entwickler für … zwei Jahre, vielleicht drei. Und nicht mehr als das. […] [W]ahrscheinlich kennt er auch sehr gut, aber […] soviel Erfahrung wird er nicht haben, weil er nur zwei oder drei Jahre *eigentlich* programmiert hatte (PMM 25).

Entsprechend sind viele Projektmanager/innen bei I-Serve technisch kaum versiert, und man muss im Bedarfsfall die erwähnten »technical specialists« zu Rate ziehen (TLW 8), deren schiere Existenz in einer IT-Firma einiges über die Schattenseiten der Strategie einer forcierten Qualifikationsverbreiterung aussagt.

Zweitens kommt diese »Verbreiterungsstrategie« bei I-Serve in Bemühungen um eine Standardisierung betrieblicher Qualifikationsentwicklung zum Ausdruck. Die Auswahl von »Weiterbildungsmaßnahmen« hängt (wie in indischen Servicefirmen üblich)[11] vor allem von aktuellen Projekterfordernissen ab (Ilavarasan 2005, 19), wobei die (erwünschten) häufigen Projektwechsel dazu führen, dass ein Team ständig Neuzugänge integrieren muss.

---

10 Zudem haben Techniker/innen keine eigenen Projekte: »They are shared resources for projects. They […] are attached to projects […] for the time that they are required.« (MM 9)

11 Varma und Sasikumar (2004, 66f.) betonen allerdings, betriebliche Weiterbildung sei in Bangalore besonders verbreitet.

Eine Befragte beschreibt die Standardisierungsbemühungen, die Entlastung bringen sollen:

[A]t one point of time [...] we were taking many new people into the project [...]. So, it was, like, a burden to the team also to take out extra-time and train others along with your work. So we have come up with a formulate plan [...]. Based on the person's profile [...] we would come up with a training plan for him for the week [...]. [W]hatever set-up he needs to do [...] and whatever history about the project, about the customer – [about] all this we have formal documents [...] so that he can go through it and understand and if he needs, also obviously people are there to approach (SEW 14).[12]

Auch jenseits der Einarbeitungsproblematik, so ein Projektmanager, wird versucht, Wissen möglichst weitgehend zu dokumentieren, um es unabhängig von menschlichen Trägern zu machen:

Knowledge remains mostly in terms of documentation. [...] So, when we work with the client, we only try to gather the client specific requirement. And it's always documented and kept into [...] some common repositories for the project and that knowledge, eh, keeps on moving from person to person. So, in a project you may find that people are moving across or people are moving in and out, but actually there is no impact on the productivity or the quality to the client (PMM 19).

Ziel sei es, die Abhängigkeit von einzelnen Beschäftigten zu reduzieren (»to avoid the dependency on any particular person«; TLM 6), was Prasad (1998, 444) bestätigt:

Techniques of ›effective programming practices‹, mainly extensive documentation but also modular programming, which breaks large programming tasks into small, independent tasks, make a company independent from any particular employee.[13]

Diese Zielsetzung teilen alle indischen Servicefirmen – ein hoher Grad von Prozessdokumentation geht dabei mit »sharp organisational hierarchies with low participation and high turnover rates of young professionals« einher (Eichmann 2004, 19). Konsequente Prozessdokumentation ist jedoch vor allem dort möglich, wo ein starkes Hierarchiegefälle Managementvorgaben leicht durchsetzbar macht – und sie verschärft dieses Gefälle,

12 Es gibt sogar standardisierte Prozessvorgaben für die Abfolge von »aktiver Unterstützung« eines neuen Teammitglieds (75 Prozent der Arbeit wird von Kolleg/innen kontrolliert), »passiver Unterstützung« (»75 Prozent von dem Neuen, 25 Prozent wird überwacht«) und »steady state« (»100 Prozent Verantwortung von dem Neuen«) (PMM 25).

13 Zur Reduzierung und organisatorischen Kanalisierung von Fluktuation siehe: Mayer-Ahuja/Feuerstein 2008.

weil sie die (nicht zuletzt auf Expertenwissen gründende) Verhandlungsposition von Beschäftigten schwächt und es Vorgesetzten ermöglicht,

to seek solutions for new projects without consulting the workers, thus reducing the dependency on workers' skills (Ilavarasan 2002, 151).

Trotzdem ist Skepsis angebracht, wie umfassend die Austauschbarkeit individueller Beschäftigter realisiert werden kann. Immerhin betont eine Senior Entwicklerin, wie problematisch es sei, Beschäftigte zu ersetzen, die seit Jahren in einem Projekt arbeiteten (SEW 14), und ein Vertreter der Personalabteilung argumentiert, betriebliche Weiterbildung lohne sich nicht, wenn Wechsel überhand nähmen und etwa die Spezialisierung auf eine Kundenbranche konterkarierten:

So we say that there are opportunities to move, but we need to spend some amount of time in each of these areas, because there's a lot of … investment is roled out to the employee, [to train] employees in this industry domain […]. So our organisation expects some kind of a return for the overall investment it is posing (PAM 23).

Insofern gerät gezielte »betriebliche Weiterbildung« bei I-Serve in Konflikt mit der Strategie der Qualifikationsverbreiterung, dient aber gleichzeitig dazu, deren negative Auswirkungen zu mildern. Die Orientierung auf »Ressourcenstandardisierung« kommt hier besonders deutlich in der Tendenz zum Erwerb von Zertifikaten zum Ausdruck, die Kenntnisse über eine Programmiersprache, ein Softwareprogramm oder eine Branche belegen sollen. Entsprechende Nachweise werden als individuelles »Ziel« definiert, und auch hier gilt (mit Einschränkung) der Grundsatz: je breiter das Spektrum, desto besser. Im indischen Mutterhaus werden entsprechende Kurse angeboten, während Beschäftigte der deutschen Niederlassung Zertifikate »online« erwerben müssen, wie aus der Personalabteilung verlautet:

Kurse für uns hier werden nicht angeboten. Das ist auch zum Teil ein Grund, warum so viele wieder gehen halt, weil halt keine Trainingsmöglichkeiten bestehen […] [E]s gibt so Online-Zertifizierungen, die speziell für [I-Serve] entwickelt wurden […] – ob man das woanders gebrauchen kann, das ist echt die Frage (PAW 31).

Allerdings gelten für westliche Niederlassungen von I-Serve auch insofern besondere Bedingungen, als die langfristige Spezialisierung auf eine Branche oder ein Kundenunternehmen im Prinzip erwünscht ist – teilweise müssen Branchen-Zertifikate erworben werden, bevor man ins Ausland entsandt wird (PMM 25; MM 24; SEW 14). Im indischen Mutterhaus hingegen wird der Erwerb breit gestreuter Zertifikate Beschäftigten offenbar als Kompensation dafür angeboten, dass Spezialisierung kaum möglich ist, weil Beschäftigte keinen Einfluss darauf haben, in welchen Projekten sie mit welchen Aufgaben betraut werden. Ein Teamleiter erklärt:

> If they want to specialize we give them, we have certification plans, actually. Like, you can study those technical things and give certifications. That they can pick up. But work-wise, eh, within a project, they cannot choose what they want to do (TLM 7).

Auch die Fokussierung auf Zertifikate ist insofern eine Konsequenz des Geschäftsmodells dieser Servicefirma, als individuelle fachliche Vertiefung gegenüber weit entfernten (und teilweise Offshoring-kritisch eingestellten) Kunden schwer zu belegen ist, während ein Bündel von Zertifikaten im Projektteam als »objektiver« Nachweis von Kompetenz gilt. Auch auf Unternehmensebene brüstet sich I-Serve (ebenso wie andere indische Servicefirmen) damit, über alle gängigen Zertifizierungen für Projektabwicklung (wie ISO 9000 oder CMM Level 5)[14] zu verfügen, die westliche Kunden als Nachweis von Professionalität verlangen (vgl.: Kumar 2001, 11f.; Ilavarasan 2002, 152; Eichmann 2004, 19). Athreye (2003, 21) argumentiert, ein solcher Nachweis sei notwendig geworden, weil man angesichts hoher Fluktuationsraten immer weniger überzeugend behaupten konnte, Qualität durch den langfristigen Einsatz qualifizierter Ingenieure zu sichern:

> [S]oftware firms often utilised engineers for fairly simple tasks that did not require any engineering talent or principles. To a large extent the employment of engineers was a strategy employed by Indian firms to distinguish themselves from the rest of the competition. They were able to point to the better quality of their human resources to convince prospective clients of the better quality of their (skilled labour-intensive) work. [… But] [a]ttrition particularly affected completion of projects and made the earlier signalling strategy somewhat suspect as the same labour could be easily bid away. A new signalling strategy was required which would point to the capability of the firm itself and its ability to organise teams and employ processes that were error proof. Certification uniquely fulfilled this need and also alerted firms to what they needed to do in order to make software ability reside in teams rather than people.

---

14 Die Zertifizierung nach Vorgaben der »International Standard Organisation« (ISO) verlangen vor allem europäische Kunden, die Zertifizierung nach dem »Capability Maturity Model« (CMM) wurde zuerst vom US-amerikanischen Verteidigungsministerium gefordert, gilt aber inzwischen als Standard, an dem sich Kunden weltweit orientieren. Zur Bedeutung dieser Zertifizierungen für die indische Softwarebranche siehe: Arora/Arunachalam 2000, 45–50.

In diesem Sinne dient auch Zertifizierung dem Ziel, Qualifikation zu verbreitern und zu standardisieren, um menschliche »Ressourcen« leichter austauschbar zu machen.

Drittens wirkt I-Serve auf eine Verbreiterung von Qualifikation hin, indem man die individuelle Monopolisierung sozialer Kontakte in- und außerhalb des Unternehmens zu unterbinden sucht und eine »Standardisierung von Netzwerkbildung« anstrebt. Daher sind stabile Teams ungern gesehen, wie ein Teamleiter bemerkt:

[W]e don't usually tend to put the same people into a project from another project. We usually mix up. We tend to put one person to another project (TLM 7).

Selbst die »Onsite« arbeitenden Kontaktleute zu Kunden werden regelmäßig ausgetauscht, um allzu tiefe »Verbundenheit« zu verhindern (Kapitel 3.1.1). Dies gilt, obwohl man durchaus Wert auf »a constant face to the customer« legt (KBM 29), zumal Kunden häufige Wechsel ihrer Ansprechpartner/innen nicht schätzen:

[T]he guy, who is interfacing with the client […] he is the guy who is the most difficult to substitute and that is because of the knowledge that he has gathered. […] [S]o most of the days when we plan or when we ask for moving that guy, we feel some reluctance from the client (PMM 19).

Entsprechend muss man einerseits »minimum possible movement« sicherstellen, um Kunden nicht zu verunsichern (»we don't want to make the client feel uncomfortable«) und den Einarbeitungsaufwand gering zu halten, andererseits jedoch den Kundenkontakt auf möglichst viele Köpfe verteilen, zumal Erfahrung mit Kunden als wichtige Qualifikation gilt, wie eine Teamleiterin erklärt:

You get a first-hand information on how the client feels about … the application and what are the issues in the application […]. [A]t the client location you directly are with the client, you directly talk to the business users, who may *not* have a technical background. […] So … to understand the business problem and to convey it back to the offshore is also a talent improve (TLW 21).

Ein Projektmanager fasst die daraus resultierende »schwierige Rolle für den Projektleiter« wie folgt zusammen:

Der Kunde möchte einfach die gleiche Mannschaft *immer* vor Ort sehen. Und ich, als Dienstleister – für mich ist es sehr wichtig, dass erstmal das Knowledge … gleichmäßig verteilt wird im Team. […] *Es hat bis jetzt geklappt*, der Kunde hat das auch verstanden. [W]ir haben gesagt: ›Okay, zum Beispiel wenn es eine Zehn-

Mann-Mannschaft onsite sein muss, dann drei oder vier bleiben immer. Die gleichen Personen. Und die zusätzlichen, die restlichen werden dann immer wieder getauscht. Im Rhythmus von neun Monaten, zehn Monaten …‹ (PMM 25).

Offenbar setzt I-Serve also auch in Hinblick auf Netzwerkbildung und das daraus resultierende soziale Kapital darauf, dass möglichst viele Angestellte möglichst vielfältige Kontakte knüpfen, statt langfristig stabile Beziehungen zu *bestimmten* Kolleg/innen, Vorgesetzten oder Kunden einzugehen, die der Standardisierung menschlicher »Ressourcen« zuwiderlaufen würden. Indische Beschäftigte scheinen diese Orientierung allerdings dadurch zu hintertreiben, dass sie in- und außerhalb des Unternehmens ihre eigenen, durch die schmale sozioökonomische Basis indischer IT-Belegschaften geförderten (Kapitel 7.2.3) Netzwerke zu Verwandten, früheren Mitschüler/innen, Kommiliton/innen oder Kolleg/innen unterhalten, die bei Bedarf helfen, Zugang zu anderen IT-Unternehmen, Projekten oder karrierelevanten Informationen zu bekommen. Die relativ geringe Arbeitsintensität im Mutterhaus von I-Serve (Kapitel 6.1.2) ist nicht zuletzt Folge solcher Netzwerkaktivitäten in unternehmenseigenen Kaffeeecken, die einen wichtigen Beitrag zur individuellen Qualifikationsentwicklung darstellen. Immerhin kann im schnelllebigen Service-Geschäft die Möglichkeit, auf derlei persönlich-professionelle Kontakte zurückzugreifen, durchaus über den Fortgang einer Karriere entscheiden.

Teilweise als »Kompensation« für eine Strategie betrieblicher Qualifikationsentwicklung, die Beschäftigte zum »jack of all trades and master of none« (TLM 6) macht, finden (wie erwähnt) bei I-Serve in so regelmäßigen Abständen Beförderungen statt, dass Beschäftigte den »typischen Karriereverlauf« zu kennen und einen Anspruch darauf zu haben glauben (Kapitel 4.1.3). Man mag im Projektgeschäft von Servicefirmen keine fachliche Tiefe erlangen, doch die forcierte Verbreiterung der Qualifikation wird damit belohnt, dass man in »angemessener Zeit« die jeweils nächste Karrierestufe erreicht, was einen Zuwachs an Gehalt und sozialem Status beinhaltet. Dennoch werden Beförderungen als Reaktion auf eine »objektive« Zunahme von Qualifikation dargestellt – »once you are efficient enough in that role, that's when you get the next promotion«, formuliert eine Befragte (TLW 21) ihr Vertrauen in dieses Verfahren. Theoretisch gewinnen dabei standardisierte »Ressourcen« an Breite, und sobald sie ein bestimmtes Niveau (etwa durch Zertifikate) nachweisen können, erfolgt der Sprung auf die nächsthöhere Karrierestufe. Faktisch hängen Beförderungen allerdings von der Beurteilung durch Vorgesetzte und Kolleg/innen im Rahmen eines »relativen Rating« ab (TLW 14). Dessen Ergebnis ist im Prinzip ungewiss – und doch *müssen* Beförderungen regelmäßig erfolgen, um Kündigungen zu vermeiden (MW 15). Auch in anderer Hinsicht macht die Kombination aus Qualifikationsverbreiterung, »Ressourcenstandardisierung« und eng getakteten Beförderungen Sollbruchstellen im »Offshoring-Modell« von I-Serve deutlich: Zum einen sind häufige Jobwechsel gerade deshalb möglich, *weil* alle Servicefirmen sich um eine Standardisierung von Qualifikationsprofilen und Karriereverläufen bemühen – letztlich erhöht diese Strategie von Arbeitskraftnutzung also die Fluktuation, die sie kompensieren soll. Zum anderen bestehen angesichts des starken Fokus auf Qualifikationsverbreiterung bei I-Serve kaum Möglichkeiten für Spezialisierung, ohne die IT-Arbeit auf Dauer nicht auskommt. Technisches Expertenwissen mag im Servicegeschäft weitgehend verzichtbar sein, doch solide Projekt-, Branchen- und Kundenkenntnisse sind es nicht. Aus diesem Grund braucht es selbst bei I-Serve Zeit, bevor Beschäftigte produktiv werden, wie eine Teamleiterin andeutet:

> Once you get into the flow of the project, then [...] you know the complete flow and you know how the work goes on. That is when you grow (TLW 21).

Dabei geht es nicht nur um »growth« im Sinne von individuellem Wissenszuwachs, sondern auch um die Erhöhung von Arbeitsgeschwindigkeit und –produktivität, die angesichts knapper Projektbudgets essentiell sind. Eine Entwicklerin, die mit der Beseitigung kleinerer Programmierungsfehler (»bug fixing«) befasst ist, stellt fest:

> Initially it takes two days. I mean, when you're new to the system, you don't know and ... somewhere you have to give time. [...] So once you take an experience in that, after say one year, it might take one day. And after two years, it takes half a day (EW 22).

Die Verbreiterung von Qualifikation erschwert demnach die Entstehung von Routinen und reduziert letztlich die Geschwindigkeit der Projektabwicklung, über die (neben dem Preis) die Konkurrenz um Service-Aufträge ausgetragen wird.

Bei der Produktfirma G-Pro hingegen setzt man sowohl im deutschen Mutterhaus als auch in der indischen Niederlassung auf eine Vertiefung von spezialisierter Qualifikation.[15] Dies ist in vieler Hinsicht das Gegenmodell zu I-Serves Strategie standardisierter Verbreiterung: Bei I-Serve heißt es, »everybody is capable of doing everything« (TLM 6) – bei G-Pro hingegen: »everybody doesn't know everything« (TLM 51). Diesen Unterschied führen viele Befragte auf die Geschäftsmodelle von Produkt- und Servicefirmen zurück[16] und stellen diese geradezu als Pole in einem weiten Spektrum unterschiedlicher Arbeitskraftnutzungs- und Qualifizierungsstrategien dar. Eine Projektmanagerin bei G-Pro bemerkt:

[In a] services company, you attend to different clients and different customers much more frequently than you do in a company like [G-Pro] (PMW 36).

Ein Kollege bestätigt diese Beobachtung:

[I]n a product's team it's usually not possible [...] for a person ... to come for two months' work and then go on to a different project. [...] My friends are in service industries, they keep moving around the projects. They have a domain [...]. But then they keep switching between projects, ok? But for us, it's like: we have a domain, we have a product, which is going to come out in the next two years. And hence, everybody spends time to that product for two years (PMM 39).

In Indien ist G-Pros Umgang mit Qualifikation sogar komplementär zu den Standards der großen indischen Servicefirmen, weil man vorzugsweise Berufserfahrene rekrutiert, die zuvor bei Firmen wie I-Serve gearbeitet haben. Die Attraktivität des dort vermittelten Qualifikationsprofils erklärt ein Projektmanager wie folgt:

[P]rinzipiell ist das natürlich schon interessant, klar, weil die Kollegen einerseits Kundenerfahrung haben. [...] Letzten Endes gibt es eigentlich ähnliche Prozesse dann wie bei uns, [...] was jetzt Anforderungen, ich sage mal: das Sammeln von

15 Kämpf (2008, 83) konstatiert sogar eine Tendenz zu zunehmender Arbeitsteilung und Spezialisierung in der deutschen Software-Branche, die durch transnationale Kooperation noch verstärkt werde: Wenn Programmier- und Wartungstätigkeiten an »Offshore-Standorte« verlagert würden, könnten sich deutsche Beschäftigte auf Projektmanagement und Kundenbetreuung konzentrieren. Diese Tätigkeitsprofile seien weit enger definiert als das Selbstbild des »Kunsthandwerkers« erwarten lasse. Kämpfs Empirie bestätigt dies jedoch nicht (ebenda, 373).

16 Eine spezialisierte Vertiefung von Qualifikation prägt allerdings vor allem Großunternehmen, während in kleineren Produktfirmen »Allroundertum« verbreitet ist. Ein Projektmanager beschreibt den Unterschied: »[I]n a small company, you do end to end. [...] You take care of the design, you take care of development, you take care of specification, testing, blablabla, everything. But in a large company there are specializations in every area.« (PMM 55). Die in Indien operierenden westlichen Produktfirmen sind jedoch vorwiegend Großunternehmen.

Anforderungen anbelangt und die umzusetzen dann in ein Produkt oder in eine Service-Dienstleistung, da haben die schon einfach Erfahrungen. [...] Dann auch: ›was für Standards gibt es, warum sind Standards wichtig [...]?‹ [...] Also wichtig ist halt auch wirklich so typische [...] Softskills. Dass wirklich einer gut und ordentlich kommunizieren kann und die richtigen Fragen stellen kann im Umgang mit dem Kunden. Das ist extrem wichtig. [...] Und das ist halt die wichtige Erfahrung oder die interessante Erfahrung von Leuten, die eben aus dem Bereich wechseln (PMM 35).

Demnach werden Beschäftigte von I-Serve gerade aufgrund ihrer breiten Qualifikation gerne von G-Pro übernommen – man schätzt es, dass sie über Erfahrung mit Prozessen und Standardisierungsmöglichkeiten, mit interner Kooperation, mit der Anwendung von IT-Programmen in der Praxis und mit transnationaler Zusammenarbeit verfügen. Sobald man allerdings bei G-Pro tätig ist, ändert sich der Modus der Qualifikationsentwicklung grundlegend – auf Basis der in früheren Tätigkeiten gewonnenen Breite wird nun auf Vertiefung gesetzt, was sich vor allem in fünf Phänomenen niederschlägt, nämlich im Umgang mit fachlicher Spezialisierung, mit Karrierewegen, mit der Zuteilung von Arbeitsaufgaben, mit formeller Weiterbildung und mit persönlicher Netzwerkbildung.

Die Strategie der spezialisierten Vertiefung von Qualifikation zeigt sich erstens darin, dass bei G-Pro (im Gegensatz zu I-Serve) der Wechsel zwischen Unternehmensbereichen, Projekten und Technologien kaum gefördert wird. Wer in eine andere Abteilung wechseln möchte, muss sich dort formell bewerben, und ein Teamleiter erklärt, selbst ein Projektwechsel sei erst nach zwei Jahren möglich: »I had to serve for a minimum of two years, before which I can ask for a transfer« (TLM 44). Das Verb »dienen«, das unter anderem mit Militär und »unfreier« Arbeit assoziiert ist, verdeutlicht, dass diese Festlegung aus seiner Sicht verpflichtenden Charakter hat. Ein Projektmanager hingegen hebt den Anspruch von Beschäftigten auf Projektwechsel hervor: »So, once a person completes two years – the person is eligible to go to another team«. Dies trage zu Produktivitätssicherung und Arbeitskraftbindung bei:

[O]ne project team continues as it is for years – no! Because, what happens is: [...] if you keep them in the same project, you will find that ... the learning and the productivity, efficiency goes up – and if you keep them for a longer period, then it starts going down, because there is no *new learning* in the same work. And if you put the people ... same set of people in *another* project and other people in *this* project – then the efficiency [...] doesn't go down. And this also helps in stopping the attrition, because, if people are happy, excited about what they are doing, it's always good. So, I always change, eh … normally after one and a half years or so […] because this is minimum time that somebody needs to learn and deliver something (PMM 55).

Auch andere Aussagen belegen, dass die Verweildauer in einem Projekt in der indischen G-Pro-Niederlassung ein komplizierter Aushandelungsprozess ist, in dem Vorgesetzte (anders als bei I-Serve) meist für Stabilität plädieren, weil man (wie dieser Befragte meint) erst nach ein bis zwei Jahren im Projekt wirklich produktiv werde, während Beschäftigte häufigere Wechsel wünschen, die ihnen zwar keine Vertiefung, aber eine Verbreiterung von Qualifikation erlauben würden. Das Ergebnis sind Kompromisse, wie sie etwa ein Projektmanager beschreibt:

[W]e shuffle people. So, we have some people, responsible for one project – and they will be working as long as there is a need in that particular project. The moment we feel that there is another project, which is suffering because of the lack of resources, we ask some of the people, if [they can switch] (PMM 43).

Diese Stellungnahme erweckt den Eindruck, auch bei G-Pro könnten Beschäftigte relativ unkompliziert zwischen Projekten hin- und herversetzt werden, doch schon die Verwendung des Begriffes »resource« lässt vermuten, dass der Befragte eher von den Standards indischer Servicefirmen aus argumentiert – immerhin spricht man bei G-Pro gemeinhin nicht von »Ressourcen«, sondern von »Kollegen«. Allerdings scheinen Projektwechsel in Indien tatsächlich häufiger stattzufinden als in Deutschland, was ein deutscher Senior Entwickler für ein problematisches Zugeständnis hält:

Ich glaube, das kommt von den Leuten. [… F]ür die Projektleitung macht es mehr Arbeit, wenn man die Aufgabenbereiche häufiger wechseln muss, und es hat auch kurzfristig starken Einfluss auf die Aufgaben. Man braucht natürlich viel länger dafür, wenn man gerade eine neue Aufgabe gemacht hat, ist noch nicht in dem Thema drin, muss man sich erstmal einarbeiten (SEM 68).

Alle drei hier Zitierten waren zum Zeitpunkt der Interviews seit fast einem Jahrzehnt bei G-Pro beschäftigt – und doch behaupten die indischen Kollegen, regelmäßige Wechsel erhöhten die Arbeitsproduktivität, während der deutsche Kollege vom Gegenteil überzeugt ist. Standards von Qualifikationsentwicklung, die im deutschen Mutterhaus als selbstverständlich gelten, werden demnach in der indischen Niederlassung eher in Frage gestellt. Zwar räumen auch indische Vorgesetzte ein, man arbeite mit einigen Jahren Erfahrung schneller als ein Neuzugang:

So, for an experienced person, I would say: ›this task can be done in one day‹; for the less experienced person I would say: ›this task can be done in three days‹ (TLM 51).

Doch trotzdem wird die Vertiefung von Qualifikation in Indien offenkundig weniger weit getrieben als im deutschen Mutterhaus. Ein Projektmanager betont:

Also man hat schon irgendwie … ich nenne es mal Hauptthemen für die Leute. Aber wenn halt einfach Not am Mann ist, dann können die Leute auch wechseln. Und das wird auch gemacht.

Auf die Frage, ob dies im deutschen Mutterhaus anders gehandhabt werde, meint er:

[B]ei uns im [deutschen] Team geht es auch noch, da ist die Flexibilität auch noch vergleichsweise hoch, wobei […] die Leute sind natürlich schon irgendwie auf gewisse Themen spezialisiert […] seit ewigen Zeiten. […] Da ist es dann schwierig. Aber ansonsten, würde ich sagen, sind eigentlich auch bei uns im Team die Leute relativ flexibel. Das heißt, wenn irgendwo Not am Mann ist, oder irgendein neues übergreifendes Thema kommt, dann springen die Leute auch viel. […] [Aber m]ir kommt es manchmal wirklich so vor, dass Leute mit einer traditionellen [G-Pro]-Ausbildung doch manchmal ein bisschen zu stark spezialisiert sind und dann auch nicht mehr wirklich das Interesse haben, Sachen zu verfolgen, die eigentlich nicht mehr wirklich in ihrem Themengebiet liegen (PMM 61).

Man gewinnt den Eindruck, dass Tätigkeitswechsel, die bei der Servicefirma I-Serve in der Logik des Geschäftsmodells liegen, bei der Produktfirma G-Pro eher ein widerwilliges Zugeständnis an indische Beschäftigte darstellen, seltener stattfinden und folglich trotz aller Kompromisslösungen auch in Indien eine deutlich geringere Rolle für individuelle Qualifikationsentwicklung spielen.

Zweitens kommt G-Pros Orientierung auf eine spezialisierte Vertiefung von Qualifikation in den Karrierewegen zum Ausdruck, die Beschäftigte einschlagen. In der indischen Niederlassung können sie sich (wie bei I-Serve) vor allem zwischen einer technischen und einer »organisatorischen« Laufbahn entscheiden: Man legt (nach der ersten Beförderung zum Teamleiter) fest, ob man auf eine Position als technischer Fachvorgesetzter oder als Personalvorgesetzter hinarbeiten möchte (PAM 54; PMM 35).[17] Die

17 Die Inhaber/innen beider Positionen werden hier aus Anonymisierungsgründen als »Projektmanager/innen« bezeichnet.

größere Bedeutung einer Vertiefung von Qualifikation zeigt sich allerdings darin, dass die organisatorisch geprägte Projektmanagement-Laufbahn (die oben als Inbegriff der »Verbreiterungsstrategie« von I-Serve dargestellt wurde) bei G-Pro weniger dominant ist: Sie wird »nur« von 60 bis 70 Prozent der Belegschaft eingeschlagen statt von 85 Prozent bei I-Serve (EM 59). Vor allem aber bieten beide Fachkarrieren bei G-Pro mehr Raum für individuelle Spezialisierung: Bei I-Serve umfasst eine »Projektmanagement«-Laufbahn potentiell eine Vielzahl von Tätigkeiten (von Projektplanung und -durchführung über »Personalführung« bis hin zu Kundenkontakt) sowie den Umgang mit verschiedensten Technologien, Kundenbranchen und Projekten. Wie die Tätigkeit sich konkret gestaltet, hängt von Projekterfordernissen ab und ist von einzelnen Beschäftigten kaum zu beeinflussen. Bei G-Pro hingegen beinhaltet die eher technische, aber auch die eher organisatorische Laufbahn stärker technisch orientierte Tätigkeiten als das »Projektmanagement« bei I-Serve, und individuelle Qualifikationen und Präferenzen haben offenbar mehr Einfluss auf das konkrete Tätigkeitsprofil. So vereinigt etwa einer der Befragten (PMM 57) die Funktionen eines Personal- und Fachvorgesetzten in seiner Person – dies wäre bei I-Serve undenkbar, doch bei G-Pro wird die Förderung individueller Spezialisierung offenbar so weit getrieben, dass die Vorliebe eines leitenden Angestellten für ein breiteres Aufgabenspektrum in einen individuellen Karriereweg übersetzt wird. Interessanterweise entspricht die Gestaltung von Laufbahnen in der indischen G-Pro-Niederlassung allerdings nur teilweise den Standards des deutschen Mutterhauses: Zwar übernehmen auch in Deutschland »(Senior) Entwickler« ähnlich vielfältige technische und organisatorische Leitungsfunktionen wie der erwähnte indische »Fach- und Personalvorgesetzte«. Doch zum einen tragen sie nicht die formalen Positionsbezeichnungen, sondern firmieren als »Entwickler«, weshalb sich hinter dieser Bezeichnung in Deutschland und Indien sehr unterschiedliche Tätigkeitsprofile verbergen, wie ein Teamleiter erklärt:

> So, the developer in Germany typically has *more experience* and takes care of maybe an entire component, which has wider implications for the company. Usually the responsibility is a lot bigger (TLM 51).[18]

---

18 Schon die Existenz einer Projektmanagement-Funktion, die neben technischen auch organisatorische Leitungsaufgaben beinhaltet, scheint ein Zugeständnis an indische Verhältnisse zu sein. Immerhin werden im deutschen Mutterhaus personalpolitische Aufgaben (wie Rekrutierung, Beförderung oder Entlassung) durch eine Personalabteilung übernommen, die vorwiegend mit ehemaligen Entwickler/innen besetzt ist – in der indi-

Zum anderen dürfte die stärkere Betonung von Wahlmöglichkeiten zwischen verschiedenen Karrierewegen in der indischen G-Pro-Niederlassung ein Zugeständnis an Beschäftigte sein, deren Erwartungen durch Praktiken der großen indischen Servicefirmen geprägt sind. Immerhin halten selbst viele G-Pro-Angestellte eine Technik-Spezialisierung für weniger herausfordernd als das Projektmanagement. So bemerkt ein Entwickler zur technischen Laufbahn:

[Y]ou learn a piece of code and you learn a programming language – and you can just write out that code. It's not a very big issue. Anybody could do it. But functional expertise is something for which you need to have a broader picture and a broader overview of functionalities (EM 59).

Trotzdem scheint der Anteil technisch Interessierter bei G-Pro höher zu sein als bei I-Serve. Insofern ist die Aussage einer Projektmanagerin durchaus typisch:

I am not particularly keen on people management. I mean, eh, it's a tough job, but, eh, no, [...] it doesn't stimulate me.

Vielen Kollegen fehle jedoch das Talent für eine technische Laufbahn:

There are people who would like to be in the technical stream, but they may not necessarily be good enough or may not be capable enough for going into that stream. [...] And the easiest way to follow in your career stream is just to sit back and just let it take you forward – and most probably this will be the direction of project management, when they see that you are good at it. But I know a lot of people, who are interested solely in technical areas, even in my team (PMW 36).

Wer technisch begabt und ehrgeizig ist, so die Essenz dieser Aussage, kann bei G-Pro India durchaus eine Vertiefung technischer Qualifikation erreichen. Doch selbst das breitere Tätigkeitsprofil, das technische mit organisatorischen Aufgaben verbindet, erfordert bei G-Pro mehr spezialisiertes »Domain Knowledge«[19] als in Servicefirmen, worunter hier nicht die Kenntnis von Kundenbranchen, sondern der Einblick in Geschäftsprozesse verstanden wird, die durch G-Pro-Software abgedeckt werden. Eine Entwicklerin formuliert diesen Unterschied:

---

schen Niederlassung hingegen sind dort vor allem Betriebswirt/innen anzutreffen, die mangels IT-Kenntnissen etwa bei Neueinstellungen keine aktive Rolle spielen können (PMM 35).

19 »Domain knowledge« bezeichnet »aufgabenspezifisches Wissen« bzw. »anwendungsbezogene Kenntnisse von Geschäfts- und Organisationsabläufen« (Wieland u.a. [2003], 36).

Service projects, they keep changing. […] [I]n the three years [in a service company], I work[ed] for, eh, finance […], health care … and … banking […]. It's like, you … just concentrate on *technical aspects* and you not gain much of a domain knowledge. If you ask me, like, how the insurance thing works […] I [would] not know in *depth* what it is exactly. For you to know in depth, like, you have to be in [a] product company where, you know, you know each and every flow of it … know, what's happening and you … master something, if you are in a product based company (EW 42).

Demnach scheint fachliche Spezialisierung unabhängig von der gewählten Laufbahn auch in der indischen Niederlassung von G-Pro eine größere Rolle zu spielen als bei I-Serve. Dies verweist insofern auf unterschiedliche Geschäftsmodelle, als die Entwicklung eines Softwareproduktes offenbar mehr spezialisierte Expertise erfordert als das Erbringen typischer Software-Dienstleistungen.

Drittens kommt die Schwerpunktsetzung auf eine Vertiefung von Qualifikation darin zum Ausdruck, dass Beschäftigten bei G-Pro mehr Einfluss auf die Gestaltung ihrer Tätigkeit zugestanden wird als bei I-Serve. Dies gilt besonders für das deutsche Mutterhaus, dessen Angestellte (aus Sicht indischer Kolleg/innen) durchweg über ein beeindruckendes Spezialisierungsniveau verfügen. Ein Projektmanager berichtet:

They *have been* working on the topic for quite some time – […] they *do have* a lot of industry interfaces […] from the past projects. […] [They have] developed the […] platform from scratch. But prior to that, they were also in some other projects in [G-Pro], ok? In the *same domain*. So hence they had a lot of knowledge carried over to this (PMM 39).

Weil fachliche Spezialisierung mit Berufserfahrung und Betriebszugehörigkeit zunimmt, ist es nicht erstaunlich, dass sie unter den (an Lebens- und Dienstjahren) deutlich jüngeren Beschäftigten der indischen Niederlassung geringer ist als im deutschen Mutterhaus. Zwar brüstet sich ein Vertreter der Personalabteilung, über 90 Prozent der indischen Manager/innen seien »home-grown« (PAM 54), doch selbst sie sind oft weniger lange im Unternehmen tätig als die meisten deutschen Kolleg/innen. Die überwiegende Mehrheit der indischen Beschäftigten hingegen hat (aufgrund der beschleunigten Belegschaftsexpansion) eine deutlich geringere Betriebszugehörigkeit vorzuweisen, und speziell kürzlich Eingestellte haben wenig Einfluss auf die Gestaltung ihrer Arbeitsaufgaben, wie ein indischer Projektmanager bemerkt:

[W]ith these freshers, the advantage I see is: you can move them around. With experience, there comes certain rigidity […]. Like, you *don't want to do* certain task or you do want to. […] So you really have to make sure that they really like the task, before you assign them (PMM 53).

Je erfahrener Beschäftigte sind, desto mehr muss man (dieser Aussage zufolge) auf deren Spezialisierungen Rücksicht nehmen, doch auch insgesamt scheinen Arbeitsaufgaben selbst in der indischen G-Pro-Niederlassung in höherem Maße verhandelbar zu sein als bei I-Serve. Ein dort eingesetzter Projektmanager erklärt:

[I]ch habe natürlich (und auch [G-Pro] als Firma, denke ich) hat natürlich auch kein Interesse daran, jetzt jemandem Aufgaben zu geben, die er nicht gerne machen möchte, also wo er überhaupt gar nicht motiviert ist oder was einfach von der Persönlichkeit her irgendwie nicht passt (PMM 35).

Beschäftigten eröffnet dies Möglichkeiten eigener inhaltlicher Schwerpunktsetzung. Zwar muss ihr Aufgabenzuschnitt zu den Entwicklungszielen passen, die von der Konzernzentrale für jeden Unternehmensbereich festgelegt und in Zielvereinbarungen auf Teamziele und individuelle Ziele heruntergebrochen werden, doch selbst Zielvorgaben sind demselben Befragten zufolge verhandelbar.

[Ich] möchte natürlich auch von jedem einzelnen dann, […] dass er sich Gedanken macht, was Ziele für ihn sein könnten, wenn er sich die Teamziele anschaut, inwieweit er sich da einbringen kann und wiederfinden kann. […] In ganz, ganz vielen Fällen gibt's fast eine komplette Übereinstimmung [zwischen Vorstellungen von Vorgesetzen und Beschäftigten …]. Manchmal gibt's Abweichungen, und dann hängt es einfach schlicht und ergreifend davon ab, […] was muss denn jetzt letzten Endes erreicht oder gemacht werden? […] In der Regel (zumindest bis zum heutigen Tage) haben wir es eigentlich immer geschafft, auf einen gemeinsamen Nenner zu kommen und die Ziele dann festzulegen. So dass alle glücklich waren – oder zumindest zufrieden (lacht).

Die Bereitschaft von G-Pro-Manager/innen, fachliche Spezialisierung zu unterstützen, ist auch in Indien relativ groß. Jedenfalls erklärt der hier Zitierte verständnisvoll: »Es gibt Aufgaben, die macht man eben furchtbar gern, die machen einfach furchtbar Spaß von der Interessenlage«. Das Entgegenkommen gegenüber Beschäftigten, die sich durch häufige Tätigkeitswechsel breiter qualifizieren wollen, ist hingegen weit weniger ausgeprägt. Dies dürfte nicht zuletzt einem Geschäftsmodell geschuldet sein, das darauf beruht, die relativ anspruchsvollen Aufgaben der Produktentwicklung von Beschäftigten mit großer Berufs- und Unternehmenserfahrung erledigen zu lassen – gefragt sind selbständig arbeitende Spezialist/innen und (anders als bei I-Serve) gerade keine standardisierten und austauschbaren »Ressourcen«. Zu klären bleibt, warum indische Beschäftigte diese Rolle offenbar nur zögerlich akzeptieren (Kapitel 7.2).

Viertens kommt die bei G-Pro verfolgte Strategie der spezialisierten Vertiefung individueller Qualifikation darin zum Ausdruck, dass es kaum formelle, geschweige denn standardisierte Weiterbildung zu geben scheint. G-Pro vollzieht damit den Trend zur »Informalisierung von Weiterbildung« mit, den Baukrowitz und Boes (2002, 17) für die deutsche IT-Branche beschreiben:

> Die Steigerung des Weiterbildungsbedarfs bei gleichzeitiger Stagnation der Ausgaben hat vor allem zur Folge, dass die Anforderungen an die Beschäftigten steigen, ›selbstorganisiert‹ für ihre Qualifizierung zu sorgen […]. Dies geht mit einer Ausweitung ›informeller‹ Weiterbildungsformen einher: An die Stelle der formal geregelten Qualifizierung in Seminaren und Schulungen treten […] zunehmend Formen des ›training on the job‹ und des ›E-learning‹.[20]

Dies trifft vor allem auf die Situation im deutschen Mutterhaus von G-Pro zu, doch selbst in der indischen G-Pro-Niederlassung ist ein markanter Unterschied zu den Weiterbildungspraktiken von I-Serve festzustellen: So spielt die systematische Dokumentation von Wissensbeständen oder die Herstellung von Lernmaterial für Projekteinsteiger/innen bei G-Pro keine Rolle, und auch an standardisierten Aus- und Weiterbildungskursen oder gar Zertifikaterwerb besteht wenig Interesse. Weil Neueingestellte bei G-Pro meist Berufserfahrung mitbringen, werden ihnen (wie erwähnt) kurze und magere Einführungskurse angeboten, und schon die Einarbeitung in ein Projekt erfolgt weitgehend individualisiert. Im weiteren Karriereverlauf verstärkt sich die Tendenz zu individueller Spezialisierung noch, so dass standardisierte Weiterbildungskurse vielen Befragten unnütz erscheinen. Ein indischer Projektmanager etwa hat vor seiner Beförderung in diese Position nur ein dreitägiges Seminar absolviert, und selbst dies hält er für überflüssig:

> I took some formal training as well, but, yeah … when it comes to people, it's more on the job that we need to, yeah, handle different [lacht] different cases and

---

20 Zwar wurde in Deutschland eine Standardisierung von »Weiterbildungsprofilen« angestrebt, deren überbetriebliche Anerkennung durch branchenweit gültige Zertifikate gewährleistet werden sollte (Benner 2001, 715f.), doch deren Relevanz für die betriebliche Praxis ist gering.

only then we get to understand, how to really manage well. Otherwise … no more of a formal training will really help us. My personal feeling (PMM 43).

Weiterbildung scheint bei G-Pro auch in Indien (ganz im Gegensatz zu I-Serves Zertifizierungskursen) vor allem auf individuelle Initiative hin und informell stattzufinden. Das Unternehmen bietet diverse Kurse für das Selbststudium an:

[G-Pro] provides a lot of opportunities, a lot of trainings, which you can take by *yourself* to understand the business.

Zudem werden (wie dieser Befragte betont) dafür Zeitkontingente eingeplant:

In fact, that is kind of taken into our planning itself. So … when we do a planning for a particular head count, a particular person – then we do not see, that you, ok, work […] for a month, you work for 21 days – […] we give a leverage of around 16 days to work and five days to do such activities (PMM 39).

Weil Inhalt, Form und Umfang von Weiterbildungsaktivitäten nicht von Firmenseite vorgegeben werden, können Beschäftigte auch hier eigene Schwerpunkte setzen. Besonders deutlich wird der Unterschied zur Qualifizierungsstrategie von I-Serve allerdings beim Stellenwert von Zertifikaten. Zwar existiert auch bei G-Pro ein mit »Qualitätsmanagement« befasstes Team, das die (für Firmen-Zertifizierungen nach ISO oder CMM erforderliche) Standardisierung von Prozessen vorantreiben soll, und auch die Zertifizierung individueller Kenntnisse wird teilweise erprobt. Allerdings klagen die Zuständigen in der indischen Niederlassung, dass die Einhaltung entsprechender Vorgaben kaum durchzusetzen sei. »Developers everywhere are resistant«, bemerkt ein indischer Qualitätsbeauftragter resigniert, zumal G-Pro nie ein sonderlich »prozessgetriebenes Unternehmen« (»process-driven company«) gewesen sei (PMM 60). Insbesondere im deutschen Mutterhaus, meint er, pflegten die durchweg langjährig bei G-Pro Beschäftigten ihren individuellen Arbeitsstil, der kaum verhandelbare Vorstellungen von »gutem« Projektmanagement und unzählige »implicit processes« beinhalte: »small groups have evolved their own processes for their own groups«, und dominierend sei die Haltung: »We know what is right!« Aus den betreffenden Projektteams hingegen verlautet, es gebe schlicht keine Richtlinien, an die man sich halten könne, denn diese würden parallel zum Produkt entwickelt. Ein Teamleiter bemerkt:

In *most of [G-Pro]* naturally there are guidelines [...]. But because this is a new product and we are working on new technology, we are really deriving all those guidelines. So, while we are making this product, we are also ... defining these guidelines (TML 51).

Derlei Widerstände führen offenbar auch in der indischen Niederlassung zu einem zögerlichen Umgang mit Zertifizierungen, obwohl Beschäftigte dort teilweise durchaus interessiert wären, durch übertragbare Zertifikate ihre Chancen auf dem externen Arbeitsmarkt zu erhöhen.

Fünftens beeinflusst G-Pros Strategie der spezialisierten Vertiefung von Qualifikation die Haltung des Managements zu Netzwerkbildung. Während man sich bei I-Serve bemüht, eine Monopolisierung sozialer Kontakte zu verhindern, besteht bei G-Pro Einigkeit darüber, dass effektives Arbeiten den Kontakt zu relevanten Ansprechpartner/innen voraussetzt. Allerdings profitieren Beschäftigte bei G-Pro kaum davon, viele unspezifische Bekanntschaften in- und außerhalb des Unternehmens zu pflegen. Immerhin hilft ihnen dies weniger als in einer Servicefirma dabei, in attraktive Projekte einzusteigen, weil ihr Arbeitsbereich relativ fest definiert ist und nur im Rahmen einer formellen Bewerbung geändert werden kann, oder einen neuen Arbeitsplatz zu finden, weil G-Pro-Angestellte selbst in Indien selten das Unternehmen wechseln. Entsprechend sind unspezifische Netzwerk-Aktivitäten bei G-Pro eher verzichtbar, was dazu beitragen dürfte, dass die Arbeitsintensität auch in Indien höher ist als bei I-Serve (Kapitel 6.1.2). Stattdessen benötigt man in dieser Produktfirma möglichst dauerhafte und gute Beziehungen zu bestimmten Personen innerhalb des Unternehmens, die über (für die eigene Arbeit relevantes) Expertenwissen verfügen. Weil Beschäftigungsverhältnisse bei G-Pro meist relativ dauerhaft sind und sich Projektinhalte kaum kurzfristig ändern, kann man ein solches Netzwerk über Jahre hinweg aufbauen. Die Einarbeitung neuer Kolleg/innen beinhaltet hier nicht zuletzt, erste Kontakte herzustellen. In Erinnerung an ihre ersten Monate bei G-Pro bemerkt etwa eine Entwicklerin, es sei »not so difficult« gewesen, sich einen ersten Überblick zu verschaffen, doch bald habe sich das Fehlen eines Netzwerkes von Ansprechpartner/innen schmerzhaft bemerkbar gemacht:

One is master of something, and you have to approach some other one to know something. It's, like, *widely spread*. So, actually, it's based on the way to know what exactly people are doing here. [...] Yeah, initially, like, I didn't know whom to contact. Then I really needed the senior to tell me, you know: ›with such difficulties, you have to approach … so and so person. And then for these queries, you can approach so and so‹ (EW 42).

Ist ein Netzwerk erst hergestellt, geht es wiederum nicht um Verbreiterung der Kontakte, sondern um deren Aufrechterhaltung und Vertiefung, was erneut mit der langfristigen Orientierung der Tätigkeit in einer Produktfirma zusammenhängt.

Managementvertreter/innen halten das Angebot einer spezialisierten Vertiefung von Qualifikation, das G-Pro durchaus auch indischen Beschäftigten macht, offenbar für attraktiv genug, um Arbeitskraft dauerhaft zu binden. Während man bei I-Serve versucht, den hohen Fluktuationsraten, die zugleich Ursache und Folge der auf Verbreiterung setzenden Qualifizierungsstrategie sind, durch regelmäßige Beförderungen Herr zu werden, verzichtet G-Pro darauf, Beschäftigte durch klangvolle Titel im Unternehmen zu halten (Kapitel 4.1.3). Dies mag ein Versuch sein, Standards des Mutterhauses auf die indische Niederlassung zu übertragen – jedenfalls bemerken indische Angestellte irritiert, dass ihre deutschen Kolleg/innen, die meist seit langem bei G-Pro tätig und an fachlicher Expertise kaum zu überbieten seien, aus unerfindlichen Gründen wenig Wert auf Beförderung legen. Ein indischer Entwickler, der seit zwei Jahren bei G-Pro arbeitet, meint:

[T]here is one guy who has 17 years of [G-Pro] experience and as of this day, he is still a [developer]. So it's like me. So role is not important – what you do and how you do it, is very important. […]. I mean, the German colleagues […] – one thing that I have seen is, they have depth! You know, they work in one particular field. They have depth. Whereas we out here have breadth, you know. We are working on this, this, as well as this, but we […] don't *drill down* as much as these guys do (EM 58).

Nicht nur dieser Befragte attestiert also indischen G-Pro-Angestellten »Breite«, ihren deutschen Kolleg/innen hingegen »Tiefe« (ähnlich: PMM 52, 55; SEM 68). Die Qualifikationsprofile der indischen G-Pro-Belegschaft scheinen demnach eine mittlere Position zwischen Angestellten von I-Serve (»Breite«) und Beschäftigten im deutschen Mutterhaus von G-Pro (»Tiefe«) einzunehmen.

Inwiefern kann man nun von einer Tendenz zur Homogenisierung der Qualifizierungsstrategien von Produkt- und Servicefirma ausgehen? Zum einen ist deutlich geworden, dass sich die jeweiligen Geschäftsmodelle direkt auf Anforderungsprofile und darauf auswirken, welche Qualifikationen zur Erledigung der anfallenden Aufgaben notwendig sind – aus diesem Grund setzt I-Serve auf standardisierte Verbreiterung, G-Pro hingegen auf spezialisierte Vertiefung von Qualifikation. Zum anderen unterscheidet sich G-Pros Umgang mit Qualifikation jedoch in der indischen Niederlassung markant von den Standards des Mutterhauses. Zwar wird auch in Indien das Ziel formuliert, die Belegschaft für eine langfristige Vertiefung unternehmensspezifischer Qualifikation zu begeistern, wie ein Manager betont:

[W]hat we need to build in India is the … the patience, the experience which comes from staying in one place for a long time. *That* we need to build (MM 37).

Tatsächlich hat ein Projektmanager beobachtet, dass viele indische Beschäftigte darauf verzichten, die Firma oder (nach zwei Jahren) das Projekt zu wechseln:

If they are working with the manager and they have shown good credit and built up an image for themselves – then they don't like to, you know, start from zero once again by moving to another organization […] or another team. […] If you are giving a good work and exciting work and the person is happy – then anyway, even if there is an opportunity the person can shift to after two years, he or she *will not*. Right? […] Eh, if you are not giving good work and if you are not allowing a person to shift – then the person will leave the company (PMM 55).

Allerdings tritt eine Situation, in der man Projektwechsel erleichtern muss, weil man keine »gute Arbeit« bieten kann, in der indischen G-Pro-Niederlassung offenbar weit häufiger ein als im deutschen Mutterhaus. Es ist müßig, darüber zu spekulieren, inwiefern das Unternehmen sich mit derlei internen Versetzungen dem stummen Zwang indischer Verhältnisse beugt, weil die Karriereerwartungen der dort Beschäftigten durch indische Servicefirmen geprägt sind. Auf jeden Fall scheint die Modifikation der Qualifizierungsstrategie von G-Pro in der indischen Niederlassung zumindest teilweise auch Resultat strategischer Entscheidungen über deren Funktion im Rahmen »verteilter Entwicklung« zu sein. Immerhin erklärt ein deutscher Projektmanager, man lasse bewusst die komplexeren Arbeiten an der »Plattform« des neuen Produktes, bei denen »starkes betriebswirtschaftliches Knowhow« erforderlich und »Stabilität im Allgemeinen die oberste Priorität ist«, in Deutschland erledigen – die Benutzeroberfläche hingegen solle sehr stark modelliert werden, also weniger mit Programmierung einhergehen. Das ist der Teil, den man eben mit dieser verlängerten Werkbank in Indien dann machen wollte (PMM 70).

Eine solche Arbeitsteilung entspricht den Gepflogenheiten transnationaler Firmen, über die Ferner schreibt, »strategic decisions tend to be made in the home nation, and innovative activities (research and development) are also disproportionately located there« (1997, 19), und sie ist durchaus auch der IT-Branche attestiert worden, wo die »neu etablierten Standorte – gemäß dem Leitbild Offshoring – vor allem routinisierbare und gut spezifizierbare Tätigkeitsbereiche übernehmen« (Kämpf 2008, 370). Unabhängig davon, ob wir es nun im Falle von G-Pro mit einer strategischen Entscheidung für eine »verlängerte Werkbank« (PMM 70) in Indien oder mit einer erzwungenen Anpassung an indische Verhältnisse zu tun haben, werden jedenfalls auch in dieser Produktfirma relativ hoch qualifizierte Beschäftigte mit einschlägiger Berufserfahrung in Indien mit Aufgaben (wie der Herstellung von Benutzeroberflächen) betraut, deren Bewältigung eine geringere Vertiefung von Qualifikation erfordert als im deutschen Mutterhaus üblich. Manche indischen Befragten schätzen diesen Aufgabenzuschnitt, weil man sich damit einen Überblick verschaffen könne:

Even putting a button on the screen is ... it requires us to have knowledge of the functionalities. [...] I today know *all the functionality* that the eight developers (my contacts in Germany) have developed. [...] Whereas they, among themselves – they'll not know what their neighbour has developed. So I have got a bigger picture than they do – right now! (EM 59)

Andere Gesprächspartner/innen hingegen kritisieren, man könne sich auch bei G-Pro nicht mit neuester Technologie befassen, sondern werde (ähnlich wie bei I-Serve) mit Versetzungen und Beförderungen abgespeist. Eine Projektmanagerin erklärt:

[M]ost people, I don't know why, but they would like to work in the top-notch technology, which would be Java. Nobody wants to work in anything else. And we don't have much Java work coming, which is a problem [...]. [T]hen we try to give them the next best thing. [...] It will be visibility to the management, to other people in the area that we working in. [...] So that they will be considered in any interesting project that is happening in [G-Pro], for instance, or maybe [...] even for promotions (PMW 36).

Unter diesen Bedingungen fühlt sich mancher indische Angestellte unterfordert. Ein Entwickler mit Masterabschluss, der bei G-Pro vor allem für

»bug-fixing« zuständig ist, bemerkt etwa, bei der Qualität seiner Arbeit sehe er

a lot, lot, lot scope for further improvement [lacht], because … it's, eh, no more learning for me and then … I do have some more skills, which I'd like to contribute somewhere [lacht] – […] so apart from […] bug-fixing, because that doesn't require much effort (EM 38).

Zwar erfüllt es viele Befragte mit Stolz, dass die Verantwortung (»ownership«) für ganze Bereiche der G-Pro-Software an die indische Niederlassung abgetreten wird (Kapitel 2.2.1) und teilweise durchaus »complex technical topics« dort bearbeitet werden (PMM 52) – speziell Teams von indischen Software-Architekten, so heißt es, »beeinflussen Entscheidungen und treffen Entscheidungen« (PMM 35). Dennoch ist ein indischer Projektmanager überzeugt, tiefe technische Expertise sei letztlich nur im deutschen Mutterhaus zu erlangen.

If I have to do more of technical work, *good* technical work – I should go to Germany. I mean, we can't deny the fact that Germany is the hub. […] [A]ll the decisions are made there, the technology architecture sits there. Yeah, so the product evolution in the start – it starts there.

Dies spricht seiner Ansicht nach dafür, in der indischen Niederlassung von G-Pro eher eine organisatorische als eine technische Laufbahn einzuschlagen:

[I]f I want to be in a management career, like I am right now, which I always wanted to be – then I think it's ok. Because *here* – anyway, you'll handle a part of the project or a part of the product and you will have a big team with you (PMM 52).

Demnach scheint gerade diejenige Laufbahn, die auf einer *Verbreiterung* von Qualifikation beruht, bei G-Pro India am erfolgversprechendsten zu sein. Zudem versucht man indischen Beschäftigten, denen man faktisch ein geringeres technisches Spezialisierungsniveau vermitteln kann als im Mutterhaus, Möglichkeiten zur Qualifikationsverbreiterung zu eröffnen, die sich (anders als bei indischen Servicefirmen) nicht automatisch aus dem Geschäftsmodell ergeben. So werden Beschäftigte für einen Teil ihrer Arbeitszeit Projekten beigeordnet, die sich mit anderen Funktionalitäten von G-Pro-Software befassen – immerhin, so erklärt ein Teamleiter, befriedige dies nicht nur eine »personal inclination [… to] see more of the other functionalities or the other verticals that are available«, sondern erweitere auch Karriereperspektiven, »especially if you want a career in consulting« (TLM 44). Zudem wird der Austausch zwischen Beschäftigten gefördert, die an verschiedenen Modulen der Software arbeiten, um deren Beitrag für »das große Ganze« erkennbar zu machen. Ein Projektmanager berichtet:

> [W]e are trying to bring everybody together, ok, and asking the people to explain what *their module* does. [...] So that they get a, eh, wider view into the whole, into the whole area and how their module contributes to the whole thing. [...] So now our aim is to broaden their knowledge to the whole product, rather than their module or just the modules around it (PMM 39).

Es dürfte deutlich geworden sein, wie komplex das Geflecht der Einflussfaktoren ist, welche die in der indischen G-Pro-Niederlassung praktizierte Strategie von Qualifikationsentwicklung als »Mittelweg« zwischen den Standards des deutschen Mutterhauses und einer indischen Servicefirma wie I-Serve erscheinen lassen. In dieser Produktfirma ist eine Vertiefung von Qualifikation grundsätzlich notwendig, um die relativ hohen fachlichen Anforderungen von Software-Entwicklung erfüllen zu können. Im deutschen Mutterhaus geht diese Form von Spezialisierung allerdings meist mit einem breiten Überblick von Beschäftigten über das Gesamtprodukt einher, der sich im Rahmen langjähriger Berufserfahrung und Betriebszugehörigkeit gleichsam »von selbst« herausbildet. In der indischen Niederlassung hingegen fehlt den durchweg jüngeren und unerfahreneren Beschäftigten dieser Überblick – und deshalb beinhaltet der (hier wie dort gesetzte) Fokus auf die Vertiefung von Qualifikation, dass man indische Beschäftigte zwingt, sich voll auf enger umgrenzte (und meist weniger anspruchsvolle) Tätigkeiten zu konzentrieren, deren Bedeutung für das Gesamtprodukt sie nicht ermessen können. Das Ergebnis ist ein Teufelskreis: G-Pro lässt in Indien vor allem Aufgaben erledigen, die weniger Spezialisierung erfordern; daher ist dort eine Vertiefung von Qualifikation nur eingeschränkt möglich, die bei deutschen Angestellten eine starke Identifikation mit Produkt und Unternehmen fördert (»Es ist das coolste Projekt, was es überhaupt gibt!« SEM 68). Auch deshalb sind die Fluktuationsraten in der indischen Niederlassung höher – und dies verhindert wiederum, dass anspruchsvollere Aufgaben nach Indien verlagert werden. Um Arbeitskraft im Unternehmen zu halten, muss man unter diesen Bedingungen letztlich die Verbreiterung von Qualifikation fördern, indem man etwa vielfältigere Tätigkeitsprofile oder häufigere Projektwechsel anbietet. Das Ergebnis – nämlich die Kombination aus wenig herausfordernden, aber häufig wechselnden Tätigkeiten – kommt den Standards indischer Servicefirmen überraschend nahe. Dies lässt ahnen, dass auch betriebliche Qualifizierungsstrategien nicht direkt aus den sehr unterschiedlichen Geschäftsmodellen von

Produkt- und Servicefirmen abgeleitet werden können, sondern in hohem Maße durch jene besonderen Bedingungen geprägt sind, mit denen Unternehmen vor Ort umzugehen haben.

7.2 Regulierungsszenario und Qualifikationsentwicklung

Fragt man nach dem Einfluss des deutschen bzw. indischen Regulierungsszenarios der (Re-)Produktion von Arbeitskraft auf Anforderungsprofile und Qualifikationsentwicklung, so geraten vor allem drei Faktoren in den Blick. Dabei handelt es sich um »work systems«, Systeme universitärer IT-Ausbilung und schließlich um familiäre Bildungshintergründe, die den »talent pool« prägen, auf den Unternehmen vor Ort zugreifen können, und maßgeblich darüber entscheiden, auf welchen Qualifikationen betriebliche Arbeitskraftnutzung in Deutschland bzw. in Indien aufbauen kann.

7.2.1 Wirtschaftliche Regulierung: »work systems«

Die sehr unterschiedliche Dynamik des deutschen bzw. indischen IT-Arbeitsmarktes ist in Zusammenhang mit der vertraglichen Bindung von Arbeitskraft erörtert worden (Kapitel 4.2.1). Um ihren Einfluss auf betriebliche Qualifizierungsstrategien zu erfassen, muss man neben der aktuellen (bzw. der zum Zeitpunkt der Interviews feststellbaren) Arbeitsmarktsituation das »work system« eines Landes in den Blick nehmen (Kapitel 2.3), das als institutionalisiertes System von Arbeitsregulierung als »geronnene« Arbeitsmarktdynamik früherer Zeiten interpretiert werden kann.

Das deutsche »work system« ist (wie erwähnt) trotz aller Erosionstendenzen des bundesdeutschen »Normalarbeitsverhältnisses« nach wie vor auf eine (möglichst) stabile und dauerhafte Beschäftigung in einem einzigen Unternehmen ausgerichtet. Qualifikationsentwicklung findet im Idealfall unternehmensintern statt, wobei nach einer (dualen) Berufsausbildung bzw. einem Studium die langfristige firmenspezifische Spezialisierung im Mittelpunkt steht.[21] Selbst Großbetriebe sind durch eine »Logik der Hand-

21 Estévez-Abe (2005) konstatiert eine Korrelation zwischen fimenspezifischer Qualifikation und geschlechtsspezifischer Segregation des Arbeitsmarktes.

werksproduktion« (»craft production logic«) geprägt, die den Umgang mit Qualifikation beeinflusst:

German organizations put the emphasis on extensive vocational training for most employees and positions, continuous development of vertically differentiated qualifications (further education courses building on more basic courses and occupational practice), and job stability and autonomy, within a fairly tight and coherent overall scheme (Sorge 2005, 160f.).

Arbeitskraft wird demnach langfristig, entlang »vertikal differenzierter Qualifikationen« (also spezialisiert) und unter maßgeblichem Einfluss der Betroffenen (»autonomy«) weiterentwickelt. Dieses »grooming« dient einer »multi-specialization, to be built up step by step« (Sorge 2005, 193f.). Institutionell verankert ist das deutsche »work system« (sowie die darin begründete Variante betrieblicher Qualifikationsentwicklung) dieser Argumentation zufolge zum einen im dualen System beruflicher Aus- und Weiterbildung und einem praxisorientierten System höherer Bildung (etwa in den Ingenieurstudiengängen), zum anderen in einem normativen Organisationskonzept, in dem Autorität sich vor allem aus fachlicher Kompetenz speist (Kapitel 2.2.2).[22] In der deutschen Produktfirma G-Pro spielt das deutsche System dualer Berufsausbildung nun zwar keine Rolle, weil fast ausschließlich Hochschulabsolvent/innen eingestellt werden, doch abgesehen davon sind die betrieblichen Strategien von Qualifikationsentwicklung weitgehend durch das deutsche »work system« geprägt. Dies zeigt sich in der Präferenz für individuelle Spezialisierung und die Vertiefung firmenspezifischer Qualifikation; in einem Karrierekonzept, das »Aufstieg« eher als fachlichen Kompetenzgewinn (im Rahmen vertikal differenzierter Spezialisierung) denn als formale Beförderung (entlang horizontaler Hierarchiestufen) definiert und im Bemühen um eine langfristig stabile Einbindung von Arbeitskraft. In Deutschland entspricht diese Qualifizierungsstrategie den Vorlieben vieler Beschäftigter[23] – dies ist insofern nicht erstaunlich, als »work systems« nicht nur Unternehmensstrategien, sondern auch Arbeitshaltungen prägen. Zwar hat die krisenhafte Entwicklung des deutschen IT-Arbeitsmarktes seit der Jahrtausendwende dazu geführt, dass manche Befragten ihren Mangel an breiter Qualifikation, die Erwerbsop-

22 Als dritten institutionellen »Ankerpunkt« des deutschen »work system« nennt Sorge (2005, 162) das System industrieller Beziehungen.

23 Ein ähnlicher Konsens ist in kleinbetrieblichen Internet- und Multimedia-Firmen festzustellen. Langfristige Spezialisierung scheitert hier allerdings oft an der wirtschaftlichen Lage der Unternehmen (Mayer-Ahuja 2006b; Mayer-Ahuja/Wolf 2009).

tionen außerhalb G-Pros eröffnen könnte, mit Sorge betrachten (Kapitel 4.2). Doch letztlich bestärken fehlende Beschäftigungsalternativen sie offenbar noch in dem Bemühen, ihr Spezialistentum zu pflegen, um sich für das Unternehmen unverzichtbar zu machen. Insofern dient auch unternehmensinterne Netzwerkbildung bei G-Pro nicht zuletzt dem Ziel, sich einen allgemein anerkannten und schwer hintergehbaren Expertenstatus zu sichern.

Derlei Standards von Qualifikationsentwicklung wurden in der kurzen Blütezeit des bundesdeutschen »Normalarbeitsverhältnisses« (etwa zwischen 1960 und 1975) etabliert, als viele Firmen im Zeichen wirtschaftlichen Aufschwungs und Fachkräftemangels auf eine dauerhafte Bindung von Arbeitskraft und die betriebliche Weiterentwicklung rarer Qualifikationen angewiesen waren. Die Prägekraft dieser Standards ist (trotz steigender Arbeitslosenzahlen) offenbar selbst in einer »neuen Dienstleistungsbranche« wie dem Softwaresektor so stark, dass nicht nur in Deutschland »herangewachsene« Firmen wie G-Pro, sondern sogar ausländische Firmen wie I-Serve, das im indischen Mutterhaus andere Strategien von Arbeitskraftnutzung verfolgt, sich zumindest teilweise an das deutsche »work system« anpassen müssen. Zwar rekrutiert I-Serve für seine deutsche Niederlassung Beschäftigte aus Teilen der IT-Branche, in denen (selbst in Deutschland) eher eine Verbreiterung von Qualifikation angestrebt wird – so stammen viele Kundenbeauftragte aus IT-Beratungshäusern. Trotzdem versucht man selbst diese Beschäftigtengruppe nicht in erster Linie durch die (im Mutterhaus übliche) Kombination aus Qualifikationsverbreiterung und formaler Beförderung an sich zu binden – in der deutschen I-Serve-Niederlassung gibt es weniger formale Karrierestufen als im Mutterhaus (MM 32). Vielmehr eröffnet man deutschen Angestellten weitergehende Spezialisierungsmöglichkeiten (auf bestimmte Branchen oder Kunden) als der indischen Belegschaft, zumal deutsche Kunden die (ebenfalls durch das deutsche »work system« geprägte) Erwartung hegen, bei I-Serve nicht von Generalist/innen, sondern von fachlichen Spezialist/innen und Branchenkenner/innen betreut zu werden. Wenn etwa ein Manager in Deutschland berichtet, er sei vertraglich an die »Automobil-Sparte« von I-Serve gebunden (MM 24), erinnert dies eher an G-Pro als an das Mutterhaus.

In Indien hingegen sind der »organisierte« und der »nicht organisierte« Sektor der Wirtschaft so unterschiedlich reguliert, dass kein übergreifendes indisches »work system« auszumachen ist – vielmehr ist das indische Regulierungsszenario durch Polarisierung zwischen (mindestens) zwei (teilweise komplementären) »work systems« gekennzeichnet.[24] Das »work system« des öffentlichen Sektors (als größtem Teil des »organisierten« Sektors) beinhaltet durchaus langfristige Beschäftigungsverhältnisse und unternehmensinterne Qualifikationsentwicklung, doch es wird seit Anfang der neunziger Jahre grundlegend in Frage gestellt. Die Softwarebranche expandierte somit in Indien just zu einer Zeit, in der »alte Standards« an Bedeutung verloren, welche die Arbeitshaltung der Eltern vieler IT-Beschäftigter geprägt hatten. Teilweise passten Softwarefirmen ihre Formen von Arbeitskraftnutzung an die Standards des »Public Sector« an (Kapitel 4.2.3), doch speziell Servicefirmen orientierten sich in Bezug auf Qualifikationsentwicklung weitgehend an den Ansprüchen ihrer (zunächst meist US-amerikanischen) Kunden. So war etwa das Bemühen von I-Serve um Prozessstandardisierung im Rahmen der CMM-Zertifizierung ein Versuch, amerikanische Firmen von der eigenen Verlässlichkeit zu überzeugen. Gerade die »Zertifizierungswut« indischer Servicefirmen verdeutlicht allerdings gleichzeitig den Einfluss der aktuellen Arbeitsmarktdynamik auf betriebliche Qualifizierungsstrategien, die langfristig durchaus in einem spezifischen »work system« münden könnten. Immerhin dient der Zertifikat-Erwerb (wie alle Bemühungen um »standardisierte Verbreiterung«) nicht zuletzt dazu, sich angesichts hoher Fluktuationsraten von einzelnen Beschäftigten unabhängig zu machen. Diese Fluktuationsraten wiederum sind zum einen Folge der schnellen Expansion der indischen Softwarebranche, durch die ein Mangel an qualifizierter Arbeitskraft entstand (Kapitel 7.2.2), und reflektieren zum anderen die Erfahrung, dass angesichts der schnellen und unvorhersehbaren Zu- und Abgänge (vor allem) westlicher Unternehmen die Festlegung auf eine Firma fatal sein kann (Kapitel 4.2). Die Strategie von I-Serve, auf eine Verbreiterung von Qualifikation zu setzen, deckt sich demnach nicht nur mit arbeitsinhaltlichen Erfordernissen des Servicegeschäfts (Kapitel 7.1), sondern stellt auch eine Anpassung an Notwendigkeiten der (Re-)Produktion von IT-Arbeitskraft unter Bedingungen eines hochgradig volatilen Arbeitsmarktes dar. Die großen indischen Servicefirmen wie I-Serve gestalten diesen Arbeitsmarkt durch ihre Formen von Arbeitskraftnutzung maßgeblich mit. Zwar bemüht man sich, Fluktuation zu reduzieren oder organisatorisch zu kanalisieren (Mayer-Ahuja/Feuerstein 2008), doch der Versuch, Beschäftigte an sich binden,

24 Es wäre zu klären, ob man nicht auch für Deutschland von einem »dominanten work system« sprechen sollte, an dessen Rändern sich im Zuge der genannten Erosionsprozesse supplementäre »work systems« etablieren.

die sich möglichst viele Erwerbsoptionen offen halten wollen, misslingt gerade deshalb häufig, weil man sie gleichzeitig durch Standardisierung ersetzbar machen will. Daher sind Tätigkeitsprofile oft wenig attraktiv und ermöglichen kaum fachliche Weiterentwicklung, wie ein Projektmanager betont:

[B]esonders in Wartung wird einem sehr langweilig … nach sechs Monaten, sieben Monaten kommen täglich die gleichen Sachen, die gleichen Fehler, ähnliche Fehler. Man lernt nichts, und es ist auch schlecht für die Karriere (PMM 25).

Selbst die häufigen Projektwechsel, die für Zerstreuung sorgen, können laut einer Projektmanagerin leicht zum Karrierehemmnis geraten:

[I]f you have been with a certain department for a certain number of months or certain amount of time, the people know about you, they know about your priority, about what you can do, what you can't do, and that is the basis for your promotion also. Eh, the problem […] that I had at [I-Serve] was that I was frequently changing […]. And, eh, because of that, I did not really see too much of, eh, growth potential that was happening (PMM 36).

Insofern fördert das Geschäftsmodell indischer Servicefirmen hohe Fluktuationsraten, und die daraus resultierende Arbeitsmarktdynamik begrenzt die Möglichkeiten betrieblicher Qualifikationsentwicklung. Wenn etwa ein Unternehmen wie G-Pro eine Vertiefung von firmenspezifischer Qualifikation anstrebt, stößt dies auf den Widerstand von Beschäftigten, weil es ihre Erwerbsoptionen außerhalb der Firma reduzieren würde. Zudem erfordert eine spezialisierte Vertiefung von Qualifikation Zeit und Ruhe, was schwer mit dem schnellen Takt des indischen IT-Arbeitsmarktes zu vereinbaren ist, wie die Klage vieler indischer Beschäftigter über die Langsamkeit von Abläufen bei G-Pro belegen mag. Ein Projektmanager ringt um Worte, die diese Behäbigkeit unterstreichen:

[I]t's not so easy to move … *faster* – in a product development company … Compared to a project [in IT-consulting] where we used to change the technologies – so if it didn't work, we would change it in a month's time! […] *Here*, it is not like that – it's not possible (PMM 57).

Wer sich auf die langwierige Produktentwicklung einlässt, tut dies in Indien offenbar häufig mit dem Ziel, schnell eine weitere Qualifikation zu erwerben, die im (nicht unwahrscheinlichen) Bedarfsfall auch in einem anderen Unternehmen nutzbar ist – daher der weit verbreitete Wunsch, möglichst viele Funktionalitäten der G-Pro-Software kennenzulernen, um etwa als Berater/in arbeiten zu können. Eine längerfristige firmenspezifische Spezialisierung hingegen, die im deutschen System von Arbeitsregulation (trotz steigender Arbeitslosenzahlen auch in der Softwarebranche) durchaus eine erfolgversprechende Karriereoption darstellt, grenzt in Indien an Fahrlässigkeit. Daher scheitern die Bemühungen um eine Vertiefung von Qualifikation in der indischen G-Pro-Niederlassung (Kapitel 7.1.3) oft an mangelndem Interesse der Beschäftigten. Folglich muss man sich an örtlichen Standards von Qualifikationsentwicklung orientieren, selbst wenn dies die im Mutterhaus bewährten Standards in Frage stellt: So setzt »verteilte Entwicklung« nach Auffassung des G-Pro-Managements die Kooperation von ähnlich spezialisierten und im Prinzip gleichberechtigten Kolleg/innen voraus (MM 63) – doch in den Interviews ist immer wieder von »Hub« (Deutschland) und »verlängerter Werkbank« (Indien) die Rede (PMM 52, 70). Tatsächlich findet in der indischen G-Pro-Niederlassung eine so weitgehende Verbreiterung von Qualifikation statt, dass betriebliche Arbeitskraftnutzung geradezu als Mischform zwischen Produkt- und Servicefirma erscheint.

Strategien und Formen von Qualifikationsentwicklung sind demnach in beiden Samplefirmen weitgehend durch das »work system« geprägt, in dem sie vor Ort operieren. Diese »work systems« sind zwar Veränderungen unterworfen, die etwa auf Arbeitsmarktdynamiken zurückzuführen sind, markieren aber dennoch eine wichtige Grenze der Homogenisierung.

7.2.2 Staatliche Regulierung: Universitäre IT-Ausbildung

Unternehmerische Qualifizierungsstrategien werden zudem durch Umfang und Charakter des »talent pool« beeinflusst, der in einem Land zur Verfügung steht. Darauf nimmt staatliche Politik Einfluss, indem sie etwa die Immigration einschlägig qualifizierter Arbeitskraft fördert oder behindert (Kapitel 3.2). Noch größere Bedeutung erlangt politische Regulierung allerdings im Bereich des (staatlichen) Bildungswesens, denn hier entscheidet sich, wie viele Personen eine IT-kompatible (Hochschul-)Ausbildung erhalten und welche Qualifikationen sie konkret erwerben. Daher markieren auch Unterschiede in der universitären Vermittlung von IT-Kenntnissen in Deutschland und Indien Grenzen für die Homogenisierung von Arbeitskrafteinsatz.

In Indien findet IT-kompatible Hochschulausbildung vorwiegend an staatlichen Universitäten statt.[25] Ihre Ausgestaltung erleichtert es Firmen, eine große Zahl von Absolvent/innen anzuwerben, erschwert jedoch deren (umgehende) Betrauung mit komplexen Tätigkeiten. Insofern dürfte die von I-Serve praktizierte Kombination aus Massenrekrutierung, betrieblicher Grundausbildung zur Vermittlung eines standardisierten Wissenskanons und anschließender Qualifikationsverbreiterung nicht nur dem Geschäftsmodell dieser Servicefirma, sondern auch Zahl und Ausbildungsstand indischer Hochschulabsolvent/innen geschuldet sein, die direkt durch politische Regulierung beeinflusst sind.

Die Massenrekrutierungen von Servicefirmen etwa werden in zweierlei Hinsicht staatlich gefördert: Zum einen führen staatliche Universitäten »campus placements« durch und bestimmen, dass Teilnehmer/innen das erste Jobangebot akzeptieren müssen, das ihnen gemacht wird (Kapitel 7.1.1) – erst dadurch wird es Firmen möglich, mit Hilfe eines standardisierten und (verglichen mit den Einzelgesprächen bei G-Pro) unaufwändigen Auswahlverfahrens Zehntausende Neurekrutierungen pro Jahr vorzunehmen. Zum anderen werden Massenrekrutierungen durch die Einrichtung immer neuer Ingenieurstudiengänge erleichtert.[26] Dies ist umstritten, weil damit der Erwerb technischer Fachkenntnis staatlich subventioniert wird, die nie zur Anwendung kommt – immerhin legen gerade Servicefirmen explizit keinen Wert auf Ingenieurqualifikationen, sondern auf unspezifische »analytische Fähigkeiten«:

The preference [of IT-companies] for engineering graduates indeed appears to lead to a major waste of educational resources (much of which are government-subsidised, despite the burgeoning of private engineering colleges). Because of the lure of high salaries and plentiful job opportunities in IT, graduate engineers are entering careers for which they have not been trained (and in which they often have no real aptitude or interest), while other industries are finding it difficult to recruit good

25 Absolvent/innen von IT-Studiengängen an (mehreren Tausend) privaten Instituten haben bislang hingegen kaum Zugang zu renommierten indischen oder westlichen IT-Konzernen (Arora/Arunachalam 2000, 35). Aspray, Mayadas und Vardi (2006, 217) argumentieren (ohne Quellenangabe), private Institute hätten 1960 etwa 15 Prozent aller Ingenieur-Studienplätze angeboten, 2006 hingegen 86,4 Prozent. Träfe dies zu, wäre der Staatseinfluss hier rückläufig.

26 Zudem beinhaltet staatliche Regulierung die Einrichtung von Studienplätzen sowie die Einflussnahme auf deren Vergabe, etwa durch zentralisierte Aufnahmeprüfungen, Studienplatzzuweisung sowie Quotierung (zu »reservation policy« in Karnataka siehe: Manasa 2000).

graduates in chemical or mechanical engineering because most are being absorbed by the IT industry (Upadhya/Vasavi 2006, 27).[27]

Einigkeit besteht hingegen darüber, dass die hohen Absolvent/innen-Zahlen ein Resultat indischer Bildungspolitik seit der Unabhängigkeit im Jahre 1947 sind. Damals erwartete man, dass der Aufbau einer staatlich regulierten Schwerindustrie den Bedarf an Technik-Spezialist/innen explodieren lassen würde (Aspray/Mayadas/Vardi 2006, 217), und die indische Zentralregierung baute eine Bildungsinfrastruktur auf, um ihn zu decken (Kumar 2001). Insbesondere seit der »National Conference on Electronics« (1970) wurden zahlreiche technische Studiengänge etabliert, wobei das neu geschaffene »Department of Electronics« der Zentralregierung an Finanzierung und Lehrplan-Gestaltung beteiligt war. So bieten etwa die prestigereichen staatlichen »Indian Institutes of Technology« (IIT)[28] schon seit den siebziger Jahren vierjährige B-Tech- und zweijährige M-Tech-Kurse an (zur weiteren Entwicklung siehe: Kumar 2001, 30f.). Seither wurde die Zahl technisch orientierter Studiengänge zunächst an staatlichen, seit den neunziger Jahren zunehmend auch an privaten Bildungseinrichtungen kontinuierlich gesteigert. Im akademischen Jahr 2004/05 existierten (nach Angaben des »All India Council for Technical Education«)[29] in Indien knapp 1.350 staatlich anerkannte Institute, in denen man einen »Bachelor of Engineering« erwerben konnte; dort waren knapp 440.000 Erstsemester registriert.[30] Einen »Master of Computer Application« boten etwa 1.000 Institute (mit 55.000 Erstsemestern) an. Diese Zahlen sind allerdings insofern zu relativieren, als zum einen der Anteil von technisch Qualifizierten an der indischen Gesamtbevölkerung nach wie vor gering ist[31] und zum anderen

27 Andere Kommentator/innen halten den hohen »Ausstoß« der Universitäten an Ingenieur/innen für einen Standortvorteil Indiens (Arora/Arunachalam 2000, 32; Farrell u.a. 2005).

28 Neben den IITs fungieren »Indian Institutes of Management« als staatliche Top-Ausbildungseinrichtungen (Farrell 2005; Kumar 2001, 20; Aspray/Mayadas/Vardi 2006, 218).

29 Aspray, Mayadas und Vardi (2006, 219) schreiben hingegen (ohne Quellennachweis), dass es etwa 700 »engineering colleges« gebe, von denen nur 500 »Bachelors of Technology« und 300 »Masters of Computer Applications« ausbildeten.

30 Zudem boten etwa 1.250 Polytechnics (mit 265.000 Erstsemestern) dreijährige Ingenieur-Diplomkurse an, in denen eher anwendungsbezogene Kenntnisse vermittelt werden (Aspray/Mayadas/Vardi 2006, 219ff.). Im Sample sind keine »Diplom-Ingenieure« vertreten.

31 Mit 0,3 »scientists and technicians« pro tausend Einwohner/innen belegt Indien in einem Weltbank-Ranking nur Platz 42. Selbst in der IT-Branche verfügt (laut Nasscom)

IT-relevante Studiengänge von sehr unterschiedlicher Qualität sind. Die beste Ausbildung bieten die IITs, gefolgt von »Regional Engineering Institutes« und »State Engineering Colleges« (Ilavarasan 2005, 17), doch selbst diesen Studiengängen attestierten Kritiker/innen Mitte der achtziger Jahre »a primitive nature by international standards«; sogar den IITs mangele es an Praxisorientierung und »the syllabi and course contents tend to be out of date« (Ahmad 1986, 400, 405f.). In jüngerer Zeit wurden vor allem die Qualitätsunterschiede zwischen IT-relevanten Studiengängen als Problem ausgemacht – so argumentierte etwa die Unternehmensberatung McKinsey (Farrell u.a. 2005), unter indischen Ingenieur-Absolvent/innen sei nur jede/r Vierte für die Arbeit bei »multinationalen Unternehmen« geeignet. Ob diese Einschätzung gerechtfertigt ist, sei dahingestellt. Auf jeden Fall scheinen die Samplefirmen sie zu teilen, denn sie rekrutieren nur Absolvent/innen der zweihundert (I-Serve) bzw. hundert (G-Pro) besten Einrichtungen – demnach gelten ihnen offenbar weit über 1.000 Institute als nicht akzeptabel.[32] Dies lässt die Kritik gerechtfertigt erscheinen, Tausende indischer »Colleges« absorbierten »millions of new students every year, only to turn out degree holders whom no one wants to hire« (Giridharadas 2006). Die Konkurrenz von IT-Firmen um Absolvent/innen der wenigen renommierten Einrichtungen hingegen ist hart. Dies verdeutlicht eine Berechnung, die I-Serve-Manager in einem Gruppengespräch anstellten: Im Jahr 2006 hätten etwa 235.000 Studierende einen »Bachelor of Engineering« erworben, von denen etwa die Hälfte (120.000) auf Computertechnik spezialisiert seien. Rund 70.000 von ihnen beträten direkt den Arbeitsmarkt; zusätzlich kehrten 30.000 Personen nach »higher education« dorthin zurück, so dass es insgesamt 100.000 potentielle »Fresher« gebe – und allein I-Serve nehme weit mehr als zehntausend Neueinstellungen vor (MM 18). Unabhängig davon, ob diese Zahlen im Einzelnen korrekt sind[33], belegen sie jedenfalls, dass die rapide Expansion indischer Servicefirmen, die große und schnell wachsende Belegschaften in Indien erfordert, umfangreiche staatliche Investitionen in technische Studiengänge voraussetzt.

---

nur etwa ein Viertel der Beschäftigten über einen Bachelor oder Master in »computer sciences« oder »electrical engineering« (Aspray/Mayadas/Vardi 2006, 118).

32 Allerdings bemerken Upadhya und Vasavi (2006, 33), in großen Firmen würden auch Absolvent/innen weniger angesehener Institute für geringer qualifizierte Tätigkeiten eingesetzt.

33 Zu ähnlichen Größenordnungen im Jahr 1997 siehe: Arora/Arunachalam 2000, 32–34.

In Zeiten knapper Staats- und gekürzter Bildungsbudgets[34] ist die Qualifizierungsstrategie von I-Serve demnach nur möglich, weil der indische Staat die Universitäts- und speziell die Ingenieurausbildung immer stärker zu Lasten der (staatlichen) Schul- und Berufsausbildung subventioniert (Aspray/Mayadas/Vardi 2006, 62). Venkata Ratnam (2003, 236) kritisiert diese Verteilung staatlicher Mittel:

India has, in effect, chosen to give more education at a higher price to a few who have already had more than average education, rather than work for sound education for all.

Zwei Angaben bestätigen dies: Im Jahr 2001 waren dem indischen Zensus zufolge knapp 35 Prozent der Bevölkerung Analphabeten (Appasamy u.a. 1996, 37–51)[35], während nur fünf bis sechs Prozent der Inder/innen im studienrelevanten Alter von 18 bis 23 Jahren eine College- bzw. Universitätsausbildung absolvierten (Kumar 2001, 25; Aspray/Mayadas/Vardi 2006, 218).[36] Insofern kommen die im internationalen Vergleich ohnehin eher geringen[37] staatlichen Bildungsinvestitionen in Indien vor allem der studierenden Bevölkerungsminderheit zugute. Varma und Varma argumentieren (2009, 65), in Europa und den USA fließe zwar ebenfalls ein großer Teil staatlicher Bildungbudgets in höhere Studien (»In other words, public money has been central to generating highly trained individuals«), doch in Indien investiere der Staat fast ausschließlich in die Universitätsausbildung der Mittelschichten[38], speziell in staatlichen Eliteeinrichtungen (wie den IITs):

---

34 Kumar (2001, 26) zufolge wurden Staatsausgaben für höhere Bildung während der neunziger Jahre um 4,4 Prozent reduziert; auch der Anteil von »Forschungs- und Entwicklungsförderung« am Bruttoinlandsprodukt sei rückläufig. Die Ausgaben Karnatakas für höhere Bildung wurden um 15 Prozent gekürzt (Pinto 2001, 3218). Zu Konflikten über das »Downsizing« höherer Bildung siehe: Kumar/Sharma 2003.

35 Hintergrund ist, dass speziell in ländlichen Gebieten trotz verfassungsmäßig festgelegter allgemeiner Schulpflicht kaum die Hälfte der Kinder zwischen fünf und 14 Jahren zur Schule geht (Census Data 2001, http://www.censusindia.gov.in).

36 Um 2005 war dieser Anteil auf sieben Prozent gestiegen (Aspray/Mayadas/Vardi 2006, 118).

37 Indien wandte 2005 etwa 3,5 Prozent des Bruttosozialproduktes für Bildung auf; der weltweite Durchschnitt lag bei 4,8 Prozent.

38 Der politische Einfluss dieser Mittelschichten erklärt, warum der indische Staat die Zahl der Studienplätze seit der Unabhängigkeit so massiv erhöhte, dass Rudolph und Hoeber Rudolph (1987, 291–297) von einer »Demokratisierung« höherer Bildung sprechen. Stagnierende bzw. reduzierte Bildungsbudgets führten jedoch zur massiven Unterfinanzierung vieler Institute.

[O]nly a small number of central institutions that cater to less than two percent of the students get 85 percent of central funding […]. The IITs, where most of the Indian immigrant entrepreneurs in the US have received their education, are heavily subsidised by the Indian government since they are institutes of ›national importance‹ (Varma/Varma 2009, 68).

Bedenkt man nun, dass mehr als ein Drittel aller IIT-Absolvent/innen außerhalb Indiens leben und arbeiten (Aspray/Mayadas/Vardi 2006, 218f.), so scheint der indische Staat mit großem Nachdruck die Ausbildung gerade jener IT-Spezialist/innen zu subventionieren, die besonders häufig emigrieren. Diese Form des »Brain Drain« macht sich etwa darin bemerkbar, dass beide Samplefirmen kaum IIT-Absolvent/innen beschäftigen. Bei I-Serve sind die wenigen Ausnahmen (sofern das Sample eine solche Aussage zulässt) offenbar durchweg seit langem (mindestens acht Jahre) im Unternehmen tätig und haben leitende Funktionen inne – dies deckt sich mit Ilavarasans (2002, 113) Befund, dass IIT-Absolvent/innen meist höhere Vorgesetzte und Mitte der neunziger Jahre eingestellt worden seien, als Softwarearbeit in Indien »still in nascent stage« gewesen sei und man bevorzugt Bewerber/innen von IIT's »and with computer science background« rekrutiert habe. Bei G-Pro hingegen wird freimütig eingeräumt, dass man für IIT-Absolvent/innen nicht attraktiv sei: »IIT's … don't join us«, bemerkt ein Vertreter der Personalabteilung sichtlich amüsiert über die Frage nach dem Offenkundigen:

They get jobs in the US directly [lacht]. They don't need us [lacht]. And they are very expensive as well. Their salary […] reaches almost double of what you pay a normal graduate (PAM 54).

Ein Teamleiter fügt hinzu:

People, who come from IITs – they are very difficult to retain. Because there is a *huge demand* for these people everywhere, yeah. And they will get a job everywhere. They can go to the US and get a job at Microsoft. So … usually people like that don't stick around us. And usually they don't apply as well for [G-Pro] (TLM 51).

Dies hat in zweierlei Hinsicht Konsequenzen für betriebliche Qualifizierungsstrategien: Zum einen sind die am besten qualifizierten indischen Arbeitskräfte für Firmen wie I-Serve und G-Pro offenbar »unerreichbar«, was das viel diskutierte »Upgrading« der in Indien geleisteten Softwarearbeit erschweren, wenn nicht unmöglich machen dürfte. Zum anderen mag dieser Umstand im Verein mit der Tatsache, dass (am anderen Ende des Spektrums) ein Großteil der indischen Ingenieur/innen diesen Unternehmen als fachlich nicht akzeptabel gilt, den Arbeitskräftemangel in der »mittleren Qualifikationsgruppe« verstärken. Speziell eine Servicefirma wie I-Serve, deren Belegschaft zum Zeitpunkt der Interviews noch ungebrochen expandierte, kann es sich unter diesen Bedingungen nicht leisten, ausschließlich (oder auch nur vorwiegend) »Bachelors of Computer Engineering« zu rekrutieren. Vielmehr muss man auf die Masse jener Ingenieur/innen zurückgreifen, die in halbwegs renommierten Instituten eine unspezifisch technische Grundausbildung erhalten haben, und dies begrenzt die Möglichkeiten betrieblicher Arbeitskraftnutzung erheblich.

Welche Art von IT-kompatibler Qualifikation bringt nun das staatliche Hochschulwesen in Indien hervor? Bedauerlicherweise liegt bislang (nach Kenntnis der Autorin) keine wissenschaftliche Analyse der Studieninhalte indischer Ingenieurausbildungen vor. Bei I-Serve wird allerdings ohnehin vor allem auf die im Studium erworbenen *analytischen* Fähigkeiten Wert gelegt, und Gesprächspartner von Arora und Arunachalam (2000, 39) in indischen Servicefirmen argumentieren sogar, die Tätigkeitsprofile seien technisch meist so simpel, dass sie keine Ingenieurausbildung erforderten – man rekrutiere nur deshalb Ingenieure, weil Kunden formal hochqualifizierte Projektteams verlangten (ähnlich: Ilavarasan 2002, 112). Demnach besteht offenbar eine Wechselwirkung zwischen betrieblicher Qualifizierungsstrategie und staatlicher Bildungspolitik: Weil einflussreiche indische Servicefirmen wie I-Serve eine immer größere Zahl unspezifisch technisch vorgebildeter »Bachelor« benötigen, die man (anders als etwa IIT-Absolvent/innen) für die wenig komplexen Tätigkeiten heranziehen kann, die das Offshoring-Geschäftsmodell vorwiegend mit sich bringt, investiert der indische Staat massiv in den Ausbau von Ingenieurstudiengängen, statt die knappen Budgets entweder auf Schulbildung (Choudhury/Mahajan 2004) oder noch stärker auf technische Eliteuniversitäten zu konzentrieren, wie Kritiker/innen fordern.[39] Und gerade weil das indische Universitätssystem (angesichts gekürzter Budgets) nicht genügend Hochschulabsolvent/innen mit soliden IT-Kenntnissen hervorbringt, um die wachsende Nachfrage von Softwarefirmen zu decken, sind Unternehmen wie I-Serve gezwungen, mit weniger qualifizierten Arbeitskräften zu operieren, denen man mit Hilfe einer weitgehenden Standardisierung von Aus- und Weiterbildung, Aufgabenprofilen und Arbeitsprozessen im Laufe der Tätigkeit zumindest eine

39 Zur Forderung, knappe staatliche Ressourcen auf die IITs zu fokussieren, »rather than indiscriminately setting up new institutes for IT-training, as the Ministry of Information Technology seems to be doing«, siehe: Singh 2003, 32.

gewisse Breite von Qualifikation vermitteln kann. »Upgrading« hingegen scheitert insofern an der indischen Bildungspolitik, als I-Serve nicht genügend Absolvent/innen rekrutieren kann, deren universitäre Qualifikation als Basis für jenes Niveau spezialisierter fachlicher Vertiefung dienen könnte, das etwa die Entwicklung von Softwareprodukten erfordert. Dieses Problem ist dem Management von I-Serve durchaus bewusst – jedenfalls bemüht man sich um eine Verbesserung der indischen Universitätsausbildung, wie ein Vertreter der Personalabteilung berichtet:

We're [...] working with the regulatory bodies in India, we're working with the institutes, we're working with faculty, we're working with students. [...] We're trying to work with them [regulatory bodies] to evolve and change the false curricula to make them much more relevant to today's requirements. And instead of studying a theory or concept which is far outdated, you study something which you'll actually use in your career later on. We are working with faculty. We're inviting them to come and do a sabbatical at [I-Serve] or experience live projects at [I-Serve], go back. [...] The fourteen weeks training course curriculum, we share it with the colleges. So the students can use that, get trained, be familiar with concepts, even before they graduate out (PAM 23).

Um die Studienqualität zu erhöhen, wäre jedoch eine noch stärkere Fokussierung staatlicher Bildungsausgaben auf die renommiertesten Institute erforderlich[40] – die wiederum die Rekrutierungsbasis von Firmen wie I-Serve im »mittleren Qualifikationsfeld« schmälern würde.

Faktisch scheint der Boom des Softwaresektors in Indien sogar zu einem Rückgang der durchschnittlichen Studiendauer angehender IT-Spezialist/innen geführt zu haben. Jedenfalls berichten Arora und Arunachalam (2000, 38), die Zahl der Doktortitel in den Ingenieurdisziplinen habe sich in den neunziger Jahren drastisch reduziert, und die Gruppe der »Postgraduates«, die nach dem Bachelor weiter studieren, habe viel langsamer zugenommen, als der Zuwachs an Studienanfänger/innen erwarten lasse. Sogar die Absolvent/innen von IITs beendeten ihre Studien meist mit dem Bachelor, um in der Softwarebranche zu arbeiten – teilweise treffe

40 Aspray, Mayadas und Vardi (2006, 119) zufolge wird selbst an IITs kaum geforscht und wenig publiziert. Singh (2003, 32) hält eine Reform jedoch für schwierig: »Even at the elite IITs, faculty are poorly paid relative to industry, and the physical infrastructure has deteriorated from lack of investment. One might argue that this could be fixed by increases in government expenditure, but this is difficult in an environment of large budget deficits and long-term neglect of basic education.«

dies auf 90 Prozent eines Jahrgangs zu.[41] Daher ziehen Aspray, Mayadas und Vardi (2006, 62) eine gemischte Bilanz der indischen IT-Studienlandschaft: Zwar produzierten Institute in Indien im Bachelor-Bereich mehr »computing degrees of one kind or another« als in den USA, doch bei höheren Abschlüssen sei das Verhältnis umgekehrt:

India produces only 300 master's degrees and 25 doctorates each year in the computing disciplines, compared to 10,000 master's degrees and 800 doctorates in the United States.

Teilweise wird dies indischen Regulierungsbehörden (wie AICTE) angelastet, denen es nicht gelungen sei, hohe Standards technischer Ausbildung sicherzustellen (EPW 2003, 1001). Letztlich dürften allerdings gerade die Massenrekrutierungen von IT-Firmen wie I-Serve dazu beitragen, dass das Qualifikationsniveau indischer Hochschulabsolvent/innen gering und im Sinken begriffen ist, so dass betriebliche Qualifizierungsstrategien auf einem schrumpfenden Grundstock universitärer Vorbildung aufbauen müssen. Insofern ist die Qualifizierungsstrategie von I-Serve gleichzeitig Einflussfaktor und Reaktion auf das staatliche Bildungswesen Indiens.

Es ist wenig erstaunlich, dass die unter diesen Bedingungen entstandenen Standards von Qualifikationsentwicklung sich kaum auf die deutsche I-Serve-Niederlassung übertragen lassen: Zum einen werden dort (wie erwähnt) aufgrund der Logik des Offshoring-Geschäftsmodells vor allem berufserfahrene Kundenbeauftragte benötigt, und zum anderen scheitert eine weltweite Vereinheitlichung an den Besonderheiten des deutschen Bildungswesens. Zwar versucht man, auch in Deutschland Campus-Rekrutierungen durchzuführen, indem man an Hochschulen um Praktikant/innen wirbt[42], doch es fehlt nicht nur an einschlägig qualifizierten Studienabsolvent/innen, sondern auch an jenem staatlichen Druck, der indische Studierende zur Annahme von Jobangeboten zwingt und dabei Firmen wie I-Serve privilegierten Zugriff sichert. Campus-Placements, die in Indien Grundlage für Massenrekrutierungen sind, spielen daher in der Praxis der

41 Konstatiert wird ein Rückgang der Doktortitel von 675 (1987) auf 375 (1995); die Zahl der »Postgraduates« sei von 12.000 (1987–1989) auf nur 17.000 (1990–1992) gestiegen. Zu ähnlichen Ergebnissen siehe: Kumar 2001, 26.

42 »So we are going to the universities and telling the kids there. And yes it is a 'Marketing Spiel'. We show them the nice campuses, we show them this multi-culti people who are working there. […] Why don't you stay for three or four months and do your 'Praktikum' there?« (MM 32)

deutschen Niederlassung keine Rolle[43], und auch staatliche Bildungspolitik kann I-Serve in Deutschland (anders als in Indien) nicht beeinflussen: Es sei offenkundig, »that the education system is not turning out that quality which it should«, bemerkt ein Manager, doch »[w]e are just a tiny little player in [German town], so it really doesn't matter« (MM 32).

In Deutschland sind betriebliche Qualifizierungsstrategien ebenfalls maßgeblich durch Verbreitung und Art der verfügbaren Fachqualifikationen beeinflusst – das (auch hier vorwiegend) staatliche[44] Bildungswesen scheint die von Unternehmen wie G-Pro gepflegten Praktiken in ähnlicher Weise zu ermöglichen und zu begrenzen, wie es für I-Serve in Indien dargestellt wurde. Zudem galt die Einrichtung von Informatikstudiengängen (als wichtiger, wenn auch nicht einziger einschlägiger Disziplin) seit Ende der sechziger Jahre auch in Deutschland als dringliche Staatsaufgabe, obgleich sie nicht Teil einer koordinierten staatlichen Entwicklungsstrategie, sondern Reaktion auf damalige Firmenklagen über Fachkräftemangel war. Weil der Staat die Kosten für die Etablierung dieser Studiengänge trug[45], war bereits die Entstehung eines universitären Qualifizierungsweges für die Softwarebranche in Deutschland (wie in Indien) durch massiven Staatseinfluss gekennzeichnet. Trotzdem bestehen Unterschiede zwischen der deutschen und der indischen IT-Studienlandschaft, die dazu führen, dass ein Unternehmen wie G-Pro in Deutschland auf eine geringere Zahl von einschlägig qualifizierten Arbeitskräften zugreifen kann, die jedoch über ein durchschnittlich höheres Qualifikationsniveau verfügen als in Indien.

Schon die Zahl deutscher Hochschulabsolvent/innen spricht gegen Massenrekrutierungen indischen Stils. Insofern mag die Praxis von G-Pro, einzelne Beschäftigte einzustellen, deren Qualifikation dem Anforderungsprofil einer konkreten Position entspricht, zwar zum Geschäftsmodell einer Produktfirma passen, die höher qualifizierte und enger spezialisierte Arbeitskraft benötigt als viele Servicefirmen, doch die »Einzelfall-Rekrutie-

43 Aus der Personalabteilung verlautet, diese Programme beschränkten sich auf die USA, seien in Zukunft aber auch in Deutschland vorstellbar (PAM 23).

44 Zusätzlich existieren seit 1997 vier (duale) Ausbilungsberufe (Benner 2001), und Berufsakademien bieten »duale Ausbildungen im Studienbereich Informatik« an (Wikipedia 2009f).

45 Im Rahmen des »Überregionalen Forschungsprogramms Informatik« wurden 120 (von Bund und Ländern finanzierte) Forschungsgruppen gegründet, die zum Wintersemester 1971 Informatikstudiengänge (nach Vorbild US-amerikanischer »Computer Science«) einführen sollten (Reuse/Vollmar 2008).

rung« dürfte auch und nicht zuletzt dem geringen »Ausstoß« des deutschen Bildungswesens geschuldet sein. Immerhin liegt der Anteil der 20- bis 29-Jährigen, die im Jahr 2005 einen natur- oder ingenieurwissenschaftlichen Studienabschluss erlangten, nach Angaben des Branchenverbandes Bitkom in Deutschland mit 9,7 Prozent weit unter dem europäischen Durchschnitt (12,9 Prozent).[46] In Indien ist dieser Anteil (wie erwähnt) mit fünf bis sechs Prozent noch geringer, doch zum einen stehen dahinter viel größere absolute Zahlen und zum anderen deutet das Verhältnis von Studienanfänger/innen zu IT-Belegschaften auf eine ganz andere Expansionsdynamik hin. So waren in Deutschland im Wintersemester 2004/05 laut Statistischem Bundesamt ungefähr 15.000 Erstsemester in den wichtigsten IT-Studiengängen (Informatik, technische bzw. Ingenieurinformatik und Wirtschaftsinformatik) immatrikuliert.

Schaubild 10: Studienanfänger/innen in IT-relevanten Fächern (Deutschland, Wintersemester)

Studiengang	1998/99	2004/05	2007/08
Informatik	8.970	10.376	8.844
Technische Informatik/Ingenieurinformatik	1.044	1.191	1.685
Wirtschaftsinformatik	2.955	4.142	4.866
Insgesamt	12.969	15.709	15.395

Quelle: Statistisches Bundesamt, Tabelle: Studienanfänger Deutschland, Semester, Nationalität, Geschlecht, Studienfach

In Indien waren zum selben Zeitpunkt (für den die aktuellsten Zahlen vorliegen) 440.000 Erstsemester in Bachelor- und weitere 55.000 in Masterstudiengängen eingeschrieben. Setzt man diese Angaben in Verhältnis zur Gesamtzahl der Beschäftigten im Software- und IT-Dienstleistungssektor, die in Deutschland im Jahr 2006 bei etwa 450.000 und in Indien bei etwa 1,3 Millionen lagen (Kapitel 1), so entspricht der Anteil der Erstsemester in Deutschland etwa drei Prozent der Bestandsbelegschaften, in Indien hingegen 38 Prozent. Zwar war in den (inzwischen weitgehend abgeschafften) deutschen Diplomstudiengängen (anders als in Indien) die Einschreibung zum Winter- und Sommersemester möglich, weshalb die Zahl der Erstse-

46 Als Quelle wird Eurostat angegeben (http://www.bitkom.org/files/documents/hochschule_ b.jpg; abgerufen am 03.11.2010).

mester für das gesamte akademische Jahr höher ausfallen dürfte, doch trotzdem ist unter diesen Bedingungen in Deutschland offenkundig keine Massenrekrutierung möglich. Selbst wenn man von Fachwechseln, Studienabbrüchen und fachlichen Inkompatibilitäten absieht, könnte ein Softwareunternehmen in Deutschland pro Hundert Beschäftigten (rein rechnerisch) etwas mehr als drei[47] einschlägig qualifizierte Hochschulabsolvent/innen pro Jahr rekrutieren, in Indien hingegen fast 40. Noch geringer erscheint das Rekrutierungspotential in Deutschland, wenn man bedenkt, dass die oben erwähnten Erstsemester auf Universitäten und Fachhochschulen verteilt sind[48], ein Unternehmen wie G-Pro aber fast ausschließlich Universitätsabsolvent/innen rekrutiert. Solange Fachkräftemangel herrschte, akzeptierten viele deutsche IT-Firmen allerdings auch naturwissenschaftliche Universitätsabschlüsse. Dies verschärfte (ähnlich wie in Indien) die Konkurrenz um Arbeitskraft auch außerhalb der IT-Industrie (Benner 2001, 713), zumal die Herstellung eigener Anwendungssoftware (etwa in der Automobil- oder Elektrobranche) gerade in Deutschland eine große Rolle spielt (Aspray/Mayadas/Vardi 2006, 242). Entsprechend sind auch bei G-Pro zahlreiche Quereinsteiger/innen mit naturwissenschaftlichen Studienabschlüssen anzutreffen, während die in Indien so dominanten Ingenieur/innen fehlen. Ein Senior Entwickler bemerkt:

> Also in Deutschland ist es ein großer Unterschied, ob Sie sagen, Informatiker oder Ingenieur. Ein Ingenieur ist dann ein Bauingenieur, ein Elektroingenieur, ein Maschinenbauer. Haben wir relativ wenig hier. Informatiker haben ja Informatik studiert. Wenn jemand in Indien ›engineer‹ ist, dann müsste man nachfragen, was ein ›engineer‹ ist. Wenn das ›civil engineer‹ ist, wäre das ein Bauingenieur in Deutschland. Ein ›software engineer‹, der hätte wahrscheinlich ›computer sciences‹ studiert, und das wäre relativ nah an der Informatik. In Deutschland würde man aber nicht Ingenieur dazu sagen, sondern Informatiker (SEM 68).[49]

Trotz aller Begriffsverwirrung wird hier ein wesentlicher Unterschied zwischen den Rekrutierungspraktiken angesprochen, die G-Pro in Mutterhaus

47 Eine Verdoppelung der oben genannten drei Prozent wäre zu hoch gegriffen, weil im Jahr 2004/05 bereits viele Bachelor- und Masterstudiengänge existierten, die meist nur Neu-Immatrikulationen zum Wintersemester vorsehen.

48 Universitäten boten (vor Beginn des Bologna-Prozesses) meist ein Diplomstudium der Informatik an (Regelstudienzeit neun Semester), während Fachhochschulen den Titel »Diplom-Informatiker/in (FH)« (nach acht Semestern) verliehen.

49 Selbst in Deutschland ist allerdings strittig, ob Informatik oder zumindest der Teilbereich des »Software Engineering« als Ingenieurwissenschaft anzusehen sei (Wikipedia 2009e).

bzw. indischer Niederlassung verfolgt: Immerhin weist ein deutscher Ingenieurstudiengang, der meist von Fachhochschulen angeboten wird, in Hinblick auf die Studiendauer durchaus Ähnlichkeit zum indischen »Bachelor of Engineering« auf (die Regelstudienzeit beträgt jeweils vier Jahre), und auch der Anwendungsbezug dürfte ähnlich sein, weil in beiden Ländern »Praxissemester« verlangt werden (Parikh/Sukhatme 2004, 196).[50] Trotzdem verzichtet G-Pro in Deutschland auf die Rekrutierung von Ingenieur/innen, die in der indischen Niederlassung (ebenso wie im Mutterhaus von I-Serve) die weit überwiegende Mehrheit der Belegschaft stellen, und greift stattdessen (in der untersuchten Abteilung) fast ausschließlich auf Absolvent/innen technischer und naturwissenschaftlicher Diplomstudiengänge zurück – und damit auf Qualifikationsprofile, die es in dieser Form in Indien nicht gibt.[51]

Dies führt uns zu der Frage, welche Qualifikationsprofile das deutsche Hochschulsystem hervorbringt. Der universitäre Diplomabschluss, über den fast alle deutschen Befragten (bei G-Pro wie bei I-Serve) mindestens verfügen, stellt nun insofern eine »deutsche« Besonderheit dar, als Studierende sich meist vom ersten bis zum letzten Semester auf die gewählte Fachrichtung konzentrieren:

> [T]he German programs, both before and after the Bologna Declaration, tend to have an integrated structure that anticipates that the master's students will have studied the same subject (often at the same university) in their bachelor's program. Having this integrated structure enables the German system to go into greater technical depth, but it makes it more difficult for students from another undergraduate major, or even the same major from a different university, to enter into the master's program (Aspray/Mayadas/Vardi 2006, 243).

Im Gegensatz dazu werden etwa in Großbritannien Master-Kurse im Bereich »Information Systems« durchaus von Studierenden belegt, die im

50 Zu prüfen wäre, inwiefern sich Lehrmethoden und -inhalte unterscheiden. Immerhin werden Ingenieurstudiengänge in indischen Instituten mittlerer Qualität teilweise als »heavy on obedience and light on useful job skills« beschrieben; das »classroom environment« sei davon geprägt, dass Lehrsätze von Dozent/innen mehrfach wiederholt und von Studierenden im Chor nachgesprochen würden. »Teaching emphasizes silent note-taking and discipline at the expense of analysis and debate.« (Giridharadas 2006)

51 Die Unterschiede zwischen den Hochschulsystemen dürften im Zuge der in Deutschland vorgenommenen Umstellung auf Bachelor- und Master-Studiengänge (Wikipedia 2009f) geringer werden (Aspray/Mayadas/Vardi 2006, 241). Allerdings ist zu bezweifeln, dass der Bachelor (als wenig spezialisiertes Qualifikationsprofil) bei Firmen wie G-Pro eine Rolle spielen wird.

Bachelor-Studium keine IT-Ausbildung absolviert haben. Sie vermitteln daher eher einen breiten Überblick als fachliche Tiefe:

> The aim of these programs was to provide a competence in computing disciplines and in the business applications of information technology. In general, they did not provide a deep knowledge of either the computing discipline or the engineering aspects of information systems (Aspray/Mayadas/Vardi 2006, 242).

In Indien, das sich traditionell an angelsächsischen Bildungssystemen orientiert, ist nun die Zahl der Masterabschlüsse oder Promotionen gering und sogar rückläufig (siehe oben), und bei weitem nicht alle, die über einen einschlägigen Mastertitel verfügen, haben sich im Bachelorstudium auf IT-relevante Inhalte konzentriert. Insofern dürften selbst die wenigen indischen Master-Absolvent/innen im Studium eine geringere fachliche Tiefe erreichen als die Inhaber/innen deutscher Diplomabschlüsse, die unter unseren deutschen Befragten die Mehrheit stellen. Tatsächlich wird teilweise argumentiert, dass Absolvent/innen eines deutschen Diplomstudienganges (wie Wirtschaftsinformatik) in besonderem Maße für den Einsatz in der Produktentwicklung geeignet seien:

> Graduates of these programs in Germany are typically well prepared for development work on commercial software packages (Aspray/Mayadas/Vardi 2006, 243).

Insofern ist die betriebliche Qualifizierungsstrategie von G-Pro, die auf spezialisierte Vertiefung setzt, nicht nur dem Geschäftsmodell einer Produktfirma, sondern offensichtlich auch dem deutschen System universitärer IT-Ausbildung angepasst. Wieder besteht eine Wechselwirkung zwischen Bildungssystem und unternehmerischen Strategien von Arbeitskraftnutzung: Einerseits werden Zahl und fachlicher Zuschnitt von IT-relevanten Studiengängen auch in Deutschland maßgeblich durch interessierte Unternehmen beeinflusst (siehe oben sowie Aspray/Mayadas/Vardi 2006, 244). Andererseits ist die von G-Pro gepflegte Qualifizierungsstrategie in hohem Maße davon abhängig, dass man sich in deutschen IT-Studiengängen über Grund- und Hauptstudium hinweg fachlich spezialisieren kann. Dies gilt umso mehr, als sich die Studiendauer an deutschen Universitäten noch in den neunziger Jahren meist nicht auf die Regelstudienzeit von neun Semestern beschränkte und man die Vertiefung von Wissen teilweise im Rahmen einer Promotion fortsetzen kann. Daher konnte G-Pro in Deutschland Hochschulabsolvent/innen rekrutieren, die bereits über ein sehr viel höheres Spezialisierungsniveau verfügten als indische Kommiliton/innen. Diesen Unterschied spricht ein deutscher Projektmanager an:

Also gerade eine deutsche Universitätsausbildung ist da doch deutlich mehr auf Theorie und sonst was gelagert und weniger praxisbezogen. […] [I]n Indien […] werden die Leute halt wirklich auf spezielle Sachen getrimmt, also wirklich genau auf, was weiß ich, Microsoft Technologie oder sonst was, was eigentlich an deutschen Unis nicht wirklich der Fall ist (PMM 65).

Schon im Studium dominiert diesem Befragten zufolge in Deutschland eher theoretische Vertiefung, während in Indien der Zertifizierungsmarathon einsetzt, der letztlich eine Standardisierung und Verbreiterung von Qualifikation fördert. Ein Angestellter von I-Serve argumentiert zudem, speziell das deutsche Universitätssystem erziehe zu selbständigem Arbeiten, was individuelle Spezialisierung erst ermöglicht:

Im indischen Schulsystem, glaub ich, und auch in Unis, kriegen die Leute viel stärker gesagt, was sie zu tun haben, in sehr eng umrissenen Definitionen. Also die kriegen selten sehr unklare Anweisungen. Während, ich glaub, in Deutschland auf der Uni kriegt man schon beigebracht, mit irgendwie unklaren Anforderungen zu leben und sich selber Ziele zu setzen zum Beispiel (KBM 28).

Wieder ist es kaum möglich, klare Ursache-Wirkungsrelationen zu benennen: Sind die für IT-Tätigkeiten einschlägigen Studiengänge in Deutschland auf die Qualifikations-Bedürfnisse einflussreicher IT-Firmen zugeschnitten – oder passt ein Unternehmen wie G-Pro seine Strategie betrieblicher Arbeitskraftnutzung an die vor Ort verfügbaren universitären Qualifikationsprofile an? Letztlich dürfte beides zutreffen, und gerade die enge Wechselwirkung zwischen universitärer IT-Ausbildung und betrieblicher Qualifizierungsstrategie mag erklären, warum die im Mutterhaus von G-Pro gepflegten Standards kaum auf die indische Niederlassung zu übertragen sind, wo man (trotz Rekrutierung von Beschäftigten mit Berufserfahrung) nicht auf langfristiger fachlicher Vertiefung aufbauen kann.

7.2.3 Gesellschaftliche Regulierung: Familiärer Bildungshintergrund

Grenzen der Homogenisierung von unternehmerischen Strategien der Qualifikationsentwicklung sind schließlich in der sozioökonomischen Herkunft deutscher bzw. indischer IT-Spezialist/innen begründet. Deren Bildungshintergrund ist in doppelter Hinsicht durch das familiäre Umfeld geprägt: Zum einen wird das soziale und kulturelle Kapital, das laut Bourdieu (1982) »feine Unterschiede« (etwa in Bezug auf Erwerbschancen) konstituiert, maßgeblich im Rahmen familiärer Sozialisation erworben.

Zum anderen wirkt sich die sozioökonomische Stellung der Herkunftsfamilie auf die Möglichkeit aus, einen Hochschulabschluss (etwa in IT-relevanten Studiengängen) zu finanzieren – dieser Zusammenhang ist umso enger, je weniger die Kosten eines Studiums staatlich subventioniert werden. Daher ist die Frage, auf welchen Qualifikationsprofilen Firmen in Indien bzw. Deutschland aufbauen können, nicht nur unter Verweis auf die im staatlichen Universitätssystem vermittelte Fachkenntnis zu beantworten. Vielmehr muss man den Blick auch auf den familiären Bildungshintergrund einschlägig qualifizierter Arbeitskräfte richten.

In Indien sind die sozioökonomischen Merkmale von IT-Belegschaften deutlich homogener als in Deutschland, was auf einen zweistufigen Ausleseprozess zurückzuführen ist: Zunächst hat ein sehr viel kleinerer Teil der Bevölkerung Zugang zu Hochschulen – in Indien sind es fünf bis sechs Prozent der »student age population«, in Europa hingegen 40 bis 60 Prozent (Aspray/Mayadas/Vardi 2006, 218). Zudem wird in Indien nach dem Studium nur ein kleiner Teil der Hochschulabsolvent/innen von renommierten IT-Firmen akzeptiert. Dies begründen Upadhya und Vasavi (2006, 33) mit Auswahlkriterien, »that tend to privilege students from English-speaking, educated, urban and middle-class families«: So verlangten etwa viele Unternehmen durchgehend gute Noten ab der 10. Klasse (genannt wird ein »consistent average of 70 to 75 per cent marks«); diese könnten vor allem Schüler/innen vorweisen, die soziales und kulturelles Kapital aus der Herkunftsfamilie mitbringen, statt es sich (wie »most students from poor, lower caste, and rural backgounds and government schools«) erst im Laufe ihrer Schul- und Universitätslaufbahn aneignen zu müssen. Zudem legen speziell IT-Firmen Wert auf fließendes und akzentfreies Englisch, soziale Kompetenz und selbstbewusstes Auftreten (»a robust handshake, a placeless accent and a confident walk«), wie Giridharadas (2006) konstatiert.[52] Daher sind »akzeptable« Bewerber/innen und letztlich die Belegschaften von Softwarefirmen in Indien »fairly homogenous in terms of [their] socio-economic profile« (Upadhya/Vasavi 2006, 34). In IT-Firmen arbeitet demnach, wer in Hinblick auf »class, language skills and appearance« über das nötige soziale und kulturelle Kapital verfügt (Mukherjee 2008, 69). Dabei handelt es sich vorwiegend um hochkastige Hindus

52 Zudem werde nur die Hälfte der angehenden Ingenieur/innen auf Englisch unterrichtet, und selbst in englischsprachigen Instituten verfügten sogar Lehrende oft über starke Akzente und unzureichende Englischkenntnisse.

(Täube 2003)[53] aus Großstädten[54], deren Eltern bereits Highschool- oder gar Hochschulabschlüsse erworben haben (Vijayabaskar/Rothboeck/Gayathri 2001; Ilavarasan 2002, 107–110; Ilavarasan 2005; Krishna/Brihmadesam 2006; Upadhya/Vasavi 2006, 36–39; Upadhya 2007, 2008). Zwar haben speziell die auf Massenrekrutierung angewiesenen Servicefirmen aufgrund des Fachkräftemangels begonnen, auch in ländlichen Regionen zu rekrutieren, wie ein Vertreter der Personalabteilung von G-Pro bemerkt:

> [A] lot of companies […] try to get a lot of people from rural background. […] [T]he major difference between somebody coming from an urban background and a rural background is of course the communication … and the entire amount of polishing of, sort of, soft skills, which are there. So, these companies typically take people from rural background, they train them and make them more, much more usable for their type of business, yeah? And they do get them at a much cheaper rate. […]. This is true *more of service companies.* Companies like [G-Pro] still afford to – not to sort of start looking at rural areas in a very focused way. Because their numbers are not so high, their recruitment targets are not so high (PAM 62).

Doch trotz dieser Tendenz und trotz aller Beteuerungen, dass man strikt nach Leistungskriterien rekrutiere (Upadhya/Vasavi 2006, 33), beschäftigen IT-Firmen nach wie vor nur »a tiny fraction of the country's talent« (Krishna/Brihmadesam 2006, 3313).[55] Diese enge Rekrutierungsbasis erleichtert die Entstehung professioneller Netzwerke auf Unternehmens- und Branchenebene, weil diese sich weitgehend mit sozialen Netzwerken decken und durch sozioökonomische Herkunft vorstrukturiert sind: Professionelle Netzwerke entwickelten sich

---

53 Kasten-Zugehörigkeit gilt in IT-Firmen als Privatsache; im Zuge von Antidiskriminierungspolitik werden dazu keine Daten erhoben. Ilavarasan (2002, 107f.) hat jedoch ermittelt, dass über 90 Prozent der »software workers […] from upper class and upper caste stratum of society« stammten. Biao (2007, 30) zitiert eine Umfrage, derzufolge im Jahr 2000 knapp 82 Prozent der Softwarebelegschaften höherkastig waren: »only 9 percent were from the backward castes comprising about 52 percent of India's population.« Insgesamt sind nur etwa 80 Prozent der indischen Bevölkerung Hindus (Wikipedia 2009g). Muslimische, christliche oder buddhistische Beschäftigte sind in IT-Firmen jedoch selten.

54 Laut Dataquest stammten 2001 etwa 85 Prozent der IT-Beschäftigten aus »urban places«, zehn Prozent aus »semi-urban places« und vier Prozent aus »rural places« (Ilavarasan 2005, 14).

55 Laut Mukherjee (2008, 61) beschäftigt die IT-Branche 0,21 Prozent der nicht-agrarischen Erwerbsbevölkerung Indiens bzw. 0,08 Prozent der gesamten indischen Erwerbsbevölkerung.

along social networks consisting mainly of college classmates or peer groups. There is an underlying class dynamics within these reflected in the kind of underlying educational opportunities to which one has had access (Mukherjee 2008, 67).

Ein Vertreter der Personalabteilung von G-Pro meint sogar, die meisten Beschäftigten hätten neben Freund/innen und Kommiliton/innen auch Verwandte im IT-Sektor:

Because *most of these people*, eh, are second generation IT. For their parents have already been into IT, most of the time. So, they know what IT does mean, what business does mean […]. They would have a close relative, they would have a brother or an uncle or a cousin. So, they already have a role model in IT in their families. Which is why they are here (PAM 54).

Von einer »zweiten Generation von IT-Beschäftigten« zu sprechen, wie der Befragte es tut, ist irreführend, weil deren Eltern meist nicht in der (vergleichsweise jungen) indischen IT-Branche, sondern im öffentlichen Sektor tätig sind oder waren (Kapitel 4.2.3). Dennoch ist die Geschwindigkeit, mit der (durch Geschwister, Cousins etc.) neue »Familientraditionen« und für IT-Arbeit anschlussfähige, quasi vor-berufliche Sozialisationen entstehen, bemerkenswert: Man kennt die Branche, hat Rollenvorbilder in der Familie, so der Befragte – und *darum* ist man hier.

Für Deutschland hingegen liegen (nach Kenntnis der Autorin) keine Studien zum sozioökonomischen Hintergrund von IT-Beschäftigten vor. Zwar lässt das hier verwendete (statistisch nicht repräsentative) Sample erkennen, dass viele Befragte aus Angestelltenfamilien stammen, doch dahinter verbirgt sich ein weites Spektrum sozioökonomischer Konstellationen. Auch in Bezug auf religiöse oder städtische versus ländliche Herkunft ist keine Regelmäßigkeit festzustellen. Indische Beobachter/innen nehmen diese Vielfalt erstaunt zur Kenntnis. So bemerkt ein Entwickler:

[In Germany], it is not necessary that a common – that a developer out here is from a higher middle class. It is not necessary out here. I could show you some people, who actually don't – I mean, their families don't even live in cities or towns. They live in villages (EM 58).

Die Existenz von IT-Spezialist/innen, deren Familien »noch nicht einmal in Städten leben«, verwundert den indischen Kollegen vor allem deshalb, weil der Zugang zu Bildung in Indiens (Groß-)Städten ungleich besser ist als in ländlichen Gebieten – daher arbeiten kaum Dorfbewohner in der IT-Branche. In Deutschland hingegen ist eine dörfliche Herkunft kein Hindernis für die berufliche Laufbahn, weil nicht nur IT-Firmen, sondern auch

Bildungseinrichtungen wie Schulen und Universitäten gleichmäßiger über das Land verteilt sind und das Lehrniveau (anders als in Indien) kein markantes Stadt-Land-Gefälle aufweist. Trotzdem ist auch in Deutschland der Zugang zu Hochschulen und speziell zu Universitäten, aus denen die Samplefirmen fast ausschließlich rekrutieren, auf eine Minderheit der Bevölkerung beschränkt. Ganz ähnlich wie in Indien handelt es sich dabei vorwiegend um jene sozioökonomische Gruppe, deren Eltern bereits Zugang zu höherer Schul- oder sogar akademischer Bildung hatten. Einem repräsentativen Studierendensurvey (Simeaner u.a. 2007, 10f.) zufolge gaben im Jahr 2007 nur 23 Prozent der an Universitäten Eingeschriebenen an, ihre Eltern hätten kein Abitur.[56] Demgegenüber wählten über 60 Prozent bei der Frage nach der »beruflichen Stellung des Vaters« die Kategorie »Beamter im gehobenen Dienst/qualifizierter Angestellter« (20 Prozent), »Beamter im höheren Dienst/leitender Angestellter« (32 Prozent) oder »großer Selbständiger/freier Beruf« (neun Prozent).[57] Es ist zu vermuten (wenn auch auf Grundlage des Samples nicht zu belegen), dass sich diese markanten Ungleichgewichte, die den Hochschulzugang in Deutschland prägen, auch in der sozioökonomischen Zusammensetzung von IT-Belegschaften niederschlagen. Für das deutsche Mutterhaus von G-Pro jedenfalls deutet dies ein Projektmanager an:

> In Deutschland ist das Umfeld einfach von vorn herein sehr akademisch. Und vermutlich ist auch das Elternhaus … zumindest mit keiner besonders schlechten Bildung ausgestattet gewesen, bei den meisten (PMM 70).

Zudem deutet der Umstand, dass im Mutterhaus von G-Pro nach Aussage einer Personalabteilungs-Vertreterin (PAW 67) zahlreiche frühere Stipendiat/innen der »Studienstiftung des deutschen Volkes« arbeiten, auf einen gewissen Mittelschichtsbias hin – immerhin dienen dieser Stiftung ausgezeichnete Schul- bzw. Studienleistungen als Auswahlkriterium, und diese fallen überdurchschnittlich oft mit der Herkunft aus akademisch gebildeten Familien zusammen. Daher liegt der Verdacht nahe, dass auch in Deutschland nur eine bestimmte sozioökonomische Gruppe in Softwarefirmen anzutreffen ist, selbst wenn sie weniger eng definiert sein mag als in Indien.

---

56 Fünf Prozent nannten als höchsten Bildungsabschluss der Eltern »Hauptschule/Lehre«, 14 Prozent nannten »Mittlere Reife/Lehre« und vier Prozent »Meisterprüfung«.

57 Die berufliche Stellung des Vaters war bei nur vier Prozent der Befragten »Arbeiter, un- oder angelernt«, bei 19 Prozent »Facharbeiter/Meister«, bei fünf Prozent »Beamter im einfachen Dienst/ausführender Angestellter« und bei zehn Prozent »kleiner Selbständiger«.

Fragt man nun nach dem Zusammenhang zwischen der sozioökonomischen Herkunft von IT-Beschäftigten und betrieblichen Qualifizierungsstrategien, so scheinen vor allem drei Aspekte des familiären Bildungshintergrundes als Grenzen für eine Homogenisierung von Arbeitskraftnutzung über Weltregionen hinweg zu fungieren.

Dabei handelt es sich erstens um das fachliche Interesse an Informationstechnologie. In Deutschland sind IT-Belegschaften durch die Altersgruppe der 35- bis 40-Jährigen dominiert, und Ähnliches gilt für die beiden deutschen Samplebetriebe (Kapitel 4.2.3). Speziell in dieser Altersgruppe finden sich nun jene »Computerkids«, die sich als Schüler/innen in den achtziger Jahren für Informationstechnologie begeisterten, als die ersten relativ kostengünstigen Personalcomputer in private Haushalte einzogen. Daher dürften viele deutsche Befragte aus fachlichem Interesse eine technische Laufbahn eingeschlagen haben, nachdem sie als Jugendliche mit Computerspielen experimentiert und autodidaktisch Programmieren gelernt hatten. Die Erklärung eines 35-jährigen Deutschen für seine Berufswahl ist durchaus typisch:

> [I]m Prinzip durch Computerspiele. […] [I]ch war zwölf oder so etwas, da kam der Commodore 64 auf. Und den hatte ein Freund von mir, und da gab's dann Computerspiele drauf und man konnte in Basic das Ding direkt programmieren. Und dann wollte ich auch unbedingt einen Computer haben. Dann haben meine Eltern sich überlegt: ›Naja, vielleicht ist es etwas, was ihn interessiert‹. Haben dann irgendwie einen kleinen Computer gekauft, den gab's mal im Sonderangebot. Und ja, dann hing ich da dran und habe Programmieren gelernt mit 13. Und ja, dann, als ich gespartes Geld zusammengekratzt hatte, mir einen größeren Computer gekauft, weiter programmiert und so weiter (SEM 68).

In Indien hingegen sind die meisten IT-Beschäftigten nicht durch eine solche (für die Branche direkt anschlussfähige) Jugendkultur geprägt, was nicht zuletzt auf Unterschiede in den Konsumstandards deutscher und indischer Mittelschichten verweist: In Deutschland bekam der hier Zitierte als Sohn eines alleinverdienenden Ingenieurs, der eine Ehefrau und drei Kinder zu versorgen hatte, einen Computer aus dem »Sonderangebot« geschenkt, weil die Eltern ein etwaiges Interesse fördern wollten, und konnte sich das Geld für immer neue Geräte »zusammenkratzen«. In Indien hingegen sind gerade jene Teile der Mittelschichten, aus denen viele IT-Beschäftigte stammen, zwar oft akademisch gebildet, aber mit begrenzten materiellen Ressourcen ausgestattet: Es handelt sich (wie erwähnt) um »[f]amilies with big academic background, but financially poor« (MM 37). Diese weit verbreitete sozioökonomische Konstellation erklärt sich aus der historischen Genese der indischen Mittelschicht seit 1947:

The post-Independence middle class had its roots in the Nehruvian developmental regime, which, through the rapid expansion of the higher education system, created a large contingent of professional, managerial and technical experts as well as a bureaucratic class to run the state apparatus and public sector enterprises [...]. These technical and professional workers were imbued with the ideologies of nationalism and state-led development, but the demands of autarchic economic development meant that they had to be content with somewhat austere material life styles, which were justified by the ideal of ›high thinking, simple living‹ (Upadhya 2008, 59).

Die knappen materiellen Ressourcen vieler im öffentlichen Sektor Indiens beschäftigter Eltern reduzieren nun offenbar die Möglichkeit ihrer Kinder, ein frühes Interesse an Informationstechnologie zu entwickeln. Jedenfalls erklärt eine 24-Jährige, von dem Gehalt, das ihr alleinverdienender Vater als Wissenschaftler in einer renommierten staatlichen Forschungseinrichtung erhalten habe, sei die Anschaffung eines Computers nicht möglich gewesen:

I did have ... interest in computers, not that I knew computers so well. Because at that time buying a computer – it's of course a luxury for middle class people (EW 3).

Sie spricht hier über ihre Schulzeit in den neunziger Jahren, als Hardwareimporte in Indien bereits zulässig, Personalcomputer jedoch noch immer rar und (speziell im Verhältnis zu Gehältern des öffentlichen Sektors) relativ teuer waren.[58] Vielen indischen Jugendlichen wurde damit ein spielerischer Zugang zu Informationstechnologie (etwa durch Computerspiele oder das Internet) erschwert. Dies dürfte (neben den technisch oft wenig komplexen Tätigkeiten in Servicefirmen) ein wesentlicher Grund dafür sein, dass die IT-Branche in Indien kaum »Computerfreaks«, sondern vor allem jene anzieht, die eine sichere, prestigereiche Anstellung und ein gutes Gehalt wünschen. Ein Entwickler bringt diese »leidenschaftslose« Haltung zum Ausdruck:

I could always see the kind of placement opportunities that were coming for my seniors [at university]. And I could see that the most lucrative ones and the better paid ones and the ones with the better work culture – were in the IT-sector. And, eh ... I relatively was – I did have a knack for computers and computer program-

58 Zur späten und langsamen »Computerisierung« Indiens siehe: Ahmad 1986.

ming. […] It's not something – it's not the sort of career that I have always wanted to follow since childhood. I could have never even imagined that I would be a software engineer. I didn't even know what it was. But, eh, as I grew … I think, the practical needs of the day pushed me more towards this field than a passion for it. I never was passionate about this field, so to say (EM 59).

Zudem gilt ein Ingenieurstudium in vielen indischen Mittelschichtsfamilien (neben Medizin) als eine von zwei akzeptablen Alternativen, und Ingenieure entscheiden sich oft auch dann für die IT-Branche, wenn sie weder über fachliches Interesse noch über Vorkenntnisse verfügen. Aufgrund ihrer guten Schulabschluss-Noten, erinnert sich etwa die oben zitierte Wissenschaftler-Tochter,

I had an option of going into medical as well as engineering, but medical, it was difficult for me, as in: I'm too scared of seeing blood and all that. […] So then I ended up for engineering and my merit was good enough to get a seat in computers. I did choose computers (EW 3).

Vor diesem Hintergrund ist es kaum erstaunlich, dass die meisten indischen IT-Beschäftigten weniger Motivation zur Vertiefung technischer Qualifikation zeigen als deutsche Kolleg/innen. Deshalb findet I-Serve zum Beispiel kaum Interessent/innen für die technische Laufbahn, obwohl dort höhere Gehälter gezahlt werden. Selbst wenn diese Servicefirma künftig stärker auf Vertiefung statt auf Verbreiterung von Qualifikation setzen wollte, um ein »Upgrading« ihrer Dienstleistungspalette zu forcieren, würde ein solcher Strategiewechsel vermutlich nicht zuletzt durch die wenig IT-affine Sozialisation der meisten indischen Beschäftigten erschwert.

Zweitens müssen betriebliche Qualifizierungsstrategien dem Umstand Rechnung tragen, dass deutsche und indische IT-Beschäftigte unterschiedliche Vorstellungen von Karriere und sozialem Status haben – und auch dies verweist auf deren sozioökonomischen Hintergrund. In Deutschland sind oder waren die Eltern vieler Befragter als Angestellte im Industrie- oder Dienstleistungssektor tätig. In diesem sozialen Umfeld dürfte ein langsamer, aber kontinuierlicher firmeninterner Aufstieg zum Fach-Experten unter weitgehendem Verzicht auf formale Beförderungen, wie ihn etwa G-Pro anbietet, durchaus den Erwartungen bzw. Hoffnungen von Eltern entsprechen, deren eigene Arbeitshaltung mit einiger Wahrscheinlichkeit durch das deutsche »work system« geprägt ist (Kapitel 7.2.1). Eine solche Laufbahn dürfte (im Verein mit den vergleichsweise hohen IT-Gehältern) selbst dann die Anerkennung des sozialen Umfeldes sichern, wenn kaum jemand den konkreten Inhalt der Tätigkeit nachvollziehen kann – steht sie doch in Einklang mit den Karriereerwartungen und Statusvorstellungen derjenigen sozioökonomischen Gruppen, aus denen in Deutschland IT-Arbeitskraft rekrutiert wird. Die Übertragung dieser Qualifizierungsstrategie nach Indien dürfte sich hingegen nicht zuletzt deshalb so schwierig gestalten (Kapitel 7.1.3), weil soziale Anerkennung in den Herkunftsmilieus indischer IT-Beschäftigter an andere Kriterien geknüpft ist. Zwar mag die langfristige Bindung an ein Unternehmen (samt Zeitaufstieg und firmenspezifischer Spezialisierung) gerade in Elternhäusern des »Public Sector« nach wie vor als erstrebenswertes Ideal gelten (Kapitel 4.2.3), doch angesichts der massiven Umwälzungen, die speziell den öffentlichen Sektor seit Anfang der neunziger Jahre erschüttert haben, dürfte das Vertrauen in seine Realisierbarkeit geschwunden sein. Technische Kompetenz ist auch für die meisten indischen Herkunftsfamilien schwer zu beurteilen, zumal es aufgrund des geringen Alters der indischen IT-Branche kaum Softwarespezialist/innen in der Elterngeneration gibt. Daher bleiben als zentrale Kriterien für beruflichen Erfolg vor allem Titel und Einkommen. Gerade die (von deutschen Kolleg/innen oft belächelte) »Titelversessenheit« indischer IT-Beschäftigter (PAW 67) verweist dabei auf aktuelle Prozesse sozialer Restrukturierung, denn wer mit Hilfe der Visitenkarte eine leitende Funktion in einem renommierten Unternehmen nachweisen kann, steigert seine Chancen auf dem Heiratsmarkt (PMM 35), erhält leichter Bankkredite oder kann seinen Kindern einen Platz in »guten Schulen« sichern. Ein Befragter erklärt:

> [T]itles are important also. [… L]et's say, that a guy is married and you are saying: ›I'm still a developer‹. And he goes and […] asks for an admission for his kid … They'll not even respect him! […] ›Okay, give me your card.‹ And it will say: ›He's a developer or a specialist‹ – whatever it is. Then they say: ›Okay, maybe I can give it [the place at school] to a person, who is … let's say some title: ›senior project manager‹ […]. Society also requires something.‹ (PMM 57)

Zudem mag ein klangvoller Titel dazu beitragen, den Erwartungen graduierter oder promovierter Eltern gerecht zu werden, die man nicht durch akademische Meriten beeindrucken kann. Hohe Einkommen schließlich entscheiden (unter den erwähnten Bedingungen einer fortschreitenden Polarisierung und Privatisierung des Bildungssystems) zunehmend über die Bildungs- und Berufschancen der nächsten Generation. Dies kommentiert ein deutscher Manager wie folgt:

> [I]n Indien interessiert es den Staat nicht, seine Leute auszubilden. Ja? Die, die das Geld *haben*, sollen die besten Institute haben. […] Und deswegen ist es auch wich-

tig, dass ich viel Geld verdiene in Indien. [...] Also insofern hat dieses Geldverdienen auch einen anderen Stellenwert als in Deutschland. Ja? Es geht wirklich, ich sag es jetzt mit Brecht: es geht ums Fressen (MM 69).

Gerade weil IT-Beschäftigte in Indien meist aus wenig begüterten Familien stammen, sind betriebliche Qualifizierungsstrategien kaum durchsetzbar, die auf regelmäßige Beförderungen und Gehaltserhöhungen verzichten und stattdessen fachlichen Expertenstatus und Dauerbeschäftigung versprechen. Firmen wie G-Pro müssen ihre Praktiken anpassen oder (unter Bedingungen von Arbeitskraft-Mangel) relativ hohe Fluktuationsraten in Kauf nehmen – und beide Optionen sind schwer mit einem auf langfristiger Qualifikationsvertiefung basierenden Geschäftsmodell und einer auf gleichberechtigte Kooperation zwischen Firmenstandorten setzenden Transnationalisierungsstrategie vereinbar.

Drittens hat die sozioökonomische Herkunft von IT-Beschäftigten in Indien direktere Konsequenzen für die Qualifikationsprofile, auf die Unternehmen zugreifen können, als in Deutschland, weil in Indien der Zugang zu qualitativ hochwertiger Schul- und universitärer Bildung sowie die Möglichkeit, nach dem Bachelor weiter zu studieren, in noch stärkerem Maß vom finanziellen Engagement der Herkunftsfamilie abhängt. Zwar muss der indische Staat laut Verfassung (Art. 45) für alle Bürger/innen zwischen fünf und 14 Jahren kostenlosen Schulbesuch gewährleisten, und auch die zweijährige Highschool-Ausbildung wird teilweise staatlich subventioniert (Varma/Varma 2009, 65). Um Zugang zu attraktiven Studiengängen an renommierten Universitäten zu erlangen, die etwa eine IT-Karriere ermöglichen, ist es jedoch von Vorteil, eine jener »English-medium Schools« besucht zu haben, die Faust und Nagar (2001, 2878) als Ausdruck und Ursache sozialer Polarisierung betrachten:

On an individual level, English-medium education has been a ticket to vertical mobility in Indian society. At the societal level, English-medium education has played a critical role in producing [...] a modernised techno-managerial elite that continues to have disproportionate influence in shaping [...] policies and programmes that affect the social fabric of the country. Less visibly, English-medium education widens social fractures in Indian society by creating and reinforcing a social, cultural, economic, and discursive divide between the English-educated and the majority.

Die besten »English-medium Schools« sind Privatschulen, die Schulgebühren erheben, und weil die Nachfrage (angesichts der geringen Qualität vieler staatlicher Schulen) oft die Zahl verfügbarer Plätze übersteigt, sind teilweise »Spenden« notwendig, um die Aufnahme eines Kindes zu erreichen. Die Kinder von Beschäftigten des öffentlichen Sektors, die in »transferable jobs« tätig sind, erhalten allerdings kostenlos Zugang zu der sogenannten »Zentralschule«, in der ebenfalls auf Englisch unterrichtet wird (Kapitel 3.2.3) – in diesen Fällen mag ein hohes Erziehungsniveau der Eltern in der Tat ausschlaggebender für eine Karriere in der IT-Industrie sein als ökonomische Ressourcen (Krishna/Brihmadesam 2006, 3309f.). Jedenfalls scheint sich der Zugang dieser Gruppe zu englischsprachiger Schulbildung auch in der Belegschaftsstruktur von G-Pro bemerkbar zu machen. Ein indischer Projektmanager, der (als einziger Befragter) in einem Dorf als Handwerker-Sohn aufgewachsen ist, geht etwa davon aus, seine Kolleg/innen hätten fast durchweg Eltern im »öffentlichen Sektor« *und* seien Absolvent/innen englischsprachiger Schulen, die ihm selbst aus finanziellen Gründen verschlossen waren:

I see *most of the people* are well educated. Their parents, they are *highly educated* actually [...] and their parents are working in government company. They are educated and they got a very good education in college [...]. I studied in a village school – they had English-medium school and everything. [...] At that time, I can't afford English speaking school, because you had to pay a lot of money per month (PMM 61).

Nach Ende der Schulzeit erleichtert es der indische Staat auch Jugendlichen aus wenig begüterten Mittelschichtsfamilien, sich für ein Studium zu entscheiden, indem man die Ausbildung an staatlichen Universitäten subventioniert. Daher betonen die Befragten durchweg, ihr Bachelorstudium sei (selbst in Relation zu den bescheidenen Einkommen im öffentlichen Sektor) kostengünstig gewesen. Ein Entwickler sei stellvertretend für viele zitiert: Sein alleinverdienender Vater habe als leitender Angestellter in einem staatlichen Großunternehmen das Studium des Sohnes ohne Rückgriff auf Kredite finanzieren können, denn:

It's a government institution and the fees is very minimum. [...] It was [...] 8.800 [157 Euro] for a year. This was the tuition fees. Apart from this, we had to give 9.000 rupees [161 Euro] for four years for hostel accommodation and ... food expenses every month, that's all (EM 56).[59]

Im Falle guter Studienleistungen können diese Gebühren durch staatliche Stipendien weiter reduziert werden. Ein Projektmanager etwa berichtet, er habe als Student finanzielle Unterstützung von der Familie erhalten, einen Bankkredit aufgenommen,

59 Der Umrechnung liegt der Wechselkurs vom 30.04.2007 zugrunde.

[a]nd then, *I had* some scholarship also. It was *not there* for the first semester, but later semesters I had it. So … between 75 to 90 percent of my tuition fees were paid. It reached from 75 to 90, because every semester it would depend on the previous … semester's … grade (PMM 57).

Mit dem Bachelor-Abschluss scheint das finanzielle Engagement des indischen Staates allerdings abrupt zu enden – wer weiter studieren möchte, kann kaum noch staatlich subventionierte Studiengänge belegen und ist voll auf die materiellen Ressourcen der Familie angewiesen. Entsprechend berichten Befragte, die über einen Master-Titel verfügen, sein Erwerb habe enorme Kosten verursacht. Während die Gebühren für einen vierjährigen Bachelorstudiengang sich (im oben zitierten Fall) auf etwa 35.000 Rupien (oder 625 Euro) beliefen, ist von 400.000 Indischen Rupien (7.140 Euro) für ein zweijähriges Masterstudium die Rede (TLM 6; BWW 10). An privaten Einrichtungen, deren Zahl in den vergangenen Jahren explodierte, werden teilweise sehr viel höhere Gebühren fällig, wie Aspray, Mayadas und Vardi (2006, 217) bemerken:

The Indian School of Business in Hyderabad, for example, charges about US$ 30,000 for a one-year-course of instruction which is five times the per capita income in India.

Bedenkt man, dass manche Institute zudem eine (rechtlich fragwürdige) Immatrikulationsgebühr (»capitation fee«) erheben[60], so wird deutlich, dass eine solche Bildungsinvestition für viele Familien nicht zu bewältigen ist. Der oben zitierte Sohn einer Handwerkerfamilie berichtet hingegen, wie seine Ausbildung an einer landessprachlichen Dorfschule durch Geld ausgeglichen werden konnte: Seine Mutter habe schon Teile ihrer Mitgift verkauft, um sein Bachelor-Studium zu finanzieren:

Initially, to be frank, we don't have the money at that time actually. So my mother was selling some jewels initially to just join this college. […] Initially we paid capitation fee – they asked for 10.000 rupees [178 Euro], the capitation fee. And the fees, the tuition fees started from 2.500 [… 45 Euro] per annum.

Für sein anschließendes Masterstudium wurde noch mehr Schmuck veräußert – ein finanzielles Engagement, das in diesem Fall möglich war, weil die

60 Im Jahr 2003 wurden »capitation fees« vom Obersten Gerichtshof Indiens (Supreme Court) für illegal erklärt. Bis dahin war es speziell in Südindien üblich, dass Eltern aus »dominant (landowning) agricultural castes« ihren Kindern durch Spenden Studienplätze verschafften, um deren Aufstieg in die städtische Mittelschicht zu fördern (Upadhya/ Vasavi 2006, 39).

Eltern zwar nicht über akademische Bildung, wohl aber über ein Kleinunternehmen und Landbesitz verfügten. Trotzdem wurden die Rücklagen der Familie empfindlich geschmälert:

Again, they sold some more jewels [lacht]. […] Because every month, the college fees, the hostel's fee […]. So they were earning every month and they give it to me actually. If I am running out of money, then they will sell something. Because normally we keep the jewels. That's only in case of any emergency, we just sell out or just give it to a bank to get money (PMM 61).

Andere Befragte finanzierten ihr Masterstudium mit Hilfe von Bankkrediten (PMM 55), deren Gewährung wiederum von der Finanzlage der Familie abhängig sein dürfte, und deren Rückzahlung einen Großteil eines IT-Gehaltes in Anspruch nehmen kann (Kapitel 5.2.3). Ein 25-jähriger Entwickler mit Mastertitel etwa gibt an, sich (anders als viele Bachelor) kein Wohneigentum in Bangalore leisten zu können:

I don't have that much money, because I had an education loan also. […] I have just completed the payment. This year it started. So, it's just now, that I am making some money. Otherwise it was just, eh, more or less I was making it zero. […] BE was sponsored by my parents, but for my master degree, I had taken a student loan (EM 38).

Dass der indische Staat die Studienfinanzierung jenseits des Bachelor-Abschlusses in vollem Umfang den Herkunftsfamilien aufbürdet, deren Einkommenssituation (zumindest im indischen »Public Sector«) zudem in den letzten Jahren unsicherer geworden ist, mag ein wesentlicher Grund für den drastischen Rückgang IT-relevanter Masterabschlüsse und Promotionen in Indien sein (Kapitel 7.2.2). Auf jeden Fall resultiert der Umstand, dass die meisten indischen IT-Beschäftigten aus finanziellen Gründen nicht länger als vier Jahre studieren können, in Qualifikationsprofilen, die es IT-Firmen schwer machen, Qualifizierungsstrategien auf Vertiefung statt auf Verbreiterung auszurichten.

In Deutschland hingegen ist der Schulbesuch bis zum Abitur gebührenfrei – zwar gilt dies auch hier nicht für Privatschulen, doch alle deutschen Befragten hatten (im Gegensatz zu vielen indischen Kolleg/innen) staatliche Schulen absolviert. Da fast alle deutschen Gesprächspartner/innen ihre Studienabschlüsse (spätestens) Ende der neunziger Jahre erworben haben, profitierten sie zudem von einer gebührenfreien Universitätsausbildung bis zum Diplom bzw. zur Promotion. Staatliche Stipendien spielen daher in Deutschland eine geringere Rolle als in Indien, wo sie oft vorwiegend Gebührenerlass beinhalten. Jedenfalls erwähnt nur ein einziger Befragter, überhaupt Zuwendungen im Rahmen des Bundesausbildungsförderungsgesetzes (1971) erhalten zu haben, und selbst er brauchte zusätzliche Finanzierungsquellen:

Also ich habe ein bisschen was gespart gehabt, ein bisschen was von meinen Eltern, habe kurzfristig mal Bafög gekriegt, allerdings nur am Anfang, danach war dann mein Vater über der Grenze. Und ja, gejobbt habe ich auch ein bisschen, also zum einen außerhalb der Uni und dann zwischenzeitlich auch mal an der Uni. [...] Tankstelle und, ja, die Firma, wo mein Vater gearbeitet hat teilweise auch, im Lager oder so (PMM 65).

Dieses Zitat verdeutlicht in zweierlei Hinsicht, wie sozioökonomische Herkunft (abgemildert oder verstärkt durch Standards von Bildungsfinanzierung) sich auf Qualifikationsprofile auswirkt – und wo Unterschiede zwischen Deutschland und Indien liegen. Zum einen sind deutsche Studierende weit häufiger gezwungen, ihr Studium durch Nebenjobs (mit) zu finanzieren. Dem erwähnten Studierendensurvey zufolge traf dies im Jahr 2007 auf etwa 60 Prozent der Befragten an deutschen Universitäten zu, die ihr Studium während der Vorlesungszeit teilweise (41 Prozent) oder hauptsächlich (18 Prozent) durch eigene Erwerbsarbeit finanzierten; während der Semesterferien lag ihr Anteil sogar bei 66 Prozent. Diese Zahlen sind seit 1990 weitgehend unverändert (Simeaner u.a. 2007, 1978). In Indien hingegen entbindet die staatliche Subventionierung des Bachelorstudiums (im Verein mit geringen Lebenshaltungskosten; Kapitel 5.2) offenbar selbst die »Kinder des öffentlichen Sektors« von der Notwendigkeit, für ihr Studium zu »jobben«. Diesen Unterschied deutet ein indischer Projektmanager an, der die Frage, wer sein Studium finanziert habe, wie folgt beantwortet:

My parents and, eh, I also got a scholarship from the government. But I was not working, while I was doing this thing.

Unter seinen deutschen Kolleg/innen hingegen sei es »very common« gewesen,

like, in Germany or in Europe, in US, that you work during the studies and earn some living for yourself (PMM 55).

Im Ergebnis verfügen viele deutsche Studienabsolvent/innen bereits über diverse Erfahrungen mit Erwerbsarbeit – manche der deutschen Befragten etwa »jobbten« in Industriebetrieben, an der Universität oder in Softwarefirmen – während den meisten indischen »Freshern« die Brancheneinblicke und sozialen Kompetenzen fehlen, die man im Rahmen von Nebenjobs erwirbt. Das viel diskutierte »Domain Knowledge«, das indischen IT-Beschäftigten oft abgesprochen wird, dürfte man dabei zwar nur in Ausnahmefällen erlangen, doch gerade der breitere Überblick deutscher Studienabsolvent/innen über verschiedene Varianten von Berufstätigkeit mag es für sie durchaus attraktiver machen, sich (etwa bei G-Pro) auf eine langfristige Vertiefung von Qualifikation einzulassen. Zum anderen verdeutlicht das Zitat des deutschen Bafög-Empfängers insofern einen wichtigen Unterschied zwischen Deutschland und Indien, als darin auf eine spezifische Konstellation von Bildungsfinanzierung angespielt wird, die es deutschen Studierenden ermöglicht, ihre Qualifikation schon im Rahmen zeitaufwändiger Diplom- und Promotionsstudien zu vertiefen. Diese Konstellation speist sich einerseits aus einer familiären Finanzlage, die es erlaubt, jahrelang auf ein volles Erwerbseinkommen junger Erwachsener zu verzichten und sie sogar finanziell zu unterstützen (der Zitierte hat »ein bisschen was von [den] Eltern« bekommen), und andererseits aus einer staatlichen Bildungspolitik, die zwar auf Stipendien verzichtet, aber bis um die Jahrtausendwende keine weiteren finanziellen Hürden für den Hochschulzugang aufbaute. Es wird zu prüfen sein, wie sich universitäre Qualifikationsprofile in Deutschland verändern, seit nicht nur Bachelor- und Masterabschlüsse, sondern in den meisten Bundesländern auch Studiengebühren eingeführt worden sind. Die Vermutung liegt nahe, dass sie Studierende (ähnlich wie in Indien) zunehmend davon abhalten dürften, im Rahmen längerer, integrierter Studiengänge jene fachliche Expertise zu erwerben, auf die etwa ein deutsches Produktunternehmen wie G-Pro in den vergangenen Jahrzehnten seine Qualifizierungsstrategie gründete. Dies mag einmal mehr verdeutlichen, dass wir es bei der Befassung mit transnationaler IT-Arbeit mit einer doppelten Dynamik zu tun haben: Betriebliche Strategien von Arbeitskraftnutzung werden an das deutsche bzw. indische Regulierungsszenario angepasst, was eine wichtige Grenze von Homogenisierung markiert – doch gleichzeitig sind auch die jeweiligen Standards der Regulierung von Arbeitskraft-(Re-)Produktion in Bewegung, so dass sich beispielsweise deutsche und indische Formen von Bildungsorganisation und -finanzierung durchaus ähnlicher werden können.

8. Statt eines Resümees: Betriebliche Arbeitskraftnutzung als Fokus für Kapitalismusforschung

Zum Abschluss dieser Studie wird explizit nicht versucht, die komplexen empirischen Befunde in kondensierter Form zu rekapitulieren. Ein solcher Versuch würde unweigerlich Konflikte, Sollbruchstellen und Spannungen innerhalb der untersuchten Konstellation einebnen und damit deren charakteristische Entwicklungsdynamik verdecken. Vielmehr sollen zentrale konzeptionelle Überlegungen noch einmal zugespitzt auf den Punkt gebracht werden, um zu verdeutlichen, welchen Ertrag die hier vorgeschlagene Fokussierung auf betriebliche Arbeitskraftnutzung für die wissenschaftliche Erforschung eines zunehmend durch transnationale Wirtschaftsaktivitäten geprägten Kapitalismus verspricht. Dem Betrieb kommt bei dieser Herangehensweise eine doppelte Funktion zu: Zum einen ist er Bestandteil einer transnationalen Konzernstruktur, auf die sich unternehmerische Strategien von Arbeitskraftnutzung beziehen, und zum anderen ein Brennspiegel, in dem Unternehmensstrategien und spezifische Regulierungsszenarien von Arbeitskraft-(Re-)Produktion vor Ort gebündelt werden, wobei sich jene spannungsreichen Wechselwirkungen entfalten, die das empirische Material durchziehen.

Grundsätzlich beinhaltet der konzeptionelle Zugriff, der in der vorliegenden Studie für die Softwarebranche erprobt wurde, die Abkehr von einem Denkmodell, mit dem die derzeit prominentesten Ansätze »vergleichender« Forschung operieren: Sowohl Studien zu politischen Ökonomien, die »Varieties of Capitalism« zu identifizieren suchen (Hall/Soskice 2001), als auch Studien zu »Welfare State Regimes« in Anlehnung an oder in Abgrenzung von Esping Andersen (1990) basieren letztlich auf »ceteris paribus«-Klauseln.[1] Man definiert den (kollektiven) Akteur, der im Mittelpunkt des Interesses stehen soll – im ersten Fall handelt es sich dabei um

1 Dies gilt zum Beispiel nicht für Studien zu »Societal Effects«, deren konzeptionelle Prämissen für die vorliegende Untersuchung außerordentlich nützlich waren (Kapitel 2.2; 2.3).

»das Unternehmen«, im zweiten Fall um »den (Sozial-)Staat« – und untersucht deren Verhalten in der Annahme, dass »die übrigen Umstände oder Bedingungen gleich bleiben«. Eine solche Herangehensweise mag aus forschungspragmatischen Gründen sinnvoll sein, zumal sie das weit verbreitete Bedürfnis befriedigt, eindeutige Ursache-Wirkungs-Relationen zu identifizieren, auf deren Basis etwa konkrete Handlungsempfehlungen für Politik und Unternehmen formuliert werden können. Indem man jedoch »das Umfeld« der jeweils interessierenden Akteure argumentativ zu einer fest vernagelten, unbeweglichen Kulisse degradiert, beraubt man sich der Möglichkeit, die Komplexität und Widersprüchlichkeit gesellschaftlicher Entwicklungsdynamiken analytisch zu fassen. Die systematische Ausblendung von Transformations- und Krisenpotentialen wird der Dynamik des Gegenwartskapitalismus schwerlich gerecht, weshalb diese Studie explizit das Augenmerk auf jene Spannungen und Brüche richtet, die Transnationalisierungsprozesse in und zwischen jenen differenzierten Produktions- und Reproduktionsstrukturen erzeugen, die sie zueinander in Beziehung setzen.

Betriebliche Arbeitskraftnutzung, so die eingangs formulierte Hypothese, ist geprägt durch Wechselwirkungen zwischen unternehmerischen Transnationalisierungswegen auf der einen Seite und der ortsgebundenen Regulierung von Arbeitskraft-(Re-)Produktion auf der anderen Seite. Damit sind zunächst Beziehungen zwischen den *Regulierungspraktiken* betrieblicher und außerbetrieblicher Akteure angesprochen, doch diese sind (wie in Kapitel 2 ausgeführt) durch die ökonomischen, politischen und gesellschaftlichen *Regulierungsstrukturen* geprägt, in denen sie sich vollziehen, und wirken affirmativ oder verändernd auf diese Strukturen zurück. Erinnern wir uns kurz an einige der Wechselwirkungen, die das Verhältnis zwischen dem Betrieb und seinem wirtschaftlichen, politischen und gesellschaftlichen »Umfeld« prägen.

8.1 Betrieb und Ökonomie

In Diskussionen über »Varieties of Capitalism« steht der Zusammenhang zwischen der politischen Ökonomie eines Nationalstaates und dem Verhalten der dort tätigen Unternehmen im Mittelpunkt des Interesses. Argumentiert wird, dass es keinen »one best way« kapitalistischer Entwicklung geben könne, weil Unterschiede zwischen verschiedenen (»liberalen« oder »koordinierten«) Kapitalismusvarianten fortwirkten und die Praktiken von ortsansässigen Unternehmen der diesen »Kapitalismen« jeweils inhärenten Logik folgten und diese reproduzierten. Insofern thematisieren auch diese Debatten Grenzen von Homogenisierung, doch der hier erprobte Ansatz geht in zweierlei Hinsicht über diese Argumentation hinaus: Zum einen wird die zentrale Annahme einer einseitigen Kausalbeziehung des Typs »strategy follows structure«, wie sie etwa Hall und Soskice (2001, 15) formulieren, verworfen. Zum anderen wird demonstriert, dass innerhalb einer politischen Ökonomie und sogar innerhalb einer Branche (wie dem Softwaresektor) nicht nur ein einziger optimal angepasster Unternehmenstyp, sondern Firmen mit unterschiedlichen Geschäftsmodellen Platz haben, die zudem keineswegs ausschließlich und umfassend durch ihren Herkunftskontext geprägt sind.

Was zunächst das Verhältnis zwischen Betrieb und »wirtschaftlichem Umfeld« betrifft, so konnte anhand des empirischen Materials gezeigt werden, dass Letzteres durchaus keinen stabilen Rahmen für betriebliches Handeln darstellt. Vielmehr handelt es sich um ein hochdynamisches Kraftfeld, das nicht zuletzt durch die Strategien und Aktivitäten der vor Ort miteinander kooperierenden und konkurrierenden Unternehmen konstituiert wird. Diesen Umstand haben DiMaggio und Powell schon 1983 mit ihrem Konzept der »Organisationsfelder« zu fassen gesucht. Jüngere Studien hingegen sehen oft darüber hinweg, dass der einzelne Betrieb nicht vor der stabilen Kulisse einer bestimmten »Kapitalismusvariante« agiert, sondern permanent an der Reproduktion seines ökonomischen Umfeldes mitwirkt, wobei Reproduktion explizit nicht nur die Herstellung und Aufrechterhaltung, sondern gerade auch die Weiterentwicklung von Regulierungsstandards beinhaltet (Kapitel 2.1). So konnte etwa gezeigt werden, dass die beiden Samplefirmen aktiv zur Herausbildung jeweils ortsgebundener »Branchenstandards« beitragen – etwa indem das Management strategische Entscheidungen über die Ausgestaltung von Gehältern, Beschäftigungsverhältnissen, Qualifizierungsmöglichkeiten oder Karrierewegen trifft. Zugleich treten solche Standards dem Betrieb jedoch als »objektive« (und durch einzelne Unternehmen scheinbar kaum zu beeinflussende) Rahmensetzung gegenüber, an der sich orientieren muss, wer Arbeitskraft rekrutieren bzw. dauerhaft binden will. Nur diesen zweiten Wirkzusammenhang thematisieren Studien zu »Varieties of Capitalism«, wenn sie einseitig die Prägung von Unternehmen durch ihr polit-ökonomisches Umfeld betonen. Zwar enthält das empirische Material zahlreiche Belege dafür, dass die Formen betrieblicher Arbeitskraftnutzung, die Firmen zum Beispiel in einer IT-Metropole wie Bangalore realisieren können, direkt von den Standards der örtlichen Softwarebranche abhängen (»strategy follows structure«) – doch Letztere werden offenkundig durch die Praktiken zahlreicher Einzelunternehmen erst konstituiert (»structure follows strategy«).

Erinnern wir uns: Die hohe räumliche Konzentration von Softwarefirmen und die Entscheidung zahlreicher (vor allem westlicher) Unternehmen, eher in kurz- oder mittelfristiger Perspektive in Bangalore zu investieren, statt sich langfristig auf diesen Standort festzulegen, führte zur Herausbildung eines spezifischen Musters von Arbeitskraft-Mobilität, auf das auch die Samplefirmen ihre konkreten Formen von Personaleinsatz ausrichten müssen. Dieses Muster beinhaltet einerseits, dass *biographische* Mobilität von IT-Spezialist/innen (in Form von Langstreckenumzügen) vorausgesetzt und Arbeitskraft entsprechend aus ganz Indien rekrutiert werden kann, weil Softwarefirmen nur in wenigen IT-Metropolen attraktive Arbeitsplätze anbieten. Andererseits ist *alltägliche* Mobilität innerhalb einer Stadt wie Bangalore gerade deshalb nur eingeschränkt möglich, weil das enorme megastädtische Wachstum in Folge des IT-Booms mit einer scharfen Fragmentierung und Polarisierung städtischen Raums und einer chronischen Überlastung der Verkehrsinfrastruktur einhergeht. Unter diesen Bedingungen einer (scheinbar unveränderlichen, weil »objektiv« gegebenen, aber faktisch aus der Kumulation einzelbetrieblicher Regulierungspraktiken resultierenden) Struktur räumlicher Mobilität muss das Management jeder einzelnen Softwarefirma in Bangalore sich mit bestimmten Formen von Arbeitskraftnutzung begnügen: Langstrecken-Dienstreisen zu Kunden oder Partnerunternehmen sind unmöglich, und selbst die alltägliche Fahrt zwischen Wohn- und Arbeitsort muss durch firmeneigene Shuttlebusse erleichtert werden, um staubedingten Arbeitsausfall zu reduzieren – womit man sich umgekehrt der Möglichkeit beraubt, Beschäftigte bei kurzfristig anfallender Mehrarbeit »ein paar Minuten länger« im Unternehmen zu halten, weil diese an starre Busfahrzeiten gebunden sind. In Deutschland hingegen existieren keine IT-Hubs, weil Softwarefirmen sich (ähnlich wie Großunternehmen anderer Branchen) in weit geringerem Maße als in Indien in bestimmten Städten oder Regionen konzentrieren. Dies verweist auf grundlegend andere Bedingungen von Zeit-Raum-Verdichtung, doch ist keine eindeutige Kausalbeziehung zu identifizieren: Entscheiden sich Unternehmen für relativ gleichmäßig über das Land verteilte Standorte, weil eine gut ausgebaute Verkehrsinfrastruktur es Beschäftigten erlaubt, alltäglich von ihren teilweise weit entfernten Wohnorten zum Arbeitsplatz zu pendeln (»strategy follows [infra-] structure«) – oder hat staatliche Verkehrspolitik (etwa durch forcierten Autobahnbau) dafür gesorgt, dass Unternehmen trotz ihrer Entscheidung für »strukturschwache« Regionen nicht von Arbeitskraft abgeschnitten sind bzw. in urbanen Zentren auf Arbeitskraft zugreifen können, deren Reproduktion (anders als in Bangalore) gerade nicht durch explodierende Lebenshaltungskosten in einer »Megastadt« verteuert wird (»structure follows strategy«)? Offenkundig ist räumliche Mobilität also durch komplexe Wechselwirkungen zwischen ökonomischer Struktur und betrieblicher Praxis geprägt.

Diese Wechselwirkungen kommen auch in der Arbeitsmarktdynamik zum Ausdruck, die im indischen Softwaresektor durch die Dominanz kurzfristiger, im deutschen Softwaresektor hingegen eher durch langfristige Beschäftigung gekennzeichnet ist. In diesem Fall haben die Rekrutierungs- und vertraglichen Bindungspraktiken zahlreicher Einzelunternehmen zur Herausbildung eines jeweils »standortspezifischen« Branchenstandards geführt, an dem Softwarefirmen ihre Formen von Arbeitskraftnutzung ausrichten müssen. Erinnert sei etwa an die weitgehend vergeblichen Bemühungen beider Samplefirmen in Bangalore, indische Arbeitskraft langfristig zu halten. Zudem führte die Kumulation der Strategie vieler einzelner Firmen, Konkurrenten um knappe Arbeitskraft monetär zu überbieten, zur Herausbildung eines stetig steigenden Branchenstandards für Software-Gehälter, der wiederum maßgeblich zur Erhöhung der Kosten für IT-spezifische Lebensführung beitrug – und beidem muss die Gehaltsgestaltung selbst in jenen Unternehmen Rechnung tragen, in denen der indische Standort vor allem zur Senkung von Lohnkosten beitragen soll. Demnach, so ein zentrales Ergebnis dieser Untersuchung, konterkarieren verallgemeinerte Unternehmensstrategien von Arbeitskraftnutzung nicht selten die Strategien des einzelnen Betriebes, etwa wenn die Konkurrenz von Softwarefirmen um einschlägig qualifizierte Arbeitskraft in Indien deren langfristige Bindung an ein Unternehmen erschwert.

Ein wichtiger Ertrag des hier erprobten konzeptionellen Zugriffs liegt also darin, dass er zum einen das »wirtschaftliche Umfeld« eines Betriebs nicht als »unveränderlich« (weil einer spezifischen »Kapitalismusvariante« eingeschrieben) behandelt, sondern den Blick auf seine aktive Herstellung, Aufrechterhaltung und Weiterentwicklung lenkt. Zum anderen wird die Anpassung von Betrieben an ihr ökonomisches Umfeld hier nicht per definitionem als »optimal« vorausgesetzt, sondern empirisch analysiert. Für die Samplefirmen konnte so belegt werden, dass sich trotz der aktiven Beteiligung betrieblicher Akteure an der Etablierung und Veränderung von Regulierungsstrukturen die Bemühungen dieser Unternehmen um eine Anpassung an die daraus resultierenden Branchenstandards konfliktträchtig gestalten und nicht notwendigerweise (dauerhaft) erfolgreich sind.

Der zweite Punkt, in dem der hier erprobte Ansatz über viele Debatten zu »Varieties of Capitalism« hinausgeht, betrifft das Problem der Binnendifferenzierung. Um die Prägung von Firmenhandeln durch eine bestimmte »Kapitalismusvariante« zu belegen, werden meist Firmen der dort »dominierenden Branchen« angeführt. Die vorliegende Studie ergab jedoch, dass innerhalb einer politischen Ökonomie und selbst innerhalb einer einzigen Branche (wie dem Softwaresektor) Unternehmen mit sehr unterschiedlichen Geschäftsmodellen anzutreffen sind. Zudem können diese Geschäftsmodelle nicht umstandslos aus der regionalen Herkunft eines Unternehmens abgeleitet werden, sondern sind (unter Bedingungen zunehmend grenzüberschreitender Wirtschaftsaktivitäten) maßgeblich durch dessen sozialräumlichen Operationskontext beeinflusst, der mit dem Herkunfts-, aber durchaus auch mit dem Niederlassungskontext zusammenfallen kann (Kapitel 2.2.2).

Was zunächst die Binnendifferenzierung der Unternehmenslandschaft betrifft, so kommt sie im Falle Indiens bereits darin zum Ausdruck, dass der formelle Sektor, zu dem neben dem öffentlichen Dienst vor allem privatwirtschaftlich organisierte Großunternehmen (wie etwa Softwarefirmen) gehören, nur eine Minderheit der Erwerbsbevölkerung umfasst und sich zum Beispiel in Hinblick auf Gehälter, Beschäftigungsverhältnisse, soziale Sicherung und arbeitsrechtliche Regulierung markant vom informellen Sektor unterscheidet. Ist die politische Ökonomie Indiens also durch Softwarefirmen, durch slumbasierte Textil-Sweatshops und Haushaltsdienste oder durch Landwirtschaft geprägt? Unter Bedingungen eines derart hochfragmentierten Wirtschaftssystems stellt sich die Frage, welche Branchen »typisch«, »dominierend« oder »stilgebend« für die politische Ökonomie eines Landes sind und nach welchen Kriterien man dies entscheidet, mit größerer Dringlichkeit. Zudem ist ihre Beantwortung offenkundiger ideologisch motiviert als etwa in Deutschland – doch das theoretische Grundproblem stellt sich für beide Länder gleichermaßen (Kapitel 2.1).

Hinzu kommt, dass selbst die relativ überschaubare Softwarebranche durch die Ko-Existenz mindestens zweier dominierender Geschäftsmodelle geprägt ist: Die unterschiedliche Funktionslogik von Produktherstellung und Service-Erbringung durchzieht das gesamte empirische Material und erwies sich als eine wichtige Grenze der Homogenisierung von betrieblicher Arbeitskraftnutzung. Dies konnte etwa in Hinblick auf die Transnationalisierungswege der Samplefirmen demonstriert werden: Damit die indische Niederlassung der deutschen Produktfirma G-Pro einen nützlichen Beitrag zur »verteilten Entwicklung« von Softwarepaketen leisten kann, muss sie eng in die Arbeitsprozesse des Mutterhauses eingebunden sein und vergleichbare Aufgaben in eigener Verantwortung erledigen. Die deutsche Niederlassung der indischen Servicefirma I-Serve hingegen übernimmt im Rahmen des »Offshoring-Modells« mit Projektakquise und Kundenbetreuung strukturell andere Aufgaben als das Mutterhaus, wo ein Großteil der Programmierung stattfindet. Selbst die grundsätzlich bei beiden Firmen feststellbaren Standardisierungstendenzen entfalten je nach Geschäftsmodell unterschiedliche Wirkung. Verteilte Entwicklung bei G-Pro erfordert »Produktstandardisierung«: Die Module der Software sind von relativ ähnlicher Komplexität und werden parallel an verschiedenen Standorten entwickelt; daher müssen die Schnittstellen klar definiert und Aufgaben, Verantwortung und Einfluss zwischen den beteiligten Standorten in verschiedenen Weltregionen möglichst gleichmäßig verteilt sein. Bei I-Serve hingegen wird »Prozessstandardisierung« (im Sinne einer Standardisierung von Aufgabenzuschnitt, Arbeitsprozessen, Qualität und Leistung pro Zeiteinheit) angestrebt. Dies ist für die Kostenkalkulation jedes einzelnen Projektes unerlässlich, stellt eine Voraussetzung für den flexiblen Einsatz von Beschäftigten in rapide wechselnden, mit unterschiedlichen Technologien, Aufgaben und Kundenbranchen befassten Projekten dar und dient der Gewinnung von Kunden, die von externen (zumal indischen) Dienstleistern eine im Detail planbare, messbare und kontrollierbare Leistung erwarten. Insofern ist es auf grundlegende Unterschiede zwischen den Geschäftsmodellen zurückzuführen, dass der Standardisierung von Arbeitsprozessen, der kleinteiligen Untergliederung von Arbeitsaufgaben und der detaillierten Prozesskontrolle durch Vorgesetzte bzw. Kunden in der Servicefirma unseres Samples sehr viel größere Bedeutung beigemessen wird als in der Produktfirma.

Dass Arbeitende bei G-Pro als »Kolleg/innen«, bei I-Serve hingegen als »Ressourcen« bezeichnet werden, bringt diesen markanten Unterschied in den Standardisierungszielen des Managements prägnant zum Ausdruck. Die konkret realisierten Formen betrieblicher Arbeitskraftnutzung, so ein zentrales Ergebnis der empirischen Analyse, lassen die indische Niederlassung von G-Pro allerdings (etwa in Hinblick auf Gehälter, Anforderungsprofile, Qualifikationsentwicklung und Karrierechancen) eher als Kompromiss zwischen den Standards des deutschen Mutterhauses dieser Produktfirma und der indischen Servicefirma I-Serve erscheinen. Der Ertrag des hier erprobten Ansatzes besteht demnach nicht nur in der Identifizierung *zweier* dominierender Geschäftsmodelle im Softwaresektor, sondern vor allem im empirischen Nachweis, dass diese Geschäftsmodelle die Formen betrieblicher Arbeitskraftnutzung zwar mitprägen, diese aber keineswegs vollständig determinieren, weil Firmenstrategien nicht mit betrieblicher Praxis gleichzusetzen sind.

Dies verweist bereits auf das Problem, dass Geschäftsmodelle speziell im Falle transnational operierender Unternehmen nicht (wie in Debatten über »Kapitalismusvarianten« üblich) direkt aus deren regionaler Herkunft abgeleitet werden können, weil sie durch Einflüsse verschiedener sozialräumlicher Operationskontexte geprägt sind (zu ähnlichen Befunden anderer Studien siehe Kapitel 2.2.2). Zweifellos verweist der Umstand, dass in der Softwarebranche die Hersteller von hochwertiger Standardsoftware in ihrer überwiegenden Mehrheit aus den »Zentren«, die am stärksten expandierenden Erbringer von Softwaredienstleistungen hingegen aus der »Semiperipherie« kapitalistischer Wirtschaft stammen, auf die Prägekraft des Herkunftskontextes, auf der die These einer fortdauernden Differenz zwischen verschiedenen »Kapitalismusvarianten« letztlich beruht. Doch einerseits verlaufen die wichtigsten Trennlinien in der Softwarebranche damit gerade nicht zwischen deutschen und US-amerikanischen Produzenten von Standardsoftware, die eigentlich durch den »koordinierten deutschen« bzw. »liberalen US-Kapitalismus« geprägt sein sollten – das Spektrum relevanter »Kapitalismusvarianten« erweitert sich demnach, sobald man die weit verbreitete Beschränkung auf Europa und die USA überwindet. Andererseits verdeutlicht der Befund, dass Formen betrieblicher Arbeitskraftnutzung bei der indischen Niederlassung von G-Pro in vieler Hinsicht einen Kompromiss zwischen den Standards des deutschen Mutterhauses und den Standards umsatz- und personalstarker indischer Servicefirmen darstellen, wie ungenügend ein alleiniger Fokus auf die im Herkunftskontext formulierten Unternehmensstrategien bleiben muss. Immerhin hängt deren Umsetzung in hohem Maße von den konkreten Bedingungen ab, mit denen Unternehmen vor Ort konfrontiert sind. Welche Funktion eine deutsche Produktfirma wie G-Pro ihrer indischen Niederlassung formell zuweist, mag neben der Funktionslogik verteilter Entwicklung von Standardsoftware durchaus den strategischen Zielen der Firmenleitung geschuldet sein, die durch Standards betrieblicher Arbeitskraftnutzung in Deutschland geprägt sind, wie Vertreter des »Varieties of Capitalism«-Ansatzes argumentieren würden. Immerhin strebt G-Pro auch in der indischen Niederlassung dauerhafte Beschäftigung, eine spezialisierte Vertiefung von Qualifikation und einen Verzicht auf hierarchisch gegliederte Karrierewege an, wie sie im deutschen Mutterhaus vorherrschen. Welche Arbeiten hingegen tatsächlich nach Indien verlagert und welche Formen betrieblicher Arbeitskraftnutzung vor Ort realisiert werden können, ist eine gänzlich andere Frage. Erinnert sei etwa daran, dass die Fluktuationsraten bei der indischen Niederlassung von G-Pro sehr viel höher sind als im deutschen Mutterhaus, was eine langjährige spezialisierte Vertiefung von Qualifikation verhindert, zumal viele Beschäftigte ohnehin eher Breite und regelmäßige formale Beförderungen wünschen, um sich möglichst viele Erwerbsoptionen offen zu halten. Entsprechend muss das G-Pro-Management in Indien Arbeitspakete enger zuschneiden, damit relativ unerfahrene Beschäftigte sie bewältigen können, ihre Bearbeitung systematischer und engmaschiger kontrollieren als im Mutterhaus, zumal gegenüber der jugendlichen, schnell wechselnden indischen Belegschaft kein vergleichbares Maß von Arbeitsintensivierung durchzusetzen ist, und sogar zusätzliche, im Arbeitsprozess funktionslose »Dienstränge« einführen, um Wünschen nach formalem Aufstieg zu entsprechen.

Nun könnte man einwenden, zumindest das deutsche Mutterhaus von G-Pro könne (gemäß der »Varieties«-Logik) trotz alledem ein »typisch deutsches« Unternehmen sein, doch dies verkennt die Wechselwirkungen zwischen betrieblicher Arbeitskraftnutzung in Mutterhaus und Niederlassungen, die das empirische Material durchziehen: Offenkundig beeinflussen strategische Präferenzen der Firmenleitung die Standards von Arbeitskraftnutzung in der indischen G-Pro-Niederlassung, selbst wenn sie nicht eins zu eins umgesetzt werden können – doch auch umgekehrt werden die Standards des Mutterhauses durch Neuorientierungen verändert, die in der indischen Niederlassung teilweise durch Anpassung an den dortigen Operationskontext erzwungen werden. So wurde zum Beispiel bei G-Pro India ein stringenteres Qualitätsmanagement erprobt, das den Spielraum für individuelle Aufgabenbearbeitung deutlich begrenzt – und die damit verbundenen Prozessvorgaben sollten (zum Zeitpunkt der Interviews) auf das deutsche Mutterhaus übertragen werden, obwohl sie dortigen Traditionen von Arbeitskontrolle diametral zuwiderliefen. Das konfliktreiche Zusammenwirken der Einflüsse von Herkunfts- und Niederlassungskontext dürfte demnach personalpolitische Strategien und Praktiken in transnational operierenden Unternehmen insgesamt verändern und allzu einfache Annahmen über die Kongruenz zwischen Herkunftskontext und Geschäftsmodell ad absurdum führen. Diese Erkenntnis ist nicht neu (man denke etwa an ältere Studien zur »Hybridisierung« transnationaler Unternehmenspolitik), wird aber durch die Fokussierung auf betriebliche Arbeitskraftnutzung nachdrücklich bestätigt.

8.2 Betrieb und Staat

Politische Regulierung spielt in international vergleichenden Studien zu »Varieties of Capitalism« und insbesondere zu »Wohlfahrts(staats)regimen« eine zentrale Rolle. Bei Hall und Soskice (2001, 6f.) finden sich unter den insgesamt fünf Sphären, in denen Firmen Beziehungen eingehen müssen, um Koordinationsprobleme zu lösen, etwa industrielle Beziehungen (als Sphäre der Verhandlung über Löhne und Arbeitsbedingungen mit Belegschaft, Gewerkschaften und anderen Firmen), das System beruflicher Aus- und Weiterbildung und die Beziehungen zu den Beschäftigten.[2] Staatseinflüsse sind hier allgegenwärtig, denn zum Beispiel in Deutschland sind industrielle Beziehungen durch Gesetze (wie das Betriebsverfassungsgesetz) geregelt, berufliche Bildung findet parallel in Betrieb und staatlichen Berufsschulen statt, und die Beziehungen zwischen Kapital und Arbeit sind nicht zuletzt durch Arbeitsrecht sowie durch (bislang vorwiegend staatlich getragene) Systeme sozialer Sicherung geprägt. Staatliche Regulierung erscheint in Studien zu »Varieties of Capitalism« allerdings (ähnlich wie das ökonomische Umfeld eines Betriebes) als Bestandteil eines relativ stabilen Rahmens, in dem Betriebe agieren – Veränderungen finden zwar statt, werden aber entsprechend der Eigenlogik der jeweiligen (»koordinierten« oder »liberalen«) politischen Ökonomie verarbeitet und verstärken somit letztlich deren spezifischen Charakter. Ganz ähnliche Annahmen liegen Studien zugrunde, deren Fokus auf »Wohlfahrtsstaatsregime« gerichtet ist. Bei Esping-Andersen (1990) zum Beispiel wird jenen Regimen nicht weniger

2 Darüber hinaus werden »corporate governance« (also das Verhältnis von Firmen zu Investoren) und »inter-firm relations« zu Kunden und Zulieferern erwähnt.

Stabilität attestiert als den »Kapitalismusvarianten« bei Hall und Soskice. »Liberale«, »konservative« und »sozialdemokratische Wohlfahrtsstaatsregime« (die wiederum sämtlich in Europa und den USA beheimatet sind) haben sich im späten 19. Jahrhundert herausgebildet, und viele Studien widmen sich dem Nachweis, dass aktuelle Sozialpolitik seit diesem Zeitpunkt im Wesentlichen bestehende Strukturen reproduziert. Der (kollektive) Akteur, auf den sich das Interesse konzentriert, ist hier nicht das Unternehmen, sondern das anonyme »Wohlfahrtsstaatsregime« selbst, das (weitgehend unbeeinflusst durch Präferenzen und Machtressourcen heutiger politischer, ökonomischer oder gesellschaftlicher Akteure) zum Beispiel jeweils spezifische Möglichkeiten hervorbringt, phasenweise (bei Krankheit, Arbeitslosigkeit oder im Alter) auch ohne Erwerbsarbeit soziale Absicherung zu erlangen. Obwohl derlei Studien meist nicht auf der Betriebsebene ansetzen, ist damit ein wesentlicher Einfluss auf die Beziehungen zwischen Unternehmen und Beschäftigten angesprochen, für die sich etwa Hall und Soskice interessieren. Daher kann eine gewisse Einigkeit in der Forschung darüber vorausgesetzt werden, dass Zusammenhänge zwischen dem System sozialer Sicherung und der im weiteren Sinne politischen Ökonomie eines Nationalstaates bestehen und dass beide Einfluss auf betriebliche Arbeitsgestaltung nehmen.

Der hier erprobte Ansatz geht nun in zweierlei Hinsicht über diesen impliziten Konsens hinaus: Zum einen macht die Fokussierung auf betriebliche Arbeitskraftnutzung deutlich, dass deren politische Regulierung ein sehr viel weiteres Spektrum von Aspekten umfasst als gemeinhin thematisiert wird, wobei formale politische Vorgaben nicht unbedingt mit der Praxis politischer Regulierung gleichzusetzen sind. Zum anderen tritt die Dynamik politischer Regulierung zu Tage, weil vielfältige Wechselwirkungen zwischen Staatseinfluss und betrieblicher Arbeitskraftnutzung sichtbar werden: Betriebe müssen sich an die politischen Regulierungsstrukturen und -praktiken in ihrem jeweiligen Operationskontext anpassen, nehmen jedoch umgekehrt auch direkten Einfluss auf ihr regulatorisches Umfeld, das hierdurch sehr viel weniger stabil erscheint als die Rede von weitgehend festgefügten, sich selbst reproduzierenden »Wohlfahrtsstaatsregimen« oder »Kapitalismen« nahelegt.

Was die Reichweite und Ausgestaltung politischer Regulierung betrifft, so hat die Fokussierung auf betriebliche Arbeitskraftnutzung den Vorteil, ein sehr viel weiteres Spektrum staatlicher Einflussnahme erkennbar zu machen, als es Studien zu »Kapitalismusvarianten« oder »Wohlfahrtsstaatsregimen« gemeinhin thematisieren.

Teilweise bestätigt die Analyse des empirischen Materials die Bedeutung von breiter diskutierten Aspekten – dies gilt etwa für den Einfluss des (beruflichen) Ausbildungssystems auf betriebliche Personaleinsatzstrategien. Doch selbst in solchen Fällen konnten neue Facetten politischer Regulierung herausgearbeitet werden. So wurde etwa deutlich, dass die untersuchten Softwarefirmen zwar (wie viele Unternehmen, die vorwiegend hoch qualifizierte Angestellte beschäftigen) selbst in Deutschland als dem Kernland der dualen Berufsausbildung ausschließlich Hochschulabsolvent/innen rekrutieren, dass aber auch deutsche Studiengänge (zumindest bis zur Umstellung im Rahmen des Bologna-Prozesses) systematisch Grundlagen für jene spezialisierte Vertiefung von Qualifikation schufen, auf die G-Pro (wie viele deutsche Unternehmen) setzt. Immerhin war im Rahmen von Diplomstudiengängen in den Naturwissenschaften oder der Informatik durchaus eine mehrjährige intensive Befassung mit einem bestimmten Gegenstandsbereich möglich. Die Besonderheit dieser Studienstruktur erschließt sich etwa mit Blick auf das indische Hochschulsystem, wo die scharfe Trennung zwischen Bachelor- und Masterstudiengängen dazu führt, dass die weitaus meisten Studierenden, die mit dem Bachelor die Universität verlassen, breitere, aber weniger tiefe Qualifikationen erwerben, als es für ihre deutschen Kommiliton/innen bislang üblich war. Bedenkt man zudem, dass der Berufseinstieg von Ingenieur/innen verschiedenster Fachrichtungen in Indien aufgrund der Massenrekrutierungen durch Softwarefirmen meist mit einer kompletten fachlichen Neuorientierung verbunden ist, so wird offenkundig, dass die Präferenz von I-Serve für Qualifikationsverbreiterung nicht nur auf das Geschäftsmodell oder die Funktionslogik von Software-Dienstleistungen, sondern auch auf den Charakter der in Indien verfügbaren IT-relevanten Qualifikationen zurückzuführen ist, den das (vorwiegend) staatliche Hochschulsystem maßgeblich beeinflusst.

Darüber hinaus bestätigte die empirische Analyse betrieblicher Arbeitskraftnutzung die Bedeutung sozialer Sicherungssysteme, auf deren historische Genese Studien zu »Wohlfahrtsstaatsregimen« ihr Hauptaugenmerk richten. Allerdings konnte nachgewiesen werden, dass sich deren Einfluss keineswegs darauf beschränkt, dass die deutsche Sozialversicherung Beschäftigten die Möglichkeit eröffnet, in klar definierten Ausnahmefällen und für eine festgelegte Zeitspanne auf den Verkauf der eigenen Arbeitskraft zu verzichten, obwohl dies unzweifelhaft einen wichtigen Unterschied zur indischen Konstellation markiert. Vielmehr wurde argumentiert, dass ein soziales Sicherungssystem, das staatlich garantierte Rechte (wie Kündigungsschutz) und Transferleistungen (wie Arbeitslosenunterstützung oder Rente) systematisch mit der zeitlichen Dauer von Beschäftigungsverhältnissen und teilweise sogar mit der Betriebszugehörigkeit verknüpft, nicht nur die erwähnten »Exit-Optionen« schafft, sondern auch innerbetriebliche Standards von Arbeitskraftnutzung prägt. Man erinnere sich etwa an die bemerkenswerte Stabilität von Beschäftigungsverhältnissen im deutschen Mutterhaus von G-Pro, die in vieler Hinsicht erst die Voraussetzungen für eine Qualifizierungsstrategie der langjährigen spezialisierten Vertiefung schafft.

Schließlich gerieten durch die Fokussierung auf betriebliche Arbeitskraftnutzung jedoch auch Aspekte politischer Regulierung in den Blick, deren Einfluss auf die Gestaltung von Arbeit und Beschäftigung in Studien zu »Wohlfahrtsstaatsregimen« oder »Kapitalismusvarianten« kaum thematisiert wird. Zu denken ist hier etwa an staatliche Arbeitszeitgesetze. Diese spielen selbst in arbeitssoziologischen Analysen der Softwarebranche meist keine Rolle, da dort in Deutschland wie in Indien kaum Betriebsräte existieren, die gesetzliche Arbeitszeitbegrenzungen durchsetzen könnten. Entsprechend gelten Softwarefirmen als Hort exzessiver, von Beschäftigten in Reaktion auf scheinbar »objektiven« Termindruck »selbstverantwortlich« geleisteter Mehrarbeit, die Glißmann und Peters (2001) als Ausdruck von Managementstrategien interpretieren, die »mehr Druck durch mehr Freiheit« erzeugen. Betrachtet man den Betrieb jedoch, wie hier vorgeschlagen, als Brennspiegel, in dem sich unternehmerische Personaleinsatzstrategien und ortsgebundene Standards von Arbeitskraft-(Re-)Produktion bündeln, tritt die Bedeutung staatlicher Arbeitszeitgesetze viel klarer hervor. Immerhin geben viele deutsche Befragte an, das Büro zu einem bestimmten Zeitpunkt verlassen zu müssen, weil sie Einkäufe erledigen oder ihre Kinder aus Betreuungseinrichtungen abholen müssen. Anders als in Indien, wo Geschäftszeiten meist deutlich länger sind und zudem ein Heer von Dienstboten bereit steht, um derlei Aufgaben zu übernehmen, spielen demnach in Deutschland die Dauer und Lage von Arbeitszeiten in jenen Dienstleistungsbereichen, die zur Reproduktion von Arbeitskraft beitragen, eine nicht zu vernachlässigende Rolle für die zeitliche Gestaltung von IT-Arbeit. Zu guter Letzt konnte demonstriert werden, wie direkt sich staatliche Infrastrukturpolitik und Raumplanung auf betriebliche Arbeitskraftnutzung auswirken, weil sie die Bedingungen und Kosten der Reproduktion von Arbeitskraft beeinflussen. Erinnert sei etwa an die sehr unterschiedlichen Bedingungen von Zeit-Raum-Verdichtung in Deutschland und Indien, die nicht nur Wege- und Arbeitszeiten, sondern auch die Kosten von Wohnraum in jeweils »relativer Nähe« zu IT-Arbeitsplätzen und sogar die gesellschaftliche Arbeitsteilung zwischen (lokal oder gar transnational) mobilen Männern und örtlich weitgehend auf den Reproduktionsmittelpunkt festgelegten Frauen prägen.

Der Ertrag der vorliegenden Studie besteht jedoch nicht nur darin, mehr und andere Einflüsse politischer Regulierung aufgezeigt zu haben. Vielmehr wurde durch die Fokussierung auf betriebliche Arbeitskraftnutzung auch erkennbar, dass die jeweils ortsgebundenen Standards politischer Regulierung durch das konfliktreiche Zusammenwirken von politischen Vorgaben (etwa in Form von Gesetzen) und deren Aneignung durch Betriebe und Beschäftigte geprägt sind. Immerhin ergab die Analyse des empirischen Materials, dass die Existenz von Gesetzen nicht unbedingt mit der Praxis politischer Regulierung gleichzusetzen ist. Zum einen ist man in Indien mit dem Umstand konfrontiert, dass viele bestehende Gesetze (etwa im Bereich des Arbeitsrechts) explizit nicht auf die Softwarebranche angewendet werden, während umgekehrt in beiden Samplefirmen Arbeitszeiten stärker begrenzt und mehr bezahlte Urlaubstage gewährt werden als gesetzlich vorgeschrieben. Zum anderen orientiert sich speziell das Produktunternehmen G-Pro in Deutschland unverkennbar an Standards, die für die Softwarebranche formal keine Gültigkeit haben – die Zunahme von Urlaubstagen mit dem Lebensalter oder von Kündigungsfristen mit der Beschäftigungsdauer zum Beispiel sind zwar in vielen Branchentarifverträgen festgeschrieben, gelten aber eigentlich nicht für Softwarefirmen wie G-Pro, dessen Management eine Tarifbindung sogar explizit ablehnt. Selbst deutsche Beschäftigte von I-Serve brachten ihre Unzufriedenheit mit dortigen Urlaubsregelungen interessanterweise unter Verweis auf derlei Standards zum Ausdruck, ohne sich bewusst zu sein, dass sie damit das Senioritätsprinzip als Kernaspekt des deutschen Regulierungsszenarios ansprachen. Demnach besteht ein weiterer Ertrag des hier erprobten Ansatzes darin, zwischen formaler Gesetzeslage und der betrieblichen Aneignung politischer Vorgaben differenzieren zu können. Besonders interessant sind dabei jene Aspekte politischer Regulierung, die wirkungsmächtig werden, *ohne* formal Gültigkeit zu haben, weil sie als Teil der »moralischen Ökonomie« (Thompson 1971) betrieblicher Akteure deren Vorstellungen von »normaler« oder »angemessener« Arbeitsgestaltung prägen.

Zudem geht der hier erprobte Ansatz insofern über die gängige Behandlung von Staatseinflüssen in Studien zu »Wohlfahrtsstaatsregimen« oder »Kapitalismusvarianten« hinaus, als er Wechselwirkungen zwischen politischer Regulierung und betrieblicher Arbeitskraftnutzung aufzeigt. Im vorstehenden Absatz ging es in erster Linie um die Identifizierung von nicht oder nicht ausreichend thematisierten Aspekten staatlicher Einflussnahme *auf* Betriebe, also um Relationen des Typs »(firm) strategy follows (political) structure«. Allerdings klang mit der Aneignung politischer Vorgaben durch betriebliche Akteure bereits an, dass damit nur eine Richtung der gegenseitigen Beeinflussung benannt ist, die das empirische Material erkennbar macht. Immerhin nehmen Betriebe umgekehrt auch direkten Einfluss auf ihr regulatorisches Umfeld, indem sie Druck auf politische Entscheidungsträger ausüben.

Deutlich wurde dies etwa im Bereich der Migrationspolitik: In Deutschland wurde die Greencard-Regelung, die eine Anwerbung ausländischer Beschäftigter mit IT-Qualifikationen erleichtern sollte, nicht zuletzt deshalb beschlossen, weil einflussreiche Unternehmen innerhalb und außerhalb der Softwarebranche über Fachkräftemangel klagten und die Bundesregierung von ihrer Situationseinschätzung überzeugen konnten. Unternehmerische Personaleinsatzstrategien (nämlich die Präferenz vieler Firmen für die Rekrutierung ausländischer Arbeitskraft) schlugen sich in diesem Fall direkt in einer Veränderung der politischen Regulierung von Migration nieder, selbst wenn dies nur eine bestimmte Zuwanderergruppe betraf. Umgekehrt reagierte das deutsche Produktunternehmen G-Pro auf die veränderte Gesetzeslage, indem es (unter anderem) zahlreiche indische Beschäftigte in das deutsche Mutterhaus holte, um sie für eine aktive Rolle bei der Etablierung und fachlichen Aufwertung der indischen Niederlassung zu qualifizieren. Die Firmenstrategie, diesem Standort im Rahmen »verteilter Entwicklung« eine mehr oder minder gleichberechtigte Funktion zuzuweisen, ist demnach zwar durchaus eine Konsequenz des Geschäftsmodells, das wiederum mit der Funktionslogik der Produktion von Standardsoftware zusammenhängt – doch ihre Implementierung wurde durch (veränderte) politische Regulierung maßgeblich erleichtert. Der enge Zusammenhang zwischen politischer Regulierung und betrieblichen Praktiken von Arbeitskraftnutzung zeigte sich erneut nach Abschaffung der Greencard: An der Funktionslogik der Produktionsprozesse hatte sich ebenso wenig geändert wie am Geschäftsmodell von G-Pro – und doch begrenzte die Firmenleitung die mittel- und langfristige Entsendung indischer Beschäftigter in das deutsche Mutterhaus nun drastisch, was in den Interviews nicht zuletzt auf die erschwerte Visa-Vergabe zurückgeführt wird und tiefgreifende Konsequenzen für transnationale Kooperationsbeziehungen hatte.

In Indien hingegen erscheint die Wechselwirkung zwischen politischer Regulierung und betrieblicher Arbeitskraftnutzung insofern gebrochen, als die (für indische Softwarefirmen) zentralen migrationspolitischen Entscheidungen nicht von der indischen, sondern von der US-amerikanischen Regierung gefällt werden. So begünstigten die wechselnden Konjunkturen US-amerikanischer Einwanderungspolitik zunächst die transnationale Migration indischer IT-Fachkräfte in die USA im Rahmen des »Bodyshopping«, später hingegen die Entstehung einer Softwarebranche in Indien, nachdem die Anforderungen für die Vergabe einer US-Arbeitserlaubnis drastisch erhöht worden waren. Die staatliche Regulierung von Arbeitskraft-(Re-)Produktion, die in der vorliegenden Studie vor allem als ortsgebundenes Phänomen diskutiert wird, nimmt in diesem Fall selbst transnationale Züge an. Da indische Softwarefirmen gegenüber der US-Regierung über relativ geringes Druckpotential verfügen, blieb ihnen hier tatsächlich nur die Anpassung an wechselnde staatliche Vorgaben – I-Serve zum Beispiel musste sein Einstiegstrainings an den Standards des US-amerikanischen »Bachelor of Science« orientieren, weil die Erteilung eines H-1B-Visums zum Zeitpunkt der Interviews einen »BS«-äquivalenten Studienabschluss voraussetzte. Der bemerkenswerte Einfluss indischer Softwarefirmen auf politische Regulierung in Indien hingegen zeigte sich nicht nur im Umbau Bangalores entsprechend der Infrastrukturbedürfnisse führender IT-Firmen, sondern auch in Steuerprivilegien, im Verzicht der Regierung auf die Anwendung indischen Arbeitsrechts oder im direkten Einfluss von (vor allem indischen) Softwarefirmen auf Lehrpläne IT-relevanter Studiengänge an staatlichen Universitäten.

Ein wichtiger Ertrag der hier erprobten Fokussierung auf betriebliche Arbeitskraftnutzung dürfte demnach darin liegen, die Dynamik des politischen »Umfelds« der untersuchten Firmen erkennbar zu machen. Indem neben betrieblichen Akteuren auch politische Akteure in den Blick genommen werden, die Unternehmensforderungen mehr oder minder weitgehend entsprechen, erscheint auch politische Regulierung nicht länger als stabile Kulisse für Firmenhandeln, sondern als dynamisches Kraftfeld, in dem verschiedene Interessen mit unterschiedlichen Machtressourcen aufeinander treffen.

8.3 Betrieb und Gesellschaft

Besonders nützlich ist der hier erprobte konzeptionelle Ansatz schließlich in Hinblick auf die Analyse von Wechselwirkungen zwischen dem Betrieb und jenen Strukturen und Praktiken, die in der vorliegenden Studie unter dem Begriff »gesellschaftliche Regulierung« zusammengefasst wurden. Damit ist vor allem die gesellschaftliche Arbeitsteilung zwischen Geschlechtern, Generationen und sozialen Schichten angesprochen. Dass diese in Studien zu »Wohlfahrtsstaatsregimen« oder »Kapitalismusvarianten« selten[3] und in der sozialwissenschaftlichen Arbeitsforschung allenfalls in Hinblick auf die geschlechtsspezifische Gestaltung von Erwerbsarbeit thematisiert wird, verweist auf zwei grundlegende konzeptionelle Probleme: Zum einen wird etwa in Debatten über »Wohlfahrtsstaatsregime« zwar der Arbeitsmarkt, aber nicht der Betrieb in den Blick genommen – dies steht in Einklang mit einer gängigen, aber analytisch problematischen disziplinären Arbeitsteilung zwischen Arbeitsmarkt- und Arbeitssoziologie, die zum Beispiel auch Studien über weibliche Erwerbsarbeit durchzieht. Zum anderen basieren Diskussionen über »Kapitalismusvarianten« darauf, dass man »das Unternehmen« oder »den Betrieb« (ähnlich wie Sozialstaaten oder politische Ökonomien) als stabilen, weitgehend selbstreferentiellen und sich selbst reproduzierenden Mikrokosmos behandelt. Mit den Beziehungen zwischen Kapital und Arbeit geraten dabei zwar durchaus potentiell konfligierende Interessen in den Blick, doch forschungsrelevant werden derlei innerbetriebliche Konstellationen nur, sofern sie sich in Unternehmenshandeln niederschlagen.

Der hier erprobte Ansatz schlägt demgegenüber in zweierlei Hinsicht neue Wege ein: Zum einen nimmt er systematisch die Wechselwirkungen

3 Versuche, die Debatten über »Varieties of Capitalism« durch Überlegungen zu Standards geschlechtsspezifischer Arbeitsteilung in verschiedenen politischen Ökonomien zu bereichern, finden sich etwa im Sonderheft »Gender, Class, and Capitalism« der Zeitschrift »Social Politics« (zu konzeptionellen Überlegungen siehe: McCall/Orloff 2005; zu geschlechtsspezifischer Berufssegregation: Estévez-Abe 2005; zu Einflüssen von Sozialpolitik auf weibliche Arbeitsmarktpartizipation: Iversen/Rosenbluth/Soskice 2005 oder Morgan 2005).

zwischen Arbeitsprozess bzw. Arbeitsorganisation (im Betrieb), Arbeitsmarktdynamik (außerhalb des Betriebs) und Beschäftigungsverhältnis (an der Schnittstelle zwischen beiden Sphären) in den Blick. Dies ist der Überlegung geschuldet, dass die vertragliche Form, in der Arbeitskraft genutzt wird, die zeitliche Perspektive, mit der dies geschieht, und die Verfügbarkeit von Beschäftigungsalternativen direkten Einfluss auf Arbeitsinhalte sowie auf die organisatorische Einbindung von Arbeitskraft haben – und umgekehrt. Zum anderen wird betriebliche Arbeitskraftnutzung nicht als Ausdruck von kohärenten (weil weitgehend durch ein bestimmtes politökonomisches oder sozialpolitisches Regime bestimmten) Firmenstrategien, sondern als Resultat des konfliktreichen Zusammenwirkens von unternehmerischen Personaleinsatzstrategien auf der einen Seite und Beschäftigtenstrategien von Arbeitskraft-(Re-)Produktion auf der anderen Seite dargestellt. Damit erscheint der Betrieb nicht länger als sich selbst reproduzierendes, nach seiner eigenen Logik funktionierendes und von der Habermas'schen »Lebenswelt« klar abgegrenztes »System«, sondern wiederum als Kraftfeld, in dem die Logiken von Produktion und Reproduktion aufeinander treffen.

Die vielfältigen Wechselwirkungen zwischen Arbeitsprozess und -organisation (im Betrieb), Arbeitsmarktdynamik (außerhalb des Betriebs) und Beschäftigungsverhältnis (an der Schnittstelle zwischen Innen und Außen), die im empirischen Teil dieser Studie herausgearbeitet wurden, belegen, wie weitgehend die formale und inhaltliche Seite von Arbeitskraftnutzung einander bedingen. Zwar war die Vertragsform in allen untersuchten Betrieben einheitlich gestaltet (sämtliche Befragten hatten unbefristete Vollzeitbeschäftigungsverhältnisse), doch andere arbeitsvertragliche Regelungen wie Vergütungshöhe und -festsetzung beeinflussen im Verein mit sehr unterschiedlichen Rechtsansprüchen auf soziale Sicherung zum Beispiel die Dauerhaftigkeit von Beschäftigungsverhältnissen, weil sie in Indien andere Bedingungen für die langfristige Reproduktion von Arbeitskraft schaffen als in Deutschland. Erinnert sei etwa daran, dass viele der deutschen Befragten sich langfristig an G-Pro binden und sich (nicht zuletzt aufgrund ihres Anspruchs auf künftige Teilhabe am Sozialeigentum in Gestalt einer den Lebensstandard sichernden Rente) mit langsamen, aber stetigen Gehaltserhöhungen zufrieden geben. In Indien hingegen existieren nur rudimentäre soziale Sicherungssysteme. Entsprechend müssen indische IT-Beschäftigte private Rücklagen bilden, um für ihr Alter vorzusorgen, und zugleich den Unterhalt ihrer Familie sichern, zu der (anders als in Deutschland) oft nicht nur Ehepartner und Kinder, sondern auch Geschwister oder die eigenen Eltern bzw. Schwiegereltern gehören, die nicht selten keine eigene Alterssicherung haben. Daher wechselten indische IT-Spezialist/innen zum Zeitpunkt der Interviews sehr häufig den Arbeitsplatz, um die mit jedem Neueinstieg verbundenen Gehaltserhöhungen zu realisieren. Die Wechselwirkungen zwischen Beschäftigungsverhältnis, Arbeitsmarktdynamik und gesellschaftlicher Arbeitsteilung (hier: zwischen den Generationen) sind in diesem Fall offenkundig. Darüber hinaus haben die in einer Belegschaft dominierenden Erwerbsperspektiven, die etwa in Fluktuationsraten zum Ausdruck kommen, maßgeblichen Einfluss darauf, ob eher selbständig oder unter detaillierter Kontrolle von Vorgesetzten gearbeitet wird, ob eher die Arbeitsintensität oder die Arbeitszeitdauer erhöht und ob Qualifikationen eher verbreitert oder vertieft werden.

Insofern bedarf es eines integrierten Blicks auf formale Beschäftigungsverhältnisse, Arbeitsinhalte, Arbeitsorganisation und Arbeitsmarktdynamik, um etwa die Schwierigkeiten der Produktfirma G-Pro mit der Übertragung von Formen betrieblicher Arbeitskraftnutzung aus dem deutschen Mutterhaus auf die indische Niederlassung erklären zu können: Der auf Langfristigkeit angelegte Zyklus der Produktion von Standardsoftware erfordert eigentlich eine dauerhafte Einbindung von Arbeitskraft, eine langjährige Spezialisierung, ein hohes Maß an Arbeitsintensivierung und eine selbstverantwortliche Arbeitsweise. Dies kollidiert jedoch offenkundig mit den Zyklen der Reproduktion von indischer IT-Arbeitskraft: Alltägliche (Re-)Produktion ist in Indien (etwa angesichts kräftezehrender Staus auf überfüllten Straßen, des hohen Lärmpegels in den Großraumbüros von Softwarefirmen und der Netzwerkaktivitäten überwiegend jugendlicher Singles in betrieblichen Kaffeeecken, die den nächsten Jobwechsel vorbereiten) eher mit Mehrarbeit als mit Arbeitsintensivierung zu verbinden. Biographische (Re-)Produktion erfordert nicht nur private Altersvorsorge, sondern auch möglichst breite Qualifikationen und vielfältige Job-Erfahrungen, um trotz der kurzfristigen Investitionshorizonte vieler IT-Firmen die eigene Erwerbsperspektive zu sichern. Standards transgenerationaler (Re-)Produktion von IT-Arbeitskraft schließlich erhöhen den Druck auf männliche Haupternährer, schnell hohe Verdienste für die erweiterte Familie zu erzielen. Entsprechend ließen indische Beschäftigte von G-Pro sich weniger dauerhaft einbinden, und Arbeitsinhalte, Kontrollformen, Aufstiegswege und Qualifizierungsstrategien mussten entsprechend umgestaltet werden. Die (durch Kurzfristigkeit bestimmte) Form von Arbeitskraftnutzung und deren fachlicher wie arbeitsorganisatorischer Inhalt bedingten sich also gegenseitig.

Dies verweist auf den vielleicht wichtigsten Ertrag des hier erprobten Ansatzes – auf die analytische »Öffnung« des Betriebes, der weder (in klassisch arbeitssoziologischer Manier) als abgeschlossener und stabiler Mikrokosmos, noch (in der Tradition von Studien zu »Kapitalismusvarianten«) als kohärent operierender »natürlicher Repräsentant« einer spezifischen politischen Ökonomie, sondern als Brennspiegel präsentiert wird, in dem sich unternehmerische Personaleinsatzstrategien und Beschäftigtenstrategien von Arbeitskraft-(Re-)Produktion bündeln. So konnte etwa anhand des empirischen Materials herausgearbeitet werden, dass die jeweils spezifische Arbeitsteilung zwischen Geschlechtern, Generationen und sozialen Schichten bei der (Re-)Produktion von Arbeitskraft maßgeblichen Einfluss darauf hat, inwiefern Unternehmen auf Männer oder Frauen, Jüngere oder Ältere, Alleinstehende oder Personen mit Paarbeziehung, Kinderlose oder Eltern zugreifen können. Auch die Frage, welchen familiären Bildungshintergrund Beschäftigte (in Hinblick auf vorberufliche Qualifikation und Sozialisation) mitbringen und ob sie im Prinzip ein Arbeitsleben lang oder nur in bestimmten biographischen Phasen für Erwerbsarbeit zur Verfügung stehen, hat direkten Einfluss auf Formen betrieblicher Arbeitskraftnutzung. Dies betrifft etwa die Gestaltung von räumlicher Mobilität, von Arbeitszeiten und fachlichen Anforderungsprofilen, von Gehältern (als Individual- oder Familienlöhne) oder von Beschäftigungs- und Karriereperspektiven.

Die Gründe, warum das Produktunternehmen G-Pro sein Ziel einer möglichst gleichberechtigt »verteilten Entwicklung« nicht realisieren konnte, sind demnach nicht zuletzt in Unterschieden zwischen deutschen und indischen Standards gesellschaftlicher Arbeitsteilung zu suchen: Im deutschen Mutterhaus arbeiten vor allem Männer zwischen 35 und 45 Jahren, deren Arbeitshaltung, Aufstiegs- und Erwerbsperspektiven durch die nach wie vor wirkungsmächtigen Normen des bundesdeutschen »Normalarbeitsverhältnisses« geprägt sind. Viele von ihnen sind seit ihrem Studienabschluss Ende der neunziger Jahre im Unternehmen tätig und delegieren (sofern sie Eltern sind) zwar den Großteil, aber keineswegs alle Reproduktionsarbeiten an die Partnerin. Die indische Belegschaft hingegen besteht vorwiegend aus Beschäftigten in ihren Zwanzigern, die (trotz der weit verbreiteten Sozialisierung in Familien des durch stabile Beschäftigungsverhältnisse geprägten »öffentlichen Sektors«) sehr viel häufiger den Arbeitsplatz wechseln als deutsche Kolleg/innen. Diese IT-Spezialist/innen, von denen fast ein Viertel weiblich ist, heiraten (anders als deutsche Beschäftigte) zu einem weitgehend standardisierten Zeitpunkt und bekommen fast durchweg wenige Jahre später die ersten Kinder. Dies führt speziell für Frauen zu einer Beschränkung räumlicher Mobilität, aber (trotz einer noch konsequenter geschlechtsspezifischen Arbeitsteilung als in Deutschland) nicht notwendigerweise zum Ausscheiden aus dem Erwerbsleben, weil Großeltern und Hausangestellte zahlreiche Reproduktionsaufgaben erledigen. Diese markanten Unterschiede zwischen deutschen und indischen Standards von Arbeitskraft-(Re-)Produktion beeinflussen nun auf vielfältige Weise betriebliche Formen von Arbeitskraftnutzung. Weil zum Beispiel die indischen Belegschaften beider Samplefirmen vorwiegend aus jungen allein stehenden Männern bestehen, können Arbeitszeiten extensiv gestaltet werden. Weil diese Beschäftigten überlange Bürotage nicht zuletzt dafür nutzen, professionelle Netzwerke zu knüpfen, und weil angesichts hoher Kosten für eine reproduktionsförderliche Freizeitgestaltung und Unterbringung oft keine umfassende alltägliche (Re-)Produktion ihrer Arbeitskraft gelingt, ist Arbeitsintensivierung selbst dann kaum durchsetzbar, wenn sie (etwa für die Herstellung von Standardsoftware) fachlich erforderlich ist. In Deutschland hingegen sind die Arbeitszeiten speziell bei G-Pro deutlich kürzer. Spontan anberaumte Mehrarbeit scheitert häufig daran, dass Väter im Rahmen der Kernfamilie zum Beispiel größere Verantwortung für die Kinderbetreuung übernehmen als ihre indischen Kollegen und dass Beschäftigte (unabhängig von ihrem Familienstand) Reproduktionsarbeiten weit seltener an Hausangestellte delegieren. Arbeitsintensivierung hingegen wird durch den langjährigen Verbleib vieler deutscher Beschäftigter in einem Unternehmen (und in einem stabilen räumlichen Umfeld) gefördert, der den Standards einer unter deutschen Männern nach wie vor weit verbreiteten »Normal-Erwerbsbiographie« entspricht. Dies macht es überflüssig, eine langfristige (Re-)Produktion von Arbeitskraft durch die zeitaufwändige Pflege unspezifischer professioneller Netzwerke inner- und außerhalb des Unternehmens zu sichern, wie sie indische IT-Spezialist/innen betreiben.

Allerdings sind nicht nur vielfältige Einflüsse gesellschaftlicher Arbeitsteilung *auf* Formen betrieblicher Arbeitskraftnutzung festzustellen – vielmehr wirkt betriebliche Arbeitskraftnutzung auch direkt auf Standards gesellschaftlicher Arbeitsteilung zurück. In den empirischen Ausführungen spielte dies vor allem in zweierlei Hinsicht eine Rolle: Zum einen verfestigt die »Verschonung« verheirateter Frauen mit Auslandseinsätzen und abendlicher Mehrarbeit sowie ihre bevorzugten Transfers an den Wohnort des Ehemannes trotz zunehmender Frauenerwerbsbeteiligung in den indischen Mittelschichten letztlich eine geschlechtsspezifische Arbeitsteilung zwischen männlichem Haupt- oder gar Alleinverdiener und weiblicher »Zuverdienerin«. Immerhin wird den dergestalt »bevorzugten« Frauen oft mangelndes berufliches Engagement nachgesagt; sie sind teilweise von betrieblicher Netzwerkbildung ausgeschlossen und erfüllen seltener oder später als männliche Kollegen die formalen oder impliziten Voraussetzungen für eine Beförderung. Dies mag erklären, warum oberhalb der Projektmanager-Ebene kaum Frauen anzutreffen sind und IT-Spezialistinnen meist weniger prestigereiche und weniger einträgliche Positionen innehaben als gleichaltrige Kollegen oder ihre eigenen Ehemänner. Die Konfrontation mit jener »glass ceiling« dürfte nicht unmaßgeblich dazu beitragen, dass viele indische Frauen bereits mit Mitte Dreißig aus der Softwarebranche ausscheiden, um sich etwa der Betreuung von Kindern, Eltern oder Schwiegereltern zu widmen, wodurch ihre Gatten (nach einer Phase ungleich verteilten Doppelverdienstes) zu Alleinverdienern werden. Zum anderen hat der Umstand, dass Softwarefirmen trotz alledem eine wachsende Zahl indischer Frauen selbst nach Heirat und der Geburt von Kindern in hoch qualifizierten Angestelltentätigkeiten beschäftigen, wo diese einen beträchtlichen Teil des Familieneinkommens erwirtschaften, zur Renaissance der erweiterten Großfamilie beigetragen, die Haushaltskonstellationen (speziell in IT-Kreisen) derzeit weit stärker prägt als in der vorhergehenden Generation. Immerhin ziehen zahlreiche »Rentnerpaare« zu ihren Kindern, um sich vor Ort um die Enkel zu kümmern, während die jungen Mütter und Väter Vollzeitstellen in Softwarefirmen bekleiden. Dies bekräftigt die Annahme, dass auch Regulierungsszenarien von Arbeitskraft-(Re-)Produktion keineswegs stabil, sondern permanenter Veränderung unterworfen sind, wozu betriebliche Formen von Arbeitskraftnutzung nicht unerheblich beitragen.

Der zu Beginn dieser Studie erwähnte Konflikt um die »kritische Viertelstunde« jedenfalls lässt sich nach Analyse des empirischen Materials besser erklären: Der Umstand, dass viele deutsche Befragte bereit sind, abends spontan ein paar Minuten länger zu bleiben, während indische Beschäftigte dies oft ablehnen, aber klaglos Nächte durcharbeiten, verweist (wie vermutet) auf Unterschiede zwischen Geschäftsmodellen und zwischen Regulierungsszenarien von Arbeitskraft-(Re-)Produktion: Zum einen wird ein kurzfristiger Austausch zwischen Projektmitgliedern in Deutschland und Indien in der Servicefirma häufiger erforderlich als in der Produktfirma, weil die enge Kooperation mit Kunden im Servicegeschäft den Planungshorizont reduziert: Projektlaufzeiten sind dort kürzer und Vorgesetzte schneiden die Aufgaben von Teammitgliedern enger zu und überwachen deren Arbeit in kürzeren Abständen, weil Projektbudgets chronisch knapp bemessen sind, häufig Zwischenevaluationen anstehen und der Kunde oft unerwartet neue Anforderungen formuliert. Entwickler in der Produktfirma hingegen arbeiten teilweise tage- oder gar wochenlang an der ihnen zugeteilten Aufgabe, bevor sie Ergebnisse vorweisen müssen. Entsprechend kommen Beschäftigte der Servicefirma weit häufiger in die Verlegenheit, sich kurz vor Feierabend zu unvorhergesehener Mehrarbeit verhalten zu müssen als die Belegschaft der Produktfirma. Zum anderen verweisen die deutschen bzw. indischen Arbeitszeitpräferenzen auf sehr unterschiedliche Standards von Arbeitskraft-(Re-)Produktion: Indische Beschäftigte bleiben ungern kurzfristig ein paar Minuten länger, weil sie (anders als deutsche Kolleg/innen) unter den spezifischen Bedingungen von Zeit-Raum-Verdichtung in Bangalore meist nicht mit dem eigenen PKW, sondern mit Shuttlebussen zur Arbeit kommen – verpasst man einen Bus, so kann sich der Beginn des Feierabends erheblich verzögern. Ihre Bereitschaft, Nächte durchzuarbeiten, scheint hingegen nicht zuletzt deshalb größer zu sein, weil sie deutlich jünger sind als deutsche Kollegen und – ob als unverheiratete Männer fern ihrer Herkunftsfamilie oder als Familienväter, deren Frauen, Eltern und Dienstboten sich um Haushalt und Kindererziehung kümmern – weniger Reproduktionsverpflichtungen haben als deutsche Kollegen, die selbst als Hauptverdiener abends und am Wochenende Verantwortung in der Kernfamilie übernehmen müssen. Der Konflikt um die »kritische Viertelstunde« wirft demnach ein grelles Schlaglicht auf jene Grenzen der Homogenisierung von betrieblicher Arbeitskraftnutzung, die sich einerseits aus den Geschäftsmodellen bzw. Transnationalisierungswegen von Unternehmen und andererseits aus der ortsgebundenen Regulierung der Produktion und Reproduktion von Arbeitskraft ergeben.

8.4 Ausblick: Dynamik von Regulierungsszenarien und Firmenstrategien

Insgesamt ermöglicht es die hier erprobte Fokussierung auf betriebliche Arbeitskraftnutzung, mit Hilfe der Analyse eines relativ eng umgrenzten empirischen Feldes eine Vielzahl komplexer Wechselwirkungen zu studieren. Es ist zu hoffen, dass künftige Untersuchungen zu anderen Branchen und anderen Regionen das analytische Potential dieses Zugriffs umfassender ausschöpfen werden als es im Rahmen einer einzelnen Studie möglich war.

Insbesondere die transnationale Perspektive, die sich daraus ergab, dass Formen betrieblicher Arbeitskraftnutzung in den Blick genommen wurden, die innerhalb eines Konzerns, aber in verschiedenen Weltregionen angesiedelt sind, hat den Blick für die Besonderheiten der jeweils vor Ort zu beobachtenden Konstellationen geschärft. Gerade weil sich in Bezug auf IT-Arbeit im sozialräumlichen Kontext Indiens andere Fragen stellen als in Deutschland, ergab sich ein Verfremdungseffekt im Brecht'schen Sinne: Indem man sich mit »fremden« Kontexten befasst, wird die Aufmerksamkeit zwangsläufig darauf gelenkt, was im eigenen Kontext nicht hinterfragt wird, weil es als selbstverständlich gilt. »Selbstverständliches« verweist jedoch stets auf »blinde Flecken« wissenschaftlicher Analyse. Daher liegt ein wesentlicher Ertrag einer transnationalen Perspektive darin, nicht nur Fremdes vertrauter, sondern auch Vertrautes fremder zu machen.

Künftiger Forschungsbedarf dürfte zudem in Hinblick auf die inhärente Dynamik von Regulierungsszenarien und Firmenstrategien bestehen. Selbst im Rahmen der hier vorgelegten arbeitssoziologischen Momentaufnahme deuteten sich in beiden Bereichen vielfältige »Sollbruchstellen« und Veränderungspotentiale an, denen nicht im Einzelnen nachgegangen werden konnte, die aber offenkundig an den konzeptionellen Grundfesten von Debatten über »Wohlfahrtsstaatsregime« und »Kapitalismusvarianten« rütteln.

Zum einen legt der Verweis auf die Dynamik von Regulierungsszenarien die Frage nach deren Ursachen nahe. Sie scheinen in den komplexen Wechselwirkungen zwischen Regulierungsstrukturen und Regulierungspraktiken zu liegen, welche die Analyse des empirischen Materials zu Tage förderte. Selbst wenn man nur *ein* Regulierungsszenario in den Blick nimmt, wäre individuellen wie kollektiven Akteuren ökonomischer, politischer und gesellschaftlicher Regulierung demnach mehr Bedeutung beizumessen als es in Diskussionen über sich selbst reproduzierende »Systeme« (seien es Wohlfahrtsstaaten oder politische Ökonomien) gemeinhin geschieht. Wird die Analyse, wie in dieser Studie, auf mehr als ein Regulierungsszenario erweitert, so muss (ganz im Sinne der Überlegungen zu »entangled histories«; Conrad/Randeria 2002) auch den Wechselwirkungen zwischen ihnen nachgegangen werden, anstatt verschiedene nationalstaatlich gefasste Konstellationen im Rahmen eines klassischen »internationalen Vergleichs« als Monaden zu interpretieren, die sich weitgehend unabhängig voneinander entlang ihrer jeweils eigenen »Pfade« entwickeln (Kapitel 2.1.2). Für die Arbeitssoziologie liegt eine solche Perspektive besonders nahe, denn die zunehmend transnationalen Aktivitäten von Wirtschaftsunternehmen provozieren geradezu die Frage, wie sich die Arbeitswelt verändert, wenn »Wohlfahrtsstaatsregime« oder »Kapitalismusvarianten« im Rahmen der viel berufenen »(Standort-)Konkurrenz« durch Annäherung aneinander oder Abgrenzung voneinander ihre Attraktivität für Investoren zu erhöhen suchen. Die empirischen Befunde sprechen jedenfalls für die Vermutung, dass Regulierungsszenarien von Arbeitskraft-(Re-)Produktion Veränderungen unterworfen sind – durch wechselhafte ökonomische Konstellationen, durch politische Zugeständnisse an Investoren oder durch die Beseitigung alter und Erschließung neuer Erwerbsoptionen, die Standards gesellschaftlicher Arbeitsteilung beeinflussen. Es braucht daher neue analytische Werkzeuge, um derlei transnationale Wechselwirkungen »greifen« zu können.

Zum anderen enthält das empirische Material zahlreiche Hinweise auf eine erhebliche Dynamik transnationaler Unternehmensstrategien. Offenkundig reicht eine arbeitssoziologische Momentaufnahme auch hier nicht aus, um längerfristige Veränderungstendenzen zu analysieren. Deutlich wurde jedoch immerhin, dass man die Samplefirmen nicht umstandslos als Repräsentanten einer spezifischen »Kapitalismusvariante« interpretieren kann, weil sie zwar in mancher Hinsicht durch ihren Herkunftskontext geprägt sind, in die konkrete Formulierung von Firmenstrategien jedoch durchaus auch Erfahrungen mit dem sozial-räumlichen Operationskontext von Niederlassungen einarbeiten. Die Dynamik von Firmenstrategien dürfte demnach nicht zuletzt daraus resultieren, dass transnational operierende Unternehmen sich gleichzeitig zu verschiedenen Regulierungsszenarien verhalten müssen – und damit durch mehrere »Varieties of Capitalism« geprägt sind.

Die Notwendigkeit einer analytischen Annäherung an die inhärente Dynamik von Unternehmensstrategien und Regulierungsszenarien wurde besonders offensichtlich, als im Herbst 2008 (etwa ein Jahr nach Abschluss der empirischen Erhebungen für diese Studie) die schwerste weltweite Wirtschaftskrise seit den frühen dreißiger Jahren einsetzte. Pressemeldungen über bevorstehende Kündigungswellen in deutschen wie indischen Softwarefirmen und sinkende Fluktuationsraten in Bangalore ließen ahnen, dass nicht nur die als funktional bewährt dargestellten Personaleinsatzstrategien, sondern auch Standards von Arbeitskraft-(Re-)Produktion, die uns oft als Ausdruck zeitloser deutscher oder indischer Kultur »verkauft« worden waren, im Zuge weltwirtschaftlicher Turbulenzen ins Wanken geraten können (Sayeed/Sekhar 2009). Trotz aller Veränderungspotentiale dürften einer Homogenisierung von betrieblicher Arbeitskraftnutzung jedoch auch künftig Grenzen gesetzt sein: Die Welt ist alles Andere als »flach«, sondern notwendigerweise uneben, weil Kapitalismus auf ungleichmäßiger Entwicklung beruht. Konkrete Formen betrieblicher Arbeitskraftnutzung sind dabei in stetem Wandel begriffen: Sie sind nicht »logische Konsequenz« selbstreferentieller Systeme, sondern Ausdruck veränderlicher und damit veränderbarer gesellschaftlicher Machtverhältnisse. Im Zeichen der Wirtschaftskrise ist dies für Beschäftigte nicht unbedingt Anlass zur Hoffnung – Ansporn für Arbeitsforschung ist es allemal.

9. Anhang

9.1 Glossar

Vorbemerkung: Bei Interview-Zitaten werden jeweils drei Informationen angegeben: (a) Funktion; (b) Geschlecht; (c) Nummer des Gesprächs in der internen Protokollsammlung. Interview Nr. 2 mit einem männlichen Manager trägt also das Sigel MM2. Sind Angaben nur durch Komma abgetrennt (zum Beispiel »TLM 6, 7«), tragen alle Interviewpartner/innen dieselbe Funktionsbezeichnung.

BW(M/W)	Betriebswirtschaftliche/r Analyst/in
E(M/W)	Entwickler (männlich/weiblich)
EXP	Expertengespräch
KB(M/W)	Kundenbeauftragte/r
LOG	Logistikabteilung (durchweg männlich besetzt)
M(M/W)	Manager/in
PA(M/W)	Vertreter/in der Personalabteilung
PM(M/W)	Projektmanager/in
SE(M/W)	Senior Entwickler/in
T(M/W)	Teamleiter/in
BE	Bachelor of Engineering
BPO	»Business Process Outsourcing«. Auslagerung IT-basierter, aber nicht IT-zentrierter Geschäftsprozesse (etwa Buchhaltung, Callcenter etc.).
Bug	Programmierfehler
Captive firm	Eigene Niederlassung eines Unternehmens an einem ausländischen Standort
Embedded Software	Betriebssoftware von Maschinen
Expatriate (Expat)	Ins Ausland entsandter Beschäftigter
HR	Human Resource [Department], Personalabteilung
HRM	Human Resource Management, Personalwirtschaft

ITES	»IT- and Enabled Services« (etwa Server-Betrieb/-Wartung)
MNC	Multinational Corporation

9.2 Liste der Expert/innengespräche

P 73	Rolf Stephan, Geschäftsführer NIIT Deutschland, Stuttgart, 29. August 2006
P 80	Jayakar Jerome, ehemaliger »Commissioner of Labour in Karnataka« (1995–1998) und »Commissioner of Bangalore Development Authority« (1999–2004), Bangalore, 2. April 2007
P 81	Jürgen Porst, Senior Adviser, »Hazardous Waste Management«-Projekt, German Technical Cooperation (Gesellschaft für Technische Zusammenarbeit), Bangalore (mit P. Bineesha; Klemens F. Müller), 6. April 2007
P 82	John Kottayil, Executive Director, »Invest in Bavaria«, State of Bavaria India Office, Bangalore, 28. März 2007
P 83	Indrani Mazumdar, Senior Research Associate, Centre for Women's Development Studies, New Delhi, 6. März 2007
P 84	M.N. Vidyashankar, Secretary to Government, Department of Information Technology, Biotechnology and Science and Technology, Government of Karnataka, Bangalore, 29. März 2007
P 85	Naveen Raju, National Association of Software Companies (Nasscom), Bangalore, 8. November 2006
P 86	Ramesh Ramanathan, Founder, Janaagraha Centre for Citizenship and Democracy, Bangalore, 26. März 2007
P 87	V. Ravichandar, CMD Feedback Business Consulting Services, Repräsentant der »Bangalore Agenda Task Force« (BATF), Bangalore, 13. April 2007
P 88	Ravi Sundaram, SARAI New Media Initiative, Centre for Study of Developing Societies, New Delhi, 28. Februar 2007
P 89	H.S. Amar, Project Coordinator, IT Professionals' Forum, Bangalore (mit M.K. Swaminath, Chairman and Chief Functionary of ITPF), 12. November 2006
P 90	Geeta Menon, Stree Jagruti Samiti, Karnataka Domestic Workers Union, Bangalore, 28. März 2007
P 91	Evelin Hust, Goethe-Institut (Max Müller Bhavan) Bangalore, 6. November 2006
P 92	Audrey D'Souza, General Manager, Indo-German Chamber of Commerce, Bangalore, 7. November 2006

P 93	Balaji Parthasarathy, ICICI Assistant Professor, International Institute of Information Technology, Bangalore, 6. November 2006
P 94	Anjula Gurtoo, Assistant Professor, Department of Management Studies, Indian Institute of Science, Bangalore, 8. November 2006
P 95	Leo F. Saldanha, Environment Support Group, Bangalore, 2. April 2007
P 96	Dirk Matter, Geschäftsführer, Deutsch-Indische Handelskammer, Düsseldorf, 8. September 2006
P 97	C.K. Meena, Journalistin der Tageszeitung »The Hindu«, Bangalore, 11. November 2006
P 98	Gerd Rohde, Union Network International, Nyon/Genf, 4. September 2006
P 99	Carol Upadhya, Fellow, Sociology and Social Anthropology, National Institute of Advanced Studies, Bangalore (mit Sahana Udupa), Bangalore, 10. November 2006
P 100	P. Vigneshwara Ilavarasan, Assistant Professor, Department of Humanities and Social Sciences, Indian Institute of Technology, New Delhi, 8. März 2007
P 101	Mathias Weber, Bereichsleiter ITK-Services und Knowledge Management, Bundesverband Informationswirtschaft, Telekommunikation und neue Medien e.V. (BITKOM), Frankfurt am Main, 29. Juni 2006
P 102	J. Parthasarathy, Director, Software Technology Parks of India (STPI), Bangalore, 4. April 2007
P 103	R. Priya, STPI-Presentation, Bangalore, 4. April 2007
P 104	H.L. Shivananda, Managing Director, Karnataka Udyog Mitra, Bangalore, 27. März 2007
P 105	Vibodh Parthasarathi, Reader, Centre for Culture, Media and Governance, Jamia Millia Islamia University, New Delhi, 2. März 2007
P 106	Babu P. Ramesh, V.V. Giri National Labour Institute, Noida (New Delhi), 28. Februar 2007
P 107	Vivek Kulkarni, Chairman and CEO of Brickwork India; ehemaliger IT-Sekretär von Karnataka (1998–2004), 5. April 2007

9.3 Verzeichnis der Schaubilder

10. Literatur

Aglietta, Michel (1979/2000): *A Theory of Capitalist Regulation. The US Experience.* London/New York (Verso).

Ahmad, Aqueil (1986): New Information Technology in India, in: *Technological Forecasting and Social Change* 29/4, 399–410.

Ahuja, Ravi (2005): Die »Lenksamkeit« des »Lascars«. Regulierungsszenarien eines transterritorialen Arbeitsmarktes in der ersten Hälfte des 20. Jahrhunderts, in: *Geschichte und Gesellschaft* 31/3, 323–353.

Allweyer, Thomas; Besthorn, Thomas; Schaaf, Jürgen (2004): IT-Outsourcing. Zwischen Hungerkur und Nouvelle Cuisine, in: *e-conomics, Deutsche Bank Research* 43/2004.

Apfelbaum, Daniel (2007): Wer verdient wie viel? Ergebnisse der c't-Gehaltsumfrage 2006, in: *c't* 6/2007, 104.

Apfelbaum, Daniel (2008): Wer verdient wie viel? Ergebnisse der c't-Gehaltsumfrage 2007, http://www.heise.de/artikel-archiv/ct/2008/06/104 (abgerufen am 18.2.2011)

Appasamy, Paul; Guhan, S.; Hema, R.; Majumdar, Manabi; Vaidyanathan, A. (1996): *Social Exclusion from a Welfare Rights Perspective in India.* International Institute for Labour Studies, United Nations Development Programme, Research Series 106.

Appelbaum, Eileen (2001): Transformation of Work and Employment and New Insecurities. Paper prepared for the conference »The Future of Work, Employment and Social Protection«, January 18–19 [International Labour Organisation, Library].

Arora, Ashish; Athreye, Suma (2002): The Software Industry and India's Economic Development, in: *Information Economics and Policy* 14/2, 253–273.

Arora, Ashish; Arunachalam, V.S.; Asundi, Jai; Fernandes, Ronald (2000): The Globalization of Software: The Case of the Indian Software Industry, Final Report submitted to the Sloan Foundation, Carnegie Mellon University (Software Industry in India Project Team), Pittsburgh, http://www.heinz.cmu.edu/ project/india/pubs/Sloan_Report_final.pdf (abgerufen am 22.02.2011).

Arun, Shoba; Arun, Thankom (2002): ICTs, Gender and Development. Women in Software Production in Kerala, in: *Journal of International Development* 14, 39–50.

Asendorf-Krings, Inge; Drexel, Ingrid; Nuber, Christoph (1976): Reproduktionsvermögen und die Interessen von Kapital und Arbeit. Ein Beitrag zur theoretischen Bestimmung von Qualifikation, in: Mendius, Hans-Gerhard; Sengenberger, Werner; Lutz, Burkhart; Altmann, Norbert; Böhle, Fritz; Asendorf-Krings, Ingrid; Drexel, Ingrid; Nuber, Christoph (Hg.): *Betrieb – Arbeitsmarkt – Qualifikation I.*, Frankfurt am Main (aspekte verlag), 207–236.

Asher, Mukul (2002): Case for a Provident and Pension Funds Authority, in: *Economic and Political Weekly* (February 23), 688f.

Asher, Mukul; Vasudevan, Deepa (2005): *Globalization, Demographic Transition and Reform of Safety Nets in India. Paper presented at »Managing Globalization. Lessons from India and China«* (4–6 April, Singapore). E-Social Sciences Working paper 235.

Aspray, William; Mayadas, Frank; Vardi, Moshe Y. (2006) (Hg.): *Globalization and Offshoring of Software. A Report of the ACM Job Migration Task Force, Association of Computing Machinery*, o.O. (ohne Verlag).

Athreye, Suma S. (2003): *Multinational Firms and the Evolution of the Indian Software Industry*. East-West Center Working Papers, Economics Series 51.

Athreye, Suma S. (2005): The Indian Software Industry and its Evolving Service Capability, in: *Industrial and Corporate Change* 14/3.

Aundhkar, Advait; Vaz, Nalini; Pillai, Geetha A.; Murphy, D. L. N.; Thakar, S. S. (2000): Nature of Teleworking in Key Sectors. Case Studies of Financial, Media and Software Sectors in Mumbai, in: *Economic and Political Weekly* (June 24), 2277–2292.

Auth, Diana (2002): *Wandel im Schneckentempo. Arbeitszeitpolitik und Geschlechtergleichheit im deutschen Wohlfahrtsstaat*, Opladen (Leske und Budrich).

Baas, Michiel (2009): The IT-Caste. Love and Arranged Marriages in the IT-Industry of Bangalore, in: *South Asia*, Vol. 32, Nr. 2, August, 285–307.

Bajpal, Nirupam; Radjou, Navi (2000): Raising Global Competitiveness of Tamil Nadu's IT-Industry, in: *Economic and Political Weekly* (February 5), 449–465.

Balakrishnan, Pulapre (2006): Benign Neglect or Strategic Intent? Contested Lineage of Indian Software Industry, in: *Economic and Political Weekly* (September 9), 3865–3872.

Balasubramanyam, V. N.; Balasubramanyam, Ahalya (1997): International Trade in Services: The Case of India's Computer Software, in: *World Economy* 20/6, 829–843.

Banerjee-Guha, Swapna (2002): Critical Geographical Praxis. Globalisation and Socio-Spatial Disorder, in: *Economic and Political Weekly* (November 2), 4503–4509.

Bartlett, Christopher A.; Ghoshal, Sumantra (1990): *Internationale Unternehmensführung*, Frankfurt am Main/New York (Campus).

Baukrowitz, Andrea; Boes, Andreas (2002): Weiterbildung in der IT-Industrie, in: *WSI-Mitteilungen* 1, 10–18.

Beinhocker, Eric D.; Farrell, Diana; Zainulbhai, Adil S. (2007): Tracking the Growth of India's Middle Class, in: *The McKinsey Quarterly*, August 2007.

Benjamin, Solomon (2000): Governance, Economic Settings and Poverty in Bangalore, in: *Environment and Urbanization* 12/1, 35–56.

Benjamin, Solomon (2005): *The Lifestyle Advertisement and the Marxist Manifesto as Trojan Horses in a City of Stealth*, Paper presented at the workshop »Ensuring Public Accountability through Community Action«, Institute of Social Studies Trust, New Delhi, 16–17 May 2005.

Benner, Chistiane (2001): Jenseits der Greencard. Aus- und Weiterbildung in den IT-Berufen, in: *WSI-Mitteilungen* 11, 711–717.

Béret, Pierre; Mendez, Arial; Paraponaris, Claude; Richez-Battesti, Nadine (2003): R&D Personnel and Human Resource Management in Multinational Companies: Between Homogenization and Differentiation, in: *The International Journal of Human Resource Management* 14/3 (May), 449–468.

Berger, Hermann (1995): Die Vielfalt der indischen Sprachen, in: Rothermund, Dietmar (Hg.): *Indien. Kultur, Geschichte, Politik, Wirtschaft, Umwelt. Ein Handbuch*, München (C.H. Beck), 101–110.

Bhagwati, Jagdish; Panagariya, Arvind; Srinivasan, T. N. (2004): The Muddles over Outsourcing, in: *Journal of Economic Perspectives* 18/4, 93–114.

Bhalotra, Sonia (2003): *The Impact of Economic Liberalization on Employment and Wages in India, International Labour Office, Policy Integration Department, International Policy Group*, Working Paper 12, Geneva.

Bhattacherjee, Debasheesh (2000): Globalising Economy, Localising Labour, in: *Economic and Political Weekly* (October 14), 3758–3764.

Biao, Xiang (2007): *Global »Body Shopping«. An Indian Labour System in the Information Technology Industry*, Princeton/New Jersey (Princeton University Press).

Bitkom e.V. (Hg., 2007a): Zukunft digitale Wirtschaft. Gemeinsame Studie des Bitkom (Bundesverband Informationswirtschaft, Telekommunikation und neue Medien) e.V. und der Roland Berger Strategy Consultants, Berlin.

Bitkom e.V. (2007b): ITK-Marktzahlen, Frühjahr 2007, Berlin.

Bitkom e.V. (2007c): Erwerbstätige ITK+CE 2000–2006, Berlin.

Bundesministerium für Wirtschaft und Arbeit (BMWA) (2003): Globalisierte Arbeitswelt: Wie kann Deutschland mit Schwellenländern konkurrieren?, in: *Wirtschaftsanalysen Nr. 2*.

Boes, Andreas; Baukrowitz, Andrea (2002): *Arbeitsbeziehungen in der IT-Industrie. Erosion oder Innovation der Mitbestimmung?*, Berlin (Edition Sigma).

Boes, Andreas (2004): *Interessen und Interessenhandeln von IT-Beschäftigten. Fokus Entwickler.* Arbeitspapier 6 des Projektes Arb-IT2, München.

Boes, Andreas; Schwemmle, Michael (2004): *Herausforderung Offshoring. Internationalisierung und Auslagerung von IT-Dienstleistungen*, Düsseldorf (Edition der Hans-Böckler-Stiftung 120).

Boes, Andreas; Schwemmle, Michael (2005) (Hg.): *Bangalore statt Böblingen? Offshoring und Internationalisierung im IT-Sektor*, Hamburg (VSA).

Boes, Andreas; Trinks, Katrin (2004): *Interessen und Interessenhandeln von IT-Beschäftigten in der Gender-Perspektive.* Arbeitspapier 8 des Projekts Arb-IT2, München (ISF).

Boes, Andreas; Trinks, Katrin (2006): *»Theoretisch bin ich frei!« Interessenhandeln und Mitbestimmung in der IT-Industrie*, Berlin (Edition Sigma).

Bopaiah, Cavery; Narayan, Hari; Upadhya, Carol; Joseph, Sarah (2003): Borrowing for Development. Karnataka State Highways Improvement Project, in: *Economic and Political Weekly* (February 1), 426–429.

Borrus, Michael; Zysman, John (1997): *Wintelism and the Changing Terms of Global Competition. Prototype of the Future?* BRIE Working Paper 96B, Berkeley.

Bourdieu, Pierre (1982): *Die feinen Unterschiede. Kritik der gesellschaftlichen Urteilskraft*, Frankfurt a. M. (Suhrkamp).

Boyer, Robert; Charron, Elsie; Jürgens, Ulrich; Tolliday, Steven (1998) (Hg.): *Between Imitation and Innovation. The Transfer and Hybridization of Productive Models in the International Automobile Industry*, Oxford/New York (Oxford University Press).

Boyer, Robert (1998): Hybridization and Models of Production: Geography, History, and Theory, in: Boyer u.a. (1998), 23–56.

Brenner, Neil (1998): Global Cities, Global States: Global City Formation and State Territorial Restructuring in Contemporary Europe, in: *Review of International Political Economy* 5/1 (spring), 1–37.

Brock, Dietmar; Vetter, Hans-Rolf (1984): Reproduktion als Arbeitskraft. Grundzüge eines subjektorientierten Reproduktionskonzepts, in: Brock, Dietmar; Preiss, Christine; Tully, Claus J.; Vetter, Hans-Rolf (Hg.): *Arbeit und Reproduktion. Umbrüche der Arbeit – Bewältigungsstrategien von Facharbeitern und Technikern*, DJI-Forschungsbericht, München (Deutsches Jugendinstitut), 7–80.

Budhwar, Pawan S.; Boyne, George (2004): Human Resource Management in the Indian Public and Private Sectors: An Empirical Comparison, in: *International Journal of Human Resource Management* 15/2 (March), 346–370.

Buhr, Petra (1998): *Unternehmen als Kulturräume: eigensinnige betriebliche Integrationsprozesse im transnationalen Kontext*, Berlin (Edition Sigma).

Burawoy, Michael (1979): *Manufacturing Consent. Changes in the Labour Process under Monopoly Capitalism*, Chicago/London (University of Chicago Press).

Burawoy, Michael (1985): *The Politics of Production. Factory Regimes under Capitalism and Socialism*, London (Verso).

Campbell, John (2007): Complexity and Simplicity in ›The Global and the Local‹, in: *Socio-Economic Review* 5, 181–186.

Castel, Robert (2000): *Die Metamorphosen der sozialen Frage. Eine Chronik der Lohnarbeit*, Konstanz (UVK).

Castells, Manuel (1996): *The Information Age: Economy, Society and Culture.* Vol. 1: The Rise of the Network Society, Oxford (Blackwell).

CDI (Deutsche Private Akademie für Wirtschaft GmbH) (2003): *Stellenmarktanalyse 2003. Know-how für die Jobs von morgen*, München.

Chandrasekhar, C. P. (2005): IT-Services as Locomotive, in: *Frontline* 22/13 (June 04–17).

Chandrasekhar, C. P.; Ghosh, Jayati (2002): *The Market that Failed. A Decade of Neoliberal Economic Reforms in India,* New Delhi (LeftWord Books).

Chandrasekhar, C. P.; Ghosh, Jayati (2006), Agriculture's role in contemporary development, in: *Macroscan* (http://www.macroscan.org) vom 23.05.2006.

Chandrasekhar, C. P.; Ghosh, Jayati (2007): *IT-Driven Offshoring: The Exaggerated ›Development Opportunity‹*, The IDEA's Working Paper Series 3/2007, http://www.networkideas.org/working/dec2007/03_2007.pdf (abgerufen am 22.02.2011).

Choudhury, S. Roy; Mahajan, Shobhit (2004): Why Subsidise Higher Education?, in: *Economic and Political Weekly* (May 1), 1781ff.

Conrad, Sebastian; Randeria, Shalini (2002): *Jenseits des Eurozentrismus. Postkolonioale Perspektiven in den Geschichts- und Kulturwissenschaften*, Frankfurt am Main/New York (Campus).

Dahlmann, Simone; Huws, Ursula (2004): The Asian Emergence Case Studies, in: Huws/Flecker (Hg.), 23–57.

Dar, Usha: *The Effects of Multinational Enterprises on Employment in India*, Working Paper 9, International Labour Office, Geneva.

DB (Deutsche Bank) Research (2005a): Offshoring nach Indien: Der Tiger auf dem Sprung, verfasst von Jürgen Schaaf (Aktuelle Themen 335).

DB (Deutsche Bank) Research (2005b): Offshoring-Report 2005 – Ready for Take-Off, verfasst von Jürgen Schaaf und Mathias Weber (Bitkom), in: Economics – Digitale Ökonomie und struktureller Wandel Nr. 52.

DB (Deutsche Bank) Research (2006): Offshoring an neuen Ufern – Nearshoring nach Mittel- und Osteuropa, verfasst von Thomas Meyer, in: Economics – Digitale Ökonomie und struktureller Wandel Nr. 58.

D'Costa, Anthony P.; Sridharan, E. (2004) (Hg.): *India in the Global Software Industry. Innovation, Firm Strategies and Development*, Houndmills/New York (Palgrave McMillan).

D'Costa, Anthony (2004): The Indian Software Industry in the Global Division of Labour, in: D'Costa/Sridharan (Hg.),1–26.

Deeg, Richard; Jackson, Gregory (2007): Towards a More Dynamic Theory of Capitalist Variety, in: *Socio-Economic Review* 5, 149–179.

Deloitte & Touche (2003): *Outsourcing und Offshoring mit indischen IT-Unternehmen. Die IT-Welt im Wandel*, München (ohne Verlag).

Demele, Markus; Edmunds, Bernhard (German Bishops' Conference Research Group on the Universal Tasks of the Church; 2008): Relocation of Jobs. Development Opportunities and Human Dignity. Socio-ethical Considerations, Bonn.

Deshpande, R. S. (2002): Suicide by Farmers in Karnataka. Agrarian Distress and Possible Alleviatory Steps, in: *Economic and Political Weekly* (June 29), 2601–2610.

Devi, S. Uma (2002): Globalisation, Information Technology and Asian Indian Women in US, in: *Economic and Political Weekly* (October 26), 4421–4428.

Dicken, Peter (2007): *Global Shift. Mapping the Changing Contours of the World Economy*, London/Thousand Oaks/New Delhi (Sage).

Dickmann, Michael (2003): Implementing German HRM abroad: Desired, Feasible, Successful? In: *International Journal of Human Resource Management* 14/2 (March), 265–283.

Dijk, Meine Pieter van (2003): Government Policies with Respect to an Information Technology Cluster in Bangalore, India, in: *European Journal of Development Research* 15/2, 93–108.

DiMaggio, Paul J.; Powell, Walter W. (1983): The Iron Cage Revisited. Institutional Isomorphism and Collective Rationality in Organizational Fields, in: *American Sociological Review* 48 (April), 147–160.

Dittrich, Christoph (2003): Bangalore – Polarisierung und Fragmentierung in Indiens Hightech-Kapitale, in: *Geographische-Rundschau* 55/10, 40–45.

D'Mello, Marisa; Sahay, Sundeep (2008): Betwixt and Between? Exploring Mobilities in a Global Workplace in India, in: Upadhya/Vasavi (2008) (Hg.), 77–100.

Doeringer, Peter; Piore, Michael (1971): *Internal Labour Markets and Manpower Analysis*, Lexington, Mass. (Heath Lexington Books).

Dörre, Klaus; Fuchs, Tatjana (2005): Prekarität und soziale (Des-)Integration, in: *»Z.«* 16/63 (September), Frankfurt am Main , 20–35.

Dostal, Werner (2002): Berufe im Wandel. Anforderungen an die Entwicklung von Berufen im Kultur- und Medienbereich aufgrund des Einsatzes neuer Technologien, in: Zimmermann, Olaf; Schulz, Gabriele (Hg.): *Kulturelle Bildung in der Wissensgesellschaft – Zukunft der Kulturberufe*, Berlin/Bonn (Deutscher Kulturrat e.V.), 181–236.

D'Souza, Errol (2002): Financial Markets, Human Resource Policies and Flexibility, in: *Economic and Political Weekly* (February 23), 750–757.

Dutta, Soumitra (2003): Using Offshore Software Development to Drive Value: The Experience of Motorola in India, in: Richter/Banerjee (Hg.), 87–105.

Edwards, Tony; Kuruvilla, Sarosh (2005): International HRM: National Business Systems, Organizational Politics and the International Division of Labour in MNCs, in: *International Journal of Human Resource Management* 16/1 (January), 1–21.

Eichmann, Hubert (2004): Trends in International E-Work Relocation, in: Huws/Flecker (Hg.), 11–22.

EPW [Redaktion von »Economic and Political Weekly«] (2003): Technical Education – Vacuous Response, in: *Economic and Political Weekly* (March 15), 1000f.

EPW (2003b): Technical Education. In a flux, in: *Economic and Political Weekly* (August 2), 3220f.

EPW (2002): Broad-based Labour Reform, in: *Economic and Political Weekly* (July 20), 2967f.

Esping-Andersen, Gösta (1990): *The Three Worlds of Welfare Capitalism*, Cambridge (Polity Press).

Estévez-Abe, Margarita (2005): Gender Bias in Skills and Social Policies: The Varieties of Capitalism Perspective on Sex Segregation, in: *Social Politics: International Studies in Gender, State and Society* 12/2, 180–215.

Farrell, Diana; Kaka, Noshir; Stürze, Sascha (2005): Ensuring India's Offshoring Future, in: *The McKinsey Quarterly 2005 Special Edition: Fulfilling India's Promise.*

Faust, David; Nagar, Richa (2001): Politics of Development in Postcolonial India. English-Medium Education and Social Fracturing, in: *Economic and Political Weekly* (July 28), 2878–2883.

Fallick, Bruce; Fleischman, Charles A.; Rebitzer, James B. (2005): *Job-Hopping in Silicon Valley: Some Evidence Concerning the Micro-Foundations of a High-Technology Cluster.* Working Paper 432 of the Levy Economics Institute of Bard College.

Feakins, Melanie (2009): Offshoring in the Core. Russian Software Firms onshoring in the USA, in: *Global Networks* 9/1, 1–19.

Ferner, Anthony (1997): Country of Origin Effects and HRM in Multinational Companies, in: *Human Resource Management Journal* 7/1, 19–37.

Ferner, Anthony; Quintanilla, Javier; Varul, Matthias Z. (2001): Country-of-Origin Effects, Host-Country-Effects, and the Management of HR in Multinationals: German Companies in Britain and Spain, in: *Journal of World Business* 36/2, 107–127.

Feuerstein, Patrick (2011): *Viele Wege führen nach Indien. Varianten der Reorganisation von Arbeit im Zuge der Internationalisierung der IT-Industrie*, unveröffentlichte Promotionsschrift, Universität Göttingen.

Flecker, Jörg; Simsa, Ruth (2001): Co-ordination and Control in Transnational Business and Non-Profit-Organizations, in: Pries (Hg.), 164–184.

Forrester Research (2004): Offshore-Trend schafft neue Konkurrenz. Exklusive Studie von Forrester Research und Computerwoche, in: *Computerwoche* 23/2004, 32f.

Frenkel, Stephen J. (2003): The Embedded Character of Workplace Relations, in: *Work and Occupations* 30, 135–153.

Friedman, Thomas L. (2007): *The world is flat. A brief history of the globalized world in the 21st century*, Harlow u.a. (Penguin).

Fromhold-Eisebith, Martina (2002): Regional Cycles of Learning: Foreign Multinationals as Agents of Technological Upgrading in Less Developed Countries, in: *Environment and Planning* (A) 34/12, 2155–2173.

Fromhold-Eisebith, Martina; Eisebith, Günter (2003): Globale Krise – regionale Gewinner, in: *Zeitschrift für Wirtschaftsgeographie* 2, 82–96.

Fromhold-Eisebith, Martina (2006): Infotech Industries and Regional Disparities in India, in: Raju, Saraswati; Kumar, M. Satish; Corbridge, Stuart (Hg.): Colonial and Post-Colonial Geographies of India. New Delhi/Thousand Oaks/London (Sage), 162–181.

Fukuyama, Francis (1989): *Have we Reached the End of History?*, Santa Monica (Rand).

Fuller, Chris; Narasimhan, Haripriya (2007): Information Technology Professionals and the New-Rich Middle Class in Chennai (Madras), in: *Modern Asian Studies* 41/1, 121–150.

Fuller, Chris; Narasimhan, Haripriya (2008): Empowerment and Constraint: Women, Work and the Family in Chennai's Software Industry, in: Upadhya/ Vasavi (Hg.), 190–210.

Geppert, Mike; Matten, Dirk; Williams, Karen (2003): Change Management in MNCs: How Global Convergence Intertwines with National Diversities, in: *Human Relations* 56/7, 807–838.

Geppert, Mike; Williams, Karen; Matten, Dirk (2003): The Social Construction of Contextual Rationalities in MNCs: An Anglo-German Comparison of Subsidiary Choice, in: *Journal of Management Studies* 40/3 (May), 617–641.

Geppert, Mike; Matten Dirk; Schmidt, Peggy (2006): Hintergründe und Probleme der Transnationalisierung multinationaler Unternehmungen: Globale Isomorphismen, *national business systems* und ›transnationale soziale Räume‹, in: Mense-Petermann/Wagner (Hg.), 86–120.

Geppert, Mike; Matten, Dirk; Walgenbach, Peter (2006): Transnational Institution Building and the Multinational Corporation: An Emerging Field of Research, in: *Human Relations* 59, 1451–1465.

Gerstenberger, Heide (2007): Internationale Arbeitsmigration und nationalstaatliche Souveränität, in: Van der Linden, Marcel; Lieber, Christoph (Hg.): Kontroversen über den Zustand der Welt: Weltmarkt, Arbeitsformen, Hegemoniezyklen, Hamburg (VSA), 83–100.

Glißmann, Wilfried; Peters, Klaus (2001): *Mehr Druck durch mehr Freiheit: Die neue Autonomie in der Arbeit und ihre paradoxen Folgen*, Hamburg (VSA).

Ghosh, Asha (2005): Public Private or a Private Public? Promised Partnership of the Bangalore Agenda Task Force, in: *Economic and Political Weekly* (November 19), 4915–4922.

Giridharadas, Anand (2006): A College Education without Job Prospects, in: *The New York Times* (30.11.2006).

Gothoskar, Sujata (2000): Teleworking and Gender, in: *Economic and Political Weekly* (June 24), 2293–2298.

Grimshaw, Damian; Miozzo, Marcela (2006): Institutional Effects on the IT Outsourcing Market: Analysing Clients, Suppliers and Staff Transfer in Germany and the UK, in: *Organization Studies* 27/9, 1229–1259.

Habermas, Jürgen (1981/2006): *Theorie des kommunikativen Handelns*, Frankfurt am Main (Suhrkamp), sechste Auflage.

Hackmann, Joachim (2005): Offshoring spart kein Geld, in: *Computerwoche* 4/ 2005, 32.

Häußermann, Hartmut; Siebel Walter (1995): *Dienstleistungsgesellschaften*, Frankfurt am Main (Suhrkamp).

Hall, Peter; Soskice, David (Hg. 2001): *Varieties of Capitalism. The Institutional Foundations of Comparative Advantage*, Oxford/New York (Oxford University Press).

Harriss-White, Barbara (2004): India's Socially Regulated Economy, in: *The Indian Journal of Labour Economics* 47/1, 49–68.

Harvey, David (1990): Between Space and Time: Reflections on the Geographical Imagination, in: *Annals of the Association of American Geographers*, 80/3 (September), 418–434.

Harvey, David (2006): *Spaces of Global Capitalism. Towards a Theory of Uneven Geographical Development*, London/New York (Verso).

Harvey, David (2006a): Neo-Liberalism and the Restoration of Class Power, in: Harvey (2006), 9–68.

Harvey, David (2006b): Notes Towards a Theory of Uneven Geographical Development, in: Harvey (2006), 71–116.

Harvey, David (2006c): Space as a Keyword, in: Harvey (2006), 119–148.

Harzing, Anne-Wil; Sorge, Arndt (2003): The Relative Impact of Country of Origin and Universal Contingencies on Internationalization Strategies and Corporate Control in Multinational Enterprises: Worldwide and European Perspectives, in: *Organization Studies* 24/2, 187–214.

Heeks, Richard (1996): *India's Software Industry. State Policy, Liberalisation and Industrial Development*, London/Thousand Oaks/New Delhi (Sage).

Heitzman, James (1999): Corporate Strategy and Planning in the Science City: Bangalore as ›Silicon Valley‹, in: *Economic and Political Weekly* (January 30).

Heitzman, James (2004): *Network City. Planning the Information Society in Bangalore*, Oxford/New York (Oxford University Press).

Henninger, Annette; Gottschall, Karin (2005): Freelancer in den Kultur- und Medienberufen: Freiberuflich, aber nicht frei schwebend. In: Mayer-Ahuja/Wolf (Hg.), 153–183.

Herrigel, Gary (2007): Globalization and the Societal Effect: Thoughts on ›The Global and the Local‹, in: *Socio-Economic Review* 5, 186–192.

Hinrichs, Karl (1989): Irreguläre Beschäftigungsverhältnisse und soziale Sicherheit. Facetten der »Erosion« des Normalarbeitsverhältnisses in der Bundesrepublik, in: *Prokla* 4/77 (Jg. 19), 7–32.

Hirsch, Joachim; Roth, Roland (1986): *Das neue Gesicht des Kapitalismus. Vom Fordismus zum Post-Fordismus*, Hamburg (VSA).

Hirschfeld, Karin (2002): *Qualität der Arbeit in internationalen Kooperationen. Globecom – eine indisch-deutsche Softwarekooperation* (Fallstudie). FAST-Studie 33, Berlin.

Hirschfeld, Karin (2003): Indien – Harte Traumjobs in der Software-Industrie, in: *Mitbestimmung* 9/2003, 11–17.

Hirschfeld, Karin (2004): Moving East: Relocations of eWork from Europe to Asia, in: Huws/Flecker (Hg.), 27–57.

Hirschfeld, Karin (2005): Indien – Harte Traumjobs, in: Boes/Schwemmle (Hg.), 76–85.

Hobsbawm, Eric; Ranger, Terence O. (1983) (Hg.): *The Invention of Tradition*, Cambridge u.a. (Cambridge University Press).

Hobsbawm, Eric (1994): *Age of Extremes. The Short Twentieth Century 1914–1991*, London (Michael Joseph).

Hofstede, Geert (1980): *Culture's Consequences: International Differences in Work-Related Values*, Beverly Hills/London (Sage).

Hollingsworth, J. Rogers; Boyer, Robert (1997): Coordination of Economic Actors and Social Systems of Production, in: Dies. (Hg.): Contemporary Capitalism: The Embeddedness of Institutions, Cambridge/New York (Cambridge University Press), 1–47.

Holmström, Mark (1994): Bangalore as an Industrial District. Flexible Specialization in a Labour-Surplus Economy? Pondy Papers in Social Sciences 14, Institut Français de Pondichery.

Huws, Ursula (2003): *The Making of a Cybertariat. Virtual Work in a Real World*, New York (Monthly Review Press)/London (Merlin Press).

Huws, Ursula; Flecker, Jörg (2004) (Hg.): *Asian Emergence: The World's Back Office?* IES-Report 409, Brighton.

Huws, Ursula; Dahlmann, Simone; Flecker, Jörg (2004): Outsourcing of ICT and Related Services in the EU – A Status Report. European Foundation for the Improvement of Living and Working Conditions, Dublin.

IG Metall [2004]: *Offshore – Total Global?* O.O., o.J.

Ilavarasan, P. Vigneswara (2002): *Software Work and Workforce. An Empirical Study in Silicon Valley of India*, PhD-Thesis submitted to Department of Humanities and Social Sciences, Indian Institute of Technology Kanpur, November 2002.

Ilavarasan, P. Vigneswara (2005): *Indian Software Workforce: A Critical Analysis.* Paper to be presented at the »International Conference on New Global Workforces and Virtual Workplaces: Connections, Culture, and Control«, National Institute of Advanced Studies, Bangalore, India, 20–22 August 2005.

Iversen, Torben; Rosenbluth, Francis; Soskice, David (2005): Divorce and the Gender Division of Labour in Comparative Perspective, in: *Social Politics* 12/2, 216–242.

Jackson, Gregory; Deeg, Richard (2006): *How many Varieties of Capitalism? Comparing the Comparative Institutional Analyses of Capitalist Diversity.* Discussion Paper 06/2, Max-Planck-Institut für Gesellschaftsforschung.

Jäger, Johannes; Melinz, Gerhard; Zimmermann, Susan (2001): Sozialpolitik in der Peripherie. Zugänge und Entwicklungen in globaler Sicht, in: Dies. (Hg.): Sozialpolitik in der Peripherie. Entwicklungsmuster und Wandel in Lateinamerika, Afrika, Asien und Osteuropa. Historische Sozialkunde 19/Internationale Entwicklung. Frankfurt am Main/Wien (Brandes & Apsel/Südwind), 9–36.

Jessop, Bob (1997): Capitalism and its Future: Remarks on Regulation, Government and Governance, in: *Review of International Political Economy* 4/3 (Autumn), 561–581.

Jessop, Bob (1999): The Changing Governance of Welfare. Recent Trends in its Primary Functions, Scale, and Modes of Coordination, in: *Social Policy and Administration* 33/4, 348–359.

Jhabvala, Renana; Sinha, Shalini (2002): Liberalisation and the Woman Worker, in: *Economic and Political Weekly* (May 25), 2037–2044.

Jonas, Andrew E.G. (1996): Local Labour Control Regimes: Uneven Development and the Social Regulation of Production, in: *Regional Studies* 30/4, 323–338.

Jones, Geoffrey (2005): *Multinationals and Global Capitalism from the Nineteenth to the Twenty-First Century*, Oxford/New York (Oxford University Press).

Jürgens, Kerstin (2006): *Arbeits- und Lebenskraft. Reproduktion als eigensinnige Grenzziehung*, Wiesbaden (Verlag für Sozialwissenschaften).

Kämpf, Tobias (2008): *Die neue Unsicherheit. Folgen der Globalisierung für hochqualifizierte Arbeitnehmer*, Frankfurt/New York (Campus).

Kobayashi-Hillary, Marc (2005): *Outsourcing to India. The Offshore Advantage*, Berlin/Heidelberg/New York (Springer).

Kotthoff, Hermann (2001): Pluri-local Social Spaces in Global Operating German Companies, in: Pries (Hg.), 134–144.

Koffhoff, Hermann (2006): Wer bekommt den Kassenschlüssel hinter der Grenze? Vertrauensbeziehungen im globalisierten Konzern, in: Mense-Petermann/ Wagner (Hg.), 279–299.

Kress, Ulrike (1998): Vom Normalarbeitsverhältnis zur Flexibilisierung des Arbeitsmarktes – Ein Literaturbericht, in: *Mitteilungen aus der Arbeitsmarkt- und Berufsforschung* 3, 488–505.

Krishna, A.; Brihmadesam, V. (2006): What Does it Take to Become a Software Professional? In: *Economic and Political Weekly* (July 29), 3307–3314.

Krishnan, Rishikesha T.; Prabhu, Ganesh N. (2004): Software Product Development in India: Lessons from Six Cases, in: D'Costa/Sridharan (Hg.), 139–163.

Kumar, Nagesh (1998): Liberalisation and Changing Patterns of Foreign Direct Investments, in: *Economic and Political Weekly* (May 30), 1321–1329.

Kumar, Nagesh (2000): Mergers and Acquisitions by MNEs. Patterns and Implications, in: *Economic and Political Weekly* (August 5), 2851–2858.

Kumar, Nagesh (2001): *National Innovation Systems and the Indian Software Industry Development. A Background Paper for World Industrial Development Report 2001*, UNIDO, Revised Version of 20/02/2001.

Kumar, Nagesh; Joseph, K.J. (2004): *National Innovation Systems and India's IT-Capability*, RIS-Discussion Papers 72/2004.

Kumar, T. Ravi; Sharma, Vijender (2003): Downsizing Higher Education, in: *Economic and Political Weekly* (February 15), 603–610.

Lakha, Salim (1994): The New International Division of Labour and the Indian Computer Software Industry, in: *Modern Asian Studies* 28/2, 381–408.

Lane, Christel (1989): *Management and Labour in Europe. The Industrial Enterprise in Germany, Britain and France*, Aldershot (Edward Elgar).

Lateef, Asma (1997): Linking Up with the Global Economy: A Case Study of the Bangalore Software Industry, International Institute for Labour Studies, Genf.

Latniak, Erich; Gerlmaier, Anja (2006): *Zwischen Innovation und alltäglichem Kleinkrieg. Zur Belastungssituation von IT-Beschäftigten*. IAT-Report 2006-04.

Lema, Rasmus; Hesbjerg, Bjarke (2003): *The Virtual Extension. A Search for Collective Efficiency in the Software Cluster in Bangalore*, Roskilde University Denmark, o.O. (ohne Verlag).

Lessenich, Stephan (2008): *Die Neuerfindung des Sozialen. Der Sozialstaat im flexiblen Kapitalismus*, Bielefeld (transcript).

Lüthje, Boy (2004): *Global Production Networks and Industrial Upgrading in China: The Case of Electronics Contract Manufacturing.* East-West Center Working Papers, Economic Series 74.

Mahal, Ajay (2002): Assessing Private Health Insurance in India. Potential Impacts and Regulatory Issues, in: *Economic and Political Weekly* (February 9), 559–571.

Mahendra Dev, S.; Mooij, Jos (2002): Social Sector Expenditures in the 1990s. Analysis of Central and State Budgets, in: *Economic and Political Weekly* (March 2), 853–866.

Manasa (2000): Karnataka and the Women's Reservation Bill, in: *Economic and Political Weekly* (October 28), 3849–3853.

Mani, Sunil; Romijn, Henny (Hg.) (2003): *Innovation, Learning and Technological Dynamism in Developing Countries*, New York (United Nations University Press).

Marginson, Paul; Armstrong, Peter; Edwards, P.K.; Purcell, John (1995): Extending Beyond Borders: Multinational Companies and the International Management of Labour, in: *International Journal of Human Resource Management* 6/3, 702–719.

Marx, Karl (1867/1983): *Das Kapital. Kritik der politischen Ökonomie. Erster Band.* Berlin (Dietz).

Marx, Karl (1858/1983a): *Grundrisse der Kritik der politischen Ökonomie*, in: Marx, Karl; Engels, Friedrich: *Werke*, Bd. 42, Berlin (Dietz), 48–768.

Maurice, Marc; Sorge, Arndt (2000) (Hg.): *Embedding Organizations. Societal Analysis of Actors, Organizations and Socio-Economic Context*, Amsterdam/Philadelphia (John Benjamins Publishing Company).

Maurice, Marc (2000): The Paradoxes of Societal Analysis. A Review of the Past and Prospects for the Future, in: Maurice/Sorge (Hg.), 13–36.

Mayer-Ahuja, Nicole (2003): *Wieder dienen lernen? Vom westdeutschen »Normalarbeitsverhältnis« zu prekärer Beschäftigung seit 1973*, Berlin (Edition Sigma).

Mayer-Ahuja, Nicole (2006a) IT-Arbeitsverhältnisse unter Bedingungen globaler Wirtschaftsintegration. Eindrücke von Veränderungen des indischen Gesellschafts- und Produktionsmodells, in: *SOFI-Mitteilungen* 34, 43–51.

Mayer-Ahuja, Nicole (2006b): Normalarbeitsverhältnis in Internetfirmen? Zur schleichenden Entwertung eines Konzeptes, in: *WSI-Mitteilungen* 6/2006, 335–340.

Mayer-Ahuja, Nicole; Feuerstein, Patrick (2007): IT-Labour goes Offshore. Regulating and Managing Attrition in Bangalore, SOFI Working Paper 2, Göttingen.

Mayer-Ahuja, Nicole; Feuerstein, Patrick (2008): »Everywhere is becoming the same«? Labour Utilisation, Regulation and the Tensions Inherent in Transnational IT-production, in: *Work, Organisation, Labour, Globalisation* 2/2 (Autumn), 162–178.

Mayer-Ahuja, Nicole [2011]: »I felt like a kid in front of them«. Work organization and life cycle in Indo-German software programming, in: Behal, Rana; Mah, Alice; Fall, Babacar (Hg.): Global Perspectives on Work and Lifecourse, New Delhi (Tulika) [forthcoming]

Mayer-Ahuja, Nicole/Wolf, Harald (Hg., 2005): *Entfesselte Arbeit – neue Bindungen. Grenzen der Entgrenzung in den Neuen Medien und der Kulturindustrie*, Berlin (Edition Sigma).

Mayer-Ahuja, Nicole; Wolf, Harald (2005): Arbeit am Netz: Formen der Selbst- und Fremdbindung bei Internet-Dienstleistern, in: Dies. (Hg.), 61–108.

Mayer-Ahuja, Nicole; Wolf, Harald (2009): Beyond the Hype: Working in the German Internet Industries, in: McKinlay, Alan; Smith, Chris (Hg.): Creative Labour. Working in the Creative Industries. Houndmills/New York (Palgrave Macmillan), 210–233.

McCall, Leslie; Orloff, Ann (2005): Introduction to Special Issue of Social Politics: »Gender, Class, and Capitalism«, in: *Social Politics. International Studies in Gender, State and Society* 12/2, 159–169.

Menez, Raphael; Töpsch, Karin (2003): *Arbeitsregulation in der IT-Branche. Organisationsbedarf und Organisationsfähigkeit aus gewerkschaftlicher Sicht.* Arbeitsbericht 231 (März 2003) der Akademie für Technikfolgenabschätzung in Baden-Württemberg.

Mense-Petermann, Ursula (2005): Unternehmen im Transnationalisierungsprozess. Zum Problem der Herstellung de-facto-akzeptierter Entscheidungen in transnationalen Integrationsprozessen, in: *Soziale Welt* 56, 381–397.

Mense-Petermann, Ursula; Wagner, Gabriele (2006) (Hg.): *Transnationale Konzerne. Ein neuer Organisationstyp?*, Wiesbaden (Verlag für Sozialwissenschaften).

Mesmer, Alexandra; Müller, Katja (2002): Die neue Arbeitslosigkeit, in: *Computerwoche Online* (abgerufen am 29.9.2009).

Merton, Robert K. (1949/1995): *Soziologische Theorie und soziale Struktur*, Berlin/New York (de Gruyter).

Mitter, Swasti (2000): Teleworking and Teletrade in India. Combining Diverse Perspectives and Visions, in: *Economic and Political Weekly* (June 24), 2241–2254.

Mitter, Swasti; Pearson, Ruth (1992): *Global Information Processing: The Emergence of Software Services and Data Entry Jobs in Selected Developing Countries*, Sectoral Acitivities Programme Working Papers, Salaried Employees and Professional Workers' Branch, International Labour Office, Geneva.

Moczadlo, Regina (2002): Chancen und Risiken des Offshore-Development. Empirische Analyse der Erfahrungen deutscher Unternehmen, http://www.competence-site.de/offshore.nsf/490008E94D80A0F9C1256E90 0035A4C9/$File/chancen_risiken_offshore_development.pdf (abgerufen am 22.02.2011).

Mohapatra, Prabhu P. (2006): *Labour Law and the Question of Labour Market Rigidity in India: 1970–2000*, Paper presented at 6th International Conference on Labour History (November 1–3) [unveröffentlichtes Manuskript].

Morgan, Kimberly J. (2005): The »Production« of Childcare: How Labour Markets shape Social Policy and Vice Versa, in: *Social Politics* 12/2, 243–263.

Mückenberger, Ulrich (1985): Die Krise des Normalarbeitsverhältnisses. Hat das Arbeitsrecht noch Zukunft?, in: *Zeitschrift für Sozialreform* 7/1985, 415–434, 457–475.

Mukherjee, Sanjukta (2008): Producing the Knowledge Professional: Gendered Geographies of Alienation in India's New High-Tech Workplace, in: Upadhya/ Vasavi (Hg.), 50–75.

Myrdal, Alva; Klein, Viola (1962): *Women's two roles, home and work*, London (Routledge).

Nadeem, Shehzad (2009): The Uses and Abuses of Time: Globalization and Time Arbitrage in India's Outsourcing Industry, in: *Global Networks* 9/1, 20–40.

Nair, Janaki (2000a): Language and Right to the City, in: *Economic and Political Weekly* (November 18), 4141–4146.

Nair, Janaki (2000b): Singapore is not Bangalore's Destiny, in: *Economic and Political Weekly* (April 29), 1512f..

Nair, Janaki (2005): *The Promise of the Metropolis. Bangalore's 20th Century*, Oxford/New York (Oxford University Press).

Nasscom (2006): Knowledge Professionals in India. Press Information Notice.

Nasscom (2007): Indian IT-Industry – Fact Sheet.

Nasscom (2009): Indian IT-BPO-Industry 2009: Nasscom Analysis. Factsheet (updated February 2009), http://www.nasscom.org/upload/5216/IT_Industry_Factsheet-Mar_2009.pdf (abgerufen am 22.02.2011).

Nasscom/Hewitt (2008): Nasscom-Hewitt Total Rewards Study 2007–2008, http://www.nasscom.in/upload/57714/Nasscom_Hewitt_Total_RewardsPresentation_Nirmal.ppt (abgerufen am 22.02.2011).

Neetha N. (2002): Migration, Social Networking and Employment: A Study of Domestic Workers in Delhi, in: *NLI Research Studies Series* 037/2002.

Oertzen, Christine von (1999): *Teilzeitarbeit und die Lust am Zuverdienen. Geschlechterpolitik und gesellschaftlicher Wandel in Westdeutschland, 1948–1969*, Göttingen (Vandenhoeck und Ruprecht).

Osterland, Martin (1973): Lebensgeschichtliche Erfahrung und gesellschaftliches Bewusstsein. Anmerkungen zur sozio-biographischen Methode, in: *Soziale Welt* 24, 409–417.

Ottomeier, Martin (2003): Programmierer aus Indien auf Einkaufstour, in: Financial Times Deutschland, 10.09.2003.

Panagariya, Arvind (2008): *India – the Emerging Giant*, Oxford/New York (Oxford University Press).

Parikh, P. P.; Sukhatme, S. P. (2004): Women Engineers in India, in: *Economic and Political Weekly* (January 10), 193–201.

Parthasarathy, Balaji (2005): The Political Economy of the Computer Software Industry in Bangalore, India. In: Saith, Ashwani; Vijayabaskar, M. (Hg.): ICTs and Indian Economic Development – Economy, Work, Regulation. London (Sage).

Parthasarathy, Balaji; Aoyama, Yuko (2006): From Software Services to R&D Services. Local Entrepreneurship in the Software Industry in Bangalore, India. In: *Environment and Planning* A 38, 1269–1285.

Patibandla, Murali; Petersen, Bent (2002): Role of Transnational Corporations in the Evolution of a High-Tech Industry: The Case of India's Software Industry, in: *World Development* 30/9, 1561–1577.

Patnaik, Utsa (2009*): Unbequeme Wahrheiten. Hunger und Armut in Indien*, Heidelberg (Draupadi).

Pinto, Ambrose (2001): Karnataka University Act 2000, in: *Economic and Political Weekly* (August 25), 3218ff.

Prasad, Monica (1998): International Capital on ›Silicon Plateau‹: Work and Control in India's Computer Industry, in: *Social Forces* 77/2 (December), 429–452.

Pries, Ludger (2001) (Hg.): *New Transnational Social Spaces. International Migration and Transnational Companies*, London/New York (Routledge).

Pries, Ludger (2005): Kräftefelder der Strukturierung und Regulierung von Erwerbsarbeit. Überlegungen zu einer entwicklungs- und institutionenorientierten Sozialwissenschaft der Erwerbsarbeit, *SOAPS-Papers* 1, Jahrgang 4 (April), Bochum.

Pries, Ludger (2008): *Die Transnationalisierung der sozialen Welt. Sozialräume jenseits von Nationalgesellschaften*, Frankfurt am Main (Suhrkamp).

Pries, Ludger (2010): *Erwerbsregulierung in einer globalisierten Welt*, Wiesbaden (VS Verlag für Sozialwissenschaften).

Raghuram, Parvati (2004): Migration, Gender, and the IT-Sector: Intersecting Debates, in: *Women's Studies International Forum* 27, 163–176.

Raipuria, Kalyan (2002): What Size the ›New Economy‹? A Conduit Approach, in: *Economic and Political Weekly* (March 16), 1062–1067.

Ramesh, Babu (2004): ›Cyber Coolies‹ in BPO. Insecurities and Vulnerabilities of Non-Standard-Work, in: *Economic and Political Weekly* (January 31), 492–497.

Ramioul, Monique (2003): Relocation of e-Work, Employee Involvement and Impact on Human Resources Management: Illustrations from Best and Worst Practices, Paper Presented at the International Conference ›Real work in a virtual world: The human impact of organisational transformation in a digital global economy‹, Vienna, Austria (May 12–13), 2003.

Rao Biradavolu, Monica (1999): *Uneven Globalization? Organizational Networks and India's Niche in the Global Software Industry*, Paper presented at the Comparative and Historical Graduate Student Training Retreat, UCLA (May 8–9).

Raymer, Steven L. (2008): India's Reverse Diaspora, in: Yale Global (5 December), http://yaleglobal.yale.edu/content/india%E2%80%99s-reverse-diaspora (abgerufen am 22.02.2011).

Reichwald, Ralf; Möslein, Kathrin (2001): Pluri-local Social Spaces by Tele-Cooperation in International Corporations? In: Pries (Hg.), 115–133.

Reuse, Bernd; Vollmar, Roland (Hg.) (2008): *Informatikforschung in Deutschland*, Berlin/New York (Springer).

Richter, Jürgen; Banerjee, Parthasarathi (2003) (Hg.): *The Knowledge Economy in India*, Houndmills/New York (Palgrave Macmillan).

Rosenzweig, Philip M.; Nohria, Nitin (1994): Influences on Human Resource Management Practices in Multinational Corporations, in: *Journal of International Business Studies* (2nd Quarter) 25/2, 229–251.

Rudolph, Lloyd I.; Hoeber Rudolph, Susanne (1987): *In Pursuit of Lakshmi. The Political Economy of the Indian State*, Chicago/London (University of Chicago Press).

Ruigrok, Winfried; van Tulder, Rob (1995): *The Logic of International Restructuring*, London (Routledge).

Ruiz Ben, Esther (2003): Looking Beyond the Software Boom: Gendered Costs and Benefits? In: Pasero, Ursula (Hg.): Gender – from Costs to Benefits, Wiesbaden (Westdeutscher Verlag), 236–252.

Russell Hochschild, Arlie (1997): *The Time Bind. When Work becomes Home and Home becomes Work*, New York (Metropolitan Books).

Sahay, Sundeep; Nicholson, Brian; Krishna, S. (2003): *Global IT Outsourcing. Software Development across Borders*, Cambridge (Cambridge University Press).

Saka-Helmhout, A. (2007): Book review. Mike Geppert and Michael Mayer: Global, National and Local Practices in Multinational Companies, in: *Organization Studies* 28, 263–268.

Samuelson, Paul A. (2004): Where Ricardo and Mill Rebut and Confirm Arguments of Mainstream Economists Supporting Globalization, in: *Journal of Economic Perspectives*, 18/3, 135–146.

Sandhu, Amandeep (2006): Russian Doll Capitalism. An Essay on Work in the IT-city of Bangalore, in: *Biblio* (May-June), 31f.

Sassen, Saskia (2001): The Global City: Strategic Site – New Frontier, in: *India Seminar*, http://www.india-seminar.com/2001/503/503%20saskia%20sassen.htm (abgerufen am 22.02.2011).

Sassen, Saskia (2007): *A Sociology of Globalization*, New York/London (W.W. Norton and Company).

Sathaye, Sonali (2008): The Scientific Imperative to be Positive: Self-Reliance and Success in the Modern Workplace, in: Upadhya/Vasavi (Hg.), 136–161.

Saxenian, Anna Lee (2004): The Silicon Valley Connection. Transnational Networks and Regional Development in Taiwan, China and India, in: D'Costa/Sridharan (Hg.), 164–192.

Saxenian, Anna Lee (2006): *International Mobility of Engineers and the Rise of Entrepreneurship in the Periphery*, Research Paper 2006/142, World Institute for Development Economics Research, United Nations University (November).

Sayeed, Vikhar; Sekhar, A. Saye (2009): High and Dry. Thousands of IT Professionals Have Lost Their Jobs in the Major Cyber Cities, in: *The Hindu*, Vol 26, Issue 5.

Schmidt, Werner; Dworschak, Bernd (2001): The Impact of Internationalisation and Multinational Companies on Industrial Relations, Pay and Working Time in the UK and Germany. Paper prepared for the Workshop »Industrial Relations – an Anachronism? Industrial Relations, Pay and Working Time in the UK and Germany under the Influence of Globalization«, Tübingen (June 15–16), http://www.fatk.uni-tuebingen.de/files/impact.pdf (abgerufen am 22.02.2011)

Schmidt, Werner; Dworschak, Bernd (2006): Pay Developments in Britain and Germany: Collective Bargaining, ›Benchmarking‹ and ›Mimetic Wages‹, in: *European Journal of Industrial Relations* 12/1, 89–109.

Schmuhl, Hans-Werner (2003): Arbeitsmarktpolitik und Arbeitsverwaltung in Deutschland 1871–2002, Beiträge zur Arbeitsmarkt- und Berufsforschung 270, Nürnberg (Institut für Arbeitsmarkt- und Berufsforschung).

Schweizer, Michael (2006): IT-Gehälter: Die Region spielt eine Rolle, in: *Computerwoche* 49/2006, 34f.

Sellier, François (2000): The Contribution of Societal Analysis to the Economic Theory of the Firm, in: Maurice/Sorge (Hg.), 145–166.

Simeaner, H.; Dippelhofer, S.; Bargel, H.; Ramm, M.; Bargel, T. (2007): Studiensituation und Studierende an Universitäten und Fachhochschulen. Datenalmanach. Studierendensurvey 1983–2007. Universität Konstanz, Arbeitsgruppe Hochschulforschung, Oktober 2007. Hefte zur Bildungs- und Hochschulforschung 51.

Singh, Nirvikar (2003): Information Technology as an Engine of Broad-Based Growth in India, in: Richter/Banerjee (Hg.), 24–57.

Singh, Seema 2005: MNCs Effect on Employment of Engineers, in: *The Indian Journal of Technical Education* 28/2, 38–44.

Smith, Neil (2002): New Globalism, New Urbanism: Gentrification as Global Urban Strategy, in: *Antipode*, Vol. 34, Nr. 3, July, 427–450.

SOFI, IAB, ISF, INIFES (2005) (Hg.): *Berichterstattung zur sozioökonomischen Entwicklung in Deutschland. Arbeit und Lebensweisen. Erster Bericht*, Wiesbaden (Verlag für Sozialwissenschaften).

Sorge, Arndt (1991): Strategic Fit and the Societal Effect: Interpreting Cross-National Comparisons of Technology, Organization and Human Resources, in: *Organization Studies* 12, 161–190.

Sorge, Arndt (2000): The Diabolical Dialectics of Societal Effects, in: Maurice/Sorge (Hg.), 37–56.

Sorge, Arndt (2005): *The Global and the Local. Understanding the Dialectics of Business Systems*, Oxford/New York (Oxford University Press).

Sorge, Arndt (2007): Rejoinder to Campbell and Herrigel: Complexity and Simplicity of Understanding and of Disciplinary Architectures, in: *Socio-Economic Review* 5, 192–196.

Stamm, Andreas (2005): Perspektiven der Entwicklungsländer? Die Internationalisierung des Dienstleistungsmarktes, in: Boes/Schwemmle (Hg.), 66–74.

Sturgeon, Timothy J. (2002): Modular Production Networks. A New American Model of Industrial Organisation, in: *Industrial and Corporate Change* 11/3, 451–496.

Subramanian, Dilip (2008): Occupational Mobility and Internal Labour Markets: Public Sector Workers' Struggles in Bangalore (c. 1960–1980), in: *International Review of Social History* 53, 425–457.

Sukumar, R. (2003): City in Sync. The Future of Indian Cities is here. We have seen it. And it is Bangalore, in: *Business Today* (August 17), New Delhi.

Täube, Florian Arun (2003): Culture, Innovation, and Economic Development: The Case of the South Indian ICT Clusters, in: Mani/Romijin (Hg.), 202–227.

Tempel, Anne; Walgenbach, Peter (2007): Global Standardization of Organizational Forms and Management Practices? What New Institutionalism and the Business-Systems Approach Can Learn from Each Other, in: *Journal of Management Studies* 44/1 January, 1–24.

Thompson, Edward Palmer (1971): The Moral Economy of the English Crowd in the 18th Century, in: *Past & Present* 50, 76–136.

Tolliday, Steven; Boyer, Robert; Charron, Elsie; Jürgens, Ulrich (1998): Introduction: Between Imitation and Innovation: The Transfer and Hybridization of Productive Models in the International Automobile Industry, in: Boyer u.a. (Hg.), 1–19.

Trautwein-Kalms, Gudrun (1991): Arbeits- und Berufssituation qualifizierter Angestellter im Software-Bereich, in: Littek, Wolfgang (Hg.): Dienstleistungsarbeit. Strukturveränderungen, Beschäftigungsbedingungen und Interessenlagen, Berlin (Edition Sigma).

Upadhya, Carol (2004): A New Transnational Capitalist Class? Capital Flows, Business Networks and Entrepreneurs in the Indian Software Industry, in: *Economic and Political Weekly* (November 27), 5141–5151.

Upadhya, Carol; Vasavi, A. R. (2006): Work, Culture, and Sociality in the Indian IT-Industry: A Sociological Study. Final Report, submitted to Indo-Dutch Programme for Alternatives in Development, August 2006, http://www.union-network.org/uniindep.nsf/863b5ce2fa055934c1256800002e5ab0/40601d743f5e3567c125723b0034587d/$FILE/NIAS-IDPAD%20IT%20Study%20Final%20Report.pdf (abgerufen am 22.02.2011).

Upadhya, Carol (2006b): *The Global Indian Software Labour Force. IT-Professionals in Europe. Indo-Dutch Programme on Alternatives in Development*, Working Paper Series 2006, number 1.

Upadhya, Carol (2007): Employment, Exclusion and ›Merit‹ in the Indian IT-Industry, in: *Economic and Political Weekly* (May 19), 1863–1868.

Upadhya, Carol; Vasavi, A. R: (2008) (Hg.): *In an Outpost of the Global Economy. Work and Workers in India's Information Technology Industry*, London/New York/New Delhi (Routledge).

Upadhya, Carol; Vasavi, A. R. (2008b): Outposts of the Global Information Economy: Work and Workers in India's Outsourcing Industry, in: Dies. (Hg.), 9–50.

Upadhya, Carol (2008): Rewriting the Code. Software Professionals and the Reconstitution of Indian Middle Class Identity, in: Jaffrelot, Christophe; van der Veer, Peter (Hg.): Patterns of Middle Class Consumption in India and China, Los Angeles et al. (Sage), 55–88.

Varma, Roli; Varma, Daya R. (2009): The Making of Indian Immigrant Entrepreneurs in the US, in: *Economic and Political Weekly* (January 17), 64–69.

Varma, Uday Kumar; Sasikumar, S.K. (2004): Information and Communication Technology and Decent Work: Study of India's Experience, V.V. Giri National Labour Institute India (November 2004), New Delhi (ohne Verlag).

Venkata Ratnam, C. S. (1998): Multinational Companies in India, in: *The International Journal of Human Resource Management* 9/4 (August), 567–589.

Venkata Ratnam, C. S. (2003): Industrial Relations and Increasing Globalisation: A Case Study of India, in: Richter/Banerjee (Hg.), 214–259.

Vijayabaskar, M.; Rothboeck, Sandra; Gayathri, V. (2001): Labour in the New Economy: Case of the Indian Software Industry, in: *Indian Journal of Labour Economics* 44/1, 39–54.

Vijayabaskar, M.; Krishnaswamy, Girija (2003): Understanding Growth Dynamism and its Constraints in High Technology Clusters in Developing Countries: A Study of Bangalore, Southern India, in: Mani/Romijn (Hg.), 178–201.

Wagner, Gabriele; Mense-Petermann, Ursula (2006): Zur Einleitung. Transnationale Konzerne als neuer Organisationstyp? Globalität als Organisationsproblem, in: Mense-Petermann/Wagner (Hg.), 9–31.

Wagner, Gabriele (2006): Expatriates als Netzwerkarchitekten, in: Mense-Petermann/Wagner (Hg.), 225–248.

Walby, Sylvia (2007): Introduction: Theorizing the Gendering of the Knowledge Economy: Comparative Approaches, in: Walby, Sylvia; Gottfried, Heidi; Gottschall, Karin; Osawa, Mary (Hg.): Gendering the Knowledge Economy. Comparative Perspectives, Basingstoke/New York (Palgrave Macmillan), 3–50.

Walchner, Gitta (1991): Indiens Elektronikpolitik und seine Exportpotentiale im Software-Bereich, in: *Internationales Asienforum* 22/1-2, 57–72.

Whitley, Richard (1999): *Divergent Capitalisms. The Social Structuring and Change of Business Systems*, Oxford/New York (Oxford University Press).

Wieland, Rainer u.a. [2003]: *Moderne IT-Arbeitswelt gestalten. Anforderungen, Belastungen und Ressourcen in der IT-Branche,* o.O. (ohne Verlag).

Wikipedia (2009): Greencard (Deutschland), http://de.wikipedia.org/ wiki/Greencard_(Deutschland) (abgerufen am 22.02.2011).

Wikipedia (2009b): Employees' Provident Fund Organisation of India, http://en.wikipedia.org/wiki/Employees_Provident_Fund_Organisation_of_India (abgerufen am 22.02.2011).

Wikipedia (2009c): Erholungsurlaub, http://de.wikipedia.org/wiki/Erholungsurlaub (abgerufen am 22.02.2011).

Wikipedia (2009d): H-1B visa, http://en.wikipedia.org/wiki/H-1B_visa (abgerufen am 22.02.2011).

Wikipedia (2009e): Ingenieurwissenschaft, http://de.wikipedia.org/wiki/Ingenieurwissenschaft (abgerufen am 22.02.2011).

Wikipedia (2009f): Informatikstudium, http://de.wikipedia.org/wiki/Informatikstudium (abgerufen am 22.02.2011).

Wikipedia (2009g): Religion in India, http://en.wikipedia.org/wiki/Religion_in_India (abgerufen am 22.02.2011).

Willenbrock, Harald [2003]: Wo der Pfeffer wächst (Offshoring I: Indien), McKinsey Wissen 09.

Wittke, Volker (2003): *Innovationsmodelle und nationale Kapitalismen: Zur Frage der Pfadabhängigkeit industrieller Restrukturierung am Beispiel der Mikroelektronik*. Habilitationsschrift, Göttingen.

Wolf, Winfried (1992): *Eisenbahn und Autowahn. Personen- und Gütertransport auf Schiene und Strasse. Geschichte, Bilanz, Perspektiven*, Hamburg (Rasch und Röhring).

Wood, Geoffrey; Frynas, Jedrzej George (2006), The Institutional Basis of Economic Failure: Anatomy of the Segmented Business System, in: *Socio-Economic Review* 5, 239–277.